만들어진
승리자들

DIE SIEGER by Wolf Schneider
ⓒ 1993 STERN im Verlag Gruner + Jahr AG & Co KG, Hamburg
Korean Translation Copyright ⓒ 2011 Eulyoo Publishing Co, Ltd.
All rights reserved.

The Korean language edition published by arrangement with "Picture Press" Bild- und
Textagentur GmbH through MOMO Agency, Seoul.

이 책의 한국어판 저작권은 모모 에이전시를 통해 저작권자와 독점 계약한 (주)을유문화사에 있습니다.
저작권법에 의하여 한국 내에서 보호를 받는 저작물이므로 무단전재와 무단복제를 금합니다.

콜럼버스에서 마릴린 먼로까지
거꾸로 보는 인간 승리의 역사

# 만들어진 승리자들

볼프 슈나이더 지음 | 박종대 옮김

을유문화사

## 만들어진 승리자들

**발행일**
2011년 8월 25일  초판  1쇄
2025년 1월 20일  초판 13쇄

지은이 | 볼프 슈나이더
옮긴이 | 박종대
펴낸이 | 정무영, 정상준
펴낸곳 | (주)을유문화사

창 립 | 1945년 12월 1일
주 소 | 서울특별시 마포구 서교동 469-48
전 화 | 733-8153
팩 스 | 732-9154
홈페이지 | www.eulyoo.co.kr
ISBN 978-89-324-7175-4  03990

* 값은 뒤표지에 표시되어 있습니다.
* 옮긴이와의 협의하에 인지를 붙이지 않습니다.

차례

# 제1부 역사는 생각보다 단순하지 않다

1. 누가, 어떤 인간들에게 '천재'라는 이름을 붙여 주는 것일까? • 11
2. 콜럼버스는 누가 발견했을까? • 20
3. 광기의 대제독 • 30
4. 타넨베르크 전투의 수많은 승리자들 • 42
5. 위대함이란 무엇인가? • 56
   세계사의 가장 영향력 큰 인물들
6. 여자는 명성과 거리가 먼 존재일까? • 72
   남성들이 선택한 여자들
7. 발명가는 늘 한 사람뿐일까? • 83
8. 무지렁이 농부는 세계정신이 될 수 없을까? • 98
9. 세계사의 탕아들 • 112
   역사상 가장 위대한 지도자들
10. 위대한 인간은 그렇게 많은 불행을 야기해도 되는 것일까? • 125
    선인善人들
11. 유다는 배신자인가, 우군인가, 처형자인가? • 138

## 제2부 천재

12. 천재는 어떻게 만들어지는가? • 151
    보탄은 넣고 괴테는 빼고?
13. 병든 사람과 못난 사람 • 165
14. 판테온은 정신병동? • 178
15. 한때 니체라고 불렸던 폐인 • 193
16. 오만과 자만은 위대한 작품의 보약이다 • 211
17. 오직 한 가지만을 위한 고된 노동 • 224
18. 사상가, 의아해할 줄 아는 사람 • 240
19. 예술가와 신비스러운 신 • 254
20. 다재다능, 그 매혹과 위험 • 269
21. 중간 결산 • 284

## 제3부 성과와 성공

22. 지상 최고의 위인 카이사르 • 295
23. 정치인의 성공 비결 • 304
    미국은 어떤 대통령을 원할까?
24. 레닌, 권력을 향한 불도저 • 319
25. 넬슨과 나폴레옹 • 335
26. 처칠과 전쟁 수혜자들 • 352
27. 시대정신의 물살을 타거나 역행하거나 • 361
28. 가난과 유배 • 372
29. 보상과 복수 • 384
30. 내면의 고통 • 399

31. 천재의 아내들: 예술 후원자, 하녀, 혹은 하이에나? • 412
32. 나쁜 어머니들 • 425
33. 무서운 아버지들 • 440
34. 신동 • 450
   어린 나이에 올린 최고의 성과
35. 일찍 탈진한 사람, 뒤늦게 불붙은 사람, 노인 신동 • 470
   고령의 최고 성과

# 제4부 명성

36. 푸른 수염, 붉은 수염: 명성은 이렇게 부여된다 • 485
37. 환호, 망각, 그리고 강등 • 504
38. 인정받지 못한 천재들 • 516
39. 자기 명성의 관리자들 • 536
40. 자신을 오역하라! • 555
   가명을 통한 현혹
41. 비평가와 갑문 문지기 • 574
   유럽의 문학 선거
42. 펠트와 비계로 얻은 명성 • 592
43. 역사가와 궁정 시인 • 602
   올해의 인물
44. 노벨상의 희비극 • 618
45. 명성은 몇 센티미터 차이? • 628
   백과사전들의 위인들
46. 가르보와 먼로 • 636

## 제5부 결산

47. 위인들의 불행 • 647
48. 위인들의 화석화에 부쳐 • 659


참고문헌 • 667
옮긴이의 말 • 685
찾아보기 • 689

# 제1부
# 역사는 생각보다 단순하지 않다

WOLF SCHNEIDER

DIE SIEGER

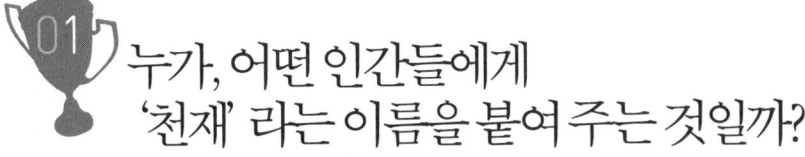
# 누가, 어떤 인간들에게 '천재' 라는 이름을 붙여 주는 것일까?

> 일상적으로 보자면 사람들이 '천재' 라 부르는 것은 쥐며느리를 천족충千足蟲이라 부르는 것과 마찬가지다. 쥐며느리를 그런 이름으로 부르는 것은 다리가 실제로 그렇게 많아서가 아니라 대부분의 사람들이 열네 개 이상은 헤아리려고 하지 않기 때문이다.
> ―게오르크 크리스토프 리히텐베르크

이 책은 세 종류의 인간을 다룬다. 위대한 유명인과 위대하지 않은 유명인, 그리고 유명하지는 않지만 위대한 인물이 그들이다. 역사를 돌아보면 명예는 천재와 성인을 비롯해서 주정뱅이와 불구자, 모험가, 협잡꾼, 공상가, 범죄자, 광인, 정신 분열증 환자, 추적 망상증 환자들에게 돌아갔고, 진정 위대한 정신과 위대한 영혼의 소유자들은 그것을 얻지 못했다.

위대한 유명인들은 대부분 명성을 얻기까지 혹독한 대가를 치렀다. 타고난 재능이 육체적 혹은 정신적 질병과 연계된 경우가 무척 많았기 때문이다. 그래서 그런 재능을 가진 사람들은 강철처럼 단단한 의지력으로 밀고 나가야 했고, 단 하나의 목표를 위해 다른 욕망들을 가차 없이 배제해야 했으며, 때로는 수십 년, 아니 평생을 경멸받거나 오해받으며 살아야 했다. 위대한 유명인들은 다른 이들보다 더 많은 고통을 겪었고, 우리의 경탄과 공감을 받아도 충분한 사람들이다.

허약 체질의 매력남이었던 허레이쇼 넬슨Horatio Nelson 제독은 노도와 같은 파괴 의지로 명예를 얻었고, 몸치로 알려진 요한 슈트라우스Johann Strauss는 심한 우울증을 앓으면서도 빈의 시민들뿐 아니라 전 세계인이 즐기는 왈츠를 작곡해서 명성을 얻었다(물론 그는 동생 요제프 슈트라우스Josef Strauss의 유작에서 오페레타를 도용했다는 의심을 받기도 한다). 열일곱 살에 음독자살한 토머스 채터턴Thomas Chatterton은 서정시로 사후에 유명해졌고, 그랜마 모제스Grandma Moses는 일흔일곱에 그림을 시작해서 세상을 떠나기 전까지 24년 동안 손에서 붓을 놓지 않아 '할머니 화가'라는 명성을 얻었다. 그 밖에 철학 영역에서 '새가슴의 바이킹'이라는 소리를 듣는 이마누엘 칸트Immanuel Kant와 '훌쩍거리는 거구' 오토 폰 비스마르크Otto Eduard Leopold von Fürst Bismarck에게도 역사의 명예는 비켜가지 않았다.

위대하지 않은 유명인들로는 칭기즈 칸Chingiz Khan과 이오시프 스탈린Iosif Vissarionovich Stalin, 아돌프 히틀러Adolf Hitler 같은 세계사의 무법자들을 들 수 있다(인물별로 이론이 있을 수 있지만, 이 책에서는 이런 평가를 권고하고 싶다). 그 다음으로는 현대의 대중 매체가 낳은 스타들과 처음부터 '명예의 로토'에 당첨된 사람들, 즉 태어나면서부터 왕국을 물려받은 사람들을 꼽을 수 있다. 장 자크 루소Jean-Jaques Rousseau는 세습 군주제를 가리켜 "어린아이와 괴물, 바보 천치들"을 국가수반으로 앉히는 멍청한 제도라고 비판했다. 물론 왕가에 태어났다는 이유만으로 왕위에 오른 이들 중에도 주목할 만한 업적을 남긴 인물이 더러 있다. 예를 들어 신성 로마 제국의 황제이자 시칠리아와 예루살렘의 왕이던 프리드리히 2세Friedrich II, 영국의 엘리자베스 1세Elizabeth I, 프랑스의 앙리 4세Henri IV가 그들이다. 그런데 알렉산드로스 대왕Alexandros der Grosse이나 프리드리히 대왕Friedrich der Grosse처럼 한 나라뿐 아니라 부왕의 완벽한 군대까지 물려받았다면 전쟁 영웅이 되는 게 그리 어려운 일이었을까? 더구나 알렉산드로스는 아버지가 마흔여섯 살에 한 근위대원에게 살해되어 약관의 나이에 왕위에 오른 것이므로 아버지의 이른 죽음이 명성을 얻는 데 유리하게 작용했다. 프리드리히 역시 세 사람이 제때 죽어 주지 않았더라면 '대왕'이라는 칭호를 얻지 못했을 것이다. 두 형이 출생 직후에 죽어 무난히 왕위를 물려받은 것이 그랬고, 왕이 되어서는 러시아의 옐리자베타Yelizaveta 여제가 갑자기 세상을 떠나는 바람에 7년 전쟁을 승리로 이끌 수 있었던 것이 그랬다. 프리드리히 군대의 장군으로 형의 '지나치게 천재적인 작전'에 비판적이었던 아우 하인리히Heinrich는 1762년에 이렇게 썼다. "돌아가신 어머니가 1712년 1월 24일(프리드리히의 생일)에 유산을 하셨더라면 신도 얼마나 좋아하셨을까!" 그러나 신은 좋아하지 않았다. 신은 그저 명성의 룰렛을 돌렸고, 우리는 그 승리자들을 멍하니 바라보기만 했다.

어쨌든 우연한 출생 덕에 왕이 된 사람 중에도 열에 하나, 혹은 스물에 하나는 위인이라고 말해도 무방할 듯하다. 그러나 반대의 경우는 그렇지 않다. 어느 나라건 아무리 재능이 뛰어나도 좋지 않은 환경에서 태어났다는 이유만으로 유명해지지 못한 사람은 얼마나 많을 것이며, 자신의 재능을 써 먹지 못하고 썩혀야 하는 사람은 또 얼마나 되겠는가? 돌아보면 인류 역사의 위대한 개혁가가 될 수 있었던 사람은 룩셈부르크같이 작은 영토를 다스리거나 일개 작은 기업을 운영하고, 반대로 자잘하고 탐욕스런 인간은 세계 권력을 잡는 것이 인간 역사의 현실이었다.

마지막으로 유명하지 않은 위대한 사람들이 있다. 재능은 특출했지만 이름 없이 세상을 떠난 무수한 사람들이 그들이다. 한 사람의 나폴레옹이 빗발치는 총알 속에서도 살아남고 그의 앞길에 유리한 환경이 조성되기 위해서는 혹시 수백 명의 이름 없는 나폴레옹이 필요했던 것은 아니었을까? 우리가 알고 있는 나폴레옹 보나파르트Napoléon Bonaparte는 1793년 툴롱 포위전에서 총알이 이마를 스치는 부상을 당했고, 다리에 창상을 입었으며, 타고 가던 말이 총에 맞아 쓰러지는 바람에 낙마하기도 했다. 그 후로도 과로와 괴혈병으로 몸이 쇠약한 상태에서 옴에 걸려 저승 문턱까지 갔다 왔고, 1794년에는 반역 혐의로 체포되어 교수형에 처해질 뻔했다. 또한 1795년 파리에 있을 때는 일자리도 없는 상태에서 가난과 병마에 시달리다가 두 가지 계획을 세웠다. 하나는 터키군에 들어가는 것이고, 다른 하나는 스스로 목숨을 끊는 일이었는데, 둘 중 하나라도 성사되었다면 그의 이름이 백과사전에 올라가는 일은 없었을지 모른다. 그리고 혁명이 다시 그를 불렀을 때도 수많은 전투에서 승리를 거둔 천재적인 혁명군 장군 라자르 오슈Lazare Hoche만 있었다면 나폴레옹의 길은 결코 순탄치 못했을 것이다. 그러나 오슈는 1797년 야영 중에 원인을 알 수 없는 병에 걸려 스물아홉의 나이로 횡사하고 말았다.

예술가들도 적잖이 환경의 은총에 기댄다. 예를 들어 볼프강 아마데우스 모차르트Wolfang Amadeus Mozart는 일곱째 아이로 태어났는데, 만약 그게 우리 시대였더라면 아예 태어날 기회조차 잡지 못했을지 모른다. 게다가 일곱 중에서 살아남은 것은 둘뿐이었으니 정말 운이 따랐다고 할 수 있다. 음악가의 아들로 태어나 잘츠부르크에서 성장하는 행운을 잡은 모차르트가 한 명 있다면, 비슷한 재능을 가졌지만 콜레라로 죽거나, 음악이라는 것이 무엇인지도 모르는 곳에서 태어나 그 재능을 발휘해 볼 기회도 잡지 못하고 죽어 가야 했던 미지의 모차르트는 수백 명이 되지 않았을까? 그리고 게오르크 뷔히너Georg Büchner[1]의 아내가 남편의 요절에 충격을 받고 그의 모든 작품을 없애려던 계획을 실제로 행동으로 옮겼다면 우리가 뷔히너라는 작가를 알 수나 있었을까? 또한 단테 알리기에리Dante Alighieri의 모국어가 불가리아 어였더라면 우리가 그의 작품을 어떻게 접했을 것이고, 그레타 가르보Greta Garbo가 만일 영화관이 생기기 전에 죽었다면 그녀의 이름이 어떻게 세상에 알려질 수 있었을까? 물론 모차르트가 작곡을 하고 나폴레옹이 전투에 참여할 수 있었다고 해서 바로 백과사전에 오르는 길이 열렸던 것은 아니다. 그것은

---

[1] 독일의 극작가. 생몰 연대는 1813~1837. 표현주의의 선구자로 혁명 운동에 뛰어들어 스위스로 망명하기도 했으나. 주요 작품으로는 「당통의 죽음 Dantons Tod」, 「보이체크 Wayzeck」가 있다. 이하 모든 각주는 옮긴이가 붙인 것임.

그저 그들에게 명성의 룰렛에 참가할 수 있는 자격을 주었을 뿐이다.

유리한 환경과 탁월한 능력, 강한 목표 의식이 정말 견디기 어려운 성격, 즉 자기중심적인 태도와 냉혹함, 거만함, 교묘한 자기 포장 능력과 결합될 때 이 룰렛에서 이길 가능성은 가장 높아진다. 생각해 보라. 두 사람의 능력이 비슷하다면 자신의 능력과 성과를 잘 홍보할 줄 아는 사람에게 당연히 더 나은 기회가 돌아가지 않겠는가? 리하르트 바그너Wilhelm Richard Wagner와 살바도르 달리Salvador Dalí 같은 이들이 그런 기술의 대가들이었다. 물론 그들만 그랬던 것이 아니다. 미화로 일관된 회고록과 거짓말쟁이 대리 작가들, 그리고 자신의 우상에 금이 가는 것을 원치 않는 숭배욕으로 인해 진실을 알아보는 눈이 왜곡되지 않았더라면 우리는 다른 수많은 위인들의 진면목도 일찍 찾아냈을 것이다.

달리 말해서 백과사전에 등재된 사람들은 그렇지 않은 사람들보다 혐오스런 인간일 가능성이 훨씬 높다. 물론 프리드리히 실러Johann Christoph Friedrich von Schiller나 프란츠 슈베르트Franz Peter Schubert, 주세페 베르디Giuseppe Fortunino Francesco Verdi 같은 예외적인 인물도 존재한다. 그러나 일반적으로 신은 재능을 그리 불공평하게 분배하지 않았다. 그러니까 머리가 좋은 사람에게 착한 마음씨와 상냥한 성품까지 얹어 주지는 않았던 것이다. 예를 들어 요한 제바스티안 바흐Johann Sebastian Bach는 옹졸하고 독선적이고 인색하고, 불뚝 성질을 부리는 시골 오르간 연주자였다. 심지어 고트홀트 에프라임 레싱Gotthold Ephraim Lessing은 바흐를 가리켜 "아주 나쁜 이웃"이라고까지 했다. 위인을 존경하는 사람이라면 그 인물을 현실에서 만나지 않은 것을 다행으로 여겨야 한다. 인간적으로 실망하게 될 테니까 말이다. 따라서 이 책은 그런 이들에게 몹시 불편하게 느껴질 수도 있다. 하지만 종국에는 경탄하는 마음이 더욱더 커지리라 믿어 의심치 않는다.

뛰어난 재능을 타고난 자기중심적인 괴짜가 만일 엄청나게 부지런하기까지 하다면 심판관의 입장에서는 그런 사람에게 좋은 기회를 주는 것은 지극히 당연하다. 기회가 없으면 아무 소용이 없다.

추기경단이 심판관인 경우를 예로 들어 보자. 추기경단은 455년 동안 오로지 이탈리아 출신의 남자에게만 **교황**이 될 기회를 부여했다. 아무리 뛰어난 종교 정책을 펴고 성스러운 삶을 살았더라도 독일이나 프랑스 출신은 교황에 오를 수가 없었다. 그런데 1978년에 폴란드 크라쿠프의 대주교가 교황으로 선출되었다. 다른 이탈리아 후보자들보다 훌륭한 사람이어서가 아니라 폴란드 가톨릭에 힘을 실어 주기 위해서였다. 이처럼 작가들은 출판사로부터, 화가들은 화랑으로부터 기회를 받지 못하면 아예 무대에 설 수조차 없다. 이 좁은 관문을 먼저 통과해야만 비로소 명성의 경쟁에 참가할 수 있다. 여기서의 심판관은 비평가와 해설가, 그리고 상을 수여하는 위원회이다.

추첨을 통해 탈락자들을 추려 내고 나면 마지막으로 백과사전이나 교과서 편찬 위원회라는 익명의 조직이 골방으로 숨어 들어가 어떤 인물을 싣고, 그 인물에 어떤 내용을 담을지 결정한다. 이때 편찬 위원들이 깊은 통찰력과 고도의 지혜로 이 작업에 임할 거라고 생각하는 사람은 아무도 없다. 심지어 편찬 위원들 자신조차 그런 주장을 하지 않는다. 어떤 때는 아예 대놓고 위조 사실을 고백하기도 한다. "여기서 필요한 것은 우리나라의 위대한 남자들의 기념비적인 모습이다." 요한 볼프강 폰 괴테Johann Wolfgang von Goethe를 문학가의 제왕으로 등극시킨 헤르만 그림Herman Grimm이 1898년에 쓴 글이다. 그는 계속해서 이렇게 썼다. "우리는 그들의 있는 그대로의 모습을 보려고 하는 것이 아니라 …… 대중의 머릿속에 새겨 넣어야 할 위대한 인물로서의 모습이 보고 싶은 것이다."

이런 상황에서 이 책의 의도는 이렇다. 우리가 예찬해야 할 인물이 누구이고, 그 인물을 어떤 사람으로 묘사할지 결정하는 그 골방 안을 낱낱이 들여다보고, 한 인물이 전쟁터나 첫 공연의 무대를 거쳐 백과사전이나 교과서에 실리기까지 걸어갔던 길을 생생하게 추적하는 것이다.

우리는 진짜가 뭔지 모를 때가 많다. 하지만 어떤 때는 진짜를 알 수 있는데도 가짜를 숭배하기도 한다. 에피쿠로스Epicouros는 호색한이 아니었고, 조제프 이냐스 기요탱Joseph Ignace Guillotin은 박애주의자로 프랑스 혁명 당시 기요틴(단두대)을 만들지도 발명하지도 않았다. 또한 찰스 린드버그Charles Augustus Lindbergh 는 최초로 대서양을 횡단한 비행사가 아니었고, 피타고라스 정리는 피타고라스Pythagoras에서 유래하지 않았으며, 호메로스Homeros라는 탁월한 인물도 실체가 모호하다.

명성이 어차피 로토와 다름없다면 우리는 우리 자신의 새롭고 독자적인 평가로 역사가와 비평가, 편찬 위원들의 작위적이고 우연적인 결정을 깨부수는 자유를 누려야 한다. 위대한 사람들이 우리에게 그 선례를 보여 주었다. 베르디는 모차르트를 조롱했고, 프리드리히 니체Friedrich Wilhelm Nietzsche는 바그너를, 레프 톨스토이Lev Nikolaevich Tolstoi는 윌리엄 셰익스피어William Shakespeare를 비웃었다. 샤를 피에르 보들레르Charles-Pierre Baudelaire는 프랑스의 국민적 영웅 볼테르Voltaire를 "멍청이들의 왕"이라 칭했고, 영국 철학자 버트런드 러셀Bertrand Russell은 게오르크 헤겔Georg Wilhelm Friedrich Hegel의 인간 오성론에 의심을 품었다. 헤겔이 "뒤죽박죽 엉터리" 철학으로 유명해졌다는 것이다.

새로운 평가는 **위인**이라는 개념부터 전반적으로 재정립하는 데서 출발해야 할지 모른다. 슈테판 츠바이크Stefan Zweig는 이렇게 말했다. "한번 인정된 위인에 대한 절대적 숭배만큼 위험한 것은 없고, 공적으로 신성시되는 권력에 대한 굴종만큼 큰 재앙이 없다." 권력자와 전쟁 영웅들 대신 그 자리에 일례로 "식민 제국을 해체한 인물"을 앉히면 안 되는 것일까?

만약 그게 가능하다면 명예의 상은 영국의 클레멘트 애틀리Clement Attlee 수상과 프랑스의 샤를 드골Charles André Joseph Marie de Gaulle 대통령, 그리고 1989년에 소비에트 연방의 위성국들을 해방시킨 미하일 고르바초프Mikhail Sergeyevich Gorbachyev에게 돌아가야 할 것이다. 물론 소련 해체가 카프카스에 끔찍한 전쟁을 초래한 것을 고려하면 고르바초프에게 노벨 평화상을 수여한 것이 과연 합당한 결정이었는지는 다시 한 번 생각해 볼 문제이지만 말이다(이것은 44장에서 다루게 될 것이다).

그 밖에 "해방 운동을 무력으로 진압했지만 그 뒤 국민을 **천천히** 자유로 이끈 인물"의 범주도 새로 만들어야 하지 않을까? 그러면 헝가리의 카다르 야노시Kádár János와 폴란드의 보이치에흐 야루젤스키Wojciech Witold Jaruzelski 장군이 이 방면에서 상을 받아야 한다. 이 두 사람은 한스 마그누스 엔첸스베르거Hans Magnus Enzensberger의 표현에 의하면 "후퇴의 영웅"이자 "해체 전문가"였다. 카다르는 1956년 소비에트와 손을 잡고 헝가리 혁명을 무력으로 진압했지만, 이후 30년 동안 꿋꿋하고 영리하게 헝가리 인들이 더 많은 자유를 누릴 수 있도록 노력했고, 야루젤스키 장군은 1981년에 자유 노조 '연대'를 탄압하고 계엄령을 선포했지만, 그 역시 소비에트 군대의 임박한 진격을 사전에 차단하려는 전술이었을 가능성이 크다. 그래서 1985년에 폴란드 철학자 아담 샤프Adam Schaff는 그 공로를 인정해서 야루젤스키에게 노벨 평화상을 주어야 한다고 쓰기도 했다.

어쩌면 이 책은 기존의 **천재 숭배**를 무너뜨리기 위한 것일 수도 있다. 천재 숭배는 우상 숭배와 비슷한 점이 많을 뿐 아니라 **지도자 숭배**로 변질되기도 한다. 왜냐하면 야코프 부르크하르트Jacob Burckhardt에 따르면 우리의 마음속에는 "복종과 경탄의 욕구"가 내재하고, "위대해 보이는 인상에 도취되어 환상을 만들어 내려는 욕망"이 존재하기 때문이다. 이것은 우리에게 안식처를 제공하고 우리의 나약함을 위로해 주는 존재들, 즉 강하고 지혜로운 남자, 아버지, 지도자, 정신적 스승, 신에 대한 양날의 갈망이다.

카이사르Gaius Julius Caesar에게 당한 패배에 대해 다음과 같이 아름다운 문장으로 대응한 젊은 카토Marcus Porcius Cato를 본받아서, 이 책에서는 객관적인 재평가를 위한 노력 외에 솔직한 사적인 평가도 등장한다. 카토는 이렇게 술회한 바 있다. "승리는 신들의 것이고 패배는 카토의 것이다." 흔히 요제프 보이스Joseph Beuys를 두고 이런 질문을 한다. 그는 과연 시대의 협잡꾼인가, 장난꾸러기인가? 아니면 20세기의 위대한 예술가 중 한 사람인가? 이 물음에 대해 각자가 자기만의 답을 찾으면 안 될 이유가 있을까? 슈테판 츠바이크는 우리가 "때로는 비굴한 경외심으로 축성한 인물들을 우리의 개인 법정으로 소환"하는 일을 두려워해서는 안 된다고 했다. 프란츠 그릴파르처Franz Grillparzer도 이렇게 적었다. "나는 누군가 내게 괴테는 지루하고 셰익스피어는 조야하다고 말하면 기쁘다. 그 사람이 옳아서가 아니라 상대가 그렇게 대답할 줄 내가 미처 몰랐다는 것이 유쾌하기 때문이다."

인류의 위대한 인물들 중에는 우리가 허깨비 앞에다 넙죽넙죽 큰절을 올리듯 아무것도 모르고 무작정 존경하는 것이 아니라 알 수만 있다면 정말 제대로 알고 경탄해야 할 사람들이 있고, 또 '무명의 천재'라는 묘비를 세워 주어야 할 사람들도 있다.

가장 먼저 크리스토퍼 콜럼버스Christopher Columbus에 대해 알아보자. 우리는 어떻게 그를 아메리카의 발견자로 예찬하게 되었고, 최근에는 어떤 연유로 그를 혹평하고 있을까? 아메리카 대륙은 이미 오래전에 다양한 형태로 발견되지 않았을까? 그래서 콜럼버스는 아메리카를 발견할 생각이 애초에 없었고, 죽을 때까지 자신은 아메리카를 발견한 적이 없다고 주장한 것이 아닐까? 분에 넘치는 행운과 광기에 가까운 집착에서 어떻게 위대한 행위가 피어났고, 그게 어떻게 사람들의 내면에 존재하는 정신적 만족감 및 오류와 결합해서 세계적 명성으로 이어졌을까? 충분히 분석해 볼 가치가 있어 보인다.

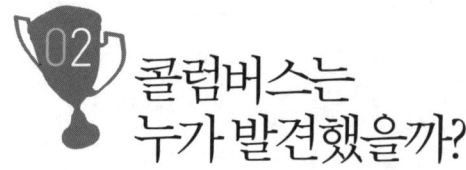
## 콜럼버스는 누가 발견했을까?

> 콜럼버스를 처음 발견한 아메리카 인은 나쁜 발견을 했다.
> ─ 리히텐베르크(1783)

　　콜럼버스의 놀라운 재능에 대해선 누구도 반론을 제기하지 않는다. 우선 그는 담대한 구상에 푹 빠져 있었고, 두 궁정의 간교한 머리싸움 속에서도 불굴의 끈기로 자신의 구상을 관철시킬 줄 알았다. 게다가 모험심도 대단했다. 물론 담대한 구상에 완전히 몰입되어 있었던 것이 모험심을 더욱 부추기는 작용을 했다. 그 밖에 콜럼버스는 뛰어난 연설가이자 저술가였고, 동시에 고등 사기꾼이라 불러도 될 정도로 타고난 연기자였다. 그가 아메리카를 발견한 것은 기껏해야 세 번째였고, 어쩌면 열 번째일 수도 있다. 만약 누군가 죽을 때까지 자신이 발견한 땅이 줄곧 아시아라고 생각했다면 그 사람이 아메리카를 발견했다고 말할 수 있을까? 그럼에도 콜럼버스의 유명세는 하늘을 찌른다. 얼마 전까지도 미국의 모든 학생들은 콜럼버스를 역사상 가장 중요한 인물로 여겼고, 교황 피우스 9세 Pius IX는 그를 성인 명부에까지 올리려고 했다. 심지어 콜럼버스의 아메리카 상륙 500주년 기념일에 벌어진 항의 시위조차 그를 세계사의 중심인물로 비치게 하기에 충분했다. 그렇다면 무엇이, 혹은 누가 그를 이렇게 유명하게 만들었을까?

이탈리아 이름으로 크리스토포로 콜롬보Cristoforo Colombo인 이 빨강 머리 남자는 스페인 출신의 유대 인으로 추정되는 가난한 직조공의 아들로 태어나 제노바에서 자랐고, 열네 살 때부터 배를 탔다. 많은 위대한 남자들이 그랬듯이 그도 명예욕에 사로잡혀 있었다. 나폴레옹이나 바그너 하면 떠오르는 그런 욕망 말이다. 어쨌든 콜롬보는 그런 욕망에 사로잡혀 상선과 해적선을 탈 때마다 닥치는 대로 천문학과 라틴 어를 공부했다. 당시에는 이 두 가지가 항해와 학문을 익히는 데 필수 조건이었기 때문이다. 콜롬보는 한때 포르투갈 대형 상선에 탔다가 고향 도시인 제노바의 함대에 맞서 싸웠고, 1476년에는 난파선에서 헤엄쳐 포르투갈 해안에 닿기도 했다. 그의 나이 스물다섯 살 때의 일이었다.

이것이 우리가 콜럼버스의 청년 시절에 대해서 알고 있는 전부이다. 그건 콜럼버스 스스로 과거를 지웠기 때문인데, 자신이 가난한 유대 인에다 제노바 출신이라는 것을 드러내고 싶지 않았던 것이다. 그는 포르투갈 상선에서 일할 때 아이슬란드에 당도한 것으로 추정되는데, 그곳은 500년 전 바이킹이 아메리카로 향하던 노선의 중요한 기착지였다. 1478년 리스본에서 부유한 선장의 딸과 결혼한 콜럼버스는 이 결혼으로 공식적으로 포르투갈 인이 되었고, 이름도 크리스토방 콜롱Cristovão Colom으로 바꾸었다. 이로써 그가 항상 아쉬워하던 사회적 지위가 어느 정도 마련되었고, 동시에 책과 해상 지도의 세계로 들어가는 문이 활짝 열리게 되었다. 머나먼 땅에 대한 동경과 엄청난 계획에 푹 빠져 있던 그로서는 뜨거운 숨을 몰아쉬게 하는 일이었다.

1478년 당시의 리스본은 사람이 사는 세계의 서쪽 끝이었다. 망망대해가 끝없이 보이는 이 도시는 수십 년 안에 지상 최대의 항구 도시이자 교역의 요충지로 떠오를 채비를 마치고 있었다. 포르투갈 인들은 마데이라 제도와 아조레스 섬, 카보베르데 군도를 발견해서 식민지로 삼았고, 1446년에는 아프리카의 서쪽 끝에 이르렀으며, 또 거기서 멈추지 않고 거대한 대륙의 해안선을 따라 남쪽 지역을 탐험했고, 1488년에는 바르톨로메우 디아스Bartholomeu Diaz라는 항해사가 아프리카의 최남단을 개척하고 돌아왔다. 리스본은 탐험가들로 넘쳐났고, 지상에서 가장 유명한 천문학자와 지리학자들로 북적거렸으며, 국왕은 새로운 땅을 발견한 모든 사람들에게 특별 재량권과 소유 증서를 선사했다.

그러나 이는 시작에 불과했다. 오른쪽으로든 왼쪽으로든 미지의 땅은 무한했다. 서기 2세기에 이미 알렉산드리아의 지리학자 클라우디오스 프톨레마이오스Claudios Ptolemaeos는 지구가 둥글다고 말하지 않았던가! 또한 프랑스 추기경 피에르 다이이Pierre d' Ailly(라틴 이름은 페트루스 데 알리아코Petrus de Alliaco)는 1410년 『세계의 상*Imago Mundi*』에서 지구가 구형이라는 이론을 펼쳐 주목을 받았고, 아울러 유럽에서 인도까지 육로로는 상당히 떨어져 있지만 배를 타고 지구 반대편으로 돌아가면 포르투갈에서 며칠이면 당도할 거라고 예측하기도 했다. 콜럼버스는 이 책을 읽으면서 여백에다 빼곡히 메모를 해두었는데, 이 메모들을 보면 그가 다이이 추기경의 주장을 얼마나 열정적으로 받아들였고, 자신의 웅장한 꿈을 현실로 옮기는 것을 얼마나 진지하게 생각하고 있었는지 알 수 있다. 게다가 아조레스 섬에서 온 뱃사람들도 서쪽에서 폭풍이 몰아쳤을 때 생전 처음 보는 나무들과 이교도의 용모를 지닌 시체 두 구가 떠밀려 왔다고 말하지 않았던가?

그런데 1481년에 왕위에 오른 포르투갈의 주앙 2세João II는 그런 소문도 소문이지만, 1453년에 콘스탄티노플을 점령한 터키 인들이 인도로 가는 모든 육로를 차단한 상황에 더 큰 자극을 받아 1483년에 자신의 유대 인 주치의이자 궁정 천문학자의 권유로 크리스토방 콜롱의 알현을 받아들였다. 인도가 어떤 땅이던가? 진귀한 향신료와 비단, 보석의 천국이 아니던가?

콜럼버스는 **서쪽으로** 계속 항해하면 사람들이 '동방'이라고 부르는 땅에 도달할 것이고, 그곳에는 "금은보석이 넘치고 천혜의 조건을 갖춘 섬과 대류가 있을 것"이라고 장담했다. 훗날 콜럼버스의 대서양 항해에 동행한 바르톨로메 데 라스카사스Bartolomé de Las Casas가 『인디언 통사Allgemeine Geschichte der Indischen Lande』에서 기록한 내용이다. 그의 전언에 따르면, 콜럼버스의 말에 회의적이었던 주앙 2세는 학술 고문 세 명에게 콜럼버스의 계획을 검토하라는 지시를 내렸고, 이 세 사람은 불가 입장을 밝혔다.

그런데 콜럼버스가 실패의 쓴잔을 든 이유는 비전이 모호했기 때문이라기보다 오히려 요구가 너무 과했기 때문이다. 우선 그는 출항에 앞서 '황금 박차 기사' 작위를 원했다. '동dom'이라는 귀족 칭호를 통해 자신의 가문을 명문가의 반열에 올려놓고 싶었던 것이다. 또한 그는 새로운 땅을 발견하고 나면 '대양大洋의 대제독'이라는 호칭을 원했고, 자신이 직접 발견하거나 자신의 참여로 발견한 모든 땅의 부왕副王이 되고자 했다. 거기다 새로운 땅에서 왕실로 들어오는 모든 수입의 10분의 1을 달라고 요구했다. 결국 주앙 2세는 격노해서 그를 내쳤다.

콜럼버스는 다른 왕을 찾기로 결심했다. 그가 향한 곳은 스페인이었는데, 이번에는 '크리스토발 콜론Cristóbal Colón'이라는 이름으로 변신했다. 스페인에서 콜럼버스는 무명의 빈자에 불과했지만 차례로 공작 두 사람의 총애를 얻는 데 성공했다. 두 공작은 콜럼버스가 원하는 선단을 꾸려 주지는 않았지만, 아라곤의 페르난도 2세Fernando II와 카스티야의 이사벨 1세Isabel I 국왕 부처를 찾아가라고 용기를 북돋워 주었다. 1486년 1월 콜럼버스는 이 국왕 부처에게 청원서를 제출했고, 거기서 자신을 '성 삼위일체의 사도'로 소개하면서 독실한 기독교 군주의 뜻을 받들어 인도에 기독교를 전파하는 일에 충심을 다하고 싶다고 밝혔다.

1486년 봄 콜럼버스는 코르도바에서 국왕 부처를 알현했다. 이 자리에서 그는 자신의 타고난 능력, 즉 뿌리칠 수 없는 흡인력과 열정적인 달변 실력을 고스란히 발휘한 게 틀림없다. 그는 '인디아 땅'(당시에는 인도와 중국, 일본을 이렇게 불렀다)의 온갖 보물을 가톨릭 국왕 부처의 발아래에 바치는 상상을 펼쳐 놓으면서 그전까지의 모호했던 예감이 확신으로 바뀌는 것을 느꼈고, 눈은 열정으로 불타오르고 주근깨 사이의 흰 피부는 흥분으로 붉게 달아올랐다. 라스카사스는 당시의 상황을 이렇게 적었다. "그는 벌써 그 나라들을 통째로 자신의 보물 상자에 꼭꼭 챙겨 둔 사람 같았다."

그러나 콜럼버스가 얻어 낸 것은 또다시 이 문제를 심사할 위원회를 구성한다는 것뿐이었다. 아빌라의 주교이면서 이사벨 1세의 최측근인 에르난도 데 탈라베라Herrando de Talavera가 위원회의 수장에 임명되었는데, 그는 콜럼버스에게 4년이라는 세월을 고통 속에서 기다리게 했다. 그 사이 콜럼버스는 대개 궁정의 조신들을 따라 방랑자처럼 스페인을 떠돌아다니면서 늘 확신의 출처를 따지는 곤혹스런 질문에 부딪혔고, 많은 조신들의 비웃음을 샀다. 그래도 1487년부터 왕실에서 지급되는 연금을 받을 수 있었던 것은 영향력 있는 사람을 자기편으로 끌어들이는 능력을 다시 한 번 증명했기 때문이다. 이번에 그를 위해 힘써 준 사람은 황태자의 교육을 담당하던 디에고 데 데자Diego de Deza 교수였다. 콜럼버스는 1489년에 또다시 페르난도와 이사벨 부처를 알현했는데, 이번에는 자신이 인디아 땅에서 가져올 재화로 예루살렘 성지를 터키 인들의 손아귀에서 해방시키는 데 유용하게 사용할 수 있을 거라는 말로 국왕 부처의 마음을 돌리려고 애썼다.

그러나 1490년에 탈라베라 주교가 그 제안을 거절했다. 이후 콜럼버스는 스페인 남서단에 위치한 라 라비다 수도원에 거처를 마련했다. 아프리카에서 오거나 아프리카로 가는 배들로 붐비는 팔로스 항구 근처였다. 콜럼버스는 수도원장과 마르틴 알폰소 핀존Martin Alonso Pinzón이라는 부유한 선주를 구슬려 페르난도 국왕 부처에게 다시 한 번 선을 놓아 달라고 부탁했다. 이번에는 비장의 무기를 꺼내 들었다. 불법적으로 입수한 까닭에 지난 4년 동안 감히 꺼낼 생각을 하지 못했던 카드였다. 그것은 피렌체 출신의 유명한 지리학자 파올로 달 포초 토스카넬리Paolo dal Pozzo Toscanelli가 제작한 세계 지도였는데, 토스카넬리가 1474년 포르투갈 왕에게 보낸 것을 콜럼버스가 포르투갈을 떠나기 전에 몰래 복사해 두었던 것이다. 지도에는 서유럽과 동아시아 사이의 바다가 상당히 작게 그려져 있을 뿐 아니라 인도까지는 아프리카를 둘러 가는 동쪽 루트보다 서쪽 항로가 훨씬 짧다는 설명까지 자상하게 곁들여 있었다.

이 지도는 동아시아 쪽과 관련해선 아무 근거 없이 마음대로 상상한 것에 불과했는데도 콜럼버스는 이제 이 지도를 토대로 더 이상 서쪽 항해 계획에 대해 길게 설명할 필요 없이 오직 비용 문제만 놓고 국왕 부처와 협상할 수 있게 되었다. 여기서도 콜럼버스는 포르투갈의 주앙 2세에게 했던 요구를 되풀이했다. 출항에 앞서 자신에게 황금 박차 기사 작위를 내리고, 또 귀족 칭호의 하사를 통해 자신의 가문을 명문가로 승격시키고, 새로운 땅을 발견한 뒤에는 '대양의 대제독'으로 불러 달라고 한 것이다. 포르투갈에서 온 근본도 모르는 미천한 자의 입에서 흘러나온 이 뻔뻔스런 요구에 경악한 국왕 부처는 두 번째로 퇴짜를 놓았다. 콜럼버스는 즉시 자신의 요구를 들어줄 다음 왕을 찾기 위해 프랑스로 출발했다.

그런데 기적이 일어났다. 아마 이것이 없었더라면 우리는 콜럼버스라는 인물에 대해 아무것도 몰랐을지 모른다. 기적은 다름 아닌, 말을 탄 전령이 급히 쫓아와 콜럼버스에게 궁정으로 돌아오라는 명을 전한 것이다. 그사이 무슨 일이 있었던 것일까? 페르난도와 이사벨 부처의 신료들이, 약속한 땅을 발견하지 못하면 콜럼버스도 얻을 게 없을 테니 콜럼버스의 뜻을 받아들여도 특별히 손해 볼 게 없다는 점을 지적했던 것일까? 아니면 궁정 대신들 가운데 누군가 탐험에 필요한 비용을 빌려 주겠다고 나서기라도 했던 것일까? 혹은 이 계획이 막연하기 짝이 없지만 혹시라도 정말 엄청난 재물이 발견된다면 그것이 타국의 손에 넘어가는 것을 두고 볼 수가 없었던 것일까? 그도 아니라면 콜럼버스가 그렇게 뻔뻔한 요구를 거침없이 하는 것을 보고 정말 그렇게 자신이 있어서 그럴지도 모른다고 다시 판단하게 된 것일까?

아무튼 1492년 4월 17일 계약이 체결되었고, 8월 2일에 모든 선원이 배에 올랐다. 그러나 콜럼버스 공☆은 그날을 출항일로 잡지 않았다. 모든 유대 인이 스페인에서 추방되는 날이었기 때문이다. 결국 이튿날인 8월 3일에야 선단은 돛을 올렸다. 10월 12일 콜럼버스는 바하마 제도에 도착하는 순간 인디아 땅에 당도했다고 선언했다. 그전까지 아메리카에 발을 들여놓은 사람들치고 그런 생각을 한 이는 아무도 없었다. 아마 콜럼버스의 선행자들이 우리에게 알려지지 않은 데에는 그것이 한몫했을지 모른다.

아메리카의 진정한 발견자가 누구인지는 모르지만, 콜럼버스 말고 다른 **인간에 의해** 아메리카가 발견되었다는 사실이 너무도 당연하다는 듯이 전혀 언급되지 않는 것은 참으로 의아한 일이 아닐 수 없다. 약 3만 년 전 알래스카로 넘어간 사람은 동부 시베리아 출신의 몽골 인들이었다. 아메리카 대륙과 아시아 대륙 사이의 베링 해협은 지금은 폭이 85킬로미터에 이르지만 당시에는 45미터에 불과했고, 해수면도 지금보다 훨씬 낮아서 그냥 걸어서 지나거나 아니면 통나무배로 건널 수 있었다. 그렇다면 최초로 용기를 내어 그 바다를 건넌 몽골 인이 아메리카를 처음 발견한 사람이 아닐까? 단지 기록을 남기지 못해서, 자신의 행위를 기록해 줄 역사가를 구하지 못해서, 혹은 대리 작가를 고용할 수 없어서 그 영예를 차지하지 못한 것은 아닐까?

간혹 페니키아 인과 에트루리아 인, 일본인들도 3,000년 전에 아메리카 대륙까지 항해했다는 주장이 제기되곤 한다. 또한 약 2,500년 전에는 인도 차이나의 뱃사람들이 중남미 아메리카에 닿아 식민지까지 개척했다는, 한층 믿을 만한 단서들도 있다. 2세기에는 로마 인들을 피해 도주한 유대 인들의 보트가 북아메리카에 도착했다고 하는데, 그 증거로 테네시에 히브리어로 추정되는 수수께끼 같은 비문이 있다. 6세기에는 아일랜드 클론퍼트 수도원의 수도원장이자 기적을 행하는 예언자였던 성 브렌던St. Brendan이 훗날의 바이킹 족처럼 차례로 여러 섬을 들르며 아메리카에 당도했을 가능성도 있다. 그가 지나간 섬들은 아이슬란드와 그린란드, 배핀 랜드, 뉴펀들랜드였는데, 어느 구간도 해상으로 400킬로미터를 넘지 않았다. 1977년 아일랜드의 한 탐험대는 성 브렌던 당시에 통용되던 가죽 보트로 그런 여행이 가능하다는 것을 증명했다. 마지막으로 덧붙이자면, 아메리카 대륙은 세계 대양을 가로막고 있는 거대한 바리케이드와 같은 것이어서 어느 정도 뱃심만 있는 뱃사람이라면 대륙의 해안에 닿는 것은 크게 어려운 일이 아니었다.

레이프 에이릭손Leifur Eiríksson이 이끌던 바이킹 족이 986~991년 사이에 캐나다의 래브라도 반도에 상륙해서 1001년에 정착촌을 세운 것은 그사이 사실로 입증되었다. 한 인디언이 그 사실을 알려 주자 콜럼버스는 자신이 후발 주자라는 것을 알아차리고 큰 충격을 받았다. 미국의 시사 풍자가 아트 버크월드Art Buchwald에 따르면 그 말을 들은 콜럼버스는 이렇게 협박했다. "**누구한테라도** 그걸 발설하는 순간 내 수하들이 너희의 발을 시멘트로 발라 버릴 것이다!"

1982년 주로 라틴 어 권 국가들로 이루어진 36개국은 1992년 콜럼버스의 아메리카 상륙 500주년을 맞아 유엔 차원의 성대한 기념식을 올리자는 의안을 발의했다. 그러자 유엔 주재 아이슬란드 대사는 에이릭손을 거론하며 그 의안을 부결시키고자 노력했고, 그럼에도 의안이 가결되면 자신은 에이릭손을 기념하는 1,000주년 행사를 발의하겠다고 통보했다. 아일랜드 대사도 성 브렌던을 언급하며 아이슬란드의 입장을 지지했다. 결국 4년 동안의 긴 줄다리기 끝에 그 의안은 폐기되었다. 그러나 유엔에서 부결된 기념행사는 1991년 워싱턴에서 노르웨이 여왕과 아이슬란드 대통령, 조지 부시George H. W. Bush 대통령의 참석하에 개최되었다. 이들은 에이릭손이 섬과 섬을 건너며 8,000킬로미터 이상을 항해한 모형 바이킹 선박 세 척에 열렬한 환호를 보냈다.

이탈리아와 폴란드의 국내 연구자들은 자신의 선조들도 1390년과 1476년에 신대륙에 발을 들여놓았다고 주장했지만 아직은 소문 수준이다. 반면에 아이슬란드의 덴마크 총독으로 1475년에 아메리카에 당도한 것으로 알려진 힐데스하임 출신의 디드릭 피닝 Diedrick Pining은 아메리카를 발견했다는 많은 탐험가들 중에서 상당히 신빙성이 높은 축에 속한다.

따라서 콜럼버스의 아메리카 발견은 무명의 몽골 인과 에이릭손에 이어 기껏해야 세 번째일 뿐 아니라 인도차이나 인과 성 브렌던, 피닝까지 포함하면 여섯 번째에 불과하다.

물론 콜럼버스의 선행자들에게는 대개 이런 식으로 이의가 제기된다. 그들에게는 위대한 발견 의지도, 무언가 대단한 것을 발견했다는 의식도 없었고, 그래서 대제독 콜럼버스와는 달리 그들에게는 '발견자'라는 칭호가 어울리지 않는다는 것이다. 그럴 듯한 말이다. 다만 콜럼버스에게도 그 칭호가 어울리지 않는다는 사실을 인정해야 한다. 콜럼버스는 '발견'을 원했지만 그가 실제로 발견한 것은 결코 그 자신이 원한 발견이 아니었다. 그는 죽을 때까지 자신이 신대륙을 발견했다는 사실을 부인했다. 1709년 아우구스트 2세 August II에게 황금을 만들어 주기로 약속한 유명한 연금술사 요한 프리드리히 뵈트거 Johann Friedrich Böttger가 황금 대신 최소한 도자기는 만들어 낸 반면 콜럼버스는 자신의 도자기를 끝까지 '황금'이라고, 자신이 발견한 땅을 끝까지 '인도'라고 우겼다.

그렇다면 그의 **대담함**, 즉 '망망대해의 항해'라는 동시대인들로서는 상상하기 어려웠던 기상천외한 발상은 어떻게 평가해야 할까? 이것은 광기에 가까운 **열정** 및 **탁월한 전략가적 수완**과 더불어 콜럼버스의 위대함으로 꼽지 않을 수 없다. 이 세 가지 특성의 조합은 지상에서 많은 위대한 것을 이루게 한 동시에 많은 끔찍한 일도 저지르게 했다. 그런데 다음의 두 가지 사실을 감안하면 그의 대담함이란 것도 사실 별게 아니다. 우선 객관적으로 보았을 때, 아이슬란드를 잘 알고 있던 콜럼버스가 이전의 에이릭손이나 더 이전의 성 브렌던 수도원장처럼 각 섬들을 경유해서 항해했다면 그렇게 큰 위험을 감수할 필요는 없었을 것이다. 주관적으로 봤을 때도 그의 대담무쌍함은 우리가 생각하는 것처럼 그리 대단한 것이 아니었다. 다시 말해서 그의 동시대인들이 망망대해에 대해 갖고 있던 두려움을 생각하면 콜럼버스의 용기를 높이 사야겠지만, 그가 자기만의 착각에 빠져 이 항로를 아주 **짧게** 예상했고, 그래서 편안한 심정으로 항해에 나선 것을 감안하면 그의 용기에 큰 점수를 주기는 어려워 보인다. 그를 이런 착각으로 몰아넣은 것은 그의 태생과 관련이 있다. 그는 당대의 객관적 지식을 따른 것이 아니라 자신이 듣고 싶어 하는 몇몇 유대 예언자들의 비전만 믿었기 때문이다.

자, 그렇다면 이런 콜럼버스를 누가, 혹은 무엇이 그렇게 유명하게 만든 것일까?

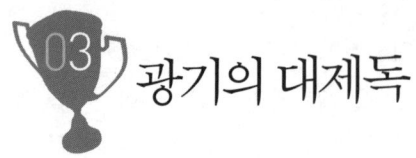 광기의 대제독

> 콜럼버스는 오류로 점철된 삶을 살았고, 자신의 상황이 불확실할수록 더더욱 환상의 나침반에 따라 대양을 항해했다.
> ―살바도르 데 마다리아가

15, 16세기에 뱃사람들이 대양을 정복하기 위해 감행한 모험에 비하면 우주선을 타고 달나라로 가는 것은 모험이라 부르기도 쑥스러워 보인다. 현대의 우주 비행사들은 자신들을 기다리고 있는 것이 무엇인지 정확히 알고 있고, 목표도 분명하며, 단 1분 1초도 문명 세계와 접촉이 끊어지지 않은 상태로 여행하고, 며칠 후면 문명의 품으로 다시 돌아오기 때문이다.

그에 반해 1419년 포르투갈 인들이 아프리카 해안을 따라 계속 남쪽으로 항해하는 것은 세상의 끝으로 가는 여행이었다. 혹시 인간과 동물의 형상을 한 괴물을 만나게 되지나 않을까? 그리스 신화를 보면 죽음을 부르는 여인과 외눈박이 거인, 반인반수의 괴물이 세계 도처에 존재하지 않던가? 심지어 1746년 요한 야코프 쇼이히처Johann Jakob Scheuchzer라는 스위스의 자연 연구가가 "실물을 보고" 그렸다는 그림에 따르면 가까운 알프스에도 무시무시한 용이 살지 않던가? 여기 고향에서도 이웃집 여인이 마녀일지 모르는

데, 저 먼 바다에는 어떤 악마가 살고 있을까? 혹시 뜨거운 남국의 바다는 물이 펄펄 끓지 않을까?

상황이 이런데도 콜럼버스 공은 한층 더 경악스런 행동을 했다. 해안선을 따라, 아니 최소한 해안이 보이는 곳에서 항해를 하지 않고 끝없이 망망대해로 나아간 것이다. 해안이 바로 옆에 있어야 안심할 수 있을 텐데도 그는 거침없이 그렇게 했다. 물론 선원 학교에서 태양이나 북극성의 높이를 통해, 혹은 방위와 풍향 표시가 있고 지롤라모 카르다노Girolamo Cardano 방식의 짐벌gimbal[1]이 달린 나침반을 이용해서 항로를 정하는 방법을 배우기는 했지만, 14세기 초 이탈리아에서 발명된 이런 나침반이 얼마나 정확한지는 아직 검증되지 않은 상태였다.

1492년 8월 3일 팔로스 항을 출발할 때까지만 해도 선박 세 척에 나누어 탄 선원들은 아직 크게 두려워하지 않았다. 그런데 9월 6일 카나리아 제도를 지나 정말로 미지의 바다로 나서는 순간 배 안의 분위기는 착 가라앉았다. 그러다 9월 9일 동쪽으로 마지막 섬이 시야에서 사라지자 선실 사환들은 울음을 터뜨렸고 선원들은 성호를 그었다. 이후 34일 동안 바다는 완전히 텅 비어 있었고, 사방은 물뿐이었다.

이런 상황에서 아득한 목표를 모두의 눈앞에 그려 주고 목표의 도달을 누구도 의심하지 않도록 만들려면 강인한 성격과 다른 사람까지 전염시키는 자신감, 그리고 열정적인 달변이 필요했다. 콜럼버스는 불덩어리를 속에 품고 있었고, 모두를 위해 그것을 타오르게 할 줄 아는 사람이었다. 그런 점에서 그는 역사의 위인이었다.

물론 그 불덩어리가 그처럼 환하게 타오를 수 있었던 것은 콜럼버스가 마치 넋 나간 사람처럼 환상의 세계에서 춤을 추었고 냉정한 현실 인식에는 눈을 감아 버렸기 때문이다. 그는 인도까지 며칠이면 닿을 수 있을 거라

---

[1] 나침반의 수평을 유지해 주는 장치.

고 미신을 믿듯 스스로에게 계속 주입시켰다. 이런 식의 믿음에는 1410년에 나온 피에르 다이이의 『세계의 상』과 1474년 토스카넬리의 세계 지도도 어느 정도 역할을 했지만, 그보다 더 결정적이었던 것은 유대 예언자 에스라Ezra의 말이었다. 루터 성서에서 에스라서의 예언자로 나오는 에스라는 다른 책에서 지구 표면의 7분의 6이 육지로 이루어져 있다고 주장했다. 그러나 오늘날 알려져 있기로는 지구의 7분의 2만 육지다. 콜럼버스가 그 사실을 알 수는 없었겠지만, 그렇다고 지구의 표면에 대한 구약 성서 예언자의 말을 그렇게 철석같이 믿을 이유는 없었다. 그럼에도 콜럼버스는 에스라의 말을 믿었다. 자신의 비전에 들어맞았기 때문이다. 지구에 바다가 별로 없다면 유럽에서 인도까지도 금방 닿을 수 있지 않겠는가?

게다가 콜럼버스는 유럽 대륙을 아주 크게 잡았고, 경도 사이의 간격을 아주 작게 책정했으며, 또 9세기에 이미 지구의 둘레 측정에서 26킬로미터의 편차밖에 보이지 않은 아라비아 마일 대신 이탈리아 마일로 거리를 계산했다. 그러자 '인디아 땅' 가운데 극동에 위치한 지팡구[2]까지도 1만 8,000킬로미터가 아닌 4,000킬로미터밖에 되지 않았다. 그는 이 엉터리 계산을 너무나 굳게 믿었기에 스페인 국왕 부처를 설득하는 자리에서 그렇게 자신감에 차 있었다.

콜럼버스가 정말로 지팡구까지 항해했더라면 지구의 반을 도는 여정에서 선원들과 함께 비참한 죽음을 맞이했을 것이다. 그러나 보라, 우연이 어떤 결실을 이루어 냈는지! 명성에 더 큰 영향을 끼치는 것은 위대한 행위가 아니라 우연이 아닌가? 콜럼버스는 우연히 아메리카의 일부인 카리브 해의 섬에 닿았고, 그곳을 지팡구라 생각했다. 자신이 찾으려 하지 **않았고**, 발견하고 싶은 마음도 없었고, 죽을 때까지 발견 사실을 부인했던 것을 발견함

---

[2] Zipangu. 마르코 폴로Marco Polo의 『동방견문록The Travels of Marco Polo』에 나오는 일본의 호칭. 영어의 'Japan'이 여기서 유래했는데, '금이 많은 땅'이라는 뜻이다.

으로써 세계적 명성을 얻은 것이다. 만약에 그런 우연이 없었다면 아무리 뛰어난 전략과 위대한 비전도 그를 무명의 구렁텅이에서 구해 내지 못했을 것이다. 당시에 굶어 죽거나 물에 빠져 죽은 선장들을 누가 일일이 기억한단 말인가? 콜럼버스를 백과사전에 올려 준 것은 바하마와 쿠바와 아이티 섬이었다.

지나치게 꼼꼼하다고 생각할지 모르지만 좀 더 세심히 따져 볼 필요가 있다. 운명의 여신이 그 공상가에게 두 번째 미소를 지어 주지 않았다면, 다시 말해서 그 섬들 뒤에 광활한 **대륙**이 기다리고 있는, 정말 그저 얻는 이중의 행운을 선사하지 않았다면 콜럼버스가 과연 유명해졌을까? 쿠바 서쪽으로 계속 바다만 펼쳐졌다면 세비야 대성당에 콜럼버스의 묘비가 세워졌을까?

새로운 땅의 발견을 두고 더더욱 혼란을 가중시킨 것은 바로 콜럼버스 자신이었다. 그는 그때까지 자신이 아시아 동쪽의 큰 섬인 지팡구에 도착했다는 주장만 펼친 것이 심히 못마땅했던지 1494년 6월 12일 두 번째 항해에서 도착한 쿠바에 대해서는 이곳이 당연히 아시아 대륙이고, 과거에 마르코 폴로가 터무니없이 긴 동쪽 루트로 방문한 칸의 제국인 카타이, 즉 중국이라고 공식적으로 선언했다. 그러면서 선원들과 스페인 왕실, 그리고 후손들까지 이 사실에 한 점 의혹도 품지 못하도록 자신의 모든 수하들에게 여기 이 쿠바가 중국이고 누구나 원하기만 하면 걸어서 스페인까지 갈 수 있는 대륙이라고 맹세하게 했다. 심지어 이 맹세에 어긋나는 말을 하는 자에게는 (1502년에 콜럼버스가 직접 한 말이다) 직위에 따라 벌금형과 태형을 내리거나 혀를 뽑아 버리겠다고 위협했다. 살바도르 데 마다리아가Salvador de Madariaga는 당시의 상황을 『돈키호테Don Quixote』에서 산초 판사와 이발사가 의자를 두고 이게 의자인지 안장인지 다투는 것과 비슷하다고 썼다.

어쨌든 쿠바는 중국으로 인정받았다. 이렇듯 콜럼버스는 브리태니커 백과사전이 그에 대해 내린 고상한 결론처럼 "머리털 하나 차이로 광기의 경계선 앞에 서 있는" 인물이었다. 천재성과 광기의 상관성에 대해선 지겨울 정도로 자주 논의되었지만, 그 상관성은 결코 부정될 수 없다. 이 책이 그것을 극명하게 증명해 줄 것이다.

콜럼버스의 세계적 성공을 두고 시간과 공간의 은총을 거론하는 경우는 거의 없다. 하지만 생각해 보라. 딱 맞는 시기에 딱 맞는 전쟁을 만났기에 명성을 얻은 사람이 얼마나 많은가? 전장의 모든 장수들이 그랬고, 두 차례의 세계 전쟁으로 곧바로 최고의 지위에 오른 윈스턴 처칠Winston Leonard Spencer Churchill이 그랬다. 심지어 콘라트 아데나워Konrad Adenauer와 루트비히 에르하르트Ludwig Erhard가 독일 재건 과정에서 탁월한 능력을 발휘했던 것도 전쟁으로 완전히 파괴된 나라가 있었기에 가능했다.

콜럼버스의 시공간적 행운은 우선 터키 인들이 인도로 가는 육로를 차단해서(1453) 유럽의 무역과 항해에 치명적인 위협을 가하기 2년 전에 큰 항구 도시에서 태어났다는 것이다. 또한 에스라와 다이이, 토스카넬리의 얼토당토않은 계산도 그에게 만용에 가까운 용기를 심어 주었고, 포르투갈 인들의 여러 발견과 항해에 유용한 나침반의 발명도 그의 도전에 중요한 토양이 되어 주었다. 게다가 아마 그보다 100년 전에 태어났다면 유럽의 어느 누구도 그렇게 멀리 떨어진 섬들에 관심을 갖지 않았을 테고, 그보다 50년 후에 태어났더라면 다른 항해자들이 벌써 아메리카를 발견했을 것이다. 라스카사스가 제대로 지적한 것처럼 콜럼버스 당시는 항해를 떠나기에 너무도 좋은 환경이었다. 그는 경건한 마음으로 이렇게 덧붙였다. "신이 콜럼버스를 스페인으로 인도한 것도 그 때문이었다." 결말이 좋으면 과정도 좋게 보는 이런 관점에서 라스카사스를 능가하는 사람이 실러이다. 그는 1795년에 쓴 시「나아가라, 힘찬 범선이여……」에서 마치 콜럼버스에게 아메리카가 필요했기 때문에 '자연'이 그 앞에 아메리카를 가져다 놓은 것처럼 말한다.

그것(해안)이 아직 존재하지 않았다면, 지금이라도

바다에서 솟아올라야 한다.
자연은 천재와 영원히 동맹을 맺고 있으니
한쪽이 약속하면 다른 쪽이 확실히 이행해 준다.

물론 자연은 우리처럼 천재성이 없는 사람들과는 동맹을 맺지 않는다. 그런데 그보다 더 나쁜 것은, 콜럼버스에 버금가는 재능을 지녔어도 너무 일찍, 혹은 너무 늦게, 혹은 잘못된 장소에서 태어난 다른 수많은 사람들과도 자연은 동맹을 맺지 않는다는 것이다. 아메리카를 발견하고, 세계의 대양을 누비고, 페루를 정복할 능력이 있다고 한들 20세기에 태어났다면 그게 무슨 소용이 있겠는가? 벌써 다 끝난 일일 테니 별무소용이었을 것이다.

반면에 행운의 여신이 손을 뻗은 총아에게는 많은 것이 허락된다. 가령 대제독 콜럼버스는 첫 항해에서 돌아온 뒤 거짓말로 승리의 영광을 차지했다. 즉 국왕 부처가 맨 처음 육지를 본 선원에게 1만 마라베디maravedi[3]의 종신 연금을 주기로 약속했는데, 콜럼버스가 자신이 가장 먼저 땅을 보았다고 거짓말을 한 것이다. 결국 그는 연금을 수령했지만, 선원들 사이에서의 신용은 바닥으로 떨어졌다.

얼마 뒤엔 국왕 부처의 신용도 잃고 말았다. 이유는 식민지 섬을 다스려야 할 부왕의 직책을 제대로 수행하지 못했기 때문이다. 위대한 남자들이 대부분 그렇듯 콜럼버스 역시 자기중심적이고, 자만심이 강하고, 무자비한 성격인 데다 다른 과오까지 저질렀다. 천성적으로 기율과 절제를 요하는 일에는 맞지 않았고, 부하들의 기강도 잡지 못했으며, 과도할 정도로 측근들만 총애했던 것이다. 그리고 처음 약속한 것만큼 황금과 향료를 스페인으로 보낼 수 없게 되자 인디언들을 잡아 스페인에 노예로 팔기도 했다.

이에 격분한 국왕 부처는 1499년 전권을 위임한 특사를 바다 건너로 급파

---

3 스페인의 옛 금화.

했다. 그런데 일이 제대로 돌아가는지만 감독해야 할 특사가 콜럼버스와 그 측근들을 즉시 쇠사슬에 묶어 스페인으로 압송할 것을 명령했다. 항해 중에 선장이 콜럼버스의 사슬을 풀어 주려고 하자 콜럼버스 자신이 그것을 거부했다. 그는 사슬에 묶인 채 스페인 땅을 밟음으로써 자신처럼 국가를 위해 큰 업적을 세운 사람이 어떤 대우를 받는지 만천하에 내보이고 싶어 했다. 그러면서 나중에 자신이 죽거든 이 쇠사슬도 유해와 함께 묻어 줄 것을 지시했다. 명성을 위해서라면 어느 정도 위험과 연출을 마다하지 않는 인물이었다.

그와 동시에 콜럼버스는 궁정에 있는 친구들에게 왕의 특사를 혹독하게 비난하는 편지를 썼고, 선장과 흥정해서 스페인에 내리는 즉시 왕궁으로 전령을 보내게 했다. 특사의 보고보다 먼저 궁정에 닿기 위해서였다. 결국 모든 것이 콜럼버스의 뜻대로 되었다. 국왕 부처는 대제독을 지체 없이 풀어 주라고 명령한 것과 아울러 그를 극진히 맞았고, 콜럼버스는 눈물을 흘리며 그들 앞에 무릎을 꿇었다.

이것이 그의 생애에서 마지막으로 행복한 순간이었다. 남은 7년 동안은 행운조차 그에게서 등을 돌렸다. 좌절과 굴욕, 질병, 곤궁 속에서 죽음으로 빨려 들어간 것이다. 1502년 네 번째이자 마지막인 항해에 나서기 전 콜럼버스는 어쩌면 자신이 중국 땅을 밟지 못했을지 모른다고 어렴풋이 돌려서 고백했다. 국왕 부처에게 보낸 편지에서, 위대한 칸의 제국에 좀 더 확실하게 당도하기 위해서는 새로운 나라들을 **횡단해서** 새로운 바다로 나가는 길을 찾고 싶다고 말한 것이다. 하지만 자메이카에서 올린 보고서를 보면 또다시 "소신이 인디아 땅을 발견했을 때", "여기 인디아 땅에서" 혹은 "지구의 7분의 1만 물로 덮여 있다는 것이 경험으로 증명되었습니다"라는 표현들이 나온다. 이처럼 콜럼버스는 어쩌면 자신도 그렇게 굳게 믿지는 않았던, 아니 그저 믿고 싶었던 주장만 가슴에 품은 채 1506년 5월 21일 세상을 떠났다. 오랫동안 병마에 시달리고, 걸핏하면 불같이 화를 내고, 절망하고, 통풍으로 몸이 반쯤 마비된 세월을 뒤로한 채로.

콜럼버스가 발견한 섬들이 인도가 아닐지 모른다는 의혹을 처음 제기한 사람은 피에트로 마르티레 단기에라Pietro Martire d'Anghiera(라틴어 명 페트루스 마르티르Petrus Martyr)였다. 이탈리아에서 이주해서 스페인 궁정에서 사제와 교사와 작가로 활동한 인물이었다. 그는 신문이 없던 시대에 고위층에 믿을 만한 정보들을 보내곤 했는데, 1493년에는 "크리스토발 콜론이라는 인물이 서양의 대척점에서 돌아왔다"라고 썼고, 1494년에는 콜럼버스가 데려온 인디언들이 위대한 칸의 신민들이 아니라 새로운 세계에서 온 것이 분명하다고 밝혔다.

그렇다면 이것이 유럽 인들이 지구의 새로운 곳을 알게 되었다는 뜻일까? 그렇지 않다. 왕들과 상인, 천문 지리학자들은 이 놀라운 일을 화제로 삼기는 했지만 지구의 지리적 분류에 대해서는 제대로 알지 못했다. 콜럼버스가 그들에게 갖고 온 것은 그저 임자 없는 엄청난 물건에 대한 지식뿐이었다. 게다가 그리스 문화와 성서의 영향이 뿌리 깊은 유럽 인들의 세계상에는 다른 신세계가 들어올 자리가 없었다는 점도 감안해야 한다. 그리스인들은 아시아의 '야만인들'에 대한 적대감을 토대로 **유럽**을 규정했고, 기독교를 신봉하는 사람들은 동양과 서양만 알고 있었다. 만약 지상에 제3의 대륙이 존재한다면 신이 어딘가에서 그에 대해 말을 했어야 하지 않겠는가?

사정이 이렇다 보니 피렌체 출신의 아메리고 베스푸치Amerigo Vespucci는 1502년에야 콜럼버스 이후 줄줄이 대서양을 건너간 탐사선들이 항해한 해안이 아시아의 동쪽이 아닌 신대륙이라는 사실을 확신하게 되었다. 베스푸치는 항해사와 지리학자의 신분으로 스페인 배와 포르투갈 배를 각각 두 번씩 타고 아메리카로 항해한 인물이었다.

알자스 태생의 천문 지리학자 마티아스 링만Matthias Ringmann과 라돌프첼 출신의 지도 제작자 마르틴 발트제밀러Martin Waldseemüller는 1507년에 제작한 세계 지도에서 베스푸치의 여행기를 토대로 그를 신세계의 발견자로 기록했다(아메리카의 또 다른 발견자이자, 어떤 면에서는 그가 실제 발견자이기도

하다). 그리고 그에게 경의를 표하기 위해 임자 없는 그 땅을 **아메리카**라 불렀다. 1년 전에 세상을 떠난 콜럼버스에 대해서는 언급이 없었다. 두 사람이 콜럼버스의 존재를 알게 된 것은 몇 년이 지난 뒤였다. 그래서 1511년의 개정판에서는 베스푸치에 대한 언급이 빠지고, 대신 다음의 내용이 추가되었다. "이 땅과 주변에 있는 섬들은 카스티야 왕의 명을 받은 크리스토퍼 콜럼버스에 의해 발견되었다." 그러나 '아메리카'라는 이름은 취소되지 않았다. 그러다가 단기에라는 1516년에 출간된 자신의 탐험사 『새로운 세계에 관하여 De rebus oceanicis et orbe novo』에서 아메리카의 발견이 콜럼버스의 공으로 돌아가야 마땅하다는 결정을 내렸고, 이 결정이 오늘날까지 받아들여지고 있다.

아메리카가 대륙이라는 사실은 1520년에야 페르디난드 마젤란(스페인 명 페르난도 마가야네스 Fernando Magallanes)에 의해 증명되었다. 그는 인도로 향하는 서쪽 항로를 찾으려고 남미의 최남단에 있는 푸에고 섬까지 내려갔다가 죽음을 맞았다. 너무 길기만 한 쓸데없는 항로였다. 스페인의 사제 프란시스코 로페스 데 고마라 Francisco López de Gómara는 1552년에 쓴 『서인도 제도 통사 Historia general de las Indias』에서 인도와 아메리카의 개념에 또다시 혼란을 불러일으켰다. "세계 창조 이후 최대 사건은 그리스도의 강림과 죽음을 제외하면 **신세계**라 불리는 인도의 발견이다." 고마라의 이런 평가는 개념적 오류에도 불구하고 유럽 인들의 의식이 결정적인 전환점을 맞았음을 보여준다. 우연히 발견된 귀찮은 바리케이드 같은 땅이 동방의 빛조차 단숨에 가려 버리는 새로운 마법의 나라로 탈바꿈한 것이다. 그러니 예수 이후 최대의 사건에 결정적인 공을 세운 사람은 바로 그 발견자였다.

콜럼버스의 **역사적** 의미는 이렇게 정의할 수 있다. 그는 뜻하지 않은 발견자인 동시에 그 이름에 합당한 인물이 결코 아니었음에도 역사적 전환기의 선봉장이자 무단 탈취의 집행관이었다. 스페인 침공군의 선발대를 지휘하면서 인디언들에게 복종을 가르쳤으며, 말과 술, 천연두를 인디언에게 가져다 주고, 반대로 감자와 담배, 매독을 유럽으로 들여왔다.

이런 점에서 1992년 콜럼버스의 아메리카 상륙 500주년 기념행사가 원래 계획한 성격을 완전히 잃어버린 것은 당연한 결과였다. 1989년 이후 스페인의 후안 카를로스Juan Carlos 국왕이 '아메리카의 발견' 대신 **두 세계의 만남**'을 축하하는 기념식을 치르라고 지시한 것을 두고 대서양 건너편에서는 항의하는 목소리가 높았다. 미국의 흑인과 백인, 인디언, 수많은 라틴 아메리카 인들은 그것만으로 충분하지 않다고 생각한 것이다. 미국 교수들과 시민 운동가, 여성 운동가, 그리고 개신교 성향의 의원들은 발견자의 승리가 아닌 **발견된 이들의 비극**을 추모해야 한다고 요구했다. 아메리카는 약탈당하고 아메리카 문화는 유린되었다는 주장이 제기되었으며, 콜럼버스를 훈 족의 아틸라Attila 왕과 히틀러, 그리고 아돌프 아이히만Adolf Eichmann과 비교하는 현수막까지 내걸렸다. 시사 주간지 『타임Time』은 이런 움직임들에 대해 현재의 일방적인 척도로 과거를 평가하는 지적 마조히즘이라 불렀다. 좌파들이 베트남 전쟁 이후 가장 멋진 주제를 찾아내서 그에 열광하고 있다는 것이다. 반면에 독일의 개신교 교회는 1991년 콜럼버스가 상륙한 날을 오늘날까지도 부활이 이루어지지 않은 "고난과 피의 성 금요일"이라고 부르며 기념행사를 "그야말로 철면피 같은 짓"이라고 비난했다.

그와 동시에 미국에서는 두 가지 근거 없는 전설이 등장했다. 콜럼버스 이전에 아프리카 흑인들도 아메리카에 당도했다는 새 전설과 루소로 하여금 인류의 목가적인 원시 상태를 꿈꾸게 한 옛 전설이 그것이다. 그 옛 전설에 따르면 콜럼버스는 고결한 아메리카 원주민들의 평화로운 삶을 파괴했다. 그러나 인디언의 삶이 평화로운 낙원과는 거리가 멀었다던 것은 논란의 여지가 없는 아스텍 족의 풍습 하나만 보더라도 알 수 있다. 예를 들어 그들은 해마다 전쟁 포로 수만 명을 잡아 태양신에게 바친 뒤 산 채로 심장을 도려내어 그 시신을 먹었다고 한다.

콜럼버스 자신은 이 모든 것에 대해 아무것도 몰랐고, 원한 것도 없었으며, 알아차린 것도 없었다. 그저 일본에서 황금을 구해 오려다가 뜻하지 않게 아메리카에 당도한 것뿐이다. 이런 면에서 그의 역사적 역할은 수많은 우연의 굴곡이 만들어 낸 기형이었다. 물론 공상가와 신들린 사람, 천재적인 전략가가 한 인물 속에 결정체를 이루고 있었던 것은 우연이 아니었다.

콜럼버스의 세계적 명성은 다음 두 가지에 기인한다. 우선 우리는 수많은 인물이 복잡하게 뒤엉킨 역사적 과정을 단순화시켜 누군가 한 사람에게 고착화하는 것을 너무 좋아한다(이 점은 다음 장에서 증명될 것이다). 특히 그 사람이 승리와 비극, 비전과 어리석음, 천재성과 광기 사이를 부지런히 오가는 인물일 경우에는 더더욱 그렇다. 야코프 부르크하르트는 '위인'이 만들어지는 결정적인 순간을 "많은 사람의 환상이 **한 사람에게 집중될**" 때라고 썼다. 제임스 쿡James Cook은 그 이전과 그 이후의 어떤 사람보다 많은 미지의 땅을 발견하고 측량했지만, 그처럼 지극히 냉철하고 합리적인 탐험가는 콜럼버스처럼 화려한 공작과 날카로운 매와 도둑 까치의 면모를 한 몸에 품고 있는 탐험가에 비하면 사람들의 주목과 경탄을 받기 어렵다.

1890년 판 마이어 백과사전에서는 콜럼버스의 "광신적 오만불손함과 표리부동, 황금에 눈먼 잔혹함"이 역겨움을 불러일으킨다는 결론을 내렸지만, 그것은 절반의 진실일 뿐이다. 우리는 그런 면에 매혹을 느끼기도 하기 때문이다. 마이어 백과사전이 황금에 눈먼 콜럼버스의 탐욕을 "훗날 원주민들에 대한 비인간적 대우의 주원인"으로 꼽았다면 1843년에 발행된 브록하우스는 그 점을 이렇게 적고 있다. "만약 콜럼버스가 (상층부의) 탐욕스런 기대에 부응하는 노력을 기울이지 않았더라면 탐험의 속행에 필요한 재원과 허락을 구하지 못했을 것이다." 마다리아가는 1939년에 출간된 방대한 전기에서 콜럼버스를 가리켜 대담하면서도 소심하고, 황소고집 같으면서도 능구렁이 같고, 순진하면서도 위선적이고, 관대하면서도 탐욕스럽고, 이기심으로 똘똘 뭉쳐 있으면서도 하늘의 소명에 충실한 인물이라고 요약했다.

그렇다면 시인이었던 콜럼버스 자신은 마지막 항해의 육체적·심리적 고통에 대해 페르난도 국왕과 이사벨 여왕에게 뭐라고 썼을까? 그대로 옮기면 다음과 같다. "바다는 흐르는 피와 같고, 활활 타오르는 불덩이 위에 올려놓은 주전자처럼 펄펄 끓어올랐습니다. 소신의 육신은 신열로 고통스러워했고, 신고의 고난은 끝날 줄을 몰랐습니다. 소신은 있는 힘껏 돛대 위로 올라가 두려움에 떨며 사방으로 휘몰아치는 바람에 대고 폐하의 용맹스런 장수들의 이름을 부르며 도움을 청했습니다. …… 마침내 소신은 지쳐 쓰러져 잠이 들었습니다. 그때 이런 부드러운 목소리가 들렸습니다. '오, 너의 주님을 믿고 섬기는 데 어리석고 유약한 자여! 주님께선 당신의 종이었던 모세와 다윗에게는 더 많은 것을 베풀어 주셨을 줄 아느냐? 네가 세상에 태어난 이후 주님은 늘 너를 선함으로 돌보아 주셨고, 놀랍게도 너의 이름까지 세상 곳곳에 울려 퍼지게 하셨다. 지상에서 그처럼 풍요로운 인디아 땅을 너에게 주셨고, 너는 그 땅을 네 원하는 대로 분배했다. …… 수많은 땅의 사람들이 너에게 허리를 숙였고, 모든 기독교인들이 너를 깊은 존경심으로 우러러보았다. …… 너의 창조주께서 머지않아 네가 다른 사람들을 위해 일하면서 이겨 낸 고난과 위험의 대가를 작으나마 내려 주실 것이다. …… 그러니 두려워 말고 믿어라. 이 모든 시련은 처음부터 대리석 속에 깊이 새겨져 있었으니.'"

신은 모세Moses에게도 콜럼버스만큼 많은 것을 선사하지 않았다. 인디아 땅만큼 엄청난 선물이 어디 있겠는가! 그것도 제노바 출신의 일개 직조공 아들에게는 더할 나위 없는 선물이었다.

요한 고트프리트 폰 헤르더Johann Gottfried von Herder는 1794년에 이렇게 썼다. "세상의 가장 큰 변화들은 반미치광이들에 의해 이루어졌다."

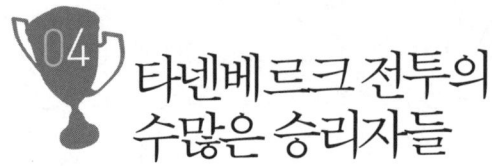
# 04 타넨베르크 전투의
## 수많은 승리자들

> 누가 성문 일곱 개를 갖춘 고대 테베 시를 세웠는가? 책들에는 왕들의 이름이 적혀 있다. 그렇다면 왕들이 바윗덩어리를 끌고 올라가기라도 했단 말인가? …… 젊은 알렉산드로스는 인도를 정복했다. 하지만 그 혼자 했는가? 카이사르 역시 갈리아를 격퇴했지만, 최소한 그에게는 요리사라도 한 명 있었다.
> —베르톨트 브레히트

우리는 위대한 사람들에 대해 콜럼버스가 아메리카에 대해 아는 것보다 더 모를 때가 많다. 이 말은 곧 아무것도 모르거나, 알더라도 상당히 잘못 알고 있다는 뜻이다. 콜럼버스의 경우, **인물** 부분은 비교적 명확히 기술할 수 있지만, 그의 **업적**을 자리매김하는 작업은 간단치 않다. 반면에 경탄할 위대한 업적은 분명히 존재하는데 그 업적의 주인공이 누구인지 정확히 밝히기 어려운 때도 더러 있다.

예컨대 『오디세이아 *Odysseia*』는 과연 누가 썼을까? 혹자는 호메로스가 쓴 것은 기껏해야 일부라고 하고, 혹자는 아예 호메로스가 쓰지 않았다고 말한다. 또한 영국 작가 새뮤얼 버틀러 Samuel Butler는 1897년 『오디세이아의 여류 작가 *The Authoress of the Odyssee*』에서 오디세이아의 작가가 여성이라고 주장했다. 이 작품은 풍자로 읽히기는 하지만, 작가의 주장에 상당히 납득할 만한 이유가 있는 것도 사실이다. 그렇다면 최소한 『일리아스 *Ilias*』는 호메로스의 작품일까? 아마 그건 사실일 것 같다. 호메로스의 본명이 '멜레시게네스Melesigenes'였을 거라는 점 말고는 그에 대해 아는 것이 거의 없다는 사실에 만족한다면 말이다. 우리는 두 서사시를 경탄하므로 이 작품들의 원작자에게도 진심 어린 존경을 보내고 **싶어 한다**. 하지만 원작자를 모른다고 해서 당혹스러워하지는 않는다. 우리는 그가 분명 고결하고 지혜로운 사람일 거라고 생각하고, 두 눈이 먼 호메로스의 흉상(물론 이것도 자유로운 상상의 산물이다)을 보는 것만으로도 충분히 감동에 젖을 테니까 말이다.

나사렛 예수는 역사적 실존 인물이었을까? 19세기의 많은 학자와 신학자들이 그 점에 의문을 품었던 것은 나름대로 근거가 있었다. 그것 말고 지금도 계속되는 논쟁이 또 있다. 셰익스피어의 희곡에 파노라마처럼 펼쳐지는 그 다채로운 세계가 정말 소시민 계층 출신으로 자기 작품 외에는 아무런 삶의 흔적을 남기지 않은 한 연극배우에 의해 그려졌다는 것이 사실일까? 그 희곡들은 오히려 대법관이자 철학자이고, 속을 쉽게 알 수 없는 성격에다 탁월한 문장가이자 번뜩이는 정신의 소유자인 프랜시스 베이컨Francis Bacon의 작품이 아니었을까? 아니면 17대 옥스퍼드 백작으로 서정 시인이자 극작가이고 극단의 후원자였던 에드워드 드 비어Edward de Vere가 원작자가 아닐까? 옥스퍼드 백작의 전기에도 셰익스피어처럼 몇 년의 공백기가 있지만, 그는 이 시기에 셰익스피어와 달리 이탈리아에 머물고 있었다. 지크문트 프로이트Sigmund Freud가 그를 셰익스피어로 보는 명백한 증거이다. 아니면 1593년 셰익스피어가 등장하기 4개월 전에 한 술집에서 살해당한 위대한 극작가 크리스토퍼 말로Christopher Marlowe가 진짜 셰익스피어일까? 동성애와 무신론으로 박해받던 상황을 피하려고 자신이 죽은 것처럼 연출한 건 아닐까? 그래서 '셰익스피어'라는 이름의 신실치 못한 연극배우에게 돈을 주고 자신의 희곡을 대신 발표하게 한 것은 아닐까? 지난 200년 동안 셰익스피어의 진위를 둘러싸고 숱한 논쟁이 벌어졌는데, 마크 트웨인Mark Twain은 다음과 같은 패러디까지 유포시켰다. "셰익스피어의 작품은 셰익스피어의 것이 아니라 같은 이름을 가진 무명작가의 것이다."

1957년 티베트 라마승 롭상 람파Lobsang Rampa는 자전적 베스트셀러『제3의 눈The Third Eye』을 통해 20세기에도 문학적 사기꾼이 등장할 가능성을 보여 주었다. 1958년 이 책의 저자 롭상 람파는 영국 남서부 플림턴 태생의 상점 직원인 시릴 헨리 호스킨Cyril Henry Hoskin으로 밝혀졌다. 그는 한 번도 티베트에 간 적이 없지만, 9년 전에 뇌진탕을 겪은 뒤 한 라마승의 영혼이 자신의 몸으로 들어왔다고 주장했다.

베스트셀러 소설 『죽음의 배Das Totenschiff』(1926)와 『시에라 마드레의 보물Der Schatz der Sierra Madre』(1927)의 저자 B. 트라번B. Traven의 진위도 최근까지 논란으로 남아 있다. 사람들은 『죽음의 배』의 출간부터 그의 죽음까지 43년 동안 그를 찾아 헤맸지만, 명백한 증거는 없이 자칭 '트라번'이라는 사람들만 발견되었다. 오늘날까지도 전문가들은 트라번의 본명이 '오토 비네케Otto Wienecke' 인지, '트라번 토르스반Traven Torsvan' 인지, 그가 독일과 노르웨이, 미국 중 어디서 태어났는지, 혹은 황제 빌헬름 2세Wilhelm II의 사생아가 아닌지를 두고 끝없이 논쟁을 벌이고 있다.

우리 시대의 수수께끼 인물은 토머스 핀천Thomas Pynchon이다. 일부 비평가들로부터 현존하는 최고의 영어권 작가라는 평가를 받는 핀천은 종종 제임스 조이스James Joyce나 토마스 만Thomas Mann과 비교된다. 그런데 '핀천'이라는 인물은 1937년에 뉴욕에서 태어났지만 학생 때 찍은 사진이 그의 마지막 모습일 뿐 나머지는 모두 신비에 가려져 있다. 1963년 그의 걸작 네 편 중 첫 번째 작품이 출간된 이후 핀천은 편집자들과 에이전트들이 겉으로 내세우는 이름일 뿐 그의 실체가 실제 만남이나 사진으로 증명된 적은 한 번도 없었다. 그렇다면 핀천은 자신의 소설에 등장하는 몇몇 인물들처럼 추적 강박증에 시달리는 대인 기피증 괴짜일까? 아니면 미국의 대중 홍보 문화를 의식적으로 혐오하는 사람일까? 혹은 신비주의 광고 전략을 아는 사람일까? 그도 아니라면 익명의 작가군이 만들어 낸 가짜 간판일까?

물론 쉽게 드러나기는 했지만, 실제로 여러 작가가 한 명의 가상 작가를 만들어 낸 경우는 더러 있었다. 호르헤 루이스 보르헤스Jorge Luis Borges는 친한 작가 아돌포 비오이 카사레스Adolfo Bioy Casares와 함께 '오노리오 부스토스 도메크Honorio Bustos Domecq'라는 왕성한 활동의 작가를 탄생시켰는데, 1985년 이후에 이 사람의 전집이 독일에서 출간되기도 했다. 이런 기술에 정교함까지 더해져 1981년에는 아르헨티나에서 보르헤스로 등장한 작가가 실은 익명의 세 작가에 의해 조종 받는 연기자라는 주장이 제기되었다. 그 밖에 공쿠르 문학상을 받은 로맹 가리Romain Gary(본명은 로망 카체프Roman Kacew)는 '에밀 아자르Emile Ajar'라는 작가를 창조했고, 친척에게 그 사람 행세를 시켜 비평가들을 놀려 먹기도 했다.

이런 식의 위조를 완벽하게 막는 것은 불가능에 가깝다. 특히 정보망이 허술하고 자료가 부족했던 과거에는 위조 작업이 지속적으로 성공할 가능성이 한결 더 높다. 따라서 우리는 수시로 가짜와 신화, 혹은 사기꾼이나 단순한 허위 간판을 진짜라 믿고 존경할 위험을 안고 살아간다. 더구나 역사적 실수와 위조된 기록들이 우리를 잘못 이끌거나 우리 자신이 그런 가장의 욕구에 사로잡히면 나중에 그것을 바로잡을 기회는 거의 없게 된다.

물론 그럴 기회가 있더라도 우리는 그 기회를 제대로 활용하지 못한다. 예를 들어 우리는 루이 13세Louis XIII 때 재상을 지낸 프랑스의 유명 정치인 아르망 리슐리외Armand Jean du Plessis de Richelieu 추기경에 대해 말할 때 항상 그의 뛰어난 지략과 불굴의 정신, 불세출의 성공을 빠뜨리지 않는다. 하지만 이 모든 것을 오직 그 혼자만의 공으로 돌리기에는 너무도 중요한 주변 인물이 한 사람 빠져 있다. 마플리에 남작인 조제프 신부Père Joseph가 그 주인공이다. 레오폴트 폰 랑케Leopold von Ranke에 따르면 "이 두 사람은 **협력해서** 당시의 정치계에 큰 영향을 끼친 최고의 지략을 발전"시켰는데, 스스로를 '카푸치노 수도회의 수도사 조제프'라 칭했던 마플리에 남작은 리슐리외에게 "물러서지 않는 정치와 어두운 폭압의 미로를 열어 준" 사람이었다.

심지어 핀존도 콜럼버스와 함께 거론해야 할 합당한 이유가 있다. 베테랑 선원이자 부유한 선주였던 핀존은 콜럼버스와 국왕 부처의 결정적인 만남을 성사시킨 인물이었다. 또한 콜럼버스가 국왕의 사면 약속을 바탕으로 죄수들을 고용하기 시작했을 때 탐사 항해에 꼭 필요한 경험 많은 선원들을 확보한 사람도 핀존이었고, 마지막으로 항해 시작 21일째 망망대해에서 일어난 폭동의 위기를 막은 사람도 콜럼버스가 아닌 핀존이었다. 그러나 귀향 후에는 누구도 핀존에게 눈길을 주지 않았고, 그는 얼마 뒤 세상을 떠났다. 반면에 허풍선이 대제독 콜럼버스는 핀존이 없었더라면 누리지 못했을지도 모를 승리의 영광을 마음껏 즐겼다.

세계사에 이런 조력자와 조언자, 배후 조종자, 이름 없는 영웅들은 얼마나 많을까? 또 궁정 시인들이 거론하지 않은 사람들은 얼마이며, 우리가 그 영향력을 알거나 예감하지만 무대 전면의 주인공에 가려 역사에 묻혀 버린 조역들은 또 얼마일까? 비스마르크의 후임 재상이나 외무 장관들은 독일의 대외 정책에서 프리드리히 폰 홀슈타인Friedrich von Holstein에게 크게 의지했는데, 그는 외무부 특별 고문으로서 프랑스의 조세프와 함께 **막후 인물**의 대표적인 예로 거론된다. 그 밖에 외교 담당 비서관 조지 캐넌George F. Kennan이 없었다면 해리 트루먼Harry Shippe Truman 대통령의 외교 정책과 국방 정책은 어떻게 되었을 것이며, 국무 장관 존 포스터 덜레스John Foster Dulles가 없었다면 드와이트 아이젠하워Dwight David Eisenhower 대통령은 어떻게 되었을까? 덜레스가 죽어 아이젠하워 혼자 7개월의 임기를 마쳐야 했을 때 세상 사람들은 한편으론 고소한 마음으로, 다른 한편으론 애처로운 눈길로 외로운 대통령을 지켜보았다.

물론 적당한 조력자와 조언자를 찾는 것도 하나의 능력이다. 교수에게는 조교들이 필요하고, 스타 건축가에게는 성공을 도와줄 조력자들이 반드시 필요하다. 때로는 자신의 역할이 적당한 순간에 고개를 끄덕여 주는 것에 불과하더라도 부하들의 기막힌 제안이나 탁월한 조언을 무시하거나 내팽개치지 않은 것만으로도 그 공을 인정해야 한다. 다만 우리가 명성을 분배할 때 주인공 한 사람에게만 전적으로 명성을 안기는 것이 아니라 그의 이름 옆에 그를 있게 한 다른 인물의 이름도 같이 적어야 한다. 물론 그렇게 되면 문헌을 정리하는 사람들의 입장에서는 인명을 어떤 순서로 써야 할지 골머리를 앓을 수가 있을 것이다. 예를 들어 트루먼과 캐넌, 혹은 호찌민胡志明과 보응우옌잡Vo Nguyên Giap이 그렇다. 아마 맹렬한 정복욕으로 끓어오르던 호찌민도 자신의 국방 장관이자 총사령관이고, 디엔비엔푸 전투의 승리자이자 미군을 무릎 꿇린 전술 전략의 아버지인 보응우옌잡 장군이 없었다면 끈 떨어진 뒤웅박 신세였을 게 틀림없다.

여기까지는 세계 정치사에 관심이 있는 사람이라면 어느 정도 아는 이야기다. 그러나 북베트남 공산당 총서기로서 전쟁에 결정적 영향을 끼친 '소비에트 동맹'을 이끌어 낸 레주언Le Duan을 기억하는 사람이 있을까? 또는 1973년 내부 사정에 정통한 몇몇 전문가들이 베트남 전쟁 승리의 네 번째 주역으로 소개한, 보응우옌잡의 참모장을 지낸 반티엔둥Van Tien Dung을 기억하는 사람이 있을까? 서양 세계에 그의 이름이 알려지지 않은 것은 그렇다 치더라도 베트남의 매체가 그에게 전혀 관심을 보이지 않은 것은 이상한 일이다. 1968년 베를린과 파리에서 "호-호-호-찌민"을 연호하던 대학생들은 호찌민의 배경 인물들에 대해서는 아는 것이 없었을 뿐 아니라 설사 삶의 경험 뒤 그 인물들에 대해 어느 정도 알게 되었다고 하더라도 진실을 위해 시위를 연장하지는 않았을 것이다. 경탄을 위해서든 저항을 위해서든 한 사람이면 족했기 때문이다. 성공에 관여한 그 한 사람의 기여가 그의 그늘에 가린 세 사람보다 작다고 하더라도 말이다.

베트남 전쟁 승리의 네 주역과 마찬가지로 1914년에 벌어진 타넨베르크 전투의 승리자도 네 명, 혹은 그 이상이었다. 이 전투는 이미 오래전에 일어난 일이고, 그것도 제2차 세계 대전의 참상에 가려져 있었지만 한때 세계 역사상 가장 위대한 '섬멸전'으로 추앙받았을 뿐 아니라 오늘날에도 모든 군의 참모부에서 가장 완벽한 전투 중 하나로 연구 분석되고 있다. 알렉산드르 솔제니친Aleksandr Isayevich Solzhenitsyn은 1972년 『1914년 8월 *August 1914*』에서 이 전투를 러시아의 무능을 보여 주는 영원한 기념비라고 묘사했다. 그 밖에 이 전투는 속을 들여다보면 히틀러의 비상과도 어느 정도 관련이 있다. 하지만 무엇보다 타넨베르크 전투는 수많은 요행과 실수, 갖가지 동기가 어지럽게 뒤섞인 혼돈 속에서 이 모든 것을 명쾌하게 정리해 주는 한두 사람을 콕 집어냄으로써 우리의 욕망을 충족시켜 주는 정신적 표피성의 전형적인 예라고 할 수 있다.

파울 폰 힌덴부르크Paul von Hindenburg가 이끄는 독일 8군은 알렉산데르 삼소노프Alexander Samsonow 장군이 지휘하는, 수적으로 우세한 러시아 주력 부대 2군을 동부 프로이센에서 고립시켜 포위한 뒤 완전히 섬멸했다. 군사적으로 설명하자면 러시아군 9만 3,000명이 포로가 되었고 10만 명가량이 전사했으며, 노획한 군수 물자는 화물 열차 60량에 이르렀다.

힌덴부르크는 승리자로 환호를 받았다. "그러나 얼마 안 가 에리히 루덴도르프Erich F. W. Ludendorff가 본래의 실력자이고 타넨베르크의 진정한 승리자였다는 사실을 알 만한 사람은 모두 알아차렸다."(골로 만Golo Mann) 힌덴부르크는 1920년에 쓴 회고록에서 자신의 참모장이자 훗날 제1병참 총장에 오르는 루덴도르프를 한편으론 공정하게 다루면서도 다른 한편으론 승리의 조력자 정도로 낮추려고 애썼다. 그는 이렇게 말했다. "나는 참모장의 영민한 생각과 초인에 가까운 활동력, 지칠 줄 모르는 정신력이 최대한 자유롭게 펼쳐지도록 하는 것을 나의 가장 중요한 과제로 생각했다." 루덴도르프는 "역사상 그 누구도 해내지 못한 위대한 과업을 완수하기 위해 태어난" 인물이었기 때문이다. 힌덴부르크는 심지어 루덴도르프와의 협력 작업을 "행복한 결혼 생활"에 비유하면서 이렇게 적었다. "우리는 한쪽의 말이 다른 쪽의 생각과 느낌을 그대로 표현하는 경우가 많았다." 그러나 루덴도르프는 그리 공손한 인물이 아니었다. 1935년 그는 자신의 상관에 대해 이렇게 썼다. "사령관이 늦잠을 자는 바람에 대부분의 결정이 제때 이루어지지 않았지만, 아무도 그를 깨울 필요를 느끼지 못한 것은 놀랄 일이 아니었다."

브리태니커 백과사전은 브록하우스보다 여섯 배나 많은 지면을 할애하면서 루덴도르프를 한니발Hannibal보다 위대한 장수로 평했고, 힌덴부르크와 거의 비슷한 말로 "누구도 뛰어넘을 수 없는 초인적인 실행력과 활동력"을 칭송했다. 전 세계 사관 학교 생도들에게 역사상 가장 천재적인 군인 중 한 사람으로 존경받는 루덴도르프는 재능과 행위뿐 아니라 성공을 기준으로 평가했을 때도 위대한 인물임이 틀림없다. 다만 위대함과 도덕성의 관계는 이 책의 9장에서 다루게 될 것이다.

그런데 이 전투에는 제3의 인물이 있었다. 제8군 사령부의 작전 참모인 막스 호프만Max Hoffmann 중령이었다. 1914년 8월 23일 힌덴부르크와 루덴도르프가 동부 프로이센에 당도했을 때는 호프만 중령이 이미 루덴도르프의 기차가 편안히 달려갈 수 있도록 이미 승리의 선로를 상당 부분 깔아 놓은 상태였다. 일화에 따르면 힌덴부르크는 호프만에게서 러시아군에 대한 포위 작전 계획을 보고받고, 자신에게도 그보다 좋은 생각은 없다고 대답했다고 한다.

막스 호프만은 어떤 인물이었을까? 루덴도르프에 따르면 "총명하고 진취적인 장교"였고, 영국 역사가 마이클 발포어Michael Balfour에 따르면 "동부 전선 사령부에서 지적으로 가장 뛰어난 인물"이었다. 그렇다면 승리에 기여한 그의 몫은 얼마나 될까? 루덴도르프의 전쟁 회고록에 따르면 그다지 높지 않은 것으로 나타난다. "전투 작전의 세부 사항은 8월 24일에서 26일 사이에 서서히 틀이 갖추어졌기 때문"이라는 것이다. 다시 말해서 두 장군이 도착한 뒤에야 세부 계획이 정해졌다는 뜻이다. 하지만 이 말은 다른 식으로 해석될 수도 있다. 작전의 큰 밑그림은 이미 호프만에 의해 그려진 상태에서 세부 계획만 나중에 세워졌다고 볼 수 있기 때문이다.

따라서 1929년 판 마이어 백과사전에 실린 다음 내용이 합리적으로 보인다. "타넨베르크 전투를 둘러싼 전쟁사적 논쟁은 일단 호프만이 기본 작전을 세우고, 루덴도르프가 작전을 실질적으로 이끌고, (성격이 좀 더 끈질긴) 힌덴부르크가 전투를 끝까지 버텨 낸 것으로 일단락 지을 수 있다." 영국 역사가 고든 A. 크레이그Gordon A. Craig도 비슷하게 썼다. "힌덴부르크와 루덴도르프, 호프만의 통합된 군사적 재능이 …… 타넨베르크 대승의 원동력이었다."

여기서 두 가지 점을 지적하고 싶다. 첫째, 독일에서 가장 인기 있는 마이어 백과사전이 1929년부터 타넨베르크 승리의 세 주역을 널리 알렸음에도 그 사실은 1945년까지(타넨베르크 전투가 상당히 중요한 사건으로 여겨지던 마지막 시간이다) 독일 학교의 역사 시간이나 독일인들의 의식에 제대로 자리 잡지 못했다. 둘째, 역사가들과 백과사전이 마치 약속이라도 한 듯이 승리자 **세 명을** 동시에 거론함으로써 이제 이 전투의 진정한 배역에 대한 진실이 완전히 밝혀진 것 같은 분위기로 흘러갔다는 사실이다.

어찌 됐든 당사자의 회고록에 따르면, 이 전투에는 승리자가 한 사람 더 있다. 1군단 사령관인 헤르만 폰 프랑수아Herman von François 장군이 주인공인데, 그는 포위 작전의 아이디어가 자신의 머리에서 나왔을 뿐 아니라 힌덴부르크와 루덴도르프가 작전을 거의 포기하려는 상황에서 자신이 **그것을** 끝까지 지켜 냈다고 주장했다. 두 번째 주장은 많은 군 역사가들이 인정하는 사실이기도 하다.

그러나 승리자가 셋이든 넷이든, 그들은 모두 오랜 군사적 전통의 후계자들이었다. 즉 프리드리히 빌헬름 1세Friedrich Wilhelm I로까지 거슬러 올라가는 프로이센군의 기율, "최고의 훈육을 받은 장교단"(비스마르크의 표현), 프리드리히 대왕과 게프하르트 레베레히트 폰 블뤼허Gebhard Leberecht von Blücher, 헬무트 카를 베른하르트 폰 몰트케Helmuth Karl Barnhard Moltke 이후 프로이센-독일군에 충만했던 강한 승부욕과 승리에 대한 확신 등이 군사적 전통의 첫 번째 유산이라면, 1891~1905년까지 참모 총장을 지낸 알프레드 폰 슐리펜

Alfred von Schlieffen이 최악의 결과까지 명확히 기술하며 요구했던 섬멸 전략은 두 번째 유산이었다. 루덴도르프는 전투가 끝난 뒤 이렇게 썼다. "나는 슐리펜 장군을 생각했고 이 스승에게 감사했다." 이런 유산들 외에 아우구스트 폰 그나이제나우-August Wilhelm Anton Neithardt von Gneisenau가 고안해서 몰트케가 최고 수준으로 이룩해 놓은 세계 최강의 참모부도 타넨베르크의 승리에 빼놓을 수 없는 공신이었다. 그렇다면 이들 모두를 타넨베르크의 승리자라고 할 수는 **없을까?**

1866년 쾨니히그레츠 전투[1]가 끝났을 때 독일에서는 이 전투를 승리로 이끈 주역이 "프로이센의 교사들"이라는 말이 파다하게 나돌았다. 프로이센 학교의 교육이 오스트리아보다 훨씬 나았다는 것이다. 그렇다면 그로부터 50여 년 뒤 타넨베르크의 승리도 그렇게 말할 수 있지 않을까? 독일 학교가 러시아보다 훨씬 뛰어났으니 말이다. 그 밖에 병력과 군수품을 사고 없이 끝까지 전쟁터로 실어 나른 독일의 제국 철도와 러시아보다 수백 배는 탁월한 야전 통신망을 구축하고, 극히 일부이지만 통신망이 구축되지 않은 지역에는 즉시 정찰기를 띄워 원활한 작전 수행에 도움을 준 독일의 통신 기술자들도 승리의 공신이었다. 그렇다면 전쟁 영웅으로 추앙받는 힌덴부르크와 천재적인 루덴도르프, 지략이 뛰어난 호프만은 거의 완벽하게 차려진 밥상에 숟가락만 올렸을 뿐이다. 그게 없었더라면 그들은 아무것도 하지 못했을지 모른다.

하지만 러시아군에도 독일과 비슷한 능력과 전통이 있었다면 이 모든 것, 그러니까 독일의 탁월한 교육 시스템과 철도망, 통신 기술, 뛰어난 장군도 아무 소용이 없었을 것이다. 이것은 결코 역사의 뒤안길을 시시콜콜히 따져 조금이라도 흠집을 내려는 치졸한 시도가 아니라 역사적 위인들을 연구하

---

[1] 프로이센이 오스트리아를 상대로 벌인 7주 전쟁에서 가장 중요한 전투. 프로이센이 승리를 거두었고, 그로써 오스트리아는 프로이센 주도하의 독일에서 제외되었다.

고 그 능력과 공적을 평가할 때 끊임없이 수반되는 다음과 같은 문제를 집어내어 함께 고민해 보려는 합당한 시도이다. 즉, 우리는 한 사람의 위대함을 진정으로 얼마만큼 인정할 수 있을까? 왜냐하면 그의 위대함은 타인이 그에게 선물로 준 못남과 결함에서 기인하는 측면이 크기 때문이다. 달리 말해서 한 인간의 위대함을 정확히 측정하려면 타인의 못남과 부족함을 빼야 하지 않을까?

루덴도르프와 호프만에게 주어진 타인의 선물은 러시아군의 태만과 분열이었다. 물론 승자는 그 점을 정확히 꿰뚫어 보고 최대한 이용했다. 루덴도르프는 이렇게 썼다. "전투 결정은 러시아 지도부의 굼뜬 움직임을 토대로 이루어졌다." 참모 본부가 다른 적을 상대로는 불가능한 작전을 러시아 전선에서 과감하게 펼칠 수 있으리라 판단한 것은 벌써 2년 전이었다. 솔제니친은 심지어 독일 수뇌부가 러시아 장군들이 얼마나 경직되고 고루한 인간들인지 제대로 모르는 바람에 더 큰 승리를 놓쳤다며 독일 장군들을 비난하기도 했다.

러시아의 파울 폰 레넨캄프Paul von Rennenkampff 장군이 빈둥거리던 1군을 끌고 포위된 삼소노프 장군의 2군을 도우러 갔다면, 아니 경솔함에서든 실수로든 독일군 방향으로 군대를 움직이기만 했어도, 독일은 다방면의 우세에도 불구하고 파국으로 치달았을지 모른다. 이것 말고도 러시아군의 분열과 태만은 여기저기서 확인된다. 혹여 소 뒷걸음질에 쥐 잡는 식으로라도 러시아 장군 중 한 명이 제대로 된 판단을 내릴 가능성이 있었지만, 루덴도르프와 호프만은 애초에 그런 가능성을 배제하고 있었다. 게다가 그 부분은 독일 지도부가 계획할 수 있는 것이 아니었다. 어쨌든 그들은 그런 점에서 **도박**을 감행했고 승리를 거두었다. 과거 프리드리히 대왕이 휘하 장수들에게 요구한 '행운'이 따른 것이다. 승리는 한쪽이 똑똑한 것만으로는 부족하다. 다른 쪽이 어리석음과 불운을 헌납하는 절차가 더해져야 한다. 실러가 네덜란드 알바Alba 공작의 군대에 대해 "그 지도자의 총명함에 경탄을 보내야 할지, 아니면 적의 눈먼 어리석음에 더 큰 경탄을 보내야 할지 참으로 결정하기가 어렵구나" 하고 썼던 것처럼.

그런데 이 모든 것에도 불구하고 아직 언급되지 않은 것이 있다. 전투에 참여한 독일과 러시아의 **병사** 15만 3,000명과 19만 1,000명, 그리고 그들의 고통과 공로이다. 그들이 없었다면 루덴도르프도, 독일 제국 철도도, 독일의 교사들도 승리자가 될 수 없었을 것이다. 독일군이 군인으로서 더 뛰어났을까? 만일 그렇다면, 그들이 더 나은 교육과 훈련을 받고, 더 나은 상관의 지휘를 받고, 더 나은 물질적 지원을 받지 **않았어도** 러시아 병사들보다 더 뛰어난 다른 인자가 있었을까? 아마 그렇지는 않겠지만, 그건 어차피 우리가 알 수 없는 일이다.

다만 우리가 아는 것은 이렇다. 이름 없는 수많은 병사들이 없었다면 장군들은 아무것도 이룰 수 없고 아무것도 얻지 못했을 테지만 병사들은 백과사전에 오르지 않는다는 사실이다. 1592년 미셸 에켐 드 몽테뉴Michel Eyquem de Montaigne는 이 점에 대해 다음과 같이 썼다. "훌륭한 행위들 중에 명예를 얻지 못하고 증인도 없이 묻혀 버리는 경우는 **무수하다**. 아무나 돌격대의 선봉이나 군대의 선두에 서지는 못한다. …… 누구는 덤불과 참호 사이에서 급습을 당하고, 누구는 닭장을 빼앗기 위해 목숨을 내걸고 싸운다. …… 수만 명이 불구가 되거나 목숨을 잃는 전투에서도 사람들의 입에 오르내리는 이름은 열다섯이 되지 않는다. …… 제국을 정복하거나 왕관을 넘볼 때는 장수여야 하고, 수적인 열세에도 카이사르처럼 서른두 번의 전투를 승리로 이끌어야 한다. 카이사르의 부하 중에는 수만 명의 병사와 몇몇 뛰어난 장수들이 용맹스럽고 의연하게 전사했지만, 그들의 이름은 아내와 자식들이 살아 있는 동안에만 기억될 뿐이다."

결국 정치 지도자와 최고 지휘관의 명성은 대부분 한 인간의 위대함에 따른 것이라기보다 우리가 그들을 통해 충족하고자 하는 욕구의 반영이다. 이른바 인간의 힘으로는 알 수 없는 삶의 화복과 부침을 인격화하고 싶어 하는 욕구이다. 이를 통해 우리는 우리가 정말로 중요하게 생각하는 두 가지를 동시에 이룬다. 단순화와 숭배가 그것이다.

**인격화**에 대해 좀 더 살펴보기로 하자. 원시 세계, 심지어 고대 그리스 사회에서도 인간은 위압적이면서 꿰뚫어 보기 어려운 것들을 만나면 모두 신들과 정령, 악마라는 존재로 전이시켰다. 태양은 신이었고, 행복은 여신이었으며, 메아리는 숲속 골짜기에 사는 요정의 이름이었다. 우리가 아버지 라인 강, 아버지 국가, 어머니 대지라고 말하거나, 산타클로스와 아기 예수를 통해 성탄절의 기쁨을 아이들에게 손쉽게 전해 주는 것을 보면 우리 속에는 여전히 인격화의 욕구가 강하게 고동치고 있는 것을 알 수 있다. 인격화는 우리에게 안전하다는 느낌을 선사한다. 우리 힘으로는 알 수 없는 것에 '인격'을 부여하면 같은 인간이라는 동질성이 생기기 때문이다.

우리는 특정 사람의 행위를 알아도 그 사람의 이름을 모르면 불안해한다. 예를 들어 성서에 나오는 "동방의 현자들"이 그렇다. 마태Matthew가 아기 예수를 방문한 그 사람들에 대해 기록한 내용은 무척 불명확했다(물론 다른 복음서 저자들은 아예 그 존재조차 몰랐다). 그러다가 5세기에 그들은 세 명으로 정해졌고, 현자는 왕으로 바뀌었으며, 9세기에는 그 세 왕에게 카스파르Kaspar와 멜히오르Melchior, 발타사르Balthasar라는 이름이 부여되었다. 이로써 이들도 세상에 필요한 이름을 갖게 되었다.

이름은 **단순화**의 수단이다. 단순화는 심리적 욕구를 충족시킬 뿐 아니라 우리에게 없어서는 안 될 실질적인 장점까지 제공한다. 전투를 이끈 장군이 승리의 공을 수만의 병사와 조력자들과 나누는 것은 백번이라도 공감할 수 있지만, 매번 그들을 언급하는 것은 번거롭고, 그들을 일일이 거명하는 것은 불가능하다. 또 그리되면 전기傳記는 끝없이 길어질 것이고, 백과사전도 위기에 빠질 수밖에 없다. 백과사전은 세계가 명확하게 설명할 수 있는 소수의 제한된 사건과 인물들로 환원될 수 있다는 가정에서 출발하기 때문이다. 그런 점에서 '위인'은 언어 경제학의 필수 조건이다. 그렇지 않으면 모든 논의가 끝없이 이어질 것이다. 이는 1914년 율리안 히르시Julian Hirsch가 『명성의 기원Die Genesis des Ruhmes』에서 쓴 말이다.

우리가 귀히 여기는 동시에 그 유혹에서 벗어나기 아주 어려운 단순화는 우리의 다른 욕구, 즉 **숭배**(다음 장에서 다룬다) 욕구에 부응한다. 미국 역사가 시드니 훅Sidney Hook은 자신의 유명한 저서 『역사의 영웅The Hero in History』에서 이렇게 썼다. "특정 지도자 치하에서 이루어진 성과는 비록 그것이 통치의 결과라기보다 통치의 반작용으로 얻어진 것이라 하더라도 그 지도자에게 공을 돌리려는 것이 인간의 자연스런 경향이다." 야코프 부르크하르트 역시 국민은 항상 위대한 대표자를 원한다고 말했다. 그래서 역사적 사실에 대한 해석을 바꾸고, 존재하지 않는 것을 새로 만들어 낸다는 것이다. 달리 말해서 전기 작가들이 역사를 움직이는 수많은 힘들의 소용돌이 속에서 어느 정도 자의적으로 한 개인을 따로 떼어 내어 그에게 스포트라이트를 맞추는 것은 그들 방식에서는 정당한 일이다. 그렇게 해야 기술하기가 쉽고, 독자들도 좋아하기 때문이다.

힌덴부르크의 경우, 천 조각에 불과하지만 높은 상징성을 지닌 깃발을 따르듯 승리한 장군의 허깨비를 추종한 것이 그의 **병사들**뿐이었으면 괜찮았을지 모른다. 그러나 제1차 세계 대전의 영웅 역할을 맡은 힌덴부르크를 제국 대통령으로 내세운 것은 다수의 독일인들이었다. 1925년에 이어 1932년에도 여든넷의 나이로 대통령이 된 힌덴부르크는 히틀러를 제국 총리에 임명했다. 권력에 굶주린 히틀러에게 날개를 달아 준 것이다.

# 위대함이란 무엇인가?

> 시종의 눈에는 영웅이 없다는 유명한 속담이 있다. 나는 이렇게 덧붙인다. 그것은 영웅이 영웅이 아니기 때문이 아니라 시종이 시종이기 때문이다.
> ―헤겔, 『역사철학 강의』

 호메로스는 역사적으로 실체가 확인되지 않은 인물이고, 콜럼버스는 아메리카의 발견자가 아니고, 힌덴부르크는 집단적 성취의 얼굴 마담에 불과하다고 말한다면 이 책은 위대한 남자들과 천재, 신들의 아들, 혹은 헤겔이 말한 "세계정신의 경영자"들을 부정하려는 것일까?
 그렇지 않다. 다만 월계관만 쓰고 있으면 모두 위대하다고 생각해야 한다는 강박관념에서 벗어나게 하려는 것이 이 책의 의도이다. 우선 이것부터 기억하자. 어떤 기념비가 세워져 있다면, 그것은 자금을 제공받은 권위자가 그것을 세우는 것을 합당하게 여겼다는 사실을 말할 뿐이라는 것을. 그런 기념비들 가운데 몇몇은 부적합하다고 말하는 것과 동시에 역사에 묻힌 다른 인물들을 대신 거론한다고 해서 위인들을 끌어내리는 것은 결코 아니다. 기념비에 절대적인 권위를 부여하는 사람들에게는 푸에르테 불네스 요새의 세 흉상을 둘러볼 것을 권한다. 첫 번째 흉상은 칠레의 남단에 위치한 이 요새를 지은 장군의 얼굴이고, 두 번째 흉상은 장군에게 그 임무를 맡길 생각을 한 대통령의 얼굴이다. 그렇다면 세 번째는 누구일까? 그것은 처음 두 사람의 흉상을 세울 생각을 한 장군이다. 비문에 적힌 내용에 근거하면 그렇다.

위대함이란 대체 무엇일까? 한 사람의 빼어난 **특성**과 재능을 말하는 것일까? 그렇다면 수많은 불운아나 게으른 천재들처럼 그 특성이 탁월한 **업적**으로 이어지지 않은 경우도 위대하다고 말할 수 있을까? 아니면 위대함이란 나쁜 역할이든 좋은 역할이든 상관없이 걸출한 **역사적 역할**을 말하는 것일까? 혹은 수많은 왕들처럼 그저 평범한 사람이지만 주변 상황 때문에 어쩔 수 없이 그 역할을 맡은 경우도 '위대함'이라는 말을 입에 올릴 수 있을까?

이런 문제들의 답을 구하는 사람은 재빨리 고대 신화의 세계와 반쯤 묻힌 우리 영혼의 통로 속으로 빠지게 된다. 처음엔 오직 신들 혹은 하나의 신만 위대했다. 시편(145편 3절)의 저자는 "주는 위대하고 크게 찬양받으리라. 주의 위대함은 측량하지 못하리로다"라고 노래했고, 예수는 "나의 아버지는 모든 것보다 위대하다"(요한복음 10장 29절)라고 말했다. 이집트의 파라오도 자신들에게 신적인 경의를 표하게 했는데, 페르시아의 키루스 2세Cyrus II가 기원전 559~529년까지 자신을 '대왕'이라고 칭하게 한 것도 비슷한 맥락이었다(그는 서양에서 최초의 역사적 인물로서 오늘날까지도 '대왕'이라 불리고 있다). 그 밖에 알렉산드로스 대왕은 기원전 331년 시바 오아시스의 신탁소 사제로부터 이집트 최고의 신인 아몬의 아들로 간주되었고, 알렉산드로스 자신도 이런 신적인 혈통을 너그럽게 받아들였다.

우리가 원하든 원하지 않든 카를 1세Karl I와 오토 1세Otto I, 그레고리우스 1세Gregorius I, 표트르 1세Pyotr I, 프리드리히 2세를 '대왕'이라 부르는 것에는 여전히 그런 의식이 남아 있다(참고로 프리드리히 2세는 '대왕'이라는 경칭이 오스트리아만 제외하고 전 세계에 확립된 마지막 왕이다). '영웅'(헤로스Heros, 히어로Hero)이라는 말에도 신화적 배경이 어른거린다. 헤로스Heros는 원래 그리스 신화에 나오는 반신半神으로 아킬레우스Achilleus처럼 제우스Zeus의 자손이었다. 그것이 나중에 알렉산드로스 대왕과 펠로폰네소스 전쟁을 승리로 이끈 스파르타의 리산드로스Lysandros 장군처럼 신적인 존경을 받는 역사적 인물로 전이되었다.

이처럼 앵글로·색슨 족은 신화에 깊이 뿌리를 두고 있는데, 이는 **영웅**이라는 말을 뛰어난 지도자들뿐 아니라 모든 위대한 인물들에게 스스럼없이 사용하는 것에서도 알 수 있다. 그건 독일인들도 마찬가지다. 프리드리히 슐라이어마허Friedrich Ernst Daniel Schleiermacher는 1826년 위대한 남자들을 "종족의 영웅들, 악마적 족속, 천성이 군왕처럼 타인 위에 군림하려는 인물들"이라 불렀다. 1956년에 발행된 총서 『위대한 독일인들Die Grossen Deutschen』에도 아르키메데스Archimedes와 아이작 뉴턴Isaac Newton, 카를 프리드리히 가우스Carl Friedrich Gauss에 대해 "각 분야의 세 영웅"이라는 표현이 나온다. 이처럼 우리는 여전히 위대한 인물들을 '영웅'이라는 이름에 내재된 반신의 존재로 보려는 경향이 조금은 있다.

'위대함'이라는 말에 냉정한 이성의 칼날을 들이댄다면 **카리스마**라는 말에도 불신의 눈초리를 보내야 한다. 오늘날 카리스마는 주로 사람들을 복종시켜 따르게 하는 영향력이나 권위를 의미한다. 예컨대 어떤 정치인에게는 있지만 다른 사람에게는 없는 '인물의 힘'이 그것이다. 그런데 우리가 이런 뜻을 위해 선택한 원래의 그리스 어는 이보다 훨씬 큰 의미를 담고 있었다. 즉 '신의 은총'이 그것이다. 그래서 막스 베버Max Weber는 예언자와 전쟁 영웅, 위대한 선동가들에게 해당되는 카리스마적 지배를 합리적 지배 및 전통적 지배(민주주의에는 이 둘이 더 잘 어울린다)와 구분했다. 베버는 카리스마의 예로 페리클레스Perikles와 예수, 나폴레옹을 들었는데, 사람들이 나폴레옹에게 붙인 최상급의 표현을 살펴보면 "흙으로 만든 인간에게 영혼을 불어넣은 가장 강력한 생명의 숨길"(프랑수아 르네 드 샤토브리앙François Auguste René de Chateaubriand)을 비롯해서 "모든 것을 압도하는 거인의 뇌"(토마스 만) 등이 있다.

우리는 선천적으로 반신에 대한 동경이 있을까? 그렇다. 영웅 숭배는 우리 안에 깊이 뿌리박혀 있는 듯하다. 프로이트에 따르면 종교뿐 아니라 위대한 남자에 대한 갈망도 잃어버린 **아버지**에 대한 그리움에서 비롯되었다. "우리는 그(아버지)를 경탄해야 하고, 그를 믿어도 되지만, 그를 두려워하는 것은 어쩔 수가 없다. 우리는 아버지의 말에 따라 행동해야 한다. 어린 시절에 아버지가 아닌 누가 위대한 남자일 수 있겠는가!" 아버지는 우리의 보호자였고, 그의 승리를 생각하는 것은 우리의 기쁨이었고, 위기에서는 우리의 희망이었고, 조각가에게는 모델이었다.

야코프 부르크하르트는 이렇게 썼다. "영원히 살아 숨 쉬는 이상으로서 위대한 남자들은 세계와 특히 자기 민족들에게 아주 중요한 가치가 있다. 그들은 자기 민족들에게 격정과 열광의 대상을 제공하고, '위대함'이라는 막연한 감정을 통해 이지적으로 가장 깊숙한 곳까지 그 민족의 내면을 자극한다. 또한 이들은 사물의 중요한 척도를 떠받치고, 일시적 굴욕으로부터 다시 일어나게 해 준다." 그래서 나폴레옹은 자기 나라에 안겨 준 온갖 불행에도 불구하고 프랑스 인들에게는 "엄청나게 귀중한 자산"이었다.

나폴레옹이 이런 정도이니, 로물루스Romulus나 빌헬름 텔Wilhelm Tell처럼 자기 민족을 몰락의 구렁텅이에서 구해 준 강인하고 지혜로운 지도자는 어떻게 되겠는가! 그런 인물이 없으면 만들어 내고라도 싶은 게 사람 마음이다. 프랜시스 베이컨은 명성에 관한 에세이(1625)에서 로물루스를 카이사르와 더불어 가장 위대한 "행동력의 남자"로 꼽았고, 1890년 판 마이어 백과사전도 한 치의 의심 없이 로물루스를 로마의 건국자이자 로마의 초대 왕으로 단정 지었다. 그러나 오늘날에는 로물루스가 전설의 인물이라는 사실을 더 이상 누구도 부인하지 않는다.

빌헬름 텔도 마찬가지다. 텔이 실존 인물이 아니라 전설의 인물이라는 것은 많은 스위스 인에게는 고통스런 인식이었다. 그래서 제2차 세계 대전 중에 텔이 스위스 인들의 자의식의 상징으로 다시 떠올랐을 때 그 사실을 입에 올리는 사람은 아무도 없었다. 텔은 오늘날까지도 변함없이 초콜릿과 치즈, 방사능 대피호의 선전 모델로 활용되고 있다. 그 밖에 역사가들이 두 번째 국민 영웅인 아르놀트 빙켈리트Arnold Winkelried를 스위스 인들의 마음에서 빼앗아 간 것에 대해 많은 스위스 인들이 지금도 격분하고 있다. 그러나 빙켈리트 건은 입증된 사실이다. 운터발덴 출신의 이 용감한 농부는 1386년 젬파흐 전투에서 오스트리아 기사 수십 명의 창을 자기 가슴에 안고 밀집 대형을 뚫은 뒤 전사한 것으로 알려져 있지만, 고증 결과 실존 인물이 아닌 것으로 밝혀졌다.

공인된 영웅들의 신화도 정도의 차이만 있을 뿐 위조는 수시로 발생했다. 제4부 '명성'에서도 다루겠지만, 우리는 과거 기록들을 접할 때 신화와 일화에서 나타날 수 있는 위조를 감수할 각오를 해야 한다. 전체 이야기에서 20퍼센트가 넘지 않도록 위조되는 경우는 드물다. 한 나라를 대표하는 인물일 경우에는, 가령 프리드리히 대왕은 1945년까지, 블라디미르 일리치 레닌Vladimir Il'ich Lenin은 1989년까지, 조지 워싱턴George Washington과 에이브러햄 링컨Abraham Lincoln은 오늘날까지 위조의 내용이 가볍게 80퍼센트에 이른다. 반면에 텔은 전적으로 전설이다. 거기에는 장점이 있다. 가상의 인물일 경우에는 위기에서 구해 줄 지도자에 대한 갈망과 자연스런 권위에 대한 갈망이 그 인물의 실제 성격으로 흐려질 염려가 없고, 또 역사가들에 의해 과오나 무비판적인 찬양이 증명될 위험도 없다.

그런데 아주 조금이기는 하지만 로빈 후드Robin Hood에게는 아직 그런 위험이 존재한다. 부잣집을 습격해서 빼앗은 재산을 가난한 사람들에게 나누어 준 고결한 의적 두목을 노래한 14~16세기의 민중 서사시들로는 전설에서 이야기하는 그런 역사적 인물이 더 이상 재구성될 수 없기 때문이다.

우리는 하룬 알 라시드Harun al-Raschid에 대해 더 많은 것을 알고 있지만, 그 중 어느 것도 이 칼리프가 신하들을 시험하고 가난한 사람들을 돕기 위해 밤에 바그다드로 미행을 나갔다는 천일야화의 이야기를 증명하는 것은 없다. 하룬이 말을 타고 시내로 나갈 때면 항상 근위병과 형리들이 칼을 뽑아 들고 왕을 호위했고, 왕위 서열에서 앞선 그의 친형은 미심쩍은 죽음을 맞았다. 또한 칼리프는 같은 젖을 먹고 자란 형제이자 절친했던 친구를 처형했을 뿐 아니라 누이를 산 채로 매장하기도 했다. 음유 시인들이 고결한 영웅으로 노래한 영국의 사자심왕獅子心王 리처드 1세Richard I도 당대에는 기사다운 풍모와 온갖 무용담으로 낭만적 전설의 주인공이 되었지만, 근세로 다가오면서 불같은 성질의 탐욕스럽고 잔혹한 인간으로 밝혀졌다. 처칠의 말대로 영국인들이 별로 고마워할 필요가 없는 인물이었다. 그런데 텔에 대해서만큼은 역사가들이 자신의 의무를 망각했고, 그는 여전히 신화적 영웅의 순결한 모습으로 남아 있다.

이 모든 언급에도 불구하고 우리는 위대함이란 무엇인가라는 질문에 좀 더 가깝게 다가가지 못했다. 신화적 배경의 조명을 통해 경솔한 인격화와 신속한 평가에 대해 불신을 갖도록 유도한 점은 있지만 말이다.

그렇다면 이제 백과사전에 물어보자. 백과사전들은 '위대함'을 창조성과 뛰어남, 고결한 정신으로 상당히 단순하게 정의한다. 그러나 이것만으로는 불충분하다. '뛰어남'은 위대함의 반복에 불과해 보이고, '창조성'은 주로 위인들의 일부, 즉 예술가들에게만 해당되는 듯하다. 그리고 진정 '고결한 정신'을 위대함의 조건으로 삼고자 한다면 우리의 교과서와 백과사전에서는 대대적인 인물 청소 작업이 이루어져야 할 것이다. 콜럼버스와 루소, 바그너가 고결한 정신의 소유자라고는 그들의 가장 가까운 친구들조차 믿지 않았기 때문이다(이 부분에 대해선 10장에서 보다 상세히 다룰 것이다).

혹시 야코프 부르크하르트가 주창한 **역사적 위대성**의 개념이 우리에게 도움이 될까? 그리 큰 도움이 될 것 같지는 않다. 우선 '역사적'이라는 말은 역사와 관련이 있고, 사실로 입증되었으며, 역사적 의미가 있다는 뜻이다. 우리의 맥락과 상관있는 것은 세 번째 의미인데, 그에 따르면 역사적 위대성은 역사에 영향을 끼치고 역사의 대상이 된 사람들에게만 해당된다. 콜럼버스처럼 말이다. 그런데 이 역사적 위대성의 개념에는 유감스럽게도 진지한 고찰의 출발점에서는 분리시켜야 할 것들이 뒤섞여 있다. 즉 천재적 재능이 명백한 업적과 성공, 명성과 혼동되어 있는 것이다. 그러나 대다수 군주들과 많은 스타의 경우처럼 명성은 재능과 업적과는 상관없이 따를 때가 많고, 스파르타의 레오니다스Leonidas 왕이나 영국의 메리 스튜어트Mary Stuart 처럼 완전히 실패한 인생에도 영예의 월계관이 씌워지는 일이 드물지 않다.

'역사적 위대성'의 일반적 개념에 대해선 이 정도로 해 두고 이제 부르크하르트의 구체적인 정의로 넘어가 보자. 역사적 위대성은 "우리가 스스로를 낮추는 소아주의"에서 비롯되는데, 이것은 곧 **우리에게는 없는 것, 우리가 아닌 것이 위대하다**는 뜻이다. 이어 부르크하르트는 **대체 불가능성**을 역사적 위대성의 척도로 삼는다(그 이전에 아르투어 쇼펜하우어Arthur Schopenhauer가 모든 천재는 "자기 작품으로 이제껏 세상의 다른 어떤 사람들로부터도 받을 수 없는 선물을 세계에 제공한" 사람이라고 말한 것과 같은 맥락이다). 부르크하르트는 이를 이렇게 표현했다. "위대한 남자는 그가 없으면 세상이 불완전해 보이는 사람이다. 그가 일군 위대한 업적들은 그가 살았던 시대와 환경 속에서 오직 그를 통해서만 가능했고, 그가 아니면 생각할 수 없기 때문이다. 위인은 대체로 인과因果의 거대한 본류를 타고 흘러간다. 원칙적으로 말하면 대체가 가능한 사람은 없다. 하지만 그런 사람들 중에서 위대한 사람은 극히 소수이다. …… 엄청난 지적 혹은 도덕적 힘으로 무장하고, 그의 행위가 보편적인 것, 즉 모든 민족과 모든 문화, 전 인류에 두루 해당되는 인간만이 대체할 수 없는 유일무이한 존재이다."

설득력 있게 들린다. 그러나 여기에는 이 개념 규정의 가치를 무효화하는 위험과 가정이 내포되어 있다.

'대체할 수 없는' 인간이 존재한다는 것은 역사를 만드는 것이 대중과 시대 상황, 그리고 '세계정신'이 아니라 일부 개인들이라는 사실을 전제로 하고 있다. 이 점에 대해서는 의견이 나뉘는데, 8장에서 자세히 살펴보겠다. 미국 역사가 혹은 나폴레옹과 토머스 제퍼슨Thomas Jefferson, 링컨을 대체할 수 있는 인물로 분류했다. 제바스티안 하프너Sebastian Haffner는 나폴레옹과 비스마르크, 심지어 레닌까지도 오늘날의 역사에서 빼놓고 생각할 수 있으며, 1,000년 뒤에는 그런 사람들이 세상에 존재했는지조차 인류의 상황에 전혀 상관없는 일이 될 거라고 말했다.

부르크하르트가 말한 위대성의 정의에서 훨씬 눈에 띄는 것은 **연구자, 발견자, 발명가**가 뒷전으로 밀려났다는 사실이다. 콜럼버스와 로알 아문센Roald Amundsen, 혹은 뉴턴이나 토머스 에디슨Thomas Alva Edison, 루돌프 디젤Rudolf Diesel 같은 사람들의 업적은 꼭 그가 아니라도 머잖은 시점에 다른 사람에 의해 이루어졌거나, 아니면 많은 경우 거의 동시에 성취되었을 가능성이 크기 때문이다. 7장에서는 때때로 여러 명의 발명가가 발명의 순위와 기여도를 두고 얼마나 치열하게 싸웠는지 살펴볼 것이다. 사실 니콜라우스 코페르니쿠스Nicolaus Copernicus는 세계사의 흐름에서 없어도 되는 사람이었다. 그가 한 일은 기원전 3세기에 그리스 천문학자 아리스타르코스Aristarchos가 주장한 내용을 재발견해서 대중화한 것에 불과했다. 그 일은 그가 아니어도 나중에 요하네스 케플러Johannes Kepler나 갈릴레오 갈릴레이Galileo Galilei가 할 수 있었다. **철학자**들의 경우는 대체 불가능성의 척도가 특이한 결과로 나타날 수 있다. 누구나 생각할 수 있는 자명한 것과 이성적인 것, 혹은 어떤 형태로든 진리를 가르친 사람은 대체할 수 있는 존재이지만(언제가 됐든 다른 이들도 그런 생각에 이르렀을 테니까), 독창적인 불합리한 사고를 전파한 사람은 대체가 불가능해 보인다.

부르크하르트도 대체 불가능성을 역사적 위대성의 기준으로 삼는 것에 문제가 있음을 스스로 인정했다. 그는 대체 불가능성의 증거는 "항상 엄격하게 제시될 수는 없다. 자연과 세계사가 한 위대한 인물 대신 무대에 올릴 다른 개인을 얼마나 **비축해 두고** 있는지 우리는 모르기 때문이다. 그러나 그

비축량이 너무 **많지는** 않을 것으로 추측하는 것은 충분한 근거가 있어 보인다"고 했다.

그러면 콜럼버스는 대체할 수 없는 인물이었을까? 부르크하르트는 콜럼버스만큼은 발견자들 가운데 유일하게 위대한 인물이라고 말했다. "그(콜럼버스)는 자신을 위대한 철학자의 반열에 올려놓은 세계사적 요청에 자신의 인생과 엄청난 의지력을 투입했기 때문이다. …… 그럼에도 콜럼버스는 없어도 되는 인물이라고 주장할 수 있다. 그가 요람에서 죽었어도 아메리카는 곧 발견되었을 테니까. 하지만 아이스킬로스Aeschylos와 페이디아스Pheidias, 플라톤Platon에 대해서는 그렇게 말할 수 없다. 만일 라파엘로 산치오Raffaello Sanzio가 요람에서 죽었다면 그의 작품 「그리스도의 변용」은 탄생하지 못했을 것이다."

결국 부르크하르트도 답을 찾았다기보다 오히려 물음을 던졌고, 위대한 여성들(다음 장에서 다룰 주제)에 대해서는 마치 당연하다는 듯이 한마디도 언급하지 않았다.

'세계사의 위인들'이라는 제목의 열두 권짜리 방대한 백과사전이 위대성의 문제를 어떻게 다루고 있는지 살펴보는 것도 꽤 흥미로울 듯하다. 1970년에서 1979년까지 취리히에서 발행된 이 인물 사전은 엄청난 수고를 들여서 만든 세계 문학계의 소중한 기념비 가운데 하나이다. 이 사전에는 아틸라와 막시밀리앙 로베스피에르Maximilien François Marie Isidore de Robespierre, 히틀러, 스탈린은 실려 있지 않다. 인물 선정의 도덕적 기준에 존경을 보낸다. 다만 칭기즈 칸과 표트르 대제, 레닌, 마오쩌둥毛澤東도 대량 학살자였지만, 그들에게는 에세이 한 편씩이 배당되었다.

1986~1992년까지 오스트리아 대통령을 지낸 쿠르트 발트하임Kurt Waldheim도 세계사의 위인으로 분류되었다. 믿을 수 없는 일이다. 나치 전력을 숨기고 교활한 거짓말로 진실을 호도한 사람이 위인이라니? 아마 사전이 편찬될 당시 그가 유엔 사무총장이라는 자리를 꿰차고 있어서 편집진이

자동으로 그를 포함시킨 것처럼 보인다. 그렇다면 그는 어떻게 유엔 사무총장이 되었을까? 모든 정황을 종합해 보건대, 황소고집 같은 전 사무총장 다그 함마르셸드Dag Hammarskjöld에 학을 뗀 강대국들이 후임에는 유약하고 고분고분한 인물을 사무총장에 앉히려고 했던 것 같다. 하지만 아무리 유엔 사무총장이라고 하지만 어떻게 그런 인물을 인류의 최고 위인 706명에 끼워 넣을 수 있을까?

열두 권짜리 이 백과사전에 따르면 세계사가 배출한 위인은 706명이다. 이때 이들 706인만 위대하고 나머지 사람은 그렇지 않다는 주장의 기준이 무엇인지 다들 궁금할 것이다. 발터 옌스Walter Jens는 제1권 소개 글에서 이 사전에서는 인류애와 진보에 대한 기여도에 따라 위대성을 판단했다고 밝혔다. (발트하임과 칭기즈 칸이 그 기준에 맞을까?) 발행인 쿠르트 파스만Kurt Fassmann은 서문에서 인간 문제가 곧 "생존 문제"라는 판단에 따라 인물을 선정했다고 썼다. 이 사전은 "현재의 우리 삶을 결정하는 관심사를 과거에서 찾아낼 것이다. …… 따라서 여기서 말하는 위대성은 무엇보다 밝은 미래를 품은 결과 속에서 드러나야 한다". 한 인간이 자신의 가능성에서 도출해 낸 결과로서 그렇다는 말이다. 그래서 이 사전에서는 사회 통합과 사회 조직의 구축에 기여한 인물들과 자연법칙이나 삶의 조건을 개선시킬 가능성을 발견한 인물들을 중심으로 선정 작업이 이루어졌다.

별로 좋지 않은 독일어로 쓰인 『세계사의 위인들Die Grossen der Weltgeschichte』을 읽다 보면 우리는 무엇보다 다음의 두 가지를 깨닫게 된다. 첫째, 고대 위인들은 그 업적이 우리의 관심사와 부합될 때만 선정되는 은총을 입었고, 둘째, 9년간의 편찬 기간 중 3년째인 1972년에 이미 타격을 입었어야 할 과학의 영광에 대한 믿음이 짙게 깔려 있다는 것이다. 로마 클럽의 보고서 『성장의 한계Die Grenzen des Wachstums』가 출간된 것이 1972년이기 때문이다.

이 사전에는 자연 과학자와 발명가, 기술자, 산업가가 182명이나 소개되어 있다. 반면에 **음악가**는 모두 열아홉 명이 실렸는데, 루이 엑토르 베를리오즈Louis Hector Berlioz, 요하네스 브람스Johannes Brahms, 요제프 안톤 브루크너 Josef Anton Bruckner, 크리스토프 빌리발트 글루크Christoph Willibald Gluck, 프란츠 요제프 하이든Franz Joseph Haydn, 프란츠 리스트Franz Liszt, 구스타프 말러Gustav Mahler, 펠릭스 멘델스존 바르톨디Jacob Ludwig Felix Mendelssohn-Bartholdy, 로베르트 슈만Robert Alexander Schumann, 게오르크 필리프 텔레만Georg Philipp Telemann, 표트르 일리치 차이콥스키Pyotr Ilich Tchaikovsky, 안토니오 비발디Antonio Lucio Vivaldi, 카를 마리아 폰 베버Carl Maria von Weber는 **빠져** 있다. 또 **문학가** 102명 중에 장 파울Jean Paul과 하인리히 폰 클라이스트Bernd Heinrich Wilhelm von Kleist, 뷔히너, 존 밀턴John Milton, 다니엘 디포Daniel Defoe, 허먼 멜빌Herman Melville, 조지 오웰George Orwell, 스탕달Stendhal, 보들레르, 기 드 모파상Guy de Maupassant, 요한 아우구스트 스트린드베리Johan August Strindberg, 안톤 파블로비치 체호프Anton Pavlovich Chekhov, 로페 데 베가Lope de Vega, 보르헤스가 빠진 것은 쉽게 이해가 안 된다.

이 사전의 인물 선정에 근간이 되는 것은 과학과 기술인데, 위대성의 범주를 다루는 시도 중에서 이 두 분야에만 이렇게 집중적인 환호를 보낸 것은 보기 드문 일이다. 예를 들어 칸트는 창조적 예술가들이 위대성의 범주에서 당연히 윗자리를 차지해야 한다고 가르쳤다. 『판단력 비판Kritik der Urteilskraft』에는 이렇게 쓰여 있다. 뉴턴이 불멸의 저서에서 진술한 것은 모두 "배울 수 있는 것들이다. 그러나 깊은 정신이 담긴 문학 작품을 창작하는 것은 배울 수 없다. …… 따라서 학문의 영역에서 위대한 발명가는 열심히 노력하는 모방자나 견습생과 정도의 차이만 보일 뿐이라면 자연이 예술적 재능을 부여한 사람은 차원 자체가 다르다." 게다가 칸트는 모든 예술 중에서도 "문학의 수위권"을 주장했다. 평생을 문학과 회화에 천착한 아달베르트 슈티프터Adalbert Stifter도 칸트와 같은 의견이었다.

몽테뉴도 비슷한 맥락에서 소크라테스Socrates가 알렉산드로스 대왕보다 위대하다고 했고, 볼테르는 다음과 같이 썼다. "나는 유용성 면이나 정신의 고양 면에서 두각을 나타낸 남자들을 **위대하다**고 말한다. 반면에 대지를 유린하고 정복한 남자들은 그저 **영웅**에 불과하다." 빌헬름 폰 훔볼트Wilhelm von Humboldt는 "부자들은 세월에 스러지지만 훌륭한 시는 영원히 남는다"라고 말했고, 미국 작가 앰브로즈 비어스Ambrose Gwinnett Bierce는 이렇게 말했다. "위대한 정치인과 군인은 파리 떼처럼 많다. 이런 과잉을 두고 우리는 시대가 필요한 남자는 시대가 만들어 낸다는 관용어로 표현한다. 그러나 빼어난 문학 작품을 두고는 그렇게 말하지 않는다."

물론 반대 주장을 역설하는 사람들도 있다. 가령 슐라이어마허는 "국가를 세우고 재건한 사람들과 종교를 창시하고 정화한 사람들이 위대한 남자들"이라고 했고, 오스발트 슈펭글러Oswald Spengler 역시 "플라톤은 철학자들에게만 영원한 존재이지만, 나폴레옹은 우리 모두의 마음속에 길이 남는 존재"라고 썼다.

'위대성'을 어떻게 규정해야 하는지의 문제는 여전히 해결되지 않았다. '잠정적'이라는 단서를 붙인다는 전제하에서 프로이트의 다음 표현에 만족하는 것도 괜찮을 듯하다. 위대성은 "어떤 인간적 특질이 **위대성**의 본래적 의미에 상당히 근접할 정도로 어마어마하게 발전한 것에 대한 느슨하고도 상당히 자의적인 인정"의 표현이다.

숭고한 표현이나 완고한 분류에서 벗어나 우리가 일상적으로 '위대성'이라고 말할 때 그것이 정말 무엇을 뜻하는지는 하프너가 핵심적으로 잘 표현했다. "인간을 세계 기록에 도전하는 운동선수에 비유한다면 그 선수가 온 힘을 다해 성취할 수 있는 최대치"가 위대성이다. 최고 기록을 세운 사람, 가장 힘든 길을 걸은 사람, 열악한 환경 속에서도 자신의 족적을 강하게 남겼거나 가장 위대한 작품을 만들어 낸 사람, 이런 사람들에게 우리는 감탄하고 감동하는 것이 아닐까?

위대함을 이렇게 규정하면 뉴턴과 콜럼버스 같은 인물들에게 '대체 불가능성'의 기준을 통해서는 들어갈 수 없었던 문이 다시 열리는 장점이 있다. 즉 자신이 살았던 시대에 자신이 활동한 분야에서 자신의 가능성에 비추어 위대한 것을 감행해서 위대한 것을 성취했다면 그가 대체 불가능한 사람이든 아니든, 고귀한 정신의 소유자든 비열함으로 가득한 사람이든 위대한 인물이라 부를 수 있다는 것이다.

이때 우리는 서양인으로서 위대성에 대한 현실적 평가를 서양인 위주로, 즉 원칙적으로 유럽인과 해외에 있는 그 후손들을 대상으로만 시도할 수밖에 없는 한계가 있다. 서양 밖의 지역에 대해선 우리가 아는 것이 너무 적고, 우리의 기준 역시 반박의 여지가 너무 많기 때문이다. 달리 표현해서 문자가 발명된 이후 서양이라는 한 문화권에서 살아온 우리는 이 땅에서 자격이 있든 없든 역사가라고 하는 사람들과 예술 비평가들, 그리고 찬양자들이 후세에 전할 가치가 있는 것으로 여긴 일을 해낸 사람들을 위인으로 평가할 뿐이다. 따라서 우리는 흉상을 세 개 세워야 한다. 첫 번째는 자신의 능력을 발현할 상황을 만나지 못해 무명으로 남은 위인을 위한 것이고, 두 번째는 자신의 능력을 입증했지만 자신의 위대성을 서양과 20세기까지 전해 줄 사람을 찾지 못한 위인을 위한 것이다. 마지막 세 번째만 우리가 알고 있는 위인들의 흉상이다(이 경우 그 인물이 집단적으로 성취한 결과물에서 일부 역할을 했을 뿐인 한 사람에 불과하지만 '언어 경제학적 필요성'에 따라 대표로 거론되었을 위험성이 상존한다).

이로써 이 책은 1990년대 초반 이후 미국의 민권 운동가들과 학자들이 최악으로 여기는 비난을 받을 수밖에 없다. 즉 DWEMs(dead white European males: 죽은 백인 유럽계 남자들)만 다룬다는 비난이 그것이다. 그렇다, 인정한다. 당당해서가 아니라 앞서 언급한 그런 이유에서 이 책은 지독히 피부가 하얀 유럽계 남자들을 위주로 다루고 있다. 이때 여성들은 왜 상대적으로 빈약한 역할밖에 맡지 못했는지는 다음 장에서 설명하겠다.

그에 이어 7장부터는 우리가 아는 위대한 백인들이 네 가지 측면에서 조명된다. 다른 사람으로 대체될 수 있는 발명가들을 우리는 어떻게 분류하고 있을까?(7장) 위대한 남자들이 무언가를 움직이긴 움직였을까, 아니면 그들 없이도 똑같이 흘러갔을 사건들의 간판스타일 뿐일까?(8장) 위대성은 도덕과 어떤 관계일까?(9장과 10장) 마지막으로 어떤 위인들이 '천재'로 불릴 자격이 있을까?(12장) 그럼 이제 여성 문제부터 파헤쳐 보자.

## 세계사의 가장 영향력 큰 인물들

미국의 수학자 마이클 H. 하트Michael H. Hart가 『세계사의 가장 영향력 큰 100인The 100. A ranking of the most influential persons in history』(뉴욕, 1979)에서 자신이 고안한 점수표에 따라 매긴 순위를 보면 다음과 같다.

1. 무함마드Muhammad(마호메트)
2. 뉴턴
3. 예수
4. 부처
5. 공자孔子
6. 베드로Petrus
7. 채륜蔡倫(중국의 종이 발명가)
8. 요하네스 구텐베르크Johannes Gutenberg
9. 콜럼버스
10. 알베르트 아인슈타인Albert Einstein
11. 카를 마르크스Karl Marx
12. 루이 파스퇴르Louis Pasteur
13. 갈릴레이
14. 아리스토텔레스Aristoteles
15. 레닌

순위에 오른 다른 독일어권의 인물을 꼽아 보면 이렇다.

23. 마르틴 루터Martin Luther
24. 코페르니쿠스
32. 프로이트
35. 히틀러
42. 루트비히 판 베토벤Ludwig van Beethoven
43. 베르너 카를 하이젠베르크Werner Karl Heisenberg
54. 막스 플랑크Max Planck
59. 그레고어 요한 멘델Gregor Johann Mendel
61. 니콜라우스 오토Nikolaus Otto
73. 빌헬름 콘라트 뢴트겐Wilhelm Conrad Röntgen
74. 요한 제바스티안 바흐
85. 카를 대제
87. 레온하르트 오일러Leonhard Euler

97. 케플러

이 목록에서 나폴레옹은 34위에 올랐고, 순위에 오르지 못한 다른 주요 인물들을 들면 괴테와 단테, 칸트, 헤겔, 니체, 레오나르도 다빈치Leonardo da Vinci 등이 있다.

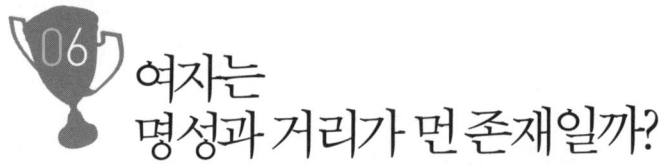
# 여자는 명성과 거리가 먼 존재일까?

> 요즘 여성들이 어떻게 그런 아마추어적 방법으로 예술에 근접하는 능숙한 글쓰기를 배울 수 있는지 실로 놀라울 뿐입니다.
> —1797년 6월 30일, 실러가 괴테에게 보낸 편지

취리히에서 출간된 열두 권짜리 백과사전에 실린 위인 706명 가운데 여성은 27명뿐이다. 전체의 3.8퍼센트에 해당한다. 다섯 권짜리 백과사전 『위대한 독일인들』에는 총 236명 가운데 여성이 여덟 명 실려 있는데, 비율로 따지면 3.4퍼센트이다. 1995년까지 노벨상을 받은 635명 중에서 여성은 28명으로 전체의 4.4퍼센트이다. 여성은 남성보다 재능이 떨어지는 것일까?

수십억은 아니어도 수백만 남성들은 그렇게 생각했고, 지금도 그리 생각한다. 위의 머리글에서 보듯 실러도 예외는 아니었다. 파울은 **여성적 천재**라는 표현을 쓰기는 했지만, 그것은 천재적 여성을 말하는 것이 아니라 드니 디드로Denis Diderot와 루소, 노발리스Novalis, 루트비히 티크Ludwig Tieck처럼 "감수성이 뛰어난 여성적이고 수동적인" 천재적 남성을 가리켰다. 그래서 파울은 이들을 "여성 같은 남성 천재"라 불렀다. 가우스는 프랑스의 여성 수학자 소피 제르맹Sophie Germain의 강한 용기와 "최고의 천재성"에 감탄을 보냈

지만, 그것은 "우리의 인습과 선입견에 비추어 볼 때 가시밭길 같은 연구의 길을 걷는 것이 여성에게는 엄청나게 어려운" 일이라고 생각했기 때문이다. 그러나 여성 물리학자 마리 퀴리Marie Curie가 두 번이나 노벨상을 타고, 그녀의 딸인 핵물리학자 이렌 졸리오 퀴리Irène Joliot-Curie가 노벨상을 받은 것을 보면 가우스의 생각도 그리 타당해 보이지 않는다.

다만 한 가지는 분명하다. 업적과 명성을 위한 경쟁에서 여성은 **생물학적** 불리함을 안고 시작한다는 사실이다. 적어도 200만 년 동안 남성은 사냥으로 고기를 조달했고, 여성은 야영지에 남아 아이를 돌보고 불을 지피고 열매를 채집하는 역할을 해 왔다. 따라서 남성은 자연스레 장거리 달리기와 근육, 실행력 면에서 훈련을 할 수 있었고, 바깥일이나 주요한 업적은 모두 남성들의 일이라는 생각에 남녀 모두 익숙해지게 되었다. 이렇게 해서 영웅은 여성이 될 수 없었고, 여성은 오로지 자신의 힘을 밖이 아닌 안으로 쏟아야 했다.

이로써 여성의 서열이 남성보다 낮다는 생각이 근육질 남성들에 의해 정착되었고, 성서와 법전의 저자들도 그런 질서를 수천 년 동안 성문화하는 데 열을 올렸다. 사도 바울Paul은 고린도 전서와 에베소서에서 "남자는 여자의 머리"라고 명시화했고, 코란(Sure 4, 35절)도 "남자가 여자보다 앞서야 하는 이유가 알라께서 남자에게 더 많은 장점을 부여했기 때문"이라고 명문화했다. 그러니 여성이 남성에게 복종하고, 여성이 남성을 화나게 하면 남성이 여성의 행실을 바로잡는 것은 당연시되었다. 독일에서도 1957년까지 아내는 남편에게 종속되어 있었다. 여성이 '투표권'이라는 정치적 평등권을 획득한 것은 독일과 오스트리아, 영국이 1918년, 미국이 1920년, 스위스가 1971년이었다.

정치적 평등권은 획득했더라도 여성이 경력을 쌓거나 명성을 얻으려면 남성들은 넘지 **않아도** 될 네 가지 장애를 극복해야 하는 것에는 별로 변화가 없다.

첫째, 생물학적 불리함은 어찌해 볼 도리가 없다. 임신은 남성 위주의 사회에서 최고의 성과를 올리는 데 전혀 도움이 되지 않고, 모든 여성이 육아를 남편과 분담하지는 못하며, 또 모든 여성이 그것을 바라는 것도 아니다.

**두 번째 장애물**은 성취와 성공에 관한 모든 사고 범주가 세상에 접근하는 남성적 방식으로 정해져 있다는 사실이다. 여성들이 하는 대부분의 일은 가치를 측정하기 어렵고 백과사전에 등재되지도 않는다. 『젊은 베르터의 고통-*Die Leiden des jungen Werthers*』으로 유명세를 얻은 스물여섯의 젊은 변호사 괴테는 1775년 바이마르에 도착한 직후 자기보다 일곱 살이나 많고 일곱 아이의 어머니인 샤를로테 폰 슈타인Charlotte von Stein에게 사랑에 빠졌다. 그런데 괴테에게 버림받은 슈타인 부인은 훗날 실러의 아내 샤를로테 폰 렝게펠트Charlotte von Lengefeld에게 이렇게 썼다. "우리가 돌봐야 할 그토록 많은 자질구레한 일들에 천재의 정신력보다 더 큰 정신력을 쏟아야 한다는 것을 사람들은 믿지 못해요. 심지어 천재들은 그 대가로 명예와 부를 얻지만, 우리에게는 그런 정신력이 있다는 것조차 인정하지 않죠."

여성에게 무언가 대단한 정신력이 있다는 것을 인정하지 않는 것은 천재라는 개념이 오로지 남성에게만 해당된다는 것에 대한 완고한 표현이기도 하다. 네덜란드 출신의 문화 철학자 요한 하위징아Johan Huizinga는 야코프 부르크하르트와 (1841년 역사의 '지도자들'을 세상에 발표한 영국의 사상가인) 토머스 칼라일Thomas Carlyle을 향해 이렇게 반박했다. 두 사람이 보편타당한 것으로 내세운 원칙은 "엄밀하게 보면 인류의 반쪽에만 적용될 수 있을 뿐이다. 두 사람은 세상이 여성에게 원하는 것이 '위대함'이 아니라는 주장을 못 본 척 그냥 넘겨 버렸다. …… **위대성**과 **영웅주의**라는 사고에는 남성적인 망상의 한 갈래가 깊이 뿌리내려 있다. 여성성의 본질은 양量에서 차용한 이러한 메타포를 잘 받아들이지 못한다. …… 역사적 위대성의 개념은 아주 깊고 고결한 여성적 품위의 척도로 사용하기에는 턱없이 모자란다." 또한 천재성도 여성의 깊고 고결한 능력을 표현하지 못하기는 마찬가지다.

이 주장은 아래의 다른 남자들의 주장들보다 여성에 대한 한결 공정한 평가라고 볼 수 있다. 가령 정신과 의사 에른스트 크레치머Ernst Kretschmer는 "여성의 천재성은 그 아들들에게 있다"고 했고, 심리 분석가 K. R. 아이슬러Eissler는 "최고의 문화적 가치가 있는 창작 분야에서는 남성이 여성보다 우월하다는 것"은 확실하다고 단언했다. 여성의 창조적 능력은 생식에 대한 기여에서 활짝 꽃피기 때문이라는 것이다. 반면에 "여성들의 출산권에 대한 남성들의 부러움"은 남성의 문화적 우월성의 뿌리들 가운데 하나라고 했다.

그러나 많은 여성들이 남성들에게도 깊은 인상을 주는 업적을 이룩한 것은 명백한 사실이다. 다만 남성들은 여성들을 향해 백만 번도 넘게 "안 돼!"를 외쳤고, 오늘날에도 수많은 남자들이 그렇게 외치고 있다. 이것이 명성으로 향하는 여성들의 앞길에 놓인 **세 번째 장애물**이다. '명성'이라는 화려한 꽃이 번창하는 대부분의 들판은 아주 오랜 옛날부터 남성들만 뛰어놀 수 있는 전용 공간이었다.

학문 분야의 예를 들어 보면, 위대한 개혁가 루소도 소녀들의 교육을 오로지 "남자의 마음에 드는"(『에밀, 교육에 관하여Emile ou de l'education』) 쪽으로 이끄는 데 초점을 맞추었다. 독일에서는 여성이 아무런 장애 없이 대학에 들어갈 수 있었던 것은 1908년 이후부터 가능했다. 물론 그렇다고 아들을 먼저 공부시키려는 부모의 마음이 곧바로 바뀐 것은 아니었다.

**정치**에서도 마찬가지다. 20세기까지 여성이 국사에 영향력을 발휘할 수 있었던 것은 출생의 우연(영국의 엘리자베스 1세나 마리아 테레지아Maria Theresia)이나 여성이라는 무기를 이용해서 실력자들을 휘어잡음으로써 가능했다. 원형 경기장의 무회에서 유스티니아누스 1세Justinianus I의 황후에 오른 테오도라Theodora와 프랑스 루이 15세Louis XV의 애첩 퐁파두르 후작 부인Marquise de Pompadour이 후자의 경우이다. 반면에 클레오파트라Cleopatra는 두 가지를 다 갖추었다. 즉 출생에 의해 여왕이 되었지만, 여성의 매력을 활용해서 로마 제국의 가장 강력한 두 남자 카이사르와 마르쿠스 안토니우스Marcus Antonius

를 휘어잡아 세상을 호령한 것이다. 그 밖에 태어날 때는 독일의 공주에 불과했지만, 나중에 러시아 표트르 3세Pyotr III의 비가 된 카타리나Katharina die Grosse는 남편을 왕좌에서 몰아내는 것도 모자라 그의 죽음에까지 모종의 역할을 했으며, 나중에는 스스로 여제에 올라(예카테리나 2세Ekaterina II) 주변의 모든 남성들을 압도하는 탁월한 역량을 과시했다. 비잔틴 제국의 테오도라나 영국의 엘리자베스 1세도 마찬가지였다. 테오도라는 남편은 비교도 안될 정도로 강인한 성품에 능수능란한 정치인이었고, 엘리자베스 1세는 타고난 군주로서 대담한 성격에 결정이 빠르고, 유연하고, 총명하고, 착상이 풍부하고, 열정적 화술로 신하들을 요리할 줄 알았고, 체력이 뛰어난 궁사이기도 했다.

그렇다면 외견상 가장 남성적인 특징들조차 여성들에게서 최고조로 나타날 수 있다. 그런데도 우리들이 여성 장군들에 대해 아는 것이 전혀 없는 것은 무엇보다 남성들이 자신들의 전쟁 독점권을 항상 감시해 왔기 때문이다. 만일 내전처럼 전쟁이 내 집 앞에서 일어났을 경우 수많은 여성들은 과거의 어떤 남자보다 탁월한 능력을 보였다. 물론 나폴레옹에 저항한 스페인 봉기(1808/09)와 스페인 내전(1936~1939)에서 증명되었듯이 여성들 역시 아주 잔혹한 면을 보이기도 했다. 그 밖에 1429년 영국의 오를레앙 포위망을 뚫은 것은 프랑스의 여전사 잔 다르크Jeanne d'Arc였다.

혹시 **문학**은 여성들이 예전부터 마음껏 뛰놀아도 되는 영역이 아니었을까? 버지니아 울프Virginia Woolf는 그렇다고 대답했다. "종이 값이 저렴하고, 펜은 시끄러운 소리를 내지 않기 때문이다." 하지만 여성들은 문학의 위대한 소재가 될 특별한 경험을 할 수가 없었다. 즉 조지프 콘래드Joseph Conrad처럼 범선의 지휘관이 될 수 없었고, 톨스토이처럼 전쟁에 참전하지도, 부유한 영주로서 환락적인 삶을 맛볼 수도 없었다.

전쟁의 폭력성과는 거리가 먼 지극히 부드러운 **음악**의 세계에서는 어떨까? 여성의 감수성이 뛰어나고 마음이 깊을 거라는 세간의 선입견에 따르면 음악계는 단연 여성이 쥐고 있어야 하지 않을까? 그러나 여성 작곡가의 이름은 쉽게 떠오르지 않는다. 어째서일까? 여성에게는 창조적 음악성이 부족해서? 아니면 여성은 음악 영역에서도 불이익을 받아 온 것일까? 음악에서 여성을 무시하는 태도의 뿌리는 무척 깊은데, "교회에서 여자는 침묵해야 한다"(고린도전서 14장 34절)는 사도 바울의 판시가 그것이다. 그러니까 과거에 음악 활동의 주 무대였던 교회에서 여자는 입도 벙긋할 수 없었다. 그것은 현대에 들어서도 달라진 것이 별로 없다. 1982~1984년까지 베를린 필하모니의 희비극 연주에서도 여성 음악가는 차별에 시달렸다.

당시 스물두 살의 클라리넷 연주자 자비네 마이어Sabine Meyer는 베를린 필에 응시해 빼어난 실력으로 모든 남성 경쟁자들을 물리치고 합격했지만, 필하모니 단원들(총 117명 중에서 116명이 남자였다)이 그녀의 입단을 거부했다. 그러자 상임 지휘자 헤르베르트 폰 카라얀Herbert von Karajan은 마이어에게 1년간의 수습 기간을 줄 것을 요구했고, 이 기간이 끝나면 비밀 투표를 해서 단원들 가운데 3분의 2가 찬성하면 그녀를 받아들여야 한다고 했다. 그러나 마이어는 116명의 남성들에게 어찌나 혹독한 대접을 받았던지 스스로 후보직을 포기하는 쪽을 선택했다. 여기에는 분명 오케스트라 단원들과 카라얀 사이의 주도권 싸움이 개입되어 있었지만, 그것이 한 젊은 여성의 등 뒤에서 이루어진 것은 결코 우연이라 볼 수 없다. 116명의 남성 단원들은 1982년 베를린 필하모니의 100년 역사상 처음으로 스위스의 바이올리니스트 마델라이네 카루초Madeleine Caruzzo를 여성 단원으로 받아들인 이후 여자라면 질린 것이 분명하다.

세계적 피아니스트 클라라 비크Clara Wieck는 왜 자신의 음악 인생까지 포기하면서 슈만에게 완전히 예속되었을까? 그녀는 슈만과 결혼해서 아이를 여덟 낳았고, 남편의 작곡에 방해가 될까 봐 피아노 연습을 포기했으며, 순회 연주로 온 가족을 부양하기까지 했다. 남편이 자기보다 음악적으로 더 뛰어나고 자신의 지원이 필요한 남자라고 생각해서였을까? 아니면 여성의 고전적인 역할을 겸허하게 받아들이는 것이 당연하다고 생각해서였을까? 자발적 예속을 택한 다른 유명한 여성은 또 있다. 코지마 바그너Cosima Wagner는 일기에서 남편 리하르트에 대해 이렇게 썼다. "나는 입을 다물고 싶다. 사라지고 싶다. 그를 모시는 것 말고는 아무것도 알고 싶지도, 듣고 싶지도 않다!" 카트야 만Katja Mann은 50년 가까이 남편 토마스 만의 앞날에 방해가 되는 걸림돌을 치워 주고 그의 변덕을 너그러이 받아 주었다. 그녀는 자신의 '쓰지 않은 회고록'에서 "나는 평생 내가 하고 싶었던 일을 하나도 할 수 없었다"라고 적었다. 알베르트 아인슈타인과 취리히에서 함께 수학했고 나중에 그의 첫 아내가 된 세르비아 출신의 물리학자 밀레바 마리치Mileva Maric가 상대성 이론의 탄생에 결정적 역할을 했음에도 모든 명성을 포기한 것은 잘 알려진 사실이다. 그것이 남편에 대한 사랑 때문이었는지, 아니면 1919년에 이혼에 합의하면서 아인슈타인이 노벨상을 타면 상금 전액을 그녀에게 주기로 약속했기 때문인지는 알 수 없다(아인슈타인은 1921년에 노벨상을 받았다).

가족에 대한 헌신 속에 자신의 재능을 파묻지 않고, 타고난 생물학적 불리함을 극복해서 남성적 척도에서도 불세출의 성과를 올린 것은 물론이고 뭇 남성의 시기와 질시까지 모두 이겨 낸 여성들도 존재한다. 그렇다면 최소한 이들에게는 명예의 전당이 활짝 열렸어야 마땅하다.

그러나 이런 여성들이 꼭대기에 오르는 길을 방해했던 남성들이 이번에는 또 다른 곳에 **네 번째 장애물**을 설치해 놓았다. 남성이 공적을 쌓았을 때와는 달리 여성이 공적을 일구어 냈을 때는 애써 찾으려 하지도 않고, 찾아도 별로 대접을 해 주지 않았던 것이다. 『세계사의 위인들』을 발행한 일곱 명은 모두 남자였고, 집필자 350명 중에도 남자는 323명이었다. 92퍼센트에 이르는 남성 판결관들이 96퍼센트에 이르는 남성 위인들을 선택했다.

그들은 이런 말을 내세운다. "우리는 세계사의 위인 706명 중에서 여성이 27명에 불과한 것을 참으로 안타깝게 여기지만, 생물학적 불리함과 역사적 불리함을 제거하고 개선하는 것은 우리의 권한 밖이라고 생각한다."

이 말은 백과사전에 실린 여성 27명 외에는 누가 봐도 명백한 여성 위인이 단 한 명도 없었다는 말로 들린다. 하지만 보라, 누가 빠져 있는지. 이 백과사전이 낙점한 세계 문학계의 여성 문인은 총 네 명이었는데, 사포Sappho와 시몬 드 보부아르Simone de Beauvoir, 그리고 10세기에서 11세기로 넘어가는 시기에 활동한 일본의 여류 시인 두 명이 그 주인공이다. 하지만 최소한 셀마 라게를뢰프Selma Ottilia Lovisa Lagerlöf, 시그리드 운세트Sigrid Undset, 가브리엘라 미스트랄Gabriela Mistral, 펄 벅Pearl S. Buck 같은 노벨상 수상자들은 포함되었어야 하지 않을까? 조르주 상드George Sand와 안 루이즈 제르맹 드 스탈Anne-Louise Germaine de Stael, 제인 오스틴Jane Austen, 그리고 20세기 최고의 대중 소설이자 역사상 가장 성공적인 소설을 쓴 버지니아 울프와 마거릿 미첼Margaret Mitchell도 마찬가지다. 여성 정치인들 중에서는 테오도라와 퐁파두르, 그리고 카타리나 여제가 빠진 것은 도덕적인 이유 때문일까? 그렇다면 1941~1951년에 유엔 인권 위원장을 지냈고 1948년에는 세계 인권 선언문의 공동 집필에 참여한 안나 엘리너 루스벨트Anna Eleanor Roosevelt는 왜 뺐을까? 또 이스라엘 건국에 동참했고, 1969~1974년에는 총리를 지냈고, 적과 아군 구분 없이 존경을 받은 골다 메이어Golda Meire는 왜 싣지 않았을까?

특히 휴머니즘의 신장을 선정 기준으로 삼았다는 사람들이 19세기의 베스트셀러인 『엉클 톰스 캐빈Uncle Tom's Cabin』의 저자 해리엇 비처 스토Harriet Beecher Stowe를 포함시키지 않은 것은 참으로 희한한 일이다. 스토가 누구던가? 핍박받는 흑인 노예들의 가슴 아픈 이야기를 그려 노예 해방 운동의 선구자 역할을 했던 사람이 아닌가? 브리태니커 백과사전은 그녀의 작품을 남부의 흑인 노예들을 해방시킨 남북 전쟁의 한 원인으로 기술했다. 링컨은 자그마한 체구의 교사이자 목사 딸이었던 스토를 만나 이렇게 말했다. "이렇게 큰 전쟁을 일으킨 사람이 이렇게 자그마한 부인이었군요." 스토의 작품만큼 세계의 변화에 큰 영향을 준 다른 책을 들자면 성경과 루소의 『신新 엘로이즈*La Nouvelle Héloïse*』(18세기의 베스트셀러) 정도를 들 수 있을 뿐이다.

이 책은 네 번째 장애물, 즉 위대한 여성들을 주목의 대상으로 삼지 않으려는 남성 위주의 관념을 쉽게 뛰어넘는다. 그 밖에 여성의 역사적 불리함과 생물학적 불리함, 그리고 '위대함'의 개념에 대한 남성적 사고방식이라는 나머지 세 장애물도 그냥 못 본 척 넘기지 않을 것이다. 명성의 길을 기술하는 사람은 그 노정에서 주로 남성들을 만난다. 그러나 남자들이 그 과정에서 얼마나 난폭하게 행동했고, 우연의 덫에 걸려 얼마나 가련하게 몸부림쳤는지 이 책만큼 철저하게 조명하는 경우는 드물다. 이것이 여성들에게 그나마 자그마한 위안이 되지 않을까?

## 남성들이 선택한 여자들

다섯 권짜리 총서 『위대한 독일인들』(1956)에는 위인 236명 중에 여성은 여덟 명 실려 있다.

아네테 폰 드로스테 휠스호프 Annette von Droste-Hülshoff
마리 폰 에브너 에셴바흐 Marie von Ebner-Eschenbach
엘리자베트 폰 튀링엔 Elisabeth von Thüringen
힐데가르트 폰 빙엔 Hildegard von Bingen
리카르다 후흐 Ricarda Huch
케테 콜비츠 Käthe Kollwitz
헬레네 랑게 Helene Lange
마리아 테레지아

열두 권짜리 백과사전 『세계사의 위인들』에서는 706명 중 여성은 27명이다.

### 여왕 일곱 명
엘리자베스 1세(영국)
하트셉수트 Hatshepsut(이집트)
가톨릭 여왕 이사벨 1세(카스티야)
클레오파트라(이집트)
마리아 테레지아(오스트리아)
세미라미스 Semiramis(아시리아)
빅토리아 Victoria 여왕(영국)

### 여성 정치인 세 명
로자 룩셈부르크 Rosa Luxemburg(1870~1919)
에멀린 팽크허스트 Emmeline Pankhurst(1858~1928)
베르타 폰 주트너 Bertha von Suttner(1843~1914)

### 여성 학자 여덟 명
레이철 카슨 Rachel L. Carson(1907~1964)
마리 퀴리(1867~1934)
안나 프로이트 Anna Frued(1895~1982)
이렌 졸리오 퀴리(1897~1956)
마리 리키 Marie Leakey(1913~1996)
리제 마이트너 Lise Meitner(1878~1968)
아말리 에미 뇌터 Amalie Emmy Noether(1882~1935)

세실 보그트Cécile Vogt(1875~1962)

**여성 작가 네 명**
보부아르(1908~1986)
이즈미 시키부 和泉式部(1000년경)
무라사키 시키부 紫式部(1000년경)
사포(기원전 600년경)

**성녀 세 명**
잔 다르크(1412~1431)
시에나의 카타리나Santa Caterina da Siena(1347~1380)
아빌라의 테레사Teresa de Ávila(1515~1582)

**그 밖에 두 명**
가르보(1903~1990)
플로렌스 나이팅게일Florence Nightingale(1820~1910)

『세계사의 위인들』에 수록된 여성 27명 중에는 『위대한 독일인들』에는 빠진 독일 여성 두 명이 포함되어 있다.

에미 뇌터(에를랑겐 출신으로 역사상 가장 중요한 여성 수학자로 불린다)
룩셈부르크(폴란드 출신이지만 결혼과 함께 독일인이 되었다)

마리아 테레지아와 함께 당연히 수록되었어야 할 오스트리아 여성 세 명은 다음과 같다.

안나 프로이트(지그문트 프로이트의 딸로서 아동 심리학자)
마이트너(세계적 명성의 물리학자)
주트너(평화 운동가이자 노벨 평화상 수상자)

안나 프로이트와 룩셈부르크, 마이트너, 에미 뇌터는 모두 유대 인이었다. 1935년 『위대한 독일인들』의 초판이 나올 당시에는 "게르만의 뿌리와 독일 혈통을 가진" 사람들만 이 책에 수록될 수 있었다. 1956년에 출간된 재판의 발행인들(그중에는 독일 대통령 테오도르 호이스Theodor Heuss도 있었다)은 하인리히 하이네Heinrich Heine와 마르크스, 아인슈타인 같은 유대인들을 새로 포함시켰지만, 앞서 언급한 여성들에게는 여전히 문을 열어 주지 않았다.

# 07 발명가는 늘 한 사람뿐일까?

> 유구한 역사를 자랑하는 이 세상에 수천 년 전부터 많은 중요한 인물들이 나와 수많은 사유를 발전시킴으로써 이제는 더 이상 새로 발견하거나 새로 말할 게 별로 없네.
> ―1828년 12월 16일, 괴테가 요한 페터 에커만에게 보낸 편지

다윈주의Darwinism는 두 학자가 같은 시간에 세상에 알렸고, 전화를 발명한 최소한 세 사람의 발명가 중에서 그 영예를 안은 것은 두 번째 인물이었다. 세 번째 발명가는 두 번째보다 겨우 두 시간 늦었을 뿐이고, 심지어 두 번째에게 사기까지 당했다. 발견과 발명의 역사는, 열광적이고 애국주의적인 선입견의 장막을 벗기고 보면 알력과 질투, 행운과 불운, 오류와 술수가 복잡하게 뒤엉킨 실타래와 같다. 이 실타래를 풀어 놓으면 유명한 남자들 가운데 갑자기 벌거벗겨진 채로 대중 앞에 서게 될 사람도 더러 있다.

전화를 첫 번째로 발명한 사람은 독일의 물리학 교사 요한 필리프 라이스 Johann Philipp Reis였다. 그는 1861년 식별할 수 있는 멜로디와 콧소리 비슷한 목소리를 다른 방에 전달하는 축전지식 장치를 만들어 독일 국내에서 이름을 얻었다. 두 번째 발명가는 미국으로 이주한 스코틀랜드 출신의 알렉산더 그레이엄 벨Alexander Graham Bell이다. 그는 첫 발명가보다 더 자주 언급되는

데, 1876년에 그가 발명한 전지 없는 전자식 전화가 기술 발전의 시발점이 되었고 정보 전달의 비약적 발전을 이끌었다는 점에서는 당연하다고 할 수 있다(미국뿐 아니라 전 세계적인 명성).

반면에 미국의 물리학자 엘리샤 그레이Elisha Gray는 벨보다 두 시간 늦게 특허청에 도착하는 바람에 간발의 차로 세계적인 명성을 놓치고 말았다. 그런데 벨은 첫 번째 전화 통화를 시도할 때 자신이 특허를 낸 부품이 아니라 그레이가 발명한 장치를 마이크로폰으로 사용했다. 그레이와 다른 발명가들은 벨을 상대로 무려 600회 가까이 소송을 제기했다. 물론 미국 대법원에서 모두 기각되었지만, 아깝게도 대법관들의 찬반 동수 의견에 의한 원고 패소 판결이었다.

그러니까 전화 없이 살았던 수백만 년의 세월 끝에 다른 사람보다 두 시간 일찍 특허청에 도착하고, 후발 주자의 것을 조금 도둑질하고, 상처뿐인 영광이지만 다행히 숱한 소송의 과정을 간신히 통과한 사람이 결국 명예의 승리자가 되었다. 그렇다면 그레이를 위해 기념비 하나는 세워 줘야 하지 않을까? 어쨌든 이런 사정을 감안하면 『세계사의 가장 영향력 큰 100인』에서 벨을 올리버 크롬웰Oliver Cromwell과 미켈란젤로 부오나로티Michelangelo Buonarroti보다도 높은 순위에, 혹은 카를 대제보다는 훨씬 더 높은 순위(44위)에 올려놓은 것은 납득하기 어렵다. 벨이 없었더라도 찾아왔을 전화의 발전에서 두 시간의 지체는 결코 인류에게 감당하지 못할 뼈아픈 상실이 아니기 때문이다. 쇼펜하우어는 이렇게 썼다. "어떤 분야에서든 일등은 장자 상속의 원칙에 따라 명성을 안고 퇴장하고, 이후의 양육비는 나머지 사람들에게 청구된다."

백열등은 누가 발명했을까? 하노버 인근 슈프링에 출신의 시계 제작업자로서 1854년부터 자신의 뉴욕 공장을 백열등으로 밝힌 하인리히 괴벨Heinrich Goebel이 그 주인공이다. 당시엔 전지나 발전기가 아직 없었기 때문에 괴벨은 백열등을 라이덴병瓶[1]으로 밝혔다. 또한 자신이 뭐가 중요한 것을 발명했다고 생각하지 않아서 산업적 이용을 위해 백열등의 특허를 신청하지도 않았다. 결국 모든 명성은 25년 뒤 비슷한 것을 만든 에디슨에게 돌아갔다. 에디슨이 만든 것은 숯 상태의 대나무 섬유질 필라멘트 대신 탄소 필라멘트를 이용한, 괴벨보다 한 단계 위의 백열등이었다. 물론 이 탄소 필라멘트 역시 1년 전에 영국인 조지프 윌슨 스완Joseph Wilson Swan이 발명한 것이었다. 그렇다면 왜 에디슨이 유명해졌을까? 그것은 그가 전구의 대량 생산을 이끈 인물이기 때문이다. 혹은 이렇게 말했다. 에디슨은 "결승점을 앞두고 막판 스퍼트가 필요 없을 정도로 많은 사람들이 우글거리는 경주에서 혼자 살짝 발을 내밀었다. 승리자는 항상 한 사람이어야 하니까."

전신은 누가 발명했을까? 만일 한 독일 작가가 미국인의 발명으로 공인된 이 위대한 발명이 실은 독일인의 작품이라고 세 번씩이나 언급한다면 맹목적 애국주의의 혐의를 피할 길이 없다. 하지만 프랑스와 스페인, 이탈리아의 백과사전들도 자국민들 중에서 전신의 선행 발명자나 공동 발명자를 발굴해 내는 것이 그리 어려워 보이지 않는다. 스탈린 치하의 소비에트 연방에서는 거의 모든 위대한 발명이 실은 러시아인들에 의해 이루어졌다는 주장이 제기되어 세계의 조롱을 받기도 했다. 오죽했으면 1950년대 베를린의 한 카바레에서는 "모든 시대를 통틀어 살아 있는 가장 위대한 러시아 화가" 레나르도 다빈친스키를 풍자하는 공연이 열렸겠는가!

하지만 이런 극단적 경우를 제외하면 이렇게 말할 수 있다. 본래의 발명가와 선구자, 참여자들이라고 하는 사람들이 세상에 하나둘 드러날 때면 항상 거기엔 일말의 진실이 존재하고, 그것이 최소한 "전화는 벨이 발명했다"라는 지나치게 일면적 규정에 만족하는 것보다 훨씬 진실에 가깝게 다가갈 수 있다. 또한 유명 발명가들의 좌우에는 괴벨이나 그레이처럼 백과사전에

---

[1] 절연이 잘된 유리병의 안팎과 밑면에 석박錫箔을 바르고 병마개 중앙에 꽂은 금속 대롱 끝에 쇠사슬을 달아 밑면과 접촉시킨 축전기의 일종.

는 올랐지만 상대적으로 훨씬 덜 유명한 사람들뿐 아니라 진가를 인정받지 못하고 위축당하고 쓰디쓴 환멸을 맛본 무명의 선구자와 경쟁자들이 당당히 자리하고 있다는 사실을 잊어서는 안 된다.

정보 전달을 위해 전기 충격을 전선으로 보내는 데 성공한 최초의 전신기는 우리가 아는 한 1809년 바이에른 왕의 주치의 자무엘 토마스 죄머링Samuel Thomas Sömmerring이 만들었다. 1832년에는 발트 해 연안 출신의 파울 폰 실링 칸슈타트Paul von Schilling-Cannstadt가, 1833년에는 독일의 물리학자이자 천문학자인 가우스(괴팅겐 천문대와 물리학 연구실을 전신으로 연결했다)가 또 다른 전신기를 만들었고, 1837년에는 찰스 휘트스톤Charles Wheatstone이 영국 철도를 위한 전신기를, 독일에서는 카를 아우구스트 폰 슈타인하일Carl August von Steinheil이 뮌헨과 보겐하우젠 사이의 5킬로미터를 잇는 전신기를 만들었다. 전신기의 발명가라는 역사적 영예를 차지한 미국의 화가이자 발명가 새뮤얼 모스Samuel Finley Breese Morse는 기껏해야 여섯 번째에 불과했다.

물론 모스는 죄머링의 전신기를 계속 발전시켰고, 모스 부호로 알려진 합리적인 부호 체계를 도입했으며, 길고 짧은 발신 전류를 선과 점의 형태로 종이테이프에 표시하는 접극자接極子를 고안했다. 하지만 무엇보다 그의 명성에 크게 기여한 것은 1843년 미국 정부로부터 워싱턴과 볼티모어를 연결하는 최초의 대규모 전신선을 땅에 설치할 기회를 얻은 것이다. 그 밖에 죄머링 이후의 발명가들은 모두 프랑스의 앙드레 마리 앙페르André Marie Ampère와 전자기학을 창시한 덴마크의 한스 크리스티안 외르스테드Hans Christian Örsted의 덕을 보았다. 또 마지막으로 굴리엘모 마르코니Guglielmo Marconi가 1897년에 또 다른 전신, 즉 세계를 강타한 무선 전신을 발명한 것은 전신의 역사에서 빼놓을 수 없다.

인류의 가장 위대한 발명으로 꼽히는 바퀴와 시계의 발명에서 특히 뚜렷하게 드러나는 사실이 있다. 우리는 위대한 업적을 위대한 남자에게로 몰아가려는 욕구 때문에 그 과정을 전부 한 개인의 공으로만 돌리는 것이 얼마나 불합리한지 별로 따지지 않는다는 것이다. 바퀴는 기원전 3800년경 오늘날의 이라크에서 탄생했다. 그냥 단순하게 나무 몸통을 잘라 굴리던 데서부터 바퀴통과 굴대, 테를 갖춘 원반형의 바퀴를 만들기까지는 분명 수 세대에 걸쳐 이름 없는 마부와 목공, 꼼꼼한 기술자들의 고된 노력과 열정이 함께했을 것이다. 그리고 1300년경 유럽에 최초로 등장한 기계식 시계탑은 수공업과 시간 분야에서 정밀성의 시대를 열어 주었다. 이것은 인류 역사상 전례가 없는 변혁이었지만, 우리는 그것을 이끈 사람들을 알지 못한다.

그런데 그런 사람들을 안다고 믿는 영역에서는 항상 그 발명과 관련되어 나타나는 여러 이름들 때문에 우리는 바보가 된다. 예를 들어 **증기 기관**은 1690년 드니 파팽Denis Papin의 기관을 시작으로 1698년의 토머스 세이버리Thomas Savery, 1712년의 토머스 뉴커먼Thomas Newcomen, 1765~1785년의 제임스 와트James Watt에 이르기까지 다양한 단계를 거치며 발전했다. 그 후 1803년에 웨일스 출신의 광산 기술자 리처드 트레비식Richard Trevithick이 철제 궤도 위를 달리는 열차에 증기 기관을 장착했다. 증기 기관차가 탄생하는 순간이었다. 그러나 트레비식의 증기 기관차는 석탄만 운반했다. 반면에 조지 스티븐슨George Stephenson은 위험을 무릅쓰고 1825년에 최초로 증기 기관차에 사람을 태웠다. 결과는 하늘과 땅으로 갈렸다. 석탄은 말을 하지 못하지만, 승객은 말을 할 수 있었기 때문이다. 결국 트레비식은 빈민 묘지에 묻혔고, 스티븐슨은 세계사의 위인으로 떠받들어졌다.

**자동차**의 원래 발명가가 누구였는지 골똘히 생각하는 사람은 더 큰 어려움에 빠진다. 더구나 그런 질문에는 귀를 닫고 싶어 하는 다임러 벤츠라는 거대 기업의 눈총을 사기도 한다. 벤츠의 본사가 있는 슈투트가르트에서는 당연히 고틀리프 다임러Gottlieb Wilhelm Daimler와 카를 벤츠Karl Friedrich Benz가 자동차를 발명했다는 말을 듣고 싶어 한다. 하지만 벤츠 사가 1986년에 '자동차 100주년'이 아닌 '교통 동력화 100주년'을 기념한 것은 올바른 처사였고, 전문가들의 눈에는 자동차 역사가 아주 복잡하다는 상황에 대한 인정으로 비쳤다. 자동차는 1885년 최초의 다임러 오토바이가 칸슈타트 시내를 활주하고, 1886년에는 최초의 벤츠 삼륜차가 만하임 시내를 주행하기 훨씬 이전부터 117년 동안 꾸준히 발명되어 왔다.

자동차를 이동에 필요한 힘을 스스로 만들어 내는 도로 적합형 차량으로 정의한다면 증기로 움직인다고 해서 자동차가 아니라고 볼 이유는 전혀 없다. 그렇다면 자동차의 발명가는 프랑스의 군사 기술자였던 니콜라스 퀴뇨Nicolas Joseph Cugnot였다. 1769년 그는 자신이 만든 삼륜 증기차를 타고 15분간 파리 시내를 요란한 소리를 내며 돌아다녔다. 그 후 100년 동안 수많은 증기차들이 영국과 프랑스, 미국의 도로 위를 달렸다. 속도는 버스가 시속 20킬로미터, 개인 자동차가 시속 40킬로미터에 이르렀는데, 1888년에는 프랑스의 증기차 레이서인 레옹 세르폴레Léon Serpollet가 시속 121킬로미터의 삼륜 증기차를 만들었다. 이는 최신식 가솔린차의 속도를 훨씬 뛰어넘는 것이었다.

증기차의 뒤를 이어 가스 엔진을 단 자동차가 등장했다. 1802년 스위스의 엔지니어 아이작 드 리바즈Isaac de Rivaz가 처음으로 그런 자동차를 만들어 1807년에 특허를 땄다. 1823년에는 영국인 새뮤얼 브라운Samuel Brown이 가스 엔진차로 런던 시내를 주행했고, 1863년에는 에티엔 르누아르Etienne Lenoir가 파리 근교를 내달렸다. 1864년에는 오스트리아의 지크프리트 마르쿠스Siegfried Marcus가 빈 근교에서 최초의 가솔린차를 타고 200미터를 움직였다. 그러나 이 차에는 성능이 뛰어난 4기통 엔진이 아직 장착되어 있지 않았다. 4기통 엔진은 1878년 쾰른 근교에 살던 오토가 발명해서 특허를 받았다. 하지만 이 특허는 1886년에 취소되었다. 프랑스의 엔지니어 알퐁스 보 드 로샤Alphonse Beau de Rochas가 이미 1862년에 최초로 4기통 엔진을 발명했다는 사실을 증명했기 때문이다.

오토 밑에서 일하던 다임러와 빌헬름 마이바흐Wilhelm Maybach는 1882년에 독립해서 오토의 내연 기관을 고속 엔진으로 발전시켰고, 1885년에는 그

엔진을 이륜차에 장착하는 데 성공했다. 이듬해에 두 사람은 가솔린차를 타고 이리저리 돌아다녔는데, 그건 그들과 친분이 전혀 없던 벤츠도 마찬가지였다. 1887년 벤츠는 내연 기관이 장착된 도로용 차를 발명한 많은 발명가들 가운데 최초로 남들이 자신의 결과물에 관심을 갖게 하는 데 성공했다. 파리에서 구매자가 나타난 것이다. 그로써 벤츠는 마침내 '자동차'라 불린 가솔린차의 첫 **공장주**로 세상에 알려졌다. 최초의 자동차는 다임러 사에서 일하던 마이바흐가 설계한 것으로 4기통 엔진에 35마력을 갖춘, 최고 시속 72킬로미터의 1900년 식 메르세데스인데, 그 고풍스런 스타일로 오늘날에 다시 인기를 모으고 있다.

지금까지의 내용을 정리하면 간단하다. 증기차 형태의 자동차는 퀴뇨가, 가스 엔진 형태는 리바즈가, 가솔린차는 로샤와 오토의 준비 과정을 거쳐 마르쿠스와 다임러, 마이바흐, 벤츠가 발명했다. 그 외 다른 발명가를 아는 사람이 있다면, 그에 합당한 근거가 있으리라 믿기에 우리는 언제든 환영이다. 그런데 이들은 다른 발명가들의 성과를 딛고 자신의 비전을 이룬 제작자이자 실험가로서 무수한 다른 발명가들과는 달리 '시대의 수요'에 부응한 사람들이다. 우리가 그들을 존경하는 것도 그런 측면이다. 다만 이들을 보면서 '천재'라는 말은 떠오르지 않는다. 100년 전에는 아무도 생각하지 않았을 판타지의 산물을 실현하도록 이끈 것은 그 자신이 아닌 주변 환경이었기 때문이다. 원래는 자기 시대를 가장 멀리 앞서 나간 사람이 가장 뛰어난 발명가이겠지만, 현실에서 그런 사람이 동시대인들에게 진가를 인정받고 명성을 얻는 일은 매우 드물다.

**비행기**는 어땠을까? 1842년 영국 발명가 새뮤얼 헨슨Samuel Henson은 '공중 증기차' 특허를 땄다. 이 차로 편지와 화물, 사람을 땅과 바다 너머로 운송할 생각이었는데, 주로 런던과 인도를 오가는 것이 목표였다. 좌우 날개는 길이 40미터에 폭 10미터에 이르렀고, 동체는 배와 비슷한 형태로 만들려고 했으며, 동체 안에 증기 기관을 장착해서 지름 7미터의 프로펠러 두 개를 돌릴 계획이었다. 그러나 그는 결코 규모가 작지 않은 이 프로젝트의 투자자를 구하지 못했다. 이유는 무엇보다 날개폭 7미터의 모형 비행기가 시범 비행에서 공중으로 날아오르지 못했기 때문이다.

1871년에는 스물한 살의 프랑스 천재 청년 알퐁스 페노Alphonse Pénaud가 고무 엔진이 달린 모형 비행기를 만들어 미심쩍어하는 비행 협회 위원들 앞에서 60미터 정도 비행에 성공했다. 이로써 16그램밖에 나가지 않는 이 초소형 모형 비행기가 역사를 만들었다. 첫 번째 이유는, 좌우 날개와 동체, 프로펠러, 방향키까지 훗날 비행기의 기본 요소를 모두 갖추고 있었고, 두 번째는 인간이 만든 기계가 공기보다 무거운데도 불구하고 하늘을 날 수 있다는 사실을 처음으로 깔끔하게 증명했기 때문이다.

러시아 문헌에 따르면 1882년 해군 장교 알렉산드르 모자이스키Alexandr Mozhaisky가 페테르부르크 연병장에서 최초의 동력 비행에 성공했다고 한다. 1890년에는 프랑스의 클레망 아데르Clément Ader 소령이 증기 기관 두 개로 움직이는, 박쥐와 똑같은 비율의 비행기를 만들어 땅에서 50미터 이상 펄쩍 뛰듯이 날아오르게 하는 데 성공했지만, 모형 비행기는 곧 추락해서 산산조각 나 버렸다. 당시는 이미 비행선으로 8킬로미터를 날아가는 시대였기 때문에 프랑스 국방부는 그 발명자에게 좀 더 높은 요구를 하며 더 이상의 지원을 해 주지 않았다.

미국 출신의 엔지니어로 1884년에 기관총을 발명해 부자가 된 하이럼 스티븐스 맥심Hiram Stevens Maxim은 1891년에는 비행기를 만들어 인간을 공중으로 날려 보낼 야심찬 꿈을 키웠다. 물론 자신이 아닌 다른 사람을 이용해서 말이다. 맥심은 1894년까지 날개폭 31미터에 증기 기관 두 개로 움직이는 복잡한 체계의 거대한 비행기를 만들었다. 그는 런던 근교에 설치한 활주로에서 이 비행기를 이륙시킬 계획이었는데, 비행기가 너무 일찍 떠오르지 않도록 바퀴 밑에도 레일을 달았고, 활주로 양 옆에는 비행기가 옆으로 새지 않도록 판자벽을 세웠다. 그러나 발명 욕심만 앞섰지 새가슴처럼 그렇게 소심해서는 이 거대한 비행기를 날아오르게 하는 건 무리였다. 다시 말해서 바퀴가 차례로 레일에서 떨어져 나가면서 좌우로 심하게 요동치던 거대한 동체가 활주로의 끝에 이르러 이륙하려는 순간 조종석에 앉아 있던 기술자가 겁을 집어먹고 증기를 꺼 버리는 바람에, 펄떡 뛰어오르듯이 날아가던 동체가 정지하고 말았던 것이다. 그런데 풀밭 위에는 비행기가 지나간 흔적이 남아 있지 않았다. 그렇다면 비행기가 공중에 뜨는 데는 기술적으로 성공했다.

독일의 오토 릴리엔탈Otto Lilienthal은 1891년에서 1896년까지 공기보다 무거운 기계를 처음으로 직접 운전하면서 가장 오래 비행하는 데 성공했다. 물론 언덕 위에서 아래로 활강한 것에 불과했지만, 어쨌든 그렇게라도 허공을 350미터까지 날아간 것은 새로운 기술이었다. 그 이전에 활강을 시도했던 모든 비행사들은 울름의 재단사였던 알브레히트 베르블링거Albrecht Ludwig Berblinger와 똑같은 운명을 겪었기 때문이다. 1811년 베르블링거는 아들러바스타이 언덕에서 도나우 강 위를 활강하려다가 보기 좋게 강물에 곤두박질치고 말았다. 항공 역학은 릴리엔탈을 통해 결정적인 동력을 얻었다. 하지만 글라이더에 엔진을 장착하려던 그의 계획은 갑작스런 사고로 수포로 돌아가고 말았다. 릴리엔탈이 1896년 시험 비행을 하다가 40미터 높이에서 떨어져 목숨을 잃은 것이다.

같은 해에 내연 기관을 장착한 최초의 비행기가 1마일가량을 날아 그것을 지켜보던 미군 관계자들을 깜짝 놀라게 했다. 미국의 새뮤얼 피어폰트 랭글리Samuel Pierpont Langley 교수가 제작한 작은 모형 비행기였다. 그는 이 성공으로 미군 측으로부터 사람을 운송할 좀 더 큰 비행기를 제작해 달라는 주문을 받았다.

1901년에는 오스트리아의 피아노 제작자 빌헬름 크레스Wilhelm Kress가 가솔린 엔진을 장착한 비행 보트로 공중 비행을 시도했다. 그런데 물에서 떠오르는 순간 강변 축대가 자기 쪽으로 빠르게 다가오자 급히 방향을 틀었고, 그 바람에 보트가 뒤집히면서 계획은 물거품으로 돌아갔다. 같은 해 8월 14일에는 독일계 미국인 구스타프 화이트헤드Gustave Whitehead가 코네티컷 주의 브리지포트에서 13미터 높이로 800미터를 비행했다. 그 지역 신문 기자가 그렇게 보도했다. 그렇다면 이것은 라이트Wright 형제의 비행(1903)보다 시기적으로 빠를 뿐 아니라 거리상으로도 훨씬 멀리 비행한 것이다. 그러나 오늘날까지도 그 기자의 보도 내용이 맞는지, 보도가 사실이라면 왜 화이트헤드에게 모든 명성이 돌아가지 않았는지 미지수로 남아 있다. 어쩌면 라이트 형제와는 달리 화이트헤드가 사진으로 기록을 남기지 않았기 때문인지 모른다.

반면에 1903년 8월 만능 발명가 카를 야토Karl Jatho가 뤼네부르크 들판에서 1미터 높이로 18미터를 날아간 것은 의심할 바 없는 사실이다. 또한 1903년 11월에는 그가 직접 제작한 12마력의 복엽 비행기가 60미터 거리를 날아갔다. 이것은 기술적 의미에서 분명 비행이라 할 수 있었지만, 당시의 세계 및 후대는 비행에 대해 더 많은 것을 기대했기에 야토의 성취를 인정하지 않았다.

1903년 12월 7일 랭글리 교수는 드디어 1896년에 자신에게 맡겨진 과제를 완수할 꿈에 부풀어 있었다. 워싱턴 포토맥 강의 한 수상 가옥 지붕에서 사출기로 비행기를 공중으로 날려 보낼 계획이었던 것이다. 그러나 사출기 이륙은 실패했다. 이튿날 다시 한 번 시도되었지만 비행기는 공중이 아닌 물속으로 곤두박질치고 말았다. 조종사는 구조되었지만 미 정부는 프로젝트 지원을 거부했다.

열흘 뒤 랭글리는 신경 쇠약으로 쓰러져 1906년 세상을 떠날 때까지 일어나지 못했다. 1903년 12월 18일자 신문에 실린 한 기사의 충격 때문이었다. 기사에 따르면 그 전날 오하이오 출신의 무명 비행기 제작자인 라이트 형제가 동력 비행기를 네 번의 시도에서 모두 공중으로 날아오르게 했다는 것이다. 이 비행기는 처음에는 12초 동안, 마지막에는 59초 동안 260미터를 비행했다. 라이트 형제의 비행기는 랭글리가 만든 비행기에 비해 어디 하나 뛰어난 구석이 없었을 뿐 아니라 여러 측면에서 더 초보적이었으며, 심지어 엔진도 훨씬 약한 것이 장착되어 있었다. 그럼에도 날았다. 그렇게 위험하지 않은 방법으로 이륙했기 때문이다. 프로펠러 두 개로 움직이는 복엽기는 이륙 레일을 타고 언덕 아래로 미끄러졌고, 곧이어 시속 34킬로미터의 강한 맞바람을 받으며 손쉽게 공중으로 떠올랐다. 라이트 형제가 노스캐롤라이나 해안에 위치한 이 길쭉한 반도의 모래 언덕을 시연 장소로 택한 것도 그 때문이었다. 비행기가 바람을 맞으며 날아오를 때는 시속 50킬로미터를 기록했고 바닥으로 내려올 때는 16킬로미터였다. 이로써 비행기 발명이라는 기나긴 사슬의 마지막 마디가 완성되었다.

**사진**을 발명한 사람이 루이 다게르Louis Daguerre가 아니라는 소문 역시 끈질기게 나돌았다. 최초로 사진을 찍은 사람은 다게르의 동향인인 조세프 니세포르 니에프스Joseph Nicéphore Niépce라는 것이다. 그것도 최초의 다게레오타이프daguerreotype[2]보다 무려 11년이나 빠른 시점이었다. 오늘날까지 사용되는 음화-양화 사진술도 다게레오타이프보다 2년 먼저인 1835년에 영국의 재야 학자 윌리엄 헨리 폭스 탤벗William Henry Fox Talbot이 발명하였다. 그런데 왜 다게르만 유명해졌을까? 그것은 다게르가 저명한 물리학자 도미니크 프랑수아 아라고Domonique François Arago와 친분이 있었기 때문이다. 즉 아라고가 다게르의 은박 금속판을 이용한 사진술(재생 가능성은 없다)을 프랑스 과학 아카데미에 인류의 위대한 업적으로 소개한 것이다. 그 후 프랑스 정부는 다게르에게서 사진 특허를 사들여 온 세상에 선물로 내놓았다. 이처럼 정부와 아카데미에 끈이 닿아 있는 사람은 다른 어떤 경쟁자들보다 백과사전에 이름을 올릴 가능성에 한 발 가까이 다가서 있는 셈이다.

---

[2] 최초의 실용적 사진. 요오드화은을 입힌 구리판을 사진기 속에 넣고 빛에 노출시킨 다음 수은 증기를 쪼여 소금물에 정착시켜 만든 은판사진이다. 다게르의 이름을 따서 붙여졌다.

과학 영역뿐 아니라 지리적 영역에서도 발견자가 여럿인데도 한 사람에게만 영광을 돌리려고 한다면 우리는 여러 문제에 봉착하게 된다. 예를 들어 **아메리카**는 누가 발견했을까? 어쨌든 콜럼버스가 아닌 것만은 분명하다. 그렇다면 최초로 **남극**에 발을 들여놓은 사람은 누구일까? 아문센이라는 데에는 이론의 여지가 없다. 하지만 따져 놓고 보면 그게 그리 대단한 일도 아니었다. 5주 후에는 로버트 팰콘 스콧Robert Falcon Scott도 남극에 도착했기 때문이다. 그 정도의 시간이라면 인류가 충분히 기다려 줄 수 있다.

반면 **북극** 문제는 아직 밝혀지지 않았다. 미국인 둘이 서로 자기가 최초의 북극 탐험가라고 주장하기 때문이다. 프레더릭 쿡Freserick Cook은 1908년에, 로버트 피어리Robert Edwin Peary는 1909년에 각각 북극을 밟았다고 주장했다. 오늘날까지도 두 사람이 정말 북극에 도달했는지, 둘 중 하나만 도착했다면 그게 누구인지, 아니면 아예 둘 다 도착하지 못한 것은 아닌지를 두고 논쟁이 끊이질 않는다. 다만 분명한 것은 쿡은 조용히 있었던 반면에 피어리는 명성을 얻는 방법을 알고 있었다. 게다가 그의 탐험은 『내셔널 지오그래픽 *National Geographic*』과 「뉴욕 타임스」의 재정 지원으로 이루어졌기에 두 기관이 힘을 실어 준 것은 당연했다. 그러나 그로부터 79년이 지난 1988년에 「뉴욕 타임스」는 이례적으로 '정정 보도'라는 제목 아래 다음 기사를 내보냈다. "피어리의 탐험은 내셔널 지오그래픽 협회의 후원을 받았고, 「뉴욕 타임스」는 그 탐험과 관련된 독점 보도권을 갖고 있었다. 그래서 두 기관은 탐험의 성공을 믿고 싶은 마음에 그 결과를 엄밀히 검증하려는 노력은 기울이지 않았다. …… 오늘날 대부분의 전문가들은 쿡이든 피어리든 두 사람 다 최초의 북극 탐험가라는 명예를 요구할 권리가 없다는 점에 의견이 일치한다."

위대한 언론의 위대한 행동이었다. 물론 당사자에게는 너무 때늦은 일이었다. 쿡은 이미 좌절을 안고 세상을 떠났고, 피어리는 알링턴 국립묘지의 추모비 아래 누워 있었다. 역사가와 전기 작가들도 「뉴욕 타임스」처럼 스스로에 대해 엄격함과 비판 의식을 견지한다면 백과사전에 등재된 사람들 중에 얼마나 많은 이들이 가짜 영웅으로 삭제되어야 할지 알 수 없는 노릇이다. 덧붙이자면 실제 북극에 최초로 도착한 사람은 소비에트의 극지방 연구가 파벨 고르디옌코Pavel Gordijenko라고 한다(1948).

독일과 영국 수학자들 사이에서는 지금도 백과사전에 그와 관련된 항목까지 있을 정도로 유명한 **순위 논쟁**이 수백 년 동안 이어져 왔다. **미분**을 누가 처음 발명했는지를 두고 벌이는 다툼이다. 미분은 끊임없이 변하는 크기를 계산하는 수학적 방법으로, 이것을 이용하면 가속도의 증가와 결부되어 나타나는 질량의 지속적인 감소에 근거해서 로켓의 궤도를 계산할 수 있다.

1664년 뉴턴은 아르키메데스와 르네 데카르트René Descartes 같은 많은 선구자들의 성과를 토대로 미분 연구에 착수했다. 1668년에는 스코틀랜드의 수학자 제임스 그레고리James Gregory가 그 뒤를 이었고, 1673년에는 고트프리트 빌헬름 라이프니츠Gottfried Wilhelm Leibniz가 처음으로 자신의 정리를 발표했다. 그레고리는 침묵한 반면(그가 미분을 연구했다는 것은 1939년에 발표된 유고를 통해 비로소 밝혀졌다) 뉴턴은 라이프니츠가 자신의 성과를 도용했다고 생각하고 그에게 분노에 찬 편지를 보낸 것과 함께 표절에 대한 비난을 제기했으며, 1712년에는 자신이 회장으로 있던 왕립 협회를 부추겨 자신의 주장이 옳다는 것을 공개적으로 확인하게 했다. 그러나 1845년에 출간된 브록하우스 백과사전의 판단에 따르면 뉴턴은 그로써 라이프니츠의 "말년을 우울하게 만들었다". 라이프니츠로서는 부당한 공격이었던 것이다.

다윈주의 역시 찰스 로버트 다윈Charles Robert Darwin이 아니었더라도 탄생할 수 있었다. 그것도 같은 날에 탄생할 수 있었다. 다윈이 평생 얼마나 끈질기게 한 이념에 매달렸는지는 17장에서 자세히 다룰 것이다. 여기서는 다만 모든 과학적·기술적 영역에서 일반적으로 발명가로 알려진 개인들이 없었더라도 진보는 변함없이 이루어졌을 거라는 사실만 살펴볼 것이다. 물론 다른 업적이나 성취들과의 우연한 결합으로 인한 특정 시점의 역사적 실효성은 배제하지 않을 생각이다. 다시 말해서 인쇄술이 없었더라면 루터는 세계사적 역할을 수행하지 못했을 것이고, 구텐베르크가 없었더라면 활자가 언제 발명되었을지는 알 수 없다.

다윈은 자연 선택에 대한 생각이 1838년에 번개처럼 떠올랐다고 후대에 전했다. 그것도 1798년에 출간된 토머스 로버트 맬서스Thomas Robert Malthus의 인구 법칙에 관한 책을 읽으면서라고 하는데, 이 책에 따르면 모든 민족의 인구는 식량 공급보다 빨리 증가하는 추세를 보인다고 한다. 다윈은 1844년까지 자신의 주제와 관련된 논문을 단편 하나, 중편 하나를 써 놓았지만 발표하지는 않았다. 그러다가 1856년에야 친구들의 독촉으로 연구를 재개했다.

1858년 다윈보다 열네 살 아래인 영국의 박물학자 앨프리드 러셀 월리스Alfred Russel Wallace도 맬서스의 책을 읽으면서 다윈과 마찬가지로 "가장 적응을 잘하는 생물이 살아남는다는 생각이 번개처럼"(적자생존) 떠올랐다고 한다. 그는 이 이론을 즉시 열두 쪽의 논문으로 정리했다. 그런데 작성된 원고를 학술 단체에 발표하는 대신(그랬다면 우리는 오늘날 '다윈주의'가 아닌 '월리스주의'라는 용어를 사용하고 있을지도 모른다) 다윈에게 보냈다. 다윈이 그와 관련된 연구를 하고 있다는 소문이 학계에 나돌았기 때문이다.

다윈은 대경실색했다. 우편물이 도착한 날 그가 쓴 기록을 보자. "이제껏 이런 기막힌 우연은 경험한 적이 없다. 월리스가 설사 1842년에 내가 쓴 논문을 봤더라도 이보다 더 훌륭한 요약본을 쓸 수는 없었을 것이다. 그가 사용한 전문 용어들은 곧 내 장章의 표제어들이다." 다윈은 친구들의 조언에 따라 그들 둘의 이론을 린네 학회에 함께 발표할 생각으로 월리스를 초대했다. 그것이 1858년 7월 1일이었다.

그렇다면 세계적 명성은 왜 다윈만 차지하고, 월리스는 전문가들이나 찾는 백과사전에 등재되는 것으로 그쳐야 했을까? 다윈은 자신의 원고를 서둘러 끝내 1859년에 책으로 출간했다. 그리고 1년 뒤 이 저서를 두고 옥스퍼드에서 유명한 논쟁이 벌어졌다. 이 자리에서 영국 국교의 새뮤얼 윌버포스Samuel Wilberforce 주교는 다윈의 지지자인 동물학자 토머스 헨리 헉슬리Thomas Henry Huxley에게 물었다. "그럼 당신은 할아버지 쪽이 원숭이요, 아니면 할머니 쪽이 원숭이요?" 그러자 헉슬리는 이렇게 품위 없이 논증하는 학자와 원숭이 사이에서 조상을 골라야 한다면 원숭이를 택하겠다고 대답했다.

월리스는 자신의 이론을 1870년에야 책으로 발표했다. 다윈의 명성에 지대한 영향을 준 그 유명한 설전이 있은 지 10년 뒤의 일이었다. 월리스는 이 책에서 인간은 다른 모든 생물들과 달리 자연 선택만으로 탄생하지는 않았을 거라고 썼다. 그가 유명해지는 것을 전략으로 삼았다면 이는 결정적인 실수였다. 왜냐하면 1871년 자연 선택에 관한 다윈의 두 번째 저서가 출간되었는데, 그는 여기서 인간을 동물의 후예로 소개하면서 인간 역시 진화론을 비켜 갈 수 없다는 입장을 명백히 밝혔기 때문이다. 물론 그는 원숭이를 우리의 조상으로 직접 칭하는 것을 피했지만, 1860년의 옥스퍼드 논쟁에서 각인된 "인간은 원숭이의 후손"이라는 슬로건은 이미 전 세계로 퍼졌고, 그와 함께 세계적인 명성은 오직 다윈의 품에만 떨어졌다.

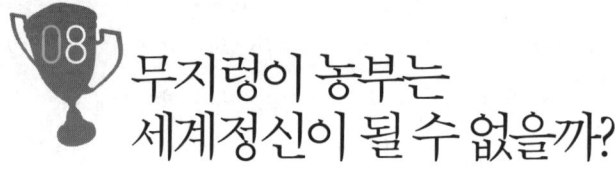
## 무지렁이 농부는
## 세계정신이 될 수 없을까?

> 클레오파트라의 코가 조금만 낮았더라면 세계 역사는 바뀌었을 것이다.
> ―블레즈 파스칼, 『팡세』

얼마나 낮아야 했을까? 앙드레 지드Andre Gide가 물었다. "조금 낮추는 것은 괜찮아 보였기 때문이다. 아닐까?" 우리가 아는 내용을 모두 종합해 보면 클레오파트라는 매우 지적이고 매력적인 여성이었고, 고대의 주화에 새겨진 얼굴에서는 실제로 코가 눈에 띄게 높았다. 이집트의 여왕이었던 클레오파트라가 처음엔 카이사르를, 그 다음엔 안토니우스를 사로잡은 것도 어쩌면 매혹적인 코 때문이었는지 모른다. 어쨌든 클레오파트라에게 홀딱 넘어간 카이사르는 그녀를 로마로 데려가 2년 동안 사치와 호화스러운 생활에 푹 젖게 했고, 심지어 비너스 성전에 그녀의 황금 동상까지 세우게 했다. 물론 이것은 그를 죽음으로 내몬 기고만장함의 단적인 증거였다. 안토니우스는 더했다. 그는 아름다운 여왕의 뜻이라면 따르지 않는 것이 없었고, 그로써 몰락은 예정된 수순이었다. 그의 경쟁자 가이우스 옥타비아누스Gaius Octavianus가 '아우구스투스Augustus'라는 이름으로 로마의 초대 황제에 오른 것이다. 블레즈 파스칼Blaise Pascal과 지드가 그런 물음을 던진 것도 **이런** 역사 때문이었다.

한 여인의 코처럼 사소한 우연조차 역사 과정에 영향을 줄 수 있다면 권력욕과 신들린 집착, 범죄적 광기같이 중요한 개인적 특성은 역사에 심대한 영향을 미칠 가능성이 아주 커 보인다. 이로써 우리는 이미 여러 차례 언급한 핵심 질문에 대한 대답의 한가운데에 서 있다. 질문을 다시 정리하면 이렇다. 백과사전의 위인들은 정말 역사의 형성자이고 동참자였을까? 그렇다면 그 역할은 어디까지였을까? 혹은 그들은 역사의 추진자였을까, 아니면 역사가 진행되는 과정에서 단순한 얼굴마담 역할을 한 것에 불과했을까? 시대와 대중에게 필요했기 때문에 만들어진 지도자로서 대신 다른 얼굴을 내세워도 전혀 상관없는 그런 간판 같은 역할을 한 것일 수도 있지 않을까? 이 질문들을 달리 표현하자면, 나폴레옹이나 레닌처럼 우리가 역사에 극적인 영향을 미쳤다고 생각하는 특정인들이 혹시 어렸을 때 죽었다면 세계사가 바뀌었을까? 히틀러는 대자본에 대항한 칼날이자 소시민적 증오가 폭발하도록 집행자 역할을 한 것이었을까, 아니면 독일인들에게 자기 뜻을 강요하여 엄청난 에너지를 폭발하도록 이끈 화산이었을까?

통상적 인물 숭배의 토대를 뒤흔듦으로써 그에 관한 논쟁을 촉발한 사람은 헤겔이었는데, 훗날 영국 철학자 허버트 스펜서Herbert Spencer와 특히 마르크스주의자들이 이 논쟁을 더 한층 부채질했다. 헤겔은 안타깝게도 일반인들로서는 이해하기 어렵고, 부분적으로는 러셀의 '뒤섞인 난센스'를 떠올리게 하는 절대정신을 요구했다. '그 자체로 완전무결한' 이 정신은 예술과 종교와 철학 속에 드러나는데, 이 절대정신이 세계사에서 객관적 정신으로 실현된 것을 헤겔은 '세계정신'이라 불렀다(다른 철학자들은 우주적 이성, 세계영혼, 혹은 신이라 불렀고, 야코프 부르크하르트는 '전체 의지'라 칭했다). 헤겔은 이렇게 썼다. **세계정신을 이끄는 사람**은 세계사적 개인들이다. "그들은 실용적이고 정치적인 인간인 동시에 시대에 필요한 것이 무엇이고, 무엇이 임박했는지를 꿰뚫어 보는 사유하는 인간이다. …… 그 때문에 시대의 주인공들, 즉 세계사적 인간들은 통찰력 있는 인간으로 간주될 수 있다. 그들의 행동과 말은 그 시대 최고이다. …… 그렇기에 타인들은 이 영혼의 지도자들을 따른다. 이들과 대면하는 정신은 자신의 내면에서 저항할 수 없는 엄청난 힘이 솟구치는 것을 느끼기 때문이다."

헤겔은 모든 특출한 사람 중에서 자신의 정의에 일치하는 사람들만을 위인으로 **인정하고** 싶었을까? 혹은 위대한 개인들은 세계정신의 일을 불가항력적으로 수행할 수밖에 없다고 생각했을까? 다시 말해서 그들은 혹 그게 기만의 길이든 범죄의 길이든지 간에 역사가 미리 정해 놓은 길에서 한 치도 벗어날 수 없다고 본 것일까? 헤겔은 이런 요상한 말도 했다. 세계사는 그런 개인들을 "언급하지 않고" 넘어갈 수도 있다. "세계사가 보고해야 할 것은 민족들의 정신적 행위이기 때문이다". 헤겔의 이론에서는 세계정신을 위반하는 것, 잘못된 길로 빠지는 것, 그리고 시대착오적인 것은 존재하지 않는다.

마르크스와 그 후계자들은 헤겔의 이 무모한 명제에 푹 빠졌다. 프리드리히 엥겔스Friedrich Engels는 위대한 개인은 항상 대체 가능하다고 말했다. 나폴레옹이라는 존재는 하나의 우연이었지만, 이 우연이 없었더라도 다른 이가 그 자리를 대신 메웠을 것이라는 말이다. "그것은 누군가 필요할 때마다 늘 그런 사람이 나왔다는 사실에서 증명된다. 카이사르와 아우구스투스, 크롬웰이 그랬듯이." 1898년 마르크스주의 이론가 게오르기 발렌티노비치 플레하노프Georgii Valentinovich Plekhanov는 역사적 인물의 역할에 대해 이렇게 썼다. "위대한 남자는 자신의 특별함으로 큰 사건들에 개인적 특색을 부여하기 때문에 위대한 것이 아니라 시대의 거대한 사회적 요구에 부응하는 능력을 최대한 키우는 특별함을 갖고 있었기 때문에 위대하다."

그런데 이런 사고가 쉽게 모순에 빠질 수 있다는 사실을 간파한 최초의 마르크스주의자 가운데 한 사람이 레온 트로츠키Leon Trotsky였다. 사실 레닌이 어차피 할 수밖에 없는 것을 한 것뿐이라면 특별히 경탄할 게 뭐가 있겠는가? 그에 대해 트로츠키는 이렇게 썼다. "프롤레타리아 독재는 전체 상황의 결과로 생겼다. 하지만 프롤레타리아 독재의 토대를 마련하는 것이 먼저였다. 그것은 당 없이는 불가능했다. 당은 자신에게 부여된 사명을 인식하고, 그것을 완수했다. 그 일에 레닌이 필요했다. …… 그가 없었어도 당이 자기 길을 찾았을 거라고 확신할 수 있을까? 결코 그렇게 주장할 수 없다." 이것은 헤겔의 뜰에서 이루어진 수많은 능구렁이 같은 태도들 가운데 하나였을 뿐이다. 그중에서 가장 기교가 넘치는 것은 에른스트 블로흐Ernst Bloch가 보여 주었다. 그에 따르면 "주체에는 운명에 대항하는 힘과 망설이는 가능성들의 가속도를 높여 주는 힘이 있다. 물론 객관적인 경향과의 동맹 속에서만 가능한 힘이겠지만." 법철학자 루돌프 슈타믈러Rudolf Stammler는 이런 불합리한 이론을 이렇게 표현했다. "역사적 필연성을 믿는 동시에 혁명을 위한 노력을 요구하는 것은 다음 월식을 불러오기 위해 당을 하나 만드는 것만큼이나 부조리하다."

톨스토이는 『전쟁과 평화 Voina i mir』에서 나폴레옹의 힘을 극단적으로 인정하지 않았다. 나폴레옹은 자신의 마지막 병사처럼 그저 흐름에 떠밀려 움직인 사람일 뿐 그가 주체적으로 움직인 것은 아무것도 없다는 것이다. "지금 프랑스 군대가 후퇴하는 것은 나폴레옹이 그것을 명령한 것이 아니라 현재 전 군대에 영향을 끼치는, 그들을 썰물처럼 빠지게 하는 힘이 같은 시각에 나폴레옹에게도 작용했다는 것을 증명할 뿐이다." 그럴 수 있다. 다만 톨스토이도 프랑스군이 이전에 모스크바로 진격할 때 나폴레옹 없이도 그것을 실행했을 거라고는 주장하지 않는다.

일반적으로 헤겔식 사고에 대해 두 가지 주요한 반론이 제기된다. 하나는 히틀러가 추진한 일이 '세계정신'의 작업이 될 수 없다는 것이고, 두 번째는 세계사에서 우연의 역할이 무시되었다는 점이다. 이것은 삶의 모든 경험에 비추어 볼 때 말이 안 되는 소리다.

존 F. 케네디John Fitzgerald Kennedy의 죽음이 시대의 거대한 요구에 따른 것인지는 알 수 없지만, 그 살해자만큼은 역사의 수레바퀴에 개입할 정도로 강력한 존재인 것은 사실이다. 이 사건으로 케네디 대신 '린든 B. 존슨Lyndon Baines Johnson'이라는 전혀 다른 스타일의 인물이 대통령 자리에 앉았을 뿐 아니라 예상치 못한 많은 변화들이 연쇄적으로 일어났기 때문이다. 1978년 1월 휴버트 H. 험프리Hubert Horatio Humphrey의 장례식이 열렸다. 1968년에 민주당의 대통령 후보로 나왔다가 리처드 M. 닉슨Richard Milhous Nixon에 패배한 인물이었다. 그날 당시의 대통령이었던 지미 카터Jimmy Carter를 비롯해서 닉슨과 제럴드 R. 포드Gerald Rudolph Ford Jr. 전 대통령, 넬슨 A. 록펠러Nelson Aldrich Rockefeller 전 부통령, 존슨 전 대통령의 미망인이 한자리에 모여 한담을 나누었다. 1978년 1월 30일 『타임』 독일어판의 '카페클라치kaffeeklatsch'[1] 라는 제목 아래에는 이렇게 적혀 있었다.

"그 자리에서 역사의 아이러니를 처음 인지한 사람은 록펠러였다. 그곳에 모인 남자들에 의해 역사가 만들어졌고, 그들의 개인적 운명이 얼마나 자주 사소한 우연들에 의해 결정되었는지를 돌아보게 하는 자각이었다. 록펠러는 방 안을 둘러보며 그들 모두가 헤엄쳐 다녔고 이제 다시 함께 씻겨가야 할 이상한 물살에 대해 말했다. …… 존슨은 케네디가 살해되었기 때문에, 닉슨은 그 이전에 존슨이 대통령이었기 때문에, 포드는 닉슨 때문에, 록펠러는 포드 때문에 이 자리에 올 수 있었다는 것이다. 카터도 어쩌면 포드가 록펠러를 부통령 후보로 받아들이지 않았기 때문에 여기에 참석할 수 있었던 게 아닌지 모른다. 어쨌든 이들은 지금 어떤 누구보다 대통령이 되었어야 할 인물을 기리기 위해 이 자리에 모여 있었다."

『타임』지는 1991년 케네디 형제 중 막내인 에드워드 케네디Edward Kennedy에 대해 이렇게 썼다. 만일 그가 1969년 채퍼퀴딕Chappaquiddick 섬에서 일어

---

[1] 미국 정치인들이 커피를 마시면서 사적인 이야기를 나누는 비공식 담화 모임을 일컫는다. 영어에서도 독일어를 그대로 빌려 'Coffee Klatch'라고 한다

난 한 여성 선거 도우미의 죽음에 책임이 없었다면 암살된 형들의 후임으로 민주당 대표에 선출되었을 것이고, 1972년에는 대통령 후보가 되었을 것이고, 늦어도 1976년에는 카터 대신 대통령이 되었거나, 아니면 1980년에 로널드 W. 레이건Ronald Wilson Reagan을 누르고 대권을 거머쥐었을 것이다. 그러나 에드워드는 형들이 암살되는 것을 지켜보면서 그 길을 걷는 것이 두려웠고, 그래서 그 운명을 비켜 가려고 일부러 술에 취해 채퍼퀴딕 스캔들을 일으켰는지도 모른다.

나비의 날갯짓이 회오리바람의 진로를 결정할 수 있다는 카오스 이론처럼 모기 한 마리가 세계사의 흐름을 바꿀 수도 있지 않을까? 알렉산드로스 대왕에게 말라리아를 옮겨 권력의 정점인 서른두 살에 이승을 떠나게 만든 그 모기처럼 말이다. 아니면 그는 폐렴으로 죽었을까? 혹은 지구의 반을 상대로 싸운 10년간의 전쟁으로 인한 무분별한 자기 학대와 음주벽이 병의 치명적인 진행을 촉진했을까? 그도 아니라면 그저 지칠 대로 지치고 삶에 염증이 난 것일까? 어차피 이는 밝힐 수 없는 문제이다. 다만 분명한 것은 알렉산드로스가 아라비아로 갈 생각이었든 로마를 비롯해 다른 알려진 세계를 정복할 생각이었든 바빌론에서 군대를 무장시키고 함대를 조직했으며, 그가 죽자마자 거대 제국이 와해되었고, 그의 갑작스런 죽음이 없었더라면 로마 제국에 무슨 일이 있었을지 로마 역사가들이 충분히 예상하고 있었다는 사실이다.

1969년 영국의 역사 철학자 아널드 토인비Arnold Joseph Toynbee는 만약 알렉산드로스가 평균 나이에 죽었다면 세계가 어떻게 변했을지 상상해 보았다. 알렉산드로스는 지중해 전역과 인도 전체를 정복했을 것이다. 또한 훗날의 로마 정복자들과는 달리 유대 인들을 탄압하지 않고, 다른 식민지 민족들에게 그랬던 것처럼 그들에게도 대제국을 함께 만들어 나가고 세계를 항해하고 드넓은 세상과 관계할 기회를 주었을 것이다. 그랬더라면 탄압과 박해와 관련이 있는 유대 인들의 열정적인 종교와 기독교도 출현하지 않았을지 모른다. 또 만일 미국의 남북 전쟁이 텔레비전 영상 시대에 발발해서 베트남 전쟁처럼 처참한 영상이 전 미국에 그대로 방영되었다면 어떻게 되었을까? 1992년 『타임』지는, 만일 그랬다면 전쟁은 금방 끝났을 것이고 남부 주들은 독립했을 거라고 추측했다(덧붙이자면 이것은 처칠이 상상하던 가장 바람직한 결과였다).

이는 "프리드리히 대왕이 마리아 테레지아와 결혼했다면?" 하는 식의 오랜 농담처럼 쓸데없는 추측이다. 하지만 꼭 그런 것만은 아니다. 문화 철학자 테오도르 레싱Theodor Lessing은 이렇게 썼다. "예기치

아데나워 첫 영성체를 하는 쾰른의 소년. "경건함과 의무감, 정직, 근면, 그리고 모든 과제를 전력을 다해 해결하려는 냉철한 야심," 이것이 그의 아버지가 아들에게 내건 신조였다. 그런데 다른 건 몰라도 정직은 그와 맞지 않아 보인다. 아데나워는 정직과 가장 거리가 먼 정치적 수단들의 대가였기 때문이다.

않은 일, 말도 안 되는 일, 부조리한 일, 뜻밖의 일이 갑자기 터져 진짜 사건이 되고 나면 인간은 …… 항상 어떻게 방금 일어난 것 같은 일이 찾아올 수밖에 없었는지 그 이유를 찾으려고 한다." 역사학자 알렉산더 데만트Alexander Demandt는 실제로 일어난 일이 여러 상황을 토대로 예측할 수 있는 다른 일들보다 개연성이 떨어질 때가 많다고 했다. "알렉산드로스나 예수 같은 남자들의 등장은 기이할 정도로 비현실적인 일이었다." 따라서 실제 역사와 일어나지 않은 역사는 "동일한 수준이지만 서로 다른 방식으로 부조리하다"라고 했다. 좀 더 세밀하게 관찰해 보면 현실은 "원칙적으로 현실화

될 수 있는 것의 단순한 시음試飮에 불과하고, 가능성의 바다에 떠 있는 하나의 섬"이다. 혹은 극작가 프리드리히 뒤렌마트Friedrich Dürrenmatt의 표현을 빌리면 "현실은 비개연성의 실현"이다.

클레오파트라의 코만큼이나 비개연적인 현실이 1949년 9월 15일 본에서 일어났다. 아데나워가 단 한 표 차로 독일 수상에 선출된 것이다. 물론 그 한 표가 아데나워 자신의 표였던 것은 맞지만, 그 때문에 비개연적인 현실이라고 부른 것은 아니다. 아데나워는 회고록에서 누군가 비밀 투표에서 스스로에게 투표하는 것은 결코 놀라운 일이 아니며, 오히려 남에게 투표하는 것이 '위선'으로 보인다고 썼다. 반면에 니더바이에른의 외딴 시골에서 올라온 한 농부의 투표는 전혀 예기치 못한 것이었다. '요한 바르트너Johann Wartner'라는 이름의 이 농부는 원래 바이에른 정당 소속이었지만, 소속 정당의 당론을 어기고 기독교 민주당의 아데나워에게 표를 던졌다고 나중에 고백했다. 아데나워가 세계사의 무대에 진입하느냐 마느냐의 여부가 그의 손에 의해 결정된 것이다. 그렇다면 그 기념비적인 날에 세계정신을 이끈 사람은 바로 그 농부였다. 헤겔도 이 말에 동의해야 하지 않을까? 그 역시 세계정신을 이런 의미로 이해하지 않았을까?

미국 역사가 훅은 이에 대해 이렇게 적절하게 정리했다. "과거의 문들은 뒤집을 수 없는 신의 단호한 심판처럼 우리 뒤에서 소리 없이 닫힌다. 하지만 여기서 뒤집을 수 없다는 것은 역사적 사건들이 변경 불가능하다는 것을 의미하는 것이지, 그게 모두 필연적이었거나 심지어 선한 사건이었다는 것을 뜻하지는 않는다. 변경 불가능성의 최면적 영향은 사심이 없는 사람에게는 거기에 은밀한 목적이 결부되어 있을 것 같은 믿음을, 신앙심이 두터운 사람에게는 역사의 결정이 곧 신의 판결이라는 신성 모독적 확신을 줄 때가 많다."

물론 우연과 불합리만이 세계를 지배한다고 주장하는 사람은 거의 없다. 다만 마르크스주의처럼 역사를 만들어 나가는 개인들의 힘을 부정하거나,

아니면 마찬가지로 지나치게 개인숭배에 함몰된 역사 인식에 치우치지 않으려면 역사에서 우연과 불합리의 역할을 명확히 인식하고 고려의 범주에 넣는 것이 필요하다. 몇십 년 전까지 우리의 역사책과 교과서를 도배한 위인들이 자신들의 뜻에 따라 시대를 움직이고 세계를 송두리째 뒤흔든 반신半神은 결코 아니었다.

괴테가 1826년에 쓴 다음 글은 과장되었다. "어느 시대나 학문에 영향을 준 것은 오직 개인들이지 시대가 아니었다. 반면에 소크라테스에게 독약을 먹이고, 얀 후스Jan Huss를 화형에 처한 것은 시대였다. 시대는 언제나 똑같았다." 1841년 칼라일이 세계사를 "원칙적으로 위대한 남자들의 역사"로 언급하면서 혼란을 막고 시대적 의미를 구축한 그들에 대해 "복종적 경탄"을 요구한 것도 과장이었다. 쇼펜하우어는 위대한 정신들을 인류의 **등대**로 찬양하면서 "그들이 없었다면 인류는 아주 끔찍한 오류와 참혹함의 망망대해에서 길을 잃었을 것"이라고 했다. 미국의 서정 시인 월트 휘트먼Walt Whitman은 1871년 민주주의를 위해서는 역사에 의도적으로 개입하는 위대한 사상가와 시인, 예언가가 필요하다고 말했다. 솔제니친은 "운명이 두뇌를 찾는 것이 아니라 두뇌가 스스로 자신의 운명을 찾는다"고 했고, 티토Tito(본명은 요시프 브로즈Josip Broz)는 대중의 힘에 대한 일반적인 찬탄에 대해 이렇게 거리낌 없이 반박했다. "무슨 소리! 역사의 전 과정은 단 한 사람에게 달려 있을 때가 많아." 이는 자기 자신을 선택받은 자로 여기는 사람들에게서 볼 수 있는, 자기 자신을 위한 스스로의 천재 숭배이다.

그런데 사회학자와 역사가들이 세계사의 탈영웅화를 위해 열심히 싸우던 중에 갑자기 **대중 매체**가 등장해서 '우상 숭배'라는 흘러간 옛 경향에 다시 신선하고도 강력한 힘을 불어넣었다. 과거의 위대한 남자들은 음유 시인의 노래나 문서, 혹은 기념비로 표현되는 정도에 그쳤지만, 오늘날에는 어느 분야든 권력을 차지한 사람은 매 순간 온 국민 앞에 모습을 드러낼 수 있게 되었다.

정치 전략가들은 여기서 다음 두 가지 결론을 이끌어 낸다. 첫째, 지도자에게는 과거 그 어떤 이교도의 시대보다도 가차 없이 영웅의 이미지를 입혀야 한다. 선거 프로그램은 지루하고 모든 것을 제대로 전달하기 어렵지만, 인물은 대중들에게 무한한 신뢰를 불러일으킬 수 있기 때문이다. 둘째, 지도자가 강하고 지혜롭다는 인상을 줄 때까지 외모와 언어를 꾸며야 한다. 이렇게 그들은 우리의 본능에 알랑거리면서 진실을 은폐한다.

물론 이런 발전 때문에 비범한 인간이 시대의 산물만도 아니고, 시대의 극복자만도 아니라는 인식이 흐려져서는 안 된다. 그래서 이런 질문이 여전히 남는다. 위인들은 **어느 정도까지** 시류의 동참자이고, 주변 사람들이 품은 소망의 집행자일까? 또 개인의 힘과 환상, 고집은 얼마만큼 자유롭게 움직일 여지가 있을까? 이 질문에 대한 답은 그 위인이 활동하는 영역에 따라 완전히 다르다.

앞 장에서 살펴보았듯이 **연구가**와 **탐험가**, **발명가**는 시대 흐름과 함께 움직이면서 그 흐름을 때로는 몇 주, 혹은 몇 시간 앞당기는 사람들이다. 만일 그들이 그 시대에 태어나지 않았더라면, 그러니까 너무 빨리 혹은 너무 늦게 태어나거나, 아니면 다른 곳에서 태어났더라면 우리에게 알려질 이유가 없다. 가령 미분법을 발견한 사람이 카를 대제의 치하에서 태어났다면 그 진가를 알아 줄 사람은 없었을 테고, 그럼 후대에 전해지지도 않았을 것이다.

**작가들**은 어떨까? 플레하노프는 18세기의 프랑스 희곡이 당시 경제적 상황의 산물이었고, 희곡의 성격이 경제적 상황에 발맞추어 변했다는 것을 증명하고자 애썼다. 그리고 1989년까지 동독에서 통용된 마르크스주의적 이념은 예술을 "사회적 의식의 미학적 형식"으로 규정했다. 이는 곧 셰익스피어 같은 인물이 콜레라로 죽었더라도 사회적 의식이 언제든 그 대신 다른 누군가를 만들어 냈을 거라는 필연성을 내비치고 있다. 하지만 클라이스트나 뷔히너는 어떤 사회적 의식에 힘입어 탄생했을까? 그 사회는 그들이 죽은 지 두 세대가 지나서야 그들의 작품을 받아들일 준비가 되어 있지 않았던가?

헤겔과 칼라일의 해석은 **대중을 움직이는 남자들**에게서 가장 쉽게 들어맞는다. 그런 남자들 중에는 실제로 영웅적 해석에 딱 들어맞는 인물이 항상 존재하기 때문이다. 표트르 대제는 러시아의 게으른 200만 신하들에게 현대적 강대국의 역할을 강요하지 않았던가? 또 프리드리히 대왕은 1741년에 그가 직접 썼던 것처럼 "명성 때문에" 제멋대로 슐레지엔을 둘러싼 전쟁을 일으켰고, 그 과정에서 "무엇이 시대에 필요하고 무엇이 임박했는지" 정확히 꿰뚫어 보고 있었다고 하지 않았던가? 하지만 겉으로 보이는 것과 달리 그가 설사 세계정신의 운영자라고 하더라도 그가 실제로 이끈 것은 세계가 아닌 영국의 이익이었다. 영국은 7년 전쟁에 프로이센의 동맹국으로 참전한 대가로 프랑스로부터 캐나다를 빼앗았는데, 이것이 슐레지엔보다 몇 배는 더 값진 수확이었기 때문이다.

레닌은 어떤가? 10월 혁명이 그 혼자의 작품이었을까? 러시아 민족은 자력으로 이미 오래전에 차르를 몰아냈고, 사회 민주주의적 개혁을 추진해 왔고, 1991년까지의 역사에서 유일하게 자유선거가 치러진 1917년 11월의 선거에서 볼셰비키에 참담한 패배를 안기지 않았던가?(상세 내용은 24장 참조) 히틀러는 또 어떤가! 그는 미국의 전기 작가 존 톨런드John Toland에 따르면 "20세기 역사에서 가장 비범한 인물"이었고, 하프너에 따르면 "20년도 안 되는 시간 안에 완벽한 무無에서 세계의 중심으로 떠오른 인물"이었다 영국의 역사가 휴 트레버 로퍼Hugh Redwald Trevor-Roper는 히틀러를 "그전에 누구도 성공하지 못한 것"을 이룬 인물로 규정했다. 즉 제로에서 시작해서 세계 제국을 건설했고, 혁명의 매 단계에서 혁명의 주인공 역할을 수행한 역사상 유일한 혁명가라는 것이다. 요아힘 페스트Joachim Fest는 히틀러를 "개인이 다시 한 번 역사 흐름에 놀라운 영향력을 끼칠 수 있음을 보여 준" 사건이라 불렀다. 엘리아스 카네티Elias Canetti는 이렇게 물었다. "히틀러 같은 인간의 등장을 예측할 역사가가 어디에 있을까?" 세계정신이 자신의 의도를 어느 인간에게도 명확히 계시하지 **않는데** 세계정신에 대해 대체 무슨 말을 할 수 있겠는가?

어쨌든 이런 히틀러조차 비범한 인물이 혼자서 운명을 만든다는 테제의 증거가 될 수 **없다**. 세계 공황과 독일 제국 내의 700만 실업자가 없었더라면 히틀러는 아무것도 이루지 못했을 것이다. 또한 "베르사유에서의 치욕적인 조약"으로 독일인들의 고통이 확산되지 않았더라면, 소시민 계급과 대자본가의 협력이 없었더라면, 그리고 이 모든 것이 세계 두 번째 규모의 공업국인 독일이 아닌 유고슬라비아 같은 다른 나라에서 일어났다면 히틀러의 출현은 불가능했다. 게다가 당시의 서구 정치계를 조르주 클레망소Georges Clemenceau나 처칠 같은 인물이 권력을 잡았더라면, 반대파로부터도 존경을 받는 강력한 인물이 독일 내에 있었더라면 히틀러는 부상하지 못했을 것이다. 하지만 그런 인물이 없었다. 에른스트 윙거Ernst Jünger의 판단에 따르면 독일인들에게는, 19세기 이탈리아의 해방 전사 주세페 가리발디Giuseppe Garibaldi처럼 시대정신과 하나 되어 그것을 노도와 같이 밀고 나갈 인물이 없었다. 토마스 만은 1939년 다음과 같이 썼다. 히틀러는 "전능한 정복자" 역할을 해도 된다. "우연히 세상의 모든 물줄기가 그의 물레방아를 돌리는 쪽으로 흘러갔기" 때문이다.

이것은 인간과 시대의 얽힘을 표현한 멋진 공식이다. 우리는 이 공식에 만족해야 한다. 물론 아예 영웅 숭배를 추진하거나 아니면 그것을 완전히 파괴하는 쪽이 더 큰 만족을 주기는 하지만, 진실은 그 중간쯤에 있다는 것 말고는 진실에 대해 더 독창적인 것을 말하기는 어렵다. 역사가 랑케는 썼다. "역사의 진행을 결정하는 것은 일반적 경향만이 아니다. 그 경향의 효력을 발휘하기 위해서는 언제나 위대한 인물이 필요하다." 1880년 미국의 철학자 윌리엄 제임스William James는 '위대한 남자들과 시대적 환경'이라는 강연에서 위대한 개인은 시대의 모든 가능성을 구현하는 것이 아니라 그중에서 하나를 골라(그것도 강제적인 선택일 때가 많다) 구현한다고 주장했다. 어떤 것도 "그렇게 올 수밖에 없었던 것이 아니라", 나중에 우리가 위대한 남자의 영향을 과거 속에 재투영한다는 것이다.

우리는 어쩌면 말년의 프로이트가 보여 준 침착한 지혜와 친숙해져야 할지 모른다. 그는 죽기 바로 직전인 1939년에 이렇게 썼다. 우리는 "조망할 수 없는 사건의 복잡함에 대한 두려움 때문에" 영웅 숭배의 편을 들거나, 아니면 위대한 남자들도 결국 집단적 추구의 대변자들일 뿐이라는 이론의 편을 든다. 하지만 "우리 사고 기관의 입장과 세계 기관의 입장 사이에는 불협화음"이 존재한다. 우리는 견디지 못할 모순들을 제기하고, 반대로 우리의 사고는 "현실에서는 무엇과도 상응하지 않는 관련들을 찾아내는" 자유를 지켜 왔다. 한 개인의 강력한 영향이나 비인격적인 요인들의 역할을 인정하든 인정하지 않든 아무것도 이러쿵저러쿵 비난할 필요는 없다. "그것은 원칙적으로 그 둘을 위한 공간"이기 때문이다. 어떤 유명인은 단지 화약고 옆의 작은 불꽃에 불과했을 수도 있고, 어떤 사람은 세계를 깜짝 놀라게 할 만한 폭발력을 지닌 화약고 자체였을 수도 있다.

위대한 개인은 언제나 하나의 우연이다. 그는 우연히 자신에게 맞는 환경을 만나야만 위대함을 구현할 수 있다. 반대로 '세계의 움직임'은 위대한 개인이 우연히 그 현장에 있어야만 그에게 집중될 수 있다. 다시 말해서 "모든 시대가 시대의 위인을 발견하는 것도, 모든 위대한 능력이 자기 시대를 발견하는 것도 아니다". 사람들의 보편적인 욕구가 자신을 충족시켜 줄 위인을 만나는 행운은 자주 있다. 거꾸로 능력 있는 사람이 자신의 능력을 실현시켜 줄 시대적 욕구와 만나는 행운도 드물지 않다. 워싱턴은 1775년 미국에 그런 행운이었고, 처칠은 1940년 영국에, 아데나워는 1949년 독일에, 고르바초프는 1985년 공산주의의 압제 아래서 살았던 민족들에게 그런 행운이었다. 반면에 아일랜드는 800년이라는 기나긴 영국과의 싸움에서 위대한 지도자를 만나는 행운을 누리지 못했다. 그 밖에 제1차 세계 대전에서 상병 히틀러가 전사했거나, 1923년 이른바 '비어홀 봉기'의 실패로 히틀러가 총살당했다면 그를 떠받치던 나머지 세력만으로는 결코 지구의 절반을 파괴할 수 없었을 것이다.

　수많은 주변 상황과 타인들의 영향에서 벗어날 수 없음에도 불구하고 공포를 자아낼 만큼 압도적 권력을 쥔 개인들이 20세기에 존재했다. 레닌과 스탈린, 히틀러, 그리고 이 세 사람보다 더 무자비하게 권력을 휘둘렀다고 할 수 있을 마오쩌둥이 그 주인공이다. '프롤레타리아 문화 대혁명'처럼 유례없이 황당한 발상이 세계정신의 작품이라고는 믿고 싶지 않은 것이 솔직한 마음이다. 어쩌면 문화 혁명은 세계사의 가장 혐오스런 광대놀음이었을지 모른다. 그런 놀음을 시작한 사람을 위대하다고 해도 될까? 위대성은 과연 도덕과 어떤 관계가 있을까?

## 세계사의 탕아들

> 여기서 위대성의 본질에 관한 문제가 논의된다면 무엇보다 인류의 도덕적 이상이 묘사되는 것은 막아야 한다. 위대한 개인은 세계사의 본보기가 아니라 세계사의 예외이기 때문이다.
> ─야코프 부르크하르트

 그래, 좋다. 대장정大長征에서 절정을 이룬 내전을 20여 년이나 이끌면서 수십만 명의 사망자를 낸 것은 어쩔 수 없다 치자. 이 부분과 관련해서는 마오쩌둥에 대해 습관적으로 비난을 퍼부을 생각은 없다. 다만, 이 질문은 던져야겠다. 그렇게 많은 고통을 겪고 피를 흘렸음에도 살아남은 사람들은 더 행복해졌을까? 대답이 없다. 고집스럽게 느껴지더라도 이런 질문을 계속 던지는 것이 결코 비정상적인 행태가 아니라 지극히 인도적인 일일 텐데도 그렇다.
 좋다, 그것도 차치해 두자. 그럼 마오가 1949년에 최종 승리를 거둔 뒤 자신의 인민들을 세 번이나 공격한 것은 정말 절박해서였을까? 중국인들은 새로 등극한 현대판 황제의 변덕으로 최소한 1,900만, 아니 다른 추정에 따르면 4,000만 명이 목숨을 잃었고, 또 수백만 명이 치욕을 당했다. 스탈린이나 히틀러도 그렇게 대규모로, 그렇게 계획적이고 끔찍하게 만행을 저지르지는 않았다. 그럼에도 이 두 남자는 괴물로 여겨진다. 반면에 마오는 1976년 자신의 장례식에서 "세계정신의 등대"(발레리 지스카르 데스탱 Valéry Giscard d' Estaing)로, "우리 시대의 거인"(헨리 앨프리드 키신저 Henry Alfred Kissinger)으로, "20세기의 가장 위대한 정치인"(『슈피겔 Der Spiegel』지)으로 불렸고, 1978년에는 "중국 인민의 위대한 교육자이자 선행자"(『세계사의 위인들』)로까지 꼽혔다. 한 개인이 대체 얼마나 많은 사람을 능욕하고 고문하고 죽여야 그 숭배자들의 혐오스러운 찬가가 중단될지 정말 알다가도 모를 일이다.

마오의 내전 승리 후 첫 5년 동안 중국 내에서는 대지주와 거농巨農, 상인, 학자, 사제, 관리 등 수백만 명이 살해당하거나, 즉결 심판에서 반동분자로 낙인찍혀 숙청당했다. 마오가 바란 일은 아니라고 해도 최소한 조장한 것은 사실이다. 그는 중국 혁명의 단계를 "세 개의 머리"로 설명했다. 즉 힘이 없는 단계에서는 고개를 끄덕여야 하고, 권력 투쟁의 단계에서는 고개를 저어야 하며, 승리를 쟁취한 뒤에는 머리를 잘라 내야 한다는 것이다. 이 마지막 단계에서 목숨을 잃은 사람이 최소 100만에서 최대 500만으로 추정되는데, 마오 자신은 80만이라고 했다. 그는 이렇게 묻고 답했다. "우리가 죽인 자들이 누구던가?" "다름 아닌 대중이 증오하는 사람들이었다."

1958년 마오는 **대약진 운동**을 선포했다. 소비에트의 본보기는 농촌 위주의 중국에는 맞지 않기 때문에 중국은 "더 많고 더 빠르고 더 나은" 중국 고유의 길을 갈 것이고, 그렇게 가다 보면 몇 년 안에 소련식 사회주의뿐 아니라 영국의 산업 생산까지 추월할 거라고 주장했다. 이 목적을 위해 중국인들은 '인민공사人民公社'로 조직되어 수천 명이 함께 일하고 함께 자고 함께 먹으며 당의 구호를 외쳤다. 그리고 혁명 이후 대농으로부터 몰수해서 소농에게 무상으로 양도된 토지도 인민공사에 모두 귀속되었다. 인민들은 깃발을 들고 북을 치며 들판으로 행진했고, 작업반에 배치되어 바구니로 흙을 나르며 도로와 제방, 운하를 건설했다. 뒷마당에는 철 생산을 위해 용광로가 설치되었고, 농부들은 생산량을 높이려고 심지어 집에서 쓰는 냄비까지

**마오쩌둥** 6년 전에 권력에서 물러난 마오가 1966년에 일흔둘의 나이에 양쯔 강에서 수영하는 모습이다. 세계적으로 유명한 이 사진이 중국 인민들에게 보내는 메시지는 분명했다. 나는 건재하고 다시 권좌에 오를 것이다! 그 뒤 마오는 '프롤레타리아 문화 대혁명'이라는 끔찍한 광대놀음을 생각해 냈다. 서구의 마르크스 주의자들은 문화 혁명에 열광했지만, 중국 내에서는 수백만 명이 목숨을 잃었다.

용광로에 던져 넣었다. 그러나 그렇게 해서 생산된 것은 고철이었다. 마오는 각자가 자신의 전문가이므로 책은 필요 없다고 했다. 그러면서 이런 격언을 내세웠다. "책은 많이 읽을수록 더욱 어리석어진다."

그 사이 수많은 경고와 비보를 귓등으로 흘려듣던 마오도 결국 1960년에는 자신이 중국 인민을 재앙으로 몰아넣었다는 사실을 인정하지 않을 수 없었다. 국민 총생산은 3분의 1로 줄었을 뿐 아니라 1,700~3,000만 명이 기아로 목숨을 잃었다. 마오는 영향력과 위신을 잃고 국가주석직에서 물러나, 혐오스러운 베이징 관료 체제에서 멀리 떨어진 상하이로 이주했다.

웬만큼 품위가 있는 사람이라면, 아니 세계정신의 의도를 일말이라도 감지하려고 애썼던 국가 지도자라면 이쯤에서 세상의 신호를 알아차리고 자신의 운명에 순응하면서 은퇴했어야 했다. 그러나 세계사의 위대한 탕아들은 그러지 않았다. 그들은 오직 지상의 권력에만 관심이 있었다. 그것도 자신이 손에 거머쥘 수 있는 권력에만.

1815년 엘바 섬을 탈출해 또다시 프랑스와 유럽에 피바람을 일으킨 나폴레옹도 마찬가지였다. 샤토브리앙은 이렇게 썼다. "다시 무대에 등장하려는 열망 때문에 그(나폴레옹)는 목숨과 복리를 헌납하면서까지 자신을 떠받친 민족의 평화를 깨뜨렸다." 결국 그로 인해 다시 수만 명이 리니 전투와 워털루 전투에서 목숨을 잃고 말았다. 과감하게 루비콘 강을 건넌 카이사르도 마찬가지였다. 그는 이렇게 말했다고 한다. "강을 건너길 포기하는 것은 내게 불행이오, 강을 건너는 것은 모든 이들에게 불행이 될 것이다." 이로써 피비린내 나는 내전이 시작되었고, 카이사르는 4년 반 동안 이탈리아와 스페인, 그리스, 북아프리카를 누비며 더 이상 자신에게 맞설 사람이 없을 때까지 전쟁을 이끌었다.

그러나 지금까지 인민에게 가한 불행으로는 아직 모자란다는 듯이 마오는 상하이에서 당과 군대에 있는 자신의 세력을 모았고, 1966년 7월에는 세상을 향해 크게 일격을 가할 태세를 갖추었다. 그러니까 양쯔 강에서 수영하는 자신의 모습을 사진기로 찍게 하면서 자신이 12킬로미터를 헤엄쳤다는 소문까지 퍼뜨리게 했다. 당시 그의 나이 일흔두 살이었다. 미국의 저명한 중국 전문가 존 페어뱅크John Fairbank는 이렇게 썼다. "그 소식은 수영에 대해 잘 모르는 중국 농민들에게는 '마치 여왕이 운하를 헤엄쳐서 건넜다'는 것과 같은 의미로 받아들여졌다." 마오는 모래 위에 서 있는 자신의 모습을 찍게 할 수도 있었을 텐데, 그러지 않은 것을 보면 모종의 의도가 있었던 게 분명하다.

어쨌든 그 사진의 영향은 엄청났다. 그것은 베이징에 있는 권력자들에 대한 선전 포고로 읽혔을 뿐 아니라 그로 인해 인물 숭배의 문도 다시 활짝 열렸다. 마오는 승리의 환호성 속에 베이징에 입성했고, 1966년 8월에는 공산당 중앙 위원회로부터 '수정주의'에 대한 대대적인 공격 개시의 결의를 이끌어 냈다. 이것은 마오가 당과 군대와 인민에게 **위대한 프롤레타리아 문화 혁명**을 촉구하는 토대가 되었다. 문화 혁명은 최고위층을 최하위층으로 끌어내리고, '부패한 지식인들을' 실각시키고, 과거에 마오 자신이 만든 기구들까지 부숴 버리는 대대적인 정풍 운동이었다. 이를 위해 마오는 열 살에서 스무 살에 이르는 대학생과 고등학생을 주축으로 홍위병을 창설했다. 그들은 붉은 완장을 차고 돌아다니면서 온갖 잔혹하고 미친 짓거리를 서슴지 않았다. 마오가 그들을 격려하기 위해 내건 구호들은 이러했다. "혁명을 수행하면서 혁명을 하는 법을 배워라!" "사령부를 포격하라!"

이리해서 그들은 거침없이 돌격했다. 거리를 휘젓고 다니며 노인들의 수염을 잡아 뜯었고, 사원과 박물관을 약탈했다. 당 간부와 관료, 부자, 지식인들의 집에 난입해서 마오가 쓴 책이 아닌 것은 모두 불태웠고, 그림을 찢고 피아노를 부쉈다. 반동으로 찍힌 교수들은 머리에 '치욕의 봉지'를 씌운 뒤 이 거리 저 거리 끌고 다니며 구타했다. 홍위병들은 수많은 사람들을 능욕하고 괴롭혔으며, 강제 노동을 시키고 변소 청소를 시키고 재교육을 시키고, 또 몇 시간 동안 공개적으로 자아비판을 하게 했다. 모든 중국인들은 마오의 사진 앞에서 충성 맹세를 하며 하루를 시작하고, 마오의 사진 앞에서 자신의 잘못을 공개적으로 고백하는 것으로 하루를 마감했다. 또한 마오가 했던 말을 제대로 암송하지 못하면 반동분자로 고소를 당했다. 한마디로 세계사에서 가장 혐오스럽고 파괴적인 인물 숭배가 자행되었다.

조직화된 광기가 반년 가까이 온 나라를 휩쓸고 지나간 1967년 1월, 마오는 다시 한 번 광란의 질주에 불을 지폈다. 홍위병들을 향해 모든 관리를 관직에서 몰아낸 뒤 스스로 그 자리를 차지하고, 군대에 만연한 '자본주의적' 요소를 일소하라고 명령했고, 군대에는 홍위병을 지원하라는 지시를 내렸다. 시한은 1968년 7월까지였다. 그런데 그 시점이 되자 마오는 홍위병들로 인한 사회적 혼란이 이제 충분하다고 생각하고, 필요한 경우 무력을 사용해서라도 홍위병을 해체하라고 군대에 명령했다. 명분은 홍위병들이 "임무를 제대로 완수하지 못했다"는 것이다. 그 결과 서로 죽고 죽이는 싸움, 즉 내전이 벌어졌다. 지난 2년 동안 마오의 명령에 따라 사냥개처럼 날뛰던 미성년자들이 이제 거꾸로 마오에게 쫓기는 신세가 되었다.

1969년 4월 마오는 문화 혁명의 종료를 선언했다. 그러나 마오가 죽기 전까지 처형과 마녀사냥의 불길은 몇 차례 더 타올랐다. 이 혁명의 결산표를 뽑아 보면 다음과 같다. 수만 명이 자살했고, 수백만 명이 살해당하거나 고문으로 죽었으며, 수백만 명이 치욕을 당하고 핍박을 받았다. 이것은 국가의 전권을 장악한 한 남자가 자신의 동지와 민족을 상대로 벌인 유례없는 전쟁이었다. 그 대가로 마오가 얻은 것은 죽을 때까지 신에 버금가는 권력을 누린 황제의 자리였다. 그 자리를 지키기 위해 그가 지어낸 것은 항구적인 혁명의 금언들과 늘 새롭게 대두되는 계급 전선이었고, 서구의 많은 지식인들은 그의 입에서 떨어지는 이런 말들을 맛있게 받아먹었다. 하지만 그런 마오도 1989년에는 중국 공산당에 의해 중국 역사의 비극이자 편협한 독재자라는 평가를 받았다. 물론 그해 6월 천안문 사태가 일어나기 전까지만 그러했다. 천안문 학살 직후 마오는 어이없을 정도로 신속하게 "중국 역사상 가장 위대한 민족적 영웅"으로 다시 떠올랐고, 철거된 기념비들도 다시 세워졌으며, 그를 찬양하는 영화와 텔레비전 시리즈까지 제작되었다. 그러나 종합해 보면 '위대한 남자는 공공의 불행'이라는 중국의 옛 속담이 마오쩌둥을 통해 섬뜩하게 증명되었다.

　스탈린과 히틀러는 전쟁과는 상관없이 대학살의 주범이었다는 점에서 마오쩌둥과 공통점이 있다. 스탈린은 1929년에서 1933년까지 강제 집단 농장화를 추진하면서, 본인이 원하지는 않았겠지만 최소한 1,400만~2,200만 명을 굶어죽게 했다. 또한 1935년에서 1938년까지는 당과 군대, 국가 기관 내에 존재하는 적과 적으로 간주되는 사람들을 제거하기 위해 무자비한 숙청을 단행해서 700~900만 명의 목숨을 빼앗았다.

　하프너는 히틀러에 대해, 히틀러를 범죄자라 부르는 것은 그가 침략 전쟁을 통해 세계 제국을 건설하려고 했기 때문이 아니라고 말했다. 하프너는 알렉산드로스 대왕과 나폴레옹의 행위를 두고 죄를 운운하는 사람은 없지 않은가라고 물으면서, 다만 히틀러는 개인적 만족을 위해 수백만의 무고한 사람을 죽였고, 그런 점에서 두말할 것 없이 대량학살자라고 했다. 하프너는 전승국들이 유대 인에 대한 대학살을 전쟁 범죄로 분류함으로써 그것을 "이른바 일반적인 전쟁 만행"(예를 들면 인질 살해)과 혼동하게 하는 실수를 저질렀고, 그것이 히틀러적 범죄의 특별한 성격을 약화시켰다고 주장했다.

그런데 히틀러의 경우는 위와 같은 명확한 판단과 상반되는 당혹스러운 진술들이 계속 나오고 있다. 1974년 미국의 뉴스매거진 『타임』은 북아메리카와 서유럽의 역사가, 철학자, 저널리스트, 장성 스물네 명에게 "역사상 가장 위대한 지도자"가 누구인지 물었는데, 여기서 히틀러는 링컨, 간디Gandhi와 함께 네 표를 얻었다. 반면에 알렉산드로스 대왕과 예수, 무함마드, 워싱턴, 레닌, 프랭클린 D. 루스벨트Franklin Delano Roosevelt는 각각 세표를 얻었다(자세한 내용은 9장 끝에서 언급될 것이다). 히틀러에 대한 이런 평가에는 매우 위험한 세 가지 가정이 혼란스럽게 뒤섞여 있다. 첫째, 수백만의 인명을 희생시킨 침략 전쟁을 벌여도, 둘째, 전쟁 행위와 상관없이 수많은 사람을 죽여도, 셋째, 히틀러가 1934년 6월 30일에 발발한 룀 쿠데타[1]에서처럼 개인적인 복수심으로 일련의 살인을 저질러도 위대한 인물은 그 지위를 잃지 않는다는 것이다.

친구와 동지뿐 아니라 어떤 때는 자신의 가족에게도 자행되는 그런 광포한 살인은 오리엔탈의 지배자와 로마 황제뿐 아니라 리처드 3세Richard III와 헨리 8세Henry VIII(조너선 스위프트Jonathan Swift가 "지상의 지배자 가운데 가장 악마적인 야수"라고 지칭한 인물이다) 같은 영국 왕들도 관행적으로 저지르던 일이었다. 1451~1481년까지 술탄 자리에 앉아 있으면서 콘스탄티노플을 정복했던 메메드 2세Mehmed II는 자신의 후계자들에게 유언으로 이르길, 왕조의 안정을 위해서는 왕좌에 앉자마자 형제들부터 죽이라고 했다. 그 자신

---

1 히틀러를 비호하고 나치스 당원이 되어 SA(돌격대)를 육성한 에른스트 룀Ernst Röhm이 나치스 정권 수립 후 정규군과 통합을 시도하다 '제2혁명'을 꾀하고 있다는 의혹을 사 숙청당한 사건.

이 이미 선례를 보인 형제 살인은 17세기까지 오스만 제국의 관습이 되었다. 우리가 알렉산드로스 대왕으로 알고 있는 그 천하의 무법자는 아버지가 살해되자마자 선친의 두 번째 아내와 그 아들을 죽여 버렸다. 또한 휘하 장수였던 파르메니온Parmenion과 그의 아들 필로타스Philotas도 자신과 뜻이 다르다는 이유로 고문 끝에 처형했고, 원정길을 동행한 궁정 시인이자 스승 아리스토텔레스의 조카였던 칼리스테네스Callisthenes에게도 같은 운명을 안겼으며, 자신의 친구이자 생명의 은인인 클레이토스Cleitos도 술에 취해 다투다가 창을 던져 죽였다. 비록 만취 상태라고 하나 명백한 살인 범죄였다. 나폴레옹은 1804년 앙갱Enghien 공작을 납치해서 요식적인 재판 절차를 거친 뒤 "차가운 분노의 발작 속에서"(샤토브리앙) 총살시켜 버렸다. 이 사건은 오판에 의한 사법 살인으로 문헌에 기록되어 있지만, 조지 버나드 쇼George Bernard Shaw는 나폴레옹이 "살인자이자 악당"임을 스스로 잘 드러낸 사건이라고 평했다.

어찌 됐든 수많은 국가 권력자들이 그랬던 것처럼 나폴레옹도 그런 식으로 문명화된 민족들이 예전부터 합의해 온, 넘지 말아야 할 경계선을 간단히 넘어 버렸다. 즉 일반 시민은 사람을 죽이면 엄한 벌을 받지만 나폴레옹 같은 위정자는 그런 것에 전혀 구애를 받지 않았다. 물론 예외적으로 시민이 사람을 죽여도 되는 경우가 있다. 국가가 외부의 적과 싸울 것을 명령했을 경우인데, 그럴 때는 사람을 죽여도 되고 또 죽여야 한다. 그래서 건실한 빵집 점원도 국가의 부름을 받은 특정 기간에는 총검으로 사람을 죽이는 전사가 되어야 하지만, 그 피가 마르면 다시 손님들에게 미소를 짓는 상냥한 청년으로 돌아간다. 표도르 미하일로비치 도스토옙스키Fyodor Mikhailovich Dostoevsky의 『죄와 벌Prestupleniye i nakazaniye』에서 대학생 라스콜리니코프는 의도적으로 이 경계선을 넘었다. 악덕 고리대금업자 노파를 살해한 것이다. 라스콜리니코프가 살인을 한 이유는 나폴레옹도 살인을 했기 때문인데, 나폴레옹 같은 권력자는 남의 피를 흘리게 할 권리가 있었다. 타고난 위정자들은 "샴페인처럼 피를 쏟아 붓고도 처벌은커녕 그 대가로 왕좌에 오르고 인류의 선행자로 추앙받기" 때문이다.

공적 살인과 사적 살인의 경계선을 결정하는 위정자들이 일반인과는 달리 그 경계선을 존중하지 않는 데에는 특별한 이유가 없다. 그래서 전쟁에서 수백만 명의 목숨을 좌지우지할 권리가 있는 사람에게는 그저 네로Nero Claudius Caesar Drusus Germanicus처럼 아내와 어머니를, 표트르 대제처럼 아들을 죽이지 않기만을 바랄 뿐이다. 그리고 그럼에도 그가 그런 짓을 저질렀다면 당대에 그를 살인자로 판결하거나, 아니면 적어도 후대에는 살인자로 평가되기를 바랄 뿐이다.

그러나 역사가와 정치 철학자들이 그런 판결을 내린 경우는 아주 드물다. 알렉산드로스 대왕은 영광스러운 위인으로 버젓이 우리의 도서관을 돌아다니고, 나폴레옹에 대한 괴테의 들끓는 숭배도 앙갱 공작의 억울한 처형으로 타격을 입지 않았다. 헤겔 역시 경계를 긋지 않았다. 그는 『역사철학 강의』에서 이렇게 썼다. "세계사적 개인은 …… 그 자체로 완전히 **하나의** 목적이다. 그런 위대한 인물은 때로 무고한 꽃을 짓밟고, 때로 그들의 앞길을 방해하는 것들을 무참히 파괴할 수밖에 없다." 세계사는 도덕성보다 더 높은 토대 위에서 움직인다는 것이다. 그러므로 "그들에게는 겸손과 순종, 인간애, 온화함 같은 개인적인 미덕을 요구해서도, 그 문제로 꼬치꼬치 따져서도 안 된다". 순종과 관련해서는 동의한다. 하지만 헤겔은 왜 모든 개인적 미덕의 최고 덕목, 즉 사적인 살인을 저질러서는 안 된다는 것을 언급하지 않았을까? 야코프 부르크하르트도 위대한 남자들에게는 "일반적인 도덕률을 요구하지 않는 이상한 행태"를 그저 객관적으로 인지만 하고 있을 뿐이다. 자기 민족의 눈에 "신의 심중에 있는 것"으로 비치는 남자는 어떤 비열한 행위를 저질러도 쉽게 용서된다는 뜻일까?

히틀러도 수백만 독일인의 눈에는 신의 심중에 있는 남자로 비치지 않았을까? 1939년 토마스 만은 에세이 「형제 히틀러」에서 "주로 미학적 현상이지만 드물게는 도덕적인 현상이기도 한 …… 위대한 남자라는 현상"을 히틀러 같은 "돌발 사건" 때문에 혐오해서는 안 된다고 썼다. "우리는 공개 가능성의 단계에 이른 천재를 체험하기 위해선 역사적 제비뽑기에 만족해야 한다." 여기서 히틀러는 "전쟁 발발 첫날에 그 역할이 끝나 버린" 겁쟁이라는 것이다.

이 글을 쓸 때의 토마스 만과는 달리 페스트는 1973년 히틀러의 방대한 전기를 출간할 당시 히틀러가 세계 전쟁을 일으켰고, 유대 인들을 학살하라는 명령을 내린 것을 잘 **알고** 있었다. 그럼에도 페스트는 만과 거의 똑같은 내용을 글로 썼다. 즉 사람들이 히틀러를 "위대하다"라고 말하기를 망설이는 것은 그가 범죄자였기 때문보다 "위대한 남자의 현상이 우선적으로 미학적 현상이고 아주 드물게만 도덕적 성격을 띠기 때문이다. …… 미학의 오랜 명제에 따르면 모든 탁월한 특성에도 불구하고 불쾌한 사람은 영웅으로 적합하지 않다"고 썼던 것이다. 페스트가 보기에 히틀러야말로 불관용과 복수욕, 노골적 물질주의를 드러낸 사람이었다. 다시 말해서 그런 저급한 특성은 "통상적인 위대성의 개념에는 일치하지 않는 혐오스러운 저속함을 보여 준다".

이 척도에는 두 가지 이의를 제기할 수 있다. 첫째, 이것은 히틀러가 좀 더 예의 바른 인간이었다면 유대 인에 대한 대량 학살이 조금은 덜 잔인했을 거라는 해석을 허용한다. 둘째, 이 척도들은 세계사의 위인 수백 명을 낙방시킬 요구를 세상에 내놓고 있다. 예를 들어 이 기준에 따르면 콘스탄티누스 대제Constantinus the Great는 위인이 될 수 없다. 로마 제국에서 기독교를 국교로 정하고 동방 교회에서는 성자로 여겨지는 인물이지만 복수심의 화신이 되어 아내와 아들 하나를 처형했기 때문이다. 야코프 부르크하르트의 견해에 따르면 무함마드는 종교 창설자들 중에서 "가장 깨끗하지 못한" 불관용적인 인물이었다. 또한 루터와 마르크스도 불관용의 면에서는 결코 무함마드에 뒤지지 않았다. 카이사르는 노골적인 물질주의의 전형이었다. 갈리아를 약탈한 것도 개인 곳간을 채우고, 로마의 하층민들을 매수하는 데 쓸 돈을 조달하고, 이전의 매수 작업으로 쌓인 막대한 빚을 갚기 위해서였다. 그 밖에 대부분의 위정자들이 권력을 잡을 수 있었던 것은 친구와 동지의 시신을 밟고 넘어갔기 때문이다. 예컨대 독일의 전후 정치계에서는 아데나워와 헤르베르트 베너Herbert Wehner, 헬무트 콜Helmut Kohl이 그런 권력가였다.

나폴레옹도 복수심과 불관용 면에서 떼어 놓고 생각할 수 없는 인물이다. 물론 중상모략과 속임수, 편지 염탐에도 수준급이었다. 프로이트는 그를 가리켜 "청소년기의 환상에 고착된, 엄청난 행운의 총아였고, 가족 외에는 어떤 형태의 구속에도 얽매이지 않았으며, 몽유병자처럼 세상을 돌아다니다가 마침내 과대망상 속에서 산산조각 난 뛰어난 룸펜"이라 불렀다. 또한 "그처럼 고상한 것과는 거리가 먼 천재는 거의 찾아볼 수 없었고, 비신사적인 매너를 보여 주는 데는 전형적인 인물이었으며 동시에 비범한 거인이었다"라고 전했다. 짧게 말해서 페스트만큼 잘못된 판단을 내리기는 어렵다. 만일 "불쾌한 인간들"을 위대한 인물의 목록에서 빼려고 한다면 **예술가들**과 관련해서는 분노가 터져 나올 게 틀림없다. 이 부분은 다음 장에서 상세히 알아보자.

## 역사상 가장 위대한 지도자들

1974년 7월 15일자 『타임』지에서 북아메리카와 서유럽의 역사가, 철학자, 저널리스트, 장성 스물네 명이 뽑은 인물들은 다음과 같다.

**네 표를 얻은 인물**
링컨
간디
히틀러

**세 표를 얻은 인물**
알렉산드로스 대왕
예수
무함마드
워싱턴
레닌
프랭클린 루스벨트

**두 표를 얻은 인물**
부처
공자
카이사르
아우구스투스
제퍼슨
시어도어 루스벨트 Theodore Roosevelt
처칠, 조지 C. 마셜 George Catlett Marshall
마오쩌둥
존 F. 케네디

나폴레옹은 한 표만 받았다. 독일 심사 위원이었던 골로 만은 마르쿠스 아우렐리우스 Marcus Aurelius와 프랭클린 루스벨트, 아데나워를 꼽았다. 히틀러를 선택한 심사 위원은 미국 밴더빌트 대학의 총장인 알렉산더 허드 Alexander Heard, 미국의 심리 분석가 줄스 매서먼 Jules Masserman, 영국의 군역사가 코렐리 바넷 Corelli Barnett, 그리고 『마르크스도 예수도 아니었다 Without Marx or Jesus』의 저자인 프랑스 작가 장 프랑수아 르벨 Jean-François Revel이었다.
바넷은 자신의 결정에 "안타깝지만"이라는 단서를 달았고, 르벨은 히틀러를 최악의 대중 유혹자로 꼽으면서 최고의 대중 유혹자인 그리스 철학자 에피쿠로스와 대비시켰다. 에피쿠로스는 남에게 해를 주지 않으면서 행복해지는 법을 가르친 인물이라는 것이다. 허드는 위대한 지도자의 특징으로 뜨거운 열의와 열정을 들면서 마틴 루서 킹Martin Luther King Jr.과 히틀러, 간디, 자와할랄 네루Jawaharlal Nehru 그리고 구약 성서의 예언자들에게 그런 특성이 있었을 거라고 말했다. 매서만은 별다른 주석 없이 알렉산드로스 대왕과 카이사르, 히틀러를 꼽았다.

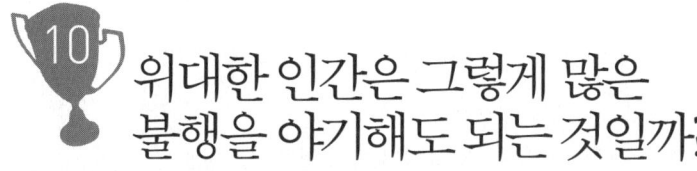
# 10 위대한 인간은 그렇게 많은 불행을 야기해도 되는 것일까?

> 나는 흘러내리는 피를 보며 눈물을 흘리겠지만, 그래도 피를 뿌리는 걸 마다하지 않을 것이다.
> —야전군 사령관 요제프 라데츠키

먼저 다시 한 번 생각해 봐야 할 것은 역사가와 역사 철학자 대부분이 전쟁 희생자들의 피를 당연시하는 태도를 보이는 점이다. 그러니까 **전쟁 희생자**란 칭기즈 칸과 표트르 대제처럼 위대한 남자들이 전쟁으로 자신의 민족을 더 높은 단계의 문화로 끌어올리려고 할 때 세계정신(헤겔과 야코프 부르크하르트가 말한 의미의 세계정신)에 바쳐야 할 당연한 공물이라는 것이다. 또한 알렉산드로스 대왕이 그리스 문화를, 카이사르가 로마 문화를 강제로 퍼뜨린 것도 대개 더 높은 단계의 문화가 누리는 보너스로 착각했다.

여기서 이제 근본적이고 이단적인 물음이 솟구쳐 올라온다. 표트르 대제는 대외적인 전쟁과 대내적인 공포정치로 서방 세계에 러시아를 개방했고, 그로써 대부분의 역사가들이 인정하는 더 높은 단계의 문화를 일구어 냈다. 하지만 그가 대내외적으로 모든 물리적 폭력을 행사하지 않았더라도 러시아는 결국 서방에 문을 열지 않았을까? 물론 시기적으로는 조금 늦어졌겠지만 결과는 같을 수 있었다. 조금 더 이른 개방을 위해 그렇게 많은 사람을 희생시켜도 되는 것일까? 반대로 표트르 대제가 아니었다면 러시아가 결코 서방에 문을 열지 않았을 거라고 가정하더라도 그게 그리 나쁜 일일까? 나쁘다면 누구에게 나쁜 것일까? '서방 세계로의 개방'이 수천 톤의 피에 대한 허가증이라도 되는 것일까? 대체 누가 그런 척도를 세상에 제시했을까? 더 높은 단계의 문화가 무력으로만 실현 가능하다면 얼마나 많은 **문화**가 '더 높은 단계의 문화'라는 소리를 들어야 할까?

"카이사르, 넌 집에 가만히 있어!" 사람들은 이렇게 소리치고 싶었을 것이다. 로마가 갈리아를 정복하지 않았다면 갈리아 인들은 더 불행해졌을까? 믿기는 어렵지만, 만일 실제로 더 불행해졌다고 하더라도 그게 카이사르가 그들에게 명명백백히 안겨 준 그 수많은 불행에 비해 이익이라고 할 수 있을까? 그렇다고 진실과 어긋나게 영웅의 세계뿐 아니라 위대한 인물들까지 역사에서 완전히 말소해 버리려는 베르톨트 브레히트Bertolt Brecht 같은 마르크스주의자들에게 영웅 숭배에 대한 비판을 온전히 내맡겨도 될까?

회의적인 목소리는 산발적으로 터져 나왔다. 세계정신이 자기편이라 믿는 대량 학살자들을 위한 헤겔의 허가증이 나오기 25년 전인 1797년, 헤르더는 인도주의 정신을 장려하기 위한 서신들에서 "인간애라는 이름의 위대한 평화"가 되기 위한 "첫 번째 신조"로 **전쟁에 대한 혐오**를 꼽았다. 즉 "자기 방어를 위해 어쩔 수 없이 치르는 것이 아닌, 평화로운 이웃 나라에 대한 광포한 공격"으로서 벌어지는 전쟁을 멀리해야 한다는 뜻이었다. 두 번째 신조는 **영웅의 명성에 대한 존경의 감소**였다. 왜냐하면 "영토를 정복한 영웅적 정신들"은 인류에겐 '죽음의 천사'였을 뿐 아니라 그리스 인들과 로마 인, 야만인들이 그런 영웅에게 바쳤던 숭배는 이미 오래전에 그 가치를 상실했기 때문이다. 따라서 아틸라와 칭기즈 칸 같은 남자들의 주위를 돌며 깜박거리는 "잘못된 빛을 완전히 꺼 버릴" 시간이 되었다는 것이다.

야코프 부르크하르트는 빼어난 논문 『세계사의 행복과 불행*Über Glück*

*und Unglück in der Weltgeschichte*』에서 역사적 위인들이 그토록 자주 인류에게 안겨 준 불행을 그들의 위대성과 대립시켰다. 그는 "가령 옛 거대 왕조의 탄생에 불가피하게 전제된 수많은 백성의 절규의 총계를 생각하면 참으로 끔찍한 상상"이 떠오른다고 했다. 그런데도 후대는 그런 고통을 "지극히 냉담하게" 다루었을 뿐 아니라 역사의 "천재들이 각 민족들을 아름답고 행복하게 해 주었을 것"이라고 추정한다는 것이다.

그런데 방어를 위한 전쟁을 도덕적인 행위로 용인할 경우에도 두 가지 새로운 문제가 등장한다. 영국은 히틀러와 전쟁을 벌일 때 폴란드와 자국의 방어에 나섰다. 하지만 "독일이 이미 파탄 난 상태였던" 1945년 2월 13일에 자행된 드레스덴 파괴 행위와 관련해서는 뉘른베르크 전범 재판소 기준(이 기준에 따르면 나폴레옹도 처형되어야 한다)에 따르면 처칠은 교수형에 처해져야 했다. 『슈피겔』의 편집장 루돌프 아우크슈타인Rudolf Augstein은 1985년에 이렇게 썼다. "BBC 측의 자료에 따르면 1944년 7월 처칠은 베를린과 함부르크, 프랑크푸르트, 슈투트가르트에 향후 100년 동안 사람이 살 수 없도록 치명적인 탄저균 폭탄을 투하할 준비를 하라고 명령했다."

미국이 1941년부터 1945년까지 일본을 상대로 치른 전쟁은 어떻게 시작되었을까? 일본이 진주만을 먼저 기습 공격한 것은 사실이다. 하지만 많은 역사가들의 일치된 견해에 따르면, 프랭클린 루스벨트는 침략자가 되지 않으면서 전쟁에 참여할 명분을 얻기 위해 이 공격을 내심 원하고 있었던 것으로 보인다(13개월 전에 치러진 선거 유세에서 미국의 어머니들을 향해 "어떤 일이 있어도 여러분의 아들을 외국의 전쟁에 내보내지 않겠다!"라고 굳게 약속한 사람으로서 자신이 침략자의 모습으로 비치는 것은 원치 않았을 것이다). 실제로 루스벨트는 일본에 최후통첩 격인 요구를 하며 그 강도를 점점 높이면서도 진주만에 주둔하고 있던 미 태평양 함대에는 일본의 기습 공격에 대비하라는 경고의 강도를 높이지 않았다. 국방부가 하와이의 최고 사령관에게 보낸 최후 경고는 이랬다. "적대적 행위는 언제든 가능하다. 정찰을 비롯해서 필요하다고 생각되는 다른 모든 조치들을 취하라. 하지만 민간인들에게는 적대적 행위의 가능성을 경고하거나 대비 조처의 목적을 누설하지 말라. 반복 강조한다. 누설하지 말라."그 밖에 루스벨트의 측근이었던 보좌관 해리 홉킨스Harry Hopkins와 노동부 장관도 일본의 공격 소식을 듣고 난 대통령의 표정이 눈에 띄게 가벼워지는 것 같았다고 증언했다. .

이런 상황을 토대로 로버트 시어볼드Robert Therobald 미 해군 소장은 루스벨트가 태평양 함대를 일본에 공격의 미끼로 제공했다는 의혹을 최초로 제기했다(이후에는 많은 사람들이 이 주장에 동조했다). 어찌 됐든 처칠은 이제 미국을 영국 편으로 끌어들인 것에 대한 감격을 숨기지 않았다. 3,350명이 목숨을 잃은 진주만 공습 다음 날 저녁, 처칠은 루스벨트에게 전화를 걸어 이렇게 말했다. "이 일로 모든 게 풀렸습니다.""이제 우리가 전쟁에서 이겼어요!""나는 주체하지 못하는 감정에 휩싸여 잠자리에 들었고, 구원받은 자의 심정으로 감사하면서 잠을 잤습니다."

이처럼 '방어'의 개념은 규정하기가 쉽지 않고, 방어전이라고 하더라도 일본의 핵폭탄 투하와 드레스덴 융단 폭격에서 보듯이 방어자의 과도한 공격성과 무절제한 잔인성을 배제할 수 없다. 따라서 주요 정치 지도자의 역사적 역할과 도덕의 관계를 추적하는 사람은 수렁에 빠져 비척거릴 수밖에 없다.

정치를 도덕과 화합시키는 시도가 얼마나 성공하기 어려운지는 윌리엄 E. 글래드스턴William Ewart Gladstone의 예가 잘 보여 준다. 1869~1894년까지 영국 총리를 세 번이나 지낸 정치가로서 매너가 좋은 뛰어난 논쟁가였던 글래드스턴은 착실한 의무감과 엄정한 정직함으로 적을 양산했을 뿐 아니라 주변의 친구들까지 등을 돌리게 만들었다. 이 인물에 대해 처칠은 경탄과 경멸이 뒤섞인 투로 말했다. "갈수록 그를 논란이 많은 세기의 인물로 만드는 것은 그 자신과 추종자들을 도덕적 격분 속에 빠져들게 하는 능력이었다."

선善으로만 정치를 했는데도 엄청난 성공을 거둔 유일한 예는 간디였다. 그는 한 힌두교 광신도에게 살해당했는데, 살해의 동기는 인간의 평등권을

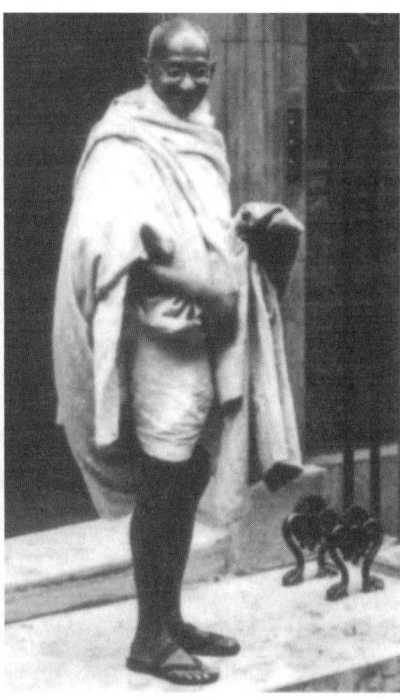

**간디** 그가 설파한 비폭력의 정신은 세계적 성공을 거두었다. 그는 남아프리카 공화국에서 변호사로 활동하면서 그곳의 인도인들이 비참하게 생활하는 것을 목격하고 수동적인 저항 운동을 조직했다. 그로 인해 남아프리카뿐 아니라 나중에는 영국 치하의 인도에서도 수차례 투옥되었다.

설파하는 간디가 존재하는 한 인도에서 이슬람교도를 몰아내는 것이 어렵다고 생각했기 때문이다. 간디는 암살당하기 바로 직전에도 두 차례의 단식 투쟁으로 힌두교도와 이슬람교 사이의 격렬한 충돌을 막았다. 그렇다면 그는 실패한 인물일까, 아니면 성공한 인물일까? 그의 투쟁이 없었어도 인도는 1945년 이후 모든 식민지 국가들이 그랬듯이 식민 통치에서 벗어날 수 있지 않았을까? 분명한 것은 두 가지뿐이다. 간디는 수십 년 동안 직접적인 실천을 통해 철저한 비폭력과 관용, 이웃 사랑도 정치적 무기가 될 수 있고, 그 무기를 다룰 줄 아는 사람은 유명해질 수 있다는 것을 인상적으로 증명했다. 이로써 간디는 역사의 예외가 되었다.

그러나 일반적으로 정치는 아주 수상쩍은 성격의 인물들이나 하는 일이거나(흑), 아니면 한번 발을 들여놓으면 깨끗하던 사람도 깨끗함을 유지할 수 없는 진흙탕 밭이다(토마스 만. 그는 이렇게 말했다. "위정자들 중에서 위대한 일을 이룬 뒤에도 여전히 자신이 품위 있는 인간에 속하는지 물을 수 있는 사람은 아주 드물다"). 혹은 정치는 정직한 사람이 몰락할 수밖에 없는 영역으로 니콜로 마키아벨리Niccolò Machiavelli에 따르면 거짓말과 위선, 속임수가 판치는 곳이다. 위선과 속임수는 군주의 일상적인 도구이다. 부드럽고 솔직한 품성은 군주에게 도움이 되지 않는다. 하지만 겉으로는 정직한 척해야 하는 것이 군주의 태도이다. 물론 많은 정치인들이 마키아벨리의 주장에 항의할 것이다. 하지만 그런 항변조차 마키아벨리의 추종자라면 누구나 갖추어야 할 품성인 '위선'으로 비칠 때가 많다.

야코프 부르크하르트는 말한다. "정치적 위인은 이기적일 수밖에 없고, 이익이라면 눈에 불을 켜고 좇고, 자신의 뜻을 관철하고 출세하는 것을 제1과제로 꼽는다." 또한 "권력은 결코 인간을 개선하지 못한다"고 덧붙였다. 그렇다고 "위대한 남자들의 범죄가 없었다면 세상이 도덕적으로 돌아갔을 것"이라고 생각하는 것은 잘못된 추론이다.

일반적으로 정치인으로 성공하려면 계략과 거짓말, 그리고 언제든 동료를 팔고 정치적 적을 매도할 자세가 필요하다. 아데나워 역시 분명 이런 자세를 갖추고 있었지만, 대다수 독일인들은 그를 전혀 나쁘게 생각하지 않았다. 그는 매력적으로 거짓말을 했고, 그가 부린 술책은 성공으로 보답 받았으며, 또 1953년 선거전에서 사민당이 승리하면 독일이 금방이라도 무너질 것처럼 매도했던 것도 빠르게 잊혔다.

그렇다면 결국 우리는 악인을 좋아하는 것일까? "독수리가 사냥한 짐승의 살점을 뜯어먹지 않으면 깃털이 달린 살덩어리에 불과하다." 괴테 시대의 작가이자 천재 숭배의 설법자인 빌헬름 하인제Wilhelm Heinse가 한 말이다. "카이사르는 폼페이우스Gnaeus Pompeius Magnus를 날카롭게 공격할 때 비로소 두려움의 존재가 된다. 만일 그를 연단에 앉혀 전쟁과 정치론에 관한 강의를 하게 한다면 그 강의가 아무리 훌륭하더라도 그는 일개 무지렁이로 전락하고 만다." 니체는 악인을 "야생의 풍경처럼 즐길 것"을 권했다. 악인이 악인처럼 굴지 않고 합법적으로 행동하면 자연 속의 오점을 보는 것처럼 불편하다는 것이다.

지나친 비약이라고 생각할지 모르겠지만, 이것은 인간의 심리학적 진실을 건드리는 듯하다. 슈테판 츠바이크는 정열이 정의에 대한 사랑보다 사람들에게 더 고맙게 여겨지고, 폭력과 승리가 데시데리위스 에라스뮈스Desiderius Erasmus의 온화한 인간애보다 더 쉽게 칭찬을 받는 현실을 한숨과 함께 토로했다. 여기에 이런 말을 덧붙일 수 있다. 아시시의 성 프란체스코San Francesco d' Assisi, 알베르트 슈바이처Albert Schweitzer, 나이팅게일, 테레사 수녀Mother Teresa, 그리고 인류를 대표하는 선인으로 뉴욕 리버사이드 교회에 동상이 세워져 있는 인물들(이 장의 끝에 소개되어 있다)은 존경이나 경탄은 받을지 모르지만, 수많은 사람들이 대형 범죄자와 대량 학살자의 행위를 읽으면서 느끼는 감동은 받지 못한다.

세계사가 **추악한 괴물**을 더 한층 총애하는 것은 분명해 보인다. 괴물들은 더 쉽게 상층으로 올라가고(이 책의 핵심 주제이다), 그들의 다채로운 성격과 술책, 심지어 시체 썩은 냄새처럼 비열한 구석도 인류의 귀감이 되는 인물들의 고결함보다 우리에게 더 매혹적으로 다가오며, 그것이 그들의 명성을 더 높인다. 생각해 보라. 신문에 어떤 기사가 대문짝만 하게 실리는가? 안전하게 착륙한 수많은 비행기보다 추락한 비행기가, 수많은 선행보다 천인공노할 범죄가 우리의 관심을 더 끌지 않는가? 슬픈 일이지만 사실이다.

따라서 이 책도 대형 범죄자들을 당연히 빼놓을 수 없다. 역사 속에서 그들이 차지하는 위치와 그들에 관한 우리의 관심이 자연스레 그들을 부르기 때문이다. 이들 범죄적 거물 중 몇몇은 슈테판 츠바이크에 따르면 "지상에서 도달할 수 있는 최고의 무도함"을 증명했다. 그런데 츠바이크는 다른 사람들의 피를 흘리게 한 인물들이 아니라 위대한 예술가와 사상가, 연구자들에게 호의와 공감을 보낸다.

물론 이런 예술가와 사상가 중에도 역사적 범죄자들의 경우처럼 이해하기 어렵고 혐오스러운 사람들이 적지 않다. 오스카 와일드Oscar Wilde는 자신이 그런 인물이라는 것을 지극히 냉소적인 태도로 이렇게 표현했다. "어떤 사람이 독살가라고 해서 그게 그의 작품과 무슨 상관이 있는가?" 볼테르는 자신의 복수심과 돈 욕심, 무절제한 허영심을 염려했다. 바그너는 친구들을 기만하고 빚쟁이들을 속였으며, 자크 오펜바흐Jacques Offenbach와 슈만, 펠릭스 멘델스존, 자코모 마이어베어Giacomo Meyerbeer 같은 적들에게는 그들이 죽은 뒤에도 복수를 했고, 낭비벽을 채우기 위해 바이에른의 루트비히 2세Ludwig II의 주머니를 털었으며, 1870년에는 프로이센군이 파리를 불태워 버리길 기도했고, 독일 남편들이 다시 아내들을 구타하길 바랐다. 음악사가인 알프레트 아인슈타인Alfred Einstein은 이렇게 정리했다. "혐오스러운 인간에게 아주 탁월한 재능이 발견되는 경우도 더러 있다."

웬만큼 박식한 사람이라면 한 인물에게 오직 **하나의** 뛰어난 재능만 드러나는 경우는 무척 드물다는 걸 쉽게 깨닫는다. 또한 클라이스트와 프란츠 카프카Franz Kafka, 에드거 앨런 포Edgar Allan Poe, 보들레르, 도스토옙스키, 빈센트 반 고흐Vincent van Gogh 같은 사람들이 자기 내부의 악마에 쫓겨 광기의 경계선에서 줄타기를 할 때 그 능력이 가장 크게 꽃핀다는 사실도 안다. 따라서 이들 수백 수천의 위인들이 모두 고결하고, 타인에게 도움이 되고, 선한 사람일 거라는 생각은 터무니없다. 그것은 그들이 지상에서 이루어야 할 과제가 아니다. 타인에게 도움을 주는 건 바로 우리 자신이다. 마르틴 그레고르 델린Martin Gregor-Dellin은 위대한 독일인 7인에 대한 인물평에서 이렇게 썼다. "작품의 위대성에서 인물의 위대성을 추론해서는 안 된다. 천재성과 성격은 일치될 수 없다. 심지어 천재에게는 한 빵집 주인의 의례적인 친절조차도 기대하기 어렵다." 선악의 저편에 있는 인간들, 좀 더 노골적으로 말해서 망종亡種에 가까운 인간들을 만날 가능성은 그 어떤 집단보다 세계사의 위인 집단에서 가장 높다. 범죄자 집단은 빼고라도 그렇다. 하지만 예술가 집단은 포함되어야 한다.

이런 인물들 중에서 명랑하고 남을 돕기를 좋아하고, 예민한 감성과 쉽게 감동하는 성격의 소유자를 꼽으라면 미하일 바쿠닌Mikhail Bakunin을 빼놓을 수 없다. 총체적 무정부주의를 설파했던 바쿠닌은 '모든 것'을 불태워 버리고 싶어 했다. 특히 바그너의 충격적인 보고에 따르면 그가 가장 불태우고 싶었던 것은 목사 부부와 그 자식이 사는 목사관이었다고 한다. 그 밖에 휴머니즘 정신에 심각하게 위배되는 행동으로 우리가 존경하기 어렵게 만드는 사람들도 있다. 바그너는 반유대주의적 소책자를 썼고, 마르틴 하이데거Martin Heidegger와 크누트 함순Knut Hamsun, 미국 시인 에즈라 파운드Ezra Pound는 파시즘에 동조했다. 그리고 레니 리펜슈탈Leni Riefenstahl

**카프카** 열한 살 때의 모습. 이때까지는 특별히 눈에 띄는 점이 없었다. 훗날 그는 "멋진 가구들로 장식된 집의 답답하고 아이들을 다 잡아 먹어 버릴 것 같은 유해한 분위기"와 "아이가 나온 곳으로 다시 짓밟아 밀어 넣어 버릴 것 같은" 부모의 전횡을 한탄했다.

이 찍은 나치 당대회 다큐멘터리와 베를린 올림픽 다큐멘터리를 영화 기술의 수작으로 꼽으려면 개인적 능력과 정치적 윤리를 엄격히 구분하는 고행자 같은 마음가짐이 요구된다. 브레히트는 자신의 교훈극 『조치Die

*Massnahme*』(1930)에서 한 젊은 공산주의자의 총살을 정당화했는데, 그 이유는 그가 당의 이익이 아닌 개인적 연민과 정의감에 따라 행동하려 했기 때문이다. 또한 그는 1935년에서 1938년까지 진행된 공개 재판 동안 스탈린을 강력히 옹호함으로써 독일 망명객들 사이에서는 "국가 정치 보위대 소속의 궁정 시인"이라는 별명까지 얻었다. 하인리히 만Heinrich Mann은 1945년 자신의 저서『한 시대의 순회기*Ein Zeitalter wird besichtigt*』에서 소비에트 연방이 "현재까지 유럽 도덕의 최고봉"에 도달한 것으로 보았다.

이 모든 것에도 불구하고 대부분의 예술가와 사상가, 연구자들은 정치인들에 대면 비교가 안 될 정도로 중요한 장점이 있다. 즉 이들은 사람을 죽이지 않았다. 몇 가지 단서가 붙긴 하지만 하이데거와 함순, 리펜슈탈, 브레히트가 끔찍한 '지도자 숭배'를 촉진시켰고 로베스피에르가 루소에게 자극을 받았듯이, 많은 대량 학살자들이 작가들에 의해 고무된 것이 사실이다. 물론 작가들이 원한 일이 아니었고, 위정자들이 작가들을 고의로 왜곡하거나 자의적으로 해석하기도 했다. 레닌과 스탈린, 마오가 마르크스를 왜곡한 것이 대표 사례라 할 수 있다. 하지만 그게 우리에게 위안이 될까? 그 외에도 우리는 학문과 살상 무기 사이의 떼 놓을 수 없는 관련성을 잘 알고 있다. 지난 몇백 년 동안 일부 연구자들은 이것을 벼락출세의 기회로 삼았다. 카를 프리드리히 폰 바이츠제커Carl Friedrich von Weizsäcker는 1991년에 이렇게 말했다. "갈릴레이에서 핵폭탄 개발까지는 일직선으로 길이 이어져 있다. 그 길을 어디서부터 중단시켰어야 했는지는 나도 모른다."

이렇듯 경계는 모호하다. 아르노 슈미트Arno Otto Schmidt는 단테의 신곡에 묘사된 '지옥'이 '강제 수용소의 교본'으로 작용했다고 주장한다. 그리고 괴테가 말년에 보인 오만불손함이 젊은 클라이스트의 자살에 영향을 끼쳤는지도 모른다. 이렇게 파헤치자면 끝이 없다. 유다Judas는 정말 배신자였을까? 예수의 측근이자 동맹자는 아니었을까? 혹은 망설이는 예수를 십자가에 매달게 함으로써 기독교의 탄생에 결정적 역할을 한 인물이었을까? 판단 내리기 어려운 부분이다. 이것들은 이미 제기된 주장들인데, 역사에서 도덕의 역할에 대한 마지막 기준들은 이 모호한 경계선들에 부딪히면서 좌절하고 만다.

## 선인善人들

1926~1931년까지 뉴욕 맨해튼 122번가에 신新고딕 양식으로 세워진 리버사이드 교회의 제단 뒤에는 예언자, 복음서 저자, 선교사 서른한 명과 저명한 역사적 인물 마흔두 명이 예수 동상 일곱 개를 반원 형태로 에워싸고 있다. 이들은 종교 개혁가와 성인들, 박애주의자, 독실한 시인, 교회 음악가, 의사, 그리고 인류에 선행을 베푼 사람들이다. 그중에는 레오나르도와 미켈란젤로도 있다.

이들을 선정한 교회 평가 위원회의 위원들은 모두 세상을 떠났고, 자료도 거의 남아 있지 않다. 선택된 인물 마흔두 명을 통해 일관된 선정 기준을 추론하는 것도 간단치 않지만, 선정되지 못한 네 명을 보면 의아함은 더욱 커진다. 알베르투스 마그누스Albertus Magnus, 단테, 플라톤, 라파엘로가 그 주인공들이다.

교회 평가 위원회의 위원장이 교회 건립에 막대한 돈을 기부한 존 록펠러 주니어John Davison Rockefeller Jr.에게 보낸 편지가 지금도 남아 있는데, 이 편지에서 그는 록펠러의 아버지(석유 재벌이자 세계 최고 갑부인 존 록펠러 1세)를 인류의 선행자 대열에 포함시키려고 하는 데 허락해 줄 것을 부탁했다. 그러나 존 록펠러 주니어는 이렇게 답했다(1930년 2월 24일). "제의는 가슴 벅찰 정도로 고맙지만, '살아 있는 사람, 특히 자본가'를 그 대열에 넣는 것은 현명하지 못한 것 같습니다."

선정된 선행자 마흔두 명은 다음과 같다.

프라 안젤리코Fra Angelico(1401~1450 : 이탈리아의 수도승이자 화가)
새뮤얼 채프먼 암스트롱Samuel Chapman Armstrong(1839~1893 : 남북전쟁 당시 북군의 장군이자 흑인들을 위한 기술 학교의 설립자)
토머스 아널드Thomas Arnold(1795~1842 : 영국의 성직자, 교육자, 스포츠 후원자, 럭비 학교 교장)
아우렐리우스 아우구스티누스Aurelius Augustinus(354~430 : 교부)
요한 제바스티안 바흐(1685~1750 : 오르간 음악의 가장 위대한 작곡가)
윌리엄 부스William Booth(1829~1912 : 구세군의 창시자)
장 칼뱅Jean Calvin(1509~1564 : 스위스의 종교 개혁가)
헨리 드러먼드Henry Drummond(1786~1860 : 영국의 은행가로 '가톨릭 사도 공동체' 혁신 운동을 일으킨 사도 12인 중 한 명)
성 엘리자베트St. Elizabeth of Hungary(1207~1231 : 헝가리의 공주이자 튀링겐 백작 부인)
에라스뮈스(1466~1536 : 북유럽 르네상스의 가장 위대한 학자)
조지 폭스George Fox(1627~1691 : 퀘이커교 창시자)
아시시의 프란체스코(1182~1226 : 프란체스코 수도회의 창립자이자 이탈리아의 수호성인)
발랑탱 아우이Valentin Hauy(1754~1822 : 프랑스의 박애주의자이자 최초의 맹인 학교 설립자)

히포크라테스Hippocrates(기원전 460~375: 의학의 아버지)
존 하워드John Howard(1726~1790: 영국의 박애주의자이자 교도소 개혁 운동가)
에드워드 제너Edward Jenner(1749~1823: 영국의 의사이자 천연두 접종 발견자)
존 녹스John Knox(1513~1572: 스코틀랜드 종교 개혁가)
로베르트 코흐Robert Koch(1843~1910: 결핵균과 탄저균, 콜레라 병원균의 발견자)
다빈치(1452~1519: 이탈리아의 화가, 건축가, 조각가)
링컨(1809~1865: 미국의 16대 대통령)
조지프 리스터Joseph Lister(1827~1912: 영국의 외과 의사, 방부防腐 의학의 창시자이자 예방 의학의 선구자)
루터(1483~1546: 독일의 종교 개혁가)
미켈란젤로(1475~1564: 이탈리아의 화가, 조각가, 건축가, 시인)
밀턴(1608~1674: 영국 작가로 서사시 『실낙원Paradise Lost』의 저자)
나이팅게일(1820~1910: 영국의 간호사)
조반니 팔레스트리나Giovanni Palestrina(1525~1594: 작곡가이자 성 베드로 성당의 악장)
파스퇴르(1822~1895: 프랑스의 화학자, 미생물학자. 저온 살균법과 탄저균 백신, 광견병 백신의 개발자, 면역학의 창시자)
사도 바울(기원후 65년 로마에서 죽음: 기독교 최초의 전도자)
요한 하인리히 페스탈로치Johann Heinrich Pestalozzi(1746~1498: 스위스 교육자이자 사회 개혁가)
월터 리드Walter Reed(1851~1902: 미국의 군의관이자 세균학자. 황열병 퇴치에 결정적 기여를 했고, 그로써 파나마 운하의 건설도 가능케 했다)
존 러스킨John Ruskin(1819~1900: 영국의 사회 개혁가)
지롤라모 사보나롤라Girolamo Savonarola(1452~1498: 이탈리아의 종교 개혁가)
칠대 백작 섀프츠베리7th Earl of Shaftesbury(1801~1885: 영국의 박애주의자이자 사회 개혁가)
소크라테스(기원전 470~399: 고대 그리스 철학자)
성 슈테판St. Stephen(975~1038: 헝가리의 왕이자 수호성인)
토머스 시드넘Thomas Sydenham(1624~1689: 영국의 히포크라테스)
토마스 아퀴나스Thomas Aquinas(1225~1274: 이탈리아의 신학자이자 철학자)
안드레아스 베살리우스Andreas Vesalius(1514~1564: 카를 5세Karl V와 펠리페 2세Felipe II의 주치의, 해부학의 창건자)
부커 T. 워싱턴Booker T. Washington(1856~1915: 노예로 태어나 미국에서 흑인들을 위한 최초의 교육 기관을 설립했다)
존 웨슬리John Wesley(1703~1791: 감리교 창시자)
존 그린리프 휘티어John Greenleaf Whittier(1807~1892: 미국의 서정 시인이자 박애주의자)
존 위클리프John Wycliffe(1320~1384: 영국 종교 개혁의 선구자)

마흔둘 중에서 스무 명이 앵글로색슨 족인데, 독일인은 셋(바흐, 코흐, 루터)이고 여성은 둘(성 엘리자베트, 나이팅게일)이다.

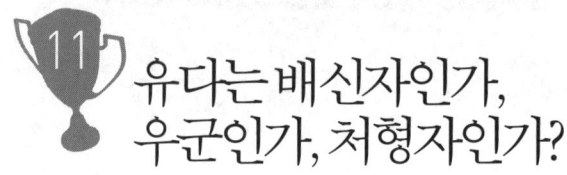
# 유다는 배신자인가, 우군인가, 처형자인가?

> 행위자는 언제나 양심이 없다. 관찰자 말고는 양심 있는 사람이 없다.
> —괴테, 『예술과 고대에 관하여』

유다는 행동했다. 지적 논쟁을 즐기는 사람들에게 그는 정말 좋은 논쟁거리다.

신약 성서를 신뢰할 만한 원전으로 여길 필요는 없지만, 그렇게 믿는 사람이라도 유다의 '배신'이라는 통념적 해석에 의심을 가질 만한 이유는 충분해 보인다. 복음서 저자들이 전하는 이야기들은 전혀 다르게 해석될 수 있다. 그것도 2세기에 유다를 숭배한 카인Caine파나, 유다를 예수에 대한 승리자로 찬양한 유대교 성담聖譚에 기대지 않고 전적으로 기독교적 신앙의 토대 위에서만 따져도 충분히 다르게 해석할 수 있다.

경건한 전통적 해석에서는 모든 것이 분명했다. 유다의 몸으로 들어간 사탄이 악의와 탐욕 때문에 스승을 배신하고 추격자들에게 넘겨주었다는 것이다. 단테의 『신곡La Divina Commedia』에서 지옥의 왕은 세 입 가운데 한 입으로 유다를 질근질근 씹고, 왕의 입에서는 피 묻은 침이 버둥거리는 배신자의 사지 위로 뚝뚝 떨어진다. 바로크 시대의 유명한 설교자 아브라함 아 산타클라라Abraham a Sancta Clara의 저서도 단테와 크게 다르지 않다. 유다가 예수의 제자로 몰래 숨어들기 전에 같은 젖을 먹고 자란 형제와 아버지를 살해하고, 그리스 신화의 오이디푸스Oedipus처럼 어머니를 아내로 맞이한다. 설교자와 작가, 화가들은 수백 년 동안 경쟁적으로 유다를 더 비열한 인간으로 그리려고 애썼다. 예를 들어 매부리코에 차가운 눈, 검고 붉은 머리카락이 섞인 금발, 사람들에게 쫓겨나는 모습, 책상에서 남의 물건을 훔치는 인간, 그리고 창자가 튀어나와 피를 철철 흘리는 모습(복음서에 따르면 유다가 목을 매 자살을 할 때 "몸이 가운데에서 둘로 쪼개졌다"고 한다)으로 묘사되었다.

이것이 종교적 영향으로 탄생한 초기 반유대주의에 표현된 유다의 상인데, 오버암머가우oberammergau의 수난극[1]에 이르기까지 반유대주의는 항상 이 상에서 새로운 양분을 얻었다. 반유대주의는 무엇보다 '유다Judas'와 '유대Jude'의 불운한 발음적 유사성 때문에 더더욱 부추겨졌고, 그런 유사성이 일반 대중의 머릿속에 유대 인이 돈만 밝히는 비열한 족속이라는 편견을 심는 데 일조했다.

그러나 이 모든 것 속에는 항상 명백하고 부인할 수 없는 다음의 견해가 억압되어 있다. 그러니까 기독교인이 유다를 악마에 들린 인간으로 여긴다고 하더라도 유다의 **역할**은 인정해야 하지 않을까? 다시 말해서 인류의 구원을 위해 당신의 아들을 희생시키는 것이 신의 뜻이었다면 유다와 빌라도, 바리새인, 사두개인, 형리들 모두 예수의 순교와 구원의 역사를 위해 꼭 필요한 인물들이 아니었을까? 그들은 기독교 신의 도구가 아니었을까? 베드로도 두 번이나 이런 말을 했다. "너희 남자들과 형제들이여, 성경의 말씀은 …… 예수를 잡은 자들의 앞잡이가 된 유다에 의해 이루어질 게 틀림없다."

---

[1] 독일 남부 지방 오버암머가우에서는 1634년부터 10년마다 한 번씩 예수의 고난을 다룬 수난극을 공연해 왔다.

(사도행전 1장) "신께서는 모든 선지자들의 입을 통해 그리스도가 고난 받을 일을 미리 알리셨도다."(사도행전 3장)

상황이 이렇다면 유다의 동기에 대한 혐오감과 함께 구원의 역사에서 그가 맡은 역할에 대한 존경심도 같은 선상에서 거론되어야 한다. 독일의 극작가 고트홀트 에프라임 레싱은 이미 1751년에 그 점을 지적했다. "유대 인들의 온갖 박해는 그리스도의 의도에 대립되기보다 오히려 도움이 되었다." "사탄은 …… 그리스도를 죽이려고 모든 수단을 동원했고, 그리스도는 우리의 구원을 위해 죽을 수밖에 없는 운명이었다."

복음서의 증언에 따르면 유다에 대한 매도를 가장 강력하게 반박한 사람은 놀랍게도 바로 예수 자신이었다. 예수는 자신을 배신할 사람이 누구인지 아는 상태에서 침착하게 유다를 만나 그에게 좋은 음식을 주며 말했다. "네가 하는 일은 곧 행해질 것이다." 요한복음에 따르면 예수가 이 말을 하기 바로 직전에 사탄이 유다의 몸속으로 들어오는데, 이것은 이상한 모순이다. 그러니까 예수는 자신을 배신자에게 속수무책으로 당한 희생자로 느끼지 않았을 뿐 아니라 제자인 시몬 베드로가 칼을 빼들고 자신을 지키려는 것을 말리기까지 했다. "내 아버지께서 주시는 잔을 내가 어찌 마시지 않겠느냐?" 요한복음과 마태복음에서 예수는 물었다. "너는 지금 내가 내 아버지께 청하여 열두 군단이 더 되는 천사를 보내 달라고 할 수 없는 줄 아느냐? 그러면 성경이 어떻게 이루어지겠느냐?" 예수는 성경이 어떻게 기록될지 이미 알고 있었다. 교부 아우구스티누스도 유다가 필수적인 도구였음을 확인해 준다. "전지한 신께서 무지한 유다를 이용하셨다." 신이 당신의 목적을 위해 유다를 이용했다고? 신이 그렇게 악마적일 수 있을까?

하지만 그렇다고 해서 유다가 **행위 동기**에 비추어볼 때 악한이기도 했다는 점은 배제될 수 없다. 물론 꼬치꼬치 파고들기 좋아하는 사람들은 유다의 동기를 교회와는 다르게 해석한다. 즉 유다를 예수처럼 신의 구원 계획을 알고 있는 예수의 측근, 동맹자, 형제로 파악한 것이다. 그것도 필요한 두 역할 중에서 후대에 배신자로 그려질 더 어려운 역할을 감수한 인물로 해석했다.

러시아 작가 레오니드 안드레예프Leonid Nikolayevich Andreyev의 저서(1907)에서 유다는 예수에게 이 끔찍한 희생을 면제해 달라고 간청한다. "저를 구원해 주소서! 이 짐을 내려놓게 해 주소서!" 유다는 "죽음의 고통 속에서" 예수에게 배신의 키스를 보낸다. 그의 내면에선 "거칠고 뜨거운 수천의 목소리가 울부짖고 천둥친다. 그중에는 이런 목소리도 있다. '그래, 사랑의 키스로 어둠의 지옥에서 형리를 부르자!'" 더구나 안드레예프는 예수와 유다를 하나의 후광으로 함께 비추며 똑같이 고통스러워하는 표정으로 그렸다. 스웨덴 작가 닐스 루네베리Nils Runeberg도 『숨은 구원자Der heimlihe Heiland』(1903)에서 유다가 제자들 중 유일하게 예수의 끔찍한 계획을 간파했고, 지극히 겸허하게 모든 명예와 영혼의 안식, 천국의 평안을 포기하는 운명을 받아들였다고 썼다. 또한 니코스 카잔차키스Nikos Kazantzakis의 소설 『그리스도 최후의 유혹O televtaîos pirasmós』(1951)에서 유다에게 마음을 굳게 먹으라고 **간절히 당부**하는 사람은 예수 자신이다. "나는 죽임을 당해야 하고 너는 나를 배신해야 한다. 우리 둘이 세상을 구해야 한다. 도와다오! 신께서 나를 측은히 여겨 내게 더 쉬운 과제를 주셨구나." 십자가에 못 박힌 예수는 이런 꿈을 꾼다. 자신이 십자가에 못 박히는 것을 거부하고, 신이 되고자 하지 않으며, 그래서 바울과 유다가 자신을 경멸하는 꿈을.

옌스는 소설 『유다의 재판Der Fall Judas』(1975)에서 독일의 한 프란시스코 수도회 신부에 대해 이야기하는데, 이 신부는 예루살렘의 대주교에게 유다를 축복하고 그에게 순교자의 지위를 부여할 것을 제안한다. 만일 유다가 그 일을 수행하지 않았다면 신의 배반자가 되었을 것이고, 예수는 갈릴리에 내려가 조용히 십자가나 만들며 살았을 것이기 때문이다. 유다는 깊은 신앙심에서 자발적으로 "칭기즈 칸이나 아이히만 같은 사탄의 화신 역할을 수행했다"는 것이다. 이 소설에서 대주교에 의해 소집된 전문가 위원회는 2년간의 재판 끝에 이런 결론을 내렸다. 예수가 유다를 "혹독한 비난을 받을 자로 선택"했는데, 그것은 유다가 가장 신앙심이 깊고 현명한 사람이었기 때문이다. "그는 그리스도의 뜻을 실행하기 위해 도살자와 자살자의 역을 떠안았고, 신에 대한 복종심에서 성인들조차 감히 자신을 위해 기도하지 못할 만큼 무도한 행동으로 자신을 욕보이는 역할을 맡았다. 그리고 그 역을 완벽하게 수행해 냈다(그 때문에 우리는 구원을 받았다). 자신의 소명을 완수한 것이다(이것이 우리가 그에게 고마워해야 할 이유이다)." 곧이어 대주교는 교황청에 유다에 대한 재심을 청한다. 그것이 성사되었는지는 소설에서 더 이상 언급이 없다.

개신교 신학자 발터 니그Walter Nigg는 1980년 『위대한 비非성인들Grosse Unheilige』(여기서는 유다 외에 바쿠닌과 보들레르, 니체가 등장한다)에서 옌스의 소설을 대중의 관심을 끌려는 "자극적 선정주의"로 칭하며 유다가 사탄에 씌었다는 기존의 주장을 고수했다. 하지만 그도 다음의 사실은 인정했다. "신적인 예수와 악마적인 유다는 설명될 수 없는 끈으로 연결되어 있다." 또한 그는 이렇게 자문하기도 한다. "신이 유다에게 그렇게 끔찍한 일을 하도록 강요했을까? 누군가 한 사람은 반드시 예수를 배신해야 했기에 유다가 스스로를 희생한 것일까? 골고다의 순교가 이루어져 세상이 구원받을 수 있도록 하기 위해서?" 니그는 이 질문들에 답을 내놓지는 않았다.

구세주와 사랑으로 연결된 첫 번째 유다와 악마에 씌었지만 구원의 역사에서는 없어서는 안 될 역을 수행한 두 번째 유다에 이어 세 번째 유다가 등장한다. 두려움에 사로잡혀 망설이는 예수에게 메시아로서, 그리고 이스라엘 백성에게 자유와 권력을 가져다줄 약속된 왕으로서 어서 현시하라고 재촉하는 유다의 모습이 그것이다. 프리드리히 고틀리프 클롭슈토크Friedrich Gottlieb Klopstock는 대서사시 『메시아Messias』(1773)에서 이미 그 모티프를 암시했고, 바그너는 예수에 관한 연극을 계획하면서 그 모티프를 발전시켰으며(1848), 이후에는 영국의 토머스 드퀸시Thomas de Quincey(1857)와 독일, 프랑스의 몇몇 극작가들이 그 흐름을 이어 나갔다. 이런 흐름을 몇 가지 소개하면 다음과 같다. 예수를 **시험**하는 인물(당신은 메시아입니까, 아닙니까?)로 등장하는 유다는 예수가 십자가에 못 박혀 죽은 것이 자신의 믿음에 대한 방증이라는 사실에 절망해서 목매 자살한다. 또 다른 데서는 예수가 유대인들이 기대하는 메시아의 상과는 달리 **세속적** 권력의 쟁취를 거부하자 그에 대한 분노로 예수를 배신하는 애국자로 나온다. 폴 클로델Paul Claudel의 작품에서는 나약한 사람들을 혼란에 빠뜨리고 백성들 사이에서 불만을 야기하는 예수를 저지하려는 인물로 등장한다. 심지어 예수를 배신한 동기를 질투심에서 찾는 경우도 있다. 그러니까 예수의 애제자인 요한에 대한 질투, 혹은 예수와 유다가 동시에 사랑한 마리아 막달레나Maria Magdalena에 대한 질투를 배신의 동기로 보았다.

그사이 유다에 대한 경탄도 계속 등장했다. 크리스티안 프리드리히 헤벨Christian Friedrich Hebbel은 "유다만큼 신앙심이 깊은 사람은 없다"라고 썼고, 개신교 신학자 카를 바르트Karl Barth는 "기실 예수는 혼자 …… 죽음에 이른 것이 아니다. 예수와 함께 유다도 죽었다"라고 말했다. 1954년의 한 희곡 (앙드레 퓌제André Puget/피에르 보스트Pierre Bost)에서는 예수를 배반한 것이 오히려 다른 제자들이라며 유다가 비난하는 장면이 나온다. 예수가 신이 되는 것을 다른 제자들이 방해하려 했기 때문이다. 그러면서 유다는 "나만이 유일하게 그를 배신하지 않았다"라고 말한다.

이 얼마나 미로처럼 얽힌 해석의 장인가! 여기에는 예수의 몸속으로 들어가 십자가에 못 박혀 죽은 것이 실은 '유다'라고 하는 14세기의 이슬람 전설은 포함되지 않았다. 또한 사도 바울이 예수가 배반당한 날 밤에 대해 이야기하면서도 유다에 대해서는 전혀 모르고 있고, 심지어 유다를 간접적으로 부활의 목격자로까지 만드는 이상한 상황도 계산에 넣지 않았다. 바울은 고린도 전서에서 이렇게 썼다. "그리스도께서는 …… **열두** 제자 앞에 나타나셨고……." 마가복음과 누가복음에는 열한 명의 제자 앞에 나타났다고 적혀 있다(열두 번째 제자인 마태는 아직 정해지지 않은 상태였다). 4대 복음서는 바울이 죽은 뒤에야 정경正經의 형식을 갖추었다. 유대인 신학자 핀카스 라피데Pinchas Lapide는 이렇게 물었다. 복음서 저자들은 예수를 더욱 빛나게 하고 기독교를 유대교에서 분리하기 위해 고의적으로 그런 악한, 즉 "특정 이데올로기에 치우친 캐리커처"가 **필요했던** 것일까?

이쯤에서 이런 의문이 들 법하다. 이 책은 무슨 연유로 가공의 인물일지도 모를 유다와 그 행적에 대해 이렇게 집착하는가? 대답은 간단하다. 명성에 관해 연구하고 조사할 때 '유다'의 예만큼 빼어난 장점이 있는 경우는 드물기 때문이다.

우선, 유다는 실제 일어난 것이든 가공된 것이든 **행위**란 별로 중요하지 않고 그 행위에 대한 해석이 전부라는 것을 다른 어떤 인물들보다 뚜렷이 보여 준다. 교부와 시인들, 역사가들은 근면함과 판타지 면에서 그 대상들을 완전히 압도할 수 있다. 그래서 어떤 역사적 평가든 일단은 강한 불신을 품고 대할 이유는 충분하다.

둘째, 유다의 예는 **도덕적** 평가라는 것이 모순의 바다 위를 얼마나 부질없이 떠다니고 있는지를 여실히 보여 준다. 다시 말해서 악마가 씐 사람으로 해석되는 한 인물이 다른 관점에서는 신에게 선택된 사람이나 순교자, 천하의 불한당, 선의 악의적인 도구, 혹은 예수의 역할을 가능케 한 은총 받은 인물로 해석될 수도 있다. 물론 해석은 자유이지만 증명할 수 있는 것은 아무것도 없다. 이로써 이 책이 앞으로 도덕적 평가의 문제를 어떻게 다루어야 하는지 결론이 나온다. 더 이상 도덕적 평가에 매달려서는 안 된다는 것이다.

그 밖에 유다는 이미 우리에게 익숙한 두 가지 인식을 더더욱 사실로 확인시켜 주는 예이기도 하다. 첫째, 로물루스와 빌헬름 텔의 경우처럼 당사자가 실존 인물인지 아닌지 밝혀지지 않은 상태에서도 유명해지는 것은 가능하고, 둘째, 아주 수치스러운 인간이나 그런 인물에 대한 전설도 명성의 기름진 토양이 된다는 것이다. 가령 예수의 제자 중에서 예술가들이 그토록 헌신적으로 다룬 제자는 유다밖에 없고, 기독교를 건성으로 믿는 사람도 예수의 열두 제자 하면 대개 유다부터 떠올린다. 악명 높은 사람도 유명인이기 때문이다. 여기서 결코 연결될 것 같지 않은 두 심연을 동시에 들여다보는 하나의 시선이 열린다. 사법 살인의 공범이 되는 것도 유명해지기 위한 하나의 가능성이고, 십자가에 못 박힌 예수는 그로써 신의 구원 계획을 완수했을 뿐 아니라 지상에서 누구도 얻지 못한 압도적인 명성을 얻었다는 사실이다.

세속적 측면으로 돌아가면 다음과 같은 질문을 천진난만하게 던질 수 있다. 살해당하거나 부당하게 처형된 것도 사후의 명성에 유리할까? 당연히 그렇다. 눈에 띌 정도로 많은 명사들이 폭력적인 죽음을 당했다면 그것은 대개 다음 두 가지 이유에서이다. 하나는 그들이 미국 대통령과 러시아 황제들처럼 쉽게 복수와 범죄의 표적이 되었다는 것이고, 다른 하나는 그들의 비극적 운명이 그들의 이름을 영원히 기억하게 할 개연성을 높이기 때문이다.

프랑스의 왕비 마리 앙투아네트Marie Antoinette가 아무짝에도 쓸모없는 삶을 품위 있게 단두대로 걸어가는 것으로 끝내지 않았다면 우리가 그녀에 대해 무엇을 알고 있을까? 많은 사람들이 지금도 메리 스튜어트를 알고 있는 것은 그녀가 두 여왕 사이의 권력 다툼으로 희생되었고, 실러의 희곡에 여주인공으로 낙점되었기 때문이다. 만일 그녀가 처형당하지 않았어도 실러가 그녀를 희곡의 소재로 선택했을까? 독배와 그것을 비우는 태연자약한 태도는 소크라테스의 명성을 높여 주었고, 잔 다르크와 후스, 사보나롤라, 조르다노 브루노Giordano Bruno의 화형, 페데리코 가르시아 로르카Federico García Lorca와 체 게바라Che Guevara의 죽음, 그리고 룩셈부르크와 간디, 킹의 암살도 그들의 명성에 큰 기여를 했다. 카를 T. 야스퍼스Karl Theodor Jaspers는 소크라테스를 두고 이렇게 말했다. "그런 죽음이 아니었더라면 소크라테스는 역사적으로 그토록 큰 영향을 미친 인물이 되지 못했을 것이다." 그의 최후에 대한 감동이 그의 위대함을 빛나게 했다. 그런가 하면 정치학자 오시프 플레

**링컨** 미국의 제16대 대통령. 1861년에 반역을 일으킨 남부 연합군을 전쟁으로 물리친 국가의 구원자로 칭송받는다. 하지만 다른 일각에서는 분리되어야 했을 국가를 전사자 62만 명으로 막은 인물로 비난받기도 한다. 어쨌든 암살당해 죽은 것이 그의 명성에 두 가지 이점으로 작용했다. 하나는 일순간에 순교자로 미화된 것이고, 다른 하나는 죽음으로써 더 이상 실수를 저지를 기회가 없었다는 것이다.

히트하임Ossip Flechtheim은 룩셈부르크에 대해서 이렇게 말했다. 그녀의 위대성은 "암살자의 손에 죽은 뒤로 끊임없이 커져 갔다." 로르카에 대해서는 보르헤스가 이런 평가를 내렸다. 그의 명성은 오해이자 비극적 죽음의 결과일 뿐이다.

살해당한 사람들은 우리의 감정에 강한 호소력을 지닌다. 고대 연구가 요한 요아힘 빙켈만Johann Joachim Winckelmann이 1768년 트리스트에서 강도의 칼에 찔려 쉰의 나이로 세상을 떠났을 때 괴테는 이렇게 기록했다. "때 이른 죽음으로 그가 살았던 삶의 가치에 대한 관심은 더 한층 높아졌다. 그가 노년까지 활동했더라면 그의 행적에 대한 반향이 지금처럼 크지 않았을지 모른다. 여러 비범한 사람들처럼 그 역시 특이하고 안타까운 죽음으로 기대치 않은 운명의 총애를 입었다." 모차르트에게도 많은 사람들이 이러한 총애를 베풀고자 했다. 실은 그가 그냥 죽은 것이 아니라 타살되었다는 것인데, 이 소문은 음악가로서 모차르트라는 인물만큼이나 영원히 식지 않고 계속되고 있다. 즉 작곡가 안토니오 살리에리Antonio Salieri가 시기심에서, 혹은 프란츠 호프데멜Franz Hofdemel이 아내를 유혹한 모차르트에 대한 복수심에서, 아니면 아내의 정부였던 프란츠 크사버 쥐스마이어Franz Xaver Süssmayr가 질투심에서 모차르트를 살해했다는 것이다. 자신이 총애하는 인물에게 굉장히 인상적인 딱지를 붙여 주는 것에 관한 한 후대인은 참으로 상상력이 풍부하다.

카이사르, 네덜란드의 빌럼 1세Willem I , 프랑스의 앙리 4세, 스웨덴의 구스타프 3세Gustav III, 링컨, 존 F. 케네디, 올로프 팔메Olof Palme 등 살해당한 지도자들은 폭력적인 죽음으로 자신의 명성을 높일 기회를 한 번 더 잡게 되었다. 때 이른 죽음은 더 살면서 실수를 저지르거나, 그들의 위대한 계획이 별로 좋지 못한 결과로 나타날 위험에서 벗어나게 해 주기 때문이다. 링컨은 남부 연합군이 항복한 지 5일 만에, 그것도 성 금요일에 암살됨으로써 위의 두 가지를 다 면제받았고, 그로써 거의 성인의 반열에까지 올랐다. "예수는 세상을 위해 죽었고, 링컨은 조국을 위해 죽었습니다." 그의 장례식에서 나온 추도사이다. 그 밖에 그의 이른 죽음은 패배자들을 강하게 억압하고 그들의 재산을 몰수해야 한다는 당내 급진파들을 상대로 평화안을 얻어내야 하는 가시밭길을 일찌감치 면제해 주었다. 케네디가 살아서 계속 국정을 책임졌다면 역사에 위대한 대통령으로 기록되지는 않았을 거라는 데 많은 역사가들이 동의한다. 또한 페스트는 히틀러가 1938년에 암살당하는 행운을 얻었다면 독일의 가장 위대한 정치 지도자로 남았을 수도 있었다는 테제로 박수갈채를 받기도 했다. 혹시 지금 우리의 머릿속에서도 적절한 시점에 암살을 당했더라면 후대에 호평을 받았을 정치인이 떠오르지 않는가?

하지만 이것이야말로 명성의 근거에 천착하는 이 연구를 풍성하게 하는 개방적인 자세이자, 마오쩌둥의 신격화와 유다의 끊임없는 악마화에서 고무된 솔직한 태도이다.

# 제2부
# 천재

WOLF SCHNEIDER

DIE SIEGER

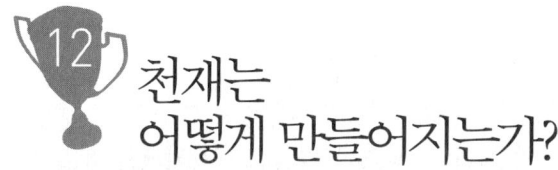
# 12 천재는 어떻게 만들어지는가?

> 떠오르는 태양처럼 천재가 세상에 찬란하게 나타나면 비평가들은 재채기를 하고, 모방자들은 증언을 하고, 만물은 새로 태어난 느낌을 받는다.
> — 장 파울

헤로스(영웅)가 원래 반신$^{半身}$이고 카리스마가 '신의 은총'이라는 의미이듯이 로마인들에게 '게니우스genius(천재)'는 종교적 영역에 속하는 말로서 남자를 평생 동반하는 '수호천사', 즉 '생식력의 화신'을 뜻했다. 이 단어는 1833년 판 브록하우스 백과사전에서도 이런 뜻으로 사용되고 있다. 일례를 들면 다음과 같다. "고아 카스파르 하우저Kasper Hauser의 게니우스(수호천사)가 카스파르에게 양부를 찾아 주었다." 그런데 이 의미는 18세기부터 영국과 프랑스, 독일에서 두 가지 변화를 겪는다. 한편으로 사람들은 게니우스를 아모르처럼 '날개 달린 소년', 혹은 '요괴'나 '요마'라는 뜻으로 사용했지만, 다른 한편으론 세 나라의 몇몇 작가와 평론가들이 게니우스를 '창조적 인간'의 의미로 이해하기 시작했다. 그것도 프랑스 어 '제니génie'의 형태로 말이다.

제니(천재)는 이제 숭배의 대상으로 승격되었다. 고대 이후 집단적 성취의 상징으로 미화되거나 스스로를 미화한 위정자나 장군이 영웅으로 숭배의 대상이 되었던 것과 마찬가지였다(4장 참조). 18세기에 들어 '창조적 인간'이 종교에서 유래한 '제니'라는 개념으로 일반 대중과 구분되면서 영웅 숭배 옆에 드디어 천재 숭배가 똬리를 틀었다.

기독교의 관점에서 창조적 존재는 오직 한 분뿐이고, 인간은 그의 피조물이다. 고딕 양식의 대성당을 지은 건축가들은 최고의 예술과 전대미문의 기술 사이를 넘나든 만능 인간이었지만, 우리에게는 전혀 알려지지 않거나 아니면 이름만 전해질 뿐이다. 아리스토텔레스에게 문학은 창조가 아니라 자연의 단순한 모방이었고, 바뤼흐 스피노자Baruch Spinoza는 자신이 죽은 뒤에 『윤리학Ethica in Ordine Geometrico Demonstrata』을 익명으로 출간하라는 유언을 남겼다. 이름은 겉치레에 불과하고 철학자에겐 어울리지 않는다고 생각했기 때문이다. 또한 천재 숭배는 서양만의 전통이었다. 대부분의 다른 민족과 문화권에서는 그런 것이 없었다. 일본에서는 오늘날까지도 개성을 과시하고 독창적인 생각을 드러내는 것에 박수를 치지 않는다. '모난 돌이 정 맞는다'는 속담이 여전히 통용되는 것이다. 그러나 그 천재가 외국인일 경우는 다르다. 일본인들은 특히 독일인들, 그중에서도 베토벤을 가장 숭배한다. 일본의 베토벤 숭배는 지상에서 유례를 찾기 힘들 정도로 대단하다. 예를 들어 베토벤 9번 교향곡은 오케스트라 둘과 합창단원 5,150명이 있는 도쿄에서 1991년 12월에만 162차례나 연주되었다.

천재 숭배의 선구자는 르네상스 시절에 나왔다. 1550년 이탈리아의 화가와 조각가, 건축가들의 전기를 피렌체에서 발표한 조르조 바사리Giorgio Vasari가 대표적인 인물이다. 물론 위대한 예술가와 시인들을 경탄스러운 개인으로 부각하는 풍습이 널리 퍼진 것은 18세기에 이르러서이다. 그전까지는 국가의 위정자들만 궁정 화가와 궁정 시인들로부터 찬양을 받았을 뿐이다. 예술가들은 궁정에 경제적으로 묶여 있었기 때문이다. 이런 상황이 바뀐 것은 유럽을 선도하는 몇몇 문화 국가들의 교양층에서 네 가지 변화가 일면서부터였다.

 18세기에 들불처럼 번진 **계몽주의**는 기독교적 창조주에 대한 신앙과 죽음 이후의 영생에 대한 믿음을 깨뜨렸다. 이제는 누구나 '창조자'가 될 수 있었고, '불멸'은 위대한 행위나 작품의 명성으로만 가능해졌다. 세 번째로 계몽주의는 왕권신수설에 의문을 제기했고, 네 번째로는 새로운 시민 교양층을 탄생시켰다. 경제적으로 궁정에 예속되어 있던 시인들을 해방시킨 독자들이 바로 이 계층이었다. 이제 사람들은 신과 군주에서 떨어져 위대한 개인들, 즉 천재들에 경탄을 보낼 수 있었다.

 세속적 숭배의 스포트라이트를 받은 첫 인물들로는 기원전 5세기에 활동한 그리스 서정 시인으로서 신들과 인간을 향한 찬가와 승전가를 부른 핀다로스Pindaros, 18세기와 19세기에 역사상 가장 뛰어난 화가로 추앙받은 라파엘로, 그리고 뉴턴 등을 꼽을 수 있는데, 그중에서도 최고의 영광은 단연 셰익스피어에게 돌아갔다. 오늘날 서구의 백과사전과 역사서, 전기, 기념 논문, 공연, 박물관에서의 인기도를 평가의 척도로 삼을 경우에도 위의 인물들 중에서 살아남는 사람은 셰익스피어뿐이다. 일반적으로 인류의 가장 위대한 천재로는 단테와 셰익스피어, 괴테, 바흐, 모차르트, 베토벤, 다빈치, 미켈란젤로, 알렉산드로스 대왕, 카이사르, 그리고 나폴레옹이 꼽힌다. 물론 어떤 때는 호메로스나 베르길리우스Publius Vergilius Maro가 포함되기도 하고, 또 어떤 때는 플라톤, 칸트, 뉴턴, 알베르트 아인슈타인, 렘브란트Rembrandt Harmenszoon van Rijn나 디에고 벨라스케스Diego Rodríguez de Silva Velázquez가 뽑히기도 한다. 하지만 처음 언급한 열한 명과는 달리 나머지 사람들은 심사 위원들의 합의를 쉽게 이끌어 내지 못한다.

 이런 평가에 몇 가지 이의를 제기하는 것이 이 책의 보편적인 주제이다. 즉 여기서는 18세기에 천재들이 어떻게, 어떤 결과물로 인간의 정신을 움직였고, 인간의 가슴에 감동을 주는 인물로 비상했는지 캐물을 생각이다.

 18세기에는 무엇보다 새로운 위인을 선포하는 사람들이 나타났다. 영국에서는 삼대 백작 섀프츠베리3rd Earl of Shaftesbury(1711), 프랑스에서는 아카데미 프랑세즈 회원이자 『찬사에 관한 에세이Essays über die Lobreden』(1773)의 저자 앙투안 레오나르 토마스Antoine Léonard Thomas가 대표적인 인물이었다. 원칙적으로 죽은 사람들만을 대상으로 삼던 토마스는 프랑스의 육군 원수가 된 삭스 백작 모리츠Comte de Saxe Maurice와 데카르트, 마르쿠스 아우렐리우스에 대한 찬사를 썼다. 독일에서 가장 유명한 '천재 옹호자'로는 클롭슈토크와 헤르더, 그리고 '천재 시대'라 불렸던 질풍노도 시기의 작가들, "강한 천재"(희곡 「쌍둥이 Die Zwillinge」에 나오는 구엘포 같은 인물)를 내세운 프리드리히 막시밀리안 폰 클링거Friedrich Maximilian von Klinger를 들 수 있다. 물론 청년 시절의 괴테와 실러도 빼놓을 수 없다. 실러는 『도적 떼Die Räuber』에서 카를 모어의 입을 빌려 이렇게 말한다. "플루타르코스의 작품에서 위대한 인간들에 관한 이야기를 읽다 보니 이렇게 삼류 작가들만 넘치는 시대가 구역질 난다."

괴테가 천재 숭배의 대변자에서 자신도 천재라고 거의 노골적으로 고백한 것이 스물두 살 때였다(1772). 우선 그는 슈트라스부르크 뮌스터 대성당의 명예를 기리는 논문 「독일의 건축술」에서 "건축가(에르빈 폰 슈타인바흐Erwin von Steinbach)의 영광"을 여실히 드러내는 "거장의 작품 앞에 숭배하는 마음으로" 섰다고 썼다(이런 단어들은 과거엔 보통 신들과 관련해서만 쓰는 말이라는 것을 유념하기 바란다). 그런데 이런 천재 숭배의 태도는 송가 「방랑자의 폭풍의 노래」에 이르러 대전환이 생긴다. 동시대인들의 귀에는 언어도단같이 들릴 소리였다. "천재여, 그대가 떠나지 않는 사람"(송가 첫 네 연의 서두이다)과 천재에게서 버림받지 않은 사람은 비와 우박, 폭풍 속에서도 노래하고, 진흙탕 길도 화사한 꽃밭으로 걷는다. 여기까지는 천재가 동행하는 사람이 누구인지 아직 불분명하다. 하지만 다섯 째 연에 이르면 그가 누구인지 의심할 바 없이 분명히 드러난다. "나는 신들처럼 거닌다." 여섯 째 연에서는 다시 한 번 강조된다. "나는 물과 땅을 신들처럼 떠돌아다닌다."

심지어 1774년의 한 시에서 괴테는 제우스의 아버지이자 인간을 삼키는 거인 크로노스Cronos를 마부로 앉혀 놓고 지하 세계로 마차를 끌고 가게 하면서 당당히 이렇게 소리친다.

> 마부여, 뿔피리를 불어라.
> 딸그락 딸그락 말발굽을 울려라.
> 명부의 왕이 제후가 오는 소리를 들을 수 있도록!

이처럼 노골적인 자기 숭배는 곧 비평가들의 조롱을 불러일으켰다. 리히텐베르크는 같은 해인 1774년 이런 시도들을 가리켜 "진짜 천재가 아닌 불행한 사람들의 자기 위로"라고 불렀고, 1794년에는 다음과 같이 썼다. "오늘날에는 천재가 너무 많아 하늘이 천재가 아닌 아이를 선사하면 오히려 기뻐해야 할 것 같다." E. T. A. 호프만의 작품 『수고양이 무르의 인생관 Lebensansichten des Katers Murr』(1819)에서는 수고양이 무르가 자신을 천재로 선언하면서 독자들에게 "어떻게 위대한 수고양이로 발전해 나갈 수 있는지" 자애롭게 알려 준다. 이것은 괴테에 대한 명확한 패러디인데, 괴테가 자서전 『시와 진실 Dichtung und Wahrheit』에서 "위대한 남자들의 자기 인식으로부터 독자들이 자신들의 삶에 유익한 것을 얻을 수 있는" 기회를 주고 싶다고 썼던 것이다.

하지만 호프만이 그것으로 막을 수 있는 것은 없었다. 괴테가 '천재'로 찬탄했던 스위스 작가 요한 카스파르 라바터 Johann Kaspar Lavater는 천재를 가리켜 "세상의 빛이요, 지상의 소금이요, 인류라는 문법에서 명사"라고 찬양했다. 파울은 1804년 천재를 "지상 최고의 명품"이라고 불렀다. 이런 식의 천재 숭배는 마침내 나폴레옹에 이르러 고대의 영웅 숭배와 하나가 된다. 괴테가 에커만[1]에게 한 말은 이를 증명한다. "그(나폴레옹)의 삶은 전투에서 전투로, 승리에서 승리로 나아가는 반신半神의 여정이었네." 헤겔은 나폴레옹에게서 "말을 탄 세계정신"을 보았고, 하이네는 세인트헬레나 섬을 가리켜 "동서양의 민족들이 찬란한 깃발을 올린 배를 타고 순례를 떠나 세속적 구세주의 행위를 다시 한 번 되새기며 마음을 다잡는 성스러운 무덤"이라고 불렀다.

여기서 영국 철학자 데이비드 흄David Hume이 1757년 『종교의 자연사The Natural history of religion』에서 주장한 내용이 가히 틀린 말이 아니었다는 것이 뚜렷이 확인된다. 인간은 하늘에서만 신들을 찾는 것이 아니라 탁월한 권력과 용기, 통찰력을 지닌 지상의 인간들도 신격화한다는 것이다. 다비트 프리드리히 슈트라우스David Friedrich Strauss는 1835년 『비판적으로 본 예수의 생애Das Leben Jesu kritisch bearbeitet』에서 괴테와 나폴레옹 같은 사람들을 숭배하는 것은 새로운 우상 숭배라고 썼다. "사람들은 신의 인간화로는 성이 차지 않는 모양이다. …… 이 시대의 교양인들에게 종교의 몰락으로 남은 유일한 것은 천재 숭배이다." 히르시는 1914년 『명성의 기원』에서 이렇게 덧붙였다. "숭배 욕구는 한 대상을 잃으면 다른 방식으로라도 충족되어야 한다." 빈 출신의 철학자 에드가르 칠젤Edgar Zilsel은 자신의 고전적 저서 『천재교Genierelegion』에서 이렇게 썼다. "천재교 신도들은 회화의 배경이 되는 **화가 개인의 체험**을 찾고, 그들의 머리카락과 담배통을 성유물로 받들어 모시고, 세울 수만 있으면 판테온 같은 신전을 세우려 하고, 스트래퍼드와 바이마르, 바이로이트같이 그런 인물들의 숨결이 묻어 있는 곳으로 순례를 떠난다. "순수하지 않은 형이상학이 유명인들의 숭배를 최고의 목표로 설교한 것이다."

사정이 이렇다 보니 수많은 사람으로부터 찬탄을 받던 그림이 실은 유명 화가의 작품이 아니라는 것이 밝혀지는 순간 그 가치가 20분의 1로 줄어드는 일이 일어난다. 예를 들어 「황금 투구를 쓴 남자」는 1988년 렘브란트의

---

1 괴테의 전기 작가로서 오랫동안 괴테 곁에 머물며 문학적 조수 역할을 했다. 나중에 『괴테와의 대화』를 썼다.

그림이 아닌 것으로 증명되면서 그런 일을 겪었다. 그림을 흠잡을 데 없는 예술성 면에서 평가하는 것이 아니라 그 작품을 그린 화가가 누구이고, 그 화가의 천재성을 기리는 것이 더 중요했기 때문이다. 그런데 그림의 진위가 밝혀지면 그림의 시장 가치뿐 아니라 '화풍'이라 부르는 그 화가의 특질도 줄어든다. 설명하자면 이렇다. 1913년 이후 렘브란트의 작품으로 간주된 그림은 988점에서 250점으로 줄어들었는데, 그렇다면 그전까지는 완전히 다른 렘브란트를 렘브란트로 알고 숭배한 셈이다. 게다가 사람들이 경탄해 마지않던 렘브란트의 불가사의한 명암법 역시 신비한 색의 마력에서 나온 것이 아니라 니스 칠이 오래되면서 생긴 효과인 것으로 밝혀졌다. 19세기에는 어둡게 니스 칠을 하는 것이 시대적 취향이 아니었다면 말이다. 미켈란젤로의 경우도 마찬가지다. 시스티나 예배당의 천장 벽화에서 녹청綠靑을 제거하는 순간 유치하기 짝이 없는 알록달록한 색의 조합이 드러나자 미켈란젤로의 숭배자들은 당혹감을 감추지 못했다. 미켈란젤로가 그린 것으로 추정되는 작품의 수도 244~630점으로 예술사가에 따라 큰 차이를 보인다.

천재 숭배를 끌어올리는 데 지대한 공을 세운 인물로는 영국 역사가 칼라일, 미국의 문필가 랠프 월도 에머슨Ralph Waldo Emerson, 니체, 토마스 만을 꼽을 수 있다. 칼라일은 1841년 세계사에서 반신 열 명을 추출해 냈고(이 장의 끝에 소개된다), 에머슨은 1849년 여섯 명을 '인류의 대표자'로 지목했다. 플라톤을 비롯해서 몽테뉴, 셰익스피어, 괴테, 나폴레옹, 그리고 스웨덴의 자연 연구가이자 신비주의자인 에마누엘 스베덴보리Emanuel Swedenborg가 그 주인공인데, 이들은 찬양과 존경을 받아 마땅한 '수호성인'으로 불렸다.

니체는 바그너에게 보낸 첫 편지에서 그를 세 번이나 "천재"로 칭했고, 만천하에 "초인"이라는 모호한 이상상과 "금발의 야수"라는 왜곡된 상을 제시했으며, 인류에게 "지속적으로 위대한 개인들을 낳는 데 힘써야 하고 그것만이 인류의 과제"라고 했다. 그리고 『선악을 넘어서 Jenseits von Gut und Böse』에서는 우리 같은 범인의 하찮음을 이렇게 압축적으로 표현했다. "한 민족은 예닐곱 명의 위대한 남자들을 낳기 위한 자연의 장황한 투자이다." 그런데 이런 니체가 천재 문제를 냉철하게 바라보면서 부드럽게 조롱하기도 한다. 그는 이렇게 말했다. "천재 숭배를 부추기는 것은 우리의 허영심이다. 우리가 천재를 '놀랍도록 훌륭하고' '우리 같은 인간들과는 동떨어진' 인간으로 자리매김해 버리면 천재의 능력으로 인해 우리가 자존심이 상하거나 열등감을 느낄 이유가 전혀 없기 때문이다." 또 이런 말도 했다. "누군가를 신에 버금간다고 부르는 것은 우리가 그 사람과는 경쟁할 필요가 없다는 것을 뜻한다." 아울러 니체는 "천재의 미신"에 이의를 제기하고 우리에게 천재를 예찬하지 말라고 말한다. 천재들은 단지 "품이 넓은 옷으로 배럴 오르간[2]을 잘 숨길 줄 아는 사람들일 뿐이다. 기본적으로는 그들 역시 오르간에 내장된 레퍼토리 7곡밖에 연주할 줄 모른다." 니체는 마지막 편지들에서 자신을 "카이사르"와 "신"으로 지칭했다.

토마스 만은 괴테를 "초인"이자 "인류의 총아"로 찬양했을 뿐 아니라 "문명의 역사에서 그토록 매력적이고 위대한 모습으로 세련됨과 초자연성을 한 몸에 담고 있는 인물은 없을 것"이라고 단정했다. 심지어 "신의 현시"라는 말까지 했다. 토마스 만의 소설 『파우스트 박사 Doktor Faustus』에서는 천재 숭배가 계산된 정신 착란의 단계로까지 나타난다. 창작력의 한계에 절망한 작곡가 아드리안 레버퀸 Adrian Leverkühn은 자발적으로 매독에 감염되는데, 매독 말기에 니체가 보인 격렬한 창작열에 빠지기 위해서였다.

천재란 무엇인가? 누가 그 기준을 정하고, 누가 그 개념을 정의할 수 있을까? 딱 부러지게 규정하는 것은 불가능하다. 다만 천재성의 몇몇 요소에 대해선 일종의 합의 같은 것이 존재한다.

우선 천재적 재능과 지능 사이에는 필연적 연관성이 **없다**. **지능**은 대개 이

---

[2] 손잡이를 돌리면 자동으로 내장된 음악이 흘러나오는 오르간. 거리의 악사들이 이 오르간을 갖고 다니며 연주한다.

해력과 빠른 파악 능력, 목적에 맞는 행위 능력으로 정의된다. 하지만 통상적인 아이큐 테스트로 지능이 제대로 측정되는지, 또 그게 얼마나 믿을 만한지에 대해선 논란이 많고, 그럴 이유도 충분하다. 그런데도 죽은 사람에게까지 그런 지능 검사를 적용하는 것은 신빙성이 떨어져도 한참 떨어진다. 가령 지능 지수 148 이상인 사람들로 구성된 국제 협회 멘사가 1981년에 실시한 검사에 따르면 역사상 가장 지능이 높은 사람은 다빈치와 알베르트 아인슈타인, 뉴턴, 에디슨이라고 하는데 그것을 어떻게 검증할 수 있을까? 게다가 천재적인 화가와 음악가에게 비상한 이해력이 과연 얼마나 필요할까? 또한 지능이 아주 뛰어난 사람이라도 아무런 생산적인 결과를 낳지 못할 수도 있다. 예컨대 두뇌 회전은 번개처럼 빠르지만 낡은 레일 위만 묵묵히 달려가는 수학자가 그렇다.

1790년 칸트는 『판단력 비판』에서 오늘날까지도 큰 영향력을 발휘하고 있는 이론을 일부 정립했다. 천재성이란 "어떤 특정 규칙으로 묶을 수 없는" 것을 만들어 내는 재능이라고 규정한 것이다. 그렇다면 천재성의 가장 중요한 특징은 **독창성**이다. 그러나 "독창적이기는 하지만 터무니없는 것"도 존재할 수 있기에 천재의 생산물은 독창적이면서 "동시에 모범적인 것, 즉 본보기가 되어야 한다"라고 밝혔다.

하지만 독창성이 천재성의 시금석으로 적합하지 않은 이유는 충분하다. 설명하자면 이렇다. 독창성은 정의 내리기가 거의 불가능하다. 그것은 창조하는 힘에 대한 척도가 아니라 창조적 개인이 시간과 공간의 우연 속으로 들어간 것에 대한 척도일 뿐이다. 많은 문화권에서 독창성은 중요하지 않았고, 유럽에서도 18세기까지는 결코 동경의 대상이 아니었다. 동양의 시문학에서는 독창적인 것이 찬탄을 받은 적이 없었고, 기존의 '이상적 형식'을 기교적으로 성취하거나 변형시키는 능력만이 경탄을 받았다. 셰익스피어 역시 작품의 소재를 독창적으로 고안하느라 애를 쓰지 않았다. 그는 신화와 노벨레, 역사적 사실뿐 아니라 심지어 이전의 극작가들이 그런 소재들을 다룬 작품들에서 대부분 소재를 취했다. 또한 바흐와 게오르크 프리드리히 헨델Georg Friedrich Händel은 기존의 작품들을 시대적 취향이나 그때그때의 필요에 따라 수시로 변형시켰다. 그때 바탕이 된 원작이 그들 자신의 것이든, 아니면 다른 음악가의 것이든 전혀 문제가 되지 않았다. 한 예술 작품이 성스러운 통일체를 이루어야 한다는 생각은 이해할 수 없는 일로 여겨졌고, '지적 재산권'은 아직 개념조차 낯설었다. 저작권은 영국에서는 1709년에, 프랑스에서는 1793년에, 프로이센에서는 그보다 1년 뒤에야 법적으로 정착되었다.

그러면 독창성은 어떻게 정의해야 할까? 일례로 모차르트의 경우, 1769년에 발표된 람바흐 교향곡이 원래 모차르트의 아버지(요한 게오르크 레오폴트 모차르트Johan Georg Leopold Mozart)의 작품으로 여겨지다가 아들의 작품으로 바뀌었는데(아버지의 다른 작품들보다 훨씬 신선하고 영감이 뛰어난 음악이라는 이유로), 그러던 것이 지금은 다시 아버지의 작품으로 인정받고 있다. 게다가 이런 질문도 던져 볼 수 있을 것 같다. 모차르트의 **개인적 양식**은 **시대적 양식**과 얼마만큼 구별될까? 모차르트는 서양 음악의 중심지인 잘츠부르크와 빈, 런던, 파리, 로마, 밀라노, 볼로냐에서 살았고, 아버지와 요제프 하이든에게서 지도를 받았고, 당대의 저명한 음악가들과 활발하게 교류했으며, 헨델과 글루크에게서 자극을 받았고, 무엇보다 여덟 살 때 런던에서 알게 된 이후 열광적으로 흠모한 요한 크리스티안 바흐Johann Christian Bach로부터 가장 깊은 영향을 받았다. '독창성'이라는 단어를 사랑하는 사람은 모차르트가 그토록 많은 자극과 훌륭한 본보기들 속에서 자신의 작품을 만든 것 자체를 독창적이라고 생각할 수도 있다. 또한 모차르트가 시대의 모든 능력을 절정으로 끌어올린 신의 총아라는 말도 맞을지 모른다. 하지만 에른스트 크레네크Ernst Krenek는 모차르트의 음악이 동시대인들에게는 크게 이색적으로 느껴지지 않았다고 하는데, 그것은 "그의 독창성이 아주 성공적으로 인습에 녹아들었기 때문"이라는 것이다.

독창성이 **얼마나 독창적이어야** 독창성이라는 이름을 얻을 수 있을까 하는 질문에 확고한 답을 내릴 수 없는 것은 분명해 보인다. 하지만 이것만으로는 부족하다. 칸트의 기준에 대한 또 다른 명백한 반박이 있다. 독창성이라는 말은 주체적 특징이 아니라 객관적 상황과 더 깊이 연관되어 있다는 것이다. 여기서 객관적 상황이란 특정 개인의 착상과 산물이 그 문화권에서 새로운 것으로 받아들여질 수 있는 역사적·사회적 우연을 말한다. 만일 모차르트보다 20년 전에 그와 수준이 비슷하고, 유사한 스타일로 작곡하는 천재가 태어났더라면 모차르트가 지금처럼 불멸의 천재로 각광받았을까? 아니면 독창성에 대한 우리의 기대에 맞게 자신의 스타일과 완전히 다른 음악을 만들어 냈을까?

괴테는 천재에 대해 엄격하게 정의를 내리는 대신 '예술적 수준'이라는 막연한 척도를 내세웠다. 그가 에커만에게 한 이야기는 이 같은 태도를 여실히 보여 준다. "천재란 신과 자연 앞에 당당히 자신의 능력을 드러내는 창조적 힘과 다를 게 없네." 괴테는 『시와 진실』에서 천재를 "행위로 법과 규범을 제시하는 인간적 힘"이라고 규정했다.

이제 천재의 규정과 관련해서 남은 것은 무엇인가? '장엄하다' 혹은 '숭고하다'는 말처럼 주로 감정에 의해 결정되고, 정확하지 못하고, 유행을 따르고, 거의 기분에 따라 사용되는 말들이다. 정의 내릴 수 있는 것은 '천재'라는 말이 주로 어떻게 사용되는가 하는 것뿐인데, 여기서 천재는 여론 주도층이 수여하는 훈장이다. 이 문제에 대해서는 '명성'에 관한 장에서 중점적으로 다룰 예정이므로, 여기서는 몇 가지만 언급하고 넘어갈 것이다.

천재는 특정 문화권에서 대개 비범하고 창조적인 재능에다 다음의 네 가지 조건을 충족시킨 사람을 일컫는다.
1. 자신의 재능을 최고도로 발휘할 기회를 잡고, 그 기회를 놓치지 않아야 한다.

2. 자신의 생산물이나 업적이 동시대인이나 후대인들이 이해하고 경탄할 수 있는 범주에 속해야 한다.
3. 고딕 시대의 건축가들과는 달리 이름과 인물상이 전해져야 한다.
4. 작품이나 인생이 심금을 울려야 한다. 이런 면에서 예술가와 정복자들이 평화기의 정치인이나 연구자, 발명가보다 훨씬 기회가 많다. 게다가 창작 과정이나 삶의 운명에 무언가 섬뜩하고 범상치 않은 기운이 흐르면 훈장은 떼어 놓은 당상이다.

재능을 발휘할 기회를 **잡는다**는 것은 **성공**을 거둔다는 뜻이다. 그런 성공이 없었다면 우리는 천재적인 인물에 대해 아무것도 알지 못한다. 그리고 재능을 발휘할 기회를 **놓치지 않는다**는 것은 **업적**을 쌓는다는 뜻이다. 모차르트의 재능을 타고난 사람은 모차르트 말고도 있을 수 있다. 하지만 그런 사람이 갈대밭에 누워 허송세월이나 하고, 자신이 만든 고급스런 음악을 양들에게나 들려준다면 그저 나태한 천재에 불과하다. 존재하기만 할 뿐 우리가 알게 되는 일은 거의 없는 사람이라는 뜻이다.

끝으로 "이해하고 경탄하는" 기준에 대해 언급하면 다음의 상황에 맞닥뜨린다. 바흐나 클라이스트처럼 100년 뒤에야 영향력을 발휘하

**프리드리히 프뢰벨** 최초로 유치원을 세워 세계적인 명성을 얻었다. 세간의 편견에 따르면 '멍청이' 소리를 들을 만큼 이마가 납작했다.

는 천재들이 있다. 그들은 남겨진 악보나 글의 도움으로 후대에 발견될 기회를 잡았고, 우리는 그들이 시대를 훨씬 앞서 간 것에서 그들의 수준을 짐작한다.

하지만 이것이 천재의 척도가 될 수는 없다. 어떤 천재가 너무 뛰어나서 그를 이해하는 데 천년의 세월이 필요하다면 어쩔 것인가? 이 정도 시간을 앞서 간 인물이라면 정말 아낌없이 찬탄해도 결코 모자라지 않을 것이다. 다만 숭배를 하고 싶어도 그 대상을 찾을 가능성이 무척 낮은 것은 안타까운 일이다. 그 천재가 남긴 종이는 천년이 흐르는 동안 불타거나, 읽지 못할 정도로 변색되거나, 아니면 완전히 삭아 푸석푸석해질 테니 말이다. 따라서 인간의 척도로는 측정할 수 없는 슈퍼 천재는 논외로 하기로 하자.

명성은 언제나 사회적 산물이고, 대부분 우연이고 변덕스런 바람이다. 그러나 이 책은 업적과 성공, 명성을 차례로 분석하기 전에 인류의 줄타기 곡예사들, 즉 우뚝 솟은 자들, 신들린 자들, 춤추는 자들, 그리고 쫓겨난 자들에게 공통적으로 나타나는 특징들을 밝힐 생각이다. 천재로 불릴 자격이 있는 사람이든, 그렇지 않은 사람이든 가리지 않고.

## 보탄Wuōtan은 넣고 괴테는 빼고?

영국 역사학자 칼라일은 『영웅과 영웅숭배On Heroes, Hero-Worship, and the Heroic in History』(1841)에서 '세계사의 영웅들'을 소개했다. 여기서 염두에 둘 것은 영어의 'hero'가 단순히 영웅이나 지도자만을 뜻하지 않고, 일반적인 의미에서 탁월한 인물도 가리킨다는 것이다.

그런데 특이하게도 칼라일은 자신이 뒤늦게 신격화된 역사적 인물로 보았던 북유럽 최고의 신인 오딘Odin에서부터 기술을 시작한다. 그 뒤에 나오는 열 명의 남자는 다음과 같다.

**예언자로서의 영웅**
무하마드(마호메트)

**시인으로서의 영웅**
단테
셰익스피어

**성직자로서의 영웅**
루터
녹스(스코틀랜드 종교 개혁가)

**문필가로서의 영웅**
루소
새뮤얼 존슨Samuel Johnson(18세기 영국의 작가, 역사가, 비평가, 사전 편찬자)
로버트 번스Robert Burns(18세기 스코틀랜드 시인)
왕으로서의 영웅
크롬웰, 나폴레옹

칼라일은 나중에 카를 대제에 관해 여섯 권짜리 역사서를 집필했지만, 영웅들을 다룬 이 책에서는 아직 그를 언급하지 않고 있다. 괴테에 대해서는 지난 100년간 가장 주목할 만한 문인이자 셰익스피어 이후 최고의 정신이며 "진정한 영웅"이라고 썼지만, 영국 독자들에게는 별로 알려지지 않아 공감을 얻기 어려울 것 같다고 했다. 그래서 괴테처럼 인류에게 빛을 가져다주지는 않았지만, 그 빛을 찾으려고 애썼던 세 남자를 괴테 대신 내세우게 되었다. 그 세 인물이 루소와 존슨, 그리고 번스이다.

# 13 병든 사람과 못난 사람

> 위대하고 유명한 남자들을 부러워하지 말자! 만일 오늘 그들을 만난다면 우리에게 축하보다 동정을 불러일으킬 사람이 얼마나 많겠는가!
> —디포, 『인간 영예의 불안정성』

"반신半神", "세속의 구세주" 혹은 "만물을 장악한 거인의 뇌"로 불렸던 나폴레옹은 추했다. 키는 162센티미터였고, 다리는 짧고 가늘었으며, 상체는 뚱뚱했고, 피부와 눈동자는 누리끼리했고, 오른쪽 입꼬리는 대개 아래로 쳐져 있었다. 게다가 눈썹은 바깥쪽 3분의 1이 없었고, 입술과 오른쪽 어깨는 자주 경련을 일으켰고, 분노에 휩싸이면 왼다리의 장딴지 근육이 눈에 띄게 떨렸다. 그런데 이런 모습이 아닌 영 다른 모습도 있다. 알프스의 그랑 생베르나르 고개에서 앞발을 치켜든 말에 타고 있는 그리스풍의 청년 모습이 그것이다. 이것은 궁정 화가에 임명된 자크 루이 다비드Jacques Louis David가 상상으로 그린 보나파르트 장군의 모습인데, 평소 나폴레옹이 산을 오를 때는 얌전한 노새를 탔고, 내려갈 때는 썰매를 이용했다는 사실 같은 건 전혀 안중에 없었다.

위대한 사람들이 원래 그렇다. 어떤 때는 사람을 고용해서 자기 모습을

**아돌프 폰 멘첼** 명성을 얻은 많은 단신들 중 한 사람(오른쪽). 키가 137센티미터에 불과했다. 사진에서는 화가 안톤 폰 베르너와 대화를 나누고 있다. 칸트와 리히텐베르크, 슈베르트, 앙리 드 툴루즈 로트레크, 빅토르 위고, 고트프리트 켈러도 난쟁이 같은 단구에 천재적인 정신이 깃든 사람들이다. 위대한 남자들 중에는 궁정 화가들이 고상하게 그려 놓은 외모보다 실제로는 곱사등과 안짱다리, 물뇌증 환자처럼 큰 머리, 주먹코가 더 많았다.

조작하게 하고, 어떤 때는 그들의 직접적인 개입 없이 숭배자들이 알아서 이상적인 모습으로 미화하기도 한다. 사진이 발명되기 이전에 그린 초상화는 모두 미화되었다고 봐도 무방하다. 프란시스코 데 고야Francisco José de Goya y Lucientes가 그린 스페인 왕 카를로스 4세Carlos IV와 그 가족의 단체 초상화처럼 인물들이 추하게 묘사된 그림들조차 실제로는 그보다 더 추했을 것이다(그에 대한 증거도 있다).

천재는 성품까지 고결할 거라는 일반적인 기대도 잘못되었지만, 그들 작품의 아름다움이 작가의 신체적 외관 속에 반영되어 있을 거라는 기대 역시 잘못되어도 한참 잘못되었다. 천연두로 얽은 투박하고 어두운 얼굴에 코까지 주먹코인 베토벤, 아랫입술까지 닿을 정도로 코가 엄청나게 컸던 니콜라이 바실리예비치 고골Nikolai Vasilievich Gogol, 콧등이 말안장처럼 잘록한 소크라테스와 미켈란젤로, 톨스토이, 그리고 지독한 사시였던 장 폴 사르트르Jean

Paul Sartre, 이들은 모두 그런 기대가 사실과 다르다는 것을 말해 준다.

사도 바울은 사팔뜨기에 안짱다리 난쟁이였고, 모차르트는 작고 포동포동한 데다 주먹코에 귓불까지 없는 참으로 "볼 것 없는"(티크의 표현) 인물이었다. E. T. A. 호프만은 괴물처럼 생겼고, 링컨은 193센티미터의 키에 해골처럼 앙상하고 팔다리와 손발이 병적으로 길었으며, 오스트리아의 소설가 슈티프터는 좁은 계단에서 사람을 마주치면 안 될 정도로 뚱뚱했다.

**베를렌** 프랑스의 서정 시인, 술주정뱅이, 천재적인 청년 장 니콜라 아르튀르 랭보의 연인, "여자들이 보기만 해도 꽥 하고 비명을 지를 정도로" 못생겼다고 한다.

이들 외에도 조지 고든 바이런George Gordon Byron은 안짱다리(이것은 샤를 모리스 드 탈레랑Charles Maurice de Talleyrand과 파울 요제프 괴벨스Paul Joseph Goebbels에게 더 잘 어울릴 법한 결점이다)였고, 알렉산더 포프Alexander Pope와 쇠렌 키르케고르Søren Aabye Kierkegaard, 모제스 멘델스존Moses Mendelssohn은 곱사등이었다. 볼테르는 한쪽 어깨가 삐딱한 데다 코까지 유난히 길었고, 켈러는 키가 140센티미터밖에 되지 않았으며, 칸트와 헤르만 폰 헬름홀츠Hermann Ludwig Ferdinand von Helmholtz, 위고, 키 137센티미터의 아돌프 폰 멘첼Adolf von Menzel은 병약한 몸에 물뇌증 환자처럼 머리가 컸으며, 카프카와 포는 걸어 다니는 해골이 따로 없었다. 토머스 클레이턴 울프Thomas Clayton Wolfe는 영국 극작가 벤 존슨Ben Jonson을 가리켜 "형편없는 난봉꾼의 상판대기"라고 했고, 프랑스 시인 폴 베를렌Paul Verlaine은 유난히 길쭉한 귀에 머리까지 컸을

13. 병든 사람과 못난 사람 **167**

뿐 아니라 "여자들이 보기만 해도 꽥 하고 비명을 지를 정도로" 못생겼다. 오죽했으면 영국 비평가 존 드링크워터John Drinkwater가 "압생트 술을 홀짝거리는 비비원숭이를 보는 것" 같다고 했겠는가!

따라서 천재적인 능력에서 고상한 외모를 연상하는 것은 전설일 뿐이다. 오히려 천재는 다른 평범한 사람들보다 못생겼거나 기형인 경우가 더 많다. 그래서 천재의 경우 외모가 내면과 확연히 구별된다. 그들은 우리 같은 범인들보다 아플 가능성이 훨씬 높기 때문이다. 그렇다면 천재에게서 차지하는 병든 정신의 역할로 넘어가기 전에 그들의 신체적 고통에 대해 살펴보는 것이 필요할 듯하다.

루터의 삶이 얼마나 큰 육체적 고통으로 점철되어 있었는지를 읽어 보면 지금도 소름이 끼친다. 그는 청소년기부터 어지럼증과 이명, 발작적 통곡, 졸도에 시달렸고, 나중에는 만성 변비와 만성 두통, 만성 중이염, 만성 이질 발작, 통풍, 불면증, 치질, 지독한 고통이 수반되는 신장결석과 방광 결석을 달고 살았으며, 인생의 마지막 15년 동안은 진물이 흐르는 가려운 종아리 염증으로 고생했다. 여기에는 만성 발작과 때때로 찾아오는 우울증은 포함시키지도 않았다. 그런데 이 모든 병들 속에서 어떻게 그렇게 숭고한 표정을 짓고, 열정적으로 설교를 하고, 성경을 번역하고, 수많은 논쟁적 글을 발표하고, 교황에 대해 반박문을 썼는지 놀라지 않을 수 없다. 육체의 고통을 쥐어짜서 그런 일을 해낸 것일까, 혹은 반대로 그런 일이 육체를 병들게 한 것일까? 아니면 혹시 일을 독려하고 장려하는 육체적 고통의 상태가 따로 존재하는 것은 아닐까?

스위프트는 일흔일곱 살까지 살았지만 스무 살 때부터 귀에 통증이 있었다. 오늘날 '메니에르 증후군'으로 불리는 이 병은 지속적인 이명과 난청, 만성 하복부 통증, 발작적 어지럼증과 구토감이 수반된다. 그는 노후에 우울증과 괴팍한 행동까지 보였는데, 날마다 몇 마일씩 산책하고 집 안에서도 길게는 열 시간까지 계단을 오르내리는 일을 반복해야 한다는 강박 관념도 그런 괴팍한 행동에 속했다. 스위프트는 일흔넷에 뇌졸중을 일으켜 언어 기능을 잃었고 법적으로 후견이 필요한 상태가 되었다. 말년에는 지적 장애 상태에서 지냈고 눈에 종양까지 생겨 고통스러워했다. 이런 남자가 『걸리버 여행기Gulliver's Travels』를 비롯해서 세계 문학 역사상 가장 신랄하고 빼어난 풍자 문학을 남겼다.

게오르크 크리스토프 리히텐베르크Georg Christoph Lichtenberg는 천식과 만성 기침, 그리고 숨이 멎을 정도로 심한 급성 호흡 곤란에 시달렸다. 게다가 곱사등이 난쟁이에다 머리는 너무 크고, 팔도 너무 길었다.

위대한 인물들 중에는 어떤 형태로든 육체적 질병으로 고통 받은 사람이 많다. 파스칼은 수학 교육을 제대로 받기도 전인 열두 살에 유클리드의 33개 정리를 새로 발견했고, 열여섯 살에는 원뿔 곡선에 관한 작품으로 당시의 수학계를 깜짝 놀라게 했으며, 열여덟에는 계산기까지 발명했다. 그 뒤 서른한 살에 신비한 계시를 받고 종교와 철학으로 진로를 바꾸었다가 서른아홉에 세상을 떠났다. 그런데 이처럼 짧은 생애에서도 파스칼은 아주 오랜 기간을 두통과 소화 장애, 불면증, 근육 마비, 그리고 바로 옆에 항상 낭떠러지가 있다는 강박 관념에 시달렸다.

1654년 11월의 어느 깊은 밤에 파스칼은 계시의 순간을 체험한다. 그는 이 체험을 직접 종이에다 썼는데, 『킨들러 문학 사전Kindlers Literaturlexikon』에 표제어로도 등재된 세상에서 가장 짧은 글이기도 한 그 메모에는 **"불"**이라는 한 단어만 적혀 있다. 순간의 느낌을 그렇게 압축적으로 표현해 놓은 것이다. 이 불꽃을 본 지 두 시간 만에 그의 인생은 새로운 전기를 맞는다. 이것은 랍비 사울을 사도 바울로 변화시킨 '다마스쿠스 체험'을 연상시킨다. "사울이 길을 가다가 다마스쿠스 근처에 이르렀을 때 갑자기 하늘에서 빛이 그의 주위를 비추었고, 그는 땅 위로 쓰러졌다."(사도행전 9장 3절) "햇빛보다 더 밝은 빛"(사도행전 26장 13절)이 비치자 바울은 "셋째 하늘에 이르기까지 황홀경에 빠졌다."(고린도 후서 12장 2절)

빛, 황홀경, 쓰러짐, 이것은 여기저기서 전해 오는 이야기다. 간질 병자였던 도스토옙스키가 소설 『백치 Idiot』에서 므이시킨 공작의 간질병 발작을 묘사한 대목을 보자. "매번 발작이 일어나기 직전이면 내면의 어둠과 슬픔, 침울함, 고통 속에서 그의 뇌가 불현듯, 마치 번개가 치듯이 순간적으로 밝아졌고, 몸속에 존재하는 모든 생명의 힘이 별안간 경련을 일으키듯 팽팽하게 긴장되었다. …… 머리와 가슴은 범상치 않은 빛으로 가득 찼다. 온갖 흥분과 의구심은 숭고한 고요함으로 녹아들었다. …… 그 순간, 그러니까 발작이 일어나기 직전 의식이 남아 있는 마지막 순간에 그는 이따금 자신에게 이렇게 분명히 말하곤 했다. '그래, 이 순간을 위해서라면 온 인생을 바칠 수 있어.' 이것은 아마 간질 환자였던 무함마드의 찰랑찰랑한 물 항아리가 쓰러졌지만 물이 쏟아지기 직전에 무함마드가 알라의 모든 세계를 한눈에 통찰했던 그 순간과 비슷할지 모른다. …… 그 다음 순간 그(므이시킨 공작)는 자기 앞에 갑자기 무언가 활짝 열리는 듯했다. 뭐라고 표현할 수 없고, 이제껏 한 번도 존재하지 않았던 빛이 그의 영혼을 밝게 비추고 있었다." 이 역시 빛과 황홀경, 그리고 쓰러짐에 대한 묘사이다.

오늘날에도 간질 진단이 언제나 명확한 것은 아니다. 간질은 단순한 의식 혼미에서부터 심한 경련에 이르기까지 다양한 발작 증세를 포함하고, 실신과 비명, 기절, 그리고 입에 거품을 무는 증세를 수반한다. 다양한 형태의 뇌 손상이 일으키는 발작이다. 그렇다면 200년에서 2,000년 전에 살았던 사람을 간질 병자로 분류하는 것은 불투명할 수밖에 없다.

다른 한편 바울과 무함마드, 파스칼의 경우는 전해 내려오는 계시의 과정에서 세 가지 점을 고려해 보아야 한다. 첫째, 이른바 발작을 일으키기 직전의 **아우라**, 즉 빛의 순간은 일반인들보다 간질 병자에게 장점으로 작용하는, 직관과 아이디어가 폭풍처럼 들이닥치는 순간이 아니었을까? 둘째, 갑자기 개종한 사람이나 한 종교의 창시자에게는 자신에게 비전을 제시해 준 것이 하늘의 힘이라는 내적 확신이 필요하지 않았을까? 더구나 빛과 쓰러짐으로 이루어진 드라마보다 더 극적으로 그런 확신에 이르게 해 줄 삶의 순간이 또 있을까? 셋째, 여기서 벌어진 일이 허상이 아니라 계시라는 것을 주변 세계에 설득하는 데 쓰러짐과 입가의 거품, 고함으로 이루어진 전율적인 광경보다 더 효과적인 것이 있을까? (이것이 **광기**의 이중적 기능이다. 즉, 광기는 천재를 앞으로 나가도록 채찍질하고, 명성의 문을 활짝 열어 준다.)

그런데 사도 바울이 간질이 아니었다고 열심히 방어하는 사람들을 보면 좀 이상한 느낌이 든다. 그 자신이 스스로 이렇게 말하지 않았던가? "육체의 가시, 즉 사탄의 사자를 주셨으니, 이는 나를 쳐서 너무 자만하지 않게 하심이라."(고린도 후서 12장 7절) 여기서 "가시"는 간질, 말라리아, 단독丹毒, 혹은 만성 안구염 등으로 해석되는데, 사도 바울이 간질 환자였다고 해서 그게 기독교인들의 마음에 상처를 주거나 믿음을 흔들리게 하는 것일까? 신의 계시는 인간의 질병을 이용해서는 안 된다는 법이 있을까? 그게 오히려 인간적인 길이 아닐까? 도스토옙스키는 므이시킨 공작의 입을 빌려 이렇게 투덜거린다. "그게 병이라고 해서 뭐 어쩌라고! 그게 정상이 아니라는 게 나하고 무슨 상관이야? 그 순간은 가장 높은 수준의 조화와 유례없는 충만함과 기도처럼 지고한 삶의 통합을 느끼게 해 주지 않는가?"

따라서 간질은 천재적인 성과를 장려하는 질환처럼 보인다. 교부 아우구스티누스가 간질에 시달렸다는 것은 사도 바울과 파스칼을 연상시킨다. 그 역시 신비한 체험을 통해 기독교로 개종했기 때문이다. 알렉산드로스 대왕과 카이사르도 간질병 발작을 일으켰다고 한다. 표트르 대제가 어깨와 머리, 얼굴을 경련처럼 씰룩거린 것은 가벼운 간질 증세로 볼 수 있다. 그는 은 접시를 맨손으로 구겨 버릴 정도로 힘이 셌던 204센티미터의 거구였다. 나폴레옹도 간질 발작성 증세를 보였던 것으로 보이지만, 한번 화가 났다 하면 바닥에 쓰러질 것처럼 화를 폭발하는 것과 간질을 구별하기란 어렵다. 그 밖에 리슐리외와 프란체스코 페트라르카Francesco Petrarca, 헨델, 니콜로 파가니니Niccolò Paganini, 포, 귀스타브 플로베르Gustave Flaubert, 앨저넌 찰스 스원번Algernon Charles Swinburne, 고흐도 간질을 앓았다는 이야기들이 자주 나돈다. 물론 관련 증거에 대해서는 의견이 분분하지만, 위대한 업적과 간질의 연관성만큼은 누구도 쉽게 부인하기 어렵다.

한때 수많은 사람들의 목숨을 앗아 간 결핵도 예술 활동의 촉매제 역할을 하지 않았을까? 위대한 인물들 중에는 굉장히 이른 나이에 목숨을 잃은 사람들이 많다. 존 키츠John Keats는 25세, 노르웨이의 천재 수학자 닐스 헨리크 아벨Niels Henrik Abel은 26세, 노발리스는 28세, 미국 작가 스티븐 크레인Stephen Crane은 29세, 프랑스 화가 장 앙투안 와토Jean-Antoine Watteau는 36세, 이탈리아 시인 자코모 레오파르디Giacomo Leopardi는 38세, 카를 마리아 폰 베버는 39세, 프레데리크 프랑수아 쇼팽Frédéric François Chopin과 카프카는 40세에 세상을 떠났고, 스피노자와 실러, 체호프, 로버트 루이스 스티븐슨Robert Louis Stevenson, 오웰은 40대에 생을 마감했다. 하지만 이렇게 일찍 세상을 떠났음에도 이들 대부분은 자신들의 작품으로 증명하듯, 육신의 쇠락과 죽음의 기나긴 기다림 속에서도 생의 욕구를 스스로에게 더 강하게 고취시켰고, 병으로 인한 신열만큼이나 작품에도 뜨거운 열정을 불어넣었다.

실러는 폐가 완전히 망가진 상태에서 40세를 일기로 삶을 마감했다. 바늘로 찌르는 것 같은 가슴 통증과 천식을 앓았고, 어지럼을 수반한 발작과 만성 복막염, 그리고 질기게 반복되는 아랫배 경련에 시달렸다. 토마스 만은 단편소설 「힘든 시간Schwere Stunde」에서 서른일곱 살의 실러가 「발렌슈타인Wallenstein」을 집필하기 위해 안간힘을 쓰는 모습을 생생하게 묘사했다. 실러는 고통으로 몸을 웅크린 채 숨이 넘어갈 정도로 기침을 하고, 눈은 발갛게 충혈되었고, 만성 비염으로 콧구멍에는 상처가 있고, 금방이라도 부서질 것 같은 책상에 잠옷 바람으로 앉아 오한으로 부들부들 떨었으며, 방 안의 차가운 난로 연통에서는 12월의 매서운 바람이 울부짖고 있었다. 심한 발작이 찾아온 후에 실러는 이렇게 썼다. "모르긴 몰라도 이 끔찍한 발작은 나의 내면에 무척 좋은 영향을 주었다. 그때 나는 한 번 이상 죽음을 대면했고, 나의 용기는 이를 통해 한층 강해졌다."

마르셀 프루스트Marcel Proust는 천식으로 생의 마지막 16년을 방 안에만 갇혀 지냈다. 늘 창문을 닫아걸고 방음을 위해 코르크 벽까지 설치한 방에 앉아 열다섯 권짜리 『잃어버린 시간을 찾아서 A la recherche du temps perdu』를 쓰면서 자신의 과거를 하나하나 불러냈다. 미국 작가 W. C. 윌리엄스William Carlos Williams는 프루스트가 죽기 1년 전에 조이스와 만나서 나눈 대화를 다음과 같이 기록했다. 프루스트는 이미 작가로 이름을 날릴 때였고, 조이스는 아직 가난한 무명작가일 때였다.

조이스: 전 매일 두통에 시달립니다. 눈까지 끔찍할 정도로 아프고요.
프루스트: 내 배는 어떤지 아시오? 죽을 지경이오. 어떻게 해야 할지를 모르겠소. 나는 저 세상으로 갔어도 벌써 갔어야 할 몸이오.
조이스: 저도 그렇습니다. 저를 이끌어 줄 사람만 있다면요!
프루스트: 만나서 반가웠소. 아이고, 배야!

1917년 9월 카프카는 사형선고나 다름없는 폐결핵 진단을 받고도 거의 7년을 더 살면서 장편 소설 『성 Das Schloss』과 많은 단편 소설을 썼는데, 그중에서 가장 훌륭한 작품이 미완성 유고인 '굴'이다. 이 소설은 땅 밑에 파놓은 여러 갈래의 굴속에 질식할 정도로 많은 양식을 저장해 놓고 사는 한 동물의 추적 망상을 다루고 있다. 이 동물은 편하게 잠자는 중에도 외부의 움직임을 철저히 감시할 수 있기를 바라는, 가망 없는 소망을 품고 산다. 게다가 사냥에서 돌아오면 도처에 도사리고 있는 많은 감시의 눈길 때문에 혹시나 자신의 굴이 적에게 노출될까 봐 쉽게 굴속으로 들어가지 못하고, 그렇다고 하염없이 기다리다가는 적의 먹잇감이 되기 십상이기에 이러지도 저러지도 못하는 딜레마에 빠져 어쩔 줄을 모른다. 굴속의 동물은 멀리서 쉬쉬 소리를 내는 미지의 적 때문에 미치기 일보 직전까지 이르고, 결국 정체를 알 수 없는 그 적에 의해 목숨을 잃는다. 이렇게 끝내는 것이 카프카의 계획이었지만, 그는 미처 소설을 끝내지 못하고 자신이 먼저 죽고 만다.

죽기 3년 전에 카프카는 죽어 가는 다른 병자를 위로할 겸 방문하고 나서 이렇게 썼다. "그곳의 침대에서 본 것은 처형보다, 아니 고문보다 더 끔찍했다. 환자가 고문을 받고 있다는 것은 우리가 지어낸 것이 아니라 환자가 앓고 있는 병에서 알 수 있었다." 환자는 계속 약을 복용하는 것으로 고문의 시간을 연장하도록 강요받았고, 의사와 친지들은 그를 찾아와 앞으로도 이 끔찍한 고통을 계속 감수하라고 부추기고 있었다.

신은 카프카에게 그가 느끼는 극심한 고통을 말하게 했다. 만일 머리 위에 단두대의 칼날이 매달려 있는 것 같은 고통을 겪지 않았다면 카프카가 그토록 빼어난 작품을 쓰지는 못했으리라는 점에 대해선 누구도 이론을 제기하지 않는다. 더구나 카프카 자신은 여기서 한 걸음 더 나아가 친구인 막스 브로트Max Brod에게 보낸 편지에서, 폐결핵이 삶의 권태와 맞서 싸우는 동맹자라고 썼다. "어떤 때는 뇌와 폐가 나 모르게 서로 의사를 주고받는 느낌이 드네. '더 이상 이렇게는 안 돼!' 하고 뇌가 말하면 5년 뒤엔 폐가 뇌를 도울 준비가 되어 있다고 선포하더군." 페테르 파울 루벤스Peter Paul Rubens는 예순 살에 통풍으로 손가락이 마비되어 더 이상 그림을 그릴 수 없게 되자 자신이 남긴 필생의 작품만 돌아보았고, 매일 밤 끔찍한 피리 소리로 고통받다가 쉰 살에 귀가 먼 체코 작곡가 베드르지흐 스메타나Bedřich Smetana는 운명에 대한 절망으로 정신 착란에 빠져 결국 그 상태로 생을 마감했다. 하지만 베토벤은 그보다 훨씬 이른 시기에 똑같은 운명의 시련을 겪었지만 완전히 귀가 먼 상태에서도 합창 교향곡을 작곡했다.

이렇듯 위대한 인물들의 삶에서 육체적 고통이 차지하는 역할은 네 가지로 구별된다. 첫째, 질병이 위인을 너무 일찍 쓰러뜨리는 바람에 어쩌면 더 위대한 작품을 후대에 남겼을지도 모를 기회를 앗아가 버린 경우이다(자세한 내용은 34장에서 다룰 것이다). 두 번째는 어떤 고통도 완강하게 맞서 싸운 루터와 루소 같은 사람들이 그 주인공이다. 루소는 아픈 방광 때문에 평생을 지독히 고통스러워했을 뿐 아니라 30년 이상을 끊임없는 이명에 시달렸고, 프로이트는 구강암으로 스물세 차례나 수술을 받은 뒤에도 카리스마 넘치는 눈빛과 세련미가 넘치는 문체를 잃지 않았으며, 말라리아로 쇠약해질 대로 쇠약해진 알브레히트 뒤러Albrecht Dürer는 말년의 작품들에다 "고통으로 그린 그림In doloribus pinxi"이라는 서명을 남기기도 했다. 또한 베르디는 위가 "갈기갈기 찢어지는 듯한" 고통 속에서 오페라 「시몬 보카네그라」를 작곡했다.

그런데 이런 위인들이 정말 경탄스런 태도로 맞서 싸운 그 질병들이 순전히 우연으로 그들에게 찾아온 것 같지는 않다. 창작을 위해 혼신의 힘을 쏟느라 육신을 무자비하게 학대한 것이 온갖 종류의 질병을 불렀을 가능성이 훨씬 커 보인다. 게다가 괴테의 말처럼 비범한 능력은 "아주 섬세하고 연약한 육신"에 깃들기 마련이다. 괴테가 에커만에게 한 말을 계속 살펴보면 이렇다. 섬세한 육신이어야 "흔치 않은 감정을 느끼고 천상의 소리를 들을 수 있네. 다만 그런 육신은 세상과 원소元素와의 마찰로 인해 쉽게 고장 나고 상처를 입기 마련이지. 그래서 볼테르처럼 감수성은 탁월하지만 비범한 강인함은 없는 사람은 쉽게 병약해질 수밖에 없네." 괴테의 이 말은 천재란 "지극히 까다롭게 길러 낸 순종 말의 예민함과 면역 결핍증"을 연상시킨다는 정신과 의사 크레치머의 말과 맥락이 같다.

세 번째는 오히려 질병 때문에 자극을 받아 최고의 성과를 올린 경우이다. 간질 환자와 결핵 환자, 난쟁이, 불구자, 말더듬이들이 그 주인공인데, 29장에서 이런 연관 관계를 다음의 관점에서 살펴볼 것이다. 즉, 하나의 재능이 비범한 성과의 고통을 받아들이려면 무엇이 수반되어야 할까?

마지막으로 네 번째 집단은 스스로를 병들게 한 사람들이다. 이런 일은 아주 희귀한 형태로 나타나기도 하는데, 예를 들어 영국 시인 스윈번이 간질 발작과 과도한 음주에 빠져 선택한 행동이 그것이다. 즉 자신이 완전히 뻗어 버릴 때까지 매춘부들에게 채찍으로 자신을 때리게 한 것이다. 마약이

**장 폴 사르트르** 사팔눈에 키까지 작은 이 남자는 1945년 이후 철학자, 문필가, 선동가로 세계적인 명성을 얻었다. 말년에 친구들은 그의 비뚤어진 입을 보고 깜짝 놀랐다. 많은 젊은 여성들이 그에게 호감을 보였고, 생의 동반자였던 보부아르는 그것을 참아 냈다. 그녀는 사르트르에 대해 이렇게 썼다. "그는 자신의 생각에 반하는 결정을 내릴 때가 많았다." "머릿속 뼈를 부수는 것"이 그의 목표였다.

나 술로 병을 자청한 경우도 자주 있었다. 알렉산드로스 대왕과 표트르 대제, 드퀸시, 포, 보들레르, 베를렌, E. T. A. 호프만, 고트프리트 켈러Gottfried Keller, 윌리엄 포크너William Cuthbert Faulkner, 어니스트 헤밍웨이Ernest Miller Hemingway, 요제프 로트Joseph Roth, 한스 팔라다Hans Fallada 같은 사람들은 자신의 상상에 날개를 달기 위해 술이나 마약의 힘을 빌렸다(30장). 이런 노력은 수포로 돌아갈 때도 많았지만, 성공적인 경우도 더러 있었다(30장). 결론적으로 육체적 고통은 천재성의 영역에 명확하게 속하는 정신적 고통과 덩달아 나타날 때가 많다. 다음 두 장에서 이 문제를 다룰 것이다.

그렇다면 건강한 천재는 없을까? 없지 않다. 렘브란트와 바흐, 톨스토이는 최소한 육체적으로는 정상이었고, 그 외에 티치아노 베첼리오Tiziano Vecellio와 루벤스, 베르디도 정신적으로 특별히 눈에 띄는 점이 없었다.

하지만 위인들 중에서 병자들이 다수였다는 것은 명명백백한 사실이다.

다만 국수주의적 선동가들만이 그 연관성을 부정하며 사람들을 현혹하려 한다. 그런데 이러한 현혹의 시조는 신기하게도 시온주의자 지몬 쥐트펠트Simon Südfeld였다. 필명이 '막스 노르다우Max Nordau'인 그는 1892년에 프랑스와 독일에서 활동하는 현대 예술가들을 "타락한 족속"이라고 불렀다(이 개념은 훗날 나치에 의해 즐겨 사용되었다). 노르다우는 이렇게 썼다. 타락한 자들이라고 해서 모두 범죄자나 광인은 아니다. 에밀 졸라Émile Zola처럼 "쓰레기 문학"을 하는 사람이나 니체처럼 "환상적일(?) 정도로 어리석은" 인간들이 그런 작자들이다. 이들은 정신적으로든 육체적으로든 "자신의 불건전한 충동을 펜과 붓이 아닌 암살자의 칼로써 충족시키려는" 자들과 특징이 비슷하다. 그리고 "타락과 관련된 모든 육체적·정신적 낙인이" 하나로 통합된 얼굴이 바로 베를렌이라고 했다.

오늘날까지도 이런 목소리는 사라지지 않고 있다. "건강한 육체에 건강한 정신이 깃든다"라는 이상적 생각이 여전히 열광적인 지지를 받고 있기 때문이다. 사실 이 금언의 원작자인 로마 시대의 풍자가 유베날리스Decimus Junius Juvenalis는 천재를 두고 이 말을 한 것이 아니라 품행이 단정한 로마 인이라면 누구나 꿈꾸어야 할 본보기로서 이 말을 했을 뿐이다. 그리고 로마 인에게는 사실 훌륭한 조언이기도 했다. 독일의 극작가 브레히트는 이렇게 말했다. 현대의 예술가나 사상가들이 "야외에서 간단한 체조나 운동만 했더라도 지난 수십 년간의 문화적 산물은 결코 생성되지 못했을 것이다." 밥 잘 먹고 잠 잘 자는 사람에게는 인류의 역사에서 신기원을 이룰 놀라운 착상이 결코 찾아오지 않는다는 말이다.

"천재는 병 속에서 깊은 체험을 하고 병에서 창작의 물을 긷는 생명력의 창조적 형식이다." 토마스 만의 말이다. 그는 더 나아가 "최고의 생명력에는 창백한 불구의 특성이 나타날 수 있다"고 했다. 또 예수는 사도 바울에게 이렇게 말했다. "나의 은총에 만족하라. 내 힘은 약한 이들 속에서 강해지기 때문이니라."

## 14 판테온¹은 정신병동?

> 눈부시게 아름다운 인체도 그 안에 오물과 지독한 악취를 감추고 있듯이 더할 나위 없이 고귀한 인물도 부분적으로 나쁜 특징이 있고, 위대한 천재도 편협함과 광기의 흔적을 보인다.
> ―쇼펜하우어의 유고 중에서(1816)

　관록의 장수 블뤼허조차 정신적으로 문제가 좀 있었다. 러시아 인들이 "전진 원수前進元帥"라 불렀고, 라이프치히 전투와 워털루 전투에서 나폴레옹을 격파한 인기 있는 장군이었고, 흥겨운 격정으로 군사 수만을 전투에 열광하게 한 몹시 거칠고 교양 없는 노인이 말이다.
　프랑스의 랑Laon에서 블뤼허가 역사를 만들 기회를 놓친 것도 정신적 문제 때문이었다. 1814년 3월 9일 나폴레옹은 랑에서 다시 한 번 공격을 개시했다. 블뤼허가 이끄는 연합군에 비해 수적으로 훨씬 열세였지만 승리를 기대했던 것은 일흔한 살의 블뤼허 사령관이 비정기적으로 찾아오는 우울증에 빠졌다는 소식을 들었기 때문이다. 그러나 기대는 기대로 끝났고, 나폴

---

1 로마 시대의 대표적 건축물. 만신전萬神殿이라는 뜻인데, 여기서는 세상의 유명한 예술가나 위인들의 전당으로 이해하면 될 듯하다.

레옹은 마차를 타고 지휘하는 블뤼허의 연합군에 패배했다. 그럼에도 블뤼허는 전쟁을 끝낼 수 있는 기회를 놓치고 말았다. 끝장을 내겠다는 각오로 패배한 나폴레옹을 집요하게 추격하지 않고 일주일 동안 자신의 진영에만 머물렀던 것이다. 모두들 전진 원수만 바라보았다. 하지만 그는 야전 침대에 누워 일체의 음식을 거부했고, 가끔 환각에 빠져 코끼리 새끼를 임신했다는 이해할 수 없는 말만 내뱉었다.

블뤼허만 그런 것이 아니었다. 표트르 대제도 지독한 우울증에 빠져 몇 주일이고 침대에만 누워 지내는 경우가 잦았다. 비스마르크는 열여섯 살에 자살을 기도했고, 유럽의 최고 권력자가 된 뒤에도 불안정하고 극도로 예민한 성격은 없어지지 않았다. 그는 신경질적이고 변덕스럽고 우울했고, 잔인하다가도 갑자기 감상적으로 변했으며, 불면증과 편두통, 안면 신경통에 시달렸고, 때로는 별안간 미친 듯이 울음을 터뜨리기도 했다. 게다가 손님들이 경악할 정도로 폭식을 하고, 사탕과 캐비아를 섞어 샴페인이나 적포도주, 포트와인, 혹은 코냑과 함께 마셨다.

그런데 단테든 레오파르디든, 아니면 찰스 디킨스Charles John Huffam Dickens, 콘래드, 톨스토이, 괴테, 클라이스트, 에두아르트 뫼리케Eduard Friedrich Mörike, 뒤러, 뉴턴, 바그너든 간에 이들 우울증 환자들이 발작을 일으키지 않을 때는 그렇게 쾌활하고 사랑스러울 수가 없었다. 쇼펜하우어에 따르면 "우울증을 겪는 천재는 때로 …… 넓은 이마 위에 광채처럼 어른거리는 그만의 독특한 쾌활함"을 보인다. 가끔은 심리 상태의 급격한 변화가 **작품 속에** 그대로 반영되기도 한다. 예를 들어 베토벤의 음악에서 충돌하는 연약성과 공격성, 셰익스피어의 익살극에 나타나는 희극성과 비극성, 혹은 도스토옙스키의 후기 소설에 나타나는 영혼극적 요소와 그로테스크한 요소의 대립이 그렇다.

위인들 중에는 다른 어떤 인간 집단보다 조울증 환자와 우울증 환자, 괴짜들이 많다. 미켈란젤로는 말년의 한 시에서 "나의 기쁨은 멜랑콜리"라고 썼고, 플로베르는 친구 이반 투르게네프Ivan Sergeyevich Turgenev에게 이렇게 말했다. "나는 끝없는 멜랑콜리 속에서 뒹굴고 있네." 또 "나는 너무 슬퍼서 죽어 버릴 것 같네"라고도 했다. 이런 상황에서 유일한 위안은 폭식이었다. 음식을 먹을 때 플로베르는 옷깃을 풀어헤치고 소맷부리를 걷고 신발까지 벗었는데, 이는 그 무엇으로도 방해받고 있지 않다는 느낌을 갖기 위해서였다. 가우스는 30대 초반에 이렇게 썼다. "이렇게 사는 것보다는 차라리 죽는 게 더 낫겠어." 그릴파르처가 자서전에서 가장 즐겨 쓴 말은 **비참하다**와 **역겹다**는 말이었다. 그는 프리드리히 대왕만 역겹다고 한 것이 아니라 자신의 행동과 여행, 고딕 양식, 타인의 집, 비평가, 심지어 자신이 쓴 처녀작의 초연까지 역겹다고 했다. 그릴파르처는 일기에서 "마치 개들한테 물어 뜯기는 것 같은 고통스러운 생각들이 엄습한다"라고 썼고, 자신의 삶을 가리켜 "한 광인의 병력"이라고 했다.

파블로 피카소Pablo Picasso는 생의 마지막 20년 동안 매일 아침 "나보다 더 불행한 사람은 없을 거야!" 하고 소리치며 일어났고, 실제 앓고 있는 병과 앓고 있다고 착각하는 병의 가짓수를 일일이 손으로 꼽는 것이 취미였으며, 의사들이 이미 오래전부터 암세포에 의해 침식된 것 같은 자신의 육신 대신 그림에만 관심을 보인다며 화를 냈다. 토마스 만은 1938년 일기에다 "속수무책, 근육 떨림, 오한", 그리고 "모든 게 부질없고 무의미하다는 생각에 전율감이 인다"라고 적었다. 극작가 사뮈엘 베케트Samuel Beckett는 어느 화창한 날 한 친구가 공원에서 쾌활한 표정으로, 살아 있다는 게 정말 기쁘게 느껴지는 시간이라고 소리치자 "나는 그렇지 않네"라고 대답했다.

유쾌한 작품들도 결코 유쾌한 성품의 예술가들에게서 탄생하지 않았다. 그렇게 믿는 건 사람들의 뿌리 깊은 착각일 뿐이다. 서른여섯에 결핵으로 목숨을 잃은 로코코 양식의 대가 와토는 말년에 들면서 결핵균의 공격으로 그전까지 보였던 우아한 화풍이 어둡고 뜨거운 조급증의 화풍으로 바뀌었다고 하는데, 실은 그는 평생을 침울하게 보낸 인간 혐오자였다. 살아생전에 벌써 다른 누구보다 큰 명성을 누렸던 왈츠의 왕 요한 슈트라우스는 또 어떤가? 그는 한 번도 실제로 왈츠를 춘 적이 없는 불평가였다. 또한 혼자 있는 것을 무서워했고, 기차가 터널을 통과하거나 다리 위를 지날 때면 기차 바닥에 엎드릴 정도로 겁쟁이였다. 집을 나가는 일도 드물었고, 아내가 시켜 마지못해 일할 때가 많았으며, 아내의 장례식에도 참석하지 않았다(괴테가 그랬던 것처럼). 언어와의 관계는 완성된 멜로디에다 오페레타의 가사를 써넣어야 할 만큼 긴장되고 불편했다. 그가 시구를 기억하는 것도 소리의 울림만 일치한다면 어린아이처럼 단어의 의미와는 상관없이 혼자 마음대로 지어내거나 바꾸어 버린 경우에 한해서였다. 1872년 뉴욕과 보스턴으로 초대를 받은 슈트라우스는 이렇게 바보 같은 답장을 보냈다. "그곳의 인디언들이 나를 학살하면 어떡하지요?"

빈 출신의 작가 한스 바이겔Hans Weigel은 요한 슈트라우스와 그의 왈츠 사이의 모순이 밖에서 생각하는 것처럼 크지 않다고 말했다. 슈트라우스는 왈츠를 느리게 지휘했는데, 그 음악이 우울하다고 생각했기 때문이다.

위대한 광대들과 재담가, 풍자가, 희극 작가들도 대개 우울했다. 카를 발렌틴Karl Valentin은 편집증 환자였고, 만화의 선구자 빌헬름 부슈Wilhelm Busch는 일시적인 우울증 증세에다 한 가지 문제만 파고드는 괴팍한 은둔자였다. 스위프트는 둘째가라면 서러워할 인간 혐오자였고, 몰리에르Molière는 우울한 건강 염려증[2] 환자였다. 몰리에르의 죽음은 마치 그런 사람들이 잘 꾸는 악몽과 비슷했다. 즉 관객들은 그를 보고 미친 듯이 웃는데, 정작 그는 무대에서 각혈을 하다가 쓰러져 죽은 것이다. 그런데 여기엔 모순이 아닌 상호 작용이 존재한다. 빈의 희극배우이자 극작가인 페르디난트 라이문트Ferdinand Raimund는 이것을 다음과 같이 표현했다. "그들은 '나'라는 사람을 내 우울증으로만 판단했을지 모른다. 하지만 그들은 내가 희극에서 썼던 모

---

[2] 사실은 그렇지 않은데 몸 안에 무슨 병이 있다는 생각 때문에 그런 증상이 실제로 느껴져 고통스러워하는 병. 정신 분열병 따위에서 나타난다.

든 것도 함께 치장한 것 같다."

우리는 이것을 알아야 한다. 대부분의 위인들은 우리 같은 사람들보다 슬픈 삶을 살았고, 그들 중 많은 이가 웃는 일이 드물거나 아예 웃지 않고 살았다. 우리는 종교 창시자나 성인들에게는 어차피 쾌활함을 기대하지 않는다. 그건 광신자와 공상적 이상주의자, 독재자들에게도 마찬가지다. 물론 남의 불행을 고소해하는 악의적 쾌활함이나 승리의 기쁨을 제외하면 그렇다는 말이다. 위대한 탐험가와 발명가들은 대부분 먹잇감을 노리는 늑대처럼 음침하고 결연하게 목표를 추구한다. 또 대부분의 위대한 예술가들은 플로베르처럼 우울증 환자였거나 도스토옙스키처럼 신들린 사람이었으며, 혹은 프리드리히 휠덜린Johann Christian Friedrich Hölderlin처럼 줄곧 마음에 상처를 입는 가녀린 영혼이었다. 그리고 이 모두에 해당하지 않는다면 인생 후반기의 괴테나 가브리엘레 단눈치오Gabriele D'Annunzio, 혹은 슈테판 게오르게Stefan George처럼 최소한 위엄 있게 보이려고 애쓴 사람들이었다.

**청년** 괴테는 한때 유명한 익살꾼에다 음담패설가였고, 모차르트는 평생 어릿광대에 바람둥이에다 경박하고 수다스러운 예측 불허의 인물이었다. 그는 문학 모임에서 피아노 즉흥 연주로 사람들을 감탄시켜 놓고는 그 자리에서 벌떡 일어나 고양이 울음소리를 내며 재주넘기를 했다. 슈베르트는 어느 술자리에서나 싱긋 웃음을 머금고 앉아 있었고, 루터는 귀청이 찢어질 듯한 웃음으로 사람을 놀라게 하면서도 사랑스러운 인물이었다. 바그너는 의도적인 바보짓을 통해 일로 인한 분노와 격정을 다스리는 법을 알고 있었다. 물론 그가 비단 모자를 쓰고 피아노를 치면서 쉰 목소리로 오딘 신이나 지크프리트의 노래를 부르면 본인의 의도와는 상관없이 주변 사람들에게 이상한 인간이라는 인상을 풍긴 것도 사실이었다.

그런 바그너도 중증 우울증 환자였고, 신경성 아랫배 통증과 고집스럽게 재발되는 피부 발진으로 평생 고통스러워했다. 30대부터 자신이 얼마 안 가 죽을 거라고 생각했고, 앉아서 하염없이 울 때가 많았다. 서른아홉 살 때는 누이에게 다음과 같이 썼다. "나는 신경병을 심하게 앓고 있고 …… 병이 나을 거라는 희망도 없어." 리스트에게는 이렇게 썼다. "날이 갈수록 깊은 나락으로 떨어지고 있습니다. 정말 아무 가치 없는 삶을 살고 있죠." 하지만 그런 가운데서도 그는 육체적·정신적 고통이 자신에게 무엇을 가져다주는지 알고 있었다. "이제는 일상이 된 이런 고통스런 상태를 나는 신경이 망가졌다고 생각할 수밖에 없네." 바그너가 마흔 살 때 친구 아우구스트 뢰켈August Röckel에게 한 말이다. 그는 계속해서 이렇게 썼다. "그런데 놀랍게도 그런 신경이 내게 아름답고 적절한 자극을 주면 너무도 멋진 일들이 일어나네."

괴테의 경우도 열정적인 창작의 시기 중간 중간에 우울과 위축, 불모의 기나긴 시기가 교대로 나타났다. 서른 살 때 그는 "내 안에서 반복되는 좋은 날과 나쁜 날의 순환"에 대해 말했다. 에커만은 1823년 괴테가 크리스마스를 몇 주 앞두고 줄곧 "우울한 기분으로 한숨을 쉬며 보내고" 있다고 보고했다. 괴테 자신도 에커만에게 『젊은 베르터의 고통』이 출간되고 50년이 지나는 동안 딱 한 번 읽은 뒤로는 그 책을 다시 손에 쥘 생각을 하지 않았다고 말했다. "그러면 기분이 아주 섬뜩해지면서 그 책을 나오게 한 격정적인 상태를 다시 뼛속 깊이 느끼게 되는 것이 두렵기 때문이네."

쇼펜하우어의 우울증에는 자신이 독살되거나 산 채로 매장될 수 있다는 두려움이 섞여 있었다. 하지만 그의 침대 옆에 놓인 권총은 두 경우에 적합하지 않은 무기였다. 멜빌은 나이가 들수록 어두운 침묵 속에 착 가라앉는 날이 많았고, 씻지도 않고 아내를 때리기도 했다. 스트린드베리는 병적인 질투심에 추적 망상에까지 시달렸다. 그는 서른여덟 살 때 아내가 자신을 정신 병원에 보내려 한다고 믿었다. 그러나 실은 서른 살 때 이미 그 자신이 정신병에 걸리거나 자살할지도 모른다는 두려움에서 그런 시설에 넣어 달라고 부탁했다. 추적 망상에 시달린 인물로는 뉴턴을 빼놓을 수 없다. 그의 후임자였던 케임브리지 대학교수의 말에 따르면 뉴턴은 "자신이 만난 사람들 중에서 가장 의심이 많은 인물"이었다고 한다. 뉴턴은 대중의 비판과 정신적 도둑질에 대한 두려움에서 저서의 출판을 극도로 꺼렸고, 자신을 표절했다고 생각한 라이프니츠를 미친 듯이 공격했다. 몇몇 전기 작가들은 스탈린의 살인적인 숙청 배경에도 지독한 추적 망상이 자리하고 있었을 거라고 의심한다. 그러니까 스탈린은 수백만의 동지들이 자신의 목숨을 노리고 있을 거라는 강박 관념에 빠져 있었다는 것이다.

거의 정신 착란에 이를 만큼 공포와 망상에 시달렸던 충격적인 삶은 루소가 잘 보여 준다. 병적인 신경과민에다 우울증을 앓았던 루소는 서른세 살 때 신경 쇠약으로 몸져누웠고, 서른다섯에는 자살을 생각했으며, 서른아홉에는 앞으로 살날이 반년밖에 남지 않았다고 확신했고, 마흔다섯에는 추적 망상에 빠져 낮에는 눈물을 흘리고 밤에는 큰소리로 혼잣말을 늘어놓으며 지냈다. 그런 망상은 쉰네 살 이후 마지막 12년 동안에도 그를 놓아주지 않았다.

루소가 적을 많이 만든 것은 사실이다. 1750년 디종 아카데미가 던진 "학문과 예술의 진보가 도덕적 정화에 공헌하였는가?" 하는 질문에 그가 단호하게 아니라고 대답한 것이 세상 사람들에게 당혹감을 불러일으켰다. 또한 「프랑스 음악에 대한 편지 *Lettre sur la musique française*」(1753)는 많은 예술가들에게 모욕감을 안겨 주었고, 1762년 『사회 계약론 *Du contrat social*』과 『에밀, 교육에 관하여』를 연이어 발표했을 때는 급기야 프랑스에서 도망을 쳐야 하는 일까지 벌어졌다. 첫 번째 저서는 왕정에 대한 총공격이었고, 두 번째 저서는 가톨릭교회로부터 신성 모독이라는 판결을 받았기 때문이다. 고향 제네바와 베른 주가 그를 받아들이기를 거부하자 루소는 상속을 통해 프로이센 땅으로 넘어간 뇌샤텔 공국에서 피난처를 구했고, 아직 7년 전쟁을 치르고 있던 프리드리히 대왕은 서둘러 그에게 망명을 허용하고 정착 자금까지 하사했다.

그런데 적의 추격이 아직 추적 망상을 일으키지는 않았다. 추적 망상은 루소가 1766년 영국 철학자 흄의 집에 진심으로 환영받는 손님으로 묵을 때부터 생겼다. 루소는 자신이 음모의 희생자이고, 집주인 흄은 음모의 우두머리라고 생각했다. 하인과 마부들을 모두 밀정으로 여겼고, 방의 열쇠 역시 모두 복제되어 있다고 믿었으며, 이 사람들이 그를 결딴내기 위해 영국으로 끌고 온 거라고 확신했다. "그 어떤 죽음의 공포도 나를 둘러싸고 있는 이 공포들에 비하면 아무것도 아니다."

프랑스로 돌아온 루소는 이번엔 볼테르가 자신을 쫓고 있다고 생각했다. 실제로 볼테르는 루소를 여러 번 공개적으로 조롱한 적이 있었다. 예를 들어 루소의 책들을 읽다 보면 "정말 다시 네 발로 기어 다니고 싶은 욕구"가 생긴다거나, 아니면 이 책들의 저자는 "허영과 모순의 덩어리이자 불손함과 저열함의 극치"(사실 모두 동의할 수 있는 내용이다)라고 말한 것이다. 루소는 1765~1770년까지 집필한 『고백록 Les Confessions』에서 마지막 장을 다음의 말로 시작했다. "여기 이제 8년 동안 나를 에워싸고 있었지만 내가 헤쳐 나오지 못한 그 끔찍한 암흑의 작품이 시작된다. 나는 불행의 심연 속에서 내게 가해지는 폭력을 느끼지만, 나를 가격하는 그 손은 보이지 않는다."

죽기 2년 반 전인 1776년 2월 루소는 대화록 『루소, 장 자크를 재판하다 Rousseau juge de Jean-Jacques』를 썼는데, 이 작품은 자신을 향한 세상의 노골적인 음모에 맞서 자신을 지키려는 시도였다. 그러니까 "루소"가 "장 자크"를 찾아갔다가 정말 순진무구하기 짝이 없고, 더없이 부드럽고, 너무나 천재적인 사람을 만난다는 내용이었다. 루소는 이 원고를 노트르담 성당의 제단 위에 갖다 놓으려고 했다. 적들이 이것을 왜곡하거나 가로채지 못하게 하기 위해서였다. 그러나 제단이 창살로 가로막혀 있는 것을 보고는 "하늘까지도 인간의 사악한 행위에 동조했다"고 생각하면서 다시는 성당에 발을 들여놓지 않았다고 한다.

루소는 마지막 저서 『고독한 산책자의 몽상 Les Rêveries du promeneur solitaire』에서 다음과 같은 탄식으로 말문을 열었다. "이렇듯 나는 온 세상에 혼자이다. 형제도 없고 가까운 사람도 없고, 나 자신 외에는 아무도 없다. 만인간萬人間 중에서 가장 사교적이고 사랑스런 사람이 세상으로부터 배척당하고 있다. 지나가는 이들은 내게 인사를 건네는 대신 침을 뱉지 않는가? 만인이 나를 산 채로 매장하는 것을 재미있어하지 않는가?" 그런데 그의 이 말들은 다음의 사실을 감안해서 들을 필요가 있어 보인다. 루소는 이미 오래전에 세계적으로 유명한 남자의 반열에 올랐고, 오랫동안 그의 집 가정부 역할을 하다가 1768년에 정식으로 결혼한 테레즈 르바쇠르Thérèse Levasseur가 여전히 그를 세심하게 돌보고 있었으며, 그 자신이 출산 직후에 모두 고아원으로 보냈지만 어쨌든 자식이 다섯 명이나 있었다는 사실이다.

다만 추적 망상의 증상이 악화되는 과정에 그의 역사적 저술들이 탄생한 것은 허투루 넘길 일이 아니다. 그는 1757년에 이 병이 찾아왔는데, 1758년에 『신新 엘로이즈』의 집필을 완성했다. 이 작품은 3년 뒤에 출간되어 18세기의 가장 성공한 소설이 되었다. 1761년에 루소는 광적인 창작열 속에서 『에밀, 교육에 관하여』와 『사회 계약론』을 잇따라 썼고, 1765년에는 『고백록』을 쓰기 시작했으며, 그러다가 1766년에는 망상의 마지막 국면에 이르렀다.

망상과 광기 사이에는 명확한 경계가 없다. 우리도 굳이 그 경계를 밝히려고 애쓸 필요가 없다. 많은 천재들이 지독한 정신 착란 속에서 생을 마감한 것이 분명하기 때문이다. 이런 유사성은 그들을 모욕하는 것이 아니라 태고적부터 알려져 온 사실이다.

플라톤은 『파이드로스Phaidros』에서 이렇게 썼다. "이성적인 작가들은 **뮤즈의 광기** 없이도 훌륭한 시인이 될 수 있다고 생각하지만, 그들의 예술은 광인들의 문학에 덮여 보이지 않을 것이다." 아리스토텔레스 역시 "광기가 섞이지 않은 위대한 정신은 없다"라고 했고, 호라티우스Quintus Horatius Flaccus는 "시인들의 사랑스런 광기"를 찬양했으며, 셰익스피어는 「한여름 밤의 꿈 A Midsummer Night's Dream」에서 시인의 눈을 "아름다운 광기로 미쳐 돌아가게" 만들었고, 쾨니히스베르크의 철학자 요한 게오르크 하만Johann Georg Hamann은 "천재와 광기의 애매한 경계"에 대해 이야기했다. 이런 경계의 모호함은 이탈리아 극작가 비토리오 알피에리Vittorio Alfieri의 자서전에서 명확하게 나타난다. "마음속 깊은 곳으로 파고 들어가면 나는 때로 이유도 모른 채 회한에 싸이거나 벅찬 감동에 젖어 울고 웃기를 반복한다." 이것이야말로 진짜로 미쳤다고 할 수 있고, 또 실제로 그럴 것이다. 하지만 그런 상태에서 무언가 글이 되어 나오는 것을 우리는 '시詩'라 부른다.

1836년 프랑스 의사 자크 조제프 모로Jacques Joseph Moreau는 천재성과 정신질환 사이에 나타나는 잦은 연관성을 의학적으로 증명했다. 그러나 고대에서부터 이어져 온 이러한 인식은 1864년에 이르러서야 이탈리아 법의학자 체사레 롬브로소Cesare Lombroso가 쓴 『천재와 광기Genio e follia』로 널리 알려졌고, 독일에서는 1927년 빌헬름 랑게 아이히바움Wilhelm Lange-Eichbaum의 『천재, 광기, 명성Genie, Irrsinn und Ruhm』을 통해 다시 유명세를 탔다. 아이히바움의 저서에는 이 책에서도 여러 차례 암시되었고, 4부에서 상세히 다루게 될 더 한층 진일보된 사유가 담겨 있다. 즉 "건강한 사람보다 미친 사람이 유명해질 가능성이 더 높다"고 하는 것이 그것인데, 천재의 숭배자들에게는 이보다 더 멋진 숭배의 이유를 찾기 어려울 것이다.

1929년 독일의 정신 의학자 크레치머는 이 방면의 교본이라 할 만한 『천재적 인간Geniale Menschen』을 출간했는데, 이 책에서 그는 단순한 재능을 천재로 바꿀 수 있는 것이 바로 정신병이라고 주장했다. 크레치머에 따르면 병든 영혼이 무소불위의 권력을 휘두르면 크리스티안 그라베Christian Dietrich Grabbe와 야코프 렌츠Jakob Michael Reinhold Lenz의 경우처럼 자기파괴 현상이 일어나지만, 미켈란젤로와 바이런처럼 조금 심할 정도로만 정신 질환을 앓으면 위대한 작품으로 나아가는 길이 열린다는 것이다. 그러나 최고의 작품은 무엇보다 전반적으로 건강한 정신 상태 속에 영혼의 병이 스며든 경우에 탄생한다. 예컨대 괴테와 비스마르크처럼 "전반적으로 평범한 시민적 정신이 건재한" 경우, 혹은 가치 판단의 선악을 떠나 토마스 만이 1939년에 히틀러에게 구현된 것으로 본 "광기와 이성"의 조합이 그렇다.

야코프 부르크하르트에 따르면 알렉산드로스 대왕은 죽기 전 9개월 동안 여러 광적인 행동을 보였다고 한다. 예를 들어 자신의 기병 사령관이자 절친한 친구였던 헤파이스티온Hephaistion이 죽자 그는 사흘 동안 식음을 전폐하고 시신 곁을 떠나지 않았을 뿐 아니라 바빌론에다 황금과 자색 의상, 그림, 동상들로 장식된 60미터 높이의 화형대를 만들어 시신을 불태우게 했다. 그뿐이 아니었다. 모든 군마의 털을 자르고, 황소 1만 마리를 도살하고, 바빌론의 성첩城堞까지 허물게 했다.

미국의 오스트리아계 정신 분석가인 아이슬러는 1963년 괴테의 삶에 나타나는 단절과 노이로제를 연구한 논문에서 다음과 같은 결론을 끄집어냈다. 천재성은 현실 관련성의 토대 위에서 이루어지는 광기다. 위대한 예술의 전제 조건은 "정신병으로 나아가는 뚜렷한 경향인데, 이 경향을 예술 작품으로 변형시키려는 반대 심리 기저를 통해 정신병은 제어되거나 다른 방향으로 전환된다." 따라서 광기를 배제한 예술을 통해 목표를 이루고자 하는 작가는 좌절할 수밖에 없다.

뚜렷한 광기 속에서 생을 마감한 인물로는 시인 토르콰토 타소Torquato Tasso와 횔덜린, 렌츠, 니콜라우스 레나우Nikolaus Lenau, 고골, 제라르 드 네르발Gérard de Nerval, 모파상, 보들레르, 로베르트 발저Robert Walser와 작곡가 가에타노 도니체티Gaetano Donizetti, 슈만, 스메타나, 후고 볼프Hugo Wolf가 있다. 그 밖에 니체와 고흐, 영국 화가이자 작가, 사회 개혁가였던 러스킨, 독일의 물리학자 로베르트 마이어Robert Mayer, 오스트리아 의사로 산모들을 산욕열에서 해방시킨 이그나츠 제멜바이스Ignaz Philipp Semmelweis도 이 부류에 포함시킬 수 있다.

어떤 사람은 광기를 타고난다. 횔덜린이 그 경우인데, 그는 항상 침울하고 두려움에 떨고 지나치게 예민했다. 그의 시에 따라 시기를 구분하면 그는 서른이 채 되기도 전에 세상의 냉혹함과 낯섦을 느꼈는데, 이는 명백히 정신 분열증 징후였다. 서른둘에서 서른다섯까지는 쓸쓸하고 쇠약해진 채로 서서히 찾아오는 마비와 광적인 발작, 그리고 마지막 남은 시적인 힘이 섞인 중간기였다. 이 무렵 그는 마지막 문학적 힘을 빌려 임박한 공포를 이렇게 불러냈다. "아, 슬프구나! 아름다운 날들이었다. 그러나 슬픈 황혼이 곧 뒤따르는구나." 또는 "얼마 살지도 않았는데, 벌써 저녁이 차가운 숨을 몰아쉬는구나." 또한 독일어의 가장 대담한 비유로 이렇게 표현했다. "벽들은 말없이 차갑게 서 있고, 깃발은 바람에 요란하게 덜거덕거리는구나."

그러던 1806년(36세) 횔덜린은 광적인 발작을 일으켜 병원으로 후송되었고, 1807년부터 생의 마지막 날까지 36년 동안 문학적 소양이 있는 한 목수의 집에서 지냈다. 그것도 창살이 쳐진 다락방에서. 횔덜린은 여기서 서서히 안정을 되찾았고, 창밖을 응시하거나 혼잣말을 하면서 시간을 보냈으며, 가끔은 피아노 건반으로 간단한 화음을 누르기도 했다. 1802년 그는 세상에서 내쳐진 이방인의 심정으로 어머니에게 이런 편지를 보낸 적이 있다. "사랑하는 어머니, 어머니 일에 방해가 되지 않을 정도로만 저를 기억해 주세요." 1808년에 쓴 것으로 추정되는 마지막 편지에는 이런 내용이 적혀 있다. "살면서 나 자신을 표현하는 것은 항상 어려웠습니다." 많은 독일인들이 가장 위대한 서정 시인으로 꼽는 작가의 입에서 마지막으로 나온 말이다.

남독일 공화국을 건설하려는 횔덜린의 정치적 동지들에 대한 반역죄 소송이 그의 정신 분열증을 일으킨 계기가 되었는지는 분명치 않다. 이것은 1968년 프랑스의 독문학자 피에르 베르토Pierre Bertaux가 제기한 주장인데, 독일의 좌파들 사이에선 큰 반향을 불러일으켰다. 횔덜린이 독일의 자코뱅 당원이었고 자신의 메시지를 시와 신화로 암호화해서 퍼뜨린 정치 시인이라는 것이다. 그럴 수도 있고 아닐 수도 있지만, 변하지 않는 것은 그가 위대한 시인이고, 미쳤다는 사실이다.

모파상처럼 광기를 스스로 벌어들인 사람도 있었다. 그가 매독 말기의 진행성 마비로 파멸했다는 것에는 논란의 여지가 없다. 그는 처음엔 매독을 통해 창작의 도취에 빠져들었지만, 시간이 갈수록 점점 두통과 안구 통증에 시달렸다. 그러자 다시 흥분제와 알코올, 환각제로 고통을 억제하려 했고,

**누구일까?** 열세 살의 괴팍한 외톨이 소년이다. 이 사진에서 언젠가 광기 속에서 스스로 삶을 마감하고 나중에 세계적인 명성을 얻게 될 인물이 보이는가? 그는 학교를 마친 뒤 화랑 직원, 교사, 보조 목사, 신학생 생활을 전전했다. 그때까지 자신이 무엇을 원하는지, 무엇을 할 수 있는지 전혀 모르고 있었다. 스물일곱 살에야 스케치에 손을 대고, 스물아홉 살에야 본격적으로 그림을 그리기 시작해서 서른일곱에 죽었다. 그의 이름은 빈센트 반 고흐이다.

그 다음엔 과대망상의 단계로 넘어갔다. 프랑스의 지중해 함대가 모든 포문을 열어 그를 위해 예포를 쏘았다고 말한 것이 그런 사례였다. 이런 과대망상증 끝에 그는 결국 목의 동맥을 끊어 자살을 시도했고, 그 뒤 정신 병원으로 보내졌다.

고흐는 어땠을까? 사도 바울이나 도스토옙스키와는 달리 폭력성과 정신적 혼란을 수반하는 선천성 간질을 앓았을까? 아니면 부모가 열한 살의 빈센트를 기숙학교에 유폐시킨 것에 대한 결코 지울 수 없는 충격의 결과였을까? 혹은 압생트 술을 무지막지하게 들이켠 탓에 그에 중독된 것일까? 참고로 당시 프랑스에서 유행했던 이 녹색 술은 유독 성분 때문에 오늘날 대부분의 나라에서 금지되어 있다. 어쨌든 고흐의 작품이 경매 시장에서 천정부지로 치솟으면서 전기 작가들과 의학자들 사이에서는 고흐의 발병 원인을 두고 더욱 논쟁이 거세졌다. 1987년 고흐의 「해바라기」는 런던 경매장에서 2,250만 파운드에 낙찰되었고, 「의사 가셰의 초상」은 1990년 뉴욕에서 8,200만 달러에 팔렸다.

여하튼 천재와 광기의 생산적인 관련성에 대해 고흐의 경우만큼 결정적인 증거는 드물다. "병들고 허약해질수록 점점 예술가와 창작자가 되어 가는 느낌이다." 이것은 고흐가 쓴 말인데, 역시 그의 말은 틀리지 않았다. 그는 자신이 보는 것에 "매료되고 또 매료되어 영혼의 파멸에 이를 때까지 창작"에 혼신의 힘을 쏟았다. 고흐가 그린 작품의 절반과 가장 유명한 그림들은 신경 쇠약과 파괴욕 사이를 아슬아슬하게 오간 생애의 마지막 2년 반 사이(1888~1890)에 탄생했다.

동료 화가 폴 고갱 Paul Gauguin이 아를에 있던 고흐를 방문했을 때 두 사람은 낮에는 그림을 그렸고, 저녁에는 압생트에 흠뻑 취해 유곽을 찾았다. 그러던 어느 날 밤 고흐는 유리잔을 고갱에게 던지고는 경련을 일으키며 의식을 잃고 쓰러졌다. 고갱이 떠나려 하자 고흐는 면도칼을 들고 그 뒤를 쫓아갔다. 그러나 그 칼을 고갱에게는 쓰지 않고 집으로 돌아와 자신의 귀를 잘랐다. 그 후 그는 "발작을 수반한 급성 정신 착란"이라는 진단과 함께 병원으로 실려 갔다. 2주 후 병원에서 퇴원한 고흐는 더욱 분노에 싸여 새벽부터 그림을 그렸고, 저녁에도 충혈된 눈으로 붓을 놓지 않았다. 또한 동생에게 46통 이상의 편지를 써서 육체적 고통과 정신적 괴로움을 토로했고, "영원히 변할 수 없는 것이 찰나적으로 베일을 벗는 것 같은" 순간과 "감격이 광기로 치닫는" 찰나에 대해서도 이야기했다. 가끔 그는 아무도 모르는 낯선 땅으로 떠날 생각을 하기도 했다.

1889년 2월 고흐가 술집에서 고래고래 고함을 지르고 그릇을 깨뜨리자 아를 주민 80명은 고흐가 공공질서를 해칠 위험한 인물이니 격리시켜야 한다는 진정서를 당국에 냈다. 얼마 뒤 고흐는 의사의 충고에 따라 생레미 정신 병원으로 들어갔다. 여기서 그는 동생에게 보낸 편지에서처럼 "말없는 분노" 속에서 그림을 그렸다. 그러다가 발작과 우울증으로 3주간 병석에 누워 있었고, 몸을 추스르자마 다시 붓을 들었다. 하지만 시간이 지나면서 간호사들에게 폭력을 휘두르고, 물감을 먹고, 악몽과 환각 증세를 보였다. 심지어 테레빈유까지 마시기도 했다.

그럼에도 고흐는 1년 뒤에 퇴원했다. 스스로 건강해진 느낌이 들자 그는 파리 근교의 오베르로 갔다. 그곳에는 친분이 있던 신경과 의사 가셰 박사가 예술가들을 위한 쉼터를 운영하고 있었는데, 고흐는 여기서 가셰 박사의 보살핌을 받으며 69일을 살았다. 그는 새벽 5시에 일어나 그림을 그렸는데, 어머니에게 보낸 편지에서는 "기계로 그리듯이 붓이 저절로" 움직인다고 썼고, 동생에게는 "이제 끝이라는 느낌이 든다. 내 계산서에 그렇게 적혀 있어"라고 썼다. 고흐는 69일 동안 그림을 82점이나 그렸다. 그중에는 정물화와 천체를 도는 별들, 초상화, 불타오르는 측백나무, 바람에 휜 집, 밀밭 위를 날아가는 죽음의 사자 같은 까마귀들이 있었다. 그는 염소 우리에 그림들을 말리려고 내놓았다가 나중에 헛간에 차곡차곡 쌓아 두었다. 그는 동생에게 이렇게 썼다. "내가 그리는 것이 내가 원래 하고 싶었던 것에 훨씬 못 미친다는 것을 생각하면 늘 끔찍한 양심의 가책을 느낀다."

1890년 7월 27일 고흐는 뙤약볕 속에서 들판으로 달려갔고, 까마귀를 쫓는다는 명분으로 빌린 권총을 꺼내 자신의 복부를 쏘았다. 그는 총에 맞은 몸을 질질 끌고 자신의 다락방까지 올라가서는 침대에 앉아 파이프를 피워 물었다. 신고를 받고 달려온 경찰에게는 이것이 자살이라는 점을 분명히 했다. 그로부터 이틀 뒤 고흐는 서른일곱 살의 나이로 생을 마감했다. 라파엘로와 같은 나이였고, 미켈란젤로 다 카라바조Caravaggio와 와토와도 비슷한 나이였다. 고흐는 죽기 2년 전 동생에게 이렇게 썼다. "난 그림을 그릴 권리가 있어! 그림을 그리느라 쓴 것이라고는 이 썩어 문드러진 육신밖에 없어."

고트프리트 벤Gottfried Benn은 말했다. "통계가 명백하게 증명하듯, 지난 500년간 탄생한 예술의 대부분은 정신 질환자, 알코올 중독자, 비정상적인 사람들, 방랑자들, 극빈자들, 신경과민 환자들, 퇴폐한 인간들, 기형적인 사람들, 그리고 폐병 환자들이 만들어 낸 것이다. 그게 그들의 삶이었다. 웨스트민스터 사원과 판테온 안에는 그들의 흉상이 있고, 두 건물 위에는 그들의 작품들이 있다. 세상의 영광과 빛으로 영원히 남을 완벽한 작품들이다."

# 15. 한때 니체라고 불렸던 폐인

> 나는 막 익숙해지기 시작한 내 운명이 다른 사람들에게 닥치는 것을 결코 바라지 않네. 운명에 익숙해졌다는 것은 내가 운명을 감당할 수 있다는 것을 이해하기 시작했다는 것이지.
> ―1881년 3월 24일, 에르빈 로데에게 보낸 니체의 편지

그가 말[馬]을 껴안았는지는 논란이 많다. 다만 그가 정신 병원으로 가기 직전인 1889년 1월 8일 팔꿈치로 피아노를 치고, 친구들 앞에서 알몸으로 춤을 춘 것에 대해선 누구도 토를 달지 않는다.

니체가 정신 병원에 들어가자 신학자들은 곧 '반反그리스도'의 저자가 신의 명백한 심판을 받았다며 쾌재를 불렀고, 심리학자들은 그의 글들에 담긴 지나친 대담함이 그에게 정신적으로 감당할 수 없는 부담을 안겼을 거라고 진단했으며, 철학자들은 시대의 탁월한 이단아이자 평화 교란자인 그를 더 이상 다룰 필요가 없게 된 것을 진심으로 기뻐했다. 니체의 철학이라는 것이 실은 지금 서서히 드러나기 시작하는 광기의 표현에 다름 아닌 것으로 판명되었다는 것이다. 오늘날까지도 니체 철학을 다룰 필요가 있는지에 대해선 종종 의문이 던져진다. 베니토 무솔리니Benito Andrea Amilcare Mussolini가 그의 저서를 읽고 감동했고, 히틀러는 그의 저서를 읽지는 않았지만 무솔리니

와 마찬가지로 니체의 예찬자가 되었기 때문이다.

그렇다. 니체의 저서에는 **군주 도덕과 초인, 금발의 야수**를 비롯해서 파시스트적 이데올로기의 주창자라면 누구나 쌍수를 들고 환영하고, 그들에게 악용할 여지를 제공할 매력적인 요소들이 있는 것이 사실이다. 니체가 후세에 남긴 8,000쪽 이상의 방대한 사상 체계에서 그런 요소가 차지하는 부분은 지극히 미미하지만 내용 면에서는 상당히 도발적이다. 생각해 보라. 니체와 더불어 얼마나 풍성한 관점들이 새로 탄생했고, 미개척지를 향한 과감한 돌진이 얼마나 숨 가쁘게 이루어졌는지! 토마스 만은 1929년 니체에 대해, 현대인들이 "자신들의 모든 사유와 욕망, 의견, 다툼 할 것 없이 전 영역에서 진정으로 숭배해야 할 압도적인 천재"라고 말했다. 작가 슈테판 츠바이크에게 니체는 지금껏 우리 곁에 존재한 "가장 명석하고 현학적인 정신"이었고, 마르크스주의 철학자 막스 호르크하이머Max Horkheimer에게는 "어쩌면 마르크스보다 더 위대한 사상가"이기도 했다. 니체를 아버지처럼 늘 걱정하던 야코프 부르크하르트는 이런 유명한 말을 남겼다. 니체는 "세상의 자유를 늘린" 인물이다.

누가 뭐래도 니체는 "비할 바 없는 거장"(발터 옌스)이었고, "루터 이후 가장 위대한 독일어의 천재"(고트프리트 벤)였다. 토마스 만은 이렇게 썼다. "독일어를 완성시킨 사람은 괴테와 니체였다."

이러한 평가를 토대로 깔고 서두의 질문으로 돌아가 보자. 니체가 토리노의 거리에서 과연 말을 껴안았을까? 그랬다면 그는 왜 그랬고, 우리는 왜 또 거기에 관심을 갖는 걸까? 사건 당일로부터 11년이 지난 뒤에야 토리노의 신문에 처음 실린 일화에 따르면, 1889년 1월 3일인가 4일인가 바젤에서 온 니체 교수가 마부에게 채찍질을 당하고 있는 말에게 달려가 목을 껴안더니 "형제"라고 말하고는 쓰러졌다고 한다. 이 감동적인 이야기에는 세 가지 해석이 있다.

1. 정신적 혼미 때문이든 학대받는 피조물에 대한 동정심 때문이든 니체가 **실제로** 말을 껴안았다. 어쩌면 그 순간에 니체가 숭배하던 도스토옙스키의 작품에 나오는 한 극적인 장면이 떠올랐는지 모른다. 라스콜리니코프의 꿈에 늙은 암말이 주인과 시골 청년 둘에게 채찍과 쇠막대로 죽도록 맞는다. 어린아이였던 라스콜리니코프가 피 묻은 동물 시체의 눈에 입을 맞춘다.

2. 혹자들은 니체가 말을 껴안았기를 **바랐다**. 세상은 일화를 좋아한다. 그것도 로마 카피톨리노 언덕의 거위들이나 한니발의 코끼리, 혹은 돈키호테의 말 로시난테처럼 동물이 개입되면 더더욱 그렇다. 독실한 기독교인들은 이 말의 일화를 두고 임종 시에 찾아올 니체의 개종으로 해석하고 싶어 한다. 볼테르나 하이네 같은 다른 위대한 무신론자들이 그랬다고 하는 것처럼 니체도 개종을 원했다는 것이다. 만일 기독교 윤리를 파괴하고 동정을 경멸한 사람이 삶을 마감하는 순간에 정신이 또렷해져서 아시시의 성 프란체스코처럼 변했다면 얼마나 위안이 되고 기적적이겠는가?

3. 혹자들은 니체가 말을 껴안지 **않았기를** 바랐다. 그런 생각이었다면 당연히 진실을 감추려고 노력했을 것이다. 막 시작된 니체의 세계적인 명성의 관리자를 자처한 그의 누이는 니체가 말을 껴안은 것을 초인으로 가는 길의 장애물로 생각했을 수 있다. 그녀는 오빠를 초인으로 만들려고 했기 때문이다.

증명된 것은 없다. 다만 이탈리아의 아나클레토 베레키아Anacleto Verrechia가 『차라투스트라의 종말Zarathustras Ende』이라는 연구에서 간결하게 정리했듯이, 설사 니체가 말을 껴안았다고 하더라도 그것이 "광기에 대한 직접적인 증거"는 될 수 없다. 그렇다면 이제 이 일화는 내버려 두고, 서서히 상승하는 광기가 어떻게, 그리고 얼마 정도나 '니체'라는 이름에 걸맞게 정신의 대담한 공중 줄타기에 관여했는지, 그 문제를 함께 생각해 보기로 하자.

니체가 머잖아 파멸할 것이라는 징후는 그의 마지막 저서인 『이 사람을 보라 Ecce Homo』를 비롯해서 1888년 10월 이후의 많은 편지들에 충분히 드러난다. 그런데 바로 그해 가을에 슈테판 츠바이크가 "창조적 생산의 역사에서 유일무이한 사건"으로 지칭한 일이 일어난다. "아마 단 한 명의 천재에 의해 그토록 짧은 시간에 그토록 많이, 그토록 집약적이고 지속적이고 과장되고 급진적인 방식으로 사유의 꽃이 피었던 적은 결코 없었다."

정신 병원으로 들어가기 넉 달 반 전인 1888년 8월 24일, 니체는 오버엥가딘의 한 초라한 농가에 살면서 "이 끔찍한 여름"과 불면증("밤 2시부터 사유에 빠져 있다")에 대해 하소연을 늘어놓았다. 그가 『우상의 황혼 Götzen-Dämmerung』을 쓰기 시작한 것도 바로 이날이었다. 그의 말을 빌리자면 호두 껍데기 속으로 자신의 철학을 집어넣었다고 하는데, 그는 이 작품을 가리켜 자신이 쓴 책들 가운데 "가장 꼼꼼한 원고"라고 지칭했다.

니체는 소크라테스 같은 현자들이 가진 문제를 다음과 같이 풀이했다. "어느 시대나 가장 지혜로운 사람들이 삶에 대해 내린 판단은 똑같다. 삶은 허망하다는 것이다. …… 언제 어디서나 사람들은 현자들의 입에서 똑같은 말을 들었다. 삶에 대한 의심과 우울과 권태로 가득 찬 소리를." 한때 사람들은 그에 대해 이렇게 말했다. 현인들이 모두 그렇게 말한다면 그게 진실이 아닐까? 이 물음에 대한 적절한 대답은 이렇다. 그건 진실이 아니라 뭔가 병이 든 것이다! "모든 시대의 현자들은 어쩌면 모두 더 이상 두 다리로 버티고 설 힘이 없어진 건 아닐까? 늙어서? 후들거려서? 타락해서? 지혜란 어쩌면 약간의 썩은 고기 냄새에도 열광하는 까마귀로 이 땅에 내려온 게 아닐까?"

그로부터 열흘 뒤인 9월 2일 95쪽 분량의 『우상의 황혼』이 완성되었다. 그런데 니체는 하루도 쉬지 않고 이튿날 곧장 **모든 가치의 재평가**를 시도하는 『안티크리스트 Der Antichrist』 제1권 집필에 들어갔다. "보라, 내가 엥가딘에서 본 가장 아름다운 이날을! 만 가지 색이 힘차게 빛나고, 호수와 하늘은 푸르디푸르고, 공기는 청명하고…… 전대미문의 이 완벽한 날." 서문에는 다음과 같이 쓰여 있다. "이 책은 극소수 사람들의 것이다. …… 모레나 내 것이 될 것이다."

9월 5일에서 12일까지는 진눈개비가 줄기차게 내리면서 엥가딘 호수가 범람했다. 그러나 창작의 열기는 무엇으로도 방해받지 않았다. 9월 9일 니체는 『우상의 황혼』을 퇴고하고 인쇄소로 원고를 보냈다. 며칠 후 그는 이렇게 기록했다. "요즘 독일에서 이렇게 쓰는 사람은 없다." 과대망상이 시작된 가운데에도 오늘날 우리가 공감할 만한 판단을 내리고 있는 것은 희한한 일이다.

9월 20일 엥가딘 호수의 범람으로 니체는 며칠 늦게 엥가딘을 떠나 토리노로 이주했다. 그는 이사 시간을 포함해서 원고를 시작한 지 27일 만에(9월 30일) 75쪽 분량의 『안티크리스트』를 탈고했고, 10월 4일에는 이 책을 가리켜 "역사상 가장 위대한 철학적 사건"이라 불렀다.

마흔네 번째 생일인 10월 15일 니체는 마지막 저서 『이 사람을 보라』를 쓰기 시작한다. 서문의 시작은 이렇다. "포도송이만 갈색으로 변하는 것이 아니라 만물이 익어 가는 이 완벽한 날에 햇빛이 내 삶 위로 쏟아져 내렸다." 그런데 바로 이어지는 각 장의 제목들을 보는 순간 불안해지기 시작한다. '나는 왜 이렇게 똑똑한가', '나는 왜 이렇게 지혜로운가', '나는 왜 이렇게 좋은 책들을 쓰는가', '나는 왜 하나의 운명인가'.

그러나 니체 자신은 이렇게 말했다. 이 책의 톤은 "내가 쓴 모든 것이 그렇듯 밝으면서도 재앙이 가득하다". 맞는 지적이다. 게다가 이 책엔 우아한 악의("아무리 영웅적인 기질의 강한 오장육부라고 하더라도 그 사기를 꺾는 데는 독일의 기후만으로 충분하다")와 우렁차게 울려 퍼지는 예언자의 태도("지구상에 결코 존재하지 않았던 전쟁들이 벌어질 것이다. 지상에서는 나로부터 비로소 위대한 정치가 시작될 것이다")가 담겨 있다. 또한 중간 중간에 슈테판 츠바이크의 표현을 빌리면 "다이아몬드 같은 투명한 정신"도 반복해서 나타난다. 츠바이크는 이 책의 기적을 다음과 같이 표현했다. "최고도의 명료함이 최고도의 도취를 몽유병적 상태처럼 동반하는 것은 기적이다. …… 아마 살아 있는 사람 중에서 그처럼 폭넓게, 그처럼 깨어 있는 상태로, 그처럼 완벽하게 현기증을 느끼지 않고 광기의 가장자리 너머를 명료하게 들여다본 사람은 없을 것이다."

100쪽 가량의 마지막 저서를 집필하던 3주 동안 니체의 편지에는 "고마움"과 "수확의 즐거움"이 곳곳에 울려 퍼진다. "모든 것이 한결 수월해지고, 모든 것이 잘되고 있다." "기분도 아주 좋고, 영양 상태도 좋다. 10년은 젊어진 것 같다." 그는 이런 가을을 맛본 적이 없었을 뿐 아니라 "매일이 말할 수 없이 완벽하다"라고 썼다.

니체가 완전히 쓰러지기 두 달 전인 11월 4일, 그의 표현을 빌리면 8월 24일부터 시작된 "괴물 책" 세 권 중에서 마지막 책인 『이 사람을 보라』가 완성되었다. 책의 탈고에 따른 기쁨의 과잉 현상이 나타났다면 그것은 일상에서 현실 관련성이 점점 사라지고 있다는 방증이기도 했다. 그는 11월 13일 이렇게 썼다. "나 자신의 문을 여는 방식이 있다. 이제껏 어디서도 경험하지 못한 방식이다." 나흘 뒤 그는 이탈리아 음식점에서 "최고의 식사"를 했다.

그와 동시에 자신의 위대함에 대한 과대망상도 최고조에 달했다. 자신이 "역사상 최초의 인간"이고, "2년 안에 전 지구가 경련을 일으킬 것"이라고 했다. 어쩌면 이것은 온 세상을 향해 엄청난 것을 말하려 하지만, 현실에서는 그 책의 인쇄비조차 본인이 직접 지불해야 하고 그러고도 수백 권 정도밖에 팔리지 않는 것에 만족해야 하는 한 인간의 절망적인 절규로 들린다.

12월 5일 니체는 『이 사람을 보라』의 교정본을 출판업자에게 보냈다. 사흘 뒤에는 『안티크리스트』에 대해 이렇게 적었다. "이 책은 기독교를 때려죽였고, 거기다 비스마르크까지 때려 죽여 버렸다." 같은 날 그의 몇 안 되는 숭배자 가운데 한 사람인 스트린드베리에게 이렇게 썼다. "나는 인류의 역사를 두 동강 내버릴 정도로 강하네." 역시 같은 날 썼지만 보내지는 않았던 편지에는 이렇게 적혀 있다. "늙은 신은 제거되었고 나 자신이 곧 세계를 통치할 것이네." 이런 와중에도 그는 피아노로 즉흥 연주를 한답시고 밤낮 없이 건반을 미친 듯이 두드려 대는 일이 잦아지면서 마음씨 좋은 주인집 부부까지 인상을 찌푸리게 했다.

12월 11일에는 "나는 왕자처럼 대접받고 있다. 어쩌면 내가 진짜 왕자일지도 모르겠다"라고 썼고, 12월 16일에는 "노점을 하는 아낙이 내게 제일 좋은 포도를 골라 주었다"라고 썼다. 그러더니 다음 날에는 갑자기, 오늘날에도 니체에 관한 글에서 자주 인용되는 문장이 등장한다. "아마 나는 몹시 고약하고 수상쩍은 사유의 세계들을 어느 누구보다 더 많이 알게 되었는지 모른다. 하지만 그것은 모험을 사랑하는 내 천성 때문일 뿐이다." 이것은 니체의 『즐거운 학문Die fröhliche Wissenschaft』에 나오는 전투적인 외침의 변형인데, 원본은 다음과 같다. "아니다! 삶은 나를 실망시키지 않았다! 해가 갈수록 삶은 더 진실하고, 갈망할 가치가 있고, 더 비밀스러워진다고 생각한다. 위대한 해방자가 나를 찾아온 날부터, 그러니까 삶은 의무도 재앙도 기만도 아닌, **인식하는 자의 실험**일 거라는 생각이 나를 찾아온 날부터."

12월 22일에는 세계적 명성이 더는 가까운 미래의 일로 전망되지 않고 이미 존재하는 것으로 간주되었다. "오늘날 내 이름만큼 큰 영예와 경외감으로 불리는 이름은 없다." 12월 26일에는 이렇게 썼다. "젊은 황제와 조정을 손에 넣기 전에는 다른 건 아무것도 가지지 않을 것이다." (그해 6월 15일에 빌헬름 2세가 스물아홉의 나이로 즉위했다.) 그 글에는 다음과 같은 주석이 달려 있다. "열 시간 동안 깨지 않고 잠을 잤다." 정신과 의사가 처방한 수면제를 먹은 것 같은데, 주인집 부부가 하루 날을 잡아 니체를 의사에게 데려간 것으로 추정된다.

12월 27일에는 갑자기 멋진 문장으로 아주 명쾌한 내용의 편지를 썼다. "우리는 에스프리esprit로 독일인들을 미치게 해야 한다." 이틀 후에는 "나는 때로 나 자신을 놀림감으로 만드는 악의와 오만함이 없지 않다"라고 썼다. 그날, 그러니까 12월 29일 니체는 생애 마지막으로 이성적인 행동을 했다. 『이 사람을 보라』를 아주 꼼꼼하게 최종 교정해서 그 무렵에 지은 시 「명성과 영원」과 함께 인쇄소로 보낸 것이다. 그 시에는 이렇게 적혀 있었다. "온 세상이 지불하는 명성이라는 이 동전 / 나는 장갑 낀 손으로 이 동전을 쥐고 / 구역질을 하며 발로 짓밟아 버린다." 그날 니체는 주인집 부부에게 자기 방이 "사원처럼" 보이도록 벽에 걸린 그림을 모두 가져가 달라고 부탁했다. 이탈리아 국왕 부처가 그를 방문할 예정이라는 것이다.

12월 31일에는 이렇게 썼다. "더 이상 우리 집 주소를 모르겠다. 그럼 잠정적으로 퀴리날레 궁전이라고 생각하자." 스트린드베리에게 보낸 편지를 보자. "나는 로마로 영주 회의를 소집하라고 명령했고, 젊은 황제를 총살시키려고 하네." 편지의 서명자는 "니체 카이사르"였다. 그렇게 1888년이 저물었다.

1889년 1월 1일 니체는 길을 가다가 생판 모르는 사람에게 말을 걸어 "나는 신이다" 혹은 "나는 토리노의 전제 군주이다"라고 말했다. 1월 3일에는 이렇게 썼다. "나는 방금 내 제국을 수중에 넣었고, 교황을 감옥에 처넣고 빌헬름과 비스마르크, 아돌프 슈퇴커Adpolf Stöcker[1]를 총살시켰다." 니체가 말의 목을 껴안은 것도 아마 1월 3일이었을 것이다. 이날부터 주인집 부부가 그를 방 안에 붙잡아 두었다고 한다.

그런 그가 1월 4일 하루에만 그 방에서 편지를 열세 통이나 썼다. 그중 하나는 이탈리아 왕 움베르토 1세Umberto I에게 보낸 것이다. 그런데 편지 일곱 통은 서명자가 "디오니소스Dionysos"로, 여섯 통은 "십자가에 처형된 자"로 기재되어 있었다. 그중 한 편지에서는 찬가의 열기가 뜨겁게 타오른다. "세상이 행복한 모습으로 바뀌니 온 하늘이 기뻐하는구나." 하지만 대부분의

---

[1] 베를린의 지독한 보수주의자로 반유대주의적 기독교 정치인.

글은 "내가 원래 세상을 창조했다는 사실이 최종적으로 확인된 이후……" 같이 저급한 수준으로 떨어진다.

이 글들은 훗날 종교적 정신 착란 속에서 굶어죽은 고골이 1835년에 쓴 『광인 일기Zapiski sumassbedshego』를 연상시킨다. 이 작품의 일인칭 주인공은 감시자들에게 자신을 스페인 왕 페르디난드Ferdinand라고 소개하는 바람에 매질을 당하고 찬물을 뒤집어쓴다. 주인공은 어머니에게로 도망치고 싶어 한다. "아, 사랑하는 어머니, 불쌍한 아들을 구해 주세요! 제 아픈 머리에 당신의 눈물을 떨어뜨려 주세요! 저들이 이 아들을 어떻게 괴롭히는지 보세요! 불쌍한 자식을 어머니의 품에 안아 주세요! 온 세상에 기댈 곳 하나 없는 아들이에요." 니체에게는 다행히 그런 귀향이 허락되었지만, 그 상황은 끔찍했다.

1889년 1월 5일 연상의 친구이자 후원자였던 야코프 부르크하르트에게 쓴 편지가 니체 생애의 마지막 편지였다. "친애하는 교수님, 생각해 보니 저는 신보다 바젤 교수가 더 나았던 것 같습니다. 하지만 사적인 이기심만 추구할 수는 없는 법이지요." 그러고는 마지막 농담을 한다. "저는 다음 영겁의 시간에도 썰렁한 농담이나 해야 할 운명이니……" 이 편지에는 추신도 있다. "저는 가야바[2]를 쇠사슬에 묶었습니다. 그리고 저 또한 작년에 독일 의사들에 의해 아주 지루한 방법으로 십자가에 매달렸습니다. 빌헬름, 비스마르크, 그리고 모든 반유대주의자들은 제거되었습니다. 바젤 사람들에게 저의 위신을 깎아내리지 않는 한 이 편지를 마음대로 사용하셔도 됩니다." 이것이 지상에서 그의 마지막 걱정이었다.

1월 6일 일흔 살의 야코프 부르크하르트는 아연한 얼굴로 이 편지를 들고 허겁지겁 바젤 대학의 신학과 교수이자 니체의 오랜 벗인 프란츠 오버베크Franz Overbeck를 찾아가 당장 토리노로 떠날 것을 당부한다. 오버베크는 망설

---

2 예수를 심판하여 사형을 결정한 유대의 대제사장.

였지만, 친분이 있는 정신과 의사가 니체의 편지를 보고 명확한 진단을 내리자 생각을 바꾸었다. 그는 1월 7일 저녁에 출발해서 8일 정오 무렵에 니체의 집에 도착했다.

오버베크는 "니체를 다시 만났을 때의 끔찍한 순간"을 이렇게 묘사했다. 지독하게 쇠약해진 몰골로 소파 구석에 웅크리고 있던 니체는 오버베크를 보자마자 달려들어 울음을 터뜨렸고, 곧 경련을 일으키며 다시 소파에 쓰러졌다. 그러자 주인집 부부가 책상 위에 항상 올려 두는 브롬수水를 니체의 입속으로 흘려보냈다. 안정을 찾은 니체는 웃음을 지어 보였고, 이날 저녁을 위해 준비했다는 성대한 환영 파티에 대해 이야기했다.

그런 다음 이런 일이 일어났다. "그는 피아노 앞에 앉아 큰 소리로 노래를 부르고 발광을 했으며, 극도로 흥분한 상태에서 자신이 마지막으로 빠져 있던 정신세계의 편린들을 마구 쏟아 냈다. 그러고는 이루 말할 수 없이 장중한 어조로 죽은 신의 후계자인 자신이 얼마나 숭고하고 얼마나 멀리 내다보는지, 그리고 자신에게 얼마나 전율적인 일들이 일어나는지 짧은 문장들로 이야기했다. 마치 구두점을 찍듯이 딱딱 끊어 가면서", 아니면 "팔꿈치로 건반을 미친 듯이 두드리면서". 그런데 "누구도 따라오지 못할 표현의 거장이었던 그가 기쁨에 겨운 황홀함조차 지극히 통속적인 표현으로 말하거나, 아니면 그저 껑충껑충 뛰거나 요상한 춤으로밖에 재현하지 못했다". 오버베크가 친구들에게 덧붙인 말에 의하면 니체는 "고대 비극의 토대가 되는 성스러운 광란의 개념을 아주 끔찍한 방식으로 재현"했다고 한다. 다시 말해서 니체가 오버베크 앞에서 벌거벗고 미친 듯이 춤을 춘 것이다.

그런데 이 미친 남자를 어떻게 바젤로 데려가야 할까? 게다가 니체를 데려가야 할 신학자 오버베크는 소심한 성격에다 패닉 상황에 아주 민감한 사람이었다. 다행히 토리노의 독일 영사가 레오폴트 베트만Leopold Bettmann이라는 인물을 주선해 주었다. 치과 의사 수련을 받다가 정신과로 진로를 바꾼 인물인데, 실제로 정신과 의사로서 탁월한 역량을 유감없이 발휘했다. 니체가 자신의 침대와 방을 떠나지 않으려고 하자 베트만은 그를 위해 축제가 준비되어 있다는 말로 달랬고, 그제야 니체도 옷을 갈아입었다. 세 사람이 집을 나서기 직전 니체는 집주인 아저씨에게 나이트캡을 기념으로, 혹은 다시 돌아온다는 증표로 달라고 간청했는데, 그것을 받아 머리에 쓰고는 바젤에 도착할 때까지 벗지 않았다.

망사형의 나이트캡을 머리에 쓴 니체는 당연히 기차역에서 남의 이목을 끌 수밖에 없었다. 게다가 그는 보는 사람마다 끌어안으려고 했는데, 베트만이 그런 행동은 위대한 군주에게 어울리지 않는다고 속삭이자 그제야 그도 포옹을 그만두었다. 기차에서 베트만은 다른 여행객들이 겁을 먹고 접근하지 못하도록 니체의 입에다 혐오스런 모조 치아를 끼웠는데, 그 작전은 총 열일곱 시간이 걸린 기차 여행에서 대성공을 거두었다. 물론 니체는 강한 수면제를 먹고 계속 잠을 잤다. 고트하르트 부근에서 잠이 깬 그는 오버베크의 전언에 따르면 나이트캡을 쓴 채 자신의 시 「곤돌라의 노래」를 "아주 독특한 멜로디"로 불렀다고 한다.

얼마 전 어슴푸레한 밤
다리 위에 서 있었어.
멀리서 노랫소리가 들렸지.
황금빛 물방울이
떨리는 수면 위로 솟아올랐어.
곤돌라, 등불, 음악이
취한 듯 황혼 속으로 흐르고……. 

내 영혼은 보이지 않는 손에 의해
악기를 타듯 절로 선율이 되어 나오고
그에 맞춰 남몰래 곤돌라의 노래가 흐른다.

눈부신 환희에 떨며.
누가 이 환희의 노래를 들을까?

바젤에 도착하기 직전 베트만은 멍하게 앉아 있던 니체에게 설명했다. "당신은 군주입니다. 역에는 많은 군중이 당신을 기다리고 있습니다. 인사는 하지 말고 그냥 그들 곁을 지나서 대기 중인 마차에 오르십시오." 그의 말대로 되었다. 니체는 기꺼이 병원으로 들어갔고, 병원 직원들에게 "나는 착한 그대들을 위해 내일 아주 멋진 날씨를 줄 것"이라고 약속했다. 그러고는 베트만에게 기분은 "대단히 좋지만" 8일 전부터 두통이 있고, 가끔 "거리에서 만나는 사람들을 껴안고 키스했으면 좋겠다"라고 말했다. 이것 말고도 니체는 병원에서 때로는 아주 들뜬 상태로, 때로는 고함을 지르고 손짓 발짓을 하며 한 주를 보냈다. 또한 여러 번 재킷을 바닥에 던져 놓고 그 위에 눕기도 했는데, 강렬한 식욕만은 항상 일정하게 유지되었다.

1월 14일 그의 어머니가 바젤에 도착했다. 아들은 어머니를 뜨겁게 껴안으며 소리쳤다. "아, 사랑하고 착한 내 어머니!" 그러나 잠시 분별 있는 대화가 오고 가는가 싶더니 이내 아들이 어머니에게 이렇게 호통 쳤다. "내 속에서 토리노의 군주를 보라!" 그 다음부터는 다시 말도 안 되는 소리들이 그의 입에서 흘러나왔다.

사흘 뒤 니체는 어머니와 다른 두 사람과 함께 예나로 출발했다. 오버베크는 니체가 가면을 쓴 것처럼 무표정한 얼굴로, "서두르지만 덜덜 떠는 걸음걸이로" 말없이 역까지 갔다고 기술했다. "불쌍한 니체를 정신 병원으로 보내는 것보다 차라리 목숨을 빼앗는 것이 진정한 우정일지 모른다. 솔직히 나는 그가 곧 죽기만을 간절히 바랄 뿐이다. …… 니체는 끝났다!"

프랑크푸르트에 도착하기 직전 니체는 다시 한 번 광란의 발작을 일으켰다. 깜짝 놀란 어머니는 아들의 얼굴을 쓰다듬고, 햄을 넣은 빵을 먹여 주었다. 니체는 수없이 인사를 하면서 예나의 병원에 들어섰고, 훌륭한 영접에 감사를 표했다. 당시의 환자 일지에는 니체에 대해 언어 강박과 관념 분일3 증세가 보인다고 적혀 있다. 니체는 주로 유창한 프랑스 어나 서툰 이탈리아 어로 말했고, 이따금 자신이 직접 작곡한 노래를 부르기도 했다.

1889년 2월에서 9월까지 니체는 광기에서 비롯되는 고통과 괴로움을 모두 겪었다. 창문을 부수고, 다른 환자들을 걷어차고, 남의 등을 껑충 뛰어넘고, 침대 밑에서 잠을 자고, 똥을 먹고 오줌을 마셨다. 또한 의사들의 이름을 죄다 기억했고, 자신을 '쿰버란트 공작'이라고 불렀다.

아들이 조금 안정된 상태에 있을 때만 면회가 허락된 어머

**니체와 그의 어머니 프란치스카** 어머니가 아들을 집으로 데려가는 모습이다. 니체가 마흔다섯의 나이로 일찍 교수직에서 은퇴하고 정신 착란에 빠지자 어머니는 세상을 떠나기 전 7년 동안 아들을 보살펴 주었다. 니체는 어머니를 "나의 사랑하고, 사랑하는 어머니"라고 부르면서 손등에 입을 맞추었고, 어머니는 아들을 "내 사랑 프리츠"라고 부르며 꿀을 바른 빵을 먹였다. 영웅이었던 아들의 슬픈 귀향을 이렇게 가슴 아프면서도 다소 반가운 마음으로 받아들인 어머니도 있다고 토마스 만은 썼다.

니는 이렇게 썼다. "착한 아이는 나를 보고 급히 달려와 '사랑하고 사랑하는 내 어머니!'라고 반갑게 인사하더니 내가 가져간 꿀 바른 빵을 맛있게 먹었다. 하지만 중간 중간에 비스마르크에 관해 말했다." 니체는 어머니에게 건네준 공책에다 알아볼 수 없는 글귀 외에 다음 몇 문장을 적었다. "너

---

3 여러 가지 관념이 빠르게 떠올라 생각이 일정한 방향을 잡지 못하고 혼란스럽게 뒤엉킨 상태.

는 너무 빨리 달렸어. 네가 피곤해진 지금에야 행복이 뒤늦게 너를 쫓아오고 있어." 이 글에 대해 어머니가 이렇게 주석을 달았다. "그랬다. 그 아이는 평생 너무 빨리 달렸다. 사랑하고 사랑하는 내 아이."

1890년 가을 니체는 진정 국면에 접어들었다. 몇 분간이지만 언어의 마술사였던 니체는 정신의 어둠에서 번쩍 깨어났다. 예나 대학의 정신과 교수 오토 빈스방거Otto Binswanger는 학생들을 데려가 환자에게 자신의 삶을 이야기해 달라고 청했다. 그런데 니체의 입에서 흘러나온 이야기에 청중들은 깜짝 놀랐다. 아름다운 목소리와 매력적인 강연, 대담한 언어 조합, 기교 넘치는 대조법에 모두들 흠뻑 빠진 것이다. 그 자리에 함께 있던 진코비츠Sinchowitz 박사는 "나는 그렇게 말하는 사람을 한 번도 본 적이 없다"라고 말했다. 하지만 "그는 말을 하던 도중에 생각의 끈을 놓쳤고, 곧바로 침묵에 잠겼다".

1890년 3월 24일 니체는 어머니의 강력한 요구에 따라 이제부터는 어머니가 개인적으로 보살피기로 했다. 어머니는 죽을 때까지 7년 동안 니체를 돌보았는데, 이로써 고골의 작품에서는 광인이 아무리 기다려도 오지 않은 행복을 니체는 누릴 수 있었다. 어머니는 날씨가 어떻든 하루에 두 번씩 아들과 함께 반드시 산책을 나갔고, 늘 "사랑하는 내 프리츠"라고 불렀다. 어머니가 책을 읽어 주면 아들은 어머니의 손에 입을 맞추었다. 간혹 니체는 책의 페이지와 몇 구절을 기침이 나오고 얼굴이 벌게질 때까지 큰 소리로 읽었다. 어머니가 그런 아들을 나무라면(당연히 장난이었다) 아들은 "엄마, 왜 그래요?" 하고 겁에 질려 말했다. 니체는 피아노를 칠 때만 가끔 예전의 뛰어난 솜씨를 보였는데, 때로는 몇 시간이고 즉흥 연주로 승리의 찬가를 부르기도 했다.

당시 어머니는 자신의 마음을 이렇게 표현했다. "그 아이는 여전히 항상 어루만져 주고 싶은 사랑스런 환자였다. 실제로도 자주 어루만져 주었는데, 그러면 아이는 무척 좋아하는 것 같았다. …… 내 마음은 언제나 이 사랑스런 아이를 **이렇게라도 돌보게 해 준** 자비로운 신에 대한 진심 어린 감사로 가득 차 있다." 그녀의 조카는 7년 가까이 아들을 보살펴 온 어머니의 심정을 이렇게 묘사했다. 마지막 크리스마스였다. "그날 저녁 그녀는 하나같이 고집 센 외톨이들인 자식들을 따스한 아늑함으로 가득 찬 자신의 작은 세계로 불러들인 것에 승리의 기쁨을 느끼는 것 같았다.

이처럼 어머니가 느끼는 진심 어린 감사와 승리의 기쁨이 토마스 만을 사색에 젖게 한 모양이다. 그는 『파우스트 박사』에서 (니체를 연상시키는) 정신 착란에 빠진 아들의 귀향을 어머니의 진정한 승리로 묘사

**광인 니체** 튀링겐의 나움부르크에 있는 부모님의 집 정원에서 찍은 모습이다. 니체는 지적 장애 상태로 세상에 적대감을 보이며 말없이 11년을 더 살았다. 그는 때로 시끄러운 소리로 책을 몇 줄 읽었고, 초기에는 피아노로 즉흥곡을 연주하면서 알아들을 수 없는 승리의 찬가를 불렀다. 그사이 니체의 명성이 높아지자 누이는 바이마르에 집을 구입해서 광인이 된 오빠를 그 집으로 옮겨놓고, 사람들을 위해 전시해 놓았다. 니체가 죽기 3년 전의 일이다.

했다. "자신의 근원을 대담하고 반항적으로 박차고 나간 정신이 아찔할 정도로 높이 세상 위를 날다가 떨어져서 어머니의 품으로 다시 돌아오는 것보다 소름 끼치게 감동적이고 가련한 일은 없을 것이다. 나는 …… 이 어머니가 온갖 한탄에도 불구하고 아들의 비극적인 귀향을 내심 만족스럽게 받아들이고 있다고 확신한다. 어머니에게 영웅적인 아들의 이카로스 비행, 즉 모성의 품을 벗어나 남자로서 세상을 향해 위험한 모험을 감행한 것은 근본적으로 죄악에 물든 이해할 수 없는 탈선이다. ……이 어머니는 모든 것을

용서하며 끝없이 추락하고 파괴된 '불쌍하고 사랑하는 자식'을 다시 품 안으로 받아들인다. 아들이 과거에 자신의 품을 벗어나지 않았으면 더 좋았을 거라고 굳게 믿으면서."

1897년 부활절에 어머니가 세상을 떠나자 한때 '프리드리히 니체' 라고 불렀던 폐인은 바이마르로 옮겨진다. 아르놀트 츠바이크Arnold Zweig가 "암염소"라고 지칭한 니체의 누이가 점점 늘어나는 오빠의 인세 수입으로 그곳에 빌라를 구입한 것이다. 니체가 세상을 떠나기 3년 전의 일이다. 누이는 그 집 안에 니체 자료 보관소를 만들었고, 음악의 밤을 개최했다. 그런 모임에 가면 적대적인 눈빛으로 말없이 휠체어에 웅크리고 앉아 있는 정신 착란증 광인을 볼 수 있었다. 그것도 누이가 입혀 준 흰옷을 입고 있었다. 누이는 오빠의 삶에서 자신이 차지하는 비중을 키우려고 편지를 위조했을 뿐 아니라 오빠의 명성에 걸림돌이 될 편지들은 모두 없애 버렸으며, 오빠의 병에 대해서도 매독에 걸렸다는 소문을 잠재우고 원래 정신병자의 아들이었다는 오점을 씻기 위해 그럴 듯한 다른 이유를 만들어 내려고 애썼다.

그러나 35년 동안 지속된 고통의 증상은 너무나 뚜렷했다. 니체는 스물한 살에 갑자기 바늘로 찌르는 것 같은 극심한 두통을 호소했고, 서른 살부터는 위경련과 구토, 현기증 발작, 편두통, 안구통 같은 만성 통증이 시작되었다. 서른다섯 살 때인 1879년에는 "나는 곧 눈이 멀지 않으면 죽을 것"이라고 썼다. 바젤 대학의 교수직을 포기한 것도 그 무렵이었다. 1881년에는 병이 최악의 상태에 이른 것과 동시에 전환점이 찾아왔다. 언어 장애가 추가된 것과 동시에 사흘간 밤낮없이 구토에 시달린 끝에 니체는 1881년 3월 24일 이렇게 썼다. "지금 벌써 내가 높은 언덕에 서서 제노바를 굽어보는 것 같은 순간들이 있다. 그 옛날 콜럼버스가 여기 서서 바다와 미래를 향해 보냈던 그런 눈빛과 감정으로 말이다."

이때부터 시작된 창작의 도취 상태는 1888년 11월까지 지속되었다. 긴 산책과 직접 개발한 식이 요법, 강제적 의식같이 거행되던 거주지 이전, 그리고 새로운 발작으로 중단되기도 했던 이러한 창작 열기는 점점 커져 가는 고독의 대가나 다름없었다. 1886년에 니체를 만난 에르빈 로데Erwin Rohde는 그가 "마치 아무도 살지 않는 나라에서 온 사람처럼" 낯설게 느껴졌다고 이야기했다.

당시든 오늘날이든 거의 모든 정신과 의사들의 판단에 따르면 1889년에 나타난 증세는 매독의 말기 단계인 진행성 마비였다. 니체는 1865년 혹은 1866년에 쾰른이나 라이프치히에서 대학을 다닐 때 당시까지는 아직 불치병이었던 매독에 걸린 것으로 보이는데, 매독이 말기에 이르면 '마비'라는 육체적 증상 외에 과대망상과 관념 분일, 자기 학대 같은 정신병적 증세도 함께 나타난다고 한다. 1964년 독일계 미국 정신과 의사 클레멘스 벤다 Clemens Benda는 니체에 대해 이렇게 썼다. "어떤 정신 분열증 환자도 한 시기에 그렇게 많은 세계 속에서 살지 않았고, 다른 어떤 질병도 그토록 끔찍한 파괴의 스펙트럼으로 나타나지는 않는다."

물론 의학적으로 반론이 제기되기도 한다. 매독이라는 확증도 없고, 설명도 미진하다는 것이다. 니체가 유전병이었을 가능성을 배제할 수 없기 때문이다. 니체의 아버지는 서른다섯 살에 '뇌연화'(다소 애매한 진단이다)로, 남동생은 두 살 때 뇌졸중으로 죽었다.

니체를 성인聖人으로 만드는 데 혈안이 된 누이는 오빠가 과로와 수면제 남용으로 뇌가 마비되었다는 개인적인 해석을 강하게 퍼뜨렸다. 그것 말고도 니체의 광기가 내적인 필연성에서 비롯되었다는 주장은 지금도 계속 이어지고 있다. 예컨대 니그는 이렇게 말했다. "그런 일을 한 사람이 신의 축복 속에 평온하게 노년을 보낼 수는 없었을 것이다." 토마스 베른하르트 Thomas Bernhard는 정신적 능력이 끊임없이 증가하는 천재들은 그 능력을 계속 창밖으로 내던질 수밖에 없는데, 언젠가 머리가 그것을 더 이상 견디지 못하면 폭발해 버린다고 했다. "니체의 머리도 그렇게 폭발했다."

매독을 일으키는 스피로헤타 병원체 때문에 미쳤든 아니면 다른 요인으로 미쳤든, 니체만큼 "강한 의심으로 세계를 들여다본" 사람은 없었고, 니체만큼 "격하고 자극적이고 유연하고 다채롭게" 독일어를 사용한 사람도 없었다. 이것은 니체 자신이 한 말이다. 그런데 스스로를 분석하는 맑은 눈과 자신의 세계적 명성을 예견한 선견지명에서도 그를 따라올 사람이 없었다. 야코프 부르크하르트는 니체가 보여 주는 "정신의 자유로운 충만감"에 늘 놀라워했고, 처음으로 해설이 달린 니체 전집을 발행한 이탈리아의 독문학자 조르조 콜리Giorgio Colli는 1974년에 이렇게 총평을 내렸다. "그의 목소리는 현재의 다른 목소리를 모두 압도한다. 그의 사유의 명확함은 다른 모든 사고를 무디게 보이게 한다. …… 인식과 삶의 광장에서 권위적 군주를 인정하지 않는 사람들조차도 유일하게 예외로 간주하는 인물이 바로 니체이다."

만일 니체에게 광기가 나타나지 않았으면 어땠을까? 끔찍할 뿐이다. 니체의 광기는 어쩌면 토마스 만의 소설에 나오는 파우스트 박사가 천재가 되기 위해 유곽을 찾는, 그런 황당하고 어이없는 일과 비슷할지 모른다.

# 16 오만과 자만은 위대한 작품의 보약이다

> 나는 침대에서 내 작품 『울리히와 브리기테』를 읽고 나의 위대한 예술에 가슴 깊이 감동했다. 단언코 말하건대 이것은 수백 년 이상 살아남을 작품이다. 이런 작품의 창작자에게 반기를 드는 것은 자기 자신에게 유죄판결을 내리는 것이나 마찬가지다.
> —카를 슈테른하임(1878~1942: 독일 극작가), 1904년에 쓴 한 편지

"푸들과 농담을 했다." "캐시미르 조끼를 입고 아침을 먹었다." "계란 두 개 중에서 하나는 흰자가 없었다." 토마스 만이 자신의 사후 20년이 되기 전에는 공개하지 말라고 단단히 이르며 건넨 일기에는 이런 내용이 무수하다. 본인이 직접 쓴 7,000장의 이 일기는 총체적인 자화상의 기념비라 할 만하다. 1945년 8월 7일에는 어떤 일이 언급되어 있을까? "흰 양말과 컬러 셔츠를 사려고 웨스트우드에 갔다. 원자의 폭발력을 이용한 폭탄으로 일본을 향한 첫 공격이 감행되었다."

이런 것들 외에 심리적 공포와 신경 불안정, 불면증, 너무 메마른 발톱, 가벼운 편도선, 만성 변비로 인한 고통을 기록한 메모도 무수하다. 그는 자신이 실제 앓고 있는 병뿐 아니라 상상으로 만들어 낸 병과 미래의 병에 대한 두려움까지 토로했고, 후세에 이 세 가지를 모두 알려야 한다고 생각했다. 이것은 토마스 만이 실러의 말을 빌려서 표현했듯이 지극히 무분별한

"자아에 대한 열정"이었다. 또한 『바이마르의 로테 Lotte in Weimar』에서는 괴테의 입을 빌려 이렇게 독백하고 있다. "그래, 자기중심적이야! 자연의 목표, 요체, 완성, 숭배를 아는 사람이, 그리고 자연이 온갖 번다함을 마다하지 않고 이끌어 낸 최고 결과와 최종 결과를 아는 사람이 자기중심적이면 안 된다는 말인가!"

실제로 만년의 추밀 고문관 괴테를 방문한 사람들은 그의 냉담한 오만함과 견디기 어려운 자기도취에 무척 당황했다고 한다. 장 콕토 Jean Cocteau 는 위고의 자기 경탄을 이렇게 조롱했다. "빅토르 위고는 과대망상이었다. 자기가 마치 빅토르 위고라도 되는 것처럼 행동하고 있었다." 미켈란젤로의 광기는 경멸조의 오만함과 고약한 인색함, 하인들에 대한 비인간적인 대우와 함께 나타났다. 볼테르는 주변 사람들에게 끊임없이 자신의 지적 우월감을 과시했는데, 특히 불쌍한 루소에게 그랬다. 물론 루소도 자신의 고향 제네바에 극장이 세워지는 것을 막으려고 애썼다. 그 극장에서 볼테르가 열렬한 찬사를 받는 것이 보기 싫었기 때문이다. 오노레 드 발자크 Honoré de Balzac 는 자신의 소설 『올빼미 당원 Les Chouans』에 대해 이렇게 썼다. "정말 훌륭하기 짝이 없는 작품이다. …… 제임스 페니모어 쿠퍼 James Fenimore Cooper 와 월터 스콧 Walter Scott 의 모든 것이 이 안에 담겨 있을 뿐 아니라 두 사람에게 부족한 열정과 정신까지 여기에 있다." 톨스토이는 자신의 『전쟁과 평화』에 이런 찬사를 보냈다. "괜한 겸손 같은 건 빼고 말하면 이것은 일리아스 같은 작품이다." 동료 작가 투르게네프는 톨스토이를 가리켜 "지극히 도덕적이면서 동시에 별로 호감이 가지 않는 인물"이라고 말했다.

셰익스피어의 성격이나 태도에 대해서는 알려진 것이 거의 없지만, 그가 상당수의 소네트를 바친 미지의 친구이자 후원자에게 자신의 펜이 친구의 이름을 길이 남게 할 거라고 장담한 대목은 지금도 전해 내려온다. 그것도 한두 번 그런 것이 아니다. 대체적인 내용은 이랬다. "아무도 더 이상 숨을 쉬지 않는 시대가 와도 친구는 대리석과 금보다 더 오래 살아남을 것이다.

그(셰익스피어)의 시는 시대의 매서운 칼날도 비켜 갈 것이기 때문이다." 이 말의 변형된 표현 중에는 자부심으로 가득 찬 호라티우스의 문장도 있다. "나는 청동보다 더 오래갈 내 기념비를 세웠다."

토마스 만은 생판 모르는 남들도 자신을 알아보고 감탄해 줄 것을 **바라기까지** 했다. 1934년 증기선 '볼렌담Volendam'의 갑판에서 그가 적은 글을 보자. "나를 알아보지 못하는 전반적인 분위기에 수치심을 떨쳐 버릴 수 없다. 선장도 내게 전혀 관심을 보이지 않는다." 자기 같은 대작가를 대접해 주지 않는 사람들은 부끄러워해야 한다는 것이다. 토마스 만의 아들 클라우스 만Klaus Mann은 아버지가 점점 외형적인 인사치레에만 의존하는 것을 보는 것이 고통스럽다고 일기에 썼다. 시간이 갈수록 아버지 주위에는 "괴테를 떠올리게 하고, 아버지조차 우울한 기분으로 조롱했던 군주의 씁쓸한 분위기"가 생겨나고 있다는 것이다.

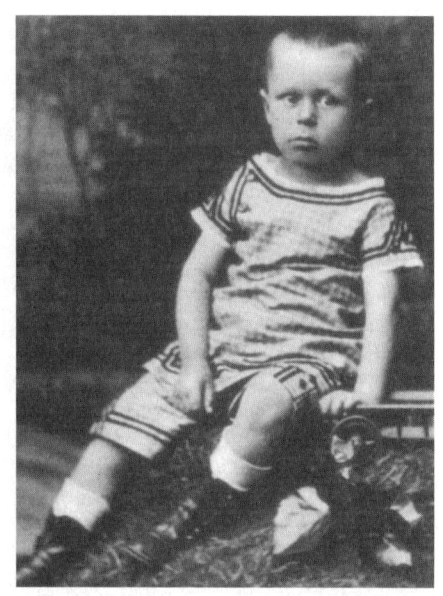

**토마스 만** 네 살 때의 모습. 특별히 영리해 보이지 않는다. 물론 나중에 어른이 된 모습도 문학적 거장과는 별로 어울리지 않는다. 그건 토마스 만 숭배자들도 인정한다. 대개 천재의 외모는 실망스럽다.

우리가 알고 있듯이 많은 작곡가들의 자화자찬은 뻔뻔하기 이를 데 없다. 혹시라도 겸손한 인물이 등장하면 음악가들은 그가 지휘나 할 수 있을지 의문을 품을 정도이다. 이고리 스트라빈스키Igor Fëdorovich Stravinsky는 세계 최고의 작곡가를 묻는 질문에 조금도 망설이지 않고 "나"라고 대답했다. 본인도 작곡을 하는 입장에서는 그렇게 말하기가 쉽지 않았을 텐데 말이다. 황제

같은 자태 때문에 "클렘페뢰르"라고 불렸던 오토 클렘페러Otto Klemperer는 1954년 12월 31일에 유명한 말을 남겼다. "빌헬름 푸르트뱅글러Wilhelm Furtwängler가 죽고, 클레멘스 크라우스Clemens Heinrich Krauss까지 죽었다. 아주 좋은 한 해였다."

베토벤과 관련해서 퍼져 있는, 화내는 거장의 일화들은 사소한 부분까지 그의 실제 모습과 일치한다. 그는 하인을 때렸고, 식당 종업원의 얼굴에 음식을 집어던졌으며, 테플리체에서 산책하다가 황후 일행을 만났을 때는 얼굴을 찌푸렸고(반면에 괴테는 정중하게 인사하면서 옆으로 비켜섰다), 자신의 악보에 불평을 털어놓는 음악가에게는 이렇게 호통 쳤다. "그 한심한 친구는 내게 음악의 신이 내릴 때 내가 자기 바이올린 파트까지 생각해야 한다고 믿나 보지?" 베토벤은 자신의 대화록에 다음과 같이 적었다. "우리 시대에는 음흉하고 비천하고 작은 것에 중독된 인간들을 채찍질하는 강력한 인물들이 필요하다." 베티나 브렌타노Bettina Brentano는 1810년 오케스트라 앞에 선 베토벤의 포즈를 보고 괴테에게 이렇게 썼다. "어떤 황제와 왕도 그만큼 자신의 권력을 확신하고, 모든 힘이 자신에게서 비롯된다는 것을 확고하게 깨닫지는 못할 거예요. …… 그런 인물이 나중에 완성되면 세계 지배자로 등극하게 될 거라는 건 누구나 예측할 수 있어요."

앞서 보았듯이 위정자와 장군들의 직업병인 '카이사르 망상'은 그들에게만 국한된 것이 아니었다. 물론 일부 공개적인 자기 과시에는 자신에 대한 조롱이 약간 개입될 수도 있고, 또 상궤를 벗어난 자기 과시가 오히려 자신의 명성을 높이는 데 도움이 될 거라는 계산속이 있을지도 모른다. 이러한 의심은 39장에서 다룰 텐데, 와일드나 달리처럼 수상쩍은 인물들이 주로 그 대상이다. 베를린의 에세이스트 루트비히 마르쿠제Ludwig Marcuse는 아주 영리하게 물었다. 자기 칭찬은 왜 "악취를 풍길까?" "하지만 그 칭찬이 틀리지 않다면? 더구나 니체가 『이 사람을 보라』에서 자기 찬가를 부른 것처럼 그게 진실이라면?" 마르쿠제 역시 자기 칭찬을 하기엔 너무 소심한 인간이라는 후대의 평을 듣고 싶지 않은 모양이었다. 그는 계속 이렇게 썼다. "나는 내 용기를 증명하고 내 작품도 찬양하고 싶다."

그런데 위대한 남자들이 격에 맞지 않게 자신과 의견이 다르다는 이유로 정색을 하고 남을 공격하는 것은 더 고약하다. 갈릴레이는 케플러를 그렇게 욕했고, 뉴턴은 라이프니츠를 형언할 수 없는 오만함으로 닦아세웠다. 한때 많은 사람의 경탄을 받았던 철학자 요한 고틀리프 피히테Johann Gottlieb Fichte는 자신의 '지식학' 저서를 비판하는 사람들에게 그 책을 이해할 때까지, 혹은 가능할지는 모르겠지만, 그 책을 반박할 수 있을 때까지 읽어 보아야 한다고 맞받아쳤다. "이도저도 싫다면 철학과 관련된 모든 것에 입을 다물고 침묵해야 할 것이다." 젊은 브레히트는 계산된 뻔뻔함으로 주변 사람들을 도발했다. 그는 세계 문학의 어떤 작가도 칭찬하지 않았고, 동시대 작가들에 대해서는 자주 조롱을 퍼부었다. 비평가 알프레트 케르Alfred Kerr를 "이 시대 최고의 역겨운 인간 중 하나"로 부른 것도 그중 하나이다. 브레히트는 열아홉 살 때 "온 나라가 무척 조용하다. 오직 내 목소리밖에 들리지 않는다"라고 썼는데, 이것은 실제로 세상이 조용해서라 아니라 그가 다른 사람의 목소리에는 관심을 가지지 않았기 때문이다.

천재가 창작 환경을 존중하거나 조성해 달라고 사람들에게 요구하는 것도 당연히 그런 형태의 자기 평가에 포함된다. 가령 칸트가 일을 할 때는 온 집안이 무덤처럼 조용해야 했다. 또한 그는 남의 비판을 허용하지 않았고, 비판을 하는 것은 이 지상에서 오직 그만의 소명이었다. 그 외에도 토마스 만이 글을 쓸 때면 집안 식구들은 모두 발꿈치를 들고 걸어야 했다(위대한 남자들의 결혼과 가정생활에 대해서는 31장에서 다룬다). 심지어 바흐나 브람스 같이 둔감한 예술가들도 자신의 작업장과 작품에 대해서만큼은 몹시 예민한 태도로 방어했다. 1990년 극작가 페터 한트케Peter Handke는 이렇게 말했다. "나는 글을 쓰는 몇 달 동안은 정말 비사회적인 인간으로 변한다."

주변 사람들의 주머니에 있는 돈을 마치 제 돈인 양 꺼내 쓰는 천재들도 있었다. 마르크스가 대표적인데, 그에 대해서는 곧 언급하게 될 테니 조금만 기다리도록 하자. 그런가 하면 하이네는 숙부 잘로몬Salomon에게 편지를 써서 거의 협박하듯이 돈을 요구했다. "저를 아직 꼿꼿이 지탱해 주는 힘은 타고난 정신적 우월성에 대한 자부심과 단 몇 줄의 글로 나보다 더 통렬하게 세상에 복수할 사람이 없을 거라는 확신입니다." 잘로몬 숙부가 죽었을 때 하이네는 상속 문제에서 불이익을 받았다고 느끼고, 공동 상속자들을 향해 언론에 그들에 관한 지저분한 정보를 제공하겠다고 통보했다. 그는 이것이 효과가 있을 거라고 생각했다. "왜냐하면 사람들은 오물에 익숙하지 않지만 나는 두엄을 한가득 실은 수레도 견딜 수 있기 때문이다. 그런 오물은 마치 꽃밭에서처럼 나의 번창에 거름이 되어 줄 뿐이다."

문화사에서 가장 음흉한 구걸꾼은 단연 바그너였다. 그는 자신을 숭배하는 열아홉 살짜리 바이에른 군주 루트비히 2세에게서 노다지를 발견했다. 알프레트 아인슈타인의 표현에 따르면 "바그너가 그 불쌍한 젊은 군주를 갈취한 행태는 정말 파렴치하기 그지없었다". 젊은 왕은 마약 중독자가 마약을 흡입하듯 바그너의 음악에 빠져들었고, 바그너는 정신 질환자였던 왕을 양심 없이 자기 작품의 주인공으로까지 끌어올렸다. 왕에게서 더 많은 것을 얻어 내기 위해서였다. 이런 행태에 대해 바그너는 말한다. "무에서 세계를 창조하는 일은 난방이 되지 않는 다락방에서는 가능하지 않다. 특히 요즘 같은 시대에는." 맞는 말이고, 작품에도 유익했다.

그렇다면 겸손한 위인은 없을까? 물론 있다. 수줍음 많고 소심할 정도로 생각이 많았던 코페르니쿠스와 다윈, 그리고 세상 물정에 어두운 시골 교사 브루크너가 그 주인공이다. 또한 예외적으로 지극히 정상적인 사람도 있었는데, 슈베르트가 그랬다. 퍽 이례적인 일이지만, 자신이 천재라는 예감이나 희망에도 사로잡히지 않았던 슈베르트는 자신의 능력을 전혀 몰랐고, 니체의 말대로 "풀밭에 누워 아이들과 놀면서 자신을 어린아이로 여긴" 거인이었다.

성공을 거두어야 할 사람에게 겸손한 품성은 생전에 유명해진 이들이 증명하듯 무척 희귀한 사례일 뿐 아니라 감당하기 어려운 단점이기도 하다. 쇼펜하우어는 그 점을 이렇게 명쾌하게 표현했다. "일반인들은 위대한 인물에게서 겸손함을 발견하면 기뻐할 것이다." 하지만 그런 인물에게 겸손은 그 자체로 모순이고, 더 나아가 작품의 탄생을 방해한다. 그는 말한다. 예술가는 "세상의 갈채를 받기 이전에는 스스로의 갈채를 보약 삼아 견뎌야 하지 않을까?" 무언가 비범한 것을 만들어 내려는 사람이라면 동시대인들의 견해는 무시해야 하고, 오히려 그들이 비난하는 것을 창조하고 그들이 칭찬하는 것을 경멸해야 하지 않을까? "이러한 오만이 없으면 위인이 되지 못한다."

실러는 희곡 「발렌슈타인」을 집필하는 와중에 이렇게 썼다. "나 자신에 대해 조금은 뻔뻔한 믿음이 없으면 작품을 계속 쓰기 어려울 것이다." 프리드리히 슐레겔Friedrich Schlegel은 스물여섯 살에 "새로운 성서"를 쓰려고 했고, 미국의 서정 시인 파운드는 스물두 살에 부모에게 이렇게 밝혔다. "저는 죽기 전에 역사상 가장 위대한 시를 쓸 생각입니다." 열아홉 살의 조이스는 더블린 예수회 대학생 시절 존경하는 헨리크 요한 입센Henrik Johan Ibsen에게 일흔세 번째 생일을 축하하는 편지를 보내, 입센이 합당한 후계자가 없을까 걱정할 필요는 없다고 썼고, 또 극장에 들어갈 때도 당당하게 "난 제임스 조이스요!" 하고 말하며 돈 한 푼 내지 않고 들어갔다고 한다. 게다가 『율리시스*Ulysses*』를 쓸 때는 스스로를 단테와 셰익스피어에 비교했고, 또 더블린을 중심으로 진행되는 이 소설에 딱히 '율리시스' 라는 제목을 붙일 이유가 없을 텐데도 그 제목을 선택한 것으로 봐서는 자신을 호메로스와 같은 수준으로 생각하고 있었던 것이 분명하다.

쇼펜하우어처럼 수십 년 동안 세상의 명성을 얻으려고 열심히 달려간 사람은 극단적이라 할 만큼 자신의 위대함에 대해 절대적인 믿음이 있어야 한다. 그렇지 않다면 서른한 살의 일개 시간 강사가 동시대인들을 향해 세계를 "의지와 표상으로" 선언할 용기를 내지 못했을 것이고, 나중에도 수십 년 동안 집필 활동을 계속 이어 가는 끈기를 보이지 못했을 것이다. 강단 철학으로부터 철저히 무시당하고, 증오하는 헤겔이 숭배되고, 늙은 괴테가 그를 경멸하듯이 훈계하는 수모를 이겨 가면서 말이다. 외톨이 쇼펜하우어는 시인의 제왕 괴테에게 다음과 같은 함축적인 내용의 편지를 보낸다. "선생님께 제 글을 보낸 이후 저는 인간을 경멸함에 있어…… 필요하다면 온 인류의 의견도 완전히 무시할 수 있을 만큼 강력한 담금질 과정을 거쳤습니다."

경멸 속에서 이루어지는 발전, 이것은 자기 수양이나 자기 설득처럼 들린다. 실제로 아직 진가를 인정받지 못한 많은 위인들에게서 나타나는 자만심은 스스로에게 과잉 보상하려는 고통스런 절망의 신호이다. 하이네와 토마스 만처럼 오래전에 유명해진 사람들이 모든 비판에 몹시 민감하게 반응하는 것도 같은 맥락이다. 그릴파르처는 냉철한 형안이 돋보이면서도 씁쓸함이 묻어나는 자서전에서 그런 갈등을 밝혔다. "어떻게 될까 고민할 때 싹트는 나 자신에 대한 불신, 그리고 사람들이 나를 폄하하거나 비교하려 들 때 고개를 쳐드는 자만심." 처음에는 공격을 받았고, 나중에는 무시를 당했던 그릴파르처는 그때마다 "오만한 고소함"을 느꼈고, 괴테가 자신을 몰라주는 것을 한탄하면서도 자신이 "괴테와 실러 다음가는 대작가"라고 굳게 믿었다.

자연적으로 생성되었든 끊임없는 자신 최면을 통해 만들어졌든, 혹은 내면에서 갈등을 일으켰든 오만함은 세상의 냉대와 무관심을 이겨 내고 작품을 완성하는 데 반드시 필요한 요소였다. 이것을 마르크스만큼 적나라하게 보여 준 사람은 아마 없을 것이다. 마르크스는 평생 동안 자신을 떠받드는 사람이 수십 명을 넘지 않았고, 어떤 사회 운동이든 선두에 섰던 적이 한 번도 없었다. 그는 그저 프랑스와 영국, 독일 사회주의자 및 유토피아주의자들의 긴 목록에서 한 명의 구성원에 불과했고, 1883년 세상을 떠날 때도 그 분야에서 가장 알려진 인물이 아니었다. 1890년 판 마이어 대백과사전을 보면 마르크스는 영국 사회 개혁가 로버트 오언Robert Owen, 프랑스 사회주의자 루이 오귀스트 블랑키Louis Auguste Blanqui, 러시아 무정부주의자 바쿠닌과 같은 비중으로 취급되어 있는 데 반해 샤를 푸리에Charles Fourier와 사회주의를 창설한 클로드 앙리 드 루브루아 생시몽 백작Claude Henri de Rouvroy Comte de Saint-Simon, 특히 독일 사회 민주당의 창립자 페르디난트 라살Ferdinand Lassalle 은 그보다 훨씬 많은 지면으로 소개되어 있다.

이런 상황에서도 흔들림 없이 방대한 저서의 집필을 계속해 나갈 수 있었던 원동력은 무엇일까? 오직 혼자만 진리를 알고 있다는 망상에 가까운 오만함 없이 그게 가능했을까? 그의 저서는 마침내 엥겔스의 강력한 설득 덕분에 생시몽 이론에 대한 마르크스적 변형 버전으로 찬사를 받았다. 스물일곱 살 때 마르크스는 『독일 이데올로기Die deutsche Ideologie』에서 다른 사회주의자들은 사변적인 계획들만 짜낸다고 비난한 반면 자신이 규정한 올바른 공산주의는 "현실이 나아가야 할 이상"이라고 밝혔다.

그런데 마르크스가 이런 엄청난 요구를 관철하기 위해 동원한 수단들은 모두에게 아픔을 주었다. 자신의 목적을 위해 충분히 이용해 먹은 뒤에는 욕을 하거나, 아니면 아예 입에 올리는 것조차 피한 많은 사회주의 선구자들에게 그랬고, 그의 경쟁자들에게 그랬고, 또 자신의 정신적 전제 정치의 대상인 프롤레타리아에게까지 그랬다. 그것은 그가 한 번도 공장에 가본 적이 없다는 것 때문도 아니고, 어떤 노동 운동 지도자도 집에 들인 적이 없다는 것 때문도 아니다. 그는 『신성 가족Die heiligen Familie』에서 이렇게 썼다. 문제는 무산 계급이 머릿속으로 무엇을 그리고 있느냐가 아니라 "무산 계급이 무엇이고, 무산 계급이 자신의 존재에 맞게 역사적으로 무엇을 해야 하느냐이다."

마르크스와 엥겔스 사이에 오간 편지에서 노동자들을 대개 "미련퉁이"니, "상놈"이니, "멍청한 당나귀" 따위로 부른 것은 그나마 양반이다. 예외적인 경우이지만 마르크스가 노동자 집회에 참석해서 선동적 수사학과 현란한 지적 능력을 과시하며 연설하면 불쌍한 대중들은 무슨 말인지 제대로 알아듣지를 못했다. 엥겔스에게 보낸 편지에서 그는 잔뜩 자랑을 늘어놓더니, 권위를 세우려면 어떻게 해야 하느냐는 질문에 이렇게 답했다. 모든 분파의 증오를 통해 증명되었듯이 "다른 누구에 의해서가 아니라 우리 자신에 의해 우리가 프롤레타리아 정당 대표로 선임되는 것이네". 그는 계속 이렇게 이어 갔다. "자네도 그 미련퉁이들이 얼마나 당황할지 상상할 수 있을 걸세." 학창 시절의 마르크스를 본에서 만난 적이 있는 훗날의 미국 내무장관 카를 슈르츠Carl Schurz는 그에 대해 이렇게 평했다. "그처럼 모욕적이고 참을 수 없는 오만함으로 가득 찬 인간은 본 적이 없다."

마르크스는 자신을 숭배하는 소수의 사람들에게도 지배욕과 투쟁욕, 인간 경멸의 태도를 보였다. 예를 들어 사회 민주당 의원으로 독일 제국 의회에서 몰매를 맞았던 빌헬름 리프크네히트Wilhelm Liebknecht에게 그랬다. 마르크스는 런던에서 그를 원격 조종하면서 마음에 들지 않으면 비난을 아끼지 않았다. 또한 엥겔스에게는 그를 "얼간이"라 부르면서도 안타깝지만 아직은 필요한 "허수아비"라고 했다.

마르크스의 가공할 증오는 주로 그와 우정을 쌓으려고 애쓰던 라살에게 향했다. 라살은 마르크스와 달리 대중의 가슴에 깊은 인상을 심어 주었고, 그보다 훨씬 유명하기까지 했다. 용서할 수 없는 일이었다. 게다가 마르크스가 볼 때 라살의 저술은 "초등학생 수준"이거나 자신의 저서에서 도둑질한 내용뿐이었다. 마르크스는 엥겔스에게 자신이 라살의 초대로 베를린을 방문했을 때 하츠펠트Hatzfeldt 백작 부인(라살의 연인이다) 앞에서 라살의 격정을 마음껏 비꼬아 그를 바보로 만들었다고 자랑스럽게 털어놓았다. 그뿐이 아니다. 여섯 살 때 세례를 받은 마르크스는 자신도 유대 인이면서 라살에 대해 "곱슬머리 검둥이 유대 인"이라고 부르며 "검둥이같이" 집요하다고 했다.

이렇듯 마르크스는 젊은 시절의 친구였던 철학자 아르놀트 루게Arnold Ruge의 표현에 따르면 평생을 "오만과 분노에 취해 미친 듯이" 외부 세계로 공격의 화살을 쏘아 댔다. 그러면서도 온 세상이 자신에게 빚을 지고 있고, 그래서 자신이 돈을 빌리면 당연히 갚을 필요가 없다고 확신했다. 한번은 시인 페르디난트 프라일리그라트Ferdinand Freiligrath가 돈을 빌려 주지 않으려 하자 마르크스의 입에서는 당장 "나쁜 놈"이니 "비곗덩어리 엉터리 시인"이라는 말이 튀어나왔다. 마르크스는 이탈리아의 영웅적 해방 운동가 가리발디를 "당나귀"라고, 동유럽 인들을 "놈팡이 불량배 같은 슬라브 족"이라고 불렀다(이 말에 대해 엥겔스는 이런 주석을 달았다. 슬라브 민족은 "지극히 단호한 테러로만" 혁명을 일으킬 수 있다). 마르크스는 차르의 제국이 몰락하도록 세계 전쟁이 일어나길 바랐고, 1870년에는 프랑스-프로이센 전쟁의 발발에 열렬히 환호했다. "프랑스 인들에게는 채찍이 필요했고", 더구나 프로이센의 승리가 마르크스-엥겔스의 이론이 프랑스 사회주의자 이론들을 제압할 좋은 기회라고 생각했기 때문이다. 그나마 카를 카우츠키Karl Kautsky가 두 사람 사이에 오간 편지를 책으로 펴내는 과정에서 가장 고약한 부분들을 삭제한 것이 그 정도였다.

　인간적으로 마르크스는 감내하기 어려운 인물이었고, 그의 이론은 레닌에 의해 말할 수 없는 고통의 수단으로 변했다가 마지막엔 완전히 역사의 퇴물로 전락해 버렸다. 하지만 그 와중에도 분명한 것은 세계사적 영향력을 얻고자 했던 마르크스의 의도는 성공했고, 그가 조금이라도 덜 오만했다면 결코 그 영향력을 얻을 수 없었을지 모른다는 사실이다. 결국 자만과 오만은 성공의 보약이었다. 오페라 「티투스 왕의 자비」가 관객들의 야유를 받자 모차르트는 뭐라고 썼던가? "그래, 그 사람들은 마음에 안 들지 모르지만 나는 마음에 들어." 슈베르트는 친구들에게 자신의 연가곡 「겨울 나그네」를 들려준 뒤 뭐라 했던가? "다른 어떤 것들보다 마음에 드는 노래네. 자네들 한테도 마음에 들 거라 믿네." 블로흐는 젊은 시절에 혹시 미래에 있을지도 모를 자신의 반대자들을 향해 뭐라 했던가? "나를 거부하는 자는 역사의 심판을 받을 것이다." 역사의 위인들은 이렇게, 아니 바로 이런 식으로 냉담하거나 미워하는 주변에 맞설 힘을 키워 나갔다.

　이처럼 자기 과시, 혹은 자만심이 자기실현의 정당한 도구라면 오만함은 종종 관대하게 봐주기 어려울 때도 있다. 예를 들어 클렘페러의 경우처럼 경쟁자나 적수의 죽음을 노골적으로 고소해하거나 기뻐할 때가 그렇다. 라이프니츠가 죽었을 때 뉴턴은 자신이 생전에 라이프니츠의 "가슴에 상처를 준 것"이 너무 만족스럽다고 소리쳤다(당시 라이프니츠는 70세, 뉴턴은 73세였는데, 미분의 발명을 둘러싼 두 사람의 우선권 논쟁은 17년 동안 계속되었다). 추밀 고문관 괴테는 민속학자이면서 뛰어난 여행 작가이고 프랑스 혁명의 추종자였던 게오르크 포르스터Georg Forster를 너무 싫어해서 1794년 그의 죽음을 신의 지당한 심판이라고까지 했다. 괴테는 죄머링에게 이렇게 썼다. "그 불쌍한 포르스터는 자신의 잘못까지 목숨으로 갚아야 했던 걸세." 바그너는 자신이 한때 열렬히 숭배했다가 나중에 반유대주의적 화살로 공격을 퍼부었던 경쟁자 마이어베어의 죽음을 들은 바로 그날 바이에른 왕의 비서로부터 다른 기쁜 소식까지 듣는다. 젊은 왕이 그를 "운명의 모든 부당한 대우"로부터 영원히 벗어나게 해 줄 거라는 약속이었다. 바그너는 회고록에서 이날이 자신에게 이중의 승리를 안겨 준 날이라는 사실을 친분이 있는 한 악장의 입을 빌려 말했다. "바이스하이머Weissheimer가 투박하게 웃으면서 이날의 기묘한 우연을 언급했다. 내게는 해로운 존재였던 그 오페라 작곡가가 하필 오늘 죽어서 이 기막힌 소식을 들을 수 없게 되었으니 말이다."

　1864년 라살이 결투에서 죽었을 때 마르크스는 엥겔스에게 이렇게 썼다. "그렇게 시끄럽던 인간이 이제 죽어 버려서 완전히 입을 다물고 있어야 한다는 사실이 믿어지지 않네." 나치가 1933년 유대 인 문화 철학자 테오도르 레싱을 살해했을 때, 23년 전 레싱과 불쾌한 일이 있었던 토마스 만은 아들 클라우스 만에게 이렇게 편지를 보냈다. "옛 친구 레싱이 살해당했다. 뭐, 전에도 항상 가짜 순교자였지만." 프로이트는 변절한 제자 알프레트 아들러Alfred Adler가 스코틀랜드에서 죽자 아르놀트 츠바이크에게 이렇게 밝혔다.

"아들러에 대한 당신의 연민을 이해할 수 없소. 빈의 변두리에서 태어난 유대인이 애버딘에서 죽은 것만 해도 엄청난 출세가 아니겠소?"

그렇다, 이들 위인들은 모두 추악했다. 하지만 이것은 위대한 작품의 탄생을 위해 작가와 우리가 함께 치러야 할 어쩔 수 없는 대가가 아닐지 모른다. 쇼펜하우어는 말했다. "숭배는 곁을 주지 않는다. 숭배를 받는 대상이 숭배하는 사람과 너무 가까이 있으면 햇볕에 내놓은 버터처럼 숭배의 마음이 녹아 버리기 때문이다."

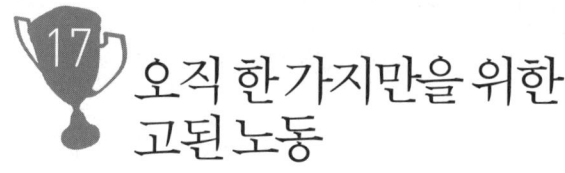
# 오직 한 가지만을 위한 고된 노동

> 그들은 훌륭한 정신을 갖추려면 좀 방탕하게 살아야 하고, 천재를 타락한 도덕 속으로 밀어 넣어야 한다고 생각하는 경우가 많다.
> —리히텐베르크

    위대한 작품의 탄생에 더더욱 필요한 것은 자신을 세상의 중심에 놓는 오만함보다는 이 세상에서 오로지 한 가지만을 바라는 결연함이다. 카이사르는 세상을 지배하고자 했고, 콜럼버스는 인도에 가고자 했고, 슈베르트는 작곡을 하고자 했고, 하인리히 슐리만Heinrich Schliemann은 트로이를 찾고자 했고, 페르디난트 폰 체펠린Ferdinand Adolf August Heinrich Graf von Zeppelin 백작은 비행선을 발명하고자 했다. 이들은 오직 한 가지 외에는 아무것도 바라지 않는 엄청난 집중력의 소유자였는데, 집중력은 효율성, 규율, 근면과 함께 쇼펜하우어가 꼽은 천재의 대표적인 특권이다.
    **집중력**은 "정신의 모든 에너지를 하나의 초점에 모으는 능력"(크레치머)이다. 정신 분석가 아이슬러는 목표로 향하는 길을 지연시키는 모든 것을 막는 힘 속에 내재하는 통상적인 집중력과 창조적 행위의 전형적인 집중력을 구별했다. 창조적 행위의 집중력은 어떤 외부의 자극에도 방해받지 않기 때문에 굳이 그 자극을 막으려고 애쓸 필요가 없다. 가령 러셀은 제1차 세계대전에 병사로 참전해서 자신의 주저主著를 쓴 철학자 루트비히 비트겐슈타인Ludwig Josef Johann Wittgenstein에 대해 이렇게 썼다. 그는 "일단 논리학에 관한 생각에 빠지면 옆에서 수류탄이 터져도 모를" 사람이다. 뉴턴은 자신의 성공 비결을 끊임없이 한 가지만을 생각하는 것이라고 말했고, 알베르트 아인슈타인 주변에 있던 사람들은 그가 항상 무언가를 생각하고 있는 것 같았다고 했다.

스테판 말라르메Stéphane Mallarmé는 작가에게 지상의 모든 것은 오로지 책 속에 들어가기 위해 존재한다고 말했다. 말년에 글을 쓸 때면 주변에 거울을 세워 두기를 좋아했던 루소는 『고백록』에서 "내가 지금 다루고 있는 한 가지 일 외에 다른 모든 세상은 내게 아무런 의미가 없다"라고 썼다. 스탕달은 "길에서 어떤 생각에 사로잡히면 항상 지나가는 사람들과 부딪치거나, 돌부리에 걸려 넘어지거나, 아니면 마차에 치일 뻔했다". 토마스 만은 상인 수업을 받으면서 동시에 풍자 잡지 『짐플리치시무스 Simplicissimus』의 편집장으로 일했던 스물두 살 때 벌써 뮌헨 예술가 무리들의 모든 활동과 거리를 두고 오로지 대작 『부덴브로크 가家의 사람들 Buddenbrooks』의 집필에만 골몰했다. 그 시기에는 여자도 결혼도 뒷전이었다. 브레히트는 간결하게 이렇게 요약했다. "작가의 주된 관심사는 저술 활동이다. 만일 자신의 책이 세계 멸망 이후에도 출간된다는 보장만 있다면 세상이 몰락하는 것에도 반대하지 않을 것이다."

다른 예술 분야도 다르지 않다. 오귀스트 르누아르Auguste Renoir는 1871년 피비린내 나는 내전의 최전선에서 화대畫臺를 놓고 그림을 그리다 밀정 혐의로 체포되었고, 친구의 도움으로 풀려나자 양쪽 정파의 통행증을 모두 발급받은 뒤 다시 그림을 그렸다. 모차르트는 칼을 보는 것만으로도 자신의 귀한 손이 다칠지 모른다고 두려워해서 고기를 직접 썰어 먹는 것을 꺼렸다. 1847년 판 브록하우스 대백과사전에는 요한 슈트라우스(아버지)에 대해 이렇게 적혀 있다. 그는 "그런 직업에 몰입하기 좋은 아주 괴팍한 성격의 소유자였는데, 오직 왈츠의 세계 속에서 살고 생활했다". 그것도 왈츠에 빠져 즐겁게 산 것이 아니라 자기 파괴에 이를 정도로 광기와 추적 망상에 시달리면서 살았다.

이제 많은 위인들이 과업을 이루는 데 노고를 덜어 준 효율성의 원칙을 살펴보자. 알베르트 아인슈타인은 연구자에게 "극한의 노력을 투입해야만 성취할 수 있는 것"과 그렇지 않은 것을 판가름할 줄 아는 본능을 요구했다. 연구자라면 아주 손쉽게 이룰 수 있는 것과 도저히 이룰 수 없는 것에는 시간과 노력을 들여서는 안 되기 때문이다. 프로이트는 니체의 저서를 읽지 않으려고 했다. 니체의 견해가 "지극한 노력을 들여 도출해 낸 정신 분석적 결과들과 놀라울 정도로 일치했기 때문이다. …… 중요한 것은 누가 먼저 나를 다투는 것보다 내가 사심을 버리는 것이다."

카프카의 글쓰기 과정에도 일종의 효율성 원칙이 존재했다. 1921년에 쓴 그의 일기를 보자. "글쓰기가 내 존재의 가장 풍요로운 방향이라는 사실이 '나'라는 유기체 속에서 분명해지는 순간 모든 것이 뚫고 나왔고, …… 섹스와 먹고 마시는 행위의 기쁨으로 향하는 능력이 싹 달아났다. 나는 그 방향들에만 집중했다. 필요한 일이었다. 내 속의 힘은 다 모아 봐야 글쓰기 하나를 채우기도 모자라기 때문이다."

가장 생산적인 효율성의 형태는 창작과 표현, 그리고 독서의 결실들을 **모아 두는** 것이다. 체호프는 말했다. "나는 끊임없이 쓰고 또 쓴다. 달리 어쩔 수가 없다. …… 저기 그랜드 피아노처럼 생긴 구름이 보인다. 언젠가 소설 속에 그랜드 피아노처럼 생긴 구름이 유유히 흘러간다는 표현을 써먹어야겠다는 생각이 든다." 체호프는 생의 마지막 14년 동안 수많은 인상과 착상을 수첩과 일기에 기록했는데, 무려 8,000쪽에 이르는 방대한 양이었다. 어지럽게 갈겨쓴 수첩에서 쓸 만한 것은 새 공책으로 깨끗하게 옮겨 적었고, 연필이 희미해진 곳은 펜으로 덧씌웠으며, 작품에 한 번 사용한 것은 줄을

**토마스 만** 평생을 스스로에게 부과한 의무에 따라 글쓰기 기계처럼 살았고, 자신이 일기에 고백한 바 있던 동성애적 성향은 결코 현실로 옮기지 않고 대신 문학으로 변형시켰다. 스물두 살에 『부덴브로크 가의 사람들』을 쓰기 시작한 토마스 만은 우울증 환자였는데, 3년 만에 세기의 소설을 완성해서 하룻밤 새에 유명 인사가 되었다. 슬하에 여섯 자녀를 두었다.

그어 지워 버렸다. 그런 메모 중에는 고약한 경구("부정한 아내는 이미 남의 손을 한 번 거친 것이라 먹고 싶은 마음이 별로 들지 않는, 차갑게 식어 버린 커틀릿 덩어리다")도 있고, 요점만 적은 짤막한 이야기도 있는데, 그중 하나는 이러하다. 자신이 유명하다고 생각하는 'G'라는 작가가 있다. 그가 한 장교를 만났는데, 그 장교는 황홀한 표정으로 악수를 하더니 이렇게 묻는다. "요즘은 어떤 공연을 하십니까?"

언제든 필요할 때 천재적 착상을 번개처럼 불러낼 수 없는 사람이라면 자신이 떠올린 생각들을 단 하나도 잃어버리지 않도록 하는 것이 좋다. 사회학자 조지프 알로이스 슈페터 Joseph Alois Schumpeter 의 탁월한 연구서 『자본주의, 사회주의, 민주주의 Capitalism, Socialism, and Democracy』는 다음의 문

17. 오직 한 가지만을 위한 고된 노동 227

장으로 시작한다. "오성이나 상상이 만들어 낸 것들은 대부분 일정 기간이 지나면 **영원히** 사라지는데, 그 시간은 식후 한 시간이 될 수도 있고 한 세대가 될 수도 있다." 밥을 먹고 나면 없어지는 착상은 그때그때의 메모로 사라지는 것을 막을 수 있다. 누구든 살아가면서 좋은 생각 몇 가지는 떠올려 보았을 것이다. 하지만 대부분의 사람들은 그것을 기록하지 않아 다음과 같은 상황에 직면한다. 어떤 사람이 살면서 훌륭한 착상을 수천 가지 떠올렸지만 그것을 기록하지 않았다면, 인생의 황혼기에는 이제껏 자신이 100여 개의 훌륭한 착상을 떠올렸지만 안타깝게도 기억할 수 있는 것은 대여섯 개밖에 되지 않는다고 생각할 것이다. 이런 낭비가 있단 말인가! 살면서 착상을 100여 개밖에 떠올리지 못했지만 필요할 때 모두 사용했던 사람에 비하면 얼마나 비경제적이고 억울한 일인가!

지금까지 전해져 오는 다빈치의 메모장은 오른쪽에서 왼쪽으로 빽빽하게 써내려 간 것으로 6,000장에 이른다. 리히텐베르크는 그때그때 떠오른 철학적·심리학적 착상들을 35년 동안 연습장에 기록해 두었다. 그는 "어떤 성구成句와 표현"도 버리려고 하지 않았다. "내용의 풍성함은 아주 자잘한 진실들이 하나둘 모일 때 가능하기 때문이다." 출판업자들은 이 연습장에서 다양한 경구들을 발췌해서 책으로 묶어 냈고, 니체는 이 책을 "읽고 또 읽을 만한" 몇 안 되는 독일 책들 가운데 하나로 꼽았다. 물론 떠오르는 착상을 기록하는 것만으로 누구나 리히텐베르크처럼 독창적인 사상가나 짧은 잠언의 대가가 되지는 못한다. 다만 천재적인 이 괴짜의 입장에서도 작업의 효율성이 없었다면 카네티가 "세계 문학에서 내용이 가장 알찬 책"이라 일컬은, 재기 발랄하고 숨은 뜻이 넘치는 이 빼어난 모음집은 탄생하지 못했을 것이다.

자신의 가능성을 비축하는 이런 효율성의 원칙과 비슷한 것이 **규율**인데, 이것은 대부분의 사상가와 연구가, 발명가, 수많은 작가, 그리고 공공의 영역에서 성공한 사람들에게는 삶의 묘약이나 다름없었다. 규율은 근면함과 함께 나타날 때도 많지만 기본적으로 근면함과는 다르다. 칸트는 매일 아침 정각 5시에 기상해서 12시 15분에 점심을 먹고 산책을 나갔고, 쾨니히스베르크의 주민들 중에는 그런 칸트를 보고 시계를 맞추는 사람도 있었다. 스탕달은 대체로 게으른 축에 드는 사람이지만 글쓰기에서만큼은 나름의 규칙이 있었다. "재능에 따라 차이는 있겠지만 날마다 두 시간씩 글을 써야 합니다." 바그너는 타고난 열정으로 부지런할 수밖에 없었는데, 그럼에도 오랫동안 매일 두 시간의 작업에 만족해야 했다. 만성적인 신경과민 탓에 두 시간 이상은 일을 할 수 없었기 때문이다. 다윈은 어떻게든 하루에 네 시간을 일했고 40년 동안 이 리듬을 깨지 않았다. 그는 학자로서 자신의 성공 요인으로 일에 대한 사랑과 건강한 이성, 창의력, 그리고 "한 대상에 대해 장시간 심사숙고할 수 있는 무한한 인내와 사실들을 관찰하고 수집하는 부지런함"을 들었다(자서전 말미에 나오는 내용이다). 폴 발레리Paul Valéry는 생의 50년 동안 매일 새벽 작업으로 메모장 261권을 채웠는데, 페이지로 환산하면 2만 8,000쪽, 출간 권수로 환산하면 32권에 이르는 양이었다.

작업 규율은 토마스 만이 삶을 체계화한 엄격함 속에 가장 선명하게 드러난다. 그는 소설을 집필할 때면 매일 오전 9시에서 12시까지 글을 썼는데, 그 시간 동안 순조롭게 풀리면 한 장을 썼고, 아무리 잘 풀려도 한 장 반을 넘기지는 않았다. 이런 습관은 여행 중이든 언제든 바뀌지 않았는데, 예를 들어 히틀러가 영국과 프랑스에 전쟁을 선포한 1939년 9월 3일 스웨덴을 여행 중일 때도 그랬고("늘 그랬던 것처럼 오늘 하루 분량을 채웠다"), 1941년 프린스턴에 살 때는 캘리포니아로 이주하기 위해 일꾼들이 이삿짐을 부지런히 옮기는 와중에도 침실에서 그날의 분량을 썼다. 이렇게 해서 1년에 약 400쪽의 원고가 탄생했고, 3년 뒤에는 아주 두툼한 소설이 완성되었다.

토마스 만은 이런 규율에다 높은 효율성까지 보였다. 그가 『파우스트 박사』를 처음 구상한 것은 1901년이고, 집필을 시작한 것은 1943년이었다. 『사기꾼 펠릭스 크룰의 고백Bekenntnisse des Hochstaplers Felix Krull. Der

*Memoiren erster Teil*은 1910년에 시작해서 1911년에 중단했다가 1922년에 1권, 1937년에 2권을 발표했고, 1951~1954년 사이에 나머지 부분을 마무리 지었다. 4부작 『요셉과 그 형제들*Joseph und seine Brüder*』은 1926년부터 16년 동안 독일과 스위스, 미국에서 썼는데, 1939년에 괴테를 소재로 한 『바이마르의 로테』를 쓰느라 잠시 중단했다가 다시 이어 쓰기 시작해서 1942년에 완성했다. 소설을 탈고하던 날 토마스 만은 자기 작품 중에서 가장 방대한 이 소설을 "끈기의 기념비"라 불렀다. 이렇게 긴 세월 동안 작품을 쓰면서 그는 어떤 생각도 허투루 흘려보내지 않았고, 단 하루도 낭비하지 않았다. 오후와 저녁 시간에는 에세이와 편지, 서문, 강연 원고, 그리고 엄청난 양의 일기까지 썼다. 그에게 밤늦게까지 이어지는 사교 모임은 "다음 날 대가를 치러야 할 방탕한 시간"이었다.

토마스 만은 『베네치아에서의 죽음*Der Tod in Venedig*』에 주인공으로 나오는 작가 구스타프 아셴바흐Gustav Aschenbach에 대해 이렇게 썼다. 그는 "수많은 영감들을 하루하루의 의무적인 작업을 통해 거대한 크기로 쌓아 올린" 작가로서 "놀랄 만한 의지와 현명한 관리로 최소한 한동안은 위대성의 효과를 구가할" **성취주의 도덕**의 한 사람이다. 그러니까 현명한 관리와 불굴의 끈기로 자기 분야에서 일가를 이루어 냈다는 뜻이다.

이러한 규율이 매일 서너 시간의 작업으로 국한되지 않고 여덟 시간, 열두 시간, 혹은 열네 시간 동안 지속적으로 일할 수 있는 힘과 자세, 즉 근면함과 동행한다면 무언가 대단한 결실로 이어질 가능성은 더욱 높아진다.

루터는 1520/21년 종교 개혁의 내용을 담은 글 세 편을 썼고 라틴어 신약 성서를 독일어로 완역했다. 미켈란젤로는 시스티나 성당의 제단 위 19미터 천장에 「최후의 심판」을 7년 동안 혼자 그렸는데, 그의 곁에는 물감을 섞어 주는 조수 하나뿐이었다. 200평방미터의 벽에 391명의 인물이 완성되었을 때가 그의 나이 예순여섯 살이었다. 그는 평생 별로 먹지 않았고 방광 결석에 시달렸다. 바사리는 이렇게 썼다. "나이가 더 들었을 때 그는 개가죽으로 만든 장화를 그냥 맨발에 몇 달 동안 줄곧 신고 다녔는데, 그러다가 결국 장화를 벗자 살가죽도 함께 뜯겨져 나왔다." 74년 동안 조각을 해 온 미켈란젤로는 여든여덟에 세상을 떠나기 며칠 전까지도 「론다니니의 피에타」를 조각했는데, 마음에 안 드는지 모자 위에 양초를 켜 놓은 채로 끌과 망치를 내려놓지 않았다. 이 작품은 결국 미완성으로 남았는데, 이상하게 힘이 없어 보이는 느낌으로 인해 더욱 감동을 준다.

프리드리히 대왕은 7년 전쟁부터 죽을 때까지 23년 동안 비록 폭압적인 전횡을 일삼기는 했지만 역사상 유례를 찾아보기 힘들 정도로 부지런한 군주였다. 모든 문제에 관심이 있으면서 누구도 믿지 않았던 그는 프로이센의 재건과 방만한 군대의 규율화 및 근대화, 요새와 운하의 건설, 공장제 수공업의 육성, 그리고 상업의 정착을 직접 이끌고 감독했을 뿐 아니라 독일 최초의 증기 기관을 설계하고 사법 기관을 정비하고 간척 사업을 진행하는 데도 적극 관심을 표방했으며, 국유지와 농경마農耕馬를 농민들에게 분배하고 농부들이 감자를 충분히 재배하는 일에도 직접 간여했다. 짧게 말해서 역사가 에곤 프리델Egon Friedell의 표현처럼 "천의 눈을 가진 감독관이 하나에서 열까지 국가의 모든 대소사를 챙기는 것"은 동시대인들에겐 교훈적이면서도 두려운 일이었다. 이는 프로이센과 그 자신의 명성을 위한 부역이었다.

에디슨은 70년 동안 발명을 하다가 여든네 살에 세상을 떠났다. 거기다 엔지니어와 과학자들로 이루어진 팀을 이끌면서 "열흘에 한 번은 작은 것을, 여섯 달에 한 번은 큰 것을 발명"하겠다는 목표를 세우고 체계적인 실험과 시험에 매진했다. 제대로 된 전구 필라멘트를 발명하기 위해 실험을 무려 6,000번이나 실시하기도 했다. 이런 노력 끝에 에디슨은 개인적으로 특허를 1,033개나 따냈다. "천재는 1퍼센트의 영감과 99퍼센트의 노력으로 만들어진다"는 명언도 에디슨이 한 말로 알려져 있다(사족이지만 만약 그에게 1퍼센트의 영감이 더 있었더라면 라디오 방송이 최초로 나간 지 5년 만에 라디오를 별로 미래가 없는 발명으로 여긴 실수는 저지르지 않았을지 모른다).

슈베르트는 서른한 살에 세상을 떠날 때까지 18년 동안 식지 않은 근면함을 보여 준 아주 놀라운 예이다. 그 시기에 탄생한 작품을 꼽아 보면 피아노 소나타 23편, 서곡 19편, 현악 사중주 18편, 오페라와 징슈필Singspiel[1] 15편(슈베르트와 두 장르의 관계는 불행한 사랑이라고 할 수 있다), 교향곡 9편, 미사곡 7편, 가곡 600여 편(250곡은 2년 사이에 완성했다)에 이른다. 그 밖에 합창곡과 미뉴에트, 렌틀러Ländler[2], 론도, 즉흥곡도 다수 작곡했는데, 이것들을 모두 합치면 악보집 41권에 달한다. 날마다 예닐곱 시간씩 쉬지 않고 음악과 씨름한 결과였다. 슈베르트는 모차르트나 베르디처럼 중간 중간에 창작을 하지 않고 보낸 시기가 없었고, 바그너나 요한 슈트라우스처럼 우울증에 빠진 시기도 없었으며, 또한 베토벤이나 쇼팽처럼 곡의 형식을 찾기 위해 애쓴 적도 거의 없었다. 모든 게 즉시 만들어졌으면서도 그 자체로 완벽했다.

슈베르트는 가곡집 「아름다운 물방앗간의 처녀」에 수록된 가곡 20편을 빈의 한 다인실 병실에서 작곡했다. 당시 그는 매독성 종양으로 머리를 깎은 채 수은 연고로 치료를 받는 중이었는데, 수은 연고는 어느 정도 치료 효과가 있었지만 설사와 구토, 그리고 구강 점막에 염증을 일으키는 심각한 부작용이 있었다. 당시 그의 나이 스물여섯 살이었다. 그로부터 1년 뒤 슈베르트는 왼팔 통증 때문에 피아노를 칠 수 없게 되었고, 생의 마지막 해는 습기 찬 방 안에서 만성 두통과 현기증 발작에 시달렸다. "사람들이 모이는 곳에는 갈 형편이 못 되는" 상황에서 씻지도 않고 때로는 침대에 누워 작곡했는데, 9번 교향곡이 나온 것도 그때였다. 이런 상태에서도 전문적인 악보 필사가가 따라가지 못할 정도로 빨리 작곡할 수 있었던 것은 슈베르트가 "오로지 작곡만을 위해 태어난" 사람이었기 때문이다.

파울 클레Paul Klee는 1936년 폐와 심장이 굳어지면서 서서히 죽음에 이르

---

[1] 독일어로 '노래극' 이란 뜻. 민요풍의 노래와 춤을 삽입한 대화체의 통속적이고 소박한 오페라로 18세기 독일에서 유행했다.
[2] 8분의 3 또는 4분의 3박자의 비교적 느린 템포로 이루어진 민속 춤곡.

는 피부 경화증 선고를 받았다. 그런데 심리적 충격에 이어 찾아온 것은 3년간의 창작 열기였다. 1939년 한 해에만 완성된 스케치와 회화가 장장 1,254편에 이르렀다. 클레는 마비가 진행되면서 침대에서만 그림을 그려야 할 시기가 가까워져 오자 창작에 대한 조바심은 더욱 커졌다. 그의 아내의 말에 따르면 그 무렵 남편의 손에서는 그림들이 "한 장 한 장 쉴 새 없이 바닥으로 굴러 떨어졌다"고 한다. 그가 "내 자식"이라고 부른 그림들이었다.

하지만 다른 어떤 영역보다 힘겨운 부역이 요구되는 곳은 글쓰기였다. 많은 작가들이 절망과 신경성 위기, 신경 쇠약에 시달리면서도 지친 몸을 끌고 자신과 남들에 맞서 싸우며 결연하게 목표를 향해 나아갔다. 토마스 만처럼 작업 시간을 엄격하게 나누어 매일 적당한 분량을 써 나간 사람은 소수에 속한다. 1,300쪽에 이르는 『카라마조프의 형제들 Brat'ya Karamazovy』과 1,600쪽에 이르는 『전쟁과 평화』는 거의 비인간적인 과업에 불굴의 의지로 집중한 노력의 결과였다. 스페인 극작가 베가는 15년 동안 1,500편의 극작품을 썼는데, 그중 100여 편을 스물네 시간 내에 완성했다고 한다. 오늘날에는 520편의 작품이 전해지는데, 이들 모두 결코 질적 수준이 떨어지는 대량 상품이 아니라 유연한 언어 속에 저마다 생생한 인물들이 등장하는 독창적인 이야기 구조로 이루어져 있다. 한마디로 엄정한 형상화의 의지 속에서 무한한 상상력이 만들어 낸 창작물들이었다.

발자크는 서른한 살에 자신이 사는 세기의 파노라마를 반영한 '인간 희극'을 137권으로 쓰고 싶다고 선포했다. 생애 마지막 20년 동안에는 장편소설 91편과 단편들을 묶어 80권 이상의 창작물을 만들어 냈다. 이들 작품 속에는 이름이 있는 인물이 2,472명, 이름이 없는 인물이 566명 등장하는데, 발자크는 이 인물들을 모두 머릿속에 넣어 두고 있다가 그중의 대부분을 다른 소설 속에 다시 등장시켰다. 인물 유형으로는 귀족과 소시민, 멋쟁이 신사와 보헤미안, 어머니들과 그 연인들, 모험가, 농부, 공증인, 고등 사기꾼, 고리 대금업자, 낭비벽 환자 등이 있었다.

발자크는 밤에만 글을 썼다. 저녁 8시에 잠자리에 들었다가 자정에 일어나 열 시간 혹은 열두 시간, 혹은 어떤 때는 열여섯 시간 동안 글을 썼고, 세 시간마다 커피를 마시면서 잠시 휴식을 취할 뿐 대부분의 시간을 무아경에 빠진 듯 글쓰기에 매진했다. 완성 원고는 출판사 사환이 발자크의 손에서 잽싸게 낚아채 갔는데, 원고가 이미 출판업자에게 저당 잡힌 상태였기 때문이다. 이렇게 넘어간 원고는 초고 상태로 조판에 들어갔기 때문에 발자크는 교정쇄 위에서라도 원고를 수정하려고 했다. 그러면 식자공과 출판업자는 경악했고, 발자크 역시 그런 그들에게 격분했다. 그 자신의 표현을 빌리면, "머릿속이 활활 타오르는 것 같다"라고 했다. 발자크가 원 텍스트를 다섯 번이고 열 번이고 고친 것은 문체를 다듬는 작업이 아니라 사건 진행을 섬세하게 가다듬는 작업이었다. 그의 문체를 칭찬한 사람은 아무도 없었다. 그의 전기를 쓴 프랑수아즈 도본Françoise d' Eaubonne은 발자크가 언어를 다듬는 것을 자발적으로 포기했다고 하면서 이렇게 덧붙였다. "그의 몸이 비만에 시달리듯 그의 산문 역시 과장된 표현에 시달렸다." 심지어 스윈번은 발자크가 소설의 구석구석을 청소하는 것을 게을리 하는 바람에 소설에서 더러운 기름 냄새가 난다고 했다.

발자크의 대작『인간 희극La comédie humaine』은 졸라의『루공 마카르 총서Les Rougon-Macquart』집필에 자극제가 되었다. 나폴레옹 3세Napoléon III 치하에 살았던 한 가정의 자연사와 사회사를 서술한 이 작품은 1871년부터 1893년 사이에 총 스무 권으로 출간되었다. 졸라는 매 권을 시작하기에 앞서 항상 철저한 사전 조사를 했고, 자신의 관찰과 설문 조사, 착상, 독서의 열매들을 수백 쪽의 글과 스케치, 개요로 기록해 두었다. 또한 생선 장수와 상점 점원, 주식 거래인, 기관차 운전사들을 만나 이런저런 이야기를 나누고, 색깔과 냄새를 기록하고, 생활 습관과 작업 과정을 꼼꼼히 살펴보고, 파리의 대형 백화점에서 판매원으로 일하는 처녀들의 다락방을 돌아보았다. 이것은 모두 소설의 열한 번째 권인『부인들의 즐거움Au Bonheur des

*Dames*』을 준비하는 작업이었다. 그전에는 상품과 가격, 조명, 환기 시설, 구내식당, 좀도둑을 막는 방법을 조사했고, 말 150마리를 키우는 마구간을 둘러보았으며, 사환 380명을 관찰했고, 판매원과 계산원, 회계원, 각 부서의 담당자들과 이야기를 나누기도 했다. 그는 백화점에서 판매되는 손수건들을 살펴본 뒤에는 이렇게 기록했다. "손수건: 여성용 남성용 아마천 손수건, 아일랜드 손수건, 캉브레산 삼베 손수건, 리넨 손수건. 모서리 부분에 다양한 장식이 있는 손수건, 감침질로 처리된 손수건, 이니셜이 새겨진 손수건, 깃털 장식의 자수가 있는 손수건, 발랑시엔산 삼베, 날염한 테두리 장식 손수건, 중국산 비단 손수건, 크림색에 꽃무늬가 있는 손수건, 격자무늬 손수건, 쿠르트레산 하얀 아마천 손수건, 스코틀랜드산 삼베 손수건." 졸라는 한 여점원이 즉석에서 해고되는 장면도 목격했는데, 그 점원이 마늘 소시지를 먹고 손님을 접대했다는 여성 고객의 항의 때문이었다. 그러나 졸라가 알아본 바로는 그건 사실이 아니었다.

한마디로 졸라는 엄청난 수고를 들여 수집한 자료들을 토대로 아주 작은 부분까지 세밀하게 묘사하는 작가였다. 스무 권짜리 소설의 제9권인 『나나 *Nana*』가 출간되었을 때는 소설 무대가 창녀촌이라는 이유로 작가가 판타지에 의존해서 글을 썼을 거라는 비난이 일자 그는 격분하면서 비난을 일축했다. 당연히 사전에 포주들을 만나 대화를 나누었고, 관련 정보들을 세심하게 수집했던 것이다. 남자 손님들한테 받은 인상은 이렇게 기록했다. "뛰지 못하는 암캐를 뒤쫓는 사냥개들 같다고 할까?" 한 풍자 신문은 사전 조사에 철저한 졸라를 이렇게 비꼬았다. "어제 졸라 씨는 차에 치였을 때의 느낌을 생생하게 알기 위해 스스로 차에 치였다."

졸라의 이 스무 권짜리 소설은 지금까지 출간된 그의 전 작품에서 3분의 1밖에 되지 않는데, 이런 다작의 작가와는 달리 힘들게 글쓰기에 집중하면서도 작품은 얼마 쓰지 못한 작가들도 있다. 플로베르는 30년 동안 소설을 여섯 권 완성했는데, 이것은 1년 단위로 계산하면 발자크가 썼던 양의 20분의 1에 불과하다. 플로베르는 적절한 문체를 찾느라 고심에 고심을 거듭했다. 때로는 단어 하나를 찾는 데 꼬박 하루를 보냈고, 지쳐 쓰러질 정도로 사전 준비에 열중했으며, 일단 쓰기 시작하면 수정 작업을 끝없이 반복했고, 퇴고에만 몇 년이 걸린 적도 있었다. 이를 가리켜 플로베르 자신은 "문체를 위한 끔찍한 사투"라고 말했고, "3,600만 흑인들처럼" 일한다고도 했다. 이렇게 그는 30년 이상을 수도승과 같은 고독 속에서 살았는데, 이를 가리켜 죄르지 루카치György Lukács는 작품을 위한 삶의 "파괴적인 부정"이라고 표현했다. 플로베르는 가족들에게는 스물두 살 때의 뇌졸중 발작 때문에 이렇게 외롭고 따분한 삶을 살 수밖에 없는 것처럼 변명했다. 그런데 간질 발작으로 보이는 이 발작을 사르트르는 "자발적 노이로제"로 보았다.

각고의 노력에 비해 창작의 결과물이 적었던 또 다른 작가로는 휘트먼과 조이스, 로베르트 무질Robert Musil을 들 수 있다. 휘트먼은 시집 『풀잎 The Grass』을 쓰는 데 36년을 투자했다. 이 시집에서 그는 풀잎을 나무의 나이테나 고딕 양식 대성당의 생성 과정과 비교했는데, 처음에는 시를 계속 쓰기만 하다가 나중에는 새로운 시는 점점 줄이고, 대신 기존의 시들을 새로 분류하고 다듬는 작업에 열중했다. 조이스는 7년에 걸쳐 『율리시스』를 썼고, 15년에 걸쳐 『피네간의 경야 Finnegans Wake』를 썼다. 무질은 20년 이상 (초기 구상까지 포함하면 40년이 넘는다)을 장편 소설 『특성 없는 남자 Der Mann ohne Eigenschaften』에 매달렸다. 그럼에도 1,600쪽에 달하는 이 소설은 미완성으로 남았는데, 무질은 이 작품의 총 251장章 중 178장에 해당하는 '어느 여름날의 호흡'을 스무 번이나 고쳐 썼다. 1985~1990년까지 그가 남긴 자료들을 정리한 결과 유고는 총 2만 5,000쪽에 달했다. 1981년 카네티는 노벨 문학상 수상식에서 "한 작품을 완성시킬 수 있을지 알지도 못하면서 수십 년 동안 그 작품에 매달리는 무모함, 그러니까 초인적인 집요함과 인내를 요하는 그런 무모함"을 무질에게서 배웠다고 밝혔다.

창의적인 착상 없이는 아무것도 이루어지지 않는다. 그리고 그런 착상을 작품으로 형상화하는 수고가 없어도 마찬가지다. 보들레르는 작가의 영감과 일상적 노동을 떼어 놓을 수 없는 형제라고 불렀고, 프랑스 물리학자 쥘 앙리 푸앵카레Jules-Henri Poincaré는 기나긴 작업과 갑작스런 깨달음, 그리고 다시 기나긴 작업으로 이어지는 과정에 대해 이야기했다. 괴테는 영감을 신적이면서 악마적인 요소라 불렀고, 반면에 "한 계획의 **실행**에 속하는 모든 것, 즉 하나의 사고 사슬을 연결하는 모든 마디들"은 현세적인 요소라고 설명했다. 셰익스피어에게 「햄릿Hamlet」은 처음엔 "위에서 내려온 순수한 선물"이었지만, 장면과 대화를 완성하기 위해서는 수주일 동안의 현실적 작업이 필요했다. 라이너 마리아 릴케Rainer Maria Rilke는 예술을 "일할 능력과 일을 버텨 내는 끈기"의 결과라고 칭했다. 이러한 능력과 끈기가 없으면 입센의 희곡 「로스메르 저택Rosmersholm」에 나오는 퇴락한 천재 울리히 브렌델처럼 되고 만다. 브렌델은 이렇게 말한다. "진짜 훌륭한 내 작품을 아는 사람은 나밖에 없습니다. 현기증을 불러일으키고 세상을 모두 끌어안을 만큼 위대한 생각들이 내 뇌 속에서 생겨나면 나는 그것을 시로 만들죠. 대충 윤곽만 말입니다."

 5,000쪽이 넘는 베토벤의 스케치북은 그가 단순한 착상을 음악적 작품으로 실현하고 가다듬기 위해 얼마나 심혈을 기울였는지를 잘 보여 준다. 가령 오페라 「피델리오」에 나오는 한 아리아는 전해지는 것만 열세 개에 이른다. 니체는 말한다. 예술가의 판타지가 좋은 것과 보통인 것, 나쁜 것을 끊임없이 생산해 내면 이제 판단력이 나서서 그것을 "버리고 선택하고 조합한다". 브람스의 다음 말도 비슷한 맥락이다. "작곡하는 것은 어렵지 않다. 그러나 불필요한 음표를 쓰레기통에 던지는 것은 정말로 어렵다." 바그너는 거대한 계획을 재빨리 구상한 뒤 그것을 실현하기 위해 들여야 하는 "강인하고도 고통스런 인내"를 한탄했다. 그런가 하면 프루스트는 이렇게 말했다. 소설을 쓸 때는 "공격할 때처럼 힘을 끊임없이 재편성하면서 준비해야 하고, 탈진의 고통을 감내해야 하고, 수도원 같은 규율을 받아들여야 하고,

교회처럼 지어야 하고, 의사의 처방처럼 따라야 하고, 장애물처럼 극복해야 하고, 우정처럼 일구어야 하고, 어린아이처럼 보살피고 키워야 하고, 한 세계처럼 창조해야 한다".

재차 반복하건대 창작에서 중요한 것은 노력과 끈기였다. 가우스는 "오직 나의 노력만이 나를 구별 짓는다"라고 말했고, 테오도르 폰타네Theodor Fontane는 지치지 않고 그림에만 열중하는 아돌프 폰 멘첼에 관한 시에서 "노력이 천재를 만든다"라고 썼다. 멘첼은 웅장한 「압연 공장」을 그리기 위해 몇 주 동안 그 공장으로 출근해서 새벽부터 밤늦게까지 작열하는 금속 덩어리와 커다란 바퀴들 사이에서 스케치를 했다.

> 재능 없는 사람이 있을까?
> 재주는 아이들을 위한 장난감.
> 진지함이 비로소 어른을 만들고,
> 노력이 비로소 천재를 만든다.

물론 게으른 사람들도 있었다. 히틀러나 레이건처럼 게으른 위정자도 더러 있었고, 모차르트처럼 일정 기간만 일하는 계절노동자도 있었다. 물론 모차르트는 다른 예술가들과 달리 이미 머릿속에서부터 완성되고 완결된 것만 나오는 듯했다. 그런가 하면 소크라테스는 단 한 줄도 쓰지 않았다. 왜 그랬을까? 스페인 작가 미겔 데 우나무노Miguel de Unamuno는 게을러서 그렇다고 했다. "그(소크라테스)가 지금 살아 있다면 다른 게으름뱅이들과 어울려 노천카페에 앉아 있을 것이다. 그렇다면 얼마나 많은 소크라테스들이 우리에게 자신들의 위대한 정신을 알리지 못하고 죽어 갈까? 그들에게는 자신들의 사상을 기록해 줄 플라톤이 없기 때문이다." 프랑수아 드 라로슈푸코François de La Rochefoucauld에 따르면 게으름과 나태함, 노동 혐오증은 모든 열정들 가운데 우리가 가장 모르고 있는 열정인데, 선원들에게는 암초나 악천후보다 더 위험한 "무풍 상태"이기도 하고, 또 다른 한편으로는 "영혼의 지극한 행복" 상태이기도 하다. 다만 명심할 것은 행복은 결코 생산적이지 않다는 것이다.

위업을 달성한 사람들의 일상은 대부분 고된 노동의 연속이었다. 포는 이렇게 적었다. "아, 글을 쓴다는 것은 얼마나 괴로운가! 그런 글을 나는 매일같이 써 왔다. 이제껏 단 한 글자도 쉽게 쓰지 못했다. 하루 종일 나는 책상에 앉아 있었고, 밤에도 자정이 지나도록 내 방의 불은 꺼지지 않았다." 실러는 괴테에게 다음과 같이 썼다. "언제나 완성된 원고만 대하는 비평가들과 뚝딱뚝딱 쉽게 만들어 내는 아마추어들은 제대로 된 작품을 하나 쓰려면 어떤 희생을 치러야 하는지 알기나 할까요?"

# 18 사상가, 의아해할 줄 아는 사람

> 유목민은 아무것도 만들지 못하고 정착민은 지나치게 똑똑하다. 위대한 작품을 만들려면 집 안에 있는 모험가가 필요하다.
> —조르주 로디티

지금까지는 **모든** 위인들의 전형적인 특징에 대해 언급했다. 인습적인 도덕에 대한 무시, 오만과 질병, 광기가 인간의 내면에 끼치는 영향, 한 가지를 향한 집중력이 그런 특징들이었다. 그렇다면 이제 이 장에서는 대상을 좁혀 연구자와 사상가, 철학자들에게 적합한 특성으로는 또 어떤 것들이 있는지 살펴볼 것이다. 다음 장은 예술가들, 22장에서 26장까지는 고위 정치인과 장군들의 특성을 알아볼 것이다.

위대한 사상가들은 대부분 다음 세 가지 능력을 증명했다. 남들은 전혀 놀랍게 생각하지 않는 것에서 놀라워하고 의아해할 아는 능력이 첫 번째이고, 자신들의 깨달음에서 하나의 사고 체계를 구축할 아는 능력이 두 번째이고, 마지막으로 호의적이지 않을 때가 많은 주변 세계에 맞서 이 체계를 굳건히 지킬 수 있는 힘이 세 번째이다.

놀라워하는 능력부터 살펴보자. 알베르트 아인슈타인은 이렇게 썼다.

"평범한 성인은 시간과 공간 문제에 대해 깊이 생각하지 않는다. 거기에 관한 생각은 이미 어린 시절에 모두 했다는 것이 사람들의 의견이다. 반면에 나는 성장 속도가 아주 느려서 어른이 되었을 때야 비로소 시간과 공간에 대해 놀라기 시작했다." 평범한 학생이던 아인슈타인은 열여섯 살에 결코 일상적이지 않은 질문을 던졌다. "내가 광선 한 줄기를 뒤따라가다가 마침내 그것을 추월하게 되면 어떻게 될까?" 아인슈타인은 스물여섯 살에 시간과 공간에 대한 우리의 관념을 완전히 허물어뜨린 특수 상대성 이론을 발표했고, 1931년에 이렇게 썼다. "놀라워하지 못하는 사람은 이미 죽은 것이나 다름없다."

어떤 것도 당연시하지 마라! 어떤 "사고의 필연성"도 인정하지 마라! 학문의 명제들을 철저히 의심하라! 이것이 아인슈타인의 요구들이었다. 놀라워하는 눈, 겁먹고 물러서지 않는 의지, 정신적 유연성, 이것이 사상가를 위대한 개혁가로 만드는 요소이다. 위대한 사상가는 회의론자이고, 확신은 감옥이라고 니체는 말한다. "사람들이 눈뜬장님이나 마찬가지인 도처에서 놀라워할 줄 아는 사람이 천재이다."(무질) "모든 창조적 행위는 보다 근원적인 상태로의 회귀를 전제로 한다. 전래된 통념들의 장막에서 해방된 지각의 새로운 천진난만함이 그것이다."(아서 쾨슬러Arthur Koestler)

프랑스 화학자 파스퇴르는 미생물(박테리아와 곰팡이를 가리킨다. 바이러스는 아직 발견되지 않았다)이 화학적 과정의 부산물이고, 그래서 생명은 살아 있지 않은 물질에서 자연 발생적으로 생길 수 있다는 학설에 의심을 품었다. 그 결과 발효와 부패, 화농을 일으키는 것이 실은 미생물이라는 정반대의 사실을 밝혀냈다. 이것은 살균에 의한 상처 치료와 전염병의 성공적인 퇴치를 가능케 한 코페르니쿠스적 전환이었다. 아웃사이더이자 화학자였던 사람이 의학의 혁명을 이룬 것이다.

마찬가지로 아웃사이더였던 코페르니쿠스는 의사이자 아마추어 천문학자이자 교회법 박사이자 동프로이센 프라우엔부르크 성당의 참사 회원이었다. 그도 당대의 지배적인 학설을 뒤집어엎는 이론을 정립한 뒤 1512년에 몇몇 친한 학자들에게 그 대체적인 내용을 써서 보냈다. 칸트가 정리한 내용은 다음과 같다. "하늘의 전 성단星團이 관람객들 주위를 돌고 있다고 가정하면 천체의 운동을 제대로 설명할 수 없다고 깨달은 코페르니쿠스는 하늘의 별들은 그냥 내버려 두고 관람객들을 돌게 하면 천체의 움직임을 좀 더 적절하게 설명할 수 있지 않을까 생각했다." 다시 말해서 프라우엔부르크 성당의 참사 회원 코페르니쿠스가 지구를 세계의 중심에서 쫓아내 버린 것이다.

한편으로 보자면 이것은 위대한 행위가 **아니었다**. 설명하자면 이렇다. 코페르니쿠스는 당대 최고에 속하지 않는 천문학 장비들로 천체를 관측했을 뿐 아니라(참사 회원의 신분이라면 그 정도 장비는 충분히 장만할 수 있었을 텐데 워낙 인색한 사람이라서 비싼 장비를 구입하지 않았다) 관측 횟수도 32년 동안 스물일곱 번밖에 되지 않았다. 게다가 그가 이 관측으로 알아낸 것은 고대의 한 이론에 대한 사실 확인일 뿐이었다. 기원전 4세기에 플라톤의 제자 헤라클레이데스Heracleides Ponticus는 지구가 스스로 돌고 있고, 해가 뜨는 것은 단지 그렇게 보이는 것뿐이라고 가르쳤다. 지구가 태양 주위를 원형으로 돈다는 사실도 헤라클레이데스가 알고 있었는지는 확실치 않다. 어쨌든 코페르니쿠스는 헤라클레이데스에 대해서 알고 있었다. 다만 기원전 3세기에 이른바 '코페르니쿠스의 세계상'을 먼저 설계한 아리스타르코스에 대해서는 몰랐던 것 같다.

코페르니쿠스가 자신의 작업을 오직 율리우스력의 뒤늦은 개혁에 기여하는 것으로 이해했다는 측면에서도 그의 행위를 위대한 행위라고 할 수 없다. 율리우스력은 그사이 태양의 움직임과 열흘 차를 보였는데, 이것을 시정하려고 교황청이 직접 나서서 율리우스력의 개혁을 추진하고 있었다. 게다가 니콜라우스 쿠자누스Nicholau Cusanus 추기경은 이미 50년 전에 지구를 천체의 다른 별들 중 하나로 기술했다. 따라서 교회는 처음에는 새로운 세계상에 전혀 반대하지 않았다. 코페르니쿠스의 학설은 1614년에야 교회의 금서 목록에 올라 200년 이상 존속되었고, 1633년에 갈릴레이에 의해 철회되었다.

그런데 이론의 초안이 나온 지 18년 뒤에는 모든 계산까지 포함된 원고가 인쇄 직전의 상태까지 완성되었는데도 코페르니쿠스가 1512년에 밝혀낸 사실을 30년 동안이나 공개하지 않은 데는 그만한 이유가 있었다. 그가 직접 밝혔듯이 "내 견해에 담긴 새로움과 표면상의 모순 때문에 멸시"를 받을까 두려웠고, 그가 죽고 71년 뒤에 내려진 교황청의 판결처럼 교회로부터 배척당하는 것이 무서웠기 때문이다. 하지만 무엇보다 가장 두려웠던 것은 그의 학설이 성서의 가르침에 어긋난다는 사실이었다. 성서에는 신이 큰 빛을 만들어 낮을 주관하게 하고, 그것을 창천蒼天에 두었다(창세기 1장 16절)고 기록되어 있었다. 코페르니쿠스는 예순일곱 살의 지치고 외로운 노인이 되었을 때에야 젊은 천문학자 게오르크 요아힘 레티쿠스Georg Joachim Rhetikus의 독촉에 떠밀려 마지못해 원고를 출간하라고 내주었고, 일흔의 나이에 누워서 죽음만 기다리던 침대에서 활자로 인쇄된 첫 책을 건네받았다.

바로 여기에 **역사적** 위대성이 내포한 문제점들이 다 모여 있다. 우선 지동설은 코페르니쿠스의 작품이 아니다. 고대 그리스에서 한두 사람이 먼저 그런 생각을 했고, 그로부터 1,800여 년 뒤에 코페르니쿠스가 같은 생각에 이른 것뿐이다. 또 코페르니쿠스의 숭배자가 책을 출간하라고 재촉하지 않았더라면 그는 무명으로 남았을 것이다. 게다가 그의 계산은 세세한 부분에서 모두 틀렸다. 그는 지구가 원형 궤도를 그리며 돈다고 했지만, 1619년 케플러가 입증한 바에 따르면 지구는 타원형의 궤도를 그리며 움직인다.

그럼에도 코페르니쿠스의 **역사적** 위대성은 부정할 수 없다. 역사적 센세이션을 일으킨 사람은 아리스타르코스도 케플러도 아닌 코페르니쿠스였기 때문이다. 그의 주관적 위대성도 인정해야 한다. 다른 사람도 아니고 무미건조하고 퉁명스러운 참사 회원이었던 사람이 당시로서는 이단으로 비칠 만한 엄청난 생각을 품었을 뿐 아니라 1519~1522년의 첫 일주를 통해 막 밝혀진 것처럼 무한한 황야와 대양으로 뒤덮인 이 거대한 지구가 땅을 받치고 있는 단단한 바위로 이루어진 것이 아니라 허공에서 움직이는 공처럼 생긴 물체라는 생각을 끝까지 포기하지 않았기 때문이다. 그것은 겉으로 보이는 모든 것을 부정하는 허무맹랑한 생각이자, 인간을 세상의 중심에서 몰아내는 파렴치한 도발이었다. 괴테는 『색채론 Farbenlehre』에서 이렇게 썼다. 아마 인류에게 그보다 더 심한 요구는 없었을 것이다. "생각해 보라. 그것을 인정함으로써 이 땅에서 한 줄기 연기처럼 허무하게 사라질 것들이 무엇인지. 제2의 낙원이 사라지고, 순결과 문학, 경건함의 세계가 사라지고, 의미의 증거들과 시적·종교적 믿음이 사라질 것이다. 그러니 사람들이 이 모든 것을 포기하지 않으려는 것은 당연하다." 그래서였을까, 코페르니쿠스가 죽고 3년 뒤에 태어난 유명한 천문학자 티코 브라헤 Tycho Brahe는 지구를 다시 우주의 중심으로 되돌려 놓았다. 코페르니쿠스가 말한 대로 움직이기에는 지구가 "너무 굼뜨고 몸집이 크다"는 것이다.

우리의 세계상을 뒤엎은 또 다른 혁명가인 다윈 역시 은둔자이자 괴짜였다는 사실이 그저 우연일까? 그는 수십 년 동안 금욕적으로 한 가지 일에만 헌신하면서 우리의 기준으로 볼 때 별 사건도 없이 따분하게 살았다. 코페르니쿠스가 지구를 우주의 중심에서 내쫓은 것처럼 다윈은 인간을 창조의 중심에서 내쳤다. 신이 인간을 동물들의 주인으로 만든 것이 아니라 생존 경쟁과 적응의 무자비한 원칙이 인간을 세상의 주인으로 만들었다고 주장한 것이다.

이것은 코페르니쿠스의 경우와는 달리 진정으로 새로운 사고였다. 그러나 이번에도 그 길을 열어 준 사람이 둘 있다. 1794년 찰스 다윈의 할아버지 이래즈머스 다윈 Erasmus Darwin은 현존하는 모든 동식물 종이 신에 의해 창조되었다는 관념을 내동댕이쳤다. 이것은 성서는 물론이고 스웨덴 식물학자 카를 폰 린네 Carl von Linné의 이론이 지배하던 당시의 생물학에는 심각한 타격이었다. 그러니까 1766년 린네는 자신이 아는 모든 종을 분류해 놓고 이것을 불변의 사실로 단단히 못 박아 두었던 것이다. 다윈의 이론에 길을 열어준 또 다른 사람은 프랑스 박물학자 장 바티스트 라마르크Jean Baptiste Lamarck였는데, 이래즈머스 다윈이 주창한 **종의 진화**는 1809년에 발표된 라마르크의 이론으로 날개를 달았다. 라마르크의 이론은 이렇다. 먼저 각 기관들은 환경의 요구에 맞게 적응하는데, 기린의 경우 높이 매달린 나뭇잎을 따먹으려는 욕구 때문에 목이 길어졌고, 그렇게 획득된 형질이 나중에 자손에게 유전된다는 것이다.

이제 찰스 다윈이 할 일은 라마르크에게서 다시 벗어나는 것이었다. 진화는 분명하다. 하지만 기린의 목이 길어진 것은 높이 매달린 나뭇잎을 따먹으려는 욕구 때문이 아니다. 우연으로든 기형으로든 목이 긴 기린이 한 번 태어났는데, 다른 수많은 기형들은 몰락한 반면에 이 기린만큼은 키 큰 나무들이 자라는 땅에서 생존의 기회를 얻었기 때문에 살아남았다. 자연은 계획하지 않을 뿐 아니라 수많은 불합리를 산출하고 생물의 욕구 따위에는 관심도 없다. 다만 우연히 탄생한 수많은 형태들 중에서 환경에 잘 어울리는 형태를 선택할 뿐이다.

이것은 경건한 기독교인들에게는 도저히 묵과할 수 없는 이론이었다. 그래서 미국에서는 1987년까지 연방 대법원의 판결에 따라 많은 학교들에서 다윈의 진화론 대신 성서의 창조론을 자구字句 그대로 가르쳤다. 오늘날에도 일반인을 비롯해서 많은 지식인들이 우리가 원숭이에서 유래했고, 모든 진화가 자연이 실패작들을 걸러 내는 과정을 통해 조절되는 우연의 결과라는 사실에 심리적 저항감을 느낀다. 프로이트는 이것을 코페르니쿠스 이후 "인간의 나르시시즘에 가한 두 번째 모욕"이라고 썼다. 인간은 과거 언젠가 동물 세계와의 연을 끊고 스스로에게 불멸의 영혼을 부여했는데, 다윈이 "그런 인간의 교만에 종지부를 찍어 버린 것"이다.

이처럼 대담한 생각을 계속 유지하고, 어떤 비방과 조롱, 분노에도 맞서 싸울 수 있으려면 자신의 이론에 담긴 가치에 대한 확신과 배짱이 필요하다. 그러나 다윈에게는 둘 다 없었다. 그럼에도 그가 자신과 자신의 이론이 살아남을 수 있는 환경을 스스로 만들어 낸 것은 주목할 만하다. 그러니까 그는 수십 년 동안 자신의 이론을 심사숙고하고 의심했으며, 생애 마지막 40년 동안은 모든 교류와 세속적 번다함에서 벗어나 켄트 주州 다운의 영지에 은거하며 살았다.

1836년 다윈이 5년간의 세계 일주에서 돌아온 것은 스물일곱이었다. 그의 표현에 따르면 '자연 선택'에 대한 생각이 벼락처럼 뇌리를 때린 것은 그로부터 2년 뒤였다. 1842년에 다윈은 여생을 보낼 생각으로 다운으로 옮겼고, 거기서 35쪽 분량으로 자신의 이론을 짧게 요약했다. 그 초안을 바탕으로 230쪽의 원고가 탄생한 것은 1844년이었다. 그러나 그 후로도 그의 의심은 12년 동안이나 지속되었다. 러셀은 이렇게 썼다. 대부분의 철학자들은 "교황의 칙서 앞에서 소심해지고, 사람들이 예상하지 못하는 것을 좋아하지 않는다. 해적이나 강도의 역할 속에서 진정으로 행복을 느낄 철학자는 극소수에 불과하다."

다윈은 만성 피로 증세 때문에 하루에 네 시간밖에 일을 하지 못했다. 그것도 그 시간을 정확하게 3분의 1로 쪼개서 일했고, 날마다 그만을 위해 만들어 놓은 길을 두 번 산책했다. 이런 일과가 불규칙한 일로 흐트러지면 그는 두통과 졸도, 구토로 대가를 지불해야 했다. 무거운 책은 들 수가 없어서 얇게 잘랐고, 학술회의에 참석하기 위해 예외적으로 다운을 떠났다가 돌아올 때는 반쯤 폐인 상태로 하루 종일 침대에 누워 있어야 했다. 그렇게 그는 40년 동안을 우울하고 괴팍하면서도 지극히 소박하게 살았다.

다윈은 어쩌면 수십 년 동안 심장과 장에 만성적인 영향을 주는 열대 전염병인 샤가스 병에 시달렸을지 모른다. 아니면 미국 인류학자 리처드 리키 Richard Leakey의 주장처럼 "모든 사회적 접촉을 기피하고 오로지 자신의 작품에만 집중하는 것을 가능토록 한 정신 신경증적 신드롬"을 앓았을 수도 있다. 다윈 스스로도 자서전에서 자신의 병이 "사교 모임과 유흥의 방만함으로부터 자신을 지켜 주었다"라고 썼다.

다윈은 1856년에야 주저를 다시 집필하기 시작했다. 그것도 친구들의 독촉으로 시작한 일이었다. 하지만 그는 여전히 머뭇거렸다. 과연 당시의 학문뿐 아니라 상식과 교회, 독실한 아내에게 그처럼 무례한 짓을 해도 되는 것일까? 웃음거리가 되면 어떡할 것인가? 종의 진화를 증명해 줄 화석들, 그것도 원숭이와 인간 사이의 진화를 증명해 줄 결정적인 화석은 없지 않은가? 다윈은 인간과 원숭이를 이어 주는 중간 단계를 "잃어버린 고리missing link"라고 명명했는데, 이로써 증거를 제시해야 할 자리에 '요청'과도 같은 애매한 이름만 올려놓는 데 그치지 않았던가? (잃어버린 고리는 1924년에 발견되었고, 오늘날의 학계에서는 그것을 흔히 '오스트랄로피테쿠스'라고 부른다.)

이런 머뭇거림 속에서 또 세월이 흘러갔다. 그렇게 해서 영감이 처음 떠올랐던 때로부터는 20년, 초안을 작성한 때로부터는 16년이 지난 1858년에 집배원이 월리스가 보낸 원고를 가져왔다. 이 원고의 제7장에는 놀랍게도 다윈의 이론과 일치하는 테제가 담겨 있었다. 그제야 다윈은 세상으로 나설 채비를 했고, 마침내 1859년에 세상을 요동치게 한 『종의 기원 On the Origin of Species』을 출간했다.

다운의 은둔자 다윈은 정신의학자 크레치머에 따르면 "강박 관념의 통제 하에 이루어진 노력형 천재"에 전적으로 일치하는 인물이다. 또한 다윈에게는 니체가 철학자에게 요구한, 의심하고 부정하고 분석하고 기다리는 미덕도 있었다. 다윈과 코페르니쿠스는 주변 세계가 자신들을 괴롭힐 거라는 근거 있는 걱정 속에서 자신들의 체계를 완성하기 위해 수십 년을 기다렸다. 다만 코페르니쿠스는 폭풍이 몰아치기 전에 죽었고, 다윈은 폭풍 속에서 23년을 살았지만 명성도 덩달아 높아졌다.

알베르트 아인슈타인은 두 사람 못지않게 혁명적이었음에도 세상의 몰이해와 눈총에 맞서 싸울 필요가 없었다. 코페르니쿠스는 눈에 보이는 세계와 맞서야 했고, 다윈은 기독교리 및 건강한 인간 이성과 갈등을 일으킬 수밖에 없었다면 상대성 이론은 눈에 보이지 않는 세계에서 움직였기에 기껏해야 문외한들이 머리를 절레절레 흔드는 일밖에 겪지 않았던 것이다.

그에 반해 수십 년 동안 주변의 비웃음과 분노 속에서 살아야 했던 프로이트는 다윈처럼 은둔해서 살지 않았기에 그보다 더 큰 인내심이 필요했다. 프로이트는 자신의 말처럼, 코페르니쿠스에 의한 우주론적 모욕과 다윈에 의한 생물학적 모욕에 이어 세 번째로 인류에게 가장 예민한 심리학적 모욕을 안겨 주었다. 인간은 자신의 주인이 아니라 무의식적 충동에 의해 조종되고, 인간의 성욕은 출생 직후부터 이미 나타나며, 모든 사내아이는 어머니를 갈구하고, 문화는 오직 성욕의 억압을 통해서만 이루어진다는 주장이 그것이었다. 점잖은 체하던 20세기 초의 세상에 이 얼마나 터무니없고 낯뜨거운 주장이었을까!

사람이라면 그처럼 어마어마한 저항을 어떻게 견뎌낼 수 있을까? 그러나 프로이트는 웃음거리가 되는 것을 두려워하지 않았다. 그런 태도를 마르쿠제는 저술가의 최고 덕목으로 꼽았다. "만일 프로이트가 그것을 두려워했다면 '아이들은 순수한 천사'라고 다시 뒤집어 버렸을 것이다." 프로이트 자신은 이렇게 말했다. "심리 분석의 첫 번째 대표자가 유대인이라는 것은 단순한 우연이 아닐지 모른다. 스스로 유대인임을 고백하기 위해선 반대파에게 고립되고, 다른 사람들보다 유대인에게 더 친숙한 운명을 받아들이겠다는 상당한 각오가 필요하다."

스피노자는 "끔찍한 유설"을 퍼뜨린다는 이유로 암스테르담 유대인 공동체로부터 파문당했다. 학생들과 토론하는 자리에서 이제 더 이상 모세에게 일반인들보다 더 큰 권위를 인정할 필요가 없다고 주장했기 때문이다. 이는 사상의 자유를 주장하는 그의 첫 번째 언명이었고, 그는 이 자유를 확산시키기 위해 부단히 싸웠다. 개혁가들은 대부분 평화 파괴자로 간주되거나 이단자로 박해받는다. 소크라테스는 신성 모독으로 독배를 마셨고, 루터는 국외 추방령을 받아들여야 했다. 또한 영국의 프란체스코회 수도사 로저 베이컨Roger Bacon(1220~1292)은 교황으로부터 교습 금지령과 금고형을 선고받았다. 베이컨이 권위보다는 경험을, 스콜라 철학보다는 자연 과학을 우선시했고, 중세의 완벽한 세계상에 깊은 균열을 냈기 때문이다. 또한 그는 확대경을 발명하고 율리우스력의 오류도 발견한, 그야말로 자긍심으로 가득 찬 만물박사였다.

사상가에게는 "나는 여기서 한 발짝도 물러설 수 없다"는 루터의 뚝심이 필요하다. 베이컨과 다윈, 프로이트처럼 인간 사회에 불안을 조장했든, 아니면 쇼펜하우어와 니체, 마르크스처럼 무시의 저주에 맞서 외롭게 집필에 전념했든 간에 말이다. 루터는 이렇게 썼다. "내 심장은 얼마나 자주 초조하게 파닥거렸던가!" 또한 하나로 집결된 적들의 강력한 논거는 얼마나 자주 그를 비난했던가! "너 혼자만 그렇게 잘났어? 다른 사람은 모두 틀렸어? 만약 네가 틀려서 그렇게 많은 사람들이 너의 유혹에 빠져 영겁의 벌을 받는다면 어떡할 거야?"

그런데 '자연 과학자'나 '철학자'라는 이름을 얻으려면 이러한 끈기와 지금까지 언급한 모든 인물들에게서 나타난 지각의 순수함 말고도 전혀 다른 재능이 하나 더 있어야 한다. '관련성에 대한 직관적인 감각'이 그것인데, 쉽게 풀이해서 여러 산재한 관찰과 인식을 하나의 사고 체계로 구축할 수 있는 능력을 말한다. 소설가 쾨슬러에 따르면 학문의 역사는 처음엔 서로 이질적이거나 화합될 수 없는 것으로 여겨졌던 이념들이 여러 형태로 합쳐지고 조합되는 역사였다.

1835년 다윈이 갈라파고스 제도에서 부리의 크기가 다른 되새 13종을 관찰한 것은 그 자체로 이례적인 일은 아니었다. 그보다는 다윈이 그에 대해 골똘하게 생각하기 시작했고, 그렇게 해서 반쯤 무르익던 인식이 1838년에 맬서스의 인구 법칙에 관한 책을 읽다가 돌연 진화론으로 결실을 맺은 것이 이례적인 일이었다. 세상 흐름을 꿰뚫어 보는 날카로운 눈을 가진 사람이라도 자신이 깨달은 것들을 통합할 수 있는 재능이 없으면 후세에 자신의 이름을 알리기 어렵다. 그와 관련해서 리히텐베르크가 멋있는 말을 했다. "만일 천사가 그 생각들을 모으는 일에 함께 나서 준다면 거기서 무언가 대단한 것이 나올지 모른다."

뉴턴은 사과의 낙하와 천체의 궤도를 공통된 하나의 상위 개념으로 묶는 능력으로 역사를 만들었다. 이런 강제적이면서 생산적인 추상화 방법은 오스트리아 태생의 캐나다 생물학자 루트비히 폰 베르탈란피Ludwig von Bertalanffy가 자연을 개념적으로 지배하기 위한 "가장 효과적이면서 유일한 수단"이라고 부른 "무지막지한 단순화" 작업의 일종이다.

이처럼 누군가 후세에 이름을 남기고 싶다면 '개념을 통한 지배', 즉 새로운 인식을 언어적 경구나 수학적 공식으로 집중화할 줄 아는 능력이 필요하고, 그것이 곧 사고의 체계를 세우는 버팀목이다. 코페르니쿠스의 경우는 생생하면서 짤막한 문장이 그 역할을 했다. "지구의 중심은 세계의 중심이 아니다." "실은 태양이 왕좌에 앉아 자기 주변을 선회하는 천체 식구들을 조종한다." 다윈의 영향력은 다음의 두 구호에서 출발했다. 자연은 가장 적응을 잘 한 개체에게만 생존의 기회를 부여한다는 것('적자생존')이 하나이고, 인간은 생존을 위한 투쟁, 즉 '생존 경쟁' 덕분에 비약적으로 발전했다는 것이 다른 하나이다. 다윈은 자연을 있는 그대로 바라보며 골똘하게 파고들었고, 짧고 강렬한 용어 속에 자신의 이론을 집약시켜 대중의 이해를 쉽게 해 주었다(그런데 덧붙이자면 "인간은 원숭이에서 유래했다"라는 이 유명한 문구는 다윈의 말이 아니었다).

인류에게 크나큰 상처와 모욕을 안긴 세 위인 중에서 프로이트는 심지어 수준 높은 저술가이기도 해서 1930년에는 프랑크푸르트 시에서 수여하는 괴테 상까지 받았다. 물론 그에게 비할 바 없이 중요했던 것은 자신의 이론을 명확하고 사려 깊게 쓰는 것이었다. 왜냐하면 코페르니쿠스의 명제는 이미 증명되었고 다윈의 기본 테제들도 입증된 것으로 여겨질 수 있는 반면에 프로이트가 주창한 심리 분석의 일부 핵심 개념들은 증명할 수 있는 영역이 아니었기 때문이다. 그것들은 심오한 사변이자 철학이었다. 다시 말해서 대부분 자연 과학의 견고한 토대에서 벗어난 '말들의 체계'였다.

철학자의 본질은 무엇일까? 사고의 체계를 건설하는 재능과 그 과정을 즐기는 마음이다. 그것도 두 가지 다 남들에 비해 아주 빼어나야 하는데, 이 두 재능을 다른 말로 표현하면 탁월한 추상화 능력과 지배적인 개념들의 창조에서 느끼는 희열이다. 정언 명법과 '물物자체', 존재자, 포괄자, 누미노제Numinose(종교적 성스러움), 부정적 절대와 실재, 플라톤의 '이데아'와 데모크리토스Democritos의 '원자', 라이프니츠의 '모나드(단자)', 니체의 '권력에의 의지'가 그런 개념들의 예이다. 되새의 부리에서 '적자생존'이라는 세계 원칙을 이끌어 낸 다윈의 능력도 철학자들의 능력에는 미치지 못하는 부분이 있다. 즉 철학자들은 되새의 부리 같은 것이 없어도 얼마든지 사고 체계를 구축해 나갈 수 있고, 그래서 다른 어떤 자연 관찰에 의해서도 반박될 여지가 없기 때문이다.

철학은 2,500년 동안 서양 정신세계를 지배해 온 아리스토텔레스의 체계처럼 동시대의 모든 지식과 사고 윤리, 선입견들을 모아 웅장하고 화려한 체계로 조립할 수도 있고, 인간의 본질을 오롯이 생각으로만 기술하고자 했던 데카르트(나는 '나'를 구성하는 모든 것을 부정할 수 있지만 그렇게 부정하는 사고 자체는 부정할 수 없다)처럼 사고의 유희로 나타날 수도 있으며, 또한 칸트의 시도처럼 인식에 대한 모든 희망을 박살 내고 신의 모든 존재 증명에 도전장을 내밀 수도 있다. 하이네는 칸트에 대해 이렇게 말했다. "그는 하늘로 돌격했고, 무방비 상태의 모든 점령군을 쳐 죽였으며, 세계의 최고 통치자는 증명되지 않은 채 피투성이가 되었다."

철학의 영역에서 철학과 현실의 관계가 통제될 수 있는 영역이 딱 **하나** 있다. 국가 혹은 사회와 관련된 이론이 그것이다. 여기에는 객관적으로 검증하기 어려운 정치적 호불호가 섞여 있는데, 블로흐는 플라톤이 "황금시대

대신에 검은 수프의 시대"를 내세웠다며 그의 『국가Politeia』를 비난했고, 칼 포퍼Karl Raimund Popper는 플라톤과 마르크스 속에 담긴 "예언하는 철학의 중독성 정신병"을 힐난했다. 마르크스의 경우는 1989년 동유럽의 마르크스주의가 붕괴된 이후 그가 내세운 이념의 정치적 구현이 객관적으로 실패했다고 할 수 있다. 승리자는 존 로크John Locke였다.

왜 그럴까? 로크는 1689년 『관용에 관한 편지 A Letter Concerning Toleration』와 통치에 관한 논문 두 편을 발표했다. 여기서 그는 인간이 악하다면 왕들도 예외일 수 없다고 논증하면서 "군주들이 권력 면에서는 태생적으로 남들에 비해 우월하지만 본성 면에서는 동일하다"라고 썼다. 그는 계속 말한다. "통치권이든 통치술이든 필연적으로 다른 분야에 대한 보다 확실한 지식을 전제로 하지는 않는다. 진정한 종교에 대한 지식은 말할 것도 없다." 오히려 절대 군주는 억압과 폭력성의 경향을 띤다(1689년에 발표한 내용이다). 따라서 법의 **집행자**가 법을 **공포**하는 권력까지 가져서는 안 된다. 법을 공포하는 권력은 다른 기관, 즉 국민에 의해 선출된 의회에 주어져야 한다. 그래야만 어떤 사람도 "다른 인간의 변덕스럽고 불확실하고 알 수 없는 독선적 의지에 종속되지 않는다"라고 했다.

이것은 사법부를 국가의 세 번째 기둥으로 세운 (샤를 몽테스키외Charles Louis de Secondat Montesquieu 이전에 나온) **권력 분립**의 이론이었고, 1788년에 작성된 미국 헌법의 이론적 토대가 되었다. 인간은 악하기 때문에 통치자들도 악하고, 그래서 그들도 통제받아야 한다는 것이 요체였다. 이러한 지극히 현실적인 판단에서 이제껏 지상에서 누릴 수 있었던 최대치의 자유가 생성되었고, 그 결과 최대의 복지까지 나오게 되었다.

이 책의 과제는 여러 국가론의 질을 판단하는 것이 아니다. 기껏해야 부분적으로 그 이론들의 성공에 대해 판단할 뿐이다. 이 장에서 우리가 이야기하고자 하는 것은 사상가들의 본질을 이루는 특징이기 때문이다. 다만 유명한 사상가들 중에 경악할 정도로 자기 생각에 얽매인 독선주의자들이 존재했음에도 필자가 일면적 사고로만 무장한 광기를 **위대한** 사상가들의 전형적 특성으로 분류하기를 망설인 것에 대해서는 양해를 구한다. 칸트에 따르면 "스스로 할 수 없는 일을 요구하고, 스스로도 더 잘할 수 없는 일을 비난하고, 스스로도 어디서 찾아야 할지 모르는 것을 제안하면서 자신이 마치 창조적 천재인 것처럼 구는" 사람들이 있기 때문이다.

# 19 예술가와 신비스러운 신

> 그는 자신의 일을 여자들이 사랑스런 자식들을 대하듯 했다. 여자들은 자신이 자식들을 어떻게 대하는지 생각하지도 않고, 알지도 못한다.
> ─괴테가 바이런에 대해 쓴 글 중에서(1825)

 노년의 요제프 하이든은 빈 대학 강당에서 오케스트라가 연주하는 자신의 「천지창조」를 처음 들었을 때 두 팔을 쳐들고 눈물을 흘리며 "저건 내게서 나온 것이 아니라 저 위에서 내려왔다!"라고 소리치고는 너무 감동해서 그 자리에 풀썩 쓰러졌다. 또한 여성 작가 카롤리네 피힐러Karoline Pichler는 슈베르트를 방문했을 때 그가 몇 주 전에 직접 작곡한 노래도 알아보지 못하고 "낯선 영혼에게서 솟아나온 것" 같다며 칭찬했다고 한다. 그렇다면 하이든과 슈베르트는 스스로의 힘보다 더 크고 다른 힘으로 음악을 만들었을까?
 이러한 물음을 던지는 이유는 음악과 상관없는 다른 일상적인 발언들로 평가하면 하이든과 슈베르트는 소박한 사람들이었기 때문이다. 모차르트도 마찬가지다. 그가 작곡한 위대한 오페라들의 음악적·심리적 완성미를 얼마 되지 않는 그의 전기를 통해 설명하는 것이 가능할까? 순회 연주를 다니는 작곡가이자 피아니스트로서의 모습, 수많은 여자들을 호리는 바람둥이로서의 모습, 더구나 모차르트가 자주 보여 준 어릿광대 같은 모습으로 그의 음악성을 설명할 수 있을까?

그렇다면 플라톤의 말처럼 예술가는 신적인 영감의 대변자일까? 수많은 창작자들이 스스로의 입으로 밝히는 **영감**은 원래 '신이 입김을 불어넣어 주는 것'을 뜻한다. 그래서 실러는 한 발라드에서 고대 그리스의 서정 시인 이비코스Ibykos를 "신으로 가득 차 있다"고 표현했고, 뒤러는 자신에게 "저 위에서 잔이 따라 주었다"고 썼으며, 괴테는 창작자를 "저 높은 세계 정부의 도구"로, "신의 영향을 받아들이기에 어울리는 그릇"으로 칭했다. 또한 그는 『시와 진실』에서 자신의 많은 시들이 '내 의지와는 상관없이 나도 모르게' 내면에서 솟구쳐 나왔다고 썼다. 그래서 시들이 그렇게 솟구치는 날이면 밤중에도 얼른 일어나 책상으로 달려가서는 종이도 제대로 펼치지 않은 상태에서 급히 시를 받아 적었다. 그것도 "슥슥거리는 펜촉 소리와 잉크를 묻혀야 하는 펜대가 몽유병적 작시作詩에서 나를 깨우지 못하도록" 연필로 말이다. 키츠 역시 여든 편으로 이루어진 「나이팅게일에게 보내는 송시」를 세 시간 만에 뚝딱 써 버렸다(물론 이런 이야기에는 신적인 요소와의 결합을 좀 더 극적으로 표현하고자 하는, 영감 받은 자의 소망이 개입되었을 수도 있다. 영국 비평가이자 시인인 새무얼 테일러 콜리지Samuel Taylor Coleridge의 경우도 그렇다. 그의 주장에 따르면 그가 아편에 취해 있을 때 바람에 실려 와 가슴에 내려앉은 한 편의 담시를 정성스럽게 다듬은 것이 불가사의한 시 「쿠빌라이 칸」이라는 것이다).

아주 과격한 무신론자였던 니체조차 스스로에게 영감을 요구했다. 그는 산책을 하다가 "마치 모든 문장이 누군가에게 소리쳐 알리기라도 하는 것처럼" 그렇게 "절대적인 확신" 속에서 차라투스트라를 구상했다고 밝혔다. 환호의 눈물을 흘린 것은 두말할 필요도 없다. 게다가 『이 사람을 보라』에서는 이렇게 썼다. 아무리 미신을 믿지 않는 사람이라도 이것이 "오직 압도적인 권능의 현현과 도구"라는 생각을 뿌리칠 수 없다.

불가사의한 영역에서 위대한 사람들에게 말을 건네는 것을 신과는 상관없이 **무의식의 목소리**로 설명할 때도 많다. 괴테는 1801년 실러에게 보낸 편지에서 "나는 천재가 천재로서 행하는 모든 것이 무의식적으로 일어난다고 생각하네"라고 썼고, 3년 뒤에는 파울에게 이렇게 말했다. "시인의 작품에 선한 영혼과 악한 영혼을 불어넣는 가장 강력한 힘은 바로 자기 속의 무의식이네. 그래서 셰익스피어 같은 위인은 자기 몸속의 심장처럼 자신은 정작 볼 수 없는 보물들을 꺼내서 사람들에게 나누어 주는 걸세." 볼테르는 피에르 코르네유Pierre Corneille에 대해 그가 "새가 둥지를 만들듯" 글을 쓴다고 말했다. 작센 왕의 주치의였던 철학자 카를 구스타프 카루스Carl Gustav Carus는 1846년에 이와 관련해서 나름의 공식을 찾아냈다. "재능이 비상한 사람들은 이상한 방식으로 일반인들과 구분된다. 곳곳에서 무의식적인 것, 즉 자기 속의 신비스런 신에 의해 떠밀리고 결정되는 것이 그렇고, 직관력이 생겨나는 것이 그렇고(물론 자신은 그게 어디서 오는지 모른다), 또 무의식적인 것이 그를 일과 창작으로 몰아가는 것이 그렇고(물론 자신은 어디로 가는지 모른다), 마지막으로 생성과 발전의 충동이 그를 지배하는 것이 그렇다(물론 자신은 왜 그런지 아직 모른다)."

그런데 무의식적인 것의 본질은 그것이 우리의 의식으로 뚫고 올라올 수 없다는 것인데, 우리가 그것에 대해 무엇을 알 수 있을까? 프로이트는 우리의 무의적인 것 속에서 우리가 **억압하는** 모든 것이 우글거리는 것을 보았다. 우리가 금지한 욕망과 억누른 충동들이 그것인데, 이것들은 우리가 알지 못하는 방식으로 은밀하게 우리를 조종한다. 우리가 꿈을 꿀 때 우리에게 말을 걸고, 시인의 입을 통해 우리의 내면을 건드린다.

프로이트의 제자였다가 나중에 반대자가 된 스위스의 정신과 의사 카를 구스타프 융Carl Gustav Jung은 여기서 결정적으로 한 걸음 더 나아갔다. "시인의 개인적 심리는 경우에 따라서는 그 뿌리까지, 그리고 그 작품의 마지막 나뭇가지 끝까지도 추적할 수 있다는 것은 부인할 수 없는 사실이다"라고 말했던 것이다. 융의 이런 주장은 예술 작품은 개인적 특수성이 아니라 "개인적인 것을 뛰어넘어 개인의 정신과 가슴에서 나와 인류의 정신과 가슴에 다 대고 말하는 것"으로 설명할 수 있다.

어떻게 그게 가능할까? 융은 예술 작품이 개인적인 무의식의 하부에 존재하는 층, 즉 인류의 원초적 표상과 경험이 저장된 **집단 무의식**의 우물에서 창작의 동력을 길어 올리는 것이기에 가능하다고 말한다. 우리는 그러한 표상과 경험을 우리 각자 속에 그 모티브가 간직되어 있는 신화와 동화를 통해 안다. 그래서 융은 이렇게 묻는다. 한 추기경과 한 영국 귀족의 행동 방식을 그들의 사적인 삶의 이력으로 설명하는 것은 큰 잘못이 아닐까? 귀족과 추기경들은 하나의 집단 속에서 형성되고 발전했기에 그 집단의 행동 방식에 맞게 행동한다. 그런 점에서는 예술가도 비슷하다. "그(예술가)는 집단 인간이다. 그러니까 인류의 무의식적인 영혼을 가슴에 품고 형상화해 내는 사람이다." 예술가의 의식은 지하에서 흐르는 강물의 힘에 휩쓸려 간다. "괴테가 파우스트를 만든 것이 아니라, '파우스트'라는 심리적인 요소들이 괴테를 만들었다." 그러니까 괴테는 자기 속에 깊이 잠들어 있던 구원의 영혼을 건드린 것이다.

그러나 이런 말들은 몇몇 위대한 사상가들이 이 문제의 핵심에 접근하고자 애쓰면서 했던 금언조의 말처럼 애매하기 짝이 없다. 예를 들어 미국 사상가 에머슨은 이렇게 말했다. "마치 한 개인이 지구 상에 존재하는 모든 책을 다 쓴 것 같다." 발레리 역시 문학사는 작가들의 우연의 역사가 되어서는 안 되고 모든 문학을 생산한 정신의 역사가 되어야 한다고 했다. 그러니까 단 한 사람의 구체적인 작가를 언급하지 않고도 문학사가 가능하다는 것이다. 프루스트도 책은 다른 자아의 산물이기에 작가의 삶은 전적으로 무의미하다고 선언했다.

여기서 나타나는 것은 "작품 스스로 실현되려고 하고, 창작자의 삶은 그런 작품의 도구이자 자발-비자발적 희생자일 뿐이라는 작품의 형이상학적인 독자력을 믿는" 사고의 유희이다. 이것은 토마스 만이 바그너에 대해서 썼던 글의 일부인데, 콜리지도 셰익스피어에 대해 비슷한 말을 했다. 그리고 니체는 예술가를 작품이 싹터 나오는 "토양이고, 경우에 따라서는 거름과 퇴비"라고 규정했고, 프랑스 작가 모리스 투르뇌르Maurice Tournuer는 철학자들을 "철학이 생성될 때 배출한 배설물일 뿐"이라고 했다.

한 인간이 실제로 세계정신이나 인류의 입 역할을 하고, 낯선 힘이 예술가의 펜과 붓, 또는 조각칼을 이끌 수 있다는 해석은 특히 창조적인 것이 화산처럼 폭발하는 경우에 자주 회자된다. 고야는 불과 한나절 만에 자신의 초상화를 몇 점 완성했는데, 해면과 헝겊으로 물감을 칠하기도 하고, 미장이가 회반죽을 칠하듯 물감을 캔버스에 철썩철썩 던지기도 하고, 엄지손가락을 이용해서 물감의 모양을 만들기도 했다. 고흐는 생의 마지막 69일 동안 82점의 그림을 세상에 내놓았고, 베가는 간혹 24시간 내에 희곡 한 편을 완성하곤 했다. 영국 작가 윌리엄 벡퍼드William Beckford는 이틀 낮과 하룻밤 동안에 굉장히 멋진 공포 소설 『바테크Vathek』를 썼고, 괴테는 희곡 「형제자매Die Geschwister」를 사흘 만에, 비극 「클라비고Clavigo」를 아흐레 만에 완성했다. 또한 니체는 『우상의 황혼』을 열흘 만에 탈고했고, 릴케는 1922년 2월의 며칠 동안 『두이노의 비가Duineser Elegien』 열 편 중 여섯 편을 완성했는데, 자신의 입으로 이러한 창작 열기를 "정신 속의 태풍"이니 "우주에서 온 신호"라는 말로 표현했다. 여기서는 융의 표현이 들어맞는 듯하다. "그(릴케)의 펜은 그의 정신이 경탄스럽게 생각하는 것들을 쓰고 있다."

창조적 도취는 주로 작곡가들에게서 제대로 나타난다. 조아키노 로시니Gioacchino Rossini는 3주도 채 안 걸려 「세비야의 이발사」를 작곡했고, 모차르트는 18일 만에 「티토의 자비」를, 헨델은 24일 만에 「메시아」를 완성했다. 이때 헨델은 꼭 필요한 것만 먹고, 잠은 거의 자지 않고, 집을 나간 적도 없었다고 한다. 친구들이 열여덟 살의 슈베르트를 방문했을 때 그는 "완전히 열에 들뜬 채 어떤 책에서 '마왕'을 큰 소리로 읽고 있었다. 그는 그 책을 들고 여러 번 이리저리 돌아다니다가 별안간 자리에 앉더니 부리나케 무언가를 써 내려갔고, 믿지 못할 정도로 짧은 시간 안에 그 멋진 발라드를 종이 위에 탄생시켰다. 슈베르트는 피아노가 없었기 때문에 우리는 그것을 들고 기숙사로 달려갔다." 그는 24시간 안에 노래를 10곡까지 작곡한 적도 있었다. 그는 이렇게 털어놓았다. "나는 내 안에 있는 것을 그대로 내놓을 뿐이다. 그걸로 끝이다."

작곡가가 그 정도를 해내려면 극도로 섬세한 청각 외에 무엇이 더 필요할까? 음악사가 알프레트 아인슈타인의 말에 따르면 우선 "초인적인 **노력**", 즉 오직 한 가지를 향한 가혹한 노동이 있어야 한다. 그 다음에 필요한 것은 음악적 천재에게서 흔히 과소평가되는 요소로서 우리 같은 사람은 상상도 할 수 없는 기억력이다. 몇몇 작곡가들은 산책을 하다가 떠오른 한 곡의 전 악보를 나중에 그대로 옮겨 적기만 했다고 한다. 1780년 모차르트는 오페라 「이도메네오」를 작곡할 때 아버지에게 이렇게 편지를 썼다. "작곡은 벌써 끝났지만 아직 쓰지는 않았습니다." 그는 악보를 노트에 쓰는 동안 마치 베껴 적는 것처럼 자연스럽게 대화까지 나누었다. 심지어 「돈 조반니」의 서곡은 초연 전날 밤에 머릿속에 있는 것을 종이 위에 옮겼다.

만약 기억력과 청각 종목에서 세계 대회가 있었다면 모차르트는 열네 살에 벌써 세계 신기록을 세웠을 것이다. 당시 모차르트는 그레고리오 알레그리Gregorio Allegri가 시편 57편을 토대로 9성부의 2부 합창용으로 작곡한 「우리를 불쌍히 여기소서」를 두 번 듣고 전 곡을 그대로 옮겨 적었다. 이로써 그는 이 합창곡을 오로지 시스티나 성당에서 성 금요일에만 연주하도록 하기 위해 교황이 파문의 위협까지 들먹이며 공포한 비밀 엄수령을 위반한 셈이 되었다.

섬세한 청각과 기억력 다음으로 필요한 것은 **판타지**다. 쇄도하는 착상과 반짝거리는 풍경, 생각들의 대담한 결합, 이것들이 판타지인데, 우리는 판타지에서 멜로디가 어떻게 만들어지는지 모른다. 다만 조형 예술가들의 판타지는 상상이 가능하다. 「회화에 관한 논문」에서 바위와 나무에 대해, 낡은 벽의 얼룩에서 발견한 형상과 몸짓에 대해 이야기한 다빈치의 경우가 그렇고, 돌에서 자신이 조각하고자 하는 형태를 미리 알아본 미켈란젤로의 경우가 그렇다. 그는 다비드 상을 조각할 때 다른 불운한 조각가 둘이 앞서 구부정하게 깎아 놓은 대리석 덩어리에서 다비드의 모습을 알아보았고, 그래서 정수리에서 발끝까지 1센티미터도 변경할 여지없이 자신이 본 대로만 돌을 깎았다. 플로베르는 이렇게 썼다. "미켈란젤로는 자신이 다가가면 대리석이 몸을 떨었다고 주장하지만, 사실은 대리석이 아니라 그 자신이 떨었던 게 분명하다."

물론 판타지만으로는 아무것도 이룰 수 없다. 단순한 아이디어를 넘어 가공되지 않은 대리석으로 완성된 형태를 만들고, 미친 듯이 난무하는 음音의 혼란 속에서 소나타를 작곡해 내고, 무수하게 엉킨 사물들의 이야기에서 정연한 시를 완성해 내는 힘과 의지가 있어야만 창조적인 예술가가 될 수 있다. 예술가는 어렴풋이 꿈꾸었던 것, 어렴풋이 예감했던 것, 저 깊은 무의식 속에서 치솟아 올라오는 것들을 환히 비춰 주고 포착하고 분류하고 반죽해서 돌이나 종이, 캔버스 위에 확고하게 재현해 내는 사람들이다.

모차르트와 슈베르트 같은 사람들은 질서 의지와 혼란 사이에서 균형 잡는 일을 힘들이지 않고 능수능란하게 해냈지만, 다른 작곡가들 중에는 그로 인해 좌절에 가까운 고통을 겪은 이들이 많다. 바그너는 코지마[1]에게 이렇게 털어놓았다. "도저히 작곡을 할 수 없소. 판타지 속에서는 무한한 것이 다 들어 있는데, 막상 그것을 종이 위에 끄집어내려면 벌써 물리적인 난관을 느끼게 되오. 그게 어쨌더라, 그게 뭐였더라…… 하면서 다시 그걸 찾을 때까지 고민만 하고 있소." 바그너는 리스트에게 보낸 편지에서 "존재하지 않는 세계를 만들어 내는 작업의 지독한 고충"을 하소연했고, 아내에게는 "세계의 멸망을 악보 하나하나 속에 재현해 내야 할 때" 쏟아야 하는 정력

---

[1] 리스트의 딸로서 바그너의 두 번째 아내였다.

을 한탄했다.

판타지와 질서 의지의 결합에서 예술 작품이 탄생하는 것은 언어 예술가들에게서 가장 쉽게 확인할 수 있다. 일례로 프루스트는 한 연못에 비친 벽돌 지붕에서 "하늘의 미소에 화답하는 엷은 웃음을 보고" 황홀감에 젖어 우산을 흔들며 환호했다. 이런 일은 감수성이 예민한 다른 사람들에게도 일어날 수 있다. 다만 프루스트는 "그런 불분명한 환호 소리에 그치지 않고 자신의 감격에 명확한 표현을 부여하는 것"을 **의무**로 느꼈다.

따라서 처음에는 느낀 것을 형태 있는 것으로 바꾸려는 **의지**가 있어야 한다. 그리고 변환 능력은 어느 정도까지 배워서 익힐 수 있기에 많은 위인들이 각고의 노력으로 그것을 체득했다. 그런데 어린아이 때부터 완벽한 것을 만들어 낸 모차르트와 랭보 같은 사람이 있다면 그 맞은편에는 치열한 고통 속에서 형상화 작업을 배운 사람들도 있다. 연습해야 하는 것을 깨닫지 못해 우리에게 이름을 남기지 못한 무수한 사람들은 물론이다.

렘브란트와 고흐는 그림 그리기조차 부단한 연습으로 배울 수 있다고 주장했다. 루소는 노도와 같은 열정이 머릿속의 생각을 정리해야 하는 과정에서 "믿어지지 않을 정도로 큰 어려움"에 부딪혔다고 말했다. 그러나 이탈리아의 오페라 공연에서 장면이 바뀔 때면 무대 위에 일시적으로 커다란 혼란이 생기지만, 그것을 거치고 나면 모든 관객을 사로잡는 황홀한 연극이 곧 이어지듯이 루소의 머릿속 생각들도 차츰 질서를 잡아 나갔다. 물론 그전에 "길고 혼란스러운 노력"이 있어야 했지만 말이다. 그는 마구 휘갈겨 쓰고 죽죽 줄을 그은 원고들을 네댓 번씩 다시 베껴 적었다. 또 한번은 고소장같이 남성적이고 엄격한 문체를 익히려는 목적으로 타키투스Publius Cornelius Tacitus 시대에 나온 책을 번역하기도 했다.

니체는 열다섯 살까지도 맞춤법에 문제가 있었고(곡식을 뜻하는 'Getreide'를 'Getraite'라고 썼다), 열여덟 살까지도 문법을 자주 틀렸다(3격과 4격을 혼동했다). 스물두 살 때는 한 친구에게 이렇게 썼다. "내가 가장 공을 많이 들이고 가장 염려를 많이 하는 것이 내 독일어 문체네. 너무 오랫동안 순진한 문체 속에서 살아왔다는 것을 홀연히 깨달은 거지. '너는 써야 한다'라는 정언 명법이 나를 일깨웠네. …… 진심으로 원하는데도 잘 써지지 않는다면 무척 불행할 걸세. 무엇보다 내 문체에서 활기찬 정신들을 불러내야 할 것 같네. 피아노를 배우듯 배워야 하겠지. 물론 배울 수 있는 곡들뿐 아니라 자유로운 판타지까지 말일세." 이것은 그의 처녀작 『음악의 정신에서 비롯한 비극의 탄생 Die Geburt der Tragödie aus dem Geist der Musik』이 나오기 4년 전에 쓴 편지인데, 이 작품은 그가 가장 위대한 독일어의 거장으로 가는 첫걸음이었다.

상상력이 빈약하거나 한정된 경우에도 형식에 대한 재능에다 근면함만 있으면 위대한 작가가 탄생할 수 있다. 고트홀트 에프라임 레싱은 이렇게 탄식했다. "나는 자체의 힘으로 솟구쳐 오르는 생동감 넘치는 샘을 내 안에서 느끼지 못한다. …… 내 안의 모든 것을 나는 압력 펌프와 관을 통해 밖으로 짜낼 수밖에 없다." 활동 당시 괴테보다 유명했고, 게오르게의 생각에 따르면 "독일의 가장 문학적 힘이 강한 작가"였던 파울은 이야기를 고안하는 일에 무척 약했고, 조이스는 자기 입으로 이야기를 꾸미는 상상력이 부족하다고 밝혔다. 그래서 그는 세부적인 것으로의 극단적인 몰입과 변주에 전념했는데, 그의 대표작 『율리시스』에는 광고업자 레오폴드 블룸을 중심으로 주요 인물 두 명과 주변 인물 열두 명이 하루 동안에 겪은 사건과 감정이 1,000여 쪽의 분량에 담겨 있다. 조이스는 베가, 발자크, 모파상처럼 수많은 아이디어와 기지로 넘치는 작가들과는 정반대의 유형이었다.

이처럼 사건이 빈약한 소설에서 넘쳐나는 것은 세부 묘사의 상상력인데, 어마어마한 양의 언어유희, 암시와 연상, 기발한 착상과 가능성들의 결합, 엉뚱한 생각들의 범람이 그런 상상력의 요소들이다. 거기다 방귀 뀌는 소리와 통 구르는 소리에서부터 한 여자의 "넓은 치맛주름에 지금껏 그녀가 상간한 모든 수컷의 사자 냄새가 밴 듯한" 옷에서 나는 스걱거림에 이르기까지 강렬하기 짝이 없는 의성어들과 과도한 감각적 인상들까지 더해져 있다. 그래서 미국의 여류 작가 듀나 반스Djuna Barnes는 조이스를 가리켜 "어느 누구보다 고통스럽게 감각의 십자가에 못 박힌" 사람이라고 칭했다.

작가들 중에는 감각적 예리함과 감각에 대한 사랑, 감각적 지각을 언어로 포착하려는 열정적인 노력이 돋보이는 사람들이 있다. 날카로운 눈을 가진 발자크와 디킨스, 냄새와 소리에 특히 민감한 조이스와 프루스트가 그들이다. 토머스 울프는 소설 『시간과 강에 관해 Of Time and the River』에서 무려 두 쪽에 걸쳐 주인공의 유년 시절을 떠올리게 하는 향기의 묘사에 탐닉했다. 10월의 나뭇잎 태우는 냄새, 보름달 아래 아련히 퍼지는 목련 향, 철물점의 못 냄새, 여자 흑인 요리사에게서 나는 땀 냄새, 전나무 목재로 만든 다락방의 카펫에서 나는 장뇌액 냄새……

이때 한 감각이 갑자기 다른 감각으로 넘어가는 경우도 많다. 포는 "어둠이 몰래 지평선 위로 올라오면 그 소리가 뚜렷이 들리는 것 같은" 느낌이라고 했고, 랭보는 심지어 알파벳의 모음에서 색깔까지 보았다. "A는 검정색, E는 하얀색, I는 빨간색"이고, 낯선 소리를 내는 뿔피리 같은 O는 애인의 눈처럼 파랗다고 했다. 알프레드 드 뮈세Alfred de Musset도 색깔을 들을 수 있는 능력을 자랑했다.

여기서는 상상력이 이성을 압도하고 있다. 실러는 친구이자 후원자인 크리스티안 고트프리트 쾨르너Christian Gottfried Körner에게 이성은 상상력에 어떤 강요를 해서도 안 된다고 썼다. "거침없이 쏟아져 들어오는 생각들을 문 앞에 세워 놓고 날카로운 눈으로 검열하는 것은 좋지 않고, 영혼의 창조적 작업에도 도움이 되지 않을 것 같네." 그릴파르처도 같은 생각이었지만, 정작 실천 면에서는 실패하고 말았다. 초기에 한 극본을 쓰고 나면 스스로에게 가한 무자비한 자기비판이 이후의 작업 과정에도 고스란히 나타났던 것이다.

냉철한 논리와 지옥처럼 고통스러운 상상 사이를 오가는 줄타기에서 포만큼 능숙하게 균형을 잡은 사람은 없었다. 이런 균형의 성공으로 그는 단편 소설의 명인名人 반열에 올랐고, 우리가 오늘날 '심리 스릴러'라고 부르는 장르의 세계적 거장으로서 도스토옙스키와 와일드 같은 작가들에게도 깊은 영향을 끼쳤다. 또한 추리 소설의 선구자로서 아서 코넌 도일Arthur Conan Doyle, 애거사 크리스티Agatha Christie, 조르주 심농Georges Joseph Christian Simenon의 표본이 되었고, 과학적 범죄 소설과 사이언스 픽션의 창시자로서 쥘 베른Jules Verne의 사표가 되었으며, 또 슈미트의 말처럼 미국의 가장 위대한 시인이자 "현대 문학의 교부"로 추앙받았다.

송곳처럼 날카로운 이성을 기교 넘치게 사용하면서 세상을 향해 마음껏 오만함을 드러내는 것이 포의 가장 큰 즐거움이었다. 그는 단편 소설「병 속에서 찾은 원고MS. Found in a Bottle」서두에서 이렇게 썼다. "독일 철학자들의 저서는 다른 어떤 책들보다 나를 매혹시킨다. 내가 그 기막힌 달변들을 그저 감탄만 할 정도로 뭘 모르기 때문이 아니라 엄격한 사고에 길들여진 습관 덕분에 그들의 모순을 밝히는 것이 쉬웠기 때문이다." 포는 단편 소설「황금벌레The Gold Bug」에서 암호를 해독하는 방법을 선보였고, 문학잡지인『그레이엄스 매거진Graham's Magazine』에서는 독자들이 자신에게 암호를 보내 주면 모두 해독해 보겠다고 제안했다. 그 결과 단 한 차례만 빼고 99번을 성공했다. 그가 자랑스러워했던 그 재능은 바로 '논리적 추리Ratiocination'이다. 라틴 어와 영어로 이루어진 이 진기한 단어는 지극히 예리한 논리적 추론을 이르는 말로서,「모르그 가의 살인 사건The Murders in the Rue Morgue」에서 주인공 탐정 오귀스트 뒤팽은 오랑우탄의 이중 살인을 입증하기 위해 그런 날카로운 추론을 사용한다.

포가 단편 소설의 형식을 선택한 것은 단숨에 읽히면서 독자를 완전히 사로잡을 수 있었기 때문이다. 그에 비해 장편 소설은 독서의 필연적인 중단을 통해 아주 아름다운 효과를 거둔다. 효과! 그것은 그에게 마법의 주문이었다. 그는 항상 글쓰기에 앞서 모든 것이 나아가는 효과를 미리 숙고했고, 사건 진행을 철저하게 대미를 장식할 효과와 연결시켰다.

포는 보스턴에서 행한 한 강연에서 영미권에서 가장 유명한 시 중 하나인 「까마귀」라는 담시를 이용해서 자신의 창작 방법을 알기 쉽게 설명했다. 이 시에서 마지막 열한 개 연은 고집스럽게 "nevermore"로 끝난다. 이유는 뭘까? 이 단어가 영어에서 가장 울림이 좋고 강렬한 느낌을 주기 때문이다. 그렇다면 열한 개 연이 똑같은 단어로 끝나려면 어떻게 해야 할까? 이 단어의 사용을 정당화하는 이야기를 지어내야 한다. 그것도 단어의 의미상 비극적인 이야기

**포** 마흔 살에 술과 마약으로 스스로를 갉아먹었다. 탐정 소설과 사이언스 픽션의 발명자였다.

여야 한다. 방금 애인을 잃은 한 남자의 이야기처럼 말이다. 연인의 이름은 무엇일까? "리노어Lenore"이다. 운율을 맞춘 이름이다. 그렇다면 이렇게 단호하게 "nevermore"라고 말하는 사람은 누가 되어야 할까? 이성적 존재는 아니어야 한다. 일례로 앵무새도 좋고, 까마귀라면 더 좋다. 까마귀는 새까만 데다가 불행의 사자이기 때문이다. 이제 시인은 까마귀의 부리에서 'nevermore'라는 답이 나올 수 있도록 그럴듯한 질문을 생각해내야 했다. 너 이름은 뭐지? 리노어를 잊을 수 있어? 내가 어떤 것으로 위로받을 수 있을까? 넌 언제 다시 떠나지? 대답은 항상 'nevermore'이다. 사람들이 시에서 기대하는 아름다운 광기와 비밀 같은 건 전혀 없다고 포는 결론짓는다. 시는 계산 문제를 풀 때처럼 논리정연하게 하나하나 완성해 나갈 뿐이다.

정말 그랬을까? 악몽과 언어적 기교가 혼합된 이 담시는 희미하게 몰려드는 불안의 그림자라고는 전혀 없이 탄생했을까? 포는 우월한 이성이 만들어 낸 냉철한 성과를 증거로 제시함으로써 신비한 계시를 끌어대기 좋아

하는 다른 시인들을 조롱하고 싶었던 것일까? 아니면 단지 새로운 형태의 효과만 노렸을 뿐인가? 어쩌면 둘 다 어느 정도씩 포함되었을지 모르고, 그 것을 통해 자신이 그런 절묘한 조합의 대가라는 것을 보여 주고 싶었을지도 모른다. 그러니까 혼돈과 경악으로 이루어진 나락의 끝에서도 지극히 명철한 이성을 유지하면서 거만한 거장다운 솜씨로 조화를 이루고, 임박한 정신 착란을 예술로 승화시킨 작가가 자신이라는 것이다. 어떤 작가도 쫓기는 자, 고문당하는 자, 히스테리적인 살인자와 시체를 훼손하는 자, 산 채로 땅이나 벽에 묻히는 자들 같은 인간 군상을 만들어 내지는 못했다. 포의 단편 소설 「베레니스 Berenice」에 나오는 일인칭 화자는 "형편이 좋지 못한 시기"에 아름답기는 하지만 사랑하지 않는 사촌과 결혼하기로 결심하지만 "그녀의 치아에 붙은 하얀 귀신"에 경악한다. 귀신은 그의 꿈속까지 따라올 뿐 아니라 그녀가 갑자기 죽은 뒤에도 사라지지 않는다. 결국 그는 그녀의 관을 열고 사자死者의 치아를 모두 뽑아 버린다. 그런데 그녀는 아직 살아 있고, 그녀의 날카로운 비명이 밤의 어둠 속으로 섬뜩하게 울려 퍼진다.

이런 이야기들은 오만하고, 지독하게 가난하고, 불안에 쫓기고 우울증에 사로잡혀 살다가 결국에는 술과 마약으로 죽음까지 내몰린 포가 아니면 누가 떠올릴 수 있을까? 동시대인들이 이따금 포의 표본이라고 불렀던 E. T. A. 호프만도 이렇게까지 공포를 극단적으로 표현하지 않았고, 공포를 논리와 결합하지도 않았다. 포는 그에 대해 이렇게 썼다. "나의 많은 작품들 속에 중심 주제가 공포라면 그것은 독일에서 온 것이 아니라 영혼에서 왔다고 말하고 싶다."

"사람들은 나를 미쳤다고 한다." 포의 소설 「엘레오노라 Eleonora」는 이렇게 시작된다. "그러나 광기가 혹시 지혜의 가장 숭고한 형식은 아닌지, 혹은 많은 훌륭한 것들과 심오한 모든 것이 병든 머리에서 나온 것은 아닌지, 하는 물음은 아직 해결되지 않았다. …… 그래, 내가 미쳤다는 이야기로 다시 돌아가 보자. 나는 내 정신에 두 가지 상이한 상태가 존재한다는 것을 고백한다. 나를 보고 누구도 부인하지 못할 또렷한 이성적 상태, …… 그리고 그늘과 의심의 상태가 그것이다."

어쩌면 이것이야말로 시인들이 무의식 속에 내재한 동경과 괴물들, 갖가지 악몽들을 추상적이면서도 부드럽고 위안이 되는 말의 형태로 만들어 내는 놀라운 능력의 근원일지 모른다. 그들은 사라진 소리를 찾아 귀를 기울이고, 우리가 꿈에서 듣는 소리에나 어울릴 법한 표현을 찾아낸다. 그렇지 않다면 "모든 봉우리에 고요가 깃들고"나 "숲은 검게 선 채로 침묵한다" 혹은 "깃발은 바람에 요란하게 덜거덕거리는구나"같이 단순해 보이는 시구들이 우리의 마음을 움직이는 것을 어떻게 설명할 수 있을까? 아래에 나오는 클레멘스 브렌타노Clemens Brentano의 외침은 오로지 꿈속에서만 메아리가 울려 퍼진다.

아, 달아, 달아!
밤의 시커먼 갈기 속에서
물결은 얼마나 냉기를 내뿜고,
바람은 얼마나 대기를 뒤집는가.

스윈번의 탄식도 마찬가지다.

버림받은 날들의 죽은 꿈들,
눈발에 흔들리는 눈먼 봉오리들,
바람에 거칠게 흩날리는 나뭇잎들,
망가진 봄의 붉은 미아迷兒들.

뷔히너의 '렌츠'[2]가 던지는 물음도 꿈속에서만 메아리가 울려 퍼진다. "저기 지평선 주위에서 터져 나오는, 사람들이 보통 '고요'라고 부르는 저 끔찍한 목소리가 들리지 않습니까?" 파울의 소설 『개구쟁이 시절 Flegeljahre』 말미에 등장하는 서늘한 문장도 마찬가지다. "영원은 지나갔다. 폭풍이 다가온다."

리히텐베르크는 어쩌면 저 위의 높은 정령들이 우리의 시인들을 데리고 있는 것 같다고 말한다. 우리가 나이팅게일과 카나리아를 키우듯이 말이다. "새들의 노랫소리가 그들의 마음에 드는 까닭은 그 속에는 이성의 흔적이 보이지 않기 때문이다." 그러나 만약 시인들을 데리고 있는 것이 우리 자신이라면 블라디미르 나보코프Vladimir Nabokov의 다음 말이 맞을 듯하다. 가장 지고한 영역의 문학은 "다른 세계에서 온 그림자들이 스치고 지나가는 영혼의 숨겨진 심층"에서 움직인다.

---

2 뷔히너의 소설 『렌츠』에 나오는 주인공 야코프 렌츠.

# 20 다재다능, 그 매혹과 위험

> 영웅은 모든 점에서 영웅이다. 그의 감정과 사고는 모든 사람 중에서 최고이다.
> ─칼라일

한 가지라도 빼어난 재능을 타고나는 것은 무척 드물다. 하물며 다방면으로 뛰어난 재능을 보이고 각고의 노력과 성공까지 곁들인 사람이 있다면 얼마나 놀라울까! 1913년에 노벨 문학상을 받은 라빈드라나드 타고르Rabindranath Tagore는 작곡가와 화가, 무용수로도 재주를 발휘했고, 정치인으로도 인도의 카스트 제도와 순장 풍습의 폐지 운동에 앞장섰다. 1936년에 스페인의 팔랑헤당[1]에 의해 암살된 로르카는 극작가이면서 서정 시인이었고, 거기다가 연출가와 극장장, 화가, 피아니스트, 작곡가로도 활동했으며, 그 밖에 민요를 수집 편곡하기도 했다. 콕토 역시 극작가, 연극배우, 연출가, 안무가, 무대 장치가, 화가, 디자이너, 작곡가로서 다재다능한 재능을 선보였고, E. T. A. 호프만은 작가와 화가, 풍자만화가, 지휘자, 작곡가로서 두각을

---

[1] 파시즘의 영향으로 창건된 스페인의 극우적 민족주의 정당.

나타낸 것은 물론이고 정치에도 몸담아 바르샤바에서 프로이센 참사관을 지내기도 했다. 그는 밤베르크와 드레스덴에서 악단장과 연출가, 무대 장치가로서 활동했고, 1816년에는 베를린 공소심 법원에서 근무하면서 자신의 가장 유명한 오페라 「운디네」를 작곡했으며, 그것을 끝으로 그에게 '유령 호프만'이라는 별명과 함께 세계적인 명성을 안겨 준 '환상 소설'의 창작에 전념했다.

예술과 학문, 예술과 정치 사이의 경계를 자유자재로 넘나든 인물들도 있었다. 작가 벤저민 디즈레일리Benjamin Disraeli는 대영 제국의 총리를 두 차례 (1868년과 1874~1880)나 지냈고, 피아니스트이자 작곡가였던 얀 파데레프스키Jan Paderewski는 1919년에 폴란드 총리에 올랐으며, 시인 레오폴 세다르 셍고르Leopold Sedar Senghor는 1960년에 세네갈의 대통령이 되었고, 작가 바츨라프 하벨Václav Havel은 1990년에 체코슬로바키아의 대통령에 당선되었다. 또한 수학자이자 철학자였던 러셀은 1950년에 노벨 문학상을 받았고, 철학과 신학, 의학 세 분야에서 박사 학위를 딴 슈바이처는 바흐 연구자이면서 오르간 연주자, 작가, 정글의 의사로 활동했으며 1952년에는 노벨 평화상까지 받았다. 이보다 더 놀라운 사례도 있다. 예를 들어 음악가가 우주의 은하계를 연구하고, 황제가 이탈리아 서정시와 현대 자연 과학의 주춧돌을 놓기도 했다. 그 주인공들을 한 사람씩 알아보자.

군악대에서 오르간을 연주한 열아홉 살의 한 독일 청년이 1765년 하노버를 떠나 영국에 도착해서 오르간 연주자와 음악 교사, 연주회 기획자로서 탄탄대로를 달렸고, 여가 시간에는 음악의 내적 구조를 이해하기 위해 수학을 공부했으며, 거기서 다시 광학과 천문학으로 나아갔다. 당시까지 가장 큰 반사 망원경을 제작했고 1781년에는 천왕성까지 발견한 이 사람은 바로 18세기의 가장 유명한 천문학자 프레더릭 윌리엄 허셜Frederick Wilhelm Herschel이었다. 온 천체를 탐사하는 것이 꿈이었던 그는 쌍성 122개에 대한 기록을 남겼고, 『성운 성단 목록Catalogue of One Thousand New Nebulae and

Clusters of Stars』을 출간했으며, 은하계 안에서 태양계가 어떻게 움직이는지 처음 관찰했다.

시칠리아의 왕이자 신성 로마 제국의 황제였던 프리드리히 2세는 1229년 제5차 십자군 원정에서 예루살렘의 왕에 등극했다. 그런데 이탈리아로 귀국한 뒤 그가 보여 준 다재다능함은 한 개인이 얼마나 다양한 능력을 발휘할 수 있는지를 경악스러울 정도로 생생하게 증명해 주었다. 그는 수백 년 이상 타의 모범이 될 완벽한 국가 체제를 만들었고, 시칠리아와 칼라브리아, 알자스 지방에 지은 요새와 여름 별장, 사냥 막사 200채와 카푸아 개선문을 직접 설계한 뒤 건축가들을 뽑아 공사 진행을 감독하게 했다. 풀리아에 있는 8각형의 아주 멋진 성채 '카스텔 델 몬테'를 설계한 것도 황제 자신이었다. 예루살렘의 유명한 이슬람 돔에서 영감을 얻었고, 여러 연구자들의 견해에 따르면 쿠푸Cheops 왕의 피라미드에 대한 비밀스런 암시를 담고 있다는 이 건축물은 오늘날까지도 프리드리히의 보편적인 교양과 완벽함의 의지를 인상적으로 잘 보여 주고 있다. 그것 말고도 황제는 고대의 조각상들을 수집했고 고딕 양식의 길을 닦았다.

황제의 궁정은 아리비아 학자와 유대 학자들의 집결지였는데, 황제는 학자들과 직접 그들의 모국어로 담소를 나누었다. 전체적으로 그는 대화에서 재치가 넘치고 성질이 불같으면서도 지칠 줄 모르는 학구열로 똘똘 뭉친 독설적인 지성인이었다. 그는 전 아라비아 세계의 술탄과 족장, 철학자, 학자들과 교류했으며, 피사에서는 일주일 동안 한 유명한 수학자로부터 가르침을 받았다. 또한 시인 학교를 만들고 직접 시도 지었다. 그중 네 편이 남아 있는데, 단테는 그를 가리켜 이탈리아 시문학의 아버지라고 불렀다.

황제는 전속 잠수부까지 두어 바다 밑에서 동물과 식물, 돌을 건져 오게 했고, 기린과 코끼리 같은 이국적인 동물들의 습성을 연구하려고 동물원을 지었다. 또한 매를 키워 사냥에 활용했을 뿐 아니라 자신이 직접 삽화까지 그린 『새로 사냥하는 기술De arte venandi cum avibus』을 쓰기도 했다. 이 책은 지금 들으면 고개를 끄덕거리게 되지만, 13세기 당시에는 이단에 가까운 센세이션을 일으킨 다음의 문장으로 시작한다. "사물을 있는 그대로 묘사하는 것이 이 책의 의도이다." 이로써 황제는 영국의 프란체스코파 수사인 로저 베이컨보다 한 세대 먼저 현대의 문을 활짝 열어젖혔다.

교부 아우구스티누스는 뭐라고 가르쳤던가? "교회의 권위는 인간 정신의 힘보다 강하다"고 하지 않았던가? 게다가 1163년의 투르 공의회에서는 어떤 결정이 내려졌던가? 만일 성직자가 "물리학과 세계 법칙을 연구"하면 파문의 형벌을 내리겠다고 으르지 않았던가? 그리고 모든 철학적 문제는 아리스토텔레스와 함께 영원히 해결되었다고 생각하지 않았던가? 더구나 신에게 자연 법칙을 마음대로 바꿀 힘이 있다면 인간이 그런 자연 법칙을 탐구할 이유가 어디 있겠는가? 이런 인식들이 세상을 지배하던 시기에 황제가 "사물을 있는 그대로 묘사"하겠다고 공언하고 나섰으니 그 파장이 얼마나 컸을까? 심지어 그는 자신의 관찰을 실험으로 확인하고자 했고, 교회는 그것을 요사스런 마술 행위로 간주했다. 그래서 교황 그레고리우스 9세 Gregorius IX는 프리드리히 2세를 가리켜, 자연과 이성을 통해 증명될 수 없는 것은 아무것도 믿어서는 안 된다고 인간들을 현혹시키는 "페스트의 마왕"이라고 불렀다.

그런데 황제의 실험은 오늘날 우리가 보기에도 섬뜩하고 기괴한 것이 사실이었다. 그는 매가 먹이를 눈으로 볼 수만 있고 냄새를 맡을 수는 없다는 것을 증명하려고 매의 눈을 꿰매는 실험을 했다. 심지어 인간 실험도 개의치 않았다. 파르마의 수사 살림베네 Salimbene di Adam 는 『연대기 Cronica』에서 황제가 신생아 몇을 산모에게서 빼앗아 유모에게 맡긴 뒤 아이들과 한마디도 나누지 못하게 했다고 한다. 이 아이들이 어떤 언어를 제일 먼저 시작하는지 확인하기 위해서였다. 히브리 어일까, 그리스 어일까, 아라비아 어일까, 아니면 부모가 사용하는 언어일까? (참고로 18세기까지는 히브리 어가 인간의 '근원 언어'로 간주되었다.) 오늘날 우리는 '근원 언어'라는 것이 존재하지 않으며, 인간 세상과 격리되어 자란 사람은 지극히 초보적인 수준의 언어 능력밖에 갖추지 못한다는 것을 알고 있다. 그런데 황제는 결과를 확인하지 못했다. 아이들이 말을 시작하기 전에 죽었기 때문이다.

그 밖에 프리드리히 2세는 남자 하나를 산 채로 통 안에 가두어 두었다. 남자가 죽으면 영혼이 통 밖으로 빠져나가는지 시험하기 위해서였다. 또한 남자 두 명에게 똑같은 음식을 먹인 뒤 한 사람은 쉬게 하고, 다른 사람은 뛰게 하고는 누가 빨리 음식을 소화시켰는지 확인하려고 그들의 배를 갈라 보는 실험까지 했다. 잔인하기가 가히 중세의 이름에 어울릴 만하다. 하지만 어찌 됐든 간에 프리드리히 2세는 경험을 믿음보다 중시함으로써 "최초의 현대적 군주"(야코프 부르크하르트)라는 평가를 받았고, 황제와 같은 시대에 살았던 영국의 베네딕트 수도사 마테우스Matthäus로부터도 "세상의 경이"라는 별칭을 얻었다.

그런데 황제는 국가 지도자와 장수로서는 시대를 압도하는 재능을 보여 주지 못했다. 그렇다면 어떤 점에서 가장 위대한 성과를 이루어 냈을까? 자연 과학의 개척자로서? 다방면의 관심과 재능 면에서? 딱 부러지게 이야기할 수는 없지만, 어쨌든 몇몇 영역에서는 프리드리히 2세가 한 군주에게 기대하는 것 이상의 성과를 달성한 것은 분명해 보인다.

자신이 처음에 소명 의식을 느꼈던 곳보다 다른 영역에서 더 큰 것을 이루어 낸 사람들도 많다. 허셜이 그랬고, 처음에 자신이 화가의 소명을 타고났다고 생각한 괴테와 켈러, 테오필 고티에Théophile Gautier가 그랬다. 또 소설가 게르하르트 하우프트만Gerhart Hauptmann은 자신에게 조각가의 재능이 있다고 믿고 조각을 공부했으며, 귄터 그라스Günter Grass도 조각과 판화를 공부했다. 물론 이들 중 어느 누구도 그런 재능으로 유명해지지는 않았지만, 두 가지 기예를 동시에 길러서 아낌없이 발휘한 경우는 많았다. 이를테면 고야는 화가이면서 동시에 포스터 같은 인상적인 제목들이 보여 주듯 언어의 마술사였고, 아우에게 보낸 고흐의 편지들은 시간이 갈수록 위대한 문학으로 간주되고 있고, 스트린드베리의 그림은 오늘날에도 찾는 사람들이 많다. 또한 막스 에른스트Max Ernst는 그림을 그리면서 시를 썼고, 클레는 그림 밑의 설명문(일례로 "상당한 고위직에 있는 것으로 추정되는 두 남자가 만나다")을 통해 상당 수준에 이른 풍자 작가의 면모를 보여 주었다.

심지어 미켈란젤로는 직접 지은 소네트로 명성을 얻었고, 영국 화가 가브리엘 찰스 단테 로세티Gabriel Charles Dante Rossetti는 시와 소설로도 성공을 거두었으며, 조각가 에른스트 바를라흐Ernst Barlach는 극작가로도 이름을 날렸다. 또한 위고는 소묘와 수채화로, 소설가 슈티프터는 회화로 찬사를 받았다. 이러한 이중 재능은 후대에 각각 동등한 수준으로 대접받기도 했는데, 독일의 부슈가 그랬고, 영국의 화가이자 여행 작가인 에드워드 리어Edward Lear가 그랬다. 리어는 '난센스 시'[2]를 창시하고 영국의 희시 오행속요五行俗謠를 정점으로 이끈 인물이었다. 그 밖에 시인이자 신비주의자이자 화가이자 판화가였던 윌리엄 블레이크William Blake는 생전엔(1757~1827) 무명이었다가 오늘날에 들어 회화와 문학 두 영역에서 대가로 인정받고 있다.

천재적 재능을 하나만 가지는 것도 드문 일인데, 그런 재능이 한 개인 속에 몇 가지씩 나타나는 것은 어떻게 가능할까? 혹시 그 재능들은 서로 촉진하는 작용을 하는 것일까? 아니면 동일한 재능의 다른 측면일 뿐일까? 혹은 서로의 길을 방해하는 적대적인 형제는 아닐까? 우리가 아는 사람들 중에 혹시 너무 많은 것에 힘을 낭비하는 바람에 최고의 결실을 거두지 못한 다재다능한 사람이 있을까? (괴테는 자신을 그런 사람으로 넌지시 암시한 적이 있다.) 아니면 이 장의 제사題詞로 나오는 칼라일의 말처럼 자신의 기분과 주변의 상황에 따라 연구자의 재능이든 장수의 재능이든 마음대로 불러낼 수 있는 만능 인간이 존재하는 것일까?

---

[2] 합리적이거나 우의적인 어떤 해석도 거부한다는 점에서 다른 희시戱詩 comic verse와 구별되는 우스꽝스럽고 기발한 시.

최소한 화가와 작가가 궁합이 잘 맞는다는 것은 앞선 보기들에서 충분히 입증되었다. 그리고 언어 예술과 **소리 예술**의 상호 침투도 쉽게 이루어지고 생산적인 면까지 보이는데, 그 이유는 이중 재능을 타고난 여러 천재들이 밝혀 주었다. 음악뿐 아니라 언어 영역에서도 거장의 면모를 자랑한 모차르트와 베토벤, 슈베르트, 펠릭스 멘델스존이 그 주인공들이다. 반대로 음악과의 깊은 유대감이 모든 글쓰기의 필수 요소라고 불렀던 작가들도 있다. 스탕달과 클라이스트, 니체, 토마스 만이 그렇다. 루소는 오페레타 「마을 점쟁이」로 그전의 황량했던 인생 그 어느 때보다 많은 돈과 갈채를 받았다. 심지어 왕이 초대한 알현 기회를 오만하게 물리치지만 않았더라면 궁정 작곡가가 될 수도 있었다. 바그너의 가극 각본들도 그 자체로 읽어 보면, 이 음악가가 언어 면에서 특출한 재능이 있다는 것을 명시적으로 보여 주지는 않지만 그가 추구한 종합 예술의 한 부분으로서는 부족하지 않은 수준임을 증명해 준다. 게다가 바그너는 편지와 에세이 몇 편에서 작가로서 빼어난 솜씨를 발휘했다. 오스트리아 계 미국 작곡가인 크레네크Krenek는 인생의 황혼녘에 들 때까지도 작곡과 글쓰기를 병행하며 두 영역 모두에서 박수갈채를 받았다.

예술 장르들 사이의 상호 작용에 대해 슈만은 이렇게 썼다. "나는 음악 선생이 아니라 파울에게서 대위법을 더 많이 배웠다." 거꾸로 극작가 클라이스트는 "문학예술에 대한 가장 핵심 요소들이 숫자표저음[3] 속에 담겨 있다"라고 말했다. 또한 그는 죽기 직전의 여름에 이런 글도 썼다. 1년 혹은 그 이상 동안 "음악 말고는 다른 아무것도 하고 싶지 않았다. 나는 이 장르를 …… 나머지 모든 예술의 뿌리라고 생각하기 때문이다." 그의 단편 소설 「버려진 아이Der Findling」에서 사제는 "최후의 심판을 알리는 나팔로" 사

---

[3] 주어진 숫자가 딸린 저음 위에 즉흥적으로 화음을 보충하면서 반주 성부를 완성하는 기법. 유럽에서 17~18세기에 널리 쓰였다.

형을 선고받은 자의 귀에다 지옥의 공포를 불어넣었고, 성담 「성 세실리아 혹은 음악의 힘Die Heilige Cäcilie oder die Gewalt der Musik」에서는 악행을 저지른 자들을 미치게 만드는 것은 "음악이 일으키는 선연한 공포"였다. 니체는 몰아의 경지에서 신들린 듯이 피아노 즉흥곡을 연주해서 친구들을 감동시켰고, 심지어 작곡에도 손을 대어 피아노곡 63곡과 가곡, 춤곡을 만들었는데, 그중에는 1980년 『프랑크푸르터 알게마이네 차이퉁Frankfurter Allgemeine Zeitung』에 실린 음악 비평에 따르면 "정말 매력적으로 호소하는 곡"들도 있었다. 이와 관련해 니체는 "음악에 대면 말로 전달하는 것들은 모두 부끄러워해야 한다. 음악이 없으면 인생은 그 자체로 오류이다"라고 말한 적도 있다.

이처럼 언어를 능수능란하게 다루는 재주를 음악적 재능에 포함시키는 것은 자연스러워 보인다. 하지만 이 둘을 같은 것에 뿌리를 둔 하나의 재능으로 보는 것보다 오히려 두 재능의 필수적인 교차라고 말하는 편이 더 나을 듯하다. 리듬을 만들고 음색을 살려야 하는 예술가들에게는 말이다. 토마스 만은 글쓰기를 할 때 일어나는 생각이 "리듬의 필요로 만들어지는 것"일 때가 많다고 했다. 이런 해석은 무엇보다 서정시에 딱 들어맞는다. 그것도 엄격하게 운율을 지키는 고전적 서정시에 말이다. 옛날에는 시와 노래가 분리되지 않았다. 그리스의 서사시도 말로 노래하는 일종의 서창敍唱이었다. 슈베르트의 가곡들이 시와 음악을 다시 통합시켰다. 아니, 어쩌면 그것을 뛰어넘어 이렇게 말할 수 있을지도 모른다. 릴케에게 글쓰기 능력을 준 것은 음악적 청각이라고. 릴케의 시는 이렇다.

> 아스라하고 아득한 기억처럼 이따금
> 포도주의 향기가 네게 입 맞추는구나.

실러의 시는 또 어떤가?

공포가 몰아치자
그는 용기를 내어
밀려오는 파도 속으로 몸을 던지고
억센 팔로 물살을 가르는구나.
신이여, 그를 불쌍히 여기소서.

포의 시는 이렇게 노래했다.

어둠 속 깊이 뚫어보며
거기 나는 오래 서 있었지,
이상히 여기고 두려워하고 의심하면서,
전엔 감히 꿈꾸지 못한
이 세상 것이 아닌 것을 꿈꾸면서.
그러나 침묵은 깨어지지 않고
정적은 아무런 징조를 주지 않고
저기서 들리는 단 한마디는
속삭이는 음성 "리노어!"였다.

회화와 언어는 조화롭게 잘 어울리고, 음악과 언어 사이에도 활발한 교류가 이루어진다. 그렇다면 이제 남은 것은 **언어와 행위** 사이의 빈번한 교차를 조명하는 것이다. 물론 여기서도 이 두 가지를 같은 뿌리의 재능으로 볼 것인지는 여전히 의문으로 남는다. 위대한 많은 행동가들은 말로써 행위를 준비했고, 말과 함께 행동했으며, 말로써 행동을 높이고, 말로써 행동을 생생하게 설명했다. 또한 자신들의 힘을 동일한 규모와 동일한 강도로 행위와 말로 전환했고, 사고와 욕망을 아주 세밀한 부분까지 행위와 말 속에 고루 나누어 담아냈다. 파울이 루터의 산문에 대해 평가하길, 행동이 그의 말과 별로 비슷하지 않고 산문이 "반쪽짜리 전투" 같다고 말한 것은 농담이 아니었다. 언어와 정치 두 영역에서 동시에 대단한 능력을 보인 사람은 영국의 대법관 프랜시스 베이컨이었다. 오만하고 부패한 정치인이자 비상한 두뇌의 냉철한 야심가였던 이 남자는 뛰어난 에세이스트였고, 허상과 우상에 맞서 싸운 사자 같은 심장의 전사였으며, "아는 것이 힘"이라는 금언으로 당대의 교회를 경악시킨 인물이었다. 이후 이 금언은 19세기 노동자 교육 협회의 구호가 되었고, 1964년 서독의 교육 위기 때는 그것을 극복할 정신적 슬로건이 되었다. 프랑스 도덕주의자 S. N. R. 샹포르Chamfort는 베이컨에 대해 이렇게 말했다. 그는 후진들에게 그들이 개간할 땅을 마련해 준 사람이었다. "그(베이컨)는 파르살루스 전투에서 승리한 직후의 카이사르였다. 다시 말해서 자신의 측근과 추종자들에게 왕국과 영토를 나누어 준 세계의 지배자였다."

미국 버지니아 주의 주지사와 프랑스 주재 공사를 지냈고, 마지막엔 미합중국 제3대 대통령에 당선된 제퍼슨은 1776년 미국 독립 선언문의 초안에 담긴 힘차고 선율적인 문장으로 많은 칭송을 받았다. 게다가 그는 사적으로 건축 수업까지 받아 워싱턴의 미 국회의사당과 버지니아 대학의 건축주가 되었다. 링컨은 워싱턴이나 케네디와는 달리 후대에 자주 인용되는 연설문을 직접 썼다. 그리고 1991년 『라이프Life』지에 실린 기사에 따르면 그가 남북 전쟁을 승리로 이끈 것도 유려한 언어 구사 능력과 적절한 비유 덕분이었다. 풀이하면 이렇다. 링컨은 미국의 장삼이사들이 왜 이 전쟁에서 죽어야 하는지 말로써 설득시키는 기술이 있었다. "신은 평범한 사람들을 사랑하는 것이 틀림없습니다. 그렇지 않고서야 이렇게 많은 사람들을 만들었을 리는 없지 않겠습니까?" 1901~1909년까지 미국 대통령을 지낸 시어도어 루스벨트는 연설가와 문필가로서 탁월한 기량을 선보였고, 아마추어 역사가로서도 인정을 받았으며, 편지도 무려 15만여 통이나 남겼다. 평생 하루에 열 통을 쓴 셈인데, 그중에서 자식들에게 보낸 편지는 나중에 책으로 묶여 나왔다. 비스마르크는 말에서든 글에서든 정치와 다르지 않은 재능을 보였고, 처칠은 노벨 문학상까지 받았다.

정치인과 장군으로서의 재능에다 두 영역에서 세계사적인 성공까지 거두고(황제 프리드리히 2세에게는 부러운 일일 것이다), 거기다 수준 높은 문필가의 재주까지 갖춘 경우는 정말 드문 일이다. 하지만 인간 역사에서 그런 경우는 최소한 두 번은 존재했다. 카이사르는 고전적인 역사서를 두 권 집필했고, 시와 라틴 어 문법책을 썼으며, 좌중을 압도하는 연설가에다 법률가, 수학자, 건축가로도 활동했다. 스스로를 철학자라 칭한 프리드리히 대왕은 피리를 불고 작곡을 하고 역사서를 집필했으며, 에세이와 시, 심지어 가극까지 썼다. 오죽했으면 동시대인들이 그를 "보편 천재"라고 불렀겠는가?

보편적 천재성이 위험해지거나 파멸되는 경계는 어디에 있을까? 어쨌든 벤저민 프랭클린Benjamin Franklin은 그 경계를 아슬아슬하게 넘지 않은 것 같다. 그는 믿을 수 없을 만큼 다양한 영역에 대한 관심과 재능으로 세계적 명성을 얻었지만, 바로 그 때문에 사람들은 그를 천재의 반열에 올리는 것을 망설인다. 그의 경력을 하나하나 열거해 보자. 프랭클린은 인쇄술을 배워 신문 출판업자가 되었고, 문필가와 인기 있는 모럴리스트로 활동했다. 또한 막 독립을 선포한 미합중국의 프랑스 주재 공사로 나갔고, 프랑스와 동맹을 맺어 영국에 공동 전선을 펴는 정책을 추진했으며, 미국 헌법의 아버지 가운데 한 사람이었고, 아카데미 프랑세즈의 회원이었고, 옥스퍼드 대학의 명예 박사였다. 이 정도만 해도 충분할 텐데 그의 삶은 여기서 그치지 않는다. 그는 복초점 안경과 글라스 하모니카(모차르트와 베토벤을 위해 곡을 쓰기도 했다)를 만들고 피뢰침을 발명했다. 여든 살에 프랑스에서 돌아와서는 '연기 나는 굴뚝의 원인과 그것을 제거하는 방법'에 관한 책을 썼고, 멕시코 만류의 첫 번째 지도를 작성했으며, 이 해류를 항해에 이용하도록 제안하기도 했다. 이런 프랭클린을 두고 사람들은 이렇게 말한다. 만일 운명이 그에게 총사령관의 역할을 제안하거나 요구했다면 그 역할도 멋들어지게 수행해

냈을 거라고.

괴테는 프랭클린에게서 지치지 않고 행동하는 인간의 이상을 보며 경탄을 아끼지 않았다. 하지만 괴테 자신도 다재다능한 면에서는 누구에게도 뒤지지 않는다. 다른 일에 정력을 쏟느라 정작 본업에서는 최고의 위업을 달성할 기회를 놓치지 않았을까 걱정이 될 정도로 재주가 많았다. 이는 다빈치도 마찬가지였는데, 일단 괴테부터 알아보자.

질풍노도와도 같던 청년 시절의 괴테는 도주하다시피 현실에서 탈출해서 바이마르 공국으로 건너가 추밀 고문관이라는 관직을 비롯해서 군대와 재정, 도로 건설, 광산 영역 등에서 중요 직책을 맡았다. 또한 궁정 극장을 이끌었고, 회화와 암석 수집에 열정을 쏟았으며, 학계에서 잊혔던 앞위턱뼈의 존재를 다시 발견했고, 그 와중에 편지와 평론, 잠언, 대화록, 시를 정력적으로 썼고, 1810년에는 색채론에 관한 1,400여 쪽에 이르는 방대한 두 권짜리 저서를 내놓았다. 이 책에는 역사적 맥락에 관한 소중한 자료를 비롯해서 색맹의 생리학과 색깔의 심리학적 영향에 대한 귀한 내용들이 담겨 있다. 그런데 이 책의 주된 의도에 해당하는, 뉴턴의 색채론을 공격한 부분에서는 전문가들의 일치된 판단에 따르면 아주 한심할 정도로 방향이 잘못 나가 버렸다. 그런데도 추밀 고문관 괴테는 평소와는 달리 상대방에 대해 격한 감정을 숨기지 않았다. 즉 뉴턴을 "허깨비"라고 부르며 그의 이론을 "구역질 난다"고 표현한 것이다. 반면에 자신의 색채론에 대해서는 이것이 출간된 지 18년 뒤에 에커만에게 이렇게 말했다. "내가 시인으로 이룬 것들에 대해서는 크게 자부심이 없지만 …… 이 시대에 색채론이라는 어려운 학문 부문에서 오로지 나 홀로 올바른 것을 알고 있다는 사실에 대해서는 상당한 자부심을 느끼네. 사람들에 대한 우월감이라고 할까."

괴테는 자신이 너무 많은 관직을 맡은 것을 자책했다. 1824년 에커만과 나눈 대화록 중에는 이런 말이 있었다. "외적이든 내적이든 해야 할 일이 너무 많았네. 아마 내가 공직과 다른 업무와 좀 더 거리를 두고 한적하게 살았더라면 더 행복했을 뿐 아니라 작가로서도 훨씬 큰 결실을 거두었을 것 같네." 실러는 괴테의 문제를 좀 더 근본적으로 지적했다. 1803년 빌헬름 폰 훔볼트에게 이렇게 썼다. "괴테가 이리저리 바쁘게 쫓아다니는 것은 한탄스러운 일이 아닐 수 없네. **많은** 일을 번갈아 가며 하다 보면 어느 것에도 열정적으로 집중할 수가 **없기** 때문이지." 그릴파르처도 1805~1825년까지 괴테의 생활에 대해 이렇게 말했다. "내면의 열기가 너무 많은 방향으로 분산되다 보니 개별적인 열기는 식을 수밖에 없다. 그래서 괴테가 최근에 쓴 작품들은 미지근하지 않으면 차가웠다."

그런데 내적 동력이 이렇게 분열되는 것은 프랭클린이나 발자크같이 근면의 대명사에게는 해당되지 않고, 일정한 시기에만 일하는 계절노동자에게나 해당된다. 에커만에 따르면 괴테는 대개 성탄절 몇 주 전부터 "우울증에 빠졌다"고 한다. 그는 벌써 서른일곱 살에 "많은 것을 시작만 해 놓고 중간에 관심이 식어 그만두는 못된 버릇"이 자꾸 늘어 간다고 한탄했고, 말년에는 에커만에게 "어떤 것도 억지로 밀어붙이지 말고, 일이 잘 되지 않으면 차라리 빈둥거리거나 잠이나 자라"고 조언했다.

만일 괴테가 소매를 걷어붙이고 "오직 한 가지 생각만을 실행하는 데 모든 정력을 쏟았더라면" 어디까지 올라갈 수 있었을까? 한 가지 일에 대한 집중은 괴테가 나폴레옹에게 요구했던 것이기도 하고, 그가 바이마르 공국의 장관과 아마추어 물리학자의 삶을 살기로 결심하기 전에 "한 제후가 온다" 혹은 "나는 신들처럼 거닌다" 같은 시구를 만들 때 꿈꾸던 바로 자신의 모습이기도 했다.

괴테와는 달리 다빈치는 한 가지 예술의 주변에만 머물러 있었다. 그 예술을 지식욕과 판타지가 최고도로 이룩할 수 있는 것으로 규정한다면 그렇다. 다빈치는 세상의 그 누구보다 많은 것을 관찰하고 연구했다. 매일 몇 시간밖에 자지 않고 일하는 자신도 감당할 수 없을 정도였다. 그는 해부학자, 엔지니어, 지도 제작자, 요새 건축가, 조류 학자였고, 포위 공격에 사용되는 무기와 속사포, 착정기, 비행기, 운하, 하천 우회로, 밀라노 대성당의 아치형 천장을 설계했다. 그 밖에 시신 세 구를 해부했고, 프란체스코 스포르자Francesco Sforza의 기마상을 설계했다. 그런데 그가 그린 조각상 견본 속의 말은 두 발을 난폭하게 치켜들고 있어서 돌이나 청동으로 그 모양을 만드는 것은 정역학적 안정성 때문에 실패할 수밖에 없었을 것이다. 어쨌든 다빈치는 간단하게 말해서 모든 것을 하고 싶었고, 모든 것을 연구했으며, 모든 것에 손을 댔지만 거의 어느 것 하나 제대로 완성하지 못했다. 오죽했으면 교황 레오 10세Leo X까지 이렇게 한탄했을까! "아, 그 사람은 결코 어떤 것도 해내지 못할 것이다. 작품을 시작하기도 전에 벌써 그 끝을 고민하기 때문이다."

다빈치는 자신의 명성이 주로 쏠려 있는 회화들조차 완성하는 것이 결코 쉽지 않았다. 그래서 밑그림을 비롯해서 세밀한 부분에 대한 조사와 무수한 초안은 대부분 제자들에게 맡겼고, 자신은 나이가 들수록 점점 미술에서 멀어져 갔다. 야코프 부르크하르트는 다빈치가 갈수록 과학과 기술에 매진한 것을 유감스러운 일이라고 했다. 그의 발견과 발명은 그가 아니어도 다른 사람들에 의해 이루어졌을 테지만, "회화는 오로지 레오나르도 한 사람만 이룩할 수 있는 일이었기" 때문이다.

한편으로 보자면, 다빈치만큼 뛰어난 통찰력과 넘치는 착상들로 시대를 몇백 년 앞서 간 사람은 없었다. 러시아의 문화사가 드미트리 메레즈코프스키Dmitri Merezhkovsky가 아주 적절한 표현을 했다. "다빈치는 다른 사람들은 아직 모두 자고 있는데 이른 새벽 혼자 어둠 속에서 깨어난 사람과 비슷하다." 하지만 다른 한편으로 보자면, 다빈치는 역사 속의 무명인으로 남았을지도 모른다. 만일 그에게 작품에 대한 목표 의식과 의지가 조금만 부족했더라면 「모나리자」도 「최후의 만찬」도 나오지 못했을 것이고, 이 두 작품이 없었더라면 그의 무한한 관찰 본능과 풍부한 착상도 조명받지 못했을 것이다.

이런 사고 유희는 후대에 이름을 남기지 못한 반쪽짜리 천재들을 떠올리게 한다는 점에서 흥미롭다. 이들에게는 재능만 있을 뿐 위대한 천재가 될 다른 반쪽이 없었다. 즉 일의 규율과 성취 의지, 완성으로의 힘, 그리고 한 가지 일에 대한 집중력이 부족했다. 다빈치도 어쩌면 그런 운명을 맞을 뻔했다. 그가 너무 적게 그리고, 괴테가 너무 적게 창작하고, E. T. A 호프만이 자신의 재능을 너무 많은 방향으로 분산시킨 것은 참으로 안타까운 일이다. 그러지 않았더라면 그들은 우리에게 더욱 매력적인 인간이 될 수 있었을 것이다. 아마 그들은 그런 에너지 낭비를 통해 최고의 걸작을 만들 기회를 놓쳤을지 모른다.

# 중간 결산

> 어떤 것도 쉬는 게 아니다! 나는 잠 외에 다른 휴식은 모른다.
> ─베토벤, 1801년 F. G. 베겔러에게 보낸 편지

어떤 때는 까다롭고 어떤 때는 공통되거나 어긋나기도 하는 측면들로 이루어진 20개의 장이 끝났으니 이제 차분하게 되돌아보며 정리할 필요가 있을 듯하다.

1. 명성은 재능과 우연을 자의적으로 해석한 산물이다. 대개 고약한 성격과 함께 나타나는 고도의 재능이 우연히 시공간의 은총을 입는 순간 가치 평가의 칼자루를 쥔 사람들이 나타나 자의적 기준에 따라 명성을 부여할지 말지를 결정한다. 그래서 자격 있는 사람이 명성을 얻은 경우도 많지만, 그럴 자격이 없는데도 명성을 얻은 경우는 훨씬 더 많으며, 또 재능은 있지만 나머지 요소들이 없어서 역사에 묻힌 사람은 헤아릴 수 없을 정도로 많다(1장). 쿠르트 투홀스키 Kurt Tucholsky는 말한다. "중국에만 우리가 모르는 나폴레옹이 스무 명이나 있다. 에디슨도 여

덮 명이나 있지만 특허권은 아무도 없다. 발터 폰 데어 포겔바이데 Walther von der Vogelweide[1]는 다른 것 말고도 행운까지 따랐다. 과거의 큰 휴지통에서 그의 시들이 우연히 맨 위에 놓여 있었던 것이다."

2. 앞의 테제에 가장 적합한 보기 가운데 하나가 아메리카의 발견자로 알려진 콜럼버스이다. 그의 최대 재능은 확고한 생각 하나에 미친 듯이 몰두하는 능력이었는데, 그는 고등 사기꾼의 솜씨와 인정사정없는 성정으로 역사 시계에 딱 맞는 시각에 딱 맞는 군주의 발 앞에 그 생각을 갖다 놓을 줄 알았다(2장과 3장).

3. 우리에게는 위대한 행위를 위대한 남자들에게 귀속시키려는 욕망이 있다. 우리가 그 인물들에 대해 아는 것이 별로 없거나(셰익스피어) 거의 없더라도(호메로스), 혹은 그들이 집단적 성취의 얼굴마담이거나 막후 실력자의 복화술 인형일 뿐이라고 하더라도 우리는 그들의 흉상에다 화환을 걸어 주길 좋아한다.

1914년 8월 타넨베르크 전투에서 승리를 거둔 사람은 힌덴부르크, 루덴도르프 참모장, 호프만 중령, 그나이제나우, 몰트케, 독일 병사 15만 명, 독일 교사 1만 명, 독일 통신 기술자, 독일 철도원들인데, 이 모든 사람들을 대표해서 '힌덴부르크' 라는 이름 하나만 거론하는 것이 훨씬 일반적이면서 긴편하고, 또 역사 서술도 쉬워진다. 게다가 바로 그런 이름이 힌덴부르크를 대통령으로 만들어 주었고, 그것이 히틀러의 부상에도 도움이 되었다(4장).

4. 사람을 두고 **위대하다**고 말하는 것은 신화에 뿌리가 있다. 텔 같은 신화적 주인공들은 얼마 전까지도 실존 인물로 여겨졌다. 쇼펜하우어와 야코프 부르크하르트는 위대성의 척도로 대체 불가능성을 들었다. 물론 그리되면 세상의 모든 발견자와 발명자들, 그리고 대부분의 국가 지도

---

[1] 중세 독일의 가장 유명한 서정 시인으로 생몰 연대는 1170년경~1230년경으로 알려져 있다.

자들을 위대성의 범주에서 끌어내려야 하는 단점이 있다. 왜냐하면 그들의 행위는 분야별로 엇비슷하거나, 아니면 그가 아니라도 나중에 다른 사람들에 의해 완수되었을 것이기 때문이다. 우리가 '위대성'이라고 말할 때 그것이 정말 무엇을 뜻하는지는 하프너가 핵심적으로 잘 표현했다. "인간을 세계 기록에 도전하는 운동선수에 비유한다면 그 선수가 온 힘을 다해 성취할 수 있는 최대치"가 위대성이다.

5. 백과사전에 오르거나 노벨상을 받은 사람 중에 **여성**은 극히 적다. 이것은 이상한 일이 아니다. 능력과 명성 같은 개념들은 남성에게만 해당되는 가치이고, 이 방면에서 여성은 생물학적으로 남성에 뒤질 수밖에 없다는 것이 남성들의 생각이다. 여성들이 하는 일은 대부분 기록으로 표현될 수가 없어서 백과사전에 올리기 어렵다. 하지만 여성이 남성적 의미의 능력을 보였을 때도 남성들에 의해 결정되는 세계에서 성공을 거두는 경우는 희박하다. 설사 여성이 그런 성공을 거머쥐었을 때도 역사가와 백과사전 편찬자들은 그에 대한 합당한 보상, 즉 명성을 안기지 않는 경우가 많다(6장).

6. 세상의 모든 중요한 **발명**들은 많은 사람이 서로의 이론이나 성과를 토대로 하거나 아니면 동시에 똑같은 결과에 이르렀던 많은 사람들에 의해 이루어졌다. 'A가 B를 발명했다'는 식의 모든 진술은 틀렸을 가능성이 높다. 예를 들어 자동차는 131년 동안 여러 단계를 거치면서 최소한 여덟 명에 의해 만들어졌다. 발견의 경우도 결코 더 일목요연하지 않다. 아메리카에 처음 발을 들여놓은 유럽인이 누구인지, 북극에 처음 도달한 사람이 누구인지는 오늘날까지 밝혀지지 않고 있다(7장).

7. 헤겔은 세계사적으로 중요한 개인들을 **세계정신의 경영자**라고 불렀고, 역사가 그들에게 미리 보여 준 길에서 벗어날 가능성은 없다고 보았다. 마르크스주의는 이 테제를 감격적으로 받아들였다. 하지만 세계정신은 중요한 두 가지 요소를 과소평가하고 있다. 즉 세계정신이라는

것이 실제로 존재한다면 그것의 경영을 망쳐 버리는 눈먼 우연과 강력한 개인들의 힘이 그것이다.

8. **위대성은 도덕과 어떤 관계일까?** 한편으로는 분명해 보인다. 스탈린과 히틀러, 마오쩌둥 같은 대량 학살자들에게는 '위대한'이라는 수식어를 붙여서는 안 된다는 것이다. 하지만 다른 한편으로 마오는 지하에 누워 있을 때 "세계정신의 등대"라는 칭호를 받았고, 히틀러는 1974년 미국의 『타임』지가 뽑은 역사상 가장 위대한 지도자 중 한 명으로 꼽혔다. 정치 영역에서는 도덕과 부도덕 사이의 경계를 명확하게 그을 수 없다(9장). 프랭클린 루스벨트는 일본의 진주만 공습 때 의심스러운 행태를 보였고, 처칠은 드레스덴의 무의미한 군사적 파괴에 책임이 있었다. 그 밖에 예술가들 중에도 인간적으로나 도덕적으로 견디기 어려운 사람들이 많다. 그런데도 결국 우리가 **좋아하는** 사람들은 악인들이다. 아시시의 성 프란체스코나 테레사 수녀 같은 사람들은 명성의 사다리에서 맨 꼭대기에 올라가기가 무척 어렵다(10장).

9. 유다는 인간 사회의 척도를 완전히 혼란에 빠뜨린 인물이다. 인류의 구원에 필요한 일을 한 사람이 어떻게 증오와 비난의 대상이 될 수 있을까? 예수가 십자가에 못 박혀 죽도록 조처한 사람이 아니던가? 클롭슈토크와 고트홀트 에프라임 레싱 이후 유다의 행위는(그게 실제 일어난 일이라고 전제한다면) 더욱더 대담하게 해석되었다. 즉 후대에 사탄으로 평가받을 정말 어려운 역할을 떠맡은 예수의 동맹자이거나, 아니면 망설이는 예수에게 어서 메시아로 현현하라고 독려하는 인물로 해석된 것이다. 이런 모순적 해석들 속에서 이 책에 남은 것은 단 하나이다. 더 이상 도덕적 평가는 없고, 살해당한 것은 분명 명성에 기여한다는 점이다. 카이사르에서부터 룩셈부르크를 거쳐 존 F. 케네디에 이르기까지 그것은 변함없는 사실이다(11장).

10. 지금까지는 기본 개념들을 살펴보았다면 이제 2부에서는 '천재'의

문제를 본격적으로 다룬다. 위대성과 마찬가지로 천재의 개념도 신화에 뿌리를 두고 있다. 18세기에 이 개념은 숭배의 대상이었다. 괴테는 오늘날에도 자주 인용되는 1775년 당시의 시대 분위기를 이렇게 기술했다. "천재라는 말은 일반적인 표어가 되어 버렸다. 어디를 가든 이 말을 자주 듣기 때문인데, 그만큼 사람들은 이 말이 의미하는 것도 일상적으로 존재한다고 생각하는 것 같다." 천재의 증표로 주로 독창성이 거론되지만 이것도 상대적인 개념이다. 천재는 불명확한 의미에다 화려하고 야단스럽게 포장한 말에 다름 아니다. 어쩌면 이런 정의도 가능할지 모른다. 천재란 공중 줄타기를 하는 인류의 곡예사들이다(12장).

11. 천재들에게서 눈에 띄는 것은 기형적이거나 못생긴 사람이 많고, 대부분 육신의 병을 안고 산다는 것이다. 그들에게 가장 빈번하게 나타나는 질병은 간질과 결핵이다. 천재와 질병 사이의 떼어 놓을 수 없는 연관에 대해선 작품 창작을 위한 무자비한 육체적 착취가 원인이거나, 혹은 극단적으로 조심스럽게 키운 순종 말에게 나타나는 전형적인 면역 결핍증이 원인이거나, 아니면 질병의 고통으로 인한 창작의 자극제 역할이 그 원인일 수 있다. 어쨌든 "건강한 육체에 건강한 정신이 깃든다"라는 말은 천재가 아니라 몸매 만드는 운동을 하는 사람에게나 해당되는 말이다(13장). 볼프강 힐데스하이머Wolfgang Hildesheimer는 모차르트의 전기에서 이렇게 쓴다. "육체를 만드는 것이 정말 정신이라면, 위대한 정신이 육체를 위대하게 만드는 것을 필요한 일로 여기지 않았던 것은 우연이 아닌 것 같다."

12. 거의 모든 천재들이 건강 염려증과 우울증, 상처 난 영혼, 혹은 루소처럼 추적 망상증에 시달리거나, 고흐처럼 지독한 광기 속에서 고통스럽게 죽어 갔다. 천재적 성취와 우울증, 정신병, 환각증의 관련은 플라톤 이래로 유명하다. 심리 분석가 아이슬러는 천재성이 현실 관

련성의 토대 위에서 이루어지는 광기라고 했고, 벤은 "천재는 생산성 유발과 연결된 순수한 변종의 특정 형태"라고 밝혔다. 정신 의학자 크레치머는 발명가들에 대해 이렇게 썼다. 성공한 자와 성공하지 못한 자가 있는데, "그중에서 성공하지 못한 발명가를 사람들은 편집증 환자라고 부른다."(14장) 증거가 가장 충분하면서도 가장 충격적인 광기를 보인 사람은 니체였다(15장). 광기는 두 가지 효과가 있다. 하나는 행복한 상황일 경우 당사자의 내면에서 최고의 능력을 불러내는 것이고, 다른 하나는 천재에게 경탄하는 사람들에게 동화처럼 아름다운 이야기를 제공하는 것이다.

13. 대부분의 위인들은 자기중심적이고 지극히 오만하고 비판에 과민하다. 이들은 명성을 얻기 전까지는 자기 자신에게 박수갈채를 보내는 것 외에는 스스로 힘을 얻을 수 있는 것이 없다. 새로운 이론을 관철하려는 철학자와 학자들에게는 오직 혼자만 진리를 알고 있다는 오만함이 필요하다. 어떤 위인들은 자신의 천재성에 대한 믿음으로 주변 사람들에게 물질적 도움을 받는 것을 당연시했다. 하이네가 그랬고, 바그너와 마르크스가 그랬다(16장). 예술가로서 '천상천하 유아독존' 식의 경향을 가장 또렷하게 보여 준 이는 폴란드 소설가 브와디스와프 레이몬트Wladyslaw Reymont이다. 그는 1924년에 노벨상을 받았는데, 파리 주재 폴란드 대사가 그를 국립 도서관으로 안내했을 때 딱 한 문장만 말했다고 한다. "당장 이 책들을 전부 불태워 버리고 내 책들을 놔둘 자리를 만들어 주십시오."

14. 무언가 위대한 것을 이루려는 사람은 자신의 일에 **엄청난 집중력**이 필요하다. 위인들의 삶은 대부분 근면함과 강철 같은 작업 규율이 특징을 이룬다. 거기다 작업 과정에서 고도의 효율성까지 보인 사람도 더러 있었다. 예를 들어 수천 쪽의 메모를 모아 두고 활용하는 방법이 그렇다(17장). "문학으로 먹고사는 이는 균형을 잃은 사람이고, 엄청

나게 큰 거위간은 아무리 먹음직스럽더라도 병든 거위를 전제로 한다." 클레멘스 브렌타노가 자신의 단편 소설에서 한 말이다.

15. **연구자와 사상가, 철학자**는 무엇보다 세 가지 능력에서 특출하다. 첫째, 남들은 이상하게 생각하지 않는 것들에 놀라워하고 의아해한다. 둘째, 인식한 것들을 토대로 사고 체계를 세워 나갈 힘이 있다. 셋째, 적대적인 외부 환경으로부터 이 체계를 지키는 일에 강고한 의지를 보인다. 전형적인 보기가 코페르니쿠스와 다윈, 알베르트 아인슈타인, 프로이트였다(18장).

16. **창조적 예술가**들 가운데 대부분은 자신들의 착상이 어디서 솟구치는지 스스로도 알지 못한다. 다만 신적인 영감이라고 믿은 사람이 많았다. 하지만 이제는 예술가들이 무의식의 샘에서 창조의 착상을 길어 올리고 있다는 것에 다들 어느 정도 동의하는 분위기다. 프로이트는 예술가 자신의 무의식을, 융은 그보다 더 깊은 층, 그러니까 인류의 근원 상상과 근원 경험이 저장되어 있는 집단적 무의식 층을 창조의 샘으로 보았다. 무의식에서 양분을 공급받은 판타지가 예술 작품으로 태어나려면 통일적인 질서 원칙이 작용해야 한다. 그런 질서는 어느 정도까지 습득할 수 있고, 연습을 통해 발전할 수도 있다. 거칠 것 없이 자유로운 판타지와 강철처럼 차가운 논리를 생산적으로 잘 결합시킨 예술가가 포였다(19장).

17. 여러 방면에서 천재적 능력을 보여 준 사람들을 보면 우리는 불가사의한 것을 느낀다. 신성 로마 제국의 프리드리히 2세와 E. T. A. 호프만, 괴테가 그랬다. 하지만 괴테 자신은 번다한 일들로 정력과 시간을 소모했음을 한탄했다. 시작은 해놓고 아무것도 제대로 끝내지 못할 정도로 다방면에 관심을 많았던 사람은 다빈치였다(20장).

이것이 지금까지의 결산 내용이다. 이제 곧 3부 **성과와 성공**이 시작된다.

당연히 성과는 지금까지 서술한 내용들과 상관없는 문제가 아니다. 아무리 재능이 있어도 성과로 실현되지 않으면 작품과 행위는 생겨나지 않기 때문이다. 성공도 줄곧 우리와 동행했다. 언제가 됐건, 설령 위인들이 죽은 뒤에라도 그들의 성과에 성공의 월계관이 씌워지지 않으면 우리는 그들에 대해 아무것도 모를 것이기 때문이다.

2부에서는 위인들에게 **나타나는** 특성들에 대해 기술했다. 그런데 성과는 외부 세계를 통한 자극이 필요할 때가 많고, 성공은 **항상** 위대한 개인이 태어난 시공간의 환경에 종속된다. 따라서 3부에서는 **성과를 촉진하고 성공을 가능케 하거나**, 반대로 그 두 가지를 불가능하게 하는 영향과 상황들을 다룰 것이다. 가령 미국을 발견하는 재능은 오늘날 더 이상 기회가 없고, 그로써 성공만 거두지 못하는 것이 아니라 성과에 대한 자극도 있을 수 없다.

22장에서 26장까지는 위대한 정치인과 군인들이 소개된다. 시간과 공간에 완전히 종속되어 있을 뿐 아니라 사상가나 예술가들과는 달리 실패했을 경우 사후 명성에 대한 희망조차 가질 수 없는 부류의 사람들이다. 이들은 힘이 최고조에 달했을 때 자신들의 성과로 성공을 거두거나, 전혀 거두지 못하거나 둘 중 하나이다. 그 때문에 그들에게는 다른 특성이 필요하다.

그 다음엔 다시 **모든** 위인들의 문제로 돌아간다. 그들에게 성과를 내게 하는 것은 무엇일까? 어떤 동기, 어떤 강요, 어떤 운명이나 어떤 가정이 그들을 성과로 내몰고, 어떤 환경이 성공을 더 부채질하는가? 4부는 **명성** 문제를 정조준하는데, 성과와 성공이 결코 명성으로 바로 이어지는 것은 아니고 반대로 소극성과 실패가 항상 명성에 걸림돌이 되는 것은 아니라는 뼈아픈 인식에서부터 시작한다. 명성을 결정하는 사람은 누구이고, 그 과정은 어떻게 되고, 그 기준은 무엇일까? 명성에 굶주린 사람들은 이 결정에 영향을 끼치려고 어떤 별의별 수단들을 동원했을까? 유명해지는 것이 재미있을까? (천재가 되는 것보다는 확실히 재미있을 것 같다. 천재로 사는 것은 정말 끔찍한 일이니까.)

시작은 카이사르부터이다. 어마어마하게 많은 능력을 타고난 재능 덩어리로서, 그 이전 그 이후에도 인류를 그렇게 자기 기분대로 갖고 놀았던 사람은 없었다.

# 제3부
# 성과와 성공

WOLF SCHNEIDER

DIE SIEGER

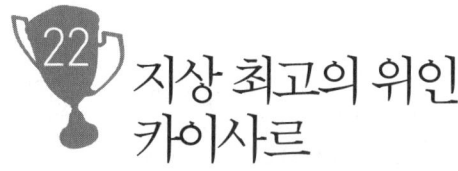

# 22. 지상 최고의 위인 카이사르

> 교황이 되려는 사람은 다른 것을 생각해서는 안 된다.
> ―스페인 속담

필명 알랭Alain으로 알려진 프랑스 수필가 에밀 샤르티에Émile-Auguste Chartier는 1924년 성공과 명예를 좇는 야심가들을 향해 글을 썼는데, 그 속에는 별로 주목받지 못한 단순한 진실이 담겨 있다. 그는 이렇게 썼다. "나는 세상의 모든 야심가들이 목표를 향해 돌진하는 것을 보았다. 당연히 그들은 목표 달성을 위해 무언가를 한다. 자신의 계획을 진척시킬 발걸음을 멈추지 않았고, 자신에게 도움이 될 사람들을 규칙적으로 방문했으며 필요할 경우에는 아첨도 마다하지 않았다. 그래서 이렇게 찾아간 사람이 성공의 길을 열어 줄 수도 있을 인물에게 비위에 거슬리는 말을 하면 아예 성공할 생각이 없는 사람으로 간주된다. …… 퇴역한 뒤로 요즘 배추 농사를 짓는 한 육군 대령은 현직에 있을 때 장군이 되고 싶었다고 한다. 하지만 그의 생을 샅샅이 훑어보면 그가 목적 달성을 위해 했어야 했는데, 하고 싶지 않아서 하지 못했던 일들을 찾을 수 있다. 그러니까 그는 결코 장군이 될 마음이 없었던 것이다."

목표 달성에는 작은 해결책과 큰 해결책이 있다. 우선 작은 해결책은 오직 한 가지 목표만을 위해 온 삶을 바치는 것이다. 해럴드 맥밀런Maurice Harold Macmillan이 그 예이다. 그는 총리가 되고자 했다. 그것도 그저 그런 총리가 아니라 위대한 총리가 되고자 했다(실제로 그는 1957~1963년까지 영국 총리를 지냈다). 그 목표에 따라 그는 제때 올바른 걸음을 내디뎠다. 캐나다 총독인 데번셔 공작Duke of Devonshire의 부관이 되자마자 총독의 딸과 결혼했고, 그로써 5년 뒤 의회에 입성했을 때는 혼인으로 혈연관계로 맺어진 정치인이 열여섯 명이 넘었다.

큰 해결책은 이렇다. 한 가지 인생 목표를 위해 자기 자신과 특히 다른 모든 사람들을 인정사정없이 매몰차게 몰아붙일 수 있어야 한다. 여기에다 카이사르처럼 타고난 재능이 합쳐지면 목표는 달성된다. 그의 목표는 로마의 지배자가 되고 그로써 세계의 지배자가 되는 것이었다. 물론 이것이 자신의 목표라고 자기 입으로 말한 적은 한 번도 없다. 심지어 어떤 문제와 이상, 자신의 민족, 혹은 미래를 위해 열심히 일하겠다는 말조차 한 적이 없다. 카이사르라는 인물 속에는 독일 철학자 헤르더가 로마 제국에 대해 말했던 것이 그대로 집약되어 있다. "로마 인들만큼 냉혹한 자부심과 명령조의 뻔뻔한 권유로 똘똘 뭉친 민족은 없었다. 그들은 세계가 자신들의 것이라 믿었고, 실제로 그렇기도 했다."

카이사르는 유서 깊은 로마 귀족가의 후예였다. 모계는 왕가였고, 부계는 그 자신이 직접 여러 차례 공개한 바에 따르면 신들의 가문이었다. 그는 청소년 때부터 벌써 주목을 받았다. 훤칠한 키에 날렵한 몸매, 곱고 하얀 피부, 멋쟁이처럼 화려한 옷차림, 검술과 승마, 수영으로 단련된 탄탄한 몸, 거기다 달변이고 정중하기까지 한 굉장히 매력적인 인간이었다. 카이사르는 열여덟 살에 처음으로 사람을 매수했다. 즉 가문의 적인 독재관[1] 술라 Lucius Cornelius Sulla의 위협을 피해 로마에서 소아시아로 도주할 때 사람을 샀는데, 이것이 그의 삶에서 수없이 저질러진 첫 번째 매수였다. 그는 소아시아에서 장교로 근무하며 군사적으로 두각을 나타냈을 뿐 아니라 비티니아Bithynia 왕을 상대로 노련한 외교관으로서의 역량도 유감없이 발휘했다.

술라가 죽자 카이사르는 스물두 살에 다시 로마로 돌아왔다. 이때부터 그는 자신의 미래에 도박을 건 부유한 친척들에게 막대한 돈을 빌려 줄셋길에 도움이 될 만한 사람들을 접대하고 매수하는 데 몽땅 쏟아 부었다. 사실 당시에 이것은 통상적인 일이었다. 그는 스물다섯 살 때 아직 관직에 오르지 못한 상태에서 로도스 섬으로 가는 길에 해적에게 붙잡혔다. 플루타르코스Plutarchos와 수에토니우스Gaius Suetonius Tranquillus의 유명한 이야기에 따르면, 해적들은 로마법을 근거로 로마 시민 한 사람에게 받을 수 있는 최고의 몸값을 요구했다. 그런데 카이사르는 오히려 그런 해적들을 비웃으며 두 배 이상의 돈을 요구하라고 다그쳤다. 자신은 충분히 그럴 가치가 있다는 것이다. 그는 해적들에게 자신의 시를 낭송해서 박수갈채를 요구했고, 또 여기서 풀려나면 해적들을 모두 붙잡아 처형하겠다고 엄포를 놓기도 했다. 나중에 시종이 가져온 몸값으로 풀려난 카이사르는 공언한 대로 배와 용병들을 사서 해적들을 붙잡은 뒤 십자가형에 처해 버렸다. 하지만 십자가형의 고통을 덜어 주려고 숨통을 끊은 다음에 십자가에 못 박았다고 한다. 이것이 바로 카이사르가 반복해서 자신의 입으로 자기를 칭찬하는 대인배로서의 관용과 아량이었다.

이 일화는 어느 정도 미화된 것처럼 들리기도 하지만, 믿을 만한 요소가 있는 것도 사실이다. 왜냐하면 카이사르가 스스로 몸값을 그렇게 높인 것은 자신이 나중에 그 돈을 다시 찾을 거라는 확신이 있었을 거라는 점을 배제할 수 없기 때문이다. 가만히 생각해 보면 이것이 그의 생에서 적을 무찌르

---

1 원어로는 딕타토르dictator. 로마 공화정 시대에, 비상시 최고 권력이 부여되던 독재 관직. 원로원의 추천을 받아 집정관인 콘술consul이 임명했다.

고 빼앗은 첫 번째 노획이었다. 그리고 이 노획물 덕분에 그는 스물여섯 살에 신관神官이 될 수 있었다. 그러니까 로마 최고의 정치적 성직자 단체인 신관단(총 열다섯 명이다)의 일원이 된 것이다. 그는 스물일곱에 군사 호민관이 된 것에 이어 서른둘에는 마침내 돈을 주무르는 스페인의 재무관에 임명되었다. 그러나 이 정도로 만족할 위인이 아니었다. 수에토니우스의 전언에 따르면 카이사르는 카디스에 있는 알렉산드로스 대왕의 동상 앞에서 깊은 한숨을 내쉬었다고 한다. 알렉산드로스는 서른두 살에 세계를 제패하고 죽었는데, 자신은 같은 나이인데도 이룬 것이 너무 없었기 때문이다.

카이사르는 서른다섯 살에 일종의 경찰 서장에 해당하는 안찰관按擦官 직을 맡았는데, 주로 공연과 시합이 관할 영역이었다. 그는 또다시 엄청난 빚을 내어 당시 로마 인들이 좋아하던 마차 경주와 검투사 시합을 개최했고, 그로써 그의 인기도 덩달아 높아졌다. 카이사르는 이런 인기와 반복되는 뇌물 공세로 서른일곱 살에 신관단의 수장인 대신관에 뽑혔고, 서른여덟 살에는 8인으로 구성된 로마 최고 법원의 법무관이 되었다. 그러니까 쉬지 않고 출세 가도를 달린 것이다. 하지만 여전히 그는 이 속도에 만족하지 못했다. 최정상까지는 아직 상당히 멀었을 뿐 아니라 명성까지는 하늘만큼 멀리 떨어져 있었다.

그는 히스파니아 울테리오르Hispania Ulterior 속주의 총독에 취임하면서 산더미 같은 빚을 일부 갚을 수 있었다. 로마의 위정자들은 정복한 식민지를 착취해서 치부致富하는 것을 당연한 권리로 생각했기 때문이다. 이윽고 카이사르는 마흔 살에 로마 최고의 관직에 올랐다. 집정관이 된 것이다. 그러나 집정관은 늘 두 명이었고, 임기도 1년이었다. 이것으로 만족하기에는 그의 야심이 너무 컸다.

집정관 임기가 끝나자 카이사르는 알프스 이남의 갈리아를 통치하는 프로콘술proconsul[2]을 맡았다. 갈리아는 이탈리아 북서부 지방을 일컫는데, 알프스 이북의 갈리아는 프로방스였다. 프로콘술이 되었을 때 마침내 그가 그렇게 오랫동안 갈망하던 기회가 손짓했다. 부와 군사적 명성의 기회였다. 갈리아의 한 계파인 헬베티 족Helvetii은 몰려 내려오는 게르만 족에 밀려 어쩔 수 없이 로마 제국의 국경을 넘는 일이 점점 잦아졌다. 불감청이언정 고소원不敢請固所願이라, 카이사르는 헬베티 족을 응징하는 무력 대응에 나섰고 이로써 8년간의 침략 전쟁이 시작되었다. 이 전쟁에서 갈리아 족과 게르만 족 64개 부족이 차례로 카이사르에게 무릎을 꿇었고, 오늘날에 프랑스와 벨기에 해당하는 지역들도 라인 강 유역까지 로마의 수중에 들어갔다. 전쟁이 끝났을 때 갈리아 족의 성인 남자들 가운데 3분의 1이 죽었고, 3분의 1은 노예가 되었으며, 카이사르는 세상에서 가장 부유한 남자가 되었다. 이것은 로마의 권력을 둘러싼 최후의 일전을 준비하는 과정이었다.

그런데 이 전쟁에서 카이사르가 보인 잔인성은 누구도 따라갈 수가 없었고, 그 잔인성을 행동으로 옮길 때 눈 하나 깜짝하지 않는 태연함은 경지에 오른 듯했다. 자유를 얻기 위한 투쟁에서 로마군에 조금이라도 일격을 가한 부족은 모두 '반역자'로 간주되어 처절한 보복이 가해졌다. 기원전 58년 전쟁이 시작된 첫 해에 카이사르는 헬베티 족의 티구리니 지역을 초토화시켰다. 그들이 로마에 수모를 안겼고, 장인의 조부를 죽였다는 이유에서였다. 기원전 56년에는 베네토 지방과 관련해서 이런 기록이 남아 있다. "나(카이사르)는 그 지역 원로원 의원들을 모두 처형했고, 나머지 인간들은 노예로 팔아 버렸다." 기원전 53년에는 매복하고 있던 에부로네스 족이 로마군에 타격을 입히자 카이사르는 "이 포악무도한 것들을 뿌리째 뽑아 버렸다". 기원전 52년 아바리쿰(지금의 프랑스 부르주)을 접수할 때는 로마 병사들이 무려 4만 명을 몰살했다. "케나붐의 살육과 진지 구축 작업의 고단함에서 싹튼 분노가 병사들에게 여자든 노인이든 아이든 인정을 두지 않게 만들었다." 카이사르가 직접 쓴 글이다.

---

2 집정관의 임기를 마친 뒤에 맡는 직책인데, 주로 속주의 총독으로 일했다.

카이사르는 부하들뿐 아니라 스스로에게도 극한의 인내를 요구했다. 헬베티 족을 공격하기에 앞서 그는 자신의 말을 비롯해서 부대의 모든 군마를 가시거리 밖으로 옮겨 놓도록 했다. 도주가 불가능하다는 것을 병사들에게 미리 보여 주기 위해서였다. 전쟁 7년째에는 집채처럼 눈이 쌓인 세벤 산맥을 넘어 적의 후방을 기습했고, 기원전 57년 상브르 강 유역에서 전투가 벌어졌을 때는 적군 쪽으로 기운 전세를 카이사르가 극적으로 돌려놓았다. 그 자신의 보고에 따르면 그렇다는 말이다. 당시 그는 후위의 한 병사에게 방패를 빼앗아 맨 앞줄로 돌격했고, 그걸 본 부대장들이 병사들에게 이렇게 소리쳤다고 한다. "어떤 위험이 닥치더라도 장군의 눈앞에서 용맹스러움을 증명하라!"

병사들은 그를 사랑했다. 그는 전장의 고통을 대부분 병사들과 함께했고, 승리를 장담했다. 만일 병사들이 용기를 내지 못하면 남자의 명예로 마음을 붙잡거나, 미래의 풍성한 노획물에 대한 희망으로 용기를 북돋을 줄 알았다. 물론 명령을 따르지 않을 경우에는 주동자 열두 명을 한꺼번에 처단할 정도로 단호한 면을 보이기도 했다. 순발력 역시 대단했다. 기원전 47년 아프리카 땅에 내렸을 때 그는 실수로 발이 꼬여 그만 땅바닥에 쓰러졌다. 순간 그는 위험을 인식했다. 부하들이 자신의 이 모습을 나쁜 징조로 해석할 수 있으리라는 위험이었다. 그는 넘어진 채로 흙을 움켜쥐고 일어나서는 소리쳤다. "아프리카여, 내가 드디어 너를 붙잡았구나!"

이것은 카이사르가 마침내 자신의 제국을 상대로 벌인 4년 반의 전쟁에서 3년째에 일어난 일이었다. 전쟁 원인은 분명했다. 완전한 일인 독재 권력을 달라는 그의 요구를 로마 원로원이 거부했기 때문이다. 카이사르가 루비콘 강을 건넌 것은 기원전 49년 1월 11일인데, 갈리아 키살피나와 이탈리아의 경계 지점인 이 강을 건넌 것이 뜻하는 바는 명확했다. 속주의 총독은 군사를 속주 밖으로 움직여서는 안 된다는 제국의 규칙을 무력화시킨 무도한 행위였다. 갈리아 전쟁 때까지만 해도 카이사르의 이익이 곧 로마의 이익이었지만 이제는 모든 것이 바뀌었다. "형용조차 불가능할 정도로 자기중심적인"(골로 만) 인간 카이사르가 지금까지 숨겨 온 권력에 대한 야욕을 노골적으로 드러냈다.

그는 처음엔 이탈리아를 침략했다. 그 다음엔 스페인에서 적들을 무찔러야 했고, 그게 끝나자 이번에는 급히 그리스와 이집트로 달려갔다가 다시 이탈리아로 돌아왔다. 그러고는 다시 튀니지로 갔다가 스페인으로 향했다. 도보와 말, 마차, 가마, 범선으로 이어진 숨 가쁜 강행군이었다. 심지어 알렉산드리아 앞바다의 파로스 섬에 고립되었을 때는 헤엄까지 쳐 가며 배로 귀환하기도 했다.

이런 과정에 도움이 되었던 것은 그가 별로 잠이 없고, 낮에도 다른 어떤 사람들보다 많은 일을 해냈다는 점이다. 시간을 아끼려고 주로 밤에 이동한 것도 그런 면의 일부였다. 갈리아 전쟁 후에 벌어진 내전의 첫 두 해 동안 그는 자신의 명성을 후세에 알릴 기회를 포착했다. 자신의 행적을 기록으로 남기는 것이었다. 그는 여러 사람에게 동시에 편지를 받아 적게 했고, 말을 타고 갈 때도 서기로 하여금 아래의 수레에서 받아 적게 했다. 그는 로마에서 활동하는 자신의 대리인들 및 전 제국에 퍼져 있는 측근들과 다양한 경로로 연락을 주고받았다. 그러니까 제국 내의 어떤 일에 대해서도 모르는 것이 있어서는 안 되고, 그런 정보력을 바탕으로 제국의 모든 일에 영향을 끼치고 싶어 했다. 또한 대리인들에게는 항상 자신을 관용과 아량의 지도자로 선전하도록 지시했다. 설사 내심 다른 이익을 기대하며 관용을 베풀었을지라도 겉으로는 원래 그런 사람처럼 보이길 원했다.

기원전 45년 9월에서 기원전 44년 3월 15일까지 카이사르는 짧은 시간이나마 승리의 기쁨을 구가했다. 12년간의 전쟁과 24년간의 냉혹한 정치판에서 거둔 결실이었다. 그가 이 과정에서 상호 마찰 없이 탁월하게 증명한 수많은 재능들 가운데 특히 눈에 띄는 것은 두 가지인데, 다른 사람들에게서는 정말 발견하기 어려운 희귀 재능이다.

첫째, 군사적 패배를 단 1분의 심리적 마비 증세나 망설임 없이 차후에 승리로 바꾸어 놓은 평정심이 그것이었다. 그는 해적에게 나포되었을 때 이미 그것을 증명했고, 갈리아 전쟁에서 게르고비아 전투의 패배 뒤에도 이 능력을 여실히 입증했다. 당시 패배한 자신의 군단을 28시간 동안의 지체 없는 강행군으로 적진 깊이까지 침투시켜 전세를 단번에 역전시킨 것이다. 내전 2년째에도 아드리아 해 연안의 디르하키움 패배를 파르살루스 전투에서 폼페이우스군에 대한 결정적인 승리의 계기로 삼았다. 카이사르는 항상 주도권을 쥐었고, 항상 적보다 아이디어가 풍부하고 더 명석하게 판단하고 더 빠르게 행동했다. 폼페이우스의 아들들을 상대로 스페인 문다에서 벌어진 마지막 전투에서도 거의 패전에 이른 전세를 일거에 돌려놓았다. 적들이 작전상 후퇴하는 제스처를 취하자 그는 사기가 꺾여 있던 병사들에게 이렇게 소리쳤다. "적이 도주한다!" 그래도 주저하는 병사들에게는 이 외침으로 스스로를 부끄럽게 만들었다. "지금 너희들의 행동이 최고 사령관을 사지에 몰아넣고 있다는 것을 명심하라!"

둘째, 카이사르는 중단할 줄도 알았다. 갈리아 전쟁 중에 그는 라인 강을 두 번 넘었지만 두 번 모두 다시 후퇴했다. 기원전 55년에 처음 넘었을 때는 18일 동안 진군한 것으로 충분히 명성과 이익을 거두었다고 생각해서 철수했고, 기원전 53년에 두 번째로 건넜을 때는 군량미 부족에 대한 걱정 때문에 더 이상 진격하지 않기로 결정했다. 이것은 합리적인 선택으로 보이지만, 실제 전투에서는 결코 쉽지 않은 결정이다. 생각해 보라. 역사상 파죽지세로 밀어붙이던 장수가 분별력을 갖춘 정치 지도자들에 의해 제어되어야 했던 경우가 얼마나 많았던가? 예를 들어 한국전 당시 트루먼 대통령에게 제지당한 더글러스 맥아더Douglas MacArthur 장군이 그랬다. 또한 정치인이면서 장수이던 사람이 스스로를 통제하지 못해 자멸한 경우는 얼마나 많았던가? 러시아 원정을 결정한 나폴레옹과 히틀러가 그랬다.

테오도어 몸젠Theodor Mommsen의 표현에 따르면 카이사르는 "냉정함의 귀재"였다. 그는 가능한 것이 무엇인지 알아채는 본능적인 감각이 있었다. 또한 분노나 다른 격정에 사로잡혀 실수를 저지르는 일이 없고, 사태의 관련성과 상대의 약점을 번개처럼 꿰뚫어 보고, 엄격하게 스스로를 담금질하고, 결코 지치거나 낙담하지 않고, 한번 행동에 나서면 무자비하게 밀어붙이고, 하시라도 기습할 태세를 갖추고 있었다. 이렇게 그는 인생의 매 순간 유일한 목표를 향해 한 걸음 한 걸음 다가갔다. 상황이 허용하는 한 게임 규칙을 위반하고 온갖 잔혹한 행동을 마다하지 않으면서 말이다.

몸젠은 카이사르의 위대한 초상을 이렇게 마무리 지었다. 그는 "하나의 목표를 향해 항상 똑같은 유연성과 똑같은 에너지로 쉼 없이 한발 한발 나아갔다. 급히 서두르거나 연기하는 법도 없었다. 그에게는 오직 오늘만 있고 내일은 없는 듯했다. 그런 자세로 그는 그 이전 그 이후의 어떤 인간도 이루지 못한 일을 해냈다." 그 밖에 야코프 부르크하르트도 카이사르를 "재능 면에서 최고의 인간"으로 표현했다.

이런 최상급의 표현이 타당하다면 성공한 모든 정치인과 장수들은 카이사르에게 나타나는 여러 재능들의 일면만 재현하고 있을 뿐이다. 하지만 이 최상급은 과장되었을 수도 있다. 왜냐하면 장수로서의 카이사르를 알렉산드로스 대왕보다 높이 치는 사람은 아직 없었고, 또 정치인으로서의 카이사르 역시 급작스럽게 시작된 두 전쟁이 없었더라면 어마어마한 뇌물과 매수로 출세를 사고, 그래서 혼자 힘으로 헤쳐 나가는 정치적 능력은 의심받는 그저 그런 집정관에 그쳤을지 모르기 때문이다.

그러나 변함없는 것은 최정상에 오르려고 하는 사람이라면 누구나, 혹은 대부분에게 필요한 특성들을 카이사르가 빈틈없이 갖추고 있었다는 사실이다.

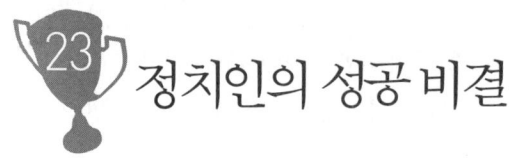

# 정치인의 성공 비결

> 위대한 개인은 어느 순간에 치고 들어가야 하는지 미리 안다. 반면에 우리는 나중에 신문을 보고서야 그것을 안다.
> —야코프 부르크하르트

우리는 별로 능력도 의지도 없는 사람이 정상에 앉아 있는 것을 심심찮게 본다. 명성의 룰렛에서 구슬이 들어간 곳에 우연히 앉아 있던 사람들이다. 만일 지뢰밭 세 개를 지나야 한 관직에 닿을 수 있는 후보자 1,000명 가운데 각각의 지뢰밭을 지날 때마다 90퍼센트가 지뢰를 밟게 되어 있다면 마지막에는 단 한 명만 남는데, 이 사람이 1,000명 중에서 가장 성실하고 유능한 사람일 확률은 극히 희박하다. 이처럼 정치에도 로토가 있고 우연이 낳은 최고의 수혜자가 있기 마련이고, 그와 함께 부지기수의 사람들이 탈락할 수밖에 없다. 야코프 부르크하르트는 "이 단계에서 저 단계로 넘어가는 동안 최고의 능력자들이 수없이 무너지는 것"에 안타까움을 금치 못했다.

때로는 박빙의 정치적 상황이 별 욕구도 없고 적합하지도 않은 인물을 정상에 올리기도 한다. 막강한 양 진영이 서로 팽팽하게 견제하는 상황에서 선거 위원회가 이쪽도 저쪽도 아닌 절충형의 후보를 올린 경우이다. 콘스탄틴 체르넨코Konstantin Ustinovich Chernenko가 바로 그런 인물인데, 그는 소련 정치국이 퍼뜩 정신을 차려 고르바초프를 선출하기 전까지 팽팽한 정치적 대립 상태가 만들어 낸 어부지리형 승리자였다. 그러나 이런 인물들을 제외하면 고대부터 오늘날까지 민주 정권이든 독재 정권이든 정치인 대다수에게 통용되는 진실이 있다. 다음에 언급되는 카이사르의 특질이 뚜렷할수록 성공의 확률도 더 높아진다는 사실이다.

1. 우선 **자기중심적인 인간**이어야 한다. 자신의 목표에만 사로잡혀 있어야 하고, 법을 어길 때든(가끔), 도덕을 어길 때든(대부분), 예의범절에 벗어날 때든(매번) 절대 양심의 가책을 느끼지 말아야 하고, 공개석상에서 이야기할 때 자신의 숭고한 목표를 언급하는 것에 거부감이 들어서도 안 된다. 사적인 권력욕과 대외적인 거룩한 목표 사이의 모순은 대개 다음의 세 방식으로 해결된다. 그러니까 점잖게 공공의 이익을 말하는 자기중심적인 인간은 대놓고 거짓말을 퍼뜨리든지, 아니면 개인적인 동기를 스스로에게 캐묻지 않든지(그리되면 또 다른 거짓말을 할 필요가 없어질 뿐 아니라 때로는 자신의 말이 진짜 사실이라고 믿기도 한다), 아니면 자신의 권력 야심이 우연히 국가와 국민의 관심과 맞아떨어져서 사적인 동기가 무엇이냐고 따지는 것이 불필요한 일이 되든지(1940년 처칠과 영국 사이에 맺은 동맹이 그랬다), 그 셋 중 하나로 내적 갈등은 말끔하게 해결된다. 권력형 인간의 이런 뻔뻔한 자의식은 우군이든 적군이든 따라올 자가 없었다. 나폴레옹처럼 호전적으로 행동하는 인간이든, 드골처럼 예의바르게 행동하는 인간이든 말이다.

대부분의 **왕들**은 이런 권력 본능 없이도 최고 자리에 올랐다. 하지만 능력으로 왕이 되어야 했다면 짐작건대 그들은 결코 왕이 되지 못했을 것이다. 예를 들어 프리드리히 대왕조차 왕가의 자식으로 태어나지 않았더라면 우리가 과연 그의 이름이나 알 수 있을까? 반면에 일국의 대통령이 되는 것은 누구도 부인할 수 없는 성과이다. 그런데 우리 모두가 아는 것처럼 이러한 성과는 일국의 대통령이 되는 재능과는 필수적인 연관이 없다.

2. 목표를 달성하려는 권력형 인간은 어떤 **비열한** 짓도 마다하지 않아야 한다. 라파엘로와 미켈란젤로의 최대 후원자였던 교황 율리우스 2세 Julius II가 예술 후원에 바티칸의 자금을 그렇게 마음대로 끌어 쓸 수 있었던 것은 그가 그전에 그만한 투자를 해 놓았기 때문이다. 그러니까 추기경들을 돈으로 매수해서 교황에 당선된 것이다. 리슐리외 추기경의 후계자로서 프랑스의 운명을 좌지우지했던 쥘 마자랭 Jules Mazarin 추기경의 선거 구호는 이랬다. "나는 할 수 있는 한 숨기고 피하고 진정시키겠습니다. 하지만 필요하다면 제게 어떤 능력이 있는지 보여 드리겠습니다." 왕세자 시절에 마키아벨리를 강한 어조로 공격했던 프리드리히 대왕도 1786년의 정치 백서에서는 마키아벨리의 입장을 전적으로 대변한다. "자신의 야심을 숨기는 최고의 수단은 사람들이 자기 패를 뒤집어볼 수 있는 순간이 오기 전까지는 평화로운 신조를 과시하는 것이다. 위대한 지도자들은 모두 그렇게 행동했다."

비스마르크는 실제적인 적과 경쟁자뿐 아니라 자신이 그런 존재로 여기는 사람들까지 모두 파멸시켰다. 1871년 바이에른 왕 루트비히 2세에게 독일 통합에 대한 동의를 받아 냈던 것도 비자금으로 왕을 매수했기 때문이다. 또한 1878년 6월에 한 정신 질환자가 빌헬름 1세에게 암살을 시도했을 때는 이 사건을 당시 눈엣가시 같던 사회 민주주의 세력을 탄압하는 법안을 서둘러 통과시키는 구실로 삼았다. 아데나워도 그에 뒤지지 않았다. 그는 자신의 후계자인 에르하르트를 정치적으로나 인간적으로 몰락시키기 위해 자신이 할 수 있는 모든 것을 다했다. 그의 레퍼토리는 복수심과 음험함, 냉소였다. 골로 만에 따르면 아데나워는 "동료들을 철저히 이용해 먹고는 불결한 것을 대하듯 옆으로 밀쳐 버리는 인간 경멸자이자 음험하고 불손한 막후 협상가였다." 그러나 "의회 민주주의에서는 과거의 왕이 다스리듯 그렇게 천진함과 인자함만으로 14년 동안을 다스릴 수는 없다."

권력 투쟁에서는 당연히 누가 더 독한지를 놓고 경쟁을 벌이기 마련인데, 이때 먼저 무릎을 꿇는 사람은 항상 마음이 약한 쪽이다. 1969~1974년까지 미국 대통령을 지낸 닉슨이 그 경우인데, 그는 워터게이트 사건으로 결국 스스

**아데나워** 일흔세 살에 처음 독일 총리에 선출되어 14년간이나 그 자리를 유지했다. 무자비한 전사이자 자기중심적인 권력형 인간이었고, 올바른 역사적 순간에 대한 직감과 현실 감각을 타고났다. 짧게 말해서 전형적인 정치인으로서 지난 세기 독일에서 가장 성공한 인물이었다. 상대에 대한 근거 없는 비방과 권모술수, 인간에 대한 경멸도 그의 유력한 무기였다.

로 대통령직을 내놓고 말았다. 반면에 1963~1968년까지 대통령을 지낸 책략과 속임수의 대가 린든 존슨은 누구도 따라오지 못할 정도로 지독한 면을 보였는데도 아무 방해 없이 목표를 달성했다.

못생기고 말도 잘 못하는 텍사스의 중학교 교사였던 린든 존슨은 지상에서 가장 세련된 클럽인 워싱턴의 상원에 들어가겠다는 간절한 소망을 품었다. 그렇게 해서 생애 처음으로 나간 선거에서 아깝게 낙선했을 때 그는 승리를 거둔 상대방 후보에게 이렇게 말했다(존슨의 전기를 쓴 로버트 카로Robert Caros의 말에 따르면 그렇다). "그 사람은 나보다 더 많은 표를 훔쳤다. 그게 전부이다." 그러고는 앞으로 다시는 남들의 속임수에 넘어가는 일이 없도록 하겠다고 맹세했다. 미국이 제2차 세계 대전에 돌입하자 존슨은 유권자들에게 자진 입대하겠다고 약속한 것이

23. 정치인의 성공 비결 **307**

부메랑이 되어 돌아왔다. 결국 그는 입대하기는 했지만 몇 분간 전선에서 적과 대치하는 시늉만 하다가 곧 용맹 메달만 받고 집으로 돌아왔다. 그 뒤 1948년 상원 선거에서 87표 차로 승리했다. 총 투표수가 98만 8,000표였는데, 존슨을 아는 사람들 중에 계표 과정이 정상적으로 이루어졌다고 믿는 사람은 아무도 없었다.

1953년 민주당 원내 총무에 임명된 존슨은 1961년에는 케네디의 부통령이 되었다. 그리고 댈러스의 총성이 울렸을 때 그에게 이 소리는 후대를 위해 위업을 쌓으라는 호출 소리나 다름없었다. 우연 치고는 정말 기가 막힌 우연이 그에게 일생일대의 기회를 제공한 것이다. 그 역시 기회를 놓치지 않았다. 케네디의 대통령직을 승계한 뒤로 5년 동안 미국의 정상에 머물면서 불운한 베트남 정책을 추진했을 뿐 아니라(후대의 눈에 베트남 정책은 무엇보다 존슨의 정책으로 각인되어 있다) 완강하게 버티는 의회를 간계로 구슬리고 힘으로 밀어붙이기도 하면서 진보적인 사회 복지 법안들을 통과시켰다. 이는 프랭클린 루스벨트와 케네디의 개혁 작업을 완성시키는 쾌거였다. 그 업적을 열거하면 이렇다. 국가적 건강 보험 제도가 도입되고, 흑인의 평등권이 완벽하게 보장되고, 당시까지도 미국 이민법에 통용되던 광신적 인종 우월 정책이 폐지되었다. 그러니까 그리스 인과 일본인이 영국인이나 독일인과 똑같이 미국 시민이 될 동등한 권리를 갖게 된 것은 존슨 덕분이었다. 이처럼 존슨은 권력에 대한 탐욕과 '매수'라는 부정한 수단이 좋은 목적에 쓰인 경우인데, 혼란스럽게 뒤엉킨 정치판을 도덕적 잣대로만 재기는 어렵다는 것을 보여 주는 좋은 예라 할 수 있다.

정의와 도덕 따위는 언제든 내팽개칠 수 있다는 자세와 권력을 향한 무한한 탐욕 외에 성공을 촉진하는 카이사르의 재능은 또 있다.

3. 동료든 경쟁자든 적이든 할 것 없이 사람의 강점과 약점을 감지해 내는 촉각, 즉 **인간에 대한 간파 능력**과 그것을 냉철한 계산하에 사용하려

는 의지가 그것이다. 한편으로 이것은 머리가 뛰어난 사람들을 받아들여 활용하는 능력을 가리키는데, 미국의 강철 왕 앤드루 카네기Andrew Carnegie가 자신의 묘비에 새기게 한 문구와 같은 맥락이다. "자기보다 더 나은 사람들을 품고 활용할 줄 알았던 한 남자가 여기 잠들다." 프랭클린 루스벨트도 자기보다 똑똑한 사람들을 컬럼비아 대학에서 불러들였다. 그는 자신과 일할 사람들을 독단적으로 뽑고 승진시키고 경쟁을 붙였으며, 자신의 이해관계와 맞지 않을 경우에는 냉정하게 연을 끊을 줄도 알았다. 아이젠하워 역시 덜레스와 키신저를 자기편으로 끌어들여 활용하는 재주를 발휘했다. 다른 한편으로 이러한 촉각은 인간 인식 능력을 의미한다. 즉 장차 자신을 위험에 빠뜨릴 수도 있는 인간들에 대한 조기 경보 체계인 셈이다. 히틀러와 티토는 내일의 위험에 대한 이런 촉감이 발달했던 인물이고, 다른 대부분의 독재자들도 권력을 쟁취하는 과정에서건 권력을 지키는 과정에서건 이 촉각을 유용하게 사용했을 것으로 보인다.

4. 정치인은 어떤 고통과 타격, 패배에도 끄덕하지 않는 **강심장**이어야 한다. 기사 영지의 영주이자 예비군 소위이자 퇴직한 사법관 출신이었던 비스마르크가 1847년 서른두 살의 나이로 프로이센 지방 의회에서 첫 연설을 했을 때 의석에서는 골수 보수적인 내용의 도발적 연설로 인해 한바탕 소동이 일었다. 그는 이 소동을 어떤 식으로 견뎌 냈을까? 그 자신의 말은 이렇다. "나는 단상에 서서 거기에 놓여 있는 신문을 뒤적거렸고, 난장판 같은 소음이 잦아든 뒤에야 나도 연설을 끝맺었다."

강심장에 추가되어야 할 것이 **평정심**이다. 야코프 부르크하르트는 이것을 가리켜 다른 모든 능력을 뒷받침하는 필수적인 요소라고 불렀다. 평정심은 "혼자서도 폭풍 속을 뚫고 나아갈 수 있는 심리적 안정감이고, …… 한 비범한 인물이 특정 시기에 …… 특정한 심리적 압박을 이겨 내느냐 마느냐에 따라 민족과 국가의 운명이 좌우되기도 한다".

1759년부터 1763년까지 프리드리히 대왕이 그랬고, 1940년 5월부터 히틀러가 소련을 침공한 1941년 6월까지 처칠이 그랬다. 당시 처칠에 겐 독일의 전력과 영국 내에 만연한 패배주의에 맞설 수 있었던 것은 타고난 연출 본능이 발휘된 활기찬 연설과 곰 같은 뚝심밖에 없었다. 처칠은 막스 베버가 정치인들에게 요구한 품성을 지닌 전형적인 인물이었다. 그것은 "삶의 현실을 뚫어 보는 단련된 냉정함과 현실을 참아내고 내적으로 감당할 수 있는 능력"이었다.

5. 정치인은 **지적 능력** 중에서도 특수한 형태의 능력이 있어야 한다. 날카롭고 빠른 분석력이 그것인데, 이것은 단순화하는 재능 및 스스로 중요하다고 생각하는 것에 집중할 수 있는 능력과 결합되어야 한다. 밀로반 질라스Milovan Djilas는 티토에게 그런 특별한 능력이 있다고 강조했다. 농부의 아들로 태어나 기계공 도제로 들어간 티토는 교양과는 담을 쌓았고, 깊이 생각하는 것을 끔찍이 싫어했다. 하지만 그런 사람이 오스트리아-헝가리 군대의 하사였다가 1943년에 히틀러에 대항한 총사령관으로 비약적으로 승진했고, 1948년에는 스탈린에 맞서 승리를 거두었고, 1953년에는 유고슬로비아의 대통령에 당선되었으며, 마지막에는 비동맹 국가들의 대변인이자 구원자 노릇까지 했다. 몽테스키외는 말한다. "위대한 사람은 멀리, 빨리, 정확히 보는 사람이다." 필요한 것은 실제 써먹을 수 있는 지력이지 오묘한 지력이 아니다. 쇼펜하우어의 말도 비슷한 맥락이다. "지력이 너무 발전하면 성격의 확고함과 의지의 굳건함에 장애가 된다." 로베르트 발저는 텔에 대한 에세이에서 이렇게 썼다. "교양이 있다는 성찰적인 사람들"은 머릿속으로 행해져야 한다고 생각하다가도 그게 막상 행동으로 옮겨지면 아주 끔찍하게 생각하는 경우가 많다. 아데나워는 행동에 앞서 많은 생각을 하지 않는 것으로 유명하다.

6. 국가 지도자에게는 적절한 시간과 **유리한 순간에 대한 깨어 있는 본능**이

필요하다. 거기다 그 기회를 냉철하게 포착해서 순발력 있게 대응할 수 있는 능력도 있어야 한다. 1799년 가을 나폴레옹은 머나먼 이집트 땅에서 파리의 무정부 상황 와중에 자신에게도 기회가 올 수 있을 거라는 낌새를 맡았다. 그래서 자신의 부대를 떠나 영국의 봉쇄망을 뚫고 10월 8일 프레쥐스에 상륙했고, 11월 9일(혁명력으로는 둘째 달 18일)에는 군사 8,000을 이끌고 총재 정부를 급습했다. 그런데 이 과정에서 그는 강심장을 발휘하지 못했고, 의원들에게 육체적으로 강한 압박을 받으며 실신 상태에까지 갔다가 동생 뤼시앵 보나파르트Lucien Bonaparte 의 도움으로 간신히 밖으로 빠져나왔다. 이 사건 역시 나폴레옹이 백과사전에 오를 수 있도록 도움을 준 수많은 우연들 가운데 하나였다. 그가 그런 도움을 받을 만한 행동을 한 것은 아무것도 없는데 말이다. "정치란 가능성의 예술"이라는 말은 흔히 비스마르크가 한 것으로 알려져 있지만 실은 그렇지 않다. 다만 그가 그런 예술의 대가였던 것은 사실이다.

어떤 일을 이룰 수 있고 어디에 기회가 있는지 남들보다 빨리 알아차리는 기술은 아데나워를 20세기의 가장 성공한 독일 정치인으로 만든 여러 재능 가운데 하나였다. 1948년 서방 연합국이 자신들의 세 점령지를 합쳐서 하나의 국가로 만들려고 검토했을 때 수많은 독일인들은 그 구상을 달갑게 여기지 않았지만, 아데나워만큼은 이것을 긍정적으로 받아들이고 독일 연방 공화국의 탄생을 자기 인생의 기회로 보았다. 그리고 의회에서 수도를 결정하는 투표가 시작되었을 때는 한 표 차이로 본이 선정되도록 미리 조처를 취해 놓을 줄도 알았다. 본은 몇 주 전까지만 해도 형편없는 변방으로 간주되던 한적한 소도시였다. 그리고 기민-기사 연합이 처음으로 함께 모인 회의석상에서는 청하지도 않았는데 스스로 나와 이런 뜻을 밝혔다. 여러 가지를 곰곰이 생각해 보았는데, 만일 두 당이 자신을 총리로 선출한다면 "마냥 기쁜 일은 아니지만(물론 이건 거짓말이다) 소명으로 알고 결정에 따르겠다"는 것이다. 게다가 "이런 말을 덧붙여도 된다면 자유 민주당과 독일당도 저의 총리 지명에 동의한 것으로 알고 있습니다"라는 말도 더했다. 그러니까 그는 벌써 오래전부터 사전 정지 작업을 해 왔고, 그 결과 2주 후에 한 표 차로 총리에 당선되었다.

7. 국가 지도자에게는 **현실을 간파하는 안목**이 있어야 한다. 즉 어디까지 가능한지 그 경계를 직감적으로 파악하는 현실 감각이 필요하다. 막스 베버에 따르면 정치의 본질은 "딱딱한 널빤지를 강하고 느리게 뚫는 것"인데, 그런 작업의 전제 조건은 일에 대한 열정적 헌신과 안목이다. 이는 또한 역사의 수레바퀴살 속으로 손을 넣어도 되는 사람이 지녀야 할 세 품성 가운데 두 가지에 해당하는데, 여기서 손을 넣어도 되는 사람이라고 표현한 것은 현 상황에 대한 고려라기보다 일종의 요구로 들린다. 실제로 베버는 세 번째 품성으로 정말 드문 특성인 책임감을 들었다.

성공한 정치인들은 최소한 세 가지 다른 방식으로 가능성의 경계에 도달하고자 했다. 첫 번째 유형은 한 카드에 모든 것을 거는 도박사들이다. 이들은 첫 판에 지면 바로 무수한 무명용사의 무덤으로 떨어지고, 계속 판을 이겨 나가야만 사람들의 입에 회자된다. 이들 중에서 로토의 행운이 비상한 재능과 결부되어 나타난 경우가 나폴레옹과 히틀러이다. 하지만 이들은 결국 게임에 지고 말았다. 두 번째 유형도 판돈을 크게 걸고 도박을 하지만 마지막까지 이기는 사람들이다. 이들은 우연의 총애를 받는 것은 물론이고 위험을 감지하는 육감도 타고나야 한다. 대표적인 인물로는 알렉산드로스 대왕과 카이사르, 크롬웰, 프리드리히 대왕, 비스마르크가 있다. 세 번째 유형은 도박을 하지 않는다. 다만 주변 상황이 위험한 판돈을 요구할 경우에는 냉정하게 계산하고 또 계산한다.

이런 계산과 관련해서 리슐리외 추기경만큼 냉철한 이성을 발휘한 사람은 없었다. 그는 1624년부터 1642년 세상을 떠날 때까지 루이 13세의 총리대신을 지내면서 프랑스를 유럽의 패권 국가로 끌어올리는 데 결정적인 역할을 했는데, 그런 그에게 개인적인 집행 기관이라고 해도 무리가 아닐 듯한 막후 인물 조제프가 있었다. 하지만 역사가 랑케에 따르면 리슐리외 자신도 "실행 가능한 것에 대한 탁월한 감각"이 있는 인물이었다. 왕에 대한 그의 정확한 평가만 보더라도 그는 "먼 미래까지 예상되는 결과들을 인지할 뿐 아니라 가능한 것들 중에서 실행할 수 있는 것을, 유리한 것들 중에서 최선의 것을 가려낼 줄 아는 형안이 있었다". 그의 전기를 쓴 카를 J. 부르크하르트Carl J. Burckhardt는 이런 말을 덧붙였다. 리슐리외는 한 번도 소극적인 자세를 보이지 않았고, 성공을 탐닉하려는 유혹에 빠지지 않았으며, "마지막까지 어떤 상황에서도 팽팽하게 긴장된 이성으로 자신의 소명을 다해 나갔다".

도박은 하지 않고 외부 동향에 촉수를 곤두세운 채 냉철하게 계산만 하는 능력은 돌변하는 권력 지형이나 권력 구도에서 항상 정상을 유지하는, 정말 신기하기 짝이 없는 '정치인'이라는 족속의 타고난 재주일지 모른다. 대표적인 사람이 유고슬로비아의 티토인데, 스페인 총통 프란시스코 프랑코Francisco Franco도 그에 못지않았다. 그는 히틀러와 무솔리니 덕분에 권좌에 올랐지만, 제2차 세계 대전 당시 지원을 바라는 두 사람의 요구를 묵살함으로써 그들보다 30년 넘게 오래 살아남았다. 그것도 죽을 때까지 권좌에 머물면서.

소비에트 체제도 그런 생존의 예술가를 세 명 배출했다. 뱌체슬라프 몰로토프Vyacheslav Mikhailovich Molotov와 아나스타스 미코얀Anastas Ivanovich Mikoyan, 안드레이 그로미코Andrei Andreevich Gromyko가 그 주인공이다. 스탈린의 최측근이었던 게오르기 말렌코프Georgy Maksimilianovich Malenkov는 그 밑에서 외무 장관을 10년이나 지냈는데도 니키타 흐루쇼프Nikita

Sergeyevich Khrushchov로 권력이 바뀐 뒤에도 3년 동안 외무 장관을 맡았다. 이러한 생존력은 국제 회의석상에서 한번 앉았다 하면 일어설 줄을 모르는 뚝심과 연결되어 그에게 "세계 혁명의 무쇠 엉덩이"라는 별명을 붙여 주었다. 하지만 그런 그도 최후는 비참했다. 반면에 미코얀은 달랐다. 그는 스탈린과 말렌코프, 그리고 스탈린의 적인 흐루쇼프, 또 흐루쇼프의 적인 레오니트 브레즈네프Leonid Il'ich Brezhnev 밑에서 31년 동안이나 정치국원으로 활동했다. 그것도 흐루쇼프의 최측근이라는 신분으로 말이다.

스탈린 정권하에서 워싱턴 주재 소련 대사를 역임했고 나중엔 안전 보장 이사회 소련 대표로 일했던 그로미코는 1957~1985년까지 다섯 명의 서기장 밑에서 외무 장관직을 수행했다. 그 이후엔 고르바초프에 의해 별 실권이 없는 소비에트 간부회의 의장으로 밀려났다. 물론 형식적으로는 국가를 대표하는 수반 자리였다. 가난한 농부의 아들로 태어난 시골 아이가 어떻게 이렇게까지 출세할 수 있었을까? 그로미코는 죽기 1년 전인 1988년에 출간된 회고록에서 이렇게 묻고는 스스로 이렇게 답했다. 일찍부터 "조심스럽게 숙고하면서 매 걸음을 내디디는 데" 익숙해 있었기 때문이다.

그럴 수 있다. 하지만 그것만이 그의 처세술의 전부는 아니다. 다른 게 또 있다. 예를 들어 어릴 때부터 틈만 나면 과시적으로 드러낸 확고한 당성과 당을 위해서라면 어떤 선전과 시련도 마다하지 않을 각오가 그 처세술의 일부였다. 오죽했으면 흐루쇼프가 이런 말까지 했을까? "그로미코 그 친구는 명령이라면 몇 달 동안 엉덩이를 까고 얼음 위에 앉아 있으라고 해도 그럴 사람이다." 그것 말고도 공공연한 기회주의도 빼놓을 수 없다. 그로미코가 회고록을 집필한 당시만 해도 아직 스탈린을 찬양해도 괜찮았다. 하지만 책이 출간될 때는 상황이 달라졌다. 결국 그로미코는 고르바초프에게 잘 보이려고 스탈린을 칭찬한 대목에다 별 세 개로 이렇게 주석을 달아 놓았다. "이런 공적에도 불구하고 공산주의자들을 대대적으로 숙청한 것은 용서받을 수 없다."

1989년 11월 베를린 장벽이 무너진 그 이튿날 공산주의자 루트 베르너 Ruth Werner는 SED(독일 사회주의 통일당) 성명서에서 이런 말을 했는데, 꼭 그 로미코를 빗대서 한 말처럼 들린다. "당 기구에 들어가는 사람은 위궤양에 걸리거나, 목이 부러지거나, 아니면 권력의 독약에 중독된다." 그로미코도 독약에 중독되었다. 거기다 위궤양까지 더해서.

그러나 권력의 독약을 아주 즐겁게 마신 사람도 있다. 한쪽 다리가 불편한 천하의 바람둥이로서 기회주의 부문에서 세계 챔피언으로 인정해도 무방한 탈레랑이 그렇다. 1789년 프랑스 혁명 당시 그는 젊은 주교로서 교회 재산의 국유화에 적극 찬성했고, 1797년에는 총재 정부의 외무 장관을 지냈으며, 1799년에는 나폴레옹의 쿠데타를 지지했다. 그 뒤 황제에 오른 나폴레옹에 의해 1806년에는 제후에 책봉되었고, 1807년에는 황제의 정복 정책에 반대한다는 이유로 파면되었다. 1814년 나폴레옹이 엘바 섬에 유배되자 탈레랑은 루이 18세 Louis XVIII의 부름을 받고 외무 장관에 복귀했고, 빈 회의에서는 패배한 프랑스가 열강의 일원으로 동등한 발언권을 가질 수 있도록 정치적 수완을 발휘하기도 했다. 한마디로 똑똑한 머리에다 탁월한 말솜씨, 거기다 권모술수까지 갖춘 모사꾼이었다.

유배지에서 파리로 돌아온 나폴레옹은 탈레랑에게 계속 외무 장관직을 맡아 줄 것을 제안했다. 하지만 그는 제안을 거절했고, 나중에 루이 18세의 두 번째 치세에 국무회의 의장직을 몇 달 동안 맡았다. 그리고 루이의 후계자로 왕위에 오른 샤를 10세 Charles X를 실각시키고 '시민왕' 루이 필리프 Louis Philippe를 왕으로 세우는 데 관여했으며, 필리프 왕 밑에서 영국 대사를 지냈다. 탈레랑은 당대의 그 누구보다 미래의 급격한 변화에 예민한 후각을 갖고 있었고, 사람에 대해 잘 알았으며, 끈기 있게 때를 기다릴 줄 알았고,

**독재자의 얼굴** 20세기 최악의 세 학살자인 스탈린과 히틀러, 마오쩌둥에다 무솔리니와 아야톨라 루홀라 호메이니의 사진을 합성해서 만든 독재자의 가장 평균적인 얼굴. 지구를 공 삼아 뻥뻥 축구를 했던 인간들의 낯짝이다. 1983년에 미국의 사진작가 낸시 버슨이 만들었다.

이성적인 머리에다 비양심까지 완벽하게 갖추고 있었다.

탈레랑만큼 우아함은 없지만 기회주의의 외줄타기에서 엇비슷한 승리를 거둔 사람이 있다. 수사이자 변호사였던 조제프 푸셰Joseph Fouché가 그 주인공인데, 그는 프랑스 혁명 당시 공포 정치를 주도했고, 리옹의 반란을 진압하는 과정에서 1,600명 이상을 처형하는 바람에 '리옹의 도살자'라는 이름으로 역사에 이름을 올렸다. 또한 로베스피에르의 실각에 가담했고, 나폴레옹의 쿠데타에 동조했으며, 그 뒤 나폴레옹 치하에서 9년 동안 경찰 대신 직을 맡았다. 황제가 엘바 섬에 갇혔을 때는 루이 18세를 지원하는 동시에 등 뒤에서는 나폴레옹의 귀환을 노리는 계략을 꾸몄고, 나중에 돌아온 황제에 의해 경찰 대신에 임명되었으며, 그 뒤 다시 루이 18세와 함께 모반을 꾀했다. 이렇게 해서 푸셰는 워털루 전투 이후에 임시 정부의 수장이 되었고, 루이 18세 치하에서 다시 경찰 대신직을 맡았다. 벌써 네 번째였는데, 이번에는 나폴레옹의 귀환을 함께 노력했던 옛 동지들을 매섭게 탄압하는 일에 열과 성을 다했다.

지금까지 언급한 품성들 외에 성공한 정치인에게 필요한 또 하나의 특성은 중국 혁명의 오뚝이 같은 인물인 덩샤오핑鄧小平이 잘 보여 주었다. 32년간 마오쩌둥의 동지였고 11년간 공산당 정치국원이었던 사람이 문화 혁명을 맞아 하루아침에 홍위병들에게 집 밖으로 끌려나와 모욕을 당했을 뿐 아니라("이런 개 대가리는 뜨거운 기름에 넣고 삶아야 돼!") 사상 개조 수용소에까지 끌려갔다. 그의 아들은 도망치려고 창문에서 뛰어내리다가 하반신 불수가 되었다. 그로부터 6년 뒤 덩은 일순간에 다시 부총리로 복귀했고, 8년 뒤에는 당 부주석이자 정치국 총참모장에까지 올랐다. 마오가 죽은 뒤에는 그의 미망인에 의해 두 번째로 모든 관직을 박탈당했고, 4인방四人幇이 숙청된 이후인 1977년에 다시 복권되었다. 천당과 지옥을 오가는 이런 급격한 변화를 견뎌 내려면 권력욕과 비열함, 강심장, 실용적 판단력, 올바른 때를 아는 촉각이 필요한데, 덩샤오핑은 그것 말고 한 가지를 더 선보여 주었다. 자신을 모욕하고 추방하고 기만한 사람들의 직책에 다시 오르기 위해서라면 어떤 수모와 굴욕도 참아야 한다는 각오가 그것이었다.

덩샤오핑은 정책도 인생 역정만큼이나 오락가락했다. 1979년 그는 시장 경제적 요소를 중국에 도입했다가 1986년에 폐지했고, 1978년에는 미국으로부터 중국에 대한 승인을 얻어 냈으며(이 일로 『타임』 지가 덩을 올해의 인물로 뽑았다), 1979년에는 베트남을 기습 공격했다. 두 공산 국가끼리의 첫 번째 물리적 충돌이었는데, 순수 이론적으로는 절대 일어날 수 없는 일이었다. 1985년에 그는 『타임』 지에 의해 두 번째로 올해의 인물로 선정되었다. 그리고 1989년에 군사 위원회 주석 자격으로 톈안먼天安門 광장에서 시위를 벌이는 대학생들을 탱크로 진압하라는 명령을 내린 사람도 여든네 살의 덩이었다. 그는 인민들에게 미움을 받고 당에서는 곧 관직을 맡지 않았지만 1992년에 두 번째로 중국에서 다음의 구호를 관철시키는 데 성공했다. "우리에게 이득이 되는 것이라면 자본주의로부터도 배워야 한다."

권력욕으로 똘똘 뭉치고 역겨우면서도 결코 멍청하지 않은 사람이 상층부로 올라간다. 그렇다면 장관직에 오른 모든 사람들 속에는 덩샤오핑의 일면이 얼마씩이라도 들어 있을지 모른다.

## 미국은 어떤 대통령을 원할까?

『타임』지의 편집장을 오래 지내고 1년간 카터 대통령의 보좌관을 역임한 헤들리 도너번 Hedley Donovan은 1982년 12월 13일자 『타임』지에 이상적인 대통령이 되기 위한 서른한 가지 요구를 제시했는데, 그중 몇 개를 소개하면 다음과 같다.

1. 품위 있게 행동하고 아량이 넘치는 대통령으로 보여야 한다.
2. 육체적으로 충분히 감당할 수 있어야 한다.
3. 똑똑해야 하지만 빼어나게 머리가 좋아서는 안 된다. 도너번은 20세기에서 최고로 머리가 좋은 대통령으로 존슨과 닉슨, 카터를 꼽았다. 하지만 그들에게는 판단력과 균형감이 부족했다고 한다.
4. 낙천적이어야 하고 유머가 있어야 한다.
5. 미디어를 통해 대중을 쉽게 납득시킬 줄 알아야 한다. 이 방면의 대가는 루스벨트와 레이건이었다.
6. 국민들에게 밝은 비전을 제시해야 한다. 존슨과 레이건처럼(반면에 케네디와 닉슨은 밝은 미래를 제시하는 것을 넘어 지나친 야심가로 분류된다).
7. 한편으로는 도덕적으로 깨끗해야 하지만, 다른 한편으로는 가혹하고 심지어 무자비해야 한다. 하지만 양심의 가책을 받지 않는 것에 병적인 만족감을 느껴서는 안 된다. 루스벨트는 이 경계를 넘지 않고 적절하게 균형을 잡았지만, 존슨은 여러 번 경계를 넘었다.
8. 뚝심과 확고한 자기 신뢰, 건강한 공명심이 있어야 한다. 하지만 여기서 도너번은 냉소적인 금언을 상기시킨다. 대통령 후보가 되기 위해 필요한 것이라면 무엇이든 할 만큼 권력과 명예에 대한 욕심이 큰 사람은 도덕적으로 대통령이 될 자격이 없다.

# 24. 레닌, 권력을 향한 불도저

> 유머는 아주 근사하고 건강한 특성입니다. 나는 유머를 잘 알아듣는 편이지만 유머는 없지요.
> ―레닌이 막심 고리키에게

독재자가 되려면 어떤 사람이어야 할까? 그러니까 비스마르크나 그로미코처럼 다른 독재자나 왕에 의해 임명되지 않고, 민주 국가의 대통령처럼 국민에게 권력을 위임받지 않고, 또한 세습 군주처럼 태생과 함께 권좌에 앉은 것이 아니라 술라와 크롬웰이나 무솔리니처럼 권력을 찬탈한 사람은 어떤 품성을 지녀야 하는 것일까?

한편으로 앞에서 언급한, 모든 정치인에게 요구한 일곱 가지 특성이 독재자에게도 필요하다. 물론 독재자들의 경우는 히틀러의 전기 작가 알란 불록 Alan Bullock이 히틀러의 특징으로 지적한 "도덕적·지적 크레틴병"[1]과 비슷한 병적인 권력욕과 잔인성이 과도하게 발현되겠지만 말이다. 어쨌든 많은

---

[1] 선천 갑상샘 기능 저하증. 불록은 히틀러를 이렇게 병적인 인간으로 규정하지만 그럼에도 "정치적 천재"로 분류하였다.

권력 찬탈자에게는 **사명감**이 도움이 된다. 그러니까 그들은 크롬웰과 300년 뒤의 호메이니처럼 자신들이 신에 의해 선택된 사람이라고 진정으로 믿거나, 아니면 최소한 히틀러처럼 자신이 섭리의 도구라고 확신하거나, 그도 아니라면 많은 공산주의 독재자들처럼 헤겔이 말한 세계정신의 동맹자는 된다고 믿었다.

이런 독재자들 외에 대중과 연대해서 대중에 의해 끌어 올려진 사람들도 있었다. 대부분 자신을 대중이 겪는 압제와 굴욕의 해방자로 비치게 하고, 자기가 가진 자신감을 대중에게 전파할 줄 아는 사람들이었다. 예를 들면 나폴레옹 3세와 히틀러, 티토, 이집트의 가말 압델 나세르Gamal Abdel Nasser가 그런 부류였다. 그 밖에 대중이나 다수의 목소리 같은 건 개나 줘 버리라고 할 정도로 전혀 신경을 안 쓰는 차가운 권력 기술자도 있었는데, 그중에서 가장 두드러진 사람이 레닌이다. 그가 당시 1억 4,000만 명의 인민을 자신의 의지 아래 굴복시킨 과정은 세계사의 가장 교훈적이면서도 끔찍한 교육장이었다.

4월 22일에 볼가 강 기슭의 심비르스크에서 나중에 변호사가 된 두 사람이 태어났다. 하나는 다른 한 사람이 다닌 학교의 교장 아들로서 1881년에 태어난 알렉산드르 표도로비치 케렌스키Aleksandr Fyodorovich Kerensky였고, 다른 하나는 장학사이자 대지주의 아들로 1870년에 태어나서 나중에 레닌으로 이름을 바꾼 블라디미르 일리치 울리야노프Vladimir Il'ich Ul'yanov였다.

교장의 아들 케렌스키는 대중의 비참함을 법적 개혁을 통해 개선하고자 한 사회주의자였다. 그는 나중에 노동자 평의회와 군인 평의회의 권력, 즉 1991년까지 소비에트 연방이라는 이름의 뿌리가 된 소비에트[2]의 권력을 잡았다. 그렇다면 이런 상황에서 장학사의 아들 울리야노프에게는 무슨 할 일

---

[2] 노동자 · 농민 · 병사 대표로 구성된 평의회. 의회가 중심이 되는 부르주아 의회에 대비되는 개념으로 인민에 의하여 자발적으로 조직 · 운영되는 민중 권력 기관을 뜻한다. 마을 소비에트에서 최고 의결 기관인 연방 소비에트까지 있으며 소련의 정치적 기반을 이루는 권력 기관이다.

이 더 남았을까? 한마디로 무한한 일이 남아 있었다. 그는 직업 혁명가였고, 권력을 향한 강철 같은 의지에서는 따라올 자가 없었기 때문이다. 그는 케렌스키를 몰아내고 소비에트를 쓸어버려야 했고, 결국 두 가지를 다 해냈다. '소비에트 연방'이라는 말은 언제나 기만이었다.

레닌은 자신이 믿고 따랐던 마르크스도 세 번이나 전복시켰다. 독일의 유토피아를 러시아의 현실에 맞게 변화시키고 마르크스가 주창한 합법적 발전을 폭력 행위로 대체하려면 그러한 전복은 필수적인 일이었다. 이렇게 해서 레닌은 러시아 철학자 니콜라이 베르댜예프 Nikolai Berdjajew의 표현에 따르면 "카를 마르크스와 공포의 군주 이반 4세Ivan IV 의 진테제Synthese"를 만들어 냈다.

**레닌**
나이: 열일곱 살
옷: 카잔 대학 교복
아버지: 교육자
형: 차르 암살 모의에 가담했다는 이유로 처형됨
계획: 형에 대한 복수!

한편으로 레닌은 자신이 마르크스 이론의 집행자라고 정말로 믿었던 것처럼 보인다. 그는 열일곱 살부터 마르크스의 책을 탐독하기 시작했고, 평생 마르크스를 자신의 전거로 삼았다. 폴란드 철학자 레세크 콜라코프스키Leszek Kolakowski는 이렇게 말한다. 레닌은 그게 마르크스의 명백한 **의도는 아닐지라도** 그 이론의 **내적 논리**를 바꾸었다. 즉 마르크스가 철학적으로만 표현한 이념을, 물론 어떻게 실현할지는 말하지 않고서, 실제로 적용하려 했다. 콜라코프스키는 이렇게 덧붙였다. 마르크스주의는 이미 증명된 것으로 간주되고, 그것을 의심하는 사람들을 처벌하는 기관이 존재할 때만 유지될 수 있었다.

어쨌든 마르크스 이론을 토대로 삼는 것은 중요한 장점이 있었다. 우선 자신이 역사적 사명을 완수하고 있다는 확신이 들게 만들었다. 레닌은 마르크스 이론을 이렇게 정리했다. "마르크스 이론은 전능하다. 왜냐하면 그것은 옳기 때문이다. 마르크스 이론은 19세기의 인류가 독일 철학과 영국 사회 경제학, 그리고 프랑스 사회주의의 형태 속에서 만들어 낸 최고의 성취에 대한 적법한 상속자이다." 이렇게 해서 이제 스스로를 마르크스의 상속자로 선포한 사람은 자신을 서양 세계의 최종 목적으로 여겨도 무방했고, 그래서 어떤 잔인한 짓을 저지르더라도 양심의 가책을 받을 필요가 없었다. 레닌은 막심 고리키에게 이렇게 말했다. "역사가 그걸 원합니다. 우리가 하고자 하는 것은 우리 외엔 누구도 완수할 수 없습니다." 어쩌면 그는 정말 그렇게 믿었을지 모른다.

마르크스에 기대는 것에는 또 다른 장점이 있었다. 러시아 내에서 마르크스 추종자들을 규합하고, 서방 세계에서 우호 세력을 확보할 수 있었다. 서방의 우호 세력은 마르크스주의의 인도주의적 요소에 기대를 걸거나, 대안 종교처럼 마르크스주의를 일방적으로 숭배하거나, 아니면 마르크스주의적 변증법에서 사고력을 갈고 닦으려는 사람들이었다. 어쨌든 레닌이 자신의 행위 속에 내재된 카이사르적 전횡을 복잡한 마르크스주의 이론이나 사이비 마르크스주의적 사고 체계 뒤에 숨기려고 소요의 순간까지 극한의 노력을 기울인 것은 적절한 전략이었다.

레닌은 마르크스로부터 노동자 계급을 신성시하는 관점을 물려받았다. 하지만 두 사람 공히 한 번도 임금을 받고 일해 본 적이 없고, 노동 세계에 대해 알지 못하고, 극히 드문 경우에만 노동자들과 교류하고, 프롤레타리아 개인보다 프롤레타리아 계급을 더 사랑했다. 물론 레닌은 개인으로서의 프롤레타리아를 마르크스보다 더 사랑하지 않았다. 프롤레타리아에 금치산 판정을 내린 것이 바로 그였기 때문이다. 레닌의 세계사적인 결정이자, 마르크스를 뛰어넘는 **첫 번째 공중제비**에 해당하는 이 사건은 1902년 그의 기넘비적인 저서 『무엇을 할 것인가?*Chto delat'*』를 통해 일어났는데, 프롤레타리아 계급으로서는 묵묵히 감수할 수밖에 없었다.

마르크스는 1864년 제1 인터내셔널(국제 노동자 협회) 정관에 이런 문구를 써넣었다. "노동자 계급의 해방은 노동자 계급 자신에 의해 쟁취되어야 한다." 반면에 레닌은 혁명가연하는 프랑스 사회주의자 블랑키의 이론과 실천을 받아들였다. 사회주의 혁명은 소수 엘리트들의 공모를 통해서만 가장 쉽게 완수될 수 있다는 것이 블랑키의 이론인데, 그는 1871년 파리 코뮌의 대중 봉기 때 비밀 결사대 4,000명을 이끌고 봉기에 가담하기도 했다. 레닌은 1902년에 이렇게 썼다. 사회주의 이념은 노동자들이 아닌 시민 지식인들에 의해 발명되었고, 그 뒤에 프롤레타리아 계급에 전수되었을 뿐이다. 따라서 노동자 계급이 승리할 수 있도록 도와야 하는 것도 지식인 계층이다. 역사는 노동자들에게 맡겨 놓으면 노동 조합 수준의 의식밖에 도달하지 못한다는 것을 보여 준다. 다시 말해서 노동자들은 조합을 통한 임금 인상 투쟁밖에 하지 못한다. 그래서 혁명가들의 강력한 조직이 노동자 계급을 이끌지 않는 한 프롤레타리아 계급의 자발적 투쟁은 결코 실제적인 계급 투쟁이 될 수 없다. 군사적 규율로 무장하고 당으로부터 보수를 받는 직업 혁명가들만이 프롤레타리아 독재를 완수하고, "전 러시아를 근본적으로 뜯어고칠 수" 있다.

근본적으로 뜯어고쳐라! 이것이 다른 무엇보다 혁명에 재능이 있고 혁명을 열렬히 탐하던 레닌을 감격시킨 한 문장이었다. 그는 나중의 히틀러처럼 대중 선동가로서의 재주가 없었고, 사람들을 모으려고 노력했던 적도 없었다. 이유는 분명했다. 다수는 그에게 관심이 없었고, 대중 집회는 그의 강점이 아니었기 때문이다. 목소리는 찢어질 듯이 날카롭고, 혀는 부드럽지 못하고, 'R' 발음이 잘 안 되고, 연설에는 화려함이 없고, 또 하벨의 표현처럼 "언제나 격분한 듯이" 말을 했다. 1918년 10월 당원들 앞에 등장한 레닌의 모습을 미국 기자 존 리드John Reed는 이렇게 보고했다. "땅딸막한 체구, 굵은 목에 큰 대머리, 부지런히 돌아가는 작은 눈, 옹골찬 턱, 후줄근한 옷에 너무 긴 바지. 오로지 뛰어난 머리 하나로 지도자에 오른 것 같은 이 인물은 긍정적인 특색이라고는 전혀 보이지 않고, 유머도 없고, 양보도 모르는 완고한 사람 같았다. 연설가로는 밋밋하지만 아주 단순한 말 속에 깊은 생각을 담을 줄 아는 듯했다. …… 말투에서는 무언가 차분하면서도 인간의 마음을 휘젓는 강한 힘이 느껴졌다."

간부들을 설득하고, 자신의 열정을 전파하고, 또 협박과 차가운 조롱으로 그들을 마음대로 조종하는 기술을 레닌은 터득하고 있었다. 그러니까 엘리트 중심의 간부 정당은 그에게 이중의 존재 이유가 있었다. 우선 아주 손쉽게 주무를 수 있는 기구이면서, 동시에 프롤레타리아에 **의한** 독재를 프롤레타리아 계급에 **대한** 독재로 대체할 기구로서 필요했다.

트로츠키와 룩셈부르크는 1904년에 벌써 이를 간파하고 있었다. 룩셈부르크는 이렇게 썼다. "신생 노동자 운동을 관료주의적 중앙 집권제의 철갑 속으로 쑤셔 넣는 것만큼 이 운동을 소수 엘리트들의 지배욕에 쉽고 확실하게 내맡기는 것은 없다." 헝가리의 마르크스주의자 죄르지 콘라드György Konrad와 이반 셸레니Ivan Szelenyi는 1978년에 이런 말을 했다. "볼셰비즘3은 지식인층이 국가 권력을 손에 넣은 뒤에 노동자 대중의 특별한 이해를 대변해야 할 의무에서 **벗어나게** 해 주는 강령을 제공했다."

그렇다면 금치산 선고를 내린 프롤레타리아의 이름으로 권력을 획득하고자 한 엘리트들은 어떤 수단으로 권력을 쟁취해야 할까? 수단은 오직 무력뿐이었다. 이것이 마르크스를 뛰어넘은 **두 번째 공중제비**였다. 1848년의 공산당 선언에는 공산주의자들의 목적이 오로지 "기존의 모든 사회 체제를 폭력적으로 전복시킴으로써 달성할 수 있다"라고 쓰여 있지만, 마르크스와 엥겔

---

3 러시아 급진파인 볼셰비키의 정치사상. 마르크스주의에 입각해서 전위당의 지도하에 프롤레타리아 독재를 추구하였는데, 직업 혁명가에 의한 소수정예주의와 중앙 집권적 당 조직, 노농 동맹 등이 특징이다.

스는 그 뒤의 모든 저서들에서 분명히 이렇게 밝혔다. 혁명가들의 생각은 틀렸다. 공산주의자들은 노동자 계급이 자연스럽게 형성된 다수의 힘을 통해 자유선거에서 권력을 획득할 때까지 **기다려야** 한다. 1874년 엥겔스는 소수의 직업 혁명가들이 주도하는 기습 공격을 분명한 어조로 경고했다. "그것이 성공하면 필연적으로 **독재**가 뒤따를 것이기 때문이다. 그것도 혁명 계급, 즉 프롤레타리아 독재가 아닌 기습 공격에 성공한 소수 엘리트의 독재가."

레닌이 원한 것이 바로 그런 독재였다. 타고난 혁명가에겐 기다리라는 것보다 더 끔찍한 요구는 없었다. 그래서 그는 권력을 장악하기 직전 핀란드 망명 시절에 쓴 『국가와 혁명 *Gosudarstvo i Revolyutsiya*』에서 폭력적 혁명의 정언 명법을 명확하게 밝혔다. 간부 정당은 사회주의 혁명을 무력으로 이끌어야 한다. 그런 혁명은 언제 일으켜야 할까? 여기서 다시 마르크스가 걸림돌이 되었다. 마르크스가 말한 대로 역사가 **반드시** 더 나은 쪽으로 발전할 것이라는 필연성을 믿는 사람이라면 혁명에 동참하지 않을 것이 분명했다. 기껏해야 "노동자 계급의 자발적인 경제적 투쟁"에만 지지를 보낼 것이다. 그리고 사실 그것이 20세기 초 마르크스주의자들의 보편적인 경향이기도 했다. 심지어 마르크스에 따르면 혁명에 적합한 상태가 된 것으로 보이는 유럽의 선진 공업국에서도 그들이 여전히 **기다리고만** 있다면 공업화가 100년이나 뒤진 러시아 같은 나라에서는 행동에 나설 기회가 있기나 한 것일까?

그래서 레닌은 또다시 마르크스를 뛰어넘었다. **세 번째 공중제비**였는데, 이번에는 도움닫기가 세 번 필요했다. 1905년 그는 러시아에서 자본주의가 발전하려면 절대 왕정을 무너뜨리는 시민 민주 혁명이 일어날 수밖에 없다고 선언했다. 황당한 소리처럼 들리겠지만 그것이 바로 마르크스주의의 사고 체계였다. 즉 봉건제가 **자본주의**로 대체되어야만 마르크스가 열렬히 찬양한 부의 창출을 위한 재능이 최고조로 발휘되고, 그와 함께 자본주의의 무덤을 팔 프롤레타리아 계급이 생성된다는 것이다. 그런데 레닌은 마르크스가 정말 가망 없는 한심한 소시민으로 낙인찍었던 **농민 계층**도 프롤레타리아 계급에 포함시켰다. 농민이 러시아 근로자의 80퍼센트 이상을 차지하는 상황에서는 그들을 혁명 전선으로 끌어들일 수밖에 없었다. 토지를 분배해 주겠다는 약속으로 말이다.

레닌의 두 번째 도움닫기는 1915년에 시도되었다. 그는 모든 선진 공업국들에서 **동시에** 프롤레타리아 독재가 실시될 거라는 마르크스의 테제를 개별 국가에서도 사회주의의 승리가 가능하다는 테제로 반박했다. 그리고 그 개별 국가가 어디인지는 1917년에 분명히 밝혔다(이것이 세 번째 도움닫기다). 권력 접수를 바로 눈앞에 둔 조국 러시아였다. 자본주의는 마르크스가 예상한 것보다(혹은 레닌 자신이 1905년에 예견한 것보다도) 더 빠른 속도로 부패하고 있었기 때문에 그의 가장 큰 약점을 공격하는 것이 유효한데, 그 약점은 "자본주의적 세계 질서의 변두리에 있는" 농업 국가에서 가장 뚜렷하게 나타난다는 것이다.

이렇듯 레닌은 마르크스적 사고 체계로 마르크스주의를 거꾸로 돌리려고 이데올로기적 공중제비를 세 차례나 돌았다. 마르크스에 의하면 공업 국가에서나 무르익기로 되어 있던 혁명적 여건을 농업 국가에서는 강제로 조성하는 것이 필요하다는 것을 모든 사람에게 각인시키기 위해서였다. 레닌은 마르크스적 사유 체계의 소도구들을 주워 모아 오로지 자기 자신이, 그것도 지금 여기서 행동에 나설 수밖에 없다는 점을 역설하는 철학을 만들어 냈다.

1917년 4월 그는 소비에트, 즉 노동자 평의회와 군인 평의회와 **연대하고자** 했고, 7월에는 소비에트에 **등을 돌렸으며**, 9월에는 다시 소비에트와 **힘을 합쳤다**. 하지만 권력을 잡는 순간 소비에트를 영원히 무력화시켰다. 소비에트는 1905년의 러시아 혁명 때 만들어졌다가 1917년 3월 혁명 때 다시 조직되었는데, 대의원들이 밑에서 위로 계속 선출되어 나가는 형태의 직접 민주주의와 유일한 국가 권력으로 선포된 이 소비에트를 레닌이 어떻게 용인할 수 있겠는가?

망명지 스위스에서 차르가 쫓겨났다는 소식을 들은 레닌은 사색이 되어 버렸다. 그도 그럴 것이 이 사건은 간부 정당 이론을 완전히 부정하고, 전위당의 개입 없이 프롤레타리아 계급 혼자 일으킨 봉기가 아니던가? 페트로그라드(상트페테르부르크의 옛 이름)에서는 진압에 나선 병사들까지 굶주린 노동자들의 대열에 합류했고, 동맹 파업 주동자들과 사회주의 대의원들로 구성된 소비에트가 권력을 잡았다. 소비에트는 위원회를 선출했고, 부위원장으로 서른다섯 살의 변호사 케렌스키를 뽑았다. 합법적인 토지 개혁을 통해 농민들에게 토지를 나누어 주려는 사회 혁명당의 열혈 당원이었다.

페트로그라드의 볼셰비키는 이 일련의 과정을 당연하게 받아들였다. 이것은 프롤레타리아 혁명에 선행해서 일어날 수밖에 없는 절대 왕정에 대한 부르주아 혁명이었기 때문이다. 마르크스가 그렇게 가르쳤고, 1905년에는 레닌이 직접 확인해 준 사실이기도 했다. 그런 까닭에 그들은 레닌이 1917년 4월 16일 페트로그라드의 기차역에 도착해서 이렇게 소리쳤을 때 모두 경악하고 말았다. "소비에트에 모든 권력을! 소비에트와 함께 이 정부를 전복하라!" 그렇다면 이것은 부르주아 혁명을 훌쩍 뛰어넘어 버리는 것이 아니던가?

레닌은 항상 그랬다. 냉철한 목표 의식하에 혁명을 조금이라도 당길 수 있다면 무엇이든 가리지 않았다. 한마디로 권력을 향해 헐떡거리는 하이에나였다. 1917년 7월 그는 "소비에트에 어떤 권력도 줘서는 안 된다!"라고 부르짖었다. 소비에트에 고무되어 수병들이 일으킨 봉기가 실패로 돌아갔는데, 당시의 모든 소비에트는 볼셰비키가 아닌 사회주의 온건파가 장악하고 있었기 때문이다. 그러던 것이 1917년 9월에는 다시 급격한 선회가 이루어졌다. 모든 권력을 소비에트에 부여하고, 소비에트와 함께 혁명으로 진군하고, 소비에트가 프롤레타리아 독재의 국가 형태라는 것이다. 이유는 분명했다. 이제 페트로그라드와 모스크바의 소비에트에서 다수를 점한 세력은 볼셰비키였다.

**레닌** 권력 인수 1주년 기념식 때 모스크바 붉은 광장에서 연설하는 레닌. 몇 안 되는 대중 연설 중의 하나인데, 하벨의 말처럼 "언제나 격분한 듯이" 연설했다. 레닌은 대중보다 당 간부들 앞에서 말을 하길 좋아했다. 여기서는 감전이라도 시킬 것 같은 강한 의지력이 더욱 빛을 발했고, 언어적인 실수도 별 문제가 되지 않았다. 어떤 인간도 레닌만큼 그렇게 많은 저항을 그렇게 잔인하게 격파한 사람은 없었다. 마르크스뿐 아니라 볼셰비키와 소비에트, 노동자 계급, 심지어 러시아 인민들까지 잔혹하게 분쇄했다.

1917년 11월 8일 트로츠키는 8월 이후 케렌스키가 수반으로 있던 임시 정부의 청사인 겨울 궁전으로 돌진해서 무혈 혁명에 가까운 승리를 이끌어 냈다. 그리고 2주 후에는 전 러시아 소비에트 대회가 열려 모든 권력이 '인민 위원회'로 넘어갔다. 인민 위원회는 주로 볼셰비키당의 중앙 위원회 위원들로 이루어졌는데, 그중에는 스탈린도 있었다. 인민 위원회 의장으로 선출된 레닌은 즉시 언론 검열을 실시했고 (자신은 케렌스키 치하에서 일간지 『프라우다 Pravda』로 무한한 언론 자유를 누렸으면서 말이다), 자기가 모르는 사이에 사형 제도를 철폐한 인민 위원들을 질타했다. "어떻게 처형 없이 혁명을 추진할 수 있겠느냐?"는 것이 그의 입장이었다(스탈린은 1917년의 인민 위원 열다섯 명 중에서 열 명을 처단했다).

쿠데타 발생 2주 뒤, 그때까지 레닌의 우군이었던 고리키는 수많은 테러를 목격하고 『새로운 삶 Neues Leben』이라는 신문에 이런 기사를 실었다. 레닌에게는 "도덕의식이 전혀 없다." 그는 "권력의 독에" 감염된 냉혈한적인 사기꾼으로 혁명의 품위를 손상시켰고, 노동자들을 부추겨 무고한 사람들을 학살했다. 러시아 민족은 이 피바다에 대한 대가를 반드시 치러야 할 것이다.

레닌이 죽은 뒤에 고리키는 이렇게 썼다. "아마 토마스 뮌처Thomas Münzer[4] 밑에서보다 더 많은 사람이 레닌 시대에 살해되었을지 모른다." "나는 혁명 전술의 잔인함에 대해 레닌과 자주 대화를 나누었는데, 그럴 때면 그는 의아하다는 듯이 화를 내며 이렇게 말했다. '대체 원하는 게 뭐요? 지금 남을 동정하고 사정을 봐줄 형편이 된다고 생각하시오? 서로 무차별적으로 치고받는 싸움에서 어떤 게 필요한 주먹이고, 어떤 게 불필요한 주먹인지 무슨 기준으로 잰단 말이오?'" 레닌은 베토벤의 피아노 소나타 「열정」에 **헤어 나올 수 없을 정도로** 푹 빠져 있었다. 그런 그가 계속 말을 했다. "지옥 속에 살면서도 뭔가 아름다운 것을 만들어 내는 사람들을 보면 머리를 쓰다듬으면서 정말 말도 안 되는 소리지만 사랑스러운 말을 해 주고 싶어요. 하지만 오늘날에는 누구의 머리도 쓰다듬어서는 안 됩니다. 그러면 손이 깨물려요. 대신 머리를 쾅쾅 두드려 줘야 합니다. 인정사정없이. 물론 인간에게 폭력을 쓰는 것은 우리의 이상에 맞지 않겠지만 말이오."

우리의 이상이라고? 러셀은 1920년에 레닌이 "호탕하게 웃으면서" 자신에게 가난한 농부들을 선동해서 부자들을 공격하게 만든 방법을 소개하는 순간 "혈관 속의 피가 얼어붙는" 느낌이었다고 한다. "그 다음에 그 인간들이 어떻게 했는지 아시오? 가까운 나무에 전부 목을 매달아 버린 거요, 하하하." 1917년 12월 레닌은 체카cheka[5], 즉 '반혁명과 사보타주 퇴치를 위한 특별 위원회'를 만들었는데, 이 기구는 창설 후 1년 반의 활동을 통해 사법 재판 없이 8,389명을 사살했다고 당당하게 밝혔다. 물론 얼마나 많은 사람

---

[4] 독일의 종교・사회 개혁 운동가로 생몰 연대는 1490(?)~1525년이다. 천년 왕국설에 영향 받아 신비주의적 신앙과 사회 변혁을 결부하여 민중의 저항권을 주장하면서 루터와 대립하였다. 원시 기독교적 공산 생활을 재현하기 위하여 독일 농민 전쟁을 이끌었으나 패하여 처형되었다.

[5] 원래 이름은 VECHEKA. KGB의 전신. 볼셰비키 정부의 초창기에 국사범들을 체포・투옥・처형하는 역할을 떠맡아 부르주아와 귀족, 성직자를 비롯하여 볼셰비즘의 모든 적을 학살했다.

을 고문했는지는 밝히지 않았다.

1918년 2월 레닌은 무장한 수병들을 동원해서 두 달 전에 선출된 **제헌 의회**를 해산했다. 이유는 분명했다. 1991년까지 러시아 역사에서 처음이자 유일하게 실시된 이 자유선거에서 볼셰비키는 소수파에 그쳤기 때문이다. 케렌스키가 이끄는 사회주의 혁명당과 다른 온건한 사회주의자들이 62퍼센트를 차지했는데, 이들은 정상적인 절차에 따라 사회 개혁과 토지 개혁을 추진하겠다고 약속했다. 그것이 러시아 민중이 원하던 것이었다. 그 밖에 시민 계열이 13퍼센트를 얻었고, 볼셰비키는 24퍼센트밖에 얻지 못했다. 이런 결과를 보고서 레닌이 한 말이 있다. "한심한 인간과 바보들이나 프롤레타리아트가 선거에서 다수를 차지할 거라고 믿을 것이다."

1918년 여름 레닌은 볼셰비키에 "러시아 땅에서 해충들을 모조리 청소할 것"을 요구했다. 여기서 해충이란, 솔제니친에 따르면 집을 가진 사람, 교사, 철도원, 전신원, 성직자, 수사, 수녀, 교회 합창단 단원들인데, 1922년까지 10만 명 이상이 고문당하고 살해되었다. 1918년 8월 펜자 주에서 농민 폭동이 발발하자 레닌은 이런 전보를 쳤다. "대대적인 테러를 감행하라. 의심 가는 자들은 도시 외곽의 **강제 수용소**에 감금시켜라."

1921년 3월 페트로그라드 군항에서 수병 1만 5,000명이 봉기를 일으켰다. 그때까지 간부 정당의 가장 믿을 만한 조력자였던 세력이 언론과 집회의 자유를 요구하며 반기를 든 것이다. 특히 더 나빴던 것은 요구 사항에 '볼셰비키 없는 소비에트'까지 포함되었다는 점이다. 트로츠키는 그들을 "연못 위의 오리 떼처럼" 모조리 사살하라는 명령을 내렸고, 결국 대부분의 반란군이 목숨을 잃었다. 1974년 사르트르는 이렇게 썼다. "페트로그라드 수병들의 봉기는 다시 민주화하려는 소비에트의 시도였다. 수병들의 말은 이렇다. 어떤 당도 소비에트를 지배해서는 안 된다. 소비에트를 제압하는 것은 …… 프롤레타리아트를 압살하는 독재일 뿐이다."

1919년 레닌은 다시 확고하게 밝혔다. "독재는 가혹하고 심중하고, 심지어 피로 얼룩진 말이다." 이는 곧 "어떤 법과 규범으로도 제한받지 않는 무한한 권력"을 의미한다. 권력을 손에 넣은 사람에게는 얼마나 근사하고 멋진 말인가! 레닌은 마르크스를 고기 가는 기계에 넣고 돌리면서도 필요할 때는 증인으로 불러 세웠고, 함께 싸운 동지들을 탄압하고 헐뜯다가도 몇 개월마다 한 번씩 새로운 이론의 냉온탕으로 몰아붙였고, 소비에트를 칭찬하다가도 저주하고 또 칭찬하다가도 무력화시켰으며, 수병들을 앞잡이로 내세우다가도 반기를 들면 가차 없이 총격을 가했고, 농민들을 이간질시켜 싸움을 부추겼고, 선거로 공개된 러시아 민중의 의사를 총칼로 압살했다. 그것도 눈 하나 깜짝하지 않고서 그렇게 했다. 오직 권력의 정상에 올라서려는 한 가지 목표만을 향한 집요한 의지가 만들어 낸 결과였다.

  트로츠키가 없었다면 레닌이 아무것도 이루지 못했을 것이라는 말은 사실이다. 불같은 성미의 트로츠키는 천재적인 조직가로서 쿠데타를 총연출했고, 페트로그라드 수병들을 무력으로 진압했으며, 가망 없어 보이던 내전까지 승리로 이끌었다. 이런 말도 가능할 듯하다. 케렌스키가 없었더라면, 루덴도르프가 없었더라면 레닌은 목표를 이루지 못했을 거라고. 독일의 루덴도르프 장군은 레닌을 봉인 열차에 태워 스위스에서 독일을 거쳐 핀란드로 잠입시켰는데, 하프너의 표현에 따르면 그 열차는 "제1차 세계 대전의 정치적 원자 폭탄"과도 같았다. 왜냐하면 차르의 실각 이후 소비에트의 조건부 인정으로 권력을 잡은 임시 정부는 독일에 대한 전쟁을 계속 수행하겠다는 입장이었지만, 레닌은 독일을 향한 총칼을 즉각 거두겠다고 약속했기 때문이다. 그러니까 레닌에게 권력으로 가는 문을 활짝 열어 준 것이 루덴도르프였다. 이것은 자신의 행동이 불러올 가장 가까운 결과조차 예상하지 못하는 인간의 무능력에 대한 전형적인 보기다.

  케렌스키는 레닌에게 세 가지 선물을 주었다. 2월 혁명(1917)을 통해 차르를 몰아냄으로써 레닌이 아연할 정도로 분명하게 러시아에서도 혁명적 변혁이 가능하다는 것을 증명해 주었고, 임시 정부의 수장이 된 뒤에는 볼셰비키가 마음대로 활동할 수 있는 여건을 조성했으며, 또한 그로써 볼셰비키가 자신을 향해 쿠데타를 일으킬 수 있는 기반을 만들어 주었다. 케렌스키는 시대의 부름을 받은 위대한 남자가 **아니었다**. 그는 그저 성실하고 열정적인 사람일 뿐이었고, 1917년 12월의 선거가 증명하듯 대다수 러시아인들의 정치적 소망을 대변하는 정치인이자 대중을 감동시키는 연설가였다. 1953년 그가 뮌헨에서 길게 늘어지는 프랑스 어로 호통을 치고 눈물로 호소하면서 레닌이 말살시킨 자유를 되찾기 위해 싸우겠다고 천명했을 때는 언뜻 구약 성서에 나오는 선지자의 일면이 보이는 듯했다. 물론 미래가 아닌 과거를 돌아보는 선지자였지만. 그가 1917년에 지친 병사들을 독려하고 반란을 일으킨 병사들을 설득해서 독일군을 향해 계속 싸우도록 온갖 노력을 기울인 것도 독일군이 페트로그라드에서 행진하는 것을 본 러시아인이라면 결코 그를 비난할 수 없을 것이다. 반면에 독일군이 점점 러시아 땅으로 깊숙이 밀고 들어오는 것을 환호하면서 지켜본 것은 레닌이었다. 독일군의 진군이 자신의 권력 쟁취에 결정적인 도움이 될 거라고 보았기 때문이다.

케렌스키보다 더 강심장이고 목표 의식이 뚜렷한 백전노장의 전술가라고 하더라도 아마 당시 러시아가 처해 있던 군사적 재앙과 만연한 기아, 그리고 모든 권력을 손에 쥘 때까지 국가를 완전히 결딴내겠다는 레닌의 강철 같은 의지 앞에서는 오래 버티지 못하고 결국 무너지고 말았을지 모른다. 생각해 보라. '토지' 와 '빵', '평화' 같은 레닌의 구호에 담긴 폭발력을 누가 감당하겠는가? 모든 병사들을 집으로! 당장! 모든 토지를 농민에게! 당장! 1917년 4월 레닌은 『프라우다』지에 다음과 같이 썼다. "누구든 손에 집히는 것은 모두 자기 것으로 만들어도 되고, 그렇게 해야 한다." 이 말을 냉소적인 관점에서 법적으로 번역하자면 '카오스'를 헌법의 지상 명령으로 삼으라는 것이다. "권력의 원천은 의회에 의해 결정된 법률이 아니라 밑에서부터 올라오는 대중들의 직접적인 청원이자 직접적인 찬탈이다." 이렇게 해서 농민들은 지주들의 집과 창고를 불태우고, 가축들을 내몰고, 과일나무를 베고, 기계를 부수어 버렸다.

이처럼 레닌이 권력과 명성을 얻기까지 케렌스키와 트로츠키, 루덴도르프, 차르 제국의 군사적 파탄이 필요했다면 이것은 곧 세계사적인 성공이 선행자나 조력자, 유리한 환경 없이는 결코 이루어질 수 없다는 것을 말해 줄 뿐이다. 레닌의 특별한 점이라고 한다면 다른 사람들은 모두 굴복했던 많은 선행자와 경쟁자, 그리고 지난한 환경을 **뚫고** 엄청난 성공을 거두었다는 사실이다. 마르크스와 볼셰비키, 소비에트, 노동자 계급, 그리고 러시아 민중까지 모두 자신의 목표 아래 굴복시키지 않았던가!

이리해서 그는 세계 제국의 수호성인이 되었고, 수백만의 희생자들에겐 재앙의 마왕이었고, 그의 진면목을 모르는 무수한 사람들에겐 인류의 희망으로 떠올랐다. 그의 저서는 성서보다 많은 언어로 번역되었고, **그의** 명성에 기대어 19세기의 많은 사회주의적 공상가에 불과했던 한 인물이 세계사적 인물로 부각되었다. 마르크스가 그 주인공인데, 세계 제국의 독재자가 자신의 인도주의적 비전에서 학살과 야만적 행위들을 걸러 낸 다음 마르크스를 자기 이론의 전거典據로 삼았기 때문이다.

1988년 소비에트 연방도 이것을 간파하기 시작하면서 레닌의 동상이 대중의 눈에서 사라지는 일이 점점 잦아졌다. 1989년에는 대중 잡지 『로디나 Rodina』에 레닌이 역사상 가장 잔인한 "점령군 정부"를 건설했다는 기사가 실렸고, 1990년 '라디오 모스크바'에서는 "지난 70년간의 공산주의 실험을 통해 그전이든 그 이후든 세계 역사상 유례가 없을 정도로 많은 사람이 죽임을 당했다"라는 말이 흘러나왔다.

가라데 선수의 힘은 그가 가진 기술에만 있는 것이 아니라 무엇보다 잔인한 각오, 즉 상대의 눈을 비수같이 내뻗는 손가락의 목표물로 생각할 줄 아는 그런 잔인한 마음에 있다. 그와 비슷하게 레닌의 끔찍한 폭력도 권력의 탐욕을 위해서라면 인간으로서의 도리와 불인지심을 모두 내팽개칠 수 있는 잔혹한 의지에서 나왔다. 도스토옙스키의 『악령 Besi』에서 어설픈 혁명가

카르마시노프는 이런 말을 한다. "러시아 혁명의 핵심은 명예의 부정이다." 이 소설은 1871년에 나왔는데, 무정부주의자이자 폭력의 사도였던 세르게이 네차예프Sergei Gennadievich Nechaev가 비밀 재판을 통해 정치적 암살을 자행한 지 2년 뒤였다(이 모티브는 소설 속에서 재현되었다). 그 살인자는 이렇게 말한다. "남는 사람은 권력을 쥐기로 결정한 우리뿐이다. 우리는 똑똑한 인간들을 끌어들이고, 멍청한 인간들을 말처럼 타고 달린다."

# 25. 넬슨과 나폴레옹

> 전장에서 로마 장수들은 차가우면서도 감격적인 표정으로 서서 수많은 병사들이 비명을 지르고 죽어 가는 것을 태연히 바라보았다.
> —에른스트 모리츠 아른트, 『보나파르트에 관하여』(1807)

넬슨 제독도 전투에 열광했다. 흠모하는 여자가 장난으로 살짝 애교만 부려도 정신을 못 차릴 정도로 수줍고 귀여운 사람이 말이다. 게다가 그는 약골이었다. 신장이 164센티미터에 불과해서 스물두 살 때 그를 본 영국 황태자는 "함장의 사동" 같다고 말했다. 그것 말고도 그는 우울증을 앓았고 평생 뱃멀미에 시달렸다. 이런 사람이 역사상 누구도 따라오지 못할 만큼 영국인들을 열광의 도가니에 빠뜨린 바다의 영웅이었다니 도저히 믿어지지가 않는다. 하지만 결함은 이뿐만이 아니었다.

넬슨은 한 인간의 한계를 뛰어넘는 질병과 불구를 달고 살았다. 열여섯 살의 해군 사관생도일 때는 말라리아에 걸려 죽을 뻔했고, 그 후유증으로 고열과 오한 발작이 죽을 때까지 그를 쫓아다녔다. 스물한 살에는 사지가 마비되는 황열을 앓았고, 서른 살에는 각막에 악성 혹이 생겨 두 눈의 시력이 점점 떨어졌으며, 서른여섯 살에는 코르시카 섬의 칼비 항을 공격하면서 오른쪽 눈이 파편에 맞아 그 눈으로는 나머지 삶 동안 명암 정도밖에 구분하지 못했다.

서른여덟 살에는 테네리페를 공격하다가 오른쪽 팔꿈치가 포도탄葡萄彈에 산산조각 나는 바람에 팔을 잘라 냈고, 수술 부위는 반년 동안이나 곪아 있었다. 아부키르 앞바다에서 보나파르트의 함대를 섬멸할 때는 산탄총에 이마의 살점이 떨어져 나가면서 그나마 괜찮던 왼쪽 눈으로 피가 흘러내리는 바람에 눈이 멀고 스스로 죽었다고 생각했으며, 그 총상으로 뇌진탕을 일으켜 몇 개월 동안 구토로 고생했다. 마흔 살에 벌써 머리가 허옇게 센 넬슨은 마흔일곱에 트라팔가르 해전에서 전사하기 전 마지막 5년 동안 심장 발작과 위경련, 만성 치통, 각혈을 동반한 기침에 시달렸다. 죽기 오래전부터 폐인이나 다름없던 고통스러운 삶이었다.

바로 이 두 가지 치명적인 약점이 오히려 그를 엄청난 행동으로 몰고 간 원동력이었느냐 하는 문제는 29장에서 다룰 생각이다. 여기서는 넬슨을 승리로 이끈 다른 요인들을 살펴볼 텐데, 주요 세 가지를 언급하면 다음과 같다. 첫째, 명료하고 신속한 판단에서 나오는 과감한 행동(이것은 성공한 장수의 전형적인 재능이다), 둘째, 처음에는 상관을, 나중에는 부하들을 사로잡은 인간적인 매력, 셋째, 그전에 프리드리히 대왕이 육상에서 선보인 것과 같은 노도와 같은 섬멸 의지가 그것이다.

넬슨은 예하 수병들의 건강한 심신을 위해 세심한 배려를 아끼지 않았다. 그런데 이것은 당시만 해도 이례적인 일이어서 그는 동료 함장들로부터 엉뚱한 괴짜라고 놀림을 많이 받았다. 넬슨은 누구에게도 퉁명스럽게 굴지 않았고, 누구에게도 공정함을 잃지 않았다. 항상 수병들을 잘 먹이고 잘 재우는 일에 주의를 기울였고, 선상의 위생에도 상당한 신경을 썼다. 어떤 때는 지급되지 않은 수병들의 봉급을 받아 내려고 자신이 직접 육지로 내려가는 수고도 마다하지 않았다. 한번은 무서워서 장루에 올라가지 못하는 신참 사관생도에게 이렇게 말했다. "내가 먼저 올라갈 테니 자네도 곧 익숙해지길 바라네." 장루에 올라간 넬슨은 어린 사관생도에게, 여기에 올라오는 것을 무서워한 것이 얼마나 어리석었는지 이제야 알겠느냐고 말하면서, 장루에 올라가는 것을 두려워하는 다른 생도가 있으면 자기처럼 먼저 이리로 올라와 그의 어리석음을 깨우쳐 주라고 했다.

1801~1803년 2년 동안 넬슨은 한 번도 배에서 내리지 않고 오로지 나폴레옹 함대를 매복하거나 추격했다. 모든 군함은 최상의 상태였고, 수병들 역시 건강하고 완벽하게 전투태세를 갖추고 있었다. 이런 정황은 트라팔가르 해전을 앞두고 함대에 내려진 기신호의 내용이 "**넬슨**은 각자 자신의 의무를 다하리라 **믿는다**"였다는 주장을 뒷받침한다. 그러나 대다수의 역사서에는 넬슨이 아니라 "**영국**이 각자 자신의 의무를 다하리라 **기대한다**"라고 적혀 있다. 기신호의 내용이 '넬슨'이었던 이유는 분명하다. 영국과 스칸디나비아, 네덜란드, 독일, 포르투갈 군대로 이루어진 이 연합군에 영국이 대체 무슨 의미가 있겠는가? 애꾸눈과 외팔이 상태로도 아부키르 전투를 승리로 이끈 명장이자, 수병들의 아버지이자, 영국, 아니 세계에서 가장 인기가 높은 넬슨 제독과 비교해서 영국은 아무런 의미가 없었을 것이다.

병사들에게 언제나 따뜻하게 대하고 자신들이 승리할 것이라고 확신을 심어 줄 수 있는 장수라면 부하들이 전적으로 믿고 따르는 것은 지극히 당연하다. 하지만 당당한 지배자의 자세를 취할 줄 아는 승리자는 자신의 부하뿐 아니라 적군에게도 복종심을 자아내고, 혼자서도 전투를 승리로 이끌 수 있다. 예를 들어 1757년 프리드리히 대왕이 로이텐 전투에서 승리를 거둔 날 저녁에 부관들만 대동하고 리사 성의 안뜰로 말을 타고 들어갔을 때 성안에 있던 오스트리아 장교들 중에서 감히 그를 사살하거나 체포하려고 나선 사람은 없었다. 또한 1801년 함포 74문을 갖춘 덴마크 군함은 거룻배를 타고 측면에서 다가오는 넬슨의 모습만 보고도 곧 항복을 선언하고 말았다. 때 묻은 외투를 뒤로 젖힌 채 빈 오른쪽 소매와 가슴에 달린 무수한 훈장으로 자신이 누구인지 무언중에 과시하는 넬슨의 모습에 기겁한 것이다.

1814년 3월 1일 엘바 섬을 탈출한 나폴레옹은 근위대원 400명과 함께 프랑스 해안에 상륙해서 "물가를 따라 배회하다가 제비꽃을 꺾고 올리브나무 숲에서 야영을 한다. 몇 달 전부터 그를 죽이려던 사람들은 놀라서 입을 다물지 못하고 물러간다". 샤토브리앙이 쓴 글이다. 계속해서 "그의 적들은 그를 찾지도 못하고 보지도 못한다. 사하라의 사자가 햇빛 속에 숨어 있듯 그는 자신의 명성 속에 가려져 있다". 상륙한 지 닷새째 되던 날 그를 체포하기 위해 급파된 대대는 나폴레옹이 다가와 이렇게 외치는 순간 무기를 내리고 만다. "병사들이여, 나는 너희들의 황제다. 나를 모르겠느냐? 만일 너희 중에 황제를 죽이려는 자가 있다면, 자 여기 내가 있다!" 일주일 후 병사 8,000명이 그를 따라 진군하고, 3주 후 그는 파리 왕궁에서 잠을 잔다.

병사들은 승리자를 확신하는 지휘관들에 열광하고, 아무리 뛰어난 지휘관도 그런 열광적 병사 없이는 승리하기 어렵다. 특히 수적으로나 무기 면에서 상대에게 밀릴수록 더더욱 그렇다. 넬슨의 범선들은 프랑스와 스페인에 비해 결코 더 훌륭하지도 빠르지도 않았다. 오히려 그 반대였다. 그가 가진 것이라고는 고도로 훈련받고 사기충천한 병사들과 자기 자신뿐이었다.

전투 전에 병사들은 돛에 물을 붓고 젖은 모래를 갑판에 뿌렸다. 나무로 만든 함선에는 화약이 30톤씩 저장되어 있었기 때문이다. 그들은 돛대 사이에 그물도 쳤다. 삭구에서 떨어지는 수병을 보호하거나, 혹시 활대가 떨어져 갑판의 수병들에게 맞는 것을 방지하기 위해서였다. 또한 갑판 아래의 창고에서 화약을 기동 탄약고로 옮겨, 거기서 일정한 크기로 천에다 쌌다. 그러고는 포탄과 화약심지, 성냥을 점검했고, 첫 번째 추진 탄약과 32파운드 무게의 포탄을 전장총 안에 집어넣었으며, 나무 지렛대로 포신을 목표물에 조준한 뒤 귀청이 떨어질 것 같은 소음을 막으려고 천으로 귀를 틀어막았다.

이 모든 작업은 함선마다 빠르거나 느리기도 하고, 혹은 철저하거나 느슨하기도 했는데, 넬슨 함대만큼 완벽하고 순조롭게 진행되는 곳은 어디에도

알렉산드로스 대왕

넬슨

나폴레옹

카이사르

역사상 가장 성공한 정복자 3인. 나머지 한 사람은 정복자 나폴레옹의 몰락을 재촉했던 넬슨이다. 넬슨은 걸어 다니는 폐인이라는 소리가 부족하지 않을 정도로 악골이었다. 세계 제국을 강탈하려면 어떤 성격이 필요할까? 많은 위대한 재능들 가운데 무엇보다 다음 두 가지가 꼭 필요할 듯하다. 다른 사람들의 고통에 둔감한 것과 원래 내 것을 차지하는 것뿐이라는 뻔뻔한 생각.

25. 넬슨과 나폴레옹 **339**

없었다. 전투의 승패 역시 대부분 이 속도에 달려 있었다. 다시 말해서, 수병 열다섯이 포탄을 장전해서 포를 쏠 때마다 도르래가 달린 2톤의 대포를 다시 배 안쪽으로 끌어당겨 뜨거워진 포신을 물로 식히고, 포문 안쪽을 청소하고 닦고, 새로 포탄을 장전한 다음 포신을 다시 선체 벽의 구멍으로 밀어 넣고, 포신을 조정하고, 화약심지에 불을 붙이는 속도에 달려 있다는 말이다. 넬슨의 수병들은 이 모든 과정을 빠르면 1분 안에 소화해 냈는데, 프랑스군에 비하면 두 배 혹은 세 배가 빠른 속도였다. 그것도 몇 시간씩 굉음과 화약 연기 속에서 온몸이 땀으로 범벅이 된 채 주위에서 동료들이 피를 흘리며 쓰러지더라도 긁히고 화상 입은 손을 쉬지 않고 움직였다.

넬슨의 수병들은 이 작업을 너끈히, 그것도 기꺼이 수행했다. 이로써 그들은 넬슨의 섬멸 의지를 충족시키는 도구 역할을 충실히 해냈다. 넬슨 이전에는 적의 함대를 몰아내거나 추격하고, 혹은 함선에 직접 해를 가하거나 가끔 함선을 나포하는 것이 해전의 상식이었다. 하지만 넬슨은 이런 상식을 완전히 뒤집었다. 적의 함대를 아예 세상에서 없애 버리는 것이 그의 목표였다. 1798년 8월 1일 알렉산드리아 근처의 아부키르 만 앞바다에서 프랑스 전함 열세 척이 나폴레옹군을 이집트로 수송하려고 기동 중이었다. 그들은 해안 근처의 얕은 바다에 닻을 내렸는데, 프랑스 제독은 더 이상 적의 공격이 없을 거라고 믿었다. 곧 해가 떨어질 시간이 되었을 뿐 아니라 함선 수도 열한 척으로 열세였던 영국군이 얕은 곳까지 접근하지는 않으리라 믿었기 때문이다. 하지만 넬슨은 함선 다섯 척에 해안과 프랑스 함대 사이의 좁은 틈 사이로 비집고 들어갈 것을 명령했다. 프랑스 함대를 양쪽에서 몰아붙일 작정이었다. 그때까지만 해도 이런 살인적인 방식은 아직 세상에 알려지지 않았고, 지금 우리로서도 그런 폭압적인 방식을 이해하기 쉽지 않다.

프랑스 함대도 적군의 동태를 눈치 채고 태세를 갖추었다. 권총을 쏘면 닿을 거리에 적과 나란히 대치하고 있었는데, 당시 권총의 사정거리는 기껏해야 30미터밖에 되지 않았다. 양쪽의 목적은 분명했다. 서부의 총잡이처럼 마주보며 한쪽이 쓰러질 때까지 태연하게 총질을 하는 것이었다. 밤이 깊어 가면서 1,000발에 가까운 포탄이 천둥소리를 울리며 양 진영으로 날아갔다. 매 초에 10여 발씩 몇 시간 동안 삐걱거리는 등불 아래에서 상대의 선체를 쇳덩이 포탄으로 뚫고 돛대를 부수고 적군을 쓰러뜨리겠다는 확고한 의지로 서로에게 불을 뿜었다. 최종 목표는 상대의 함선을 침몰시키거나, 직접 기어 올라가 탈취하거나, 아니면 항복을 받아 내는 것이었다.

곧 프랑스 기함에서 화재가 났다. 영국 함대의 포문은 프랑스 기함에 집중했고, 세 시간 뒤 배는 결국 폭발했다. 그로써 병사 1,000여 명, 나폴레옹의 탐사대가 쓸 경비로 가져간 금괴, 그리고 몰타 섬에서 약탈한 귀중한 예술품들도 함께 공중으로 날아갔다. 영국 함선들에도 파편과 잔해가 비처럼 뿌렸다. 그 뒤로도 전투는 계속되었고, 이튿날 동이 틀 무렵에야 결산표가 나왔다. 프랑스 함선 가운데 한 척은 폭발했고, 한 척은 아군 장교에 의해 불에 탔고, 세 척은 수장되었고, 여섯 척은 탈취 당했다. 도주에 성공한 함선은 두 척뿐이었다. 이로써 이집트 점령으로 영국을 인도와 차단하려던 나폴레옹의 계획은 물거품이 되었고, 넬슨은 또다시 부상당했지만 지중해의 패권자로 우뚝 솟아올랐다.

영국 소설가 콘래드는 이렇게 썼다. "넬슨은 이 함대에 자신의 열정과 야망을 불어넣었고, 불과 몇 년 만에 단순히 해전의 전술이 아닌 승리에 대한 기본적인 생각을 뿌리째 바꾸어 버렸다." 하지만 7년 뒤 트라팔가르 해전에서 그의 승리에 결정적으로 기여한 것은 대담한 전술이었다. 즉 교과서적인 지식과는 백팔십도 다르게 적의 함대를 뚫고 들어가 적진을 가르고 어지럽힌 것이다. 넬슨의 함장들은 이 계획을 듣는 순간 "마치 벼락을 맞은 것처럼" 충격을 받았다고 한다. 넬슨이 죽기 몇 시간 전 평생의 연인 엠마 해밀턴Emma Hamilton 부인에게 썼던 편지에 나오는 대목은 이러했다. "몇몇은 눈물까지 쏟았고, 모든 사람이 내 계획에 동의했습니다. 누구도 생각하지 못할 단순하면서도 새롭고 기발한 계획입니다. 반드시 성공을 거둘 거라 믿습니다."

넬슨 제독은 전투 직전이나 전투 중에 언제나 행복감에 도취되어 있었다. 그날도 그렇게 행복한 표정으로 기함 갑판에 서 있는데, 프랑스 저격병의 총알이 그의 몸에 명중했다. 제복에 달린 큰 기사단별 네 개에서 넬슨을 알아본 것이다. 전투 결과 프랑스와 스페인의 연합 함대 33척(넬슨이 말한 것보다 일곱 척이 많다) 가운데 13척만 지옥에서 벗어났다. 그것도 아부키르 전투와는 달리, 일반적으로 패배한 쪽이 언제든 도주할 기회가 있는 공해상의 전투에서 말이다. 영국 해군은 한 척도 잃지 않았다. 이로써 세계를 정복하려던 나폴레옹의 꿈은 말 그대로 꿈으로 끝나고 말았다. 넬슨의 전기 작가 어널 브래드포드Ernle Bradford의 표현에 따르면 "죽음의 씨를 뿌리는 데는 천재"였던 한 영국 남자에 의해.

어떤 대가를 치르더라도 승리를 거두고, 적을 섬멸하고, 죽은 자들에게는 전혀 신경을 안 쓰는 것, 이것이 동서고금을 막론하고 가장 성공한 장수의 특징이다(여기서 성공한 장수란 도덕적인 측면은 배제하고 오로지 전장에서 대성공을 거둔 사람을 말한다). 만일 베트남 전쟁에서 미국인들에게 어떤 대가를 치르더라도 승리하겠다는 의지가 있었다면 그들은 북베트남에 원자 폭탄을 투하했을 것이고, 그랬다면 승리를 거두었을 것이다. 그런 일이 일어나지 않은 것에 우리가 만족하고 안도하는 것은 동전의 이면일 뿐이다. 다른 쪽 측면에는 이렇게 적혀 있다. 진지하게 이길 마음이 없는 사람은 어떤 수단을 써서라도 이기겠다고 덤벼드는 적에게 무릎을 꿇게 되더라도 하등 이상하게 여길 필요가 없다. 히틀러를 상대한 1940년의 프랑스가 그에 대한 좋은 보기였다.

승리를 위해서라면 어떤 대가도 치를 각오가 된 사람들이 있다. 알렉산드로스, 카이사르, 아틸라, 칭기즈 칸이 그들이다. 그 밖에 터키의 술탄 메메드 2세("메메드 대왕"이라고 부를 때가 많고, 간혹 "정복자 메메드"라고 부르기도 한다)는 1453년에 스물한 살의 나이로 1,000년 가까이 점령하지 못한 콘스탄티노플을 엄청난 손실을 무릅쓰고서 결국 정복에 성공했다. 프리드리히 대왕은 무엇보다 무지막지한 공격과 사나운 투지로 적을 압도했는데, 시대의 금도를 넘는 야만적인 행태라는 비난을 받아도 반박할 말이 없을 정도로 그 방법이 악랄했다. 그에 대해 토마스 만은 이렇게 쓴다. "어떤 대가를 치르더라도 공격하고 또 공격하라! …… 화살을 낭비하지 마라. 너무 일찍 쏘아서는 안 된다! 스무 걸음, 열 걸음까지 다가가서 적의 코앞에다 강력한 축포를 쏘고, 이어 적의 등골에다 칼을 찔러 넣어라! 기병대는 밀집 대형을 유지한 채 목청껏 소리를 지르며 적진으로 돌진해서 무자비하게 적의 목을 날려라. …… 이 모든 것에는 거칠고 과격하고 악의적이고 무조건적이고 위험한 면이 담겨 있다."

나폴레옹은 프리드리히 대왕을 사표로 삼았지만 종국에는 그를 뛰어넘었다. 북부 라틴 아메리카를 스페인의 압제에서 해방시킨 시몬 볼리바르Simón Bolívar는 12년 동안 이어진 기나긴 패배의 사슬을 줄곧 승리로 바꾸어 놓을 줄 알았다. 재차 전투에 패했을 때 한 부관이 물었다. "장군님, 이제 어떡하실 생각입니까?" 볼리바르가 대답했다. "승리해야지." 1812년의 대지진으로 폐허가 된 베네수엘라의 수도 카라카스에서 그는 이렇게 외쳤다고 한다. "만일 자연이 우리의 길을 가로막는다면 자연을 무릎 꿇려 복종하게 만들 것이다." 1864년 미국 남북 전쟁 당시 윌리엄 셔먼William Tecumseh Sherman 장군은 남부 지역을 진군하는 내내 도시와 목화 창고를 불태우고, 교량을 파괴하고, 밭을 짓밟고, 가축을 도살하고, 철로를 하나하나 구부러뜨렸다. 보어 전쟁에서 영국의 총사령관 허버트 키치너Herbert Kitchener 장군은 남자와 여자, 어린아이 20만 명을 **강제 수용소**에 집어넣었는데, 그중 2만 명 이상이 기아와 질병으로 목숨을 잃었다.

장수들은 연민을 모른다. 자신의 병사들에게도 그러니 적군에 대해서는 말할 것도 없다. 고전적인 전쟁론의 저자 카를 폰 클라우제비츠Carl von Clausewitz가 지휘관들에게 **요구한** 것도 바로 그것이었다. 지휘관은 피를 흘리며 죽어 가는 희생자들에 대한 가슴 미어지는 연민을 마음속에서 싸워 이겨 내야 한다. 니체는 이런 생각을 냉소적으로 다소 과장해서 표현했다. 인정하고 싶지 않은 슬픈 진실이라고 할까? "지독한 아픔을 **가하려는** 힘과 의지를 내면에서 느끼지 않는 사람이 무슨 위대한 것을 이루겠는가? 마지못해 견디는 것은 기본이다. 그런 건 연약한 여자와 노예들도 할 줄 안다. 지독한 고통을 가하고 그 고통의 비명을 듣고도 가책과 불안으로 파멸하지 않는 것이야말로 위대하다."

남의 고통을 견뎌 내는 것과 그 고통을 즐기는 것의 차이는 어쩌면 오십 보백보일지 모른다. 만약 넬슨이 수많은 사람들이 죽어 가는 것을 참지 못하고 길길이 날뛰었다면 그런 성공을 거둘 수 있었을까? 또 "19세기에 크롬웰에 열광하던 사람들이 들으면 뼈아픈 소리겠지만", 1649년 그가 아일랜드의 도시 드로이다를 향해 "그토록 무참한 테러 행위를 결정했을" 때 과연 **괴로워했을까?** 이는 처칠이 쓴 글에 나오는 내용인데, 처칠은 이렇게 잇고 있다. "곳곳에 피가 철철 흘러내리는 장면은 당시처럼 거칠었던 시대도 눈을 돌릴 정도로 잔인했다. 무고한 사람들이 죽임을 당했고, 성직자와 수사들도 짐승처럼 도륙 당했다. …… 숨어 있는 사람들에 대한 사냥이 사흘 동안 계속되었다."

군사적 대결에 따른 어쩔 수 없는 살육과 피의 도취에서 나온 도살 사이의 경계를 긋기란 무척 어렵다. 나폴레옹은 아우스터리츠 전투에서 승리가 확정된 뒤에도 포병들에게, 얼어붙은 호수 위로 도주하는 러시아와 오스트리아 병사들을 향해 포를 쏘라고 명령했다. 모조리 익사시키기 위해서였는데, 실제로 그의 명령대로 되었다. 또 나폴레옹은 어째서 1812년 러시아에서 병사 40만이 적의 창칼에 찔려 죽고 굶어 죽고, 얼어 죽었다는 이야기를 듣고도 "무척 쾌활한" 태도를 보였을까? 패배한 부하들에 앞서 도주한 황제가 익명으로 바르샤바 주재 프랑스 공사의 집에 잠입했을 때 공사가 그것을 보고한 자리에서였다. 1812년 12월 3일 나폴레옹이 복잡하게 말을 꼬아 가며 마침내 그 사실을 세상에 공개한 관보 역시 뻔뻔하기 그지없는 문장으로 끝맺고 있다. "짐의 몸이 그 어느 때보다 편치 못하도다." 설마 40만 명의 시체보다 더 편치 못했을까!

1981년 노벨 문학상을 받은 카네티는 바로 이런 점들 속에서 자신이 인간에 대해 생각하는 사악한 단면을 보았다. 인간의 내면에는 **살아남으려는 욕구**가 있는데, 이 욕구의 가장 극단적인 변종이 살해 욕구라는 것이다. 이 욕구를 채우기 가장 좋은 공간이 전쟁터이고, 여기서는 아군의 시체 역시 살아남은 자에게는 적군의 시체만큼 반갑게 느껴진다. "죽은 자들이 속절없이 누워 있다. 그들 가운데 그가 꼿꼿이 서 있다. 마치 그 혼자만 살아남게 하려고 아군이 전투에 패한 느낌이라고 할까. …… 그들은 전사했고, 그는 서 있다. 자랑스럽게. 죽은 자들보다 숭고하다는 이 감정은 전쟁에 참여해 본 사람이라면 누구나 안다."

물론 카네티처럼 그렇게 깊이 생각할 필요도 없고, 로마 장수들이 죽고 죽이는 과정에서 "차가우면서도 감격적인" 태도를 보였다고 하는 아른트의 의견에 굳이 공감을 가질 필요도 없다. 다만 한 가지는 부정할 수 없다. 남들의 고통에 둔감한 것은 군대나 함대를 승리로 이끌려고 하는 사람에게 필요한 최소 공약수이다. 그 밖에 필요한 다른 재능은 성공한 정치인들의 재능과 비슷하다. 물론 기획과 속도 면에서는 정치인들보다 한발 앞서겠지만.

예측할 수 있는 모든 것을 조직화하는 단호함이 모든 군사적 성공의 시작이다. 위험 따위는 신경 쓰지 않고 오로지 목표를 향해 무작정 달려가기만 하는 사람으로 알려진 알렉산드로스 대왕도 실제로는 그런 사람이 아니라 철저한 조직가였다. 원정을 떠나거나 기습 공격에 나서기 전에는 항상 무기와 보급, 후방과의 연결, 최상의 공격 시점 등에 대해 좀스러울 정도로 꼼꼼하고 용의주도하게 준비했다. 카이사르는 로마의 혹독한 군사 전통 덕을 보았다. 행군과 승리 후에는 아무리 힘들더라도 지체 없이 튼튼한 진지를 구축하기 시작했던 것이다. 그래서 병사들은 삽과 도끼, 톱을 항상 갖고 다녔다. 한스 델브뤼크Hans Delbrück는 『정치사에서의 전술사戰術史 Die Geschichte der Kriegskunst im Rahmen der politischen Geschichte』에서 이렇게 썼다. "진지 구축은 고되기만 하고 명성과는 전혀 상관없지만, 용감함과 무기 못지않게 로마의 세계 정복에 크게 기여했다."

에머슨은 이렇게 쓴다. "나폴레옹은 전장에서 승리를 거두기 전에 벌써 머릿속에서 승리를 거두었다." "그는 승리에 도취되어 일을 그르친 적이 한 번도 없었다." 그렇다고 나폴레옹이 승리의 마법사라는 뜻은 아니다. 그는 부지런한 노동자였다. 매 순간, 모든 위기의 국면에서도 다음에 일어날 일을 미리 알고 있었다. 1800년 제1통령일 때 보나파르트는 이런 말을 했다. "내가 예견하지 못한 일이 내게 일어난 적은 아직 없다. 그리고 내가 해낸 일로 깜짝 놀라지 않은 사람은 나밖에 없다." 넬슨의 승리도 빈틈없이 진행된 계획의 결과였다. 함선들은 항상 완전무결했고, 수병들은 바삐 움직였고, 전술 전략은 철저하고 명료했으며, 주도권은 언제나 제독이 쥐고 있었다. 프로이센의 총참모장 클라우제비츠는 자신을 가능성의 극한까지 기획을 추진하는 도구로 묘사했다.

처칠은 전략적인 선견지명에서 넬슨을 능가했다. 1917년 군수 장관으로 있을 때 주위의 우려에도 불구하고 미래형 신형 무기, 즉 철갑 전차(탱크)의 생산을 강행해서 제1차 세계 대전을 승리로 이끄는 데 큰 공을 세웠다. 히틀러의 '전격전'[1] 초기에는 제1차 세계 대전 때와는 다른 전략적 틀이 세워졌다. 전차를 쐐기꼴 대형으로 펼친 상태에서 적진을 돌파한 다음 적을 포위하는 전략이었는데, 영국의 군사 이론가 베이질 리델 하트Basil Lidell Hart와 프랑스의 드골이 고안한 이 작전은 독일 기갑부대의 하인츠 구데리안Heinz Wilhelm Guderian 장군에 의해 실전에 사용되었다. 반면에 히틀러를 패배로 이

---

[1] 전쟁을 빨리 끝낼 목적으로 기동과 기습을 최대한 활용해서 적의 저항을 급속히 분쇄하는 작전. 흔히 기계화 부대와 공군력에 의한 급격한 진격 작전을 가리키는데, 제2차 세계 대전 때 독일군의 작전에서 유래했다.

끈 것은 아마추어적인 작전이었다. 즉 1940년 여름 프랑스를 정복하고 나서 세운 작전이라는 것이 고작 영국 상륙을 도모하기 위해 선박을 모은 것이었다(독일 참모부는 대략 1936년부터 이 작전을 구상하고 있었다). 또 1941년 11월 러시아의 침공을 앞두고는 러시아의 겨울이 춥다는 것이 떠올라, 따뜻한 모피와 털실로 짠 물건들을 독일 장병들에게 보내는 대대적인 국민운동을 벌이게 한 것이 고작이었다.

기획을 게을리 하거나 방치하면 패배를 부를 수 있지만, 기획 하나만으로 승리가 보장되지는 않는다. 기획에는 즉흥적인 순발력, 기존의 모든 계획을 뒤집을 각오, 그리고 정치인이라면 일반적으로 며칠이나 몇 주일이 걸릴 결정을 단 몇 분 만에 내릴 수 있는 기술이 보완되어야 한다. 프리드리히 대왕은 이렇게 썼다. 군사 작전은 그 실현을 위해 무한한 개별 행위와 우연이 필요한 복잡한 계획들이다. 쾨니히그라츠 전투와 스당 전투의 승리자였던 몰트케 장군은 "적과의 첫 대결 이후에도 바뀌지 않는" 원정 계획은 없다고 했다. 클라우제비츠는 지휘관을 감싸고 있는 "자욱한 불확실성의 안개"에 대해 언급했다. 그의 말을 조금 더 들어 보면, 예기치 않은 것들과의 부단한 싸움을 행복하게 이겨 내려면 지휘관에게는 "짙은 어둠 속에서도 자신을 진실의 빛으로 이끄는 분별력과 그 희미한 빛을 쫓아가려는 결연함"이 있어야 한다. 그러니까 명석한 머리보다는 "예기치 않은 것을 침착하게 이겨 내는 고도의 능력"이 필요하다는 말이다.

장수라면 모두 동의하는 최상위 전술 원칙이 있다. 상대보다 강한 곳에 아군 전력을 신속하게 집중하는 것이다. 하지만 적이 나의 의도를 간파하고 있다면? 혹은 나보다 더 빠르다면? 적은 내가 어느 측면에서 공격할 거라고 예상하고 있을까? 그래서 내가 방향을 바꿔 다른 측면에서 공격한다면? 혹시 이게 적의 의도는 아닐까? 그러니까 내가 그렇게 예상할 줄 알고 적이 한 번 더 뒤집은 것이 아닐까? 왼쪽 측면에서 적군이 자진 후퇴하는 것은 무슨 의미일까? 적의 기병대는 어디서 나타날까? 저 고지로 돌격하려면 얼마나 큰 희생을 각오해야 할까? 과연 그럴 가치가 있을까? 예비 전력은 언제, 어디에 투입해야 할까? 적이 아군의 보급로를 위협한다면 전투 병력을 빼서 막아야 할까? 혹시 그게 적의 유인책은 아닐까? 왜 갑자기 아군의 포격이 잠잠한 것일까? 도주하는 병사들을 어떻게 돌려세울까? 어떤 자극으로 그들을 다시 공격에 나서게 할 수 있을까?

생사를 건 결전에서는 혜안과 직감, 침착함, 담대함이 고루 섞인 참으로 어마어마한 능력이 요구된다. 폰타네가 비스마르크의 정치적 성공과 관련해서 언급한 말은 전장에서의 승리에도 상당 부분 적용될 듯하다. 그의 성공은 "천재적인 계략" 덕분이었다. 괴테에 따르면 나폴레옹은 "항상 깨어 있고 명쾌하고 단호하고, 매 순간 에너지로 가득 차 있어서 자신에게 유리하고 필요한 것으로 판단되는 것을 즉각 실행에 옮길 수 있었다." 하이네는 또 이렇게 말한다. 나폴레옹은 "이 세상 모든 것을 한 번에 빠르게 본다. 반면에 우리 같은 사람들은 그저 차례대로 볼 뿐이다. 그것도 채색된 사물들의 그림자만."

사흘 동안 미친 듯이 공방을 거듭하던 이탈리아의 아르콜레 전투에서 스물일곱 살의 나폴레옹이 최종 승리를 거둘 수 있었던 것은 나팔을 든 기병 스물다섯을 몰래 적의 후방으로 침투시켜 공격 나팔을 불게 한 전술 덕분이었다. 나팔수들 뒤에 대부대가 진을 치고 있다고 생각한 오스트리아군은 도망치기에 급급했다. 이 예가 시사하는 바는 두 가지다. 첫째, 전쟁에서 차지하는 계략의 역할, 둘째, 나폴레옹 자신의 말처럼 자꾸 겁을 먹는 병사들에게 용기를 북돋우려면 장수는 적당한 **허상**도 만들어 낼 줄 알아야 한다. 일단 전투가 벌어지면 아무리 용맹스런 병사라고 하더라도 도주의 유혹에 빠지는 순간은 언제든 있기 마련이다.

카이사르는 자신의 마지막 전투에서 사기가 꺾인 병사들에게 "적이 도주한다!"라는 말 한마디를 외침으로써 승리를 거두었다. 적은 단순히 작전상 뒤로 빠지는 것뿐이었는데도 그는 그렇게 외쳤다. 미국의 남북 전쟁에서 패색이 짙었던 불런 전투를 남군이 승리할 수 있었던 것도 허상 때문이었다. 남군 사령관 버나드 엘리엇 비Barnard Elliott Bee Jr. 장군은 어지럽게 도주하는 병사들 틈에서 토머스 잭슨Thomas Jonathan Jackson 장군이 정지한 말 위에 돌처럼 앉아 있는 것을 발견하는 순간 즉시 '허상'의 소재가 떠올라 이렇게 소리쳤다. "저기 잭슨이 철벽처럼 버티고 있다." 이것이 전세를 완전히 돌리는 계기가 되었고, 이 사건을 기념하기 위해 잭슨 장군의 '기마상'이 만들어졌다.

장수에게는 강심장도 필요하다. 잭슨 장군이 강심장이었다면 비 장군은 더 막강한 강심장이었다. 강심장은 루덴도르프가 지휘관들에게 요구한 덕목이기도 했다. 전투는 산수 문제가 아니라 "낯선 물리적·심리적 힘들이 서로에게 강제로 무언가를 얻어 내는 싸움"이기 때문이다. 그런데 루덴도르프 자신은 정작 강심장이 아니었다. 반면에 힌덴부르크는 전투 와중에 태연히 잠을 청할 정도로 대단한 강심장이었다. 나폴레옹은 스스로에게 요구한 용기를 "밤 2시의 용기"라고 명명했다. 깊은 잠을 떨치고 일어나면 즉각 냉철하고 명쾌한 판단을 내릴 수 있기 때문이다.

그런 용기 말고 일반적인 의미의 용기와 관련해서는 알렉산드로스 대왕을 따라올 사람이 없었다. 그는 군의 동력이자 전략가이자 보급 담당 총책임자였을 뿐 아니라 기병대보다 먼저 적을 향해 돌진하는 용감한 전사이기도 했다. 성을 공격할 때는 맨 먼저 사다리를 타고 올라갈 때가 많았고, 직접 칼을 휘두르며 병사들에게 용기를 전파했다. 게다가 번쩍거리는 갑옷과 하얀 투구 깃털 때문에 멀리서도 쉽게 표적이 되어 누구보다 격렬한 공격을 받았다. 그라니코스 강 전투에서는 창이 부러지자 그 동강으로 계속 싸웠고, 적이 던진 창에 맞아 부상을 입었으며, 페르시아의 제후 미트리다테스Mithridates를 죽인 뒤에는 적군의 칼에 투구가 박살나는 고비를 간신히 넘겼다. 이수스 전투에서 알렉산드로스는 페르시아를 공격하기 위해 맨 먼저 말을 타고 강으로 돌진했으며, 페르시아 왕의 전차를 향해 달리다가 다리를 다치기도 했다. 인도에서 퇴각할 때는 포위 공격하던 도시의 보루를 기어 올라갔는데, 막상 올라가 보니 성루에는 혼자뿐이었다. 부하들은 이제 막 사다리를 타고 올라오는 중이었다. 그는 인도 병사 수 명을 칼로 베었고, 자신도 가슴에 화살을 맞았다.

무소불위의 권좌에 앉아 있으면서도 육박전을 마다하지 않고, 전투의 조종자이면서 동시에 용맹스런 전사이고, 루덴도르프와 빙켈리트의 면모를 한데 모아 놓은 그런 인물이 게르만 족과 갈리아 족, 기마 유목민의 이상적 지도자였다. 서양에서는 그런 인물이 점점 더 예외적인 존재로 변해 갔는데, 363년 페르시아와의 한 전투에서 전사한 로마의 율리아누스Julianus 황제(기독교 쪽에는 '배교자'라는 별칭으로 부른다)가 그런 인물이었다. 그 밖에 사자심왕 리처드 1세, 구스타프 2세 아돌프Gustav II Adolf, 스웨덴의 카를 12세 Karl XII도 그런 유형에 속했다. 병사들은 이런 지도자를 사랑했고, 그것이 승리의 가능성을 더욱 높여 주었다.

병사들과 고충을 함께 나누고, 이따금 화살과 총알이 쌩쌩 날아다니는 전쟁터로 직접 나가는 장수들도 사랑을 받았다. 카이사르, 사부아 공☆ 프랑수아 외젠François Eugène, 프리드리히 대왕, 나폴레옹, 넬슨이 그 주인공이다. 그런데 19세기가 지나면서 이런 유형의 장수는 멸종되었다. 무엇보다 전신과 전화의 발달로 지휘관이 굳이 최전선에 나갈 필요가 없어진 것이다. 몰트케는 1866년 보헤미아에서 프로이센군이 펼친 복잡한 작전을 베를린에서 전보로 총지휘했고, 아이젠하워는 1944년 프랑스 탈환 작전을 3개월 동안 영국에 머물면서 조종했다. 그는 새로운 유형의 장수를 대표하는 인물이었다. 즉 이전까지의 야전 사령관을 벗어나 '전쟁 경영자'가 되었다. "전쟁으로 장사를 하는"(아이젠하워 전기 작가 피어스 브랜든Piers Brendon의 표현) 거대한 복합 콘체른의 사장이 되었다는 뜻이다. 거기다 다국적군 내에서 상호 간의 마찰을 최소화하는 외교적 역량까지 갖추기도 했다. 그는 주위에서 말하길 "20개 사단의 가치가 있다"고 하는 특유의 유명한 미소 덕분에 쾌활하고 매력적인 인간이라는 명성을 얻었는데, 실제로는 늘 불만이 넘치고 남들과 잘 지내지 못하는 사람이었다고 한다. 전임자 트루먼 대통령의 말이 그렇다.

전장에 직접 나가 병사들 틈에서 전투를 조종하던 위대한 장수는 과거의 유형이다. 오늘날에 사령관은 지하 벙커에 앉아 가공할 무기들의 투입을 결정한다. 사령관의 인간적인 매력은 병사들보다는 오히려 조국의 텔레비전 시청자들에게 영향을 끼친다. 그런데 1991년 걸프전 때 미국의 노먼 슈워츠코프Norman Schwarzkopf 장군은 이 두 가지를 다 실행했다. 물론 그렇다고 해서 전쟁이 덜 잔인해졌거나, 장수가 더 감동적인 인물로 부각되었는지는 알 수 없다.

다만 우리가 아는 것은 다음과 같다. 만일 걸프전이 없었다면 우리는 슈워츠코프라는 이름을 아이젠하워만큼 자주 들을 수는 없었을 것이다. 정치인보다는 장수가 더 그렇고, 예술가보다는 정치인이 더 그렇겠지만, 어쨌든 이들 모두는 성과를 보이고 그것을 성공으로 바꾸려는 사람들이다. 그러려면 제대로 된 시간에 제대로 된 장소에서 태어나야 한다. 그렇지 않으면 아무리 재능이 많아도 소용없다. 만일 운명이 나폴레옹이라는 인물을 만들어내지 않았다면 넬슨도 없었고, 프랑스 혁명으로 조성된 혼돈이 없었더라면 나폴레옹도 존재하지 못했으며, 또 세계 대공황과 그것을 제어할 능력이 없던 허버트 후버Herbert Clark Hoover 전임 대통령이 없었더라면 프랭클린 루스벨트도 없었을 것이다.

# 26 처칠과 전쟁 수혜자들

> 알렉산드로스 대왕의 천재성은 화약고에 떨어진 불꽃이었다. 그 불꽃이 폭발을 일으켜 아시아를 벌벌 떨게 만들었다면, 우리의 불꽃은 옆으로 지나가 축축한 곳에 떨어졌다. 내가 말하고자 하는 것은 만일 그 불꽃이 화약 위에 떨어졌다면 얼마만큼 세상을 뒤흔들었을까 하는 점이다.
> —리히텐베르크

보통 **전쟁 수혜자**라고 하면 전쟁으로 이득을 보는 사람을 가리킨다. 그런데 여기서 이득을 돈으로만 생각하는 것은 단견이다. 완전한 의미에서 전쟁 수혜자는 전쟁으로 인해 야기된 우호적인 환경을 통해서만 생기는 것이 아니라(예를 들어 군수 산업체의 이득), 전쟁이 없었다면 결코 이루어질 수 없을 업적이나, 평화 시에는 불러낼 수 없는 힘들을 펼칠 기회나, 전쟁의 폐허 더미 위에서 새로운 것을 건설할 가능성을 통해서도 생겨난다. 그러니까 사람들의 마음에 파장을 일으키고 역사가들의 주목을 끄는 행위 전반을 통해 전쟁 수혜자가 생겨날 수 있다(역사가들도 전쟁을 통해 명성을 얻는 사람에 속한다).

전쟁 수혜자의 첫 번째 부류는 자신이 직접 전쟁을 일으킨 사람들이다. 알렉산드로스, 카이사르, 프리드리히 대왕, 히틀러(이 사람은 평화를 "운명의 비열한 수작"으로 생각했다)가 그들이다. 두 번째 부류는 전쟁을 직접 찾아내어, 그럴 필요까지는 없는데도 일을 아주 크게 벌인 사람들이다. 카를 12세와 나폴레옹이 그렇다. 세 번째 부류는 전쟁을 자신의 의무처럼 생각하고 아주 즐거운 마음으로 전쟁을 수행한 사람들이다. 사부아 공 외젠과 넬슨, 몰트케가 이 부류이다. 덴마크와 오스트리아, 프랑스와의 전쟁에서 승리를 거둔 몰트케는 일흔의 나이에 아우에게 이런 한탄을 늘어놓았다. 무려 40년이나 전쟁을 기다려 왔는데, 은퇴할 나이가 다 된 예순세 살에야 바라던 전쟁이 일어난 것이 너무 원망스럽다고.

전쟁을 소명처럼 생각하고 너무도 즐겁게 수행한 사람 중에서 으뜸은 단연 처칠이다. 전쟁 그 자체를 사랑하는 사람이라고 많은 동시대인들이 생각할 정도였다. 그에게 전쟁에 대한 쾌락과 전쟁으로 인한 이득은 늘 함께하는 인생의 동반자였다. 1897년 인도에서 처음 전투에 투입된 것을 시작으로 1898년에는 수단의 옴두르만을 공격할 때는 소위로 참전해서 맹렬히 싸웠고, 1899년에는 보어 전쟁 와중에 적의 기습을 받은 영국 장갑 열차를 혼란 속에서 구해 내고 영국 병사들의 사격을 지휘했다(당시 그는 종군 기자로 참전했기 때문에 이 행위는 전시법에 따르면 사형감이었다). 그 다음에는 보어인들에게 포로로 잡혀 있다가 극적으로 수용소를 탈출했는데, 그 탈출기가 고국에 알려지면서 일약 유명인이 되었고, 그 유명세를 바탕으로 1900년에는 하원 의원에 당선되었다. 그는 군 복무를 "명성으로 가는 고속도로"라고 불렀고, 전쟁을 "웃으면서 즐겨야 할 놀이"로 생각했다.

1911년 처칠은 서른여섯 살의 나이로 해군 장관에 임명되었다. 이는 곧 세계 최대의 함대를 호령하는 총사령관이 되었다는 의미였다. 그는 제1차 세계 대전의 발발 소식을 듣는 순간 그동안 은밀하게 숨겨둔 환호 소리가 내면에서 울려 퍼지는 것을 들었다(『세계의 위기 *The World Crisis*』에서 그 자신이 직접 밝힌 말이다). 1917년 군수 장관이 된 그는 탱크의 의미를 처음으로 알아보았고, 그로써 독일의 패배에 기여했다. 그런 그가 제2차 세계 대전이 시작되기 직전인 1939년에는 일개 하원 의원에 불과했다. 영향력도 없고,

**처칠** 세 차례의 식민지 전쟁에 참전한 뒤 스물다섯의 나이로 하원에 입성했다. 1911년에는 해군 장관에 올랐고, 1917년에는 군수 장관직을 맡았다. 현대전에서 '탱크'의 위력을 알아본 사람은 군수 장관으로서의 처칠이 처음이었다. 1939년에는 다시 해군을 지휘하는 총사령관이 되었다. 1940년 히틀러가 네덜란드와 벨기에, 프랑스를 침공하던 날 드디어 총리에 선출되었다. 그가 전쟁을 사랑했다는 것은 본인도 전기 작가들도 결코 부인하지 않는다.

늘 얼굴에 불평불만이 그득하고, 관직도 맡지 못하고, 은퇴를 앞두고 서서히 잊혀 가기 시작하고, 입만 열었다 하면 히틀러의 준동을 경고하는 바람에 다른 동료들까지 손사래를 치는 예순넷의 연로 정치인이었다.

그런 사람이 영국의 전쟁 선포 당일 네빌 체임벌린Arthur Neville Chamberlain 총리에 의해 다시 해군 장관에 임명되었다. 당시 해병들은 "위니Winnie(윈스턴의 애칭)가 돌아왔다!"는 외침으로 그를 환영했다. 그리고 독일군이 네덜란드를 침공하던 날 영국의 하원은 그를 총리로 선택했다. 이 역사적인 날(1940년 5월 10일)의 감격에 대해 그는 이렇게 쓴다. "나는 그날 새벽 3시경 잠자리에 들었을 때 깊은 안도감이 밀려들었던 것을 독자들에게 숨기고 싶지 않다. 드디어 내가 모든 것을 좌우하는 권력을 쥐고 명령을 내릴 수 있게 된 것이다. …… 마치 지금까지의 인생이 오직 이 순간과 이 시련을 위해 준비해 온 것 같은 느낌이 들었다." 1940년 7월 그는 폭격으로 독일을 초토화시키겠다는 생각을 털어놓았다. 아직 영국에 독일의 폭탄이 떨어지지 않을 때였다. 모든 전쟁이 처칠을 부른 것 같았고, 모든 전쟁에서 그의 힘이 마음껏 펼쳐졌다. 한마디로 "타고난 전사이자, 유럽 역사에서 뒤늦게 나타난 마지막 전쟁 영웅"(하프너)이었다. 하지만 제2

차 세계 대전이 끝나는 순간 영국 국민은 그를 총리직에서 끌어내렸다. 처칠은 평화기에 어울리는 지도자가 아니었기 때문이다.

좀 불편하지만 이런 생각이 드는 것은 어쩔 수 없다. 한 괴물이 지상에 나타나 세상을 온통 전쟁판으로 만들어 버리면 처음엔 그 괴물이 유명해지고, 그 다음엔 그 괴물을 무너뜨린 정복자가 유명해진다. 물론 그 말고도 전쟁의 수많은 영웅들이 있고, 그 괴물과 그 정복자, 그리고 그들의 사투에 관한 책으로 백과사전에 이름을 올린 역사가나 소설가들도 명성의 대열에서 빼놓을 수 없다. 하지만 여기서 최고의 업적을 이룩한 사람은 단연 처칠이다. 그 괴물에 대한 승리담으로 노벨 문학상까지 거머쥐었던 것이다. 그런데 이런 의문이 든다. 괴물을 죽였다는 이유로 온 세상으로부터 찬탄을 받는 사람이라면 그 괴물이 세상에 나타난 것을 욕할 수 있을까? "냉소적으로 말해서 처칠은 히틀러에게 조금은 고마워해야 하지 않을까?" 1986년 『쥐트도이체 차이퉁Sueddeutsche Zeitung』에 실린 기사 내용이다.

스탈린은 자신의 명성을 오로지 히틀러에게 고마워해야 한다. 러시아 작가 레프 코펠레프Lew Kopelew가 한 말이다. 또한 레닌은 간접적으로 전쟁 덕을 본 정치인들 가운데 한 사람이었다. 그가 권력을 쟁취하는 과정에서 많은 사람들의 눈에 구원자의 모습으로 비쳤던 것은 그런 비참한 현실을 낳은 전쟁이 있었기 때문이다. 아데나워와 에르하르트가 자신들의 재능을 펼치고 10년 동안이나 경이로운 인기를 누릴 수 있었던 것도 전쟁으로 폐허가 된 나라가 있었기에 가능했다.

넓은 의미로 보자면 작가들도 전쟁 수혜자에 속한다. 에리히 마리아 레마르크Erich Maria Remarque와 T. E. 로렌스Thomas Edward Lawrence는 제1차 세계 대전에 관한 작품을, 노먼 메일러Norman Mailer는 제2차 세계 대전에 대한 작품을, 헤밍웨이는 스페인 내전에 관한 작품을 써서 이름을 얻었다. 물론 그들은 한 번도 현장에 있지 않았다. 톨스토이는 나폴레옹군의 몰락을 직접 겪지 않았고, 미첼도 미국의 남북 전쟁과 상관없는 시대에 살았다. 세계 문학의 가장 위대한 서사시는 트로이 전쟁을 다루고 있다. 그런데 이 전쟁이 어쩌면 실제로 일어난 전쟁이 아닐지도 모른다는 가정은 그 작가가 호메로스가 아닐 수도 있다는 정황과 맞아떨어진다. 물론 그렇다고 그의 명성에 금이 가는 것은 아니다.

전쟁과 작가 사이에는 희한한 관련도 있다. 1912년 슈펭글러가 자신의 역사 철학 저서에 '서구의 몰락'이라는 제목을 붙일 때만 해도 이 책은 별로 반향을 기대하기 어려워 보였다. 당시는 진보에 대한 무조건적인 낙관주의가 팽배해 있던 시절이었기 때문이다. 그런데 이 작품이 출판되었을 때(1918)는 사정이 완전히 달라졌다. 막 1차 대전이 끝나면서 이 전쟁이 슈펭글러에게 세계적인 명성을 안겨 주었다. 사르트르는 1943년 『존재와 무 L'Être et le néant』를 통해 실존주의 철학의 전도사를 자처했다. 그런데 이 책은 헤겔과 야스퍼스, 하이데거에 토대를 두고 있었고, 또 대부분의 내용이 벌써 100년 전에 키르케고르가 주장했던 철학의 변주라고 할 수 있었다. 하지만 허무주의적인 색채와 부조리의 예찬은 1945년이라는 시대에 너무 잘 어울렸고, 그로써 사르트르의 색깔이 묻은 실존주의가 세계적으로 유행 상품이 되었다. 동독 작가 하이너 뮐러Heiner Müller는 1992년 자서전에서 이렇게 썼다. "히틀러가 없었다면 브레히트도 브레히트가 되지 못하고 그저 성공한 작가에 그쳤을 것이다. …… 그런데 고맙게도 히틀러가 나타났고, 그 뒤부터 브레히트의 시대가 열렸다."

소용없는 말이기는 하지만, 아마 전쟁과 궁핍, 억압이 없었다면 인류의 명사들을 모아 놓은 '명성의 전당'은 인원이 반으로 확 줄 것이고, 영웅이라는 영웅은 모두 전당에서 쫓겨나고, 아울러 영웅담의 저자와 불행의 철학을 전파한 사상가들도 같은 운명을 맞았을 것이다. "궁핍과 영웅은 질병과 고열의 관계와 비슷하다." 오스트리아 소설가 무질이 한 말이다. 명성의 전당에서 쫓겨날 영웅이 애석하다는 뜻이 아니다. 다만, 전쟁과 궁핍이 없었다면 나폴레옹과 히틀러, 처칠, 아데나워 같은 인물들뿐 아니라 그들의 업적을 다룬 저술가들도 백과사전에서 사라졌을 거라는 사실을 분명히 해 두자는 뜻이다.

마키아벨리는 말한다. 정복자와 건국자의 행위를 찬찬히 살펴보면 "그들의 행운은 그들의 눈에 좋아 보이는 모양으로 주조해 낼 수 있는 소재를 부여받은 기회 덕분이었다. 이런 기회가 없었다면 그들의 능력은 쓸데가 없었을 것이고, 능력이 없었다면 기회도 무용지물이 되었을 것이다." 만일 이스라엘 백성이 노예 상태로 살지 않았더라면 우리는 모세에 대해 알 수 없었을 것이다. 질라스는 묻는다. 만일 평화롭고 이데올로기적 색채가 덜한 시대였다면 티토는 어떤 사람이 되었을까? "노동조합 간부나 기업가, 아니면 권위적인 아버지나 까다로운 남편"이 정답이다.

성공이 그런 기회에 좌우될 가능성은 인류를 움직인 인물이 일반인들보다 훨씬 높다. 비텐베르크의 성서학 교수였던 서른두 살의 루터 박사는 라틴 어로 작성한 95개 조항을 교회 문(이에 대한 확실한 증거는 없다)에 붙였다고 한다. 문제가 있어 보이는 면죄부 판매를 공개적인 학술 논쟁에 붙이기 위해서였다. 그런데 이튿날 일어난 루터는 까무러칠 정도로 놀라고 말았다. 자신이 하룻밤 새에 감격과 망연자실의 소용돌이 속으로 휩쓸려 들어갔고, 정말 다양한 관심들이 자신에게 쏟아졌기 때문이다. 몇 주 후 그의 95개 조항은 유럽 전역으로 들불처럼 번졌고, 그는 독일에서 가장 유명한 사람이 되었다. 주교들도 그 앞에서 벌벌 떨었고, 교황과 황제까지 그를 무릎 꿇리지 못했다.

루터가 이 일에 투자한 것은 무엇일까? 밋밋하게 말하자면, 튀링겐 지방 특유의 완고함과 그의 언어 재능이었다. 반면에 품위 있게 표현하자면, 정의의 편에 서려는 확고부동한 사명감과 불굴의 의지, 거기다 정곡을 찌르는 말로 학자뿐 아니라 농민의 가슴에까지 깊은 감명을 주는 재주가 그것이었다. 오스트리아의 작가 프리델은 말한다. "그(루터)는 원칙적으로 누구나 말할 수 있는 것을 말했다. 하지만 그렇게 짧고 훌륭하고 강렬하고 감동적으로 말하는 것은 누구나 할 수 있는 일이 아니다. …… 그는 세기의 언어술사였고, 이 세상에 처음 사용되는 말들을 창조해 냈다."

이 고집쟁이 언어술사가 서양 역사의 중심인물로 떠오르려면 무엇이 더 필요했을까? 괴테는 에커만에게 이런 말을 했다. "두루 알고 있듯이 세상에 신기원을 열려면 두 가지가 있어야 하네. 하나는 머리가 좋아야 하고, 다른 하나는 위대한 시대적 유산을 물려받아야 하지." 루터가 물려받은 시대적 유산은 "성직자 나부랭이들의 악행"이었다. 백성들 사이에서는 오래전부터 면죄부 판매에 대한 증오가 있었고, 독실한 사람들 사이에서는 교회의 부패에 대한 불쾌감이 있었으며, 세속 군주들 사이에서는 교회의 권력에 대한 불만이, 농부들 사이에서는 비참한 처지에 대한 불만이, 많은 사제들 사이에서는 독신제에 대한 불만이 널리 퍼져 있었고, 교양인들 사이에서는 르네상스가 이탈리아를 휩쓸고 포르투갈과 스페인이 한창 지구 정복에 열을 올리기 시작한 뒤부터 새 시대에 대한 기대감이 팽배해 있었다. 게다가 인쇄술의 발달도 루터의 비상에 날개를 달아 주었다. 95개 조항이 공개된 지 3년 반 뒤에 보름스 제국 의회에서 루터의 청문회가 열렸는데, 그때 이미 그의 저술들은 30만 부나 보급되어 있었다. 이는 곧 글을 아는 독일인이라면 루터의 주장을 모두 알고 있었다는 것을 뜻한다. 아마 그 이전 같았으면 필사 방면에서 부지런하기로 정평 난 수사들도 300권 정도의 필사본밖에 만들지 못했을 시간이다.

정상적이었다면 루터는 무릎을 꿇거나, 아니면 1415년의 후스와 1498년의 사보나롤라처럼 이단으로 낙인찍혀 화형에 처해져야 했을 텐데 그러지 않았던 것은 적들의 어수룩한 대응 때문이었다. 그들은 어떤 일을 방기하고 태만히 처리했을까? 루터에 대한 교황의 과소평가가 맨 앞자리를 차지하고, 싱거운 탄압이 그 뒷자리를 차지한다. 또한 황제와 교황의 권력 다툼으로 인한 어부지리도 무시할 수 없고, 교황의 추방령을 피해 바르트부르크로 은신하는 것을 도와준 작센 선제후의 선처도 빼놓을 수 없다. 이런 태만과 방치 속에 루터는 마침내 더 이상 누구도 때려눕힐 수 없는 막강한 권력으로 성장해 버렸다. 이것은 적들의 수많은 실수와 뜻하지 않은 우군들의 도움이 기가 막히게 조합되어 만들어 낸 결과였다. 확률적으로만 따진다면 그런 상황에서 한 명의 루터를 살리기 위해서는 어쩌면 100명의 루터가 필요했을지 모른다. 또 이런 상상도 피할 수 없다. 그런 상황에 너무 잘 어울리는 재능을 아무리 많이 갖고 태어난 천재라고 하더라도 그런 상황을 만나지 못하면 역사의 쓰레기통으로 던져질 수밖에 없다는 것이다.

장 자크 루소라는 이름의 수없이 좌절을 겪은 불운아가 마침내 1750년 프랑스 국왕과 귀족뿐 아니라 인간의 소유와 예술, 이성, 학문에 대해 독설을 쏟아 내고, 반면에 거룩한 감정과 목가적 자연 상태로의 회귀를 예찬하기 시작했을 때 그 앞에는 이미 그를 위해 무르익은 시대가 놓여 있었다. (부자들이 이것을 자연으로의 회귀로 생각했던) 전원극[1]은 이미 오래전부터 인기가 있었고, 사치를 부끄러워하는 양심의 가책이 널리 퍼져 있었으며, 이성은 경외로운 철학 체계로 우뚝 솟아 있었다. 거기다 화려한 글 솜씨를 자랑하는 이 과격분자는 아주 흥미로운 사람이었다. 이런 사람이 훗날의 혁명에 토대를 놓아 주리라고 누가 예상했겠는가? 루터와 마찬가지로 루소도 블로흐가 유토피아주의자들에게 한 요구를 충족시키고 있었다. 그러니까 너무 멀리까지 꿈꾸지 말고, 조금 앞서가는 시대의 **선발대** 역할만 하라는 것이다. 스탈 부인Madame de Staël의 말에 의하면 루소는 "아무것도 발견하지 않았지만, 모든 것을 불태워 버린" 사람이었다.

1854년 파스퇴르는 릴 대학 학장 취임사에서 이렇게 말했다. "우연은 준비된 사람에게만 기회를 준다." 이 말은 양쪽으로 다 타당하다. 즉 준비 없는 우연은 아무 기회가 되지 못하고, 마찬가지로 우연 없는 준비도 아무 의

---

[1] 이탈리아의 르네상스 시대와 영국의 엘리자베스 시대에 발달한 목가적인 연극. 자연 속의 소박함과 목가적 정서를 배경으로 한다.

미가 없다. 이 책의 7장에서는 연구자와 발견자들이 주변 환경의 은총에 얼마나 좌우되는지 이미 언급한 바 있다. 뉴턴은 자신이 거인들의 어깨에 서 있었기 때문에 성공할 수 있었다고 시인했다(여기서 그가 말한 거인은 주로 케플러와 갈릴레이였다). 콜럼버스와 아문센, 스벤 헤딘Sven Hedin의 재능을 갖춘 사람도 오늘날에 태어났더라면 지리적 발견을 하지 못했을 것이고, 현대의 탁월한 발명가가 16세기에 태어나 당시의 도제 제도에 편입되었다면 뭔가를 발명할 생각조차 하지 못했을 것이다. 당시에는 한 장인이 다른 장인들 위에 우뚝 서는 것을 막기 위해 "새로운 것을 고안하거나 발명하는 것이 금지되어 있었기" 때문이다.

애덤 스미스Adam Smith는 천재도 수요에 따라 생길 수 있다고 썼다. 방적기의 발명을 부른 것은 영국 직물 공장의 열악한 작업 과정이었다. 손베틀에 실을 공급하기 위해서는 물레를 열 대나 덜덜덜 힘들게 돌려야 했기 때문이다. 그래서 실을 잣는 작업은 감옥이나 고아원 같은 데서나 하는 강제 노역이었다. 이런 상황에서 가발 직공 리처드 아크라이트Richard Arkwright가 1769년 물의 힘으로 돌아가는 방적기를 발명했고, 이로써 상황은 역전되었다. 이제는 수력 방적기가 만들어 내는 많은 양의 실을 손베틀이 따라갈 수 없게 되었다. 그래서 시골 목사 에드먼드 카트라이트Edmund Cartwright는 1785년 직조 과정을 기계화하고 동력원도 직공의 발을 사용하지 않는 역직기[2]를 발명해 냈다. 이 직기는 와트의 증기 기관을 활용했는데, 와트 역시 수많은 선구자들이 없었다면 증기 기관을 만들 수 없었고, 역직기가 발명된 지 5년 뒤에 죽은 스미스도 100년 전이었더라면 자신의 이론을 정립하지 못했을 것이다.

---

[2] 수력이나 전력 따위의 동력으로 움직이는 베틀.

# 시대정신의 물살을 타거나 역행하거나

> 문제는 어디에서 태어나느냐이다. 히틀러가 시칠리아에 태어났더라면 갱이 되었을 것이고, 콜럼버스가 스위스에 태어났더라면 알프스 산악인이 되었을 것이며, 다비드 오이스트라흐가 예리코에서 태어났더라면 트롬본 연주자가 되었을 것이다.
> ―오토 하인리히 퀴너

미켈란젤로가 석기 시대에 태어났다면 아예 조각칼을 잡을 기회가 없었을 것이고, 오늘날에 태어났더라면 자신에게 베드로 대성당의 증축을 맡기거나 200제곱미터의 벽에 최후의 만찬을 그리게 할 교황을 만나지 못했을 것이다. 독일 예술사가 빌헬름 핀더Wilhelm Pinder는 만일 미켈란젤로가 1800년경 빈에서 살았더라면 작곡가가 되었을 것이라고 상상했다. 반면에 심리학자 빌리 헬파흐Willy Helpach는 그에 대해 유보적인 입장을 밝혔다. 1500년경에는 오스트리아 민족이 건축물과 회화에 마음을 빼앗겼지만, 1800년경에는 무엇보다 바이올린과 성악에 관심을 보였다는 것이다. 그리고 "베토벤이 만일 1500년경에 살았더라면 평범한 오르간 연주자가 되었을지 모른다."

그렇다면 1772년의 빈은 어떤 도시였을까? 모차르트가 열일곱 살, 베토벤은 두 살, 슈베르트는 아직 태어나지 않은 때였는데, 영국의 음악사가 찰스 버니Charles Burney는 이렇게 썼다. 빈은 최고 수준의 작곡가와 음악가들이 어찌나 풍성하던지 "음악의 아성"이라는 이름이 전혀 부끄럽지 않았다. 술집에서는 평범한 사람들이 2중창과 3중창을 부르며 여흥을 즐겼고, 일터에서도 노동자들은 음악으로 일의 고단함을 달랬다. 1781년 모차르트가 정착한 빈은 그의 본업과 관련해서 "세상에서 가장 훌륭한 장소"였다. 슈베르트가 죽은 해인 1828년 보헤미아의 작가 카를 안톤 포스틀Karl Anton Postl(미국명은 찰스 실즈필드Charles Sealsfield이다)은 이렇게 썼다. "빈의 중산층 가정에는 집집마다 피아노가 있었고, 손님이 오면 그 집의 딸들이 즉시 피아노 앞에 앉아 음악을 연주했다. 빈에서 음악은 교육의 가장 중요한 일부였고, 케른트너토어 극장에서 로시니의 새 오페라가 상연되면 런던에서 의회가 열리는 것만큼이나 세간의 주목을 받았다."

베토벤이 "하이든의 양손으로 모차르트의 정신을 받은" 곳이 빈이었고, 슈베르트가 하이든과 모차르트, 베토벤의 유산을 로시니와 오스트리아의 민속 음악과 융합시킨 곳도 빈이었다. 알프레트 아인슈타인의 말처럼 이만큼 "음악사에서 행복한 우연"은 없었다. "위대함 속의 행복은 제때 찾아오는 위대한 유산 없이는 불가능하다. 여기서 '제때'라고 하는 것은 너무 일찍 와도 안 되고, 너무 늦게 와도 안 된다는 뜻이다." 슈베르트는 4분의 3박자로 즉흥곡을 연주했고, 그로써 전통적으로 내려오는 투박한 렌틀러와 드레어Dreher[1]를 경쾌한 풍의 빈 왈츠로 탈바꿈시키는 데 일조했다. 빈 왈츠를 유행시킨 사람은 그보다 네 살 어린 요제프 라너Joseph Franz Karl Lanner였다. 그는 빈 왈츠로 무도회장을 사로잡기 시작했고, 왈츠는 곧 빈 사교계에 붐을 일으켰다. 왈츠에 대한 수요도 넘쳐났다. 라너가 저녁에 새로운 왈츠를 하나 만들겠다고 예고하고도 몸이 안 좋아 작곡을 하지 못한 경우에는 수석 바이올리니스트인 요한 슈트라우스에게 일을 넘겼다. "슈트라우스, 떠오르는 게 있으면 한번 보여 주게." 이렇게 해서 나온 곡이 그대로 초연으로 이

---

[1] 렌틀러와 비슷한 오스트리아 민속 춤.

어질 때도 있었다.

  이 사람은 아버지 요한 슈트라우스였다. 1847년 판 브록하우스 백과사전에 따르면 그는 왈츠에 "음악의 관능적인 마력에 끌려 절로 두 발을 움직이게 하는 힘"을 부여했다. 당시의 빈이 음악에 완전히 매료되고 항상 새로운 왈츠를 애타게 찾았다는 것은 아들 요한 슈트라우스가 아버지의 세계적 명성을 훌쩍 뛰어넘었다는 사실에서도 드러나지만, 그보다 두 살 아래의 요제프 슈트라우스가 갑자기 작곡을 시작해서 인정을 받은 아주 드문 경우를 통해서도 알 수 있다.

  아들 요한이 스물일곱 살 때 과로로 쓰러져 요양을 떠나야 할 지경이 되었을 때 그사이 남편을 잃고 홀몸이 된 어머니는 요제프가 형의 악단을 대신 맡아야 한다고 결정했다. 기술자가 직업이고, 도로 청소차까지 발명한 사람인데 말이다. 어쨌든 요제프는 바이올린을 배웠고, 이후 17년 동안 283곡을 발표했다. 그중에서「오스트리아의 마을 제비」라는 왈츠는 슈트라우스 집안의 음악적 유전자와 우연한 동기, 그리고 빈이라는 환경의 막대한 영향이 어우러져 만들어진 수작이었다. 그 밖에 요제프는 발표하지 않은 곡과 미완성곡도 많이 남겼다. 하지만 그 작품들은 갑자기 사라졌고 오늘날까지도 행방이 묘연하다. 요제프가 자신의 유명한 형보다 29년 먼저 세상을 떠났고, 동생이 죽은 지 1년 만에 형의 첫 오페레타가 나온 것을 보면 많은 사람들이 의심의 눈길을 보내는 것도 충분히 이해가 간다.

  아버지 요한과 아들 요한, 그리고 요제프 슈트라우스는 시대의 물살을 타고 움직인 음악가들로서 그들이 아니면 안 되는 사람들이 아닌 다른 사람으로도 얼마든지 대체가 가능한 예술가들이었다. 그렇다면 모든 예술가는 시대의 물살에 따라 움직이는 것일까? 시대정신을 거스르는 예술가도 있지 않을까? 프랑스 역사 철학자 이폴리트 텐Hippolyte Adolphe Taine은 1865년 『예술의 철학La Philosophie de l'art』에서 이렇게 썼다. 모든 예술 작품은 예술가가 사는 시대와 사회의 "도덕적 기준"에서 생겨난다. 환경이 천재적인 작품을 낳지는 않지만, 예술가의 발전을 가능하게 하거나 불가능하게 하는 조건을 만들어 낸다.

오늘날까지도 이 조건들에 전적으로 종속된 부류가 건축가와 지휘자들이다. 물론 다른 모든 예술가들도 대다수의 시간 동안 거기서 자유롭지 못했다. 예찬해야 하는 군주에게 직접적으로 예속된 궁정 시인은 물론이고, 시대의 도덕과 규범에 무의식적으로 예속될 수밖에 없던 다른 예술가들도 마찬가지였다. 12세기와 13세기에 고딕 양식이 폭풍처럼 프랑스와 독일, 영국, 네덜란드를 휩쓸었을 때 그 흐름에 대항해서 자신만의 독자적인 길을 지켰던 건축가는 한 사람도 없었다. 라파엘로는 자기 시대를 가장 완벽하게 구현한 예술가였다. 오죽했으면 괴테가 "가장 아름다운 재능이 행복한 시대로 발전된" 사례라고까지 했겠는가? 오늘날 루브르 박물관에 걸려 있는 연작 그림 「마리 드 메디치의 생애」를 만일 루벤스가 그리지 않았더라면 다른 누군가가 매우 비슷하게 그렸을 것이다. 자부심이 넘치는 궁정의 전성시대, 초상화의 천재 시대, 그리고 풍성함의 화풍은 그냥 우연히 조합된 것이 아니기 때문이다.

예술가는 시대와의 관계에 따라 세 부류로 나눌 수 있다. 첫 번째 부류는 시대와 같이 움직이고 시대의 전형적인 특징을 표현해 내고, 시대가 절실하게 기다리는 것을 제공하는 사람이다. 라파엘로와 루벤스, 젊은 모차르트와 청년 베르디가 그렇다. 베르디는 오페라 「나부코」를 통해 오스트리아의 압제에 시달리던 동포들의 가슴에 뜨거운 감동을 안겨 주었다. 특히 바빌로니아에서 망명 생활을 하는 유대인들의 합창 대목이 그랬는데, 여기서 함께 노래 부르도록 유도하는 힘찬 제창齊唱은 오스트리아로부터 자유를 쟁취하려는 사부아 백성들을 위해 쓴 텍스트와 연결되었다. 디포는 1719년 스코틀랜드 선원 알렉산더 셀커크Alexander Selkirk의 이야기를 『로빈슨 크루소 Robinson Crusoe』라는 교훈 소설로 바꾸어 동시대인들에게 깊은 감명과 함께, 아무리 큰 고난과 불행이 닥쳐도 용의주도함과 근면함, 그리고 신에 대한 믿음만 있으면 얼마든지 극복할 수 있다는 것을 보여 주었다. 디킨스는 슈테판 츠바이크에 의하면 동포들이 애타게 바라던 "벽난로 기술", 즉 "차처럼 가슴도 따뜻하게 해 줄 수 있는 기술"을 가르쳐 주었다고 한다.

두 번째 부류는 겉보기엔 시대적 조류를 거스르는 것 같지만, 속으로는 동시대인들이 파악하고 경탄할 수 있는 것의 범위 내에서 새로운 것을 추구하는 사람들이다. 스탕달의 다음 말이 이들의 슬로건처럼 들린다. "작가의 정신은 독자보다 5, 6도 정도만 높아야 한다. 8도 이상 높으면 독자들에게 두통만 안겨 줄 뿐이다." 처음에 그런 두통만 안겨 주다가 나중에 바뀐 사람들이 있다. 베토벤과 바그너, 피카소, 프로이트가 그렇다. 이들은 시대정신에 따라잡힐 정도로 오래 살았고, 그로써 시대와의 불화 속에서도 시대정신이 그들의 내면에 침윤했다. 알프레트 아인슈타인이 썼듯이 바그너는 시민들을 "흥분시키고 도취시키는" 기술을 시민들에게 제공했는데, 시민이 주인인 시대에는 그에 대한 수요가 있었기 때문이다. 반면에 역병과 대학살의 16세기에는 뜨겁게 고양시켰다가 다시 가라앉히는 음악이 **시대 감정을 거스르는** 반가운 표현이었다.

시대와 함께 가는 것이 첫 번째 부류이고, 시대가 환영할 만큼 시대와 대립각을 세우거나 시대와 화합할 수 있을 만큼 적당히 앞서 가는 것이 두 번째 부류라면, 이 두 흐름과 확연히 구별되는 것이 세 번째 부류이다. 이들은 당대의 시대정신이 도덕적으로나 정서적으로 도저히 받아들일 수 없을 정도로 너무 앞서 나가는 바람에 죽을 때까지 성공을 맛보지 못한 사람들이다. 클라이스트와 뷔히너, 포, 고흐가 그 주인공들이다. 그런데 같은 부류이면서도 생전에 승리의 기쁨을 누린 사람들도 있다. 방금 언급한 네 사람은 너무 일찍 세상과 작별하는 바람에 뒤늦게 허겁지겁 쫓아온 시대정신으로부터 자신의 진가를 인정받을 기회조차 갖지 못했다면, 각각 69세와 91세에 죽은 바그너와 피카소는 장수 덕분에 살아생전에 그런 감격을 누렸다. 어쨌든 이들은 파울이 "선취한 세기이자 미래의 다수"라고 불렀던 사람들이다.

마지막으로 너무 늦게 태어나거나 한발 늦은 사람들도 기억되어야 한다. 파스칼은 열두 살 때 유클리드 기하학을 발견했지만, 안타깝게도 유클리드보다 2,000년이나 늦었고, 로버트 스콧은 1912년에 남극에 도달했지만, 아쉽게도 아문센보다 5주 늦었다. 물론 그래도 두 사람은 명성을 얻었다. 파스칼은 다른 수학적 성취와 철학자로, 스콧은 극적인 최후로 그러했다. 하지만 늦게 태어나거나 한발 늦은 사람들의 전형적인 운명은 대개 둘 중 하나이다. 기회의 박탈을 뻔히 눈 뜨고 지켜보거나, 아니면 명성 없는 2등으로서 자신의 성취를 허무하게 넘겨주어야 한다.

위대한 작품의 탄생을 돕거나 저지할 수 있는 지극히 이상한 시대 환경에 속하는 것이 위인들 자신이다. 그러니까 시대의 위인들 자신이 다른 위인들을 장려할 수도 방해할 수도 있다. 1500년경의 피렌체와 1800년경의 빈은 각 방면의 재능 있는 천재들에게 훌륭한 자극제가 되어 주었고, 모스크바는 발레에서, 오데사는 바이올린 연주에서 그런 역할을 했다. 또한 서양 문화의 위대한 실험실이었던 19세기의 파리에서 자생적으로 생긴 화가 모임과 문학 모임도 비슷한 역할을 했다.

심지어 성공한 유명인이 낯선 타자를 체계적이고 끈질기게 장려한 경우도 더러 있었다. 예를 들어 리스트는 지휘자와 비평가로서 바그너의 초기 오페라에 열과 성을 쏟았고, 플로베르는 한걸음 더 나아가 리스트처럼 이미 만들어진 작품에 힘을 보태는 것에 그치지 않고, 이제 막 작가의 길로 들어선 젊은이를 문하생으로 받아들여 엄격하게 수업을 시켰다. 그가 바로 스물아홉 살 연하의 모파상이었다. 젊은 시절 플로베르와 연인 사이였던 모파상의 어머니는 어느 날 그를 찾아가 아들을 맡아 줄 것을 부탁했다. 그 후 플로베르는 모파상을 7년 동안 데리고 있으면서 혹독하게 훈련시켰다. 단어와 문장 하나하나를 제자와 함께 철저히 검토했고, 문체가 자리 잡고 인격이 성숙할 때까지는 작품의 발표를 금지했으며, 제자에게 시를 쓰게 하기도 했다. 시가 문체에 유연성과 세련미를 더하는 데 도움이 되기 때문이다. 그 밖에 스승은 모파상의 시집이 출간되도록 힘을 써 주었고, 그 시들 가운데 하나가 외설 시비에 휘말리자 자신이 나서 제자를 궁지에서 구해 내기도 했다. 또한 제자를 졸라와 투르게네프 같은 유수 작가들에게 인사를 시켰고, 교육부에 괜찮은 일자리도 주선해 주었다. 마침내 1880년 모파상이 서른 살 때 『비곗덩어리 Boule de Suif』가 출간되었다. 플로베르는 완성도가 높은 걸작이라며 칭찬을 아끼지 않았다. 그리고 몇 주 뒤에 세상을 떠났다.

그런데 이런 훈훈한 사례들 말고 유명인이 후진들에게 나쁜 영향을 주는 경우는 더 많았다. 후진들의 용기를 꺾어 버리는 것이 그런 경우인데. 유명인의 직접적인 개입 없이 압도적인 예술성을 통해 그런 일이 생기기도 하고, 아니면 괴테가 횔덜린과 클라이스트에게 그랬던 것처럼 의도적으로 그런 일이 벌어지기도 한다.

베토벤은 슈만과 브람스에게 창작의 기를 꺾는 "거대한 그늘"(알프레트 아인슈타인)이었고, 바그너는 "반세기 뒤에나 나올 수단들을 미리 다 사용해 버림으로써 후진들을 파멸로 몰아넣었다"(그의 전기 작가 그레고르 델린). "후세대에겐 「트리스탄과 이졸데」의 그늘에서 벗어나거나 그 작품을 추월한 기회가 아예 주어지지 않았다." 부슈는 안트베르펜에서 루벤스와 프란스 할스 Frans Hals의 걸작들을 보고 찬탄한 후에 이렇게 썼다. "나는 그림으로 밥벌이를 할 엄두가 나지 않을 정도로 그들이 내 머리를 깊이 숙이게 한 것을 용서하고 싶다."

이 방면에서 누구보다 통찰력이 돋보이고, 스스로 많은 이득을 보면서 동시에 남에게 많은 재앙을 초래한 사람이 괴테였다. 이를테면 이런 식의 통찰력이다. 셰익스피어는 스페인의 극작가 페드로 칼데론 데 라 바르카 Pedro Calderón de la Barca에 비해 "프로테스탄트로 태어나고 교육받았다"는 이점이 있다. "그(셰익스피어)는 망상과 미신을 지켜보면서 그것과 유희를 즐겼고, 속계 외의 존재들을 자신의 일에 써먹었다. …… 터무니없는 것을 신격화해야 한다는 당혹감을 느끼지 않고서." 괴테는 에커만에게 유명인의 원천이 무엇인지 찾는 것은 가소로운 일이라고 했다. "풍채가 좋은 남자를 보고 어느 소와 양, 돼지를 먹어서 그렇게 몸이 좋으냐고 묻는 것과 마찬가지가 아니겠나? …… 우리의 발전은 우리의 능력에 맞고 우리에게 적합한 것을 습득하는 원천인 거대한 세계의 영향 덕분이네."

그런데 괴테는 자기 측면에서 『젊은 베르테르의 슬픔』으로 시대의 정곡을 찔러 시대에 큰 영향을 끼쳤다. 『시와 진실』에서 직접 밝힌 말인데, 토마스 만이 보기엔 꼭 모든 나라의 독자들이 무의식중에 이 작품을 간절하게 기다려 온 것 같은 태도였다고 한다. 동시대의 전기 작가 볼프강 멘첼Wolfgang Menzel은 1824년에 이렇게 썼다. 괴테는 "시대와 자신이 서로에게 없어서는 안 될 꼭 필요한 존재인 것처럼" 생각했다. 그에게는 강력한 적이 없었다. "그가 항상 주도권을 쥐고 있었던" 것은 그의 성격과 일치한다.

괴테와 실러의 우정은 유명인끼리 좋은 영향을 끼친 행복한 사례이다. 괴테는 실러에게 '발렌슈타인' 원고의 완성과 '빌헬름 텔'의 전설에 각별히 신경을 쓰라고 충고했고, 실러는 자기 입장에서 괴테에게 이제 자연 연구에서 손을 떼고 문학으로 다시 돌아올 것과 '빌헬름 마이스터'를 마저 끝내고 '파우스트'를 계속 쓸 것을 재촉했다. 그 밖에 상호 간의 자극으로 담시(발라드)가 몇 편 탄생하기도 했다.

시대 환경에 더할 나위 없이 많은 선물을 받은 괴테는 일부 동시대인들에겐 불행의 근원이기도 했다. 유럽에서 차지하는 그의 문학적 유명세에 질식된 이름 모를 낯선 사람들은 물론이고, 슈베르트와 렌츠, 횔덜린, 클라이스트 같은 예술가들도 괴테에게 인정받지 못하거나 견제당해 불행을 맞아야 했다. 1816년 슈베르트의 친구 요제프 폰 슈파운Joseph von Spaun은 괴테의 시에 곡을 붙인 슈베르트의 가곡 24편(그중에는 「마왕」도 있었다)을 괴테의 본거지 바이마르로 보냈다. 그러나 이 가곡들은 주목을 받지 못했든지, 아니면 괴테와 절친한 작곡가 카를 프리드리히 첼터Karl Friedrich Zelter가 중간에서 가로채 전달이 안 됐든지 알 수 없지만 어쨌든 철저히 무시당했다.

1825년 펠릭스 멘델스존이 괴테에게 다시 슈베르트의 가곡 세 편(그중에는 「미뇽의 노래」도 있었다)을 보냈는데, 이번에는 괴테가 멘델스존에게 고마움을 표했다.

괴테보다 한 살 반이 어리고 스트라스부르에서 그와 친분을 맺은 렌츠는 1775년 괴테와 더불어 "독일의 셰익스피어"로 각광받았다. 그가 익명으로 발표한 희곡 「가정교사 Der Hofmeister」와 시 「시골에서의 사랑 Die Liebe auf dem Lande」이 몇 년 동안 괴테의 작품으로 여겨질 정도였다(「시골에서의 사랑」에서 이 사랑은 괴테가 떠난 뒤에 렌츠가 접근한 프리데리케 브리온 Friederike Brion을 가리키는데, 괴테는 이 사실을 평생 불쾌하게 생각했던 것으로 보인다). 렌츠는 나중에 괴테를 따라 바이마르로 갔다. 그런데 처음엔 옛 친구로부터 후원을 받다가 나중엔 괴테의 표현에 따르면 "미련한 짓"을 저질렀다는 이유로 바이마르 공국을 떠나야 했다. 그 뒤 그는 모스크바의 빈민굴에서 정신 착란 상태로 비참하게 죽었다. 물론 이것을 괴테의 책임이라고 할 수는 없다. 하지만 친구의 급격한 몰락에 괴테가 어느 정도까지 책임이 있었던 것은 분명해 보인다. 전도유망하던 천재적인 젊은 작가가 처음엔 괴테를 자신과 같은 반열로 생각하다가, 나중엔 하늘만큼 높은 존재로 보았다는 것 자체가 이미 그에게는 돌이킬 수 없는 절망이었다. 니체는 말한다. "모든 위대한 재능들에는 다른 이들의 미약한 능력과 싹을 억누르고, 주변의 다른 재능들을 황폐화시키는 재앙적인 요소가 담겨 있다."

신뢰할 만한 두 가지 증거에 따르면 괴테는 한 젊은 문학적 천재를 은근히 죽이려고 시도한 것처럼 보인다. 횔덜린이 그를 방문했다. 실러가 괴테에게 그를 "문학적 천재"라고 추천했기 때문이다. 그런데 괴테는 실러에게 이렇게 썼다. "그 친구(횔덜린)는 정말 사랑스럽고 겸손한 친구더군. 소심해 보일 정도로. …… 나는 그 친구한테 짧은 시를 써볼 것과 그 시들에 인간적으로 흥미로운 것들을 담아 볼 것을 충고했네." 베티나 브렌타노는 이런 괴테에 대해 "자기보다 뛰어난 문학적 재능"을 참지 못하는 성격이라고 지적했다.

　클라이스트와는 또 어떤 일이 있었을까? 그는 "존경하는 추밀 고문관께"라는 말로 시작하는 편지에다 자신의 비극 「펜테질레아Penthesilea」 일부를 동봉해서 괴테에게 보냈다. 이 작품을 바이마르 궁정 극장에서 공연할 수 있는지 타진해 보기 위해서였다. 그것도 유대 왕 므낫세가 바빌로니아에 포로로 잡혀 있을 때 야훼에게 기도하는 장면까지 인용하는 낮은 자세로 말이다. 그런데 돌아온 답장은 이랬다. "나(괴테)는 자신의 작품이 반드시 상연될 거라고 생각하는 총명하고 재능 있는 젊은이들을 보면 항상 우울하고 걱정스런 생각이 드네." 심지어 메시아를 기다리는 유대 인을 보는 것처럼 불쾌하다고까지 했다. 5주 후 괴테는 클라이스트의 희곡 「깨어진 항아리Der zerbrochene Krug」를 무대에 올리기는 했지만, 공연은 참담한 실패로 끝났다. 괴테는 1809년 작가 요하네스 팔크Johannes Falk에게 이렇게 썼다. "나는 클라이스트를 꾸짖을 권리가 있네. 그 친구를 사랑하고 북돋워 줬다고 생각하기 때문이네. 허나 …… 그 친구는 약속한 것을 지키지 못했네. 우울증까지 너무 심한데, 그게 인간과 작가로서 그 친구를 파멸시켜 버렸네." 클라이스트에 관한 서평에서는 이렇게 쓰기도 했다. "이 작가는 자연에 의해 아름다움으로 나아가도록 정해져 있던 몸이 불치병에 걸린 것처럼 언제나 소름과 혐오감을 유발한다."

　토마스 만은 '클라이스트'라는 인물에 대한 괴테의 이런 차가운 평가가 "이해할 수 없고 비난받아 마땅하다"고 말했다. "기존의 희곡을 뿌리째 뒤흔든 것"은 괴테와 실러의 단정하고 품위 있는 작품이 아니라 클라이스트의 희곡에서 출발한다는 것이다. 1987년 스위스 작가 헤르만 부르거Hermann Burger는 어설픈 공연으로 「깨어진 항아리」를 망친 괴테에게 진검 승부를 요구하는 클라이스트를 상기시키며 이렇게 덧붙였다. "괴테가 클라이스트에 대해 내뱉은 교만하기 짝이 없는 말들을 세상에서 사라지게 할 수만 있다면 나는 파우스트 2부를 기꺼이 포기할 각오가 되어 있다고 말씀드립니다."

천재들이 북적거리는 곳에서는 서로 생산적인 영향만 주는 것이 아니라 서로 오해하고 증오하고, 혹은 숨을 쉬는 것조차 질투하는 일이 벌어질 수 있다. 어떤 이들은 그런 곳에서 성장하지만, 어떤 이들은 견디지 못하고 쓰러진다. 그것은 천재들이 저항에 맞닥뜨렸을 때도, 나쁜 아버지와 끔찍한 어머니, 그리고 기아와 빚, 감옥, 망명의 상황에 부딪혔을 때도 마찬가지다. 누구는 그런 상황을 발전의 동력으로 삼지만, 누구는 그것 때문에 좌절하고 만다.

# 가난과 유배

> 세상에는 두 종류의 사람만 있다. 가진 사람과 가지려고 하는 사람. 가진 사람은 두 다리를 쭉 뻗고 쉬지만, 가지려고 하는 사람은 쉴 새 없이 움직인다. 만일 크롬웰에게 농장을 주고, 루소에게는 1,200프랑과 하녀만 주었더라도 그들은 설교를 하지도, 명령을 내리지도, 글을 쓰지도 않았을 것이다.
> — 프랑스 작가 알프레드 드 비니(1835)

 인간 정신의 가장 위대한 작품들 중에서 상당수가 유배지에서나 유배형을 견뎌 낸 다음에 탄생한 것은 어째서일까? 그런 역경을 이겨 내지 못한 사람은 대개 후대에 이름을 남기지 못한다. 시칠리아에 있을 때 플라톤은 시라쿠사의 참주 디오니시오스 1세Dionysios I의 분노를 사는 바람에 스파르타 인들에게 포로로 넘겨졌고, 스파르타 인들은 그를 다시 에기나 섬의 노예 시장에 팔려고 내놓았다. 여기까지는 이론이 없는데, 그를 사서 노예 상태에서 풀어 준 생명의 은인이 곧장 그렇게 했는지 아니면 어느 정도 노예로 부린 다음에 그렇게 했는지는 분명치 않다. 동고트 왕국의 총리대신이었던 아니키우스 보이티우스Anicius Manlius Severinus Boethius는 523년 테오도리쿠스Theodoricus 왕의 노여움을 받고 관직을 박탈당한 것은 물론이고 지하 감옥에까지 갇혔는데, 그때 그는 『철학의 위안De Consolatione Philosophiae』을 쓸 동기와 시간을 발견했다. 진정한 행복에 대한 스토아주의적 입장을 담은 걸작이다. 그 뒤 그는 모진 고문과 함께 몽둥이세례를 받고 죽었다. 고전적인 우아함이 넘치는 이 책은 중세에서 가장 많이 읽힌 책들 가운데 하나였다.

1302년 단테는 정쟁에 연루되어 고향 도시 피렌체에서 추방되어 나머지 19년 동안의 인생을 유랑하며 지냈다. 고향 도시로부터 사형 선고를 받은 것만 두 번이고, 1315년에는 법적 보호가 미치지 않는 인물로까지 공포되었다. 땅과 가산은 몰수되고 집은 약탈당했다. 그는 "타향의 빵이 얼마나 짠지, 타향의 계단을 올라가는 것이 얼마나 고된지" 충분히 깨달았고, 아내와 어린 두 아들까지 페스트로 잃었다. 이런 경험을 바탕으로 중세 문학의 기념비적인 작품 『신곡』이 유배지에서 탄생했다. 추방령을 선고받은 루터는 바르트부르크로 피신해 있으면서 신약 성서를 번역했고, 미겔 데 세르반테스 사아베드라 Miguel de Cervantes Saavedra 는 『돈키호테』를 집필하기 전 5년 동안 알제리 해적들에게 포로로 잡혀 있었고, 또 5년 동안은 스페인의 감옥에 있었다. 영국의 유명한 설교가 존 버니언 John Bunyan 은 12년 동안 감옥 생활을 했고, 그런 감금 상태에서 우화 소설 『천로역정 The Pilgrim's Progress』의 1부가 탄생했다(비평계의 판단에 따르면 1부가 더 훌륭하다고 한다). 세상에서 성서 다음으로 많이 읽힌 책으로 종종 이 책이 꼽힌다.

클라이스트는 비극 「펜테질레아」를 프랑스 감옥에 있을 때 썼고, 바그너는 1848년 혁명에 적극 가담했다는 이유로 스위스로 쫓겨 가서 13년 뒤에야 사면을 받았는데, 취리히와 루체른, 베네치아, 파리를 오가는 유랑 생활 중에 오페라 「라인골트」와 「발키리」, 「트리스탄과 이졸데」를 창작했다. 도스토옙스키는 차르 모반에 동조했다는 이유로 4년 동안은 시베리아 유형지에서 중노동을 하고, 5년 동안은 시베리아에서 일반 병졸로 복무하는 형을 선고받았다. 이렇게 유배지에서 페테르부르크로 다시 돌아오기까지 총 10년이 걸렸는데, 이전에는 그저 성공한 한 작가에 불과하던 사람이 유배 이후에는 일약 세계 문학의 거성으로 떠올랐다. 그 후 그는 빚쟁이들을 피해 다시 한 번 국외로 도주했는데, 도피 생활 4년 동안 독일과 피렌체에서 탄생한 작품이 『노름꾼 Der Spieler』과 『백치』였다.

"누가 벌써 유배의 찬가를 불렀던가? 좌절 속에서 사람을 더욱 일으켜 세우는 운명의 이 창조적 힘을?" 슈테판 츠바이크가 던진 물음이다. "창조적 천재는 …… 자신의 진정한 사명을 깨닫기 위해 때때로 강요된 고독함이 필요하다." 츠바이크는 1929년에 이 글을 썼는데, 나치의 광풍을 피해 오스트리아에서 영국으로 도주하기 9년 전이었다. 그 뒤 그는 1940년 유럽의 운명에 대한 절망 속에서 브라질로 이주했고, 2년 뒤 부인과 동반 자살했다.

같은 해 토마스 만은 9년의 공백기 끝에 다시 일기를 쓰기 시작했다. 그의 고백에 따르면 "망명의 충격 때문"이라고 한다. 그런데 히틀러에 쫓겨 해외로 망명한 대다수 사람들에 비해 토마스 만과 슈테판 츠바이크는 세계적 명성 덕분에 비교적 안락하게 살았다. 그런 사람이 또 있다. 개신교 목사이자 교육자였던 요한 아모스 코메니우스 Johann Amos Comenius는 30년 전쟁에서 자신의 고향 체코슬로바키아로부터 추방당했지만, 나머지 36년 동안 폴란드와 영국, 스웨덴, 헝가리, 네덜란드에서 극진한 환대를 받았다. 그의 저서도 대부분이 망명지에서 나왔는데, 그중에는 순식간에 세계적으로 유명해진 최초의 그림 교과서 『세계도회 Orbis Pictus』도 있었다. 위고는 나폴레옹 3세를 피해 도주해야 했고, 17년 동안 순교지와도 같은 건지 섬의 한 아담한 집에서 17년간을 보내며 문학에 탐닉했다. 1933년 영국으로 이주한 위대한 연극 평론가 케르는 거기서 아주 명랑한 어조로 이렇게 썼다. "폭도들이 아주 제대로 호의를 베풀 생각이 있는 사람에게는 이렇게 더 넓은 세계를 선사하는가 보다." 그러나 이런 유배의 행운아들도 본인이 직접 거주지를 선택할 때보다는 여러모로 압력이 많고 자유가 적은 상황을 감수해야 할 수밖에 없었다.

기숙학교의 끔찍한 생활도 유배와 감금에 포함시켜야 한다. 발자크와 비스마르크, 반 고흐가 자신들의 경험을 토대로 묘사한 무서운 기숙사(32장),

열한 살의 릴케를 짓눌렀던 육군 사관학교, 또 무질이 "악마의 똥구멍"이라고 칭했던 육군 학교가 그런 곳들이다. 우리는 타성에 젖어서든 두려워서든 자발적으로는 절대 그런 끔찍한 상황을 찾지 않겠지만, 일단 그런 상황에 내몰리면 많은 것을 얻게 되는 것이 사실이다. 프랑스 소설가 앙리 드 몽테를랑Henry de Montherlant이 1935년 일기에 쓴 글이다. "그렇다. 나는 내게 닥치는 것을 사랑한다."

유배의 장점을 분명히 깨달은 몇몇 사람은 타성과 두려움을 극복하고 스

조이스 스물두 살에 고향 아일랜드를 떠난 그는 무엇에도 구애받지 않기 위해 나머지 삶을 망명지에서 보냈다.

스로 유배 생활을 선택했다. 고타마 싯다르타Gotama Siddhrtha는 스물아홉 살에 호화로운 삶을 등진 이후 7년 동안 타지를 떠도는 고행 생활을 자청했고, 데카르트는 여유와 은둔을 찾아 20년 동안 네덜란드에서 숨어 지냈다. 조이스는 스물두 살에 아일랜드를 떠난 뒤로 나머지 인생 29년 동안 딱 한 번만 빼고는 고향땅을 두 번 다시 밟지 않았다. 고향과 종교, 가정에 구애받으며 살고 싶지 않았던 것이다. 그는 문학계와도 거리를 두었고, 가난도 감수했다.

고향에 살면서도 추방당한 것처럼 사는 사람들도 있다. 스스로에게 쫓기는 클라이스트가 그랬고, 인생의 마지막 11년 동안 귀가 먹은 상태로 남들과의 교제가 무의미해진 베토벤이 그랬다. 그는 비가 오든 눈이 오든 몇 시간씩 혼자 들판을 배회하며 머릿속으로 작곡을 했다. 코페르니쿠스와 다윈이 스스로 선택한 은둔의 삶에 대해서는 18장에서 언급했다. 릴케는 생의 마지막 5년 동안 스위스 론 강 계곡의 뮈조트 성에 파묻혀 지냈고, 미국 작

가 너대니얼 호손Nathaniel Hawthorne은 학업 후 14년 동안 홀어머니 집에서 누에고치처럼 자기만의 공간에 틀어박혀 살았다. 그는 매일 읽고 써야 할 엄청난 양의 과제를 정해 놓았고, 어둑어둑해질 무렵에야 산책을 나갔으며, 누구와도 이야기를 하지 않았고, 밥도 하녀가 방문 앞에 갖다 놓으면 방으로 갖고 들어가 먹었다. 같은 국적의 헨리 데이비드 소로Henry David Thoreau는 2년 동안 매사추세츠 주의 월든 호숫가에 직접 오두막을 지어 놓고, 빵도 굽고 급할 때는 쥐도 잡아먹으면서 은둔의 삶을 살았다.

호손과는 달리 소로는 일종의 자발적 가난을 택했다. 그런 삶의 가장 유명한 본보기는 디오게네스Diogenes였다. 그는 사람 키보다 큰 나무통을 거처로 삼았는데, 마르쿠제에 따르면 궁정의 열락과 결부된 온갖 향락과 부산함이 끔찍했기 때문이다. 식사는 구걸로 해결했다. 그것도 좋은 말로 구걸하는 것이 아니라 독설도 마다하지 않았다. 누군가 호주머니에 손을 넣고 동전만 만지작거릴 뿐 선뜻 적선을 하지 않으려고 하면 이렇게 호통 쳤다. "이봐, 그러다 사람 굶어 죽겠어! 내가 당장 먹을 걸 달라는 거지 내 장례식 비용을 달라는 게 아니잖아!" 스피노자는 어딘가에 매여 사는 것을 끔찍이 싫어해서 하이델베르크 철학 교수직을 맡아 달라는 제안을 거절했을 뿐 아니라 유산을 남겨 주겠다는 제안에까지 손사래를 쳤다. 그를 존경하는 한 네덜란드 부자가 그에게 자신의 모든 재산을 물려주려고 했지만 거절당하자 대신 연 이자 500플로린(네덜란드 금화)만 유산으로 남겼다. 하지만 스피노자는 그마저도 300플로린만 받았다. 그는 "자유로운 생각에 필요한 조용한 안식처를 얻기 위해 매일 소박하고 힘든 일을 하는" 사람이었다. 켈러의 말이다.

루소는 높은 임금이 보장된 루이 15세의 궁정 작곡가 자리를 거부했고, 영국의 조지 3세George III가 연금을 준다는 것도 당당히 뿌리쳤으며, 이미 세계적인 명성을 얻은 상태에서도 주로 악보를 복사하는 일로 가계를 꾸려 나갔다. 물론 가끔 부유한 부인들에게서 받는 선물은 빼고 말이다. 비트겐슈타인은 유산으로 부자가 되는 것을 증오했고, 그래서 상속 재산을 남에게 나누어 준 뒤 케임브리지 대학의 교수직을 받아들이기 전까지 정원사 보조와 시골 초등학교 교사로서 일했다. 오웰은 스물세 살에 경찰직을 떠난 뒤 5년 동안 의도적으로 빈자 중의 빈자로 살았다. 런던과 파리의 빈민가에서 거지와 노숙자로 생활했던 것이다. 삶의 마지막 2년 동안은 전기도 수도도 없는 스코틀랜드 서해안의 쥐라 섬에 틀어박혀 『1984』를 썼다.

바이런의 경우는 상속 재산이 창작 의욕을 약화시키지 않았다. 그건 레오나르도나 괴테처럼 사업 수완까지 갖춰 상당한 부를 축적한 사람들도 마찬가지였다. 20세기에는 자코모 푸치니Giacomo Puccini와 토마스 만이 그런 부류에 들어간다. 하지만 그 밖의 많은 위인들은 물질적인 궁핍 속에서 살았다. 거기서 두 가지 사실을 유추할 수 있다. 첫째, 창작가들은 대부분 돈 버는 재주하고는 담을 쌓은 사람들이다. 둘째, 가난은 창작의 장애물이 아니라 오히려 촉진제가 될 때가 많다.

슈베르트는 가난을 대수롭지 않게 생각한 것이 분명하다. 친구들의 작은 도움을 받아 빚과 굶주림에서 벗어났고, 친구의 집에서 잠을 잤으며, 가끔은 가구가 딸린 방에서 유숙하는 행운을 누렸다. 게다가 오선지를 살 돈이 없어 맨 종이에다 줄을 그어 사용할 때가 많았고, 어려운 형편임에도 음악 과외를 하지 않았고, 거장으로 무대에 선 적이 없었고, 그렇다고 신세를 한탄한 적도 없었다. 유품이라고는 양말과 속옷, 셔츠 네 벌, 매트리스 하나, 이불 한 채, 무수한 악보와 피아노 한 대가 전부였다.

이처럼 자기 자신이나 상상의 주문자를 위해서만 작곡했던 자유로운 음악가가 있었다. 베토벤이다. 그는 음악사에서 최초의 자유로운 음악가였다. 물론 종신 연금을 내건 제후와 백작, 대공이 없었던 것은 아니었다. 헨델은 하노버에서 궁정 악장으로 일했고, 런던에서는 궁정 작곡가로 활동했다. 큰 돈이 필요하면 마치 자동화 기계로 찍어내듯 오페라를 쏟아 냈다. 하이든은 48년 동안 에스테르하지Esterházy 가문에 고용되어 처음에는 악장으로, 나중에는 연금을 받으며 일했다. 모차르트는 스물세 살에 잘츠부르크 후작 주교의 악단장과 궁정 오르간 연주자로 취직했고, 그 후 8년 동안 더 나은 일자리를 찾아 헤매다가 마침내 황제 요제프 2세Joseph II의 궁정 작곡가로 생의 마지막 4년을 보냈다. 그런데 속설과는 달리 모차르트는 한 번도 가난한 적이 없었다. 다만 게으른 성품에 돈을 간수할 줄 모르는 방탕아였을 뿐이다. 「돈 조반니」가 세상에 나온 것은 「피가로의 결혼」이 성공을 거둔 뒤 프라하 오페라하우스의 극장장이 새로운 오페라를 작곡하면 금화 100두카텐을 주겠다고 약속했기 때문이다. 그는 주문과 압력, 그리고 돈을 위해 세레나데와 교향곡, 미뉴에트, 춤곡을 작곡하거나, 혹은 가수가 요구하면 오페라의 아리아도 고쳐 주었다. 그가 초라한 빈민 묘지에 묻힌 것을 두고 말들이 많지만, 당시에는 귀족과 중상층 시민만 빼면 모두 거기에 묻혔다.

작가들은 상대적으로 이런 기부에 덜 종속되어 있었지만, 가난과 창작 의지의 상관관계는 더 높았다. 많은 작가들이 글을 써서 근근이 풀칠을 했다. 예를 들어 실러의 역사 저술이 그랬다. 콘래드는 자신의 신세를 이렇게 한탄한다. "나는 매일 일을 한다. 그것도 하루 종일 쉬지 않고 일한다. 이런 한심한 이야기 따위나 만들어 내려고. …… 이게 끝나면 또 계속해야 한다. 어린 새끼에게 우유라도 먹이려면 다시 내 속에서 2만 자를 끄집어내야 한다." 포크너는 할리우드의 대본을 써야 하는 "노예 노동"에 한숨을 내쉬었다. 그 밖에 해마다 희망 없이 빚에 쫓겨 글을 써야 하는 사람들도 있었다. 경제적으로 감당하지도 못하면서 체질적으로 사치를 일삼는 발자크가 그랬고, 출판업자에게 받은 선수금을 도박으로 날려 버린 도스토옙스키가 그랬다. 그는 굶어 죽지 않으려고 비굴하게 구걸하는 편지를 썼고, 로베르트 발저 역시 한 여성 후원자에게 이렇게 적선을 청했다. "혹시 먹다 남은 소시지라도 있으면 제게 부쳐 주실 수 없겠습니까?"

마르크스는 구걸하지 않는 대신 돈을 빌리거나, 대놓고 요구하거나, 아니면 달라고 협박했다. 어머니를 쥐어짜는 건 기본이었고, 심지어 숙적 라살에게도 손을 벌렸다. 1852년에는 재산이 많은 늙은 숙부를 두고 이렇게 썼다. "그 인간이 빨리 죽어야 내가 이 곤궁에서 벗어날 텐데." 그는 은수저나 재킷 같은 물건을 저당 잡힌 돈으로 밀린 집세를 낼 때도 많았다. 그런데 1862년 이러한 궁핍한 환경 속에서 엥겔스에게 이런 편지를 썼다. "요즘은 아주 저돌적으로 작업하고 있네. 이상한 것은 이런 비참한 현실 속에서도 내 뇌는 몇 년 전보다 훨씬 잘 돌아가고 있다는 걸세." 마르크스의 전기 작가 리하르트 프리덴탈Richard Friedenthal은 여기서 이런 결론을 내놓는다. 만일 마르크스가 원하던 유산을 상속받았거나, 아니면 어느 대학에서 교수직을 제공받았더라면 더 이상 아무것도 쓰지 않았을지 모른다. 생활에 필요한 기본적인 것은 엥겔스가 모두 마련해 주었다. 모스크바의 카를-엥겔스 연구소가 조사한 바에 따르면 엥겔스가 마르크스에게 지원한 돈은 총 4,800파운드라고 하는데, 오늘날의 화폐로 환산하면 100만 유로가 넘는 큰돈이다.

이런 점에서 엥겔스는 마르크스의 예술 후원자였다. **예술 후원자**Mäzen라는 말을 돈으로 예술을 장려하는 사람으로 간주한다면 그렇다. 이 말의 뿌리가 된 가이우스 마이케나스Gaius Maecenas는 로마 시대의 갑부였는데, 일부는 상속으로, 일부는 나중에 황제가 된 옥타비아누스의 측근으로 있으면서 막대한 재산을 긁어모았다. 그는 이 돈으로 베르길리우스에게는 농장을, 호라티우스에게는 풍요로운 영지를 선사하며 예술 후원자 노릇을 했다. 두 사람이 문학에만 전념할 수 있도록 하기 위해서였다. 그러나 후원을 받은 예술가로서는 당연히 후원자에게 빚을 지고 있는 셈이었고, 호라티우스도 이것을 정확히 알고 있었다. 그는 『송가Odes』에서 마이케나스에게 헌사를 바쳤고("아나의 보호자이자 안식처인 그대 마이케나스여!"), 넷째 권에서는 황제에 대한 찬양도 빠뜨리지 않았다("세상에서 가장 위대한 지배자 그대 아우구스투스 황제여, 해가 축복하듯 빛을 비추는 한······").

돈은 처음부터 예속을 만들어 낸다. 이것이 스피노자와 루소가 밝은 눈으로 도움을 거부한 이유였다. 그러나 역사상 돈과 예술의 그런 관계는 거의 피할 수가 없었다. 작가들은 18세기까지 공공 기관과 돈 있는 사람들의 주문이나 희사에 의존해서 생계를 유지했고, 화가와 조각가, 작곡가는 19세기까지도 그런 의존 상태에서 벗어나지 못했으며, 건축가와 세계의 모든 오페라하우스는 오늘날까지도 그러고 있다. 하지만 생각해 보라. 만일 브라운슈바이크 공작 카를 빌헬름 페르디난트Karl Wilhelm Ferdinand가 없었다면 가난한 정원사의 아들로 태어난 가우스가 어떻게 위대한 수학자가 될 수 있었겠는가? 일곱 살 소년의 천재적인 재능에 깜짝 놀란 수학 선생이 소년을 한 교수에게 추천했고, 이 교수가 열네 살 소년을 공작에게 데려갔고, 그 뒤로 공작이 뒷바라지를 해서 소년을 최고의 수학자로 만들었다.

포겔바이데는 평생 제후들에게 고용되어 있었는데, 그 대가로 자신의 주군들은 화려한 시구로 찬양하고 그들의 적은 마구 헐뜯어야 했다. 그런데 황제 오토 4세Otto IV에 대한 경탄스러운 헌시에도 불구하고 자신이 그렇게 애타게 바라던 정착지는 받지 못했고, 나중에 프리드리히 2세가 왕좌에 오른 뒤에야 봉토와 연금을 받을 수 있었다. 미켈란젤로와 동시대에 살았던 피에트로 아레티노Pietro Aretino는 구걸하는 편지를 비롯해서 벌이가 아주 좋은 헌시와 남을 비방하는 풍자시 덕분에 호화스럽게 살았다. 교황 율리우스 3세Julius III는 자신의 즉위식에 부친 그의 소네트에 대한 감사의 뜻으로 금화 1,000크로네를 하사했다. 단테는 유배지에서 제후와 백작, 수도원장의 도움으로 생계를 유지했다. 그것도 그들을 찬양하거나 그들이 듣고 싶어 하는 말은 늘어놓지 않고서 그렇게 했다. 셰익스피어는 심지어 재정적으로 독립되어 있었다. 하지만 자신의 희곡으로 벌어들인 수입 때문이라기보다는 오히려 배우로서, 연출자로서, 나중에는 글로브 극장의 공동 소유주로서 번 돈 덕분이었다. 클롭슈토크는 『메시아』의 첫 권이 출간된 뒤에 덴마크 왕으로부터 연봉을 받았다.

18세기에 벌써 글만 써서 생활이 가능한 작가가 있었다. 괴테였다. 그러나 그는 더 많은 것을 원했고, 그래서 작센-바이마르 공국으로 옮겨 장관

월급을 받으며 고위 공직자로 일했다. 처음에는 힘들게 고생하며 돈을 벌었지만, 나중에 이탈리아 여행에서 돌아온 뒤로는 편하게 연금을 받았다. 그는 서른여덟 살에 자신의 소망에 따라 조정의 "기계적인 업무"에서 해방되었고, 카를 아우구스트Karl August 공작의 비용으로 큰 집을 유지했다. 그것도 무려 44년 동안이나. 위고는 벌써 스무 살에 국가 연금을 받았다.

글을 쓴다는 것은 주문 없이도 가능했지만, 건축은 오늘날까지도 그게 불가능하다. 예술의 기나긴 역사에서 조각과 회화는 문학보다 건축에 가까웠다. 이들 장르의 많은 예술가들은 평생 동안 창작과 주문 사이에서 주도권을 쥔 적이 없을 뿐 아니라 심지어 자기가 원해서 예술 작품을 만든 적도 없었다.

페이디아스는 아크로폴리스의 건축장이자 수석 조각가였는데, 정치인 페리클레스의 주문에 따라 국고에서 돈을 받고 일을 했다. 미켈란젤로는 1535년에 바티칸의 수석 건축가, 수석 조각가, 수석 화가가 되었는데, 총 73년 동안 오로지 메디치가와 교황의 주문만 받아 건물을 짓고 조각상을 만들고 그림을 그리고 장식을 했다. 교황 가운데 무려 여섯 명이 그의 고객이었다. 미켈란젤로는 교황 율리우스 2세의 묘소와 청동상 제작을 위해 8년 동안 심혈을 기울였는데, 이 교황은 성 베드로 대성당의 주춧돌을 놓고 도나토 브라만테Donato Bramante와 라파엘로에게 일거리를 줘서 예술가로서 꽃을 피우게 한 인물이었다. "후대인들은 이런 최고의 회화 걸작들이 나온 것에 대해 그 거칠고 용감한 교황 율리우스 2세에게 감사해야 한다." 하인제가 1787년에 쓴 글인데, 깜짝 놀랄 말이 아닐 수 없다. 너무도 당연하다는 듯이 걸작의 탄생을 예술가가 아닌 그 주문자의 공으로 돌리고 있는 것이다. 예술가는 얼마든지 널려 있는데 예술 후원자는 너무 적다는 뜻일까?

궁정 화가가 된다는 것은 생활의 안정을 얻는 대신 자신이 모시는 황제와 왕, 공작, 혹은 그 가족들의 초상화를 그들의 비위에 맞게 그려야 한다는 것을 의미했다. 벨라스케스는 스물네 살에 궁정 화가가 되었고, 루카스 크라나흐Lucas Cranach the Elder와 한스 홀바인 주니어Hans Holbein Jr., 티치아노, 루벤스, 고야도 궁정 화가로 활동했다. 또한 뒤러는 독일 황제로부터 연금을 받았고, 라파엘로와 다빈치는 교황들을 위해 그림을 그렸다. 만일 렘브란트처럼 '예술가 일인 기업'으로서 다양한 시민들에게 그림을 팔아서 먹고 살려고 한다면 우선 그림을 더 크게, 더 빨리 그려야 할 뿐 아니라 팔리지 않는 것보다 시장성이 있는 그림들을 내놓아야 했다. 하지만 그런 렘브란트도 자신의 집이 강제 경매에 넘어가는 것을 지켜보았고, 목구멍에 풀칠하고 허름한 여인숙 신세라도 지려면 다시 그림을 그려야 했다. 그는 채권자들의 독촉에서 벗어나려고 명목상으로는 자신의 아들과 연인이 연 미술품 가게의 직원으로 있으면서 그림을 그렸다.

외부의 주문 없이 슈베르트가 작곡했던 것처럼 단순히 내면의 독촉에 따라 그림을 그리는 화가가 그것으로 생계를 꾸려 나가려고 한다면 피카소가 만난 미술상 다니엘 헨리 칸바일러Daniel-Henry Kahnweiler처럼 적극적이면서 수단 좋은 미술 중개상을 만나거나, 아니면 엄청난 미술품 수집가 페기 구겐하임Peggy Guggenheim 같은 예술 후원자를 구하거나, 그도 아니라면 생전에 달랑 그림 한 장밖에 팔지 못한 고흐처럼 무능한 형을 먹여 살린 착한 동생이라도 있어야 한다.

바그너는 부유한 후원자들에게 풍족한 도움을 받았고, 조이스와 무질은 인색한 지원에 만족해야 했다. 선물과 후원금, 연금, 혹은 사례금 같은 금전적 도움 없이는 조각가들은 살기 어려웠고, 음악가들도 그보다 형편이 낫지는 않았다. 다만 책을 쓰는 사람들, 즉 작가와 철학자들은 가난과 곤경, 유배에 전혀 구애받지 않거나, 아니면 오히려 그게 촉매제 역할을 할 때가 많았다.

"왜 지독하게 우매한 인간들이 가장 만족스럽게 살고, 왜 지극히 단순한 인간이 항상 웃음을 짓는 것일까?" 독일의 낭만파 시인 요한 루트비히 울란트Johann Ludwig Uhland가 문학적 동지였던 유스티누스 케르너Justinus Kerner에게 쓴 편지에 나오는 대목이다. 나중에 케르너는 이런 보고를 남겼다. "한번은 울란트가 우리 집 정원에 있는 전망 좋은 탑에 올라가더니 이렇게 말했다. '내게도 이런 망루 딸린 건물이 있었으면 내가 작품을 계속 썼을까?' 그때 난 이렇게 대답했다. '아니, 쓰지 않았을 걸세. 자네가 저 탑에 갇혀 있다면 몰라도.'"

# 29 보상과 복수

> 쓴 경험과 고통을 알지 못하는 사람은 악감이 생기지 않고, 악감이 없는 사람은 몸속에 악마가 들어오지 않고, 악마가 없는 사람은 어떤 중요한 것도 성취하지 못한다.
> —켈러가 빌헬름 바움가르트너에게 보낸 편지(1851)

　난쟁이는 장수가 되지 못하고 말더듬이는 언어의 거장이 되지 못한다. 하지만 말더듬이와 난쟁이는 건강하고 아름다운 사람들보다 천재적인 재능을 천재적인 성취로 바꿀 동기가 훨씬 강하고 절박하다. 그건 병자와 불구도 그렇고, 업신여김 받고 천대받는 사람들도 마찬가지다. 여기서 이런 의문이 생긴다. 혹시 이런 단점들은 재능 있는 사람들에게 어떻게든 고통을 참고 최선을 다해 무언가 이루어 낼 것을 강요하는 동력이 아닐까?
　이런 동력이 인생의 절반 동안에만 없었던 천재들은 그나마 역사에 이름을 남긴다. 로시니와 그릴파르처, 랭보가 그 주인공인데, 이들에 대해서는 35장에서 자세히 다룰 것이다. 반면에 평생 동안 이 동력이 없었던 사람들 중에는 우리가 아는 이가 없다. 그러니까 운명이 곱사등이나 물뇌증, 혹은 다른 끔찍한 신체적 굴욕을 선사했더라면 우리에게 경탄을 받았을 사람이 우리 주위에도 많았을지 모른다는 말이다. 최소한 미국 작가 존 업다이크

John Updike처럼 마른버짐이라도 있었다면 말이다. 그는 1989년에 이렇게 말했다. "마른버짐이 없었다면 나는 지루한 인간으로 남고 말았을 것이다." 그는 자신을 "비루먹은 개"처럼 느껴서 친구들과 수영이나 연애도 할 수 없었다. 그래서 작가가 되기로 결심했다. "작가는 숨어서 글만 쓰기만 하면 되기 때문이다." 또한 그는 천식과 언어 장애도 번갈아 가며 앓았다.

기형, 질병, 상처, 약점, 실패, 이것은 **보상** 욕구를 불러일으킨다. 좀 더 세속적으로 말하면 공명심을, 극단적인 경우에는 복수욕을 일으킨다. 천대받은 자들과 장애가 있는 자들의 행위와 작품들은 그들이 자신의 운명에 대해서 느끼는 부당함을 보상하는 수단이다. 권력과 명성은 많은 사람들이 갖고 싶어 한다. 그러나 못나고 힘없는 사람이 권력을 잡았을 때만큼 권력을 마음껏 즐기는 경우는 없고, 과거에 웃음거리가 되고 놀림 받던 사람이 명성을 얻었을 때만큼 명성을 마음껏 누리는 경우는 없다.

인간의 생사 여탈권을 쥐고 흔든 사람 중에는 작고 약한 남자들이 많았다. 레닌과 스탈린은 작고 옹골찼고, 나폴레옹은 작고 통통했으며, 넬슨과 프리드리히 대왕, 사부아의 외젠 공은 작고 허약했다. 외젠은 거기다 얼굴이 야위고 코까지 길쭉했다. 그런데 굴욕은 여기서 그치지 않았다. 과거에 외젠의 어머니를 사랑하다가 내쳐 버린 루이 14세Louis XIV는 젊은 성직자의 길을 걷던 아들이 대수도원을 달라고 하는 것도 들어주지 않았고, 아들이 지휘하고 싶어 하던 기병 부대도 맡기지 않았다(외젠은 사실 사제보다 군인이 되고 싶었다). 결국 열아홉 살의 외젠은 오스트리아군에 들어가 약관의 나이에 용기병[1] 연대를 맡았고, 스물네 살에 야전군 총사령관에 올랐다. 그 뒤 34년 동안 전장을 누비며 투르크 인들과 프랑스를 무찔렀고, 그 과정에서 열세 번이나 부상을 입은 당대 최고의 전쟁 영웅이었다.

553년에 나폴리에서 고트 족을 섬멸한 비잔틴군의 통수권자는 누구였던

---

[1] 16~17세기 이래 유럽에서 갑옷을 입고, 용 모양의 개머리판이 있는 총을 든 기마병.

가? 통풍으로 시달리는 난쟁이에다 환관이던 나르세스Narses이다. 건장한 병사들을 지휘하고, 그런 병사들이 죽어 가는 것을 지켜보는 것 자체가 그에게 무한한 쾌감을 제공한 것이 분명했다. 제1차 세계 대전 당시의 독일 황제 빌헬름 2세는 과대망상증으로 유명했는데, 그런 증세가 둔위[2] 분만 시에 경수頸髓와 연결된 왼팔 신경이 찢어져 평생을 짧고 시커멓고 쓸모없는 기형의 팔로 살아야 했던 사실과 관련이 없다고 누가 이야기할 수 있겠는가? 야심이 컸던 그의 어머니는 아들의 팔을 정상으로 돌리려고 전기 충격과 특수 기계 등 별의별 방법을 다 동원했지만 소용이 없었다.

　1907년에 '열등 콤플렉스'의 개념을 정립했던 아들러는 모든 천재적인 성취를 '유기적인 열등감의 **과잉 보상**'으로 설명했다. 독일계 미국인 정신과 의사 윌리엄 니더랜드William Niederland는 그보다 좀 더 세밀한 분석을 시도했다. 우선 그는 인간 역사에서 예술이 사냥에는 별 쓸모가 없어서 동굴에 남아 벽화를 그린 병든 남자들에서부터 시작하지 않았느냐고 묻는다. 그리스 신화에서 불과 대장간의 신 헤파이스토스Hephaestos는 절름발이 신인데, 그는 쇠를 녹여 아킬레우스의 방패를 만든 뒤 춤추는 처녀들과 돌진하는 군대, 포효하는 사자 장식을 새겨 주었다. 그러니까 자신은 신체적 약점 때문에 할 수 없던 활발한 움직임을 아킬레우스의 방패에 대신 남긴 것이다. 그리고 다윗과 모세의 이상적인 모습이 미켈란젤로의 끝에서 생겨난 것이 과연 우연일까? 그는 주먹코의 왜소한 남자였고, 라파엘로의 눈에는 "사형 집행인처럼 외로워" 보였으며, 동시대인들에겐 "세상에서 가장 못생긴 예술가"가 아니던가? 니더랜드는 이렇게 말한다. "그런 신체적 결함들이 재능 있는 개인의 경우, 상처 입은 자아를 창조적 활동을 통해 자기 구원의 보상적 형식으로 이끈다." 여기서 선천적 장애나 어릴 때 일찍 얻은 기형은 영혼의 갈등보다 더 강하게 영향을 끼치고, 어린 시절의 나르시시즘에 깊은 생

---

[2] 출산할 때 태아가 엉덩이를 아래로 두고 있는 자세.

채기를 낸다. 신체적 장애는 바꿀 수도, 숨길 수도 없기 때문이다.

난쟁이들이 그런 열등 콤플렉스를 앓았다. 나르세스, 영국의 시인 포프, 켈러, 로코코 건축가 프랑수아 드 퀴빌리에François de Cuvilliés, 화가 아돌프 폰 멘첼, 그리고 만일 다리 불구가 되지 않았다면 자신은 화가가 되지 않았을 거라고 말했던 툴루즈 로트레크Toulouse Lautrec가 그랬다. 약골과 발기부전 환자, 절름발이, 얼굴 기형도 마찬가지였다. 발이 안쪽으로 휜 내반족內反足이었던 바이런은 세 가지 방식으로 대리 보상을 추구했다. 우선 본인 스스로가 기막힌 실력의 기사와 검사, 수영 선수가 되고자 했다. 둘째, 소설 속에서 발이 빠른 주인공 '맨프레드'(이 인물은 숫처녀도 품에 넣는다)와 "제비보다 더 빨리" 땅과 바다를 누비는 '기사 해럴드'를 만들었다. 마지막으로, 그의 첫 시집이 비평가들에 의해 혹평을 받았을 때 언젠가 반드시 자신이 단테와 셰익스피어, 괴테와 같은 반열의 작가가 되겠다는 크나큰 야심을 키웠다.

약점을 강점으로 바꾸려는 시도들이 예술 작품과 새로운 철학, 발견, 발명, 승리를 낳았다. 베토벤은 어떤 소리도 듣지 못하는 상태에서 황홀한 「환희의 송가」를 작곡했다. 일곱 살에 난청이 된 에디슨은 서른 살에 축음기를 발명했고, 쉰여덟 살에는 귀머거리나 다름없는 상태에서 자신이 만든 축음기의 기능을 개선하려고 무던히 애를 썼다. 자신이 말하는 소리라도 들을 수 있었으면 하는 바람 때문이었다. 1571년 레판토 해전에서 세 차례나 부상을 당한 세르반테스는 결국 왼손이 불구가 되었다. 그러나 그는 이것을 가리켜 "오른손의 큰 명성을 위한 희생"이라고 썼다. 고야는 마흔여섯 살에 귀가 먹은 뒤에야 자신만의 그 멋진 음울한 주제를 찾을 수 있었다. 여든두 살에 그는 이렇게 기록했다. 이제 들을 수도 볼 수도 없다. 남아 있는 것은 의지뿐이다. "그것도 넘칠 정도로."

세 명의 미국 대통령을 그 자리에 앉힌 것도 그들의 신체적 허약함이었다. 1901~1909년까지 대통령을 지낸 시어도어 루스벨트는 근시에다 천식 환자였다. 학교에 다닐 수 없을 정도로 몸이 약해서 집에서 가정교사에게 수업을 받았다. 하지만 피나는 자기 규율로 몸을 다져 나갔고, 승마와 사냥으로 스스로를 단련했다. 그 결과 멋진 가죽 옷에 단도를 찬, 대초원 사냥꾼으로서 손색이 없는 사진이 나왔다. 또한 그는 1898년 쿠바를 둘러싼 전쟁이 발발하자 해군 차관직을 던져 버리고 해군에 입대해서 직접 모집한 의용기병대, 즉 '러프라이더'를 이끌고 전투에 참여하기도 했다.

1933~1945년까지 대통령을 지낸 프랭클린 루스벨트는 키만 껑충 크고(188센티미터) 동작은 굼뜬 부잣집 자식이었다. 어릴 때 몽유병 증상을 보였고, 대학에 다닐 때는 미식축구 팀에서 퇴짜를 맞았고, 여학생들한테서는 '페더급'(55~57킬로그램의 체급)이라고 놀림을 받았으며, 어설픈 정치인일 때는 늘 어머니에게 손을 벌려야 했다. 그런데 서른아홉 살 때 갑자기 척수성 소아마비가 찾아왔다. 1928년 그는 휠체어를 타고 뉴욕 주지사 선거에 입후보했는데, 장래의 대통령 자리는 이때 이미 확정된 것이나 다름없었다. 당시 그는 목발을 짚어야만 걸을 수 있었고, 다리에 금속 보조기를 차야만 두 손을 떼고 설 수 있었다. 1941년 백악관을 방문한 토마스 만은 그를 가리켜 "휠체어의 카이사르"라고 썼다(소아마비의 과잉 보상에 대한 가장 놀라운 보기는 검은 피부의 미국 여자 육상 선수 윌마 루돌프Wilma Glodean Rudolph였다. 부두 노동자의 열아홉 자식 중 열일곱 번째로 태어난 그녀는 네 살에 소아마비가 찾아와 여덟 살에야 겨우 걸을 수 있었다. 하지만 그런 몸으로 스물한 살에 100미터 세계 신기록을 달성한 것과 함께 1960년 올림픽에서 3관왕을 차지했다).

1961~1963년까지 미국 대통령을 지낸 존 F. 케네디는 카메라를 향해 매력적인 미소를 보내지만, 속으로는 육체적 고통으로 괴로워하던 사람이었다. 선천성 척추 기형이었던 그는 1943년 일본 구축함이 쏜 포탄에 어뢰정이 명중당해 침몰하는 과정에서 심각한 척추 손상을 입었다. 그 후유증으로 평생 코르셋을 착용하고 특수 침대를 사용하고, 매일 뜨거운 물로 세 차례나 목욕을 해야 했다. 1954년에는 두 차례의 대수술 끝에 간신히 목숨을 건졌고, 수술 후 6개월 동안 자리에 누워 있어야 했으며, 또 몇 개월은 휠체어

신세를 졌다. 1947년부터는 애디슨Addison병病3까지 앓았다. 당시까지는 아직 치료법이 없어서 매일 코티솔과 호르몬을 주입해서 증상을 완화하는 것이 전부였는데, 이 병은 사람을 여위게 하고, 근육을 약화시키고, 쉬이 피곤하게 하고, 빨리 늙게 했다. 마흔여섯 살에 암살되기 전까지 케네디는 미국을 베트남 전쟁으로 끌어들였고, 대실패로 돌아간 쿠바의 피그스 만 침공 작전을 총연출했으며, 소련 미사일을 쿠바에서 철수시키는 과정에서 흐루시초프와 생사를 건 도박을 벌였다. 여기서 우리는 이 거대한 세 가지 사건, 즉 남성적인 강한 힘으로 밀어붙여야만 가능했던 이 사건들이 그의 신체적 약점과 얼마만큼 관련이 있는지 숙고해 보아야 한다. 최소한 앞의 두 가지는 그만두는 것이 더 나았기 때문이다.

병자나 약골이 정신적 수단으로 성취하는 과잉 보상이 국가 지도자와 장수로서 활약할 때 얻는 과잉 보상보다 적은 것은 분명하다. 이제 정신적 수단으로 신체적 결함을 보상하는 경우를 살펴보기로 하자. 대표적인 예는 칸트이다. 키 157센티미터에 호흡 곤란과 협심증을 앓던 칸트는 가슴이 움푹 들어갔고, 악몽과 알레르기에 시달렸고, 이따금 별다른 이유 없이 실신하는 약골이었다. 게다가 쥐 죽은 듯이 조용히 살았고, 해야 할 일은 기계처럼 자동으로 해냈으며, 평생 한 번도 동프로이센을 떠난 적이 없는 괴팍한 은둔자였다.

동시대인들은 외경스러운 전율 속에서 그를 "만물 분쇄기"라 불렀다. 물뇌증으로 시달리던 그의 뇌 속에서는 철학 역사상 최대의 변혁이 무르익고 있었다. 칸트는 순수 이성으로 신의 모든 존재 증거를 부정했고, 그러면서도 다른 한편으론 신을 실천 이성의 요구로서 다시 권좌에 올리는 것을 자신의 사명으로 선포했다. 그는 인간이 행동해야 할 바(정언 명법)를 규정했

---

3 부신副腎의 기능 장애로 생기는 병. 빈혈, 소화 장애, 신경 장애 따위가 나타나고 피부와 점막이 흑갈색이 된다. 애디슨이 발견하였다.

케네디 일곱 살 때의 모습. 미국의 금주령 덕분에 재산을 모은 조지프 케네디의 둘째 아들. 아버지는 맏아들이 대통령이 되길 간절하게 바랐지만, 그 아들은 1944년에 전사했다. 이후 존은 형의 죽음을 일종의 '부름'으로 받아들여야 했다.

고, 인간 오성이 자연에 법칙을 부여하는 것이지 그 거꾸로는 아니라고 분명히 밝혔다. 또한 그는 자기 방식대로 개념을 정립했고, 사람들에게 그 개념들을 이렇게 설명했다. "개념은 부당성을 유지해야 한다. 자기 하고 싶은 대로 하는 것이 개념이다." 피히테의 말이다. 스페인의 철학자 호세 오르테가 이 가세트 José Ortega y Gasset는 칸트의 이런 철학을 "바이킹 철학"이라고 불렀다.

당연히 칸트의 사고 체계를 이루는 토대는 불굴의 담대함과 깊은 사색, 엄청난 지적 능력이었다. 그런데 그가 아주 강건한 사람이었고, 여자들이 따르는 멋진 남자였다면 아마 그런 사고 체계를 구축하겠다는 야망을 품지 않았을 것이다. 위대한 작품을 창작한 사람들 중에는 왜소한 체격의 허약한 바이킹이 드물지 않다. 그들의 모토는 이렇다. 내 육체는 너희가 후 불어서 넘어뜨릴 수 있지만, 내 정신은 너희를 지배하고 너희에게 세계를 설명한다. 니체는 '권력에의 의지'를 세계 원칙으로 선포했는데, 실명에 가까운 상태에서 일찍 교수직을 사퇴해야 할 정도로 만성적 고통에 시달리던 사람이 '초인'을 생각해 냈다는 것은 과잉 보상의 귀감이 되고도 남는다. 전설적인 기사 '아이반호'는 절름발이 작가 월터 스콧의 펜에서 나왔고, 다른 전능함의 꿈도 작가들의 책상 위에서 만들어졌다. 예를 들어 이언 플레밍Ian Lancaster Fleming의 제임스 본드가 그렇고, 전과 몇 범의 작달막한 초등학교 교사 카를 마이Karl Friedrich May의 서부극 주인공 '올드 셔터핸드'가 그렇다.

권력! 이것은 질라스가 티토에 관한 책에서 말한 것처럼 "즐거움 중의 즐거움"이다. 야코프 부르크하르트에 따르면 "거부할 수 없는 충동으로서 위대한 개인을 거칠게 몰아가는 것이 **권력욕**이다." 이 욕구에 사로잡힌 사람에게는 명성 같은 남의 평가 따위는 문제가 되지 않는다. 중요한 것은 "남들을 복종시키고 유용하게 부리는 것"이다. 장수와 독재자들은 남에게 가할 수 있는 무제한의 물리적 강제력에 홀딱 빠진 사람들이다. 칭기즈 칸은 이런 말을 했다고 한다. "세상에서 가장 아름다운 광경은 적이 내 앞에 무릎을 꿇는 모습이고, 세상에서 가장 아름다운 소리는 적의 여자들이 울부짖는 소리다." 늙어서는 사지가 마비되어 침대를 넣은 가마에 의지해서 움직였고 종국에는 서명할 힘조차 남아 있지 않았던 권력의 화신 리슐리외 역시 "자신이 쳐 놓은 그물에 적들이 걸리는 것을 흡족한 표정으로" 바라보았다. 역사가 랑케의 글이다. "그는 들짐승을 쫓는 사냥꾼에 다름 아니었다." 적들을 쓰러뜨리고 나면 불태우거나 목매달아 버리는 것이 다반사였다.

야코프 부르크하르트는 말한다. "권력자들은 명성보다 **아첨**을 사랑한다." 명성이 "그들도 어차피 확신하는 자신들의 탁월한 정신력에 대한 복종만을" 의미한다면 아첨은 자신의 권력을 현실에서 확인시켜 주는 것이기 때문이다. 대부분의 유명 작가들은 칭찬에 집착한 반면 비판에는 민감했다. 토마스 만은 심지어 비판을 개인적인 모욕으로 간주했다. 실력자들은 대부분 아첨꾼을 곁에 두었다. 일례로 궁정 시인들(43장에서 언급할 것이다)이 그렇다. 그리고 많은 지배자들이 생전에 자신의 기념비를 세웠고, 히틀러는 "만고의 위대한 장수"라 불리기를 원했다.

처음에 넬슨을 힘내게 한 것은 허약한 육신에 대한 보상 심리였지만, 나중에 그의 행위의 동력이 되었던 것은 국왕과 영국 함대 사령부, 그리고 연인 해밀턴 부인(나폴리 주재 영국 공사의 부인)이 앞 다투어 쏟아 낸 열띤 찬사였다. 해밀턴 부인은 자신의 집을 넬슨의 영광을 기리는 박물관으로 탈바꿈시켰고, 사교 모임에서는 그를 찬양하는 시구들을 낭송했다. 그런 자리에 참석했던 한 부인은 이렇게 적고 있다. "그녀(해밀턴 부인)는 그의 면전에서 온갖 칭송과 아첨을 아끼지 않았고, 그 역시 아주 흐뭇하게 그것을 즐겼다." 풍자 작가 리히텐베르크는 언젠가 이런 말을 했는데, 구구절절 옳은 말이다. "왕들은 자신의 장군과 제독들이 그렇게 열심히 싸우는 것이 우국충정과 개인적 명예욕의 발로라고 생각한다. 하지만 그런 위대한 행위의 진정한 동기는 신문을 읽고 있을 한 여자일 때가 훨씬 더 많다."

명예욕은 실제적인 적이든 자신이 만든 적이든 적을 쳐부수기 위해 출정할 때면 항상 함께했다. 프리드리히 대왕은 한창 나이일 때 선발대 장교들에게 이렇게 외쳤다. "내가 지체 없이 따를 테니 그대들은 명성과 랑데부를 향해 돌진 또 돌진하라." 클라우제비츠는 "명성과 명예를 향한 갈망"을 전쟁의 숨결이라 불렀고, 하이네는 1828년 마렝고 전투를 지켜보면서 이런 글을 남겼다. "여기서 보나파르트 장군은 명성의 술잔을 한 번에 쭉 들이켰는데, 그 술이 어찌나 독하던지 그가 술에 취해 통령과 황제, 세계 정복자가 된 뒤 나중에 헬라나 섬에 가서야 깰 정도였다." 이 전투에서 나폴레옹도 자신의 입장에서 이런 말을 했다. "나의 이름은 신의 이름만큼이나 영원할 것이다." 이런 나폴레옹을 능가한 사람이 발자크였다. 그는 나폴레옹의 그림 밑에다 이런 글을 써넣었다. "그가 검으로 이루지 못한 것을 나는 펜으로 완성할 것이니."

대개 예술가들은 자신의 야심에 구체적인 목표를 설정하기 어렵다. 예술에는 뚜렷한 이정표도, 승리의 경계도 없기 때문이다. 하지만 예술가들이라고 야심이 없는 것은 아니고, 그런 야심을 숨기지도 않는다. 서른한 살의 괴테는 자기 "존재의 피라미드를 …… 저 하늘 꼭대기까지 쌓으려는 욕망"을 토로했고, 실러는 스물세 살에 이렇게 적었다. "내 혈관 속에는 무언가가 펄펄 끓고 있다. 나는 이 울퉁불퉁한 세상을 펄쩍펄쩍 뛰어넘어 사람들이 그런 나에 대해 이야기하게 만들고 싶다." 보들레르는 죽기 1년 전에 "매일 지상에서 가장 위대한 사람으로 살고 싶다"고 외쳤다. 알프레트 아인슈타인은 바그너의 추동력이 "악마적 권력 의지"에서 나왔다고 썼고, 토마스 만은 바그너가 "세계 정복에 필요하기 때문에" 음악을 의도적으로 습득했다고 말했다.

구체적인 목표를 발견한 예술가들도 여럿 있었다. 자신이 라이벌이라고 생각하거나 라이벌로 고른 상대를 능가하는 것이 그들의 목표였는데, 다빈치는 미켈란젤로를 증오했고, 루소는 볼테르를 미워했으며, 하이네는 아우구스트 폰 플라텐August Graf von Platen에게 독설을 퍼부었다. 실러는 괴테의 명성에 압박감을 느꼈고, 괴테와 경쟁하려는 분명한 목적의식에서 자신의 첫 담시를 썼다. 그는 "바이마르만 생각하면 …… 가슴이 아릿하게 저려 오는 것을 느꼈다. 그(괴테)가 정말 더 위대한 것일까? 어떤 점에서? 왜?"

실러에게 이런 생각을 하게 한 것은 토마스 만이었다. 그 역시 라이벌 의식에 익숙한 사람이었는데, 상대는 지배욕이 강한 네 살 터울의 형 하인리히 만이었다. 1889년 하인리히가 먼저 열여덟 살의 나이에 첫 소설을 발표했다. 토마스는 교내 신문 편집 주간으로서 다른 사람들의 원고만 만지작거리고 있을 때였다. 1894년 하인리히가 첫 장편 소설을 발표하자 그제야 토마스는 첫 단편을 탈고했다. 그런 동생이 처음 형을 앞지른 것은 1898년에 출간한 첫 단편집『꼬마 신사 프리데만 씨Der kleine Herr Friedemann』가 성공을 거두면서였다. 그러자 형도 뒤질세라 1900년에 두 번째 장편 소설『환락의 땅에서Im Schlaraffenland』를 발표하면서 다시 동생을 추월했다. 하지만 1901년에 둘 사이의 경쟁은 사실상 끝나 버렸다. 토마스가『부덴브로크가의 사람들』로 세계적인 명성을 얻으면서 형을 완전히 젖힌 것이다. 하인리히는 깊은 굴욕감에 빠졌다. 토마스는 1921년 "작가 정신을 해칠 위험이 있는 독"에 대해 썼다. 경쟁의식이 그것이었는데, 이것은 패배한 사람에게는 독이지만, 다른 한편으로 경쟁하는 두 사람에게는 서로를 넘어서려는 자극제이기도 했다.

클라이스트가 "누군가"의 머리에서 **월계관을 빼앗고 싶다고** 선언했을 때 그 누군가는 괴테였다. 그는 1803년 누이 울리케에게 이렇게 썼다. "하늘은 내게 지상 최고의 자산인 명성을 허락하지 않는다. 나는 마치 고집쟁이 아이처럼 나머지 것들을 전부 하늘에다 던져 버린다." 약혼녀에게 쓴 편지에는 이런 대목이 있다. "당신네 여자들은 '공명심'이라는 단어가 있는지조차 모를 거요." 클라이스트의 공명심은 과잉 보상을 향한 전형적인 충동에서 생겨났다. 독일 산문의 이 거장은 고집 세고 과묵한 별종이었고, 게다가 언어적 결함까지 있었다. 그의 친구 아힘 폰 아르님Achim von Arnim의 전언에 따르면 "말더듬이에 가까울 정도로 말하는 것이 불분명했다"고 한다. 클라이스트는 자신의 걸작 『말을 함에 있어서 생각의 점진적 완성에 대하여 Über die allmä bliche Verfertigung der Gedanken beim Reden』에서 마치 자기 자신을 묘사하고 있는 듯하다. "한 사회에는 …… 스스로 언어를 제대로 구사하지 못한다고 느끼기 때문에 평소에는 구석에 숨어 있다가 갑자기 어느 순간에 움찔하는 동작과 함께 폭발해서 대화를 낚아채고 무언가 알아들을 수 없는 말을 내뱉는 사람들이 있다. 그러다가 주위의 시선이 모두 자신에게 쏠리면 그제야 어색한 표정으로, 원래 자기가 무슨 말을 하려고 했는지 자신도 모르겠다는 듯이 군다." 클라이스트가 딱 그런 식이었다. 하지만 그런 사람의 글은 어떤가! 성난 파도처럼 힘이 넘치고, 강렬하고 서두르고 걷잡을 수 없이 폭발하는 문장이 아니던가? 또한 말더듬이 같은 사람은 절대 소화하지 못할 문장들이 아니던가?

위대한 문장가로 스스로를 담금질한 루소도 자신의 언변에 대해 비슷하게 묘사했다. "행동과 관련해서 나는 무엇을 하는지 모른다. 말하는 것과 관련해서도 무엇을 말하는지 모른다. 심지어 사람들이 나를 바라보면 평정심을 잃고 만다. 하지만 격정적으로 흥분할 때면 나는 가끔 말하고자 하는 바에 일치하는 단어를 발견한다. 하지만 보통 대화할 때는 그런 단어가 전혀 떠오르지 않는다. 정말 하나도." 스웨덴의 신비주의자 스베덴보리도 말을 더듬었고, 20세기의 인기 작가 서머싯 몸William Somerset Maugham과 요하네스 마리오 짐멜Johannes Mario Simmel도 마찬가지였다.

연구자들 사이의 라이벌 의식은 수백 년 전부터 학문의 동력이었다. 남극과 북극 탐험가들의 경쟁이 그랬고, 라이프치히에 대한 뉴턴의 시기와 파스퇴르에 대한 코흐의 질투가 그랬다. 만일 어떤 사람이 유명세에서 라이벌에게 밀리면 끝 모를 질투심이 그 사람을 최고의 성취로 내몬다. 재야 학자였던 쇼펜하우어가 헤겔에 대해 그랬다. 그는 자신의 숙적을 "사이비 철학자"니 "악질적인 협잡꾼"이라고 공공연히 불렀고, 공공 도서관의 사서들에게는 헤겔의 명성에 관한 모든 자료를 철저하게 보관할 것을 요구했다. "후대에 잘못된 판단에 대한 귀감과 경계, 웃음거리"를 주기 위해서라고 했다. 괴테는 이렇게 썼다. "증오가 천재성에 보충적인 역할을 한다는 것을 인정해야 한다. 우리를 행동으로 내모는 모든 격정이 그렇다."

단테는 적들에게 증오를 퍼부을 독창적인 배설구를 발견했다. 상상으로 만들어 놓은 지옥에 적들을 넣고 푹푹 삶아 버린 것이다. 그런데 이런 운명은 강도와 살인자, 이단자, 창녀, 위선자, 사기꾼에게만 닥친 것이 아니라 자신이 좋아할 수 없었던 피렌체의 시민들, 자신이 미워한 몇몇 황제와 교황들, 그리고 자의적으로 선택했다는 느낌이 물씬 나는 역사 인물들, 예를 들어 유다와 무함마드, 브루투스Marcus Junius Brutus와 카이사르 암살자인 롱기누스Gaius Cassius Longinus, 클레오파트라, 아틸라, 심지어 선량한 철학자 에피쿠로스에게도 내려졌다. 여기서 단테가 얼마나 권력의 달콤함을 즐기고 있는지는 지옥의 고통에 대한 생생한 묘사에서 잘 드러난다. '사디즘'이라는 소리를 들어도 무방할 정도로 고통이 꼼꼼하게 묘사되어 있다. 단테의 지옥은 물이 펄펄 끓고 코를 들지 못할 정도로 악취가 심한 불구덩이였다. 죄인들은 오물 속으로 내쫓기고, 나무 틈에 처박히고, 돌에 짓이겨지고, 진흙에 파묻히고, 해충들에게 뜯기고, 또 피투성이 상처에서는 벌레들이 득실거리는 고통에 시달렸다. "우리는 푹 삶아진 인간들이 비명을 지르는 붉은 탕국에 도착했다."

포는 적들의 이름을 거론하지는 않았지만, 소설 속 두 주인공을 통해 자신에게 굴욕을 안긴 사람들에게 복수하는 장면은 문학사에서 유례가 없는 발상이었다. 「아몬틸라도 술통 The Cask of Amontillado」에서 1인칭 화자는 자신에게 모욕을 준 사람을 산 채로 벽에 묻었고, 「절름발이 개구리 The frog hops」에서는 어릿광대가 왕과 대신들에게 꽉 조이는 원숭이 의상을 입혀 놓고 자신은 횃불을 들고 그들 옆에 바짝 붙어 서 있었다. 이처럼 포는 현실에서는 감히 할 수 없는 복수를 통해 스스로에게 보상했다.

레닌 역시 복수심으로 활활 불타올랐다. 열일곱 살 때 형이 차르 암살을 모의한 혐의로 체포되어 처형당한 것을 결코 잊지 않았다. 마르크스는 여러 전기 작가들의 일치된 견해에 따르면 자신의 진가를 몰라주는 사회 체제에 새로운 유토피아 사회의 설정으로 복수했다. 또한 그가 경쟁자와 이념적 선행자들을 얼마나 미워했는지는 이미 16장에서 설명했다. 싸구려 하숙집을 전전하며 엽서나 그리던 히틀러가 정치에 투신한 것은 자신의 다른 모든 능력이 사회에서 받아들여지지 않았기 때문이다. 토마스 만이 1939년에 쓴 글을 함께 읽어 보자. 히틀러는 "10여 차례나 실패한 아무짝에도 쓸모없는 자의 곪아가는 복수심에" 사로잡혀 "공포와 사랑, 경탄, 부끄러움으로 스러져 가는 세계가 한때 세계로부터 멸시받은 자의 발아래 무릎을 꿇는 것을 보는 것이 꿈이었다".

만일 신체적 결함이나 불운한 운명에 대한 보상 충동과 복수심에서 완전히 자유로운 사람이 위대한 무언가를 이루어 내려면 최소한 실패라도 겪어야 된다. 아이슬러는 괴테에 관한 두꺼운 책에서 이렇게 말한다. "위대한 사랑시가 탄생하려면 완성된 사랑이 아니라 이루어지지 못한 사랑이 필요하고, 천재는 '가능한 최대치의 좌절'을 겪어야만 선천적 재능을 작품으로 바꿀 수 있다."

　아이슬러의 말이 옳다는 것은 일흔넷의 괴테가 1823년 9월 마리엔바트에서 열아홉 살의 처녀 울리케 폰 레베초Ulike von Levetzow에게 사랑에 빠진 사건에서도 알 수 있다. 황혼의 갑작스런 사랑에 도취된 괴테는 아직 결혼이 가능한 몸인지 확인하려고 의사 진단까지 받았고, 자신의 주군인 바이마르 공작에게 중매를 부탁하면서 신부에게 큰 집과 상당 액수의 연금을 약속하기도 했다. 그러나 울리케의 가족은 이 제안을 듣는 즉시 마리엔바트를 떠나 카를스바트로 향했고, 괴테도 그 뒤를 따랐다. 토마스 만의 표현에 의하면 "섬뜩하면서도 웃기고 창피스러운 상황"의 연속이었다. 그러다 마침내 작별의 키스 후 영원한 이별이 시작되었다. 괴테는 집으로 돌아가는 마차 안에서 그 유명한 시 「마리엔바트의 비가悲歌」를 쓰기 시작해서 바이마르에 도착했을 때 23개 연의 가슴 아픈 사랑시가 탄생했다.

　　　사랑의 형체는 그렇게 선명하고도 감동적으로 내 가슴에 남아 있다.
　　　진실한 심장 속에 불꽃으로 글씨를 새겨 넣은 것처럼.

마지막 연은 이렇게 끝난다.

　　　나는 모든 것을 잃어버렸다. 나 자신까지.
　　　얼마 전까지 신들의 총아였던 자가. (……)
　　　그들은 내게 천상의 재능을 가진 입을 주고는
　　　나를 파멸의 구렁텅이로 빠뜨렸구나.

　1년 뒤 괴테를 만난 하이네는 이렇게 묘사했다. "누렇게 뜬 얼굴은 미라 같았고, 치아가 없는 입은 불안스레 우물거렸다." 사랑의 실패가 부른 모멸감의 결과였을까? 아니면 원래 그런 상태에서 방년의 처자에게 구혼을 했던 것일까? 어쨌든 한쪽은 사랑을 받았고, 다른 쪽은 실연으로 괴로워하며 그런 마음을 비가에 담았다. 고통과 격정 없이는 위대한 것이 탄생하지 못한다. 압박감에 짓눌리거나, 악마에 쫓기거나, 알코올에 잡아먹힌 예술가들 중에는 그전에 위대한 작품을 만든 사람이 많다. 쾌활하고 건강한 사람이 그런 작품을 창작하는 일은 거의 없다.

# 30 내면의 고통

> 정말 행복한 사람이 어떻게 예술을 할 생각을 하는지 도무지 이해가 되지 않는다.
> —바그너(1853)

그렇다면 남는 것은 정신 분열증 환자, 자신과의 불화로 괴로워하는 사람, 악마가 들린 사람들(괴테의 생각으론 베토벤이 이 유형이다)이다. 이런 사람들한테는 굳이 궁지와 실패, 가난, 유배가 필요 없다. 또한 남들, 즉 더 강하고 더 아름답고 더 성공한 사람들과의 비교로 생기는 고통도 불필요하고, 질투뿐 아니라 다른 사람을 지배하려는 권력욕이 없어도 된다. 이들은 자신들을 끔찍하게 옭죄는 고통을 스스로 만들어 내기 때문이다.

루소와 쇼펜하우어, 포, 토마스 만이 그랬는데, 이는 이례적인 성취가 극복되지 않은 심적 갈등과 병행한다는 미국 산업 심리학자들의 견해와도 일치한다. 즉 노이로제 환자들이 돈을 더 많이 번다는 것이다. 릴케의 연인이었던 루 잘로메Lou Salomé는 육체적·심리적 고통으로 괴로워하는 릴케를 자신의 친구 프로이트에게 데리고 가서 치료를 받게 하지 **않고**, 창작을 위해서는 고통을 참아야 한다고 충고하는데, 이 충고는 산업 심리학에서 이야기하는 '사업가 정신'과 놀랄 정도로 유사하다. 위대한 화가 알프레트 쿠빈Alfred Kubin은 이 문제를 굉장히 날카롭게 간파하고 있었다. "내가 그림을 그리면서 한결같이 유지하는 것이 육체의 공포, 즉 가난의 공포, 질병의 공포, 노년의 공포이다. 심리 치료사들이 나를 찾아와 내 공포와 불안을 빼앗으려고 하면 나는 손사래를 치며 말한다. 공포는 포기 못할 내 재산이라고!" 말년의 피카소를 서둘러 많은 그림의 완성으로 거칠게 몰아갔던 것도 시간이 흘러가는 것에 대한 공포, 즉 임박한 죽음에 대한 반항 심리였다. 미켈란젤로의 소네트에는 뭐라고 적혀 있던가?

> 노략질하고 불태우는 것이 내게 양분을 주고
> 남들을 죽이는 것이 내 육신과 머리를 강하게 하는구나.

고전 작가들은 '내면의 조화'라는 아름다운 빛을 키워 왔다. 하지만 늦어도 쇼펜하우어 이후부터는 그것이 끝장났다. 그에게는 "내적 고통이 불멸의 작품을 만드는 모태"이자 천재의 본질이었다. 니체는 말한다. 쇼펜하우어처럼 재능과 "내적 불화"를 겸비한 사람이 철학하기에 **더 적합한** 사람이다. "제삼의 무언가를 낳기 위해서는 남자와 여자가 결합해야 하듯 서로 상반되는 것이 내면에서 짝을 이루는 것이야말로 천재의 작품을 낳는 근원이다!" 니체는 위대한 작가들의 영혼 속에는 "보통 어떤 형태의 파열이든 숨겨져 있다"고 말한다. 그들은 자신의 작품으로 "이 내면의 불결함에 복수"한다.

루소도 내면의 불결함을 느끼고 있었다. 아마 스스로 설정한 높은 도덕적 요구에 견주어 그만큼 실패한 삶을 살았던 사람은 없다. 자신의 표현에 따르면 그는 인생의 첫 5분의 3동안 빈들거리는 반항적 청소년에다 실패자였고, 때로는 부랑자와 비굴한 하수인이자 고등 사기꾼이었고, 때로는 여자의 피를 빨아먹는 기둥서방이었다. 거기다 자식 다섯을 직접 고아원에 맡기기까지 했다. 이런 사람이 인류 앞에 개혁가와 교육자의 포즈를 취하려면 내면의 긴장을 얼마나 견뎌야 했을까?

토마스 만도 내면의 불결함을 느꼈다. 동성애적 성향 때문이었다. 그는 이런 성향에도 불구하고 결혼해서 자녀를 여섯 명이나 낳았다. 그런데 그의 전기 작가들이 모두 동의하고 그의 일기에서도 직접 증명되는 바에 따르면, 동성애적 성향이 완전히 드러나는 것에 대한 두려움과 그 충동을 평생 억압하는 것이 토마스 만의 문학적 원동력이었다. 한 일기에서 그는 아들 클라우스의 벗은 몸을 보는 순간 가슴이 "황홀감"과 "감동"으로 가득 차는 것을 느꼈다고 적었다. 토마스 만은 소설 『베네치아에서의 죽음』에서 작가 구스타프 아셴바흐의 눈을 황홀하게 돌아가게 만든 아름다운 폴란드 소년을 그렸는데, 이런 소년을 실제로 베네치아에서 만나기도 했다. 하지만 충동에 굴복한 아셴바흐는 소설 속에서 파멸시켜 버린다. 반면에 자신은 현실에서 "지하의 그 개들을" 쇠사슬에 단단히 묶어 놓기 위해 스스로에게 고행과도 같은 혹독한 노동 윤리를 부과했다. 그가 청소년기의 친구에게 쓴 내용이다. 아마 그의 소설에서 반어적 차가움이나 거드름피우는 품위가 나타난다면 그것은 자신의 동성애적 성향에 울타리를 치려는 노력으로 보면 된다.

루소는 처벌받을 행위를 저질렀고, 토마스 만도 당시로서는 처벌 대상이던 행위를 억압해야 했다. 그런데 이런 경우보다 범죄와 관련해서 좀 더 빈번하게 나타나는 현상은 그것을 현실에서 실현하는 것이 아니라 허구 속에서의 묘사였다. 그것도 대리 만족이 아닐까 하는 의심이 들 정도로 생생하게 말이다. 범죄 행위 중에서도 작가들이 특히 관심을 보인 것은 살인이었다. 극작가 헤벨은 셰익스피어에 대해 이렇게 말했다. 그가 살인자를 만든 것은 "자신이 살인자가 되지 않으려는 자구적 행위"였다. 이것은 과도한 해석으로 들릴 수도 있지만, 한쪽으로 제쳐 두기에는 그 진실이 만만치 않다. 잔인한 살인 행위를 그렇게 상세하게 묘사하는 것이 혹시 작가들이 고백하는 것보다 훨씬 큰 쾌감을, 아니 실제 살인자보다도 훨씬 더 큰 쾌감을 그들에게 안겨 주는 것은 아닐까? 헤벨의 비극들은 피로 흥건했고, 클라이스트와 포도 문학적 쾌락 살인자였으며, 도스토옙스키 역시 세계 문학에서 가장 손에 땀을 쥐게 하는 살인 장면을 작품 속에서 극도로 상세하게 그려 냈다.

플로베르는 보바리 부인이 비소를 먹고 자살하는 장면을 지독히 상세하게 묘사한다. 작가 스스로 "혀에서 비소 냄새를 느끼고" 두 번이나 구토할 정도로. "혀가 입 밖으로 완전히 빠져나왔고, 눈알은 희번드르하게 돌아가더니 불 꺼진 둥근 램프처럼 창백해졌다. 만일 그녀의 영혼이 밖으로 나오려고 가슴뼈를 쿵쿵 두드리며 몸부림이라도 치는 것처럼 허파가 격하고 사납게 요동치지만 않았더라면 아마 그녀가 죽었다고 생각했을 것이다." 이런 식의 묘사는 몇 페이지나 계속 이어지는데, 리얼리티는 비소 맛을 느끼는 순간부터 판타지의 세계를 깨부순다. 디킨스도 현실과 상상의 경계를 지웠다. 그의 팬들은 그를 따뜻하고 유머가 넘치는 사람으로 알고 있었다. 그가 『올리버 트위스트*Oliver Twist*』에서 낸시를 잔인하게 목 졸라 죽이는 장면을 상세하게 묘사하기 전까지는 말이다. 그러나 그보다 더 충격적이었던 것은 작가가 이 장면을 마지막 순회 낭송회의 낭독 대목으로 선택했고, 그때 살인자와 희생자를 현실처럼 생생하게 묘사했다는 점이다. 현실과 상상의 경계 허물기는 여기서 멈추지 않는다. 그의 아들이 정원에서 죽음의 비명을 듣고 급히 나가 보니 아버지가 허공에다 대고 양손으로 누군가의 목을 누르고 있었다.

토마스 만 같은 골수 독신주의자나 디킨스 같은 빅토리아 시대의 의뭉스런 가장의 태도에 현혹되지 말자. 거기에는 무의식 속에서 울부짖는 야수를 억제하는 사람만 있을 뿐이다. 그와 상반된 태도를 보인 작가들도 있다. 예를 들어 실러는 동시대의 한 작가에 대해 이렇게 썼다. "그는 이상에서든 현실에서든 미덕이나 범죄를 대담한 방식으로 구현할 수 없는 사람이다. 그것은 좋지 못하다. 나는 최소한 둘 중의 하나라도 할 능력이 없는 사람하고는 친구가 될 수 없다." 괴테도 이런 말을 했다. "모든 예술가의 내면에는 대담함의 싹이 있다. 그것이 없는 재능은 생각할 수 없다." 토마스 만이 괴테의 입을 빌려서 하는 고백은 더욱 대담하다. "나는 이제껏 내가 저지를 수 없는 범죄는 들어 본 적이 없다." 에드가르 드가Edgar Degas도 이런 글을 남겼다. "그림은 범죄자가 범죄를 저지를 때와 똑같은 느낌으로 그려야 한다." 소설가 쥘리앵 그린Julien Hartridge Green은 일기에 이렇게 썼다. "나는 책을 쓰면서 '나'라는 인간의 토대가 되는 폭력적인 것을 속여 넘긴다. …… 나는 자신의 관자놀이로 향한 살인자의 총구를 바라보는 여자이면서 동시에 그 살인자이기도 하다."

영국의 소설가 그레이엄 그린Graham Greene은 수십 년 동안 자살에 가까운 시도들을 했다. 물론 한 번도 성공하지는 못했지만, 어쨌든 그는 열세 살 때 독풀 벨라도나를 먹은 것을 시작으로 열아홉 살에는 형의 권총으로 여러 차례 러시아 룰렛을 했다. 또한 회고록에서 밝히고 있듯이, 세상에서 가장 위험한 제삼세계 지역으로 여행을 떠난 것도 죽음을 건 도박이나 다름없었다. 이 모든 시도가 "지루함에 대한 공포" 때문이자, 아드레날린이 콸콸 쏟아져 나오거나 순간적으로 강렬한 감정에 휩싸이게 될 거라는 기대 때문이었다. 그런 그에게 일종의 치료제가 된 것이 글쓰기였다. 가끔 그는 이렇게 자문한다. "글을 쓰거나 음악을 만들거나 그림을 그리지 않는 사람들은 현존재에 내재하는 광기와 우울증, 공황 상태의 공포에서 어떻게 도망치는 것일까?"

현존재로부터의 도주, 이것은 많은 위대한 작품들을 만들어 낸 동력이다. 창조적 인간은 세상 살아가는 것이 남들보다 더 고통스러울 수밖에 없는 병자나 주변인이 대부분인데, 이런 사람들은 자신이 만든 현실을 통해 실제 현실에 대항할 힘을 자기 속에서 발견한다. 프로이트는 말한다. "예술가는 원래 현실을 등진 사람들이다. 왜냐하면 그는 욕구 충족을 포기하라는 현실의 요구를 받아들일 수가 없고, 자신의 관능적이고 공명심에 불타는 소망을 판타지 세계 속에서 실현시키기 때문이다. 그러나 예술가는 특별한 재능을 이용해서 자신의 판타지를 현실의 새로운 양식, 즉 남들로부터 현실의 귀중한 모사로 인정받을 수 있는 그런 새로운 양식으로 형상화함으로써 판타지 세계에서 현실로 돌아가는 길을 발견한다. 이런 식으로 예술가는 영웅이 되고, 왕과 창조주, 그리고 그렇게 되고 싶어 하던 사랑받는 사람이 된다. 외부 세계를 실제로 바꾸는 폭력적인 우회로를 개척하지 않고서 그렇게 되는 것이다."

그러나 이것은 실패할 때가 많은 외줄타기다. 외줄타기 기술을 능수능란하게 구사하든, 아니면 좌절과 타협하는 게 더 쉽든 간에 이 과정에서 많은 위인들이 **알코올**이나 더 나쁜 약물의 세계로 도망친다. 고통스러운 긴장과 내면의 혼란에는 환각제만큼 좋은 것이 없기 때문이다. 영혼의 갈등으로부터 도망치려는 사람이 그렇고, 환각 상태에서 이런 갈등을 쥐어짜 작품의 통일성을 만들어 내려는 사람도 그렇다. 이때 원래 의도가 무엇이었는지, 그 의도가 어디까지 인식될 수 있는지, 또 상승과 마비, 파괴의 경계가 어디쯤인지 결정 내리는 것은 불가능하다. 다만 분명한 것은 창작하는 사람들의 마약 의존율이 시대의 평균치보다 몇 배 이상 높다는 사실이다.

술은 대뇌 피질의 통제에 맞서는 우리 본능의 영원한 투쟁을 강화시켜 주는 역할을 한다. 그래서 뇌의 통제에 브레이크를 겚으로써 교육과 도덕, 이성의 영향력을 차단한다. 이것은 다시 판타지에 날개를 달아 주고 창작력을 높일 뿐 아니라 앞서 언급한 실러의 충고, 즉 인간의 오성은 쇄도해 들어오는 착상들을 "너무 날카롭게, 그리고 문 앞에서부터 일일이 검사" 해서는 안 된다는 충고를 따르기 쉽게 한다.

리히텐베르크는 아침 식사를 포도주로 시작하면서 이렇게 말했다. "많은 위대한 행위와 생각들의 뿌리를 더듬어 가다 보면 코르크 마개로 막아 놓은 이 병들이 없었다면 아마 그중에는 세상에 빛을 보지 못한 것들이 많았을 거야." 괴테는 평생 하루에 포도주 두세 병을 마셨다고 『서동시집 *Westöstlicher Divan*』에서 밝히면서 이렇게 덧붙였다. "술을 마시면 올바른 것을 안다." 에커만에게는 이렇게 말했다. "포도주에는 무언가를 창조해 내는 중요한 힘들이 있네. 하지만 문제는 술을 마시는 시점과 경과 시간, 상태이지. 누구에게는 도움이 되는 것이 누구에게는 해가 되기도 하지." 말술로 소문난 E. T. A. 호프만과 뮈세도 알코올이 가져다주는 풍요로움에 열광했다. 뮈세는 '색청色聽'[1]을 자랑했을 뿐 아니라 호프만과 비슷하게 정신이 혼미할 때면 '색깔과 소리, 향기의 일치'를 느꼈다. 하지만 밤중에도 강박 관념과 환영에 대한 공포에서 비명을 질렀다. 물론 그런 환각 상태가 그의 작품에 풍성함을 제공할 가능성은 언제나 존재했다.

유명한 술꾼으로는 알렉산드로스 대왕, 작곡가 글루크, 베토벤, 말년의 슈베르트, 폴 세잔Paul Cézanne, 고흐, 슈티프터, 고리키, 와일드, 런던, 조이스, 헨리 밀러Henry Valentine Miller, 헤밍웨이(말년에는 하루에 독주를 두세 병 마셨다고 한다)를 들 수 있다. 이들 중 상당수는 단순히 우울증에서 벗어나려고 술을 마신 것이 분명하다. 반면에 키가 몹시 작았던 켈러는 저녁이면 술집에 들러 술이 얼큰히 취하면 강한 팔 힘과 기습 공격으로 때려눕힐 수 있는 키 큰 남자들을 찾곤 했다. 주기적 폭음증 환자였던 포크너는 1949년 노벨상 수상 소식을 들었을 때도 잔뜩 술에 취해 있었다. 처음에는 생계를 위해 글을 써야 하는 상황에 대한 절망에서 술을 마셨고, 두 번째는 결혼에 대한 절망으로, 세 번째는 소설을 한 권 끝낼 때마다 진탕 술을 마셨다. 결국 그는 알코올 중독자 치료소에서 숨을 거두었다.

죽도록 술을 마신 사람들도 있었다. 베를렌은 쉰한 살에, E. T. A. 호프만은 마흔여섯 살에, 로트는 마흔네 살에 그렇게 술을 마시다가 죽었다. 로트는 한 인물화 밑에다 이렇게 썼다. "이것이 진짜 나다. 악하고 늘 술에 빠져 지내지만 영리한 인간이다." 모데스트 무소륵스키Modest Petrovich Musorgskii는 마흔두 살에 알코올 과다 복용으로 목숨을 잃었고, 로트레크는 서른여섯 살

---

[1] 소리의 자극을 통해 특정한 색채 감각이 일어나는 현상. 예를 들어 음악에서 높은 소리는 밝은 빛으로, 낮은 소리는 어두운 빛으로 느껴지는 현상.

에, 그라베는 서른다섯 살에, 알프레드 자리Alfred Jarry는 서른네 살에, 존 윌멋John Wilmot은 서른세 살에 죽었다. 로체스터Rochester 백작이기도 했던 윌멋은 죽기 직전에 자신이 5년 동안 줄곧 술에 취해 살았던 것을 자랑한 17세기의 괴팍한 시인이었다.

술 다음으로 진정한 의미의 도취제가 있다. 해시시와 코카인, 메스칼린, LSD, 최근에 나온 무수한 각성제와 진정제, 그리고 주로 예전에 사용되던 아편이 그것이다(모르핀과 헤로인도 아편에서 나왔다). 아편은 우선 사람을 흥분시키고 그 다음엔 진정 작용을 하고, 어떤 형태의 통증이든 가라앉히고, 복용량이 많으면 꿈과 환각 상태의 수면으로 이끈다. 1822년 드퀸시는 『어느 아편 중독자의 고백Confessions of an English Opium Eater』에서 이렇게 썼다. "아편이 주는 천상의 충만함을 한번 맛본 사람이라면 그 뒤부터는 투박하고 일시적인 향락에 그치는 알코올에 손을 대지 않을 것이다." 아편은 통증을 진정시키는 유일한 만병통치약이자, "삶의 끔찍한 역겨움을 치료해 줄" 가장 강력한 약이자, "부활의 영약"이다. 세상에는 누가 뭐라고 하든, 도덕보다 높은 목적을 위해 마약의 힘을 빌린 사람들이 있고, 이들은 마약 속에서 "자신의 존재가 신적인 영역으로 비상하는 것"을 느낀다.

아편과 해시시를 통해 "인공 낙원"에 들어간 보들레르는 마약류가 어떻게 인간의 정신과 감각을 예외적 상태로 바꾸는지, 사람을 어떻게 높은 수준으로 끌어올리는지를 입이 마르도록 칭찬했다. 여기서 인간의 체험 능력은 환상적인 영역으로 상승한다. 그런데 그는 이 낙원에 유죄 판결을 내리기도 한다. "약물의 환락은 더 이상 영감과 형제가 아니다. 생산적인 작가에게 필요한 단 한 가지는 영양이 풍부하고 규칙적인 식사이다. 영감은 일상적 노동과 형제이다." 하지만 인공적 이상향을 향한 그의 여행은 그 뒤로도 이어졌고, 이따금 발자크와 위고도 동참했다. 그 밖에 콜리지와 하이네, 쿠빈, 콕토 역시 아편을 피우고 아편의 역할을 찬양했다.

1954년 영국 작가 올더스 헉슬리Aldous Leonard Huxley는 이런 내용의 글을 썼다. 인간은 "화학적 휴가" 없이 어떻게 삶을 견뎌 낼 수 있을까? 우리의 뇌는 무한한 현상들 중에서 우리의 생존에 도움이 되는 것들만 통과시키는 필터이다. 그래서 생물학적으로 쓸모가 없는 다양한 현상들이 우리 속에서 일어나기 위해서는 도취가 필요하다. 메스칼린은 평소에는 예술가들만 인지하는 것을 평범한 사람도 볼 수 있게 돕는다. 춤추는 색깔, 부풀어 오르는 색깔, "황금 불빛의 느릿느릿한 윤무", "아름다움의 홍수"가 그런 예인데, 이것들은 시공간과 상관없고, 무언가를 해야 한다는 강요도 없이 사물들의 너무나 분명한 황홀함에 동참하는 것일 뿐이다. 고흐는 신경 치료원에서 동생에게 이렇게 썼다. "이 여름 내가 성취했던 숭고한 노란 색조에 이르기 위해서는 상당한 자극이 필요했다." 피카소의 전기 작가 존 리처드슨John Richardson은 "「아비뇽의 처녀들」에서 나타나는 환각적 황홀함"이 해시시와 에테르, 아편, 혹은 다른 도취제의 영향일 거라는 추측을 내놓았다.

벤은 우리의 삶에 무언가 "도발"이 필요하다고 말한다. "색깔이 점점 섬세해지고, 사물들 사이로 기적이 비치고, 자아가 무너져 내리고 …… 엄청난 능력의 뇌는 우유가 아니라 알칼로이드[2]를 통해 강화된다." 뇌와 같이 고도로 우수한 기관은 물망초처럼 지하수로 물을 줄 수는 없다. 대신 모파상은 에테르를 권한다. 이것은 "생경한 느낌의 도취를 일으키고, 사고력을 무한대로 날카롭게 한다. …… 마치 인식의 나무에서 과일을 따먹는 느낌이라고 할까!" 그런데 이런 모파상도 에테르와 아편, 코카인, 알코올보다는 매독균 때문에 죽었다. 아편 중독자 드퀸시 역시 사르트르와 마찬가지로 수십 년 동안 술과 담배, 각성제에 찌들었으면서도 일흔넷까지 살았고, 소설가 윙거는 다양한 마약들을 실험하면서도 100세를 넘겼다. 물론 반대의 경우도 많다. 모파상 외에 마약과 알코올의 치명적 혼용으로 자기 파멸에 이른 사람들을 거론하자면, 팔라다는 쉰세 살에, 신경 안정제를 날마다 100알

---

[2] 중요한 생리·약리 작용을 일으키는 식물 속의 유기화합물. 니코틴, 모르핀, 카페인 따위가 있다.

씩 복용한 잉게보르크 바흐만Ingeborg Bachmann은 마흔일곱 살에, 보들레르는 마흔여섯 살에, 수면제와 각성제 외에 매일 맥주를 서른 병까지 몸속으로 쏟아 부은 프랜시스 스콧 피츠제럴드Francis Scott Key Fitzgerald는 마흔넷에, 포는 마흔에 죽었다.

포는 마약이 일으키는 생산적 기능과 파괴적 작용이 어떻게 서로 침투하는지를 특히 뚜렷하게 보여 주는 예이다. 그는 때로는 이제껏 경험하지 못한 정신적 고양과 환상을 접하게 될 거라는 희망 속에서, 때로는 자신이 처한 현실에 대한 절망 속에서, 때로는 자기 속의 이성적 인간과 환시적 인간 사이의 끊임없는 대결을 감당할 수 없어서 마약과 술의 세계로 도피했다. 한마디로 불안정하고 극도로 예민한 예술가의 영혼이 어떻게 중독의 유혹에 굴복하는지, 그리고 도취의 몰락 속에서 내면의 환상이 얼마나 생산적으로 발전하는지 잘 보여 준다.

포는 스물두 살 때 아편을 시작했는데, 당시는 슈퍼마켓에서 진통제로 아편을 팔던 시절이었다. 그는 죽기 1년 전 아편 과다 복용으로 자살을 기도하기도 했다. 술은 싫어했고 받지도 않았다. 하지만 효과는 좋아했다. 그는 한 잔만 마셔도 흥분 상태에 빠지면서 온갖 불안과 공포를 내던졌고, 산들린 듯이 말을 쏟아 냈다. 아내가 고통스럽게 천천히 죽어 가는 것을 하릴없이 지켜보아야 할 때는 더욱 알코올에 의지했고, 생애 마지막 3년 동안은 우울증과 정신 착란 사이를 오가며 보냈다. 하지만 그러면서도 아편과 술이 만들어 내는 환각을 이성으로 제어해서 소설로 전환시키는 것을 중단하지 않았다.

포는 마흔 살에 최후를 맞았다. 한 친구가 그를 술집에서 찾아냈다. 씻지도 않은 남루한 차림에 얼굴은 부어 있고 의식은 오락가락했다. 병원으로 끌려간 포는 심한 경련을 일으켰고, 의사의 말에 따르면 "벽에 뭔가 이상한 것이 보이는지 벽을 보고 막 뭐라고 질문을 던졌다". 사흘째 되던 날 의사가 약간 정신이 돌아온 것 같은 환자에게 어떻게 해 주었으면 좋겠느냐고 물었다. 그러자 "포는 갑자기 비명을 지르며, 지금 자신에게 가장 좋은 것은 자기 머리에다 총알을 박아 주는 것"이라고 격하게 말했다. 이튿날 마침내 그는 자신과 세상에 대한 기나긴 싸움을 끝냈다.

오스트리아의 서정 시인 게오르크 트라클Georg Trakl은 더 일찍 삶을 끝냈다. 청소년기부터 클로로포름과 에테르에 취해 있었던 그는 나중엔 대부분의 마약을 다 시험해 보았다. 그것도 매일 포도주 1~2리터와 같이 마시면서 그렇게 했다. 그는 자신의 "온갖 걱정으로 찌든 이 하잘것없는 육신"이어서 끝나기를 바랐고, 결국 스물일곱 살에 코카인 과다 복용으로 세상을 떠났다. 자살이었을까? 정확한 건 알 수 없지만 어느 정도까지는 그럴 의도가 있었던 게 분명하다. 그런 면에선 그라베와 고골, 디젤도 비슷하다. 그라베는 마치 "스스로를 마시는 것처럼"(하이네의 표현) 술을 마시다 죽었고, 고골은 단식으로 죽었으며, 디젤은 영국으로 배를 타고 가던 도중에 고요한 바다에 빠져 죽었다.

마약이나 알코올 중독도 그렇지만 위인들은 자살률도 일반인의 평균치를 훌쩍 뛰어넘는다. 그런데 헤밍웨이처럼 예순한 살에 스스로 목숨을 끊었다면 그 동기는 무엇일까? 내면의 에너지가 모두 소진돼서? 긴 삶이 지루해서? 아니면 그전까지 창작의 원동력이었던 내면의 긴장감이 이제는 사람을 지칠 대로 지치게 해서? 어쨌든 쉬이 결론을 내릴 수 없는 것이 사실이다. 반면에 채터턴처럼 열일곱 살에 삶을 마감한 사람이라면 해석은 하나로 모아진다. 외부 세계와의 불화나 내적 갈등을 이기지 못하고 스스로 무너졌을 가능성이 크다. 함순은 "청소년기에 죽은 미지의 재기들을" 예찬했다. "그들은 자신의 영혼 때문에 파멸한 사람들로서 아직 살아 있을 때 우리가 마주쳤을 멋진 반딧불이다."

독일 서정 시인 발터 칼레Walter Calé는 스물두 살에 자살했고, 오토 바이닝거Otto Weininger는 스물세 살에, 트라클은 스물일곱에, 미국 시인 실비아 플래스Sylvia Plath는 서른에, 클라이스트와 그라베는 서른넷에, 고흐는 서른일곱에, 잭 런던Jack London은 마흔에, 체사레 파베세Cesare Pavese는 마흔하나에, 라이문트와 네르발, 부르거는 마흔여섯에, 그리고 파울 첼란Paul Celan과 버지니아 울프(주머니에 돌멩이를 채우고 강물에 들어갔다)는 오십대에 죽었다. 그 밖에 슈테판 츠바이크는 예순 살에, 몽테를랑은 칠십대에 스스로 목숨을 끊었다. 만일 자살이 비관주의의 일관된 결과라면 발레리의 다음 테제는 확실히 옳다. "낙관주의자는 글을 잘 쓰지 못한다."

실패한 언론인이자 성공하지 못한 작가였던, 땅딸막하고 세상일에 미숙한 클라이스트만큼 자살이 극적이고 그 동기가 상세히 밝혀진 사람은 없다. 그는 "이상한 부조화"로 가득 찬 지극히 혼돈스러운 삶을 살았고, "인간 세상의 모든 불협화음을 남들보다 더 깊고 쓰라리게 느끼는 불행한 재능" 때문에 더더욱 괴로워했으며, 극도로 높은 갈망과 스스로에 대한 불만, 그리고 총체적 실패 사이에서 갈기갈기 찢겨져 나간 인물이었다. 그런 사람이 "가슴에서 피를 토하는 심정으로" 비극 「펜테질레아」를 썼고, 괴테와 실러도 이루지 못한 일, 즉 위대한 비극 작가이면서 동시에 희극도 썼으며, 셰익스피어와 도스토옙스키처럼 익살과 해학을 갖추었고, 위대한 희극 「깨어진 항아리」를 남겼고, 그러면서도 다른 희극 작가들처럼 결코 남을 모방하거나 표절하지 않았다. 토마스 만에 따르면 그의 「암피트리온Amphitryon」은 "세상에서 가장 익살스러우면서도 우아하고 지성이 넘치는, 심오하고 아름다운 희곡"이었다.

"아, 사는 게 구역질난다." 클라이스트가 「암피트리온」을 쓰기 5년 전에 내뱉은 말이다. 자살을 예고한 그의 편지들 속에는 삶에 대한 격분과 죽어감에 대한 황홀함이 넘쳐난다. 죽기 이틀 전에 그는 이렇게 썼다. "나는 죽는다. 지상에는 더 이상 배울 것도 얻을 것도 없기 때문이다." "진실을 말하자면 이 세상에는 어떤 것도 나를 도와주지 못한다." 그는 "승리의 노래"를 부르며 "이제껏 느껴 보지 못한 거친 소용돌이 같은 행복감"에 젖었고, "이 세상 누구보다 더 고통스러웠던 삶"을 "이 세상 어떤 죽음보다 더 우아하고 관능적으로" 마무리 지었다.

　니체는 클라이스트가 사랑받지 못해서 파멸했다고 썼다. "비범한 사람들을 자기 안으로 깊이 파묻어 버려서 그들이 다시 밖으로 나올 때마다 화산 폭발 같은 현상이 일어나도록 하는 것은 끔찍한 처방이다. 하지만 그렇게 끔찍한 환경을 견뎌 내고 삶에 대해 승리의 찬가를 부른 반신半神들도 있다. 만일 그런 사람들의 고독한 노래를 듣고 싶다면 베토벤의 음악을 들어라."

# 31 천재의 아내들: 예술 후원자, 하녀, 혹은 하이에나?

> 천재의 아내는 그를 먹여 주고 씻겨 주고 입혀 주어야 하고, 그의 작품을 무수히 베껴 써야 한다. 또한 그를 사랑해야 하고, 그가 편안히 쉴 수 있도록 질투심을 유발해서는 안 되고, 그가 낳은 무수한 아이들을 키우고 교육시켜야 한다. 천재는 에픽테토스와 소크라테스, 부처 같은 인물들과 교류를 가지고, 그들과 똑같은 사람이 되려고 애쓰느라 시간이 없기 때문이다.
> ─소피아 안드레예브나 톨스토이

자신과 세계와의 불화를 창작의 동력으로 전환시킬 줄 아는 예술가들, 그러니까 기형으로 태어나고 업신여김 받고 정신 분열증에 시달리던 모든 천재들은 아내들과 어떤 관계였을까? 그들의 아내는 예술 창작의 날개였을까, 방해물이었을까? 아니면 인자한 어머니였을까, 나쁜 계모 같은 존재였을까? 천재들은 타인이 자기 곁에 너무 가까이 있고, 자신을 배려해 주는 것을 두려워했던 건 아닐까?

돌이켜 보면 섹스와 담을 쌓고 살았던 위인은 심심찮았다. 뉴턴과 칸트가 그랬을 것이고, 스위프트와 아돌프 폰 멘첼, 카를 12세, 프리드리히 대왕이 그랬다. **동성애자**는 더 많았다. 마치 동성애적 성향과 예술적 창작 사이에 무슨 특별한 내적 관련성이라도 있는 것 같았다. 어쨌든 분명한 것은 동성애의 경우, 많은 창조적 인간들이 의지했던 고독이 더 쉽게 유지될 수 있었다. 또한 후손을 기대할 수 없다는 것도 지상에서의 고통을 경감시킨 것이 틀림없다. 동성애자들로는 다빈치와 미켈란젤로, 앤디 워홀Andy Warhol, 잭슨 폴록Paul Jackson Pollock, 헨델, 차이콥스키, 레너드 번스타인Leonard Bernstein, 베를렌, 랭보, 프루스트, 지드, 콕토, 장 주네Jean Genet, 쥘리앵 그린, 플라톤, 타소, 로르카, 미국 시인 휘트먼, 헨리 제임스Henry James, 영국의 크리스토퍼 말로, 와일드, 로런스, 위스턴 휴 오든Wystan Hugh Auden, 앵거스 윌슨Angus Frank Johnstone Wilson, 독일어권에서는 빙켈만, 플라텐, 비트겐슈타인, 클라이스트 (그럴 가능성이 농후하다), 그리고 평생 그 성향을 억누른 토마스 만이 있다.

니체는 거의 성생활을 즐기지 않았다. 그건 카프카도 마찬가지였다. 카프카가 1912년에 쓴 일기를 들추어 보자. "어쨌든 내가 애인을 견디지 못하는 것은 슬퍼할 일이 아니다. 또한 내가 사랑에 대해 아는 것이라고는 딱 음악 정도에 불과하고, 그것의 지극히 피상적인 작용만으로 만족해하는 것도 결코 슬퍼할 일이 아니다." 1913년에는 수년간 자신의 신부였던 펠리체 바우어Felice Bauer에게 이렇게 썼다. "글을 쓰는 사람은 아무리 혼자 있어도 질리지 않고, 아무리 주위가 조용해도 싫증나지 않아요. 밤이 너무 짧아요." 1915년에는 이런 기록이 보인다. "나는 내 일만을 위해 존재하는 환상적인 삶에 대한 요구를 포기할 생각이 없다." "펠리체는 평범한 삶과 편안한 집, …… 그리고 저녁 11시에 잠들 것을 원한다." 그녀는 카프카가 멋대로 한 시간 반을 빨리 돌려놓은 시계를 "다시 제 시간에 맞추어 놓기도" 했다. 이것은 카프카로서는 견딜 수 없는 일이었고, 결국 결혼 생활은 더 이상 지속되지 못했다. 그런데 생의 마지막 해에 '도라 디아만트Dora Diamant'라는 다른 여성과 동거하게 되는데, 그는 이것을 가리켜 "역사적으로 나폴레옹의 러시아 원정에나 비교할 수 있을 정도로 무모한 사건"이라고 불렀다.

니체는 철학자가 결혼하는 건 "코미디"라고 생각했다. 그래서 그런지 철학자 중에는 독신이 많다. 데카르트, 로크, 스피노자, 파스칼, 라이프니츠, 쇼펜하우어, 키르케고르가 그렇다. 또한 이런 철학자들 말고 스탕달과 플로베르, 코페르니쿠스, 라파엘로, 고흐, 베토벤, 슈베르트, 브람스, 쇼팽, 리스트도 독신이었다. 오스트리아의 극작가 그릴파르처는 청소년기의 여자 친구 카티 프뢸리히Kathi Frëhlich와 51년 동안 "약혼 상태"로만 지냈다. 그렇게 50년이 지난 뒤 마침내 결혼 신청을 하자 이제는 여자가 그것을 거부했다. "다 늙어서 부엌데기 노릇을 하기는 싫다"는 것이다. 그릴파르처는 일기에서 "그녀를 괴롭히고, 그녀를 통해 나를 괴롭힐 악마적인 즐거움"이 없어진 것을 한탄했다. 하지만 그의 배우자는 예술이었고, 예술이 현실 속의 여자와 맺어지는 것을 더욱 힘들게 했다. "지속적으로 방해나 일삼고 나의 내면에 개입하는 것을 견딜 수 없다." 카티는 그에게 그저 "모든 사람 중에서 가장 적게 증오하는 사람"일 뿐이었다.

기왕 결혼을 했다면 아이는 낳지 않는 것이 좋다. 렘브란트는 아내가 죽고 아들에게 좋은 아버지가 되려고 노력하면서 창작력이 급격하게 떨어졌다. 위대한 남자들은 대개 나쁜 아버지였다. 아이슬러는 괴테에 관한 연구서에서 이렇게 말한다. 자식은 천재에게 갈등을 야기한다. 괴테는 현실 속의 친자식이 '문학 작품'이라는 자신의 또 다른 자식을 만들려는 충동을 방해할 수도 있다고 느낀다. 또한 어쩔 수 없이 이 작품을 현실 속의 자식과 비교하면서 괴로워한다. 그가 둘 중 어느 자식을 덜 숭고하게 생각하느냐에 상관없이 그랬다.

아이슬러의 이런 주장에 단서를 제공한 것은 괴테 자신이었다. "아들이 여섯인 아버지는 자신이 원해서 그리된 것은 아니더라도 실패한 사람이다." 괴테가 에커만에게 한 말이다. 그의 외아들 아우구스트 폰 괴테August von Goethe는 만일 아버지가 아들을 "완전한 자기 포기"로 몰아가지 않았더라면 얼마든지 평범하고 만족스러운 삶을 살 수 있었을 지적인 남자였다. 아우구스트는 결혼 뒤에도 매일 아침 아버지를 찾아가 문후를 드리고 그날그날 해야 할 일을 여쭈었다. 또한 아버지 집의 살림을 총감독했고, 아버지의 수집품들을 정리했으며, 저녁에 만찬이 있는 날이면 아버지를 대신해서 아버지의 축시를 낭송해야 할 때도 많았다. 그런 아들이 마흔 살에 알코올 중독자로 삶을 마감했다.

"위대한 남자들은 아들을 낳아서는 안 된다." 토마스 만의 아들 클라우스 만이 일기에 쓴 글이다. 아들은 아버지의 "얼음장처럼 차가운 태도"를 한탄했다. "아버지는 …… 한 번도 관심을 보여 주지 않았고, 한 번도 진지하게 나를 대하지 않았다." 클라우스가 마흔두 살에 삶을 끝내자 아버지는 일기에, 아이의 엄마와 누이들이 불쌍하고, 자살은 상처를 주고 불쾌하고 잔인하고 무자비한 일이라고 적었다. 토마스 만은 막내아들 미하엘Michael이 원해서 태어난 아이가 아니라고 여겼고, 나중에는 아들도 그것을 느끼게 했다. 골로 만의 이야기에 따르면, 다섯 살 미하엘이 성탄 구유의 인물 인형을 깨뜨리자 크리스마스트리 옆에 서 있던 아버지가 이렇게 소리쳤다고 한다. "이 아이는 대체 왜 태어난 거야?"

하지만 다른 경우도 있다. 요한 제바스티안 바흐는 스무 명의 자식을 낳았고, 그중에서 아홉은 아버지보다 오래 살았으며, 넷은 아버지와 마찬가지로 작곡가로서 명성을 날렸다. 카를 필리프 에마누엘Carl Philipp Emanuel, 빌헬름 프리데만Wilhelm Friedemann, 요한 크리스티안Johann Christian, 요한 크리스토프 프리드리히 바흐Johann Christoph Friedrich Bach가 그들이다. 이처럼 어디서든 예외는 존재하기 마련이다. 반면에 피카소는 규칙에 가까운 사람이었다. 그는 한 도공이 결정적인 순간에 가마가 꺼지는 것을 막으려고 가구까지 부수어 불을 땠다는 이야기를 무척 좋아했는데, 이 이야기를 하면서 이렇게 덧붙이곤 했다. "필요하다면 나는 심지어 마누라와 애들까지 던져 넣어 버렸을 거야." 농담처럼 껄껄 웃으며 이런 말을 했지만, 그런 마음이 조금이라도 없었다면 누가 이런 농담을 쉽게 하겠는가?

위인들의 결혼 생활에서 아내는 하녀 아니면 간병인, 혹은 예술 후원자 아니면 매니저였다. 그 밖에 남편의 길을 가로막는 짐일 경우도 많았고, 희생자일 경우는 더 많았으며, 또 가끔은 온 가정을 일종의 유배지로 바꾸어 놓는 분노의 여신이기도 했다. 하이든 부인과 발자크 부인은 남편의 신경을 극한까지 건드리는 사람이었고, 하이네는 "베수비오 화산" 같은 아내 밑에서 죽어지냈다. 반면에 슈만과 고갱, 스트린드베리, 조이스, 브레히트는 아내를 괴롭히는 유형이었다. 결혼 생활이 전반적으로 평화로웠다면 그것은 아내들이 남편의 작품을 숭상하는 후원자이거나, 아니면 남편을 하늘처럼 떠받들고 사는 하녀이거나 둘 중 하나였다. 바그너와 토마스 만, 달리는 전자이고, 루소와 괴테는 후자에 속했다.

가장 빈번한 것은 남편과 작품을 동시에 떠받드는 하녀의 유형이었다. 이럴 경우 아내는 앞서 6장에서 언급한 밀레바 아인슈타인 Mileva Einstein (처녀 적 이름은 밀레바 마리치)처럼 남편과 같은 급의 동료일 수도 있고, 수잔나 입센 Suzannah Ibsen처럼 남편을 억지로 책상에 앉힌 사람일 수도 있다. 입센의 아들은 이렇게 썼다. "아버지는 천재였고 어머니는 강단 있는 분이었다." 입센 본인의 말도 크게 다르지 않다. 아내는 "내게 정상으로 가는 길을 가르쳐 준 독수리였다." 그 밖에 토마스 만의 아내 카트야 만은 『마의 산 Der Zauberberg』의 소재를 일부 제공했을 뿐 아니라 작품 완성에도 자극제 역할을 톡톡히 해냈다. 토마스 만의 아들인 골로 만의 보고에 따르면, 소설의 배경이 되는 다보스에 불과 몇 주밖에 머물지 않았던 아버지가 도시의 환경과 무수한 인물 유형을 그렇게 생생하게 묘사할 수 있었던 것은 어머니의 상세한 편지 덕분이었다. 카트야 만의 역할은 여기서 그치지 않는다. 궁핍의 시기에도 남편의 밥상에는 여섯 자식들보다 더 나은 음식을 올리려고 무던히 노력했고, 세속의 모든 불쾌한 일들로부터 남편을 지켜 주었으며, 남편이 오로지 작품에만 전념할 수 있도록 내면의 안식과 평화를 제공했다. 순종적인 하녀의 표상이었다. 거기다 남편의 동성애적 본능이 드러나지 않도록 잘 다독이는 역할까지 했다. 반면에 소크라테스와 바이런, 슈만, 베를렌, 와일드, 달리는 결혼을 하고도 동성애를 즐겼다.

봉사하는 아내들 중에는 남편의 매니저 노릇을 한 사람도 있었다. 아들 요한 슈트라우스의 아내 헨리에테 슈트라우스 Henriette Strauss가 그랬는데, 사생아가 일곱씩이나 딸린 일곱 살 연상의 그녀는 남편의 비위를 잘 맞추어 주었고, 남편의 예술 작업도 인도했다. 이런 아내가 15년 뒤에 죽자 남편은 마치 보호자를 잃은 것처럼 어쩔 줄 몰라 했다. 많은 초현실주의 화가들의 후원자였던 엘레나 디아라노프Elena Diaranow는 1929년 자신을 '갈라Gala'라고 부르는 열한 살 연하의 달리에게 애정을 쏟았고, 1935년에 그와 결혼한 뒤로 50년이 넘게 남편을 돌보아 주었다. 그것도 남편의 괴상한 자기표현을 미술 시장의 전략적 대상으로 삼고, 어떤 때는 괴상한 자기표현에서 본인이 남편을

**슈트라우스 부부** 아들 요한 슈트라우스는 세 번 결혼했다. 첫 결혼의 상대는 일곱 살 연상에 자식이 일곱이나 딸린 소프라노 가수였는데, 그녀는 15년 동안 우울증에 사로잡힌 괴팍한 남편의 매니저 역할을 했다. 요한은 첫 아내가 죽은 지 7주 만에 스물다섯 살 연하의 애인과 결혼했지만, 그녀는 4년 뒤 그를 떠났다. 마지막 결혼 상대는 서른두 살이 적은 아델레였다. 이때 그의 나이는 이미 예순한 살이었는데, 그녀는 12년 동안 늙은 남편을 편안히 돌보아 주었다.

뛰어넘는 특별한 재능을 발휘하면서 말이다. 일례로 그녀는 자신이 주최한 뉴욕의 한 무도회에 개미가 파먹고, 인광이 번뜩이는 바닷가재 집게다리로 받친 아기 인형을 머리에 쓰고 나타나기도 했다.

남편의 직업과 관련해서 버팀목과 도움이 되어 준 아내도 있었다. 도스토옙스키의 두 번째 아내 안나 그리고르예브나 도스토옙스카야Anna Grigorjewna Dostojewskaia는 남편의 소설을 속기로 받아 적고, 남편이 빚에 시달리는 삶을 견디게 해 주었다. 바그너의 조수 역할을 했던 코지마도 남편에 대한 봉사 정신이 지극했다. 1870년 전쟁에서 프랑스를 누른 독일의 승리를 찬양할

정도로 몸과 마음 모두 남편과 하나였는데, 그것은 1861년 파리에서 「탄호이저」가 공연되었을 때 프랑스 인들이 보낸 야유에 대한 복수였다. 그 밖에 남편의 심기를 어지럽히지 않는 것으로 자신의 역할을 제한한 아내들도 있었다. 마르타 프로이트Martha Freud와 엠마 다윈Emma Darwin이 그랬다. 그런데 신앙심이 두터웠던 엠마는 갈수록 남편의 작업에 대한 불신이 커져 갔다. 남편이 진화론으로 신을 모독하는 길을 걷는 것 같았기 때문이다. 벤은 자신의 두 번째 아내 헤르타Herta에 대해 이렇게 썼다. "필요한 것을 제때 갖추어 놓을 줄 아는 매력적인 중고품이다. 나는 이 여자를 추호도 사랑하지 않지만, 저녁에 빵과 비누, 소시지를 사러 직접 나가고 싶지는 않다."

이따금 천재 남편에게 자신의 모든 걸 빨아 먹히는 하녀의 역할을 고분고분 따른 아내들도 있었다. 조이스는 생의 반려자 노라 바너클Nora Barnacle과 27년간의 동거 끝에 결혼했는데, 그녀는 남편이 죽을 때까지 남은 10년 동안 그를 자상히 보살펴 주었을 뿐 아니라 끝없이 이어지는 가난의 굴레를 완화시켜 주었고, 남편이 우울할 때면 글을 계속 쓸 수 있도록 격려했으며, 그가 눈이 멀었을 때는 자신이 대신 원고를 수정하고 저녁 내내 새로 출간된 책을 읽어 주었다. 또한 루소의 아내처럼 학교 근처에는 가 본 적도 없는 하녀 출신이었지만 조이스가 그녀의 편지를 자기 작품에 사용할 정도로 머리가 비상한 사람이었다. 『율리시스』에 나오는 몰리 블룸의 내면 독백이 그것인데, 그 편지에는 섹스에 대한 기억과 판타지가 마침표와 콤마 없이 힘차게 적혀 있었다.

노라는 남편의 가벼운 도착증적 성향도 잘 참아 냈다. 조이스는 관음증 환자였고, 낯선 여자들에게 음란 편지를 썼으며, 노라에게는 다른 남자와 잘 것을 요구했다. 그래야 질투심을 제대로 느껴, 그것을 『율리시스』에서 배신당한 남편 레오폴드 블룸을 위해 문학적으로 쏟아 부을 수 있었기 때문이다. 브레히트는 노동자 가정 출신의 공산주의자였던 애인 마르가레테 슈테핀Margarete Steffin을 프롤레타리아 계급의 환경을 이해하고 대중이 쉽게 이해할 수 있는 언어를 배우는 기회로 활용했고, 그녀를 협박해서 자신을 떠나지 못하게 했으며, 1941년에는 죽어 가는 그녀를 모스크바에 두고 혼자 미국으로 떠났다.

톨스토이의 아내는 남편의 방대한 원고를 대신 써 주는 인내성 많은 비서였다. 그것도 남편이 무수하게 고쳐 쓰는 바람에 같은 원고를 몇 번씩이나 다시 베껴야 하는 수고도 마다하지 않았다. 그녀는 남편 대신 출판사와 흥정을 했고, 손님들을 접대했으며, 농장을 관리하면서 자식 여덟을 키워 냈다. 이런 부부 사이에 균열이 생기기 시작했던 것은 톨스토이가 1882년에 '나의 고백'이라는

**톨스토이 부부** 두 사람은 1900년경에 이 사진을 찍기 20년 전부터 서로를 증오했다. 소피아 안드레예브나는 여덟 아이의 어머니였고, 농장 관리인이었고, 남편 대신 출판업자들의 거래 상대였고, 남편이 쓴 엄청난 원고의 필사가였다. 1882년에 남편은 소설 세계와 결별하고 원시 기독교적 가난을 주창하는 설교자로 변신했다. 톨스토이는 여든두 살에 간이역 대합실에서 숨을 거두었다.

글과 함께 가난과 순결의 설교가로 변신하면서부터였다. 원시 기독교주의자들과 그가 걸은 이 변신의 길을 투르게네프는 "지적 자살"이라고 말했다. 톨스토이는 계속 호화스런 집에 살면서도 농민처럼 옷을 입었다. 물론 고급 면으로 만든 옷이었지만. 어쨌든 이런 남편 때문에 살롱에서는 어떤 때는 두엄 냄새가 나고, 어떤 때는 향수 냄새가 났다. 그는 1891년에 출간된 『크로이처소나타 *Kreutzer Sonata*』에서 주인공 포즈도누이셰프의 입을 빌려 말했다. "이따금 내 가슴속에는 그녀에 대한 증오가 펄펄 끓어올랐다. 그녀가

차를 따르고 차를 홀짝거리는 것을 보노라면 마치 그녀가 중범죄를 저지른 흉악범인 것처럼 증오심은 더욱 끓어올랐다. …… 당시 나는 100쌍의 부부 가운데 아흔아홉이 우리 같은 지옥에서 살고 있는 것을 몰랐다."

이러한 증오가 완전히 폭발한 것은 톨스토이가 1900년에 아내 몰래 회고록을 쓰기 시작하면서부터였고, 그것을 눈치 챈 아내는 남편에게 자살하겠다는 위협까지 했다. 그 뒤로 아내는 극도의 신경과민 상태에서 남편을 감시했고, 남편은 발작 같은 오열을 터뜨리는 일이 잦아졌다. 이런 상황은 결혼 48주년째에 최악으로 치달았다. 톨스토이가 죽기 직전이었는데, 아내는 남편이 작품에 대한 권리를 자신에게 상속하지 않고 사회에 넘긴다는 유언을 자기 몰래 써 놓았을 거라고 의심하고 있었다.

서로에게 지옥이었던 부부도 있었다. 로베르트 슈만과 피아니스트 클라라 비크가 그랬는데, 지옥 같은 결혼 생활에서 더 나쁜 파트너는 슈만이었던 것처럼 보인다. 남편은 자신이 동성애자라는 사실을 아내에게 알렸고, 그런 성향을 충족시키려고 같은 동성애자를 찾아다니기도 했다. 그런 중에도 아내는 자식을 여덟이나 낳았다. 다는 아니더라도 대부분 슈만의 자식인 것은 분명해 보인다. 그 밖에 남편은 몇 년 동안 아내에게 음악을 못하게 했다. 남편이 만든 곡을 연주하지 못했던 것은 물론이고, 혹시 연주를 하더라도 제대로 연주하지 못했다고 통박을 주기 일쑤였다. 한번은 "그건 슈만을 연주한 게 아냐!"라고 아내에게 호통을 치면서 피아노 건반 덮개를 덮는 바람에 그녀의 손가락에 상처를 입히기도 했다. 그리고 아내의 질투심을 자극하려고 그녀 외에 다른 모든 젊은 여성 피아니스트들을 칭찬했다. 슈만은 1854년에 라인 강에 뛰어들었고, 삶의 마지막 2년을 정신 병원에서 보냈다. 그런 남편이 2주 동안 외부의 강제 영양 공급으로 연명하다가 숨을 거두자 아내는 곧장 브람스와 동거에 들어갔다(그녀가 낳은 아이들이 모두 브람스의 자식이라는 주장도 있다). 고갱은 아내에게 물어보지 않고 그림에만 전념하려고 증권 거래소 직장을 그만두었다. 그림을 그려서는 자녀가 다섯이나 되는 가정을 부양할 수 없다는 건 신경 쓰지도 않았다. 어쨌든 고갱 부부는 처음엔 파리에서 시골로 옮겼다가 나중에 코펜하겐에 있는 아내의 친정으로 들어갔다. 그 과정에서 상대에 대한 원색적인 비난은 끊이질 않았다. 결국 고갱은 온 가족을 내버려 두고 남대서양의 마르티니크 섬으로 떠났고, 마지막엔 남태평양의 타히티 섬으로 이주했다.

천하의 악처로 소문난 크산티페Xanthippe가 실제로 그렇게 나쁜 아내였다는 실증 자료는 어디에도 존재하지 않는다. 하지만 설사 그녀가 악처라고 하더라도 소크라테스 역시 단순한 남편은 아니었을 것이다. 어쨌든 위대한 남자들의 삶에서 기쁨을 앗아 간 아내들은 얼마든지 있다. 세 번 결혼한 밀턴은 처음 두 번의 결혼 생활이 얼마나 불행했던지, 17세기만 해도 있을 수 없는 일로 받아들여지던 '이혼'을 사회적으로 허용할 것을 요구하기도 했다. 하이든은 댄스홀에서 바이올린이나 켜면서 근근이 목구멍에 풀칠을 하던 열일곱 살 때 마음씨 좋은 이발사를 만나 그의 집에 의탁하게 되었는데, "이 인연에서 그의 인생에 정말 고통스러운 샘이 발원하리라고는 그 자신도 미처 예상하지 못했다. 이발사의 딸과 결혼한 것이 그것인데, 그녀는 남편의 아름다운 시절을 온통 불행으로 물들여 버렸다". 1844년 판 브록하우스 백과사전에 기록된 글이다. 하이든의 아내는 교양이라고는 눈곱만큼도 없고, 틈만 나면 싸우길 좋아하고, 병적으로 질투심이 강한 사람이었다. 결혼 생활은 자식도 없이 41년이나 지속되었다. 그중 마지막 21년 동안 다른 가수를 사랑했던 하이든은 그녀에게 자신의 "악마 같은 마누라"에 대한 이야기와 그 여자가 어서 죽어 버렸으면 좋겠다는 소망을 편지로 써 보냈다. "그 여자는 늘 시름시름 앓고 기분이 안 좋아. 하지만 이제 그런 것에는 더 이상 신경을 안 써. 언젠가는 이런 고통도 끝나겠지."

발자크는 흠모하던 폴란드 백작 부인 에벨리나 한스카Evelina Hanska에게 18년 동안이나 구혼했는데, 그중 9년은 그녀의 남편이 죽은 뒤였다. 그녀와 결혼하기 위해 그가 기울인 노력은 우선 부자가 되는 것이었다. 그래서 프랑스에서 파인애플 농장을 운영하고, 사르디니아에서 은 광산 사업을 벌이고, 신문사를 사들였다. 그리고 부인에게 잘 보이려고 선금으로 받은 돈을 마구 탕진했으며, 대금도 다 지불하지 않은 사치스런 옷을 걸치고 다녔다. 물론 그런 옷도 빚쟁이한테 빼앗기거나, 아니면 곧장 전당포로 들어갔지만 말이다. 어쨌든 한스카 부인의 오랜 망설임이 그의 기력을 쇠진시키는 데 일조한 것은 사실이다. 하지만 그의 전기 작가 도본의 말에 따르면, 바로 그 점이 부인으로 하여금 그의 청혼을 받아들이게 했다고 한다. 발자크는 기력이 쇠해서 곧 죽을 것이고, 그러면 그녀가 남편의 명성을 그대로 물려받을 수 있었기 때문이다. 발자크는 결혼을 하고 5개월을 더 살았다. 하지만 글을 쓰는 것은 물론이고 책을 읽거나 부부 관계를 할 힘도 남아 있지 않은 상태였다. 그는 어머니의 팔에 안겨 죽음을 맞았는데, 무언가 극적인 것을 원하는 사람들의 바람에 맞게 절규하듯이 비앙송 박사를 부르며 숨을 거두었다고 한다. 비앙송은 그의 『인간희극 La Comédie humaine』에 나오는 위대한 의사였다.

루소와 괴테가 무식한 아내들을 높이 평가한 부분은 그들의 믿음직한 보살핌이었다. 루소가 여관집에서 처음 만난 식모 르바쇠르는 동시대인들의 눈에는 멍청하고 수다스럽고 사납고 거짓말 잘하는 불성실한 여자였던 데 반해, 남편에게는 부드럽고 정 많고 신실하고 충실한 사람으로 비쳤다. 또한 그녀는 루소가 다섯 아이를 고아원에 맡길 때마다 울음을 터뜨렸다. 『고백론』에서 루소는 아내에 대해 이렇게 썼다. "처음에는 그녀의 정신을 계도하려고 애를 써 보았지만, 얼마 안 가 그게 헛수고라는 것을 알아차렸다. 그녀의 정신은 건드리지 않은 자연이었다." 그녀는 읽을 줄도 쓸 줄도 계산할 줄도 거의 몰랐다. 남편의 이름 장 자크Jean-Jacques를 강가크ganggácke라고 쓸 정도였고, 달 이름도 배우지 않았으며, 시계도 볼 줄 몰랐다. 그런 사람이 루소를 만난 지 23년 만에 정식으로 부인이 되었고, 총 33년 동안 고통으로 신음하는 별난 남편을 어머니처럼 보살펴 주었다. 그러나 남편은 자신이 이 여자에게 조금도 사랑의 감정을 느낀 적이 없다고 후대에 분명히 밝혔다.

처녀 적 이름이 불피우스Vulpius인 괴테의 아내 크리스티아네 폰 괴테 Christiane von Goethe는 많은 사람들에게 괄시를 받았다. 시어머니에겐 며느리라기보다 아들의 "잠자리 파트너"에 불과했고, 크리스토프 마르틴 빌란트 Christoph Martin Wieland에겐 괴테의 "하녀"였으며, 실러에게는 "괴테의 자식을 낳았지만 상당히 평이 안 좋은 마드모아젤 불피우스"였고, 실러의 아내에겐 "괴테의 뚱뚱한 반쪽"이었으며, 슈타인 부인에겐 "창녀"였고, 베티나 브렌타노에겐 "얼빠진 미친년"이었다. 크리스티아네는 원래 비단 꽃을 만드는 작업장에서 일했는데, 공원에서 서른일곱 살의 추밀 고문관 괴테를 만나 궁핍으로 고통 받는 자신의 식구들을 도와 달라는 청원서를 제출했다. 괴테는 이 실팍하고 오동통한 처자를 정원 별채로 들였고, 그녀의 풍성한 머리채와 쾌활함, 재치를 마음에 들어 했으며, 그녀가 '크리틱Kritik'이라는 말도 제대로 쓰지 못해 '그뤼딕Grüdick'이라고 쓰는 것도 참아 냈다. 하지만 손님들 눈에는 띄지 않도록 했다. 그녀는 괴테를 '나리' 혹은 '추밀 고문관님'이라고 불렀는데, 잠자리에서도 그렇게 불렀던 것 같다. 자식은 총 다섯을 낳았지만, 하나만 빼고 모두 죽었다. 그녀는 술을 마셨고, 동네 젊은이들과 어울려 춤을 추었으며, 곧 뚱뚱해졌다. 그런데 그런 구박데기가 인정을 받는 사건이 생겼다. 1806년 약탈을 일삼던 프랑스 군인들이 괴테의 집에 들이닥쳤을 때 그녀가 괴테를 가로막고 나서서 병사들을 향해 당장 집에서 나가라고 호통을 치며 욕을 해 댔던 것이다. 그 대가로 괴테는 그녀와 결혼했다. 그로부터 10년 뒤 그녀가 요독증으로 죽어 가고 있을 때 괴테는 다른 방에서 카타르(점막 염증)로 누워 있었다. 그녀가 살았든 죽었든 다시 보는 것조차 피했던 것이다. 이틀 동안 그녀는 외롭게 고통으로 몸부림치고 고함을 질렀고, 몸을 덜덜 떨며 혀를 깨물었다. 괴테는 일기에 이렇게 적었다. "자신과의 마지막 끔찍한 싸움이다. 그녀는 정오경에 졸했다. 내 안팎이 횅하고 고요하다. 이다 공주가 도착했고 성대한 행렬이 …… 아내는 12시에 납관당으로 옮겨졌고, 나는 온종일 침대에 누워 있었다." 이틀 뒤 그녀를 땅에 묻는 자리에 괴테는 참석하지 않았다. 하지만 침대에서는 다시 일어났다.

가장 슬픈 결혼은 포의 결혼이었다. 포는 이제 겨우 열세 살밖에 되지 않은 사촌 버지니아Virginia와 스물일곱 살에 결혼했다. 11년 뒤에 죽을 때까지 줄곧 꼬마 신부로 남아 있던 그녀는 검은 머리카락에 얼굴은 창백하고 아름다웠으며, 성정은 수줍고 정다운 사람이었다. 하지만 남편의 작품을 이해하는 눈은 없었다. 부부는 서로를 아꼈다. 하지만 남편은 한 번도 아내를 건드리지 않았고, 그녀 때문에 오히려 끔찍한 가난을 두 배로 느꼈다. 그래서 포는 오래전에 사이가 틀어진 부유한 양아버지에게 굴욕을 참아 가며 손을 벌렸고, 신발 한 켤레와 맞바꾸기 위해 콩트를 쓰기도 했다. 버지니아는 마지막 5년 동안 결핵으로 방에서만 지냈고, 낡은 군용 외투를 덮고 고양이의 체온으로 몸을 데웠다. 포는 두 살 때 어머니가 죽어 가는 것을 지켜보아야 했던 것처럼 아내가 죽어 가는 것을 그저 지켜보기만 했고, 그 이후 알코올과 아편으로 자신의 종말까지 재촉했다.

# 나쁜 어머니들

> 작가의 가장 귀중한 자산은 불행한 어린 시절이다.
> —헤밍웨이

놀랄 정도로 많은 위대한 남자들이 어머니를 미워했다. 바이런은 어머니가 히스테리를 부리고 아들을 내반족內反足이라고 무시했기 때문에 그랬고, 디킨스는 자신이 열두 살 때 아버지는 공장 일을 그만두게 했는데도 어머니는 계속 공장을 다니게 했기 때문에 그랬다. 디킨스는 이렇게 털어놓았다. "나는 이 일을 결코 잊지 않았고, 평생 잊지 않을 것이고 잊을 수도 없다." 비스마르크는 어머니에 대해 이렇게 썼다. "어린아이 시절에 나는 어머니를 미워했고, 나중에는 거짓과 성공으로 어머니를 속였다." 쇼펜하우어는 일평생 어머니에 대해 나쁘게 말했고, 어머니가 아버지를 자살로 몰아갔다고 비난했으며, 누구의 작품이 먼저 잊힐지를 두고 어머니와 다투었다(어머니 요한나 쇼펜하우어Johanna Schopenhauer 역시 작가였고, 괴테도 들락거리던 문학 살롱을 운영했다).

영국 작가 스티븐 스펜더Stephen Spender는 1951년 자서전에서 이렇게 썼다. "어머니가 죽었을 때 내가 느낀 감정이 있다면 그것은 무언가 짐을 벗어던진 해방감과 온몸이 근질거리는 흥분이었다." 헤밍웨이는 어머니를 증오했다. 어머니가 독재를 휘두르는 데다 몇 년 동안이나 아들을 머리를 여자애처럼 꾸미고 옷을 입혔으며, 또 아버지에게 모욕을 주어 결국 자살에 이르게 했기 때문이었다. 그에게는 자신이 아버지처럼 약자가 아니고 여자아이도 아니라는 사실을 과시하는 것이 평생 자신과 남에게 증명해야 할 압력이었다. 헤밍웨이가 미국 광고의 핵심 인물들에 뚜렷이 나타나는 '마초Macho 문화의 표본'을 만들고 스스로 그런 삶을 살았던 것도 어쩌면 괴팍한 어머니 탓일지 모른다.

어머니와의 관계가 차가웠던 사람도 있었다. 젊은 시절 바이마르로 이주한 괴테는 그곳으로 어머니를 부를 생각이 전혀 없었고, 고향 프랑크푸르트에도 어머니가 살아 있는 11년 동안은 한 번도 찾지 않았다. 그에 비해 마르크스는 어머니와 냉소적인 관계였다. 일흔세 살의 노모를 방문한 뒤에 쓴 글을 보면, "돈은 한 푼도 쥐어 줄 줄 모르는 양반이 인생 끝자락으로 달려가는 것은 바빠 보였다"라고 쓰여 있다. 괴테와 마르크스의 경우를 한꺼번에 읽을 수 있는 것은 바그너이다. 자서전에서 그는 어머니가 자신을 부드럽게 어루만졌던 기억이 전혀 없다고 밝혔고, 누이에게 보낸 편지에서는 어머니의 "성격이 진짜 더러웠다"고 썼으며, 어머니에게 직접 보낸 편지에는 이런 대목이 있다. "어머니를 떠난 지금, 자식을 향한 당신의 큰 사랑에 감사의 전율이 하염없이 밀려들고 있어요. …… 사랑하는 연인에게나 들려줄 감미로운 목소리로 이 마음을 꼭 전하고 싶다는 생각이 들 정도로요."

어머니가 성모 마리아든 마녀든, 아니면 둘 다이든, 대다수 위대한 남자들의 길을 결정지은 것은 어머니에 대한 애착의 양태와 강도였다. 그리고 그 감정이 사랑이든 증오든 어머니에게 깊은 인상을 남기려고 하는 것이 남자의 원초적 충동이다. 비스마르크와 랭보, 로베르트 발저의 경우처럼 차가운 어머니도 있었고, 횔덜린이나 T. S. 엘리엇Thomas Sterns Eliot의 경우처럼 압박 형의 어머니도 있었으며, 쇼팽과 플로베르, 휘트먼, 서머싯 몸처럼 열광적인 어머니 숭배자도 있었다. 몸은 고령의 나이에도 이렇게 혼잣말처럼 중얼거렸다. "나는 어머니의 죽음을 극복하지 못해!" 어머니가 죽은 지 무려 80년이 지난 뒤의 일이었다. 실러는 『도적 떼』에서 등장인물 카를 모어의 입을 빌려 이렇게 후회스럽게 한탄하고 있다. "아, 어머니의 몸속으로 다시 들어갈 수만 있다면!"

**뒤러가 그린 어머니의 초상화** 이때 어머니의 나이가 예순셋이었다. 위대한 남자들의 삶에서 어머니는 대부분 핵심적인 역할을 했다. 어머니를 사랑했든 미워했든 간에. 그런데 놀라운 것은 어머니를 미워한 경우도 상당히 많았다.

아편과 매독으로 몸이 만신창이가 되고 머리를 녹색으로 물들인 보들레르는 말년에 매일 네 번까지 어머니에게 편지를 썼고, "어머니의 하나뿐인 진실한 친구"가 되기를 바랐으며, 어머니의 장수를 기도했고, 앞으로 받을 수입의 4분의 1을 어머니에게 드리겠다고 맹세했다(다른 4분의 1은 빚쟁이들의 몫이었다). 프루스트는 어른이 되어서도 어머니와 함께 살면서 따뜻한 보살핌과 무한한 관용을 즐겼으며, 어머니가 돌아가실 때까지는 자신의 동성애적 성향을 행동 면에서든 책에서든 조금도 드러내지 않았다. 어머니에게 걱정을 끼치고 싶지 않아서였다. 어머니가 돌아가셨을 때 그는 서른네 살이었는데 한 친구에게 이런 편지를 써 보냈다. "이제 내 인생은 유일한 목적과 유일한 즐거움, 유일한 사랑, 유일한 위안을 잃어버렸네. …… 내가 삶과 싸울 필요가 없도록 키운 어머니였기에 내 곁을 영원히 떠나야 한다는 것이 당신에게도 발이 떨어지지 않는 크나큰 고통이었을 걸세. …… 누이의 말처럼 어머니에게 나는 항상 네 살 아이였네." 이후 프루스트는 스스로 골방 문을 닫아걸고 『잃어버린 시간을 찾아서』를 쓰기 시작했다.

켈러가 보인 의존성은 화기애애하다기보다 오히려 섬뜩한 느낌까지 든다. 선반 기능장이었던 아버지가 죽은 것은 아들의 나이 다섯 살 때의 일인데, 어머니는 2년 뒤 한 직공과 결혼했다. 켈러의 어린 시절은 세 번의 충격으로 이루어져 있었다. 아버지를 잃은 충격, 어머니가 낯선 남자의 품에 안긴 충격, 그리고 어머니와 의붓아버지 사이의 불화를 생생하게 지켜보아야 했던 충격이 그것이었다. 켈러가 서른여섯 살 때 가슴 아프게 끝난 자신의 한 사랑에 대해 이야기하자 어머니는 이런 답장을 보냈다. "어떻게 다른 아가씨가 너한테 그렇게 많은 영향력을 행사할 수 있는지 도저히 납득이 안 되는구나." 그의 소설 『녹색의 하인리히 Der grüne Heinrich』는 다음과 같이 끝난다. 5년 동안 어머니를 떠나 있던 1인칭 화자가 후회 막심한 마음으로 집에 돌아와 보니 어머니는 벌써 아들에 대한 근심으로 죽은 뒤였다. "지상의 어머니들은 그의 마음을 꿰뚫어 보았고", 결국 그도 죽고 만다. "그의 육신과 삶이 꺾어진 것이다." 이 소설의 작가 역시 술집에서 고래고래 고함을 지르며 난장을 부렸다.

아마 프랭클린 루스벨트만큼 말 잘 듣는 마마보이는 없을 것이다. 부모는 외아들인 프랭클린을 응석받이로 키웠고, 어머니는 아들이 다섯 살 때까지 헤밍웨이처럼 여자아이 옷을 입히고 금발머리를 길게 기르게 했다. 루스벨트가 사촌 엘리너와 결혼하자 어머니는 아들을 위해 집뿐 아니라 거기에 들어갈 가구도 일체 장만해 주었다. 아버지가 세상을 떠나자 아들은 어머니를 집으로 모셨고, 어머니는 같이 살면서 며느리의 눈에서 눈물을 쏙 빼게 한 날이 많았다. 민주당이 뉴욕 주 상원 의원 후보로 그를 영입하려고 했을 때 그는 이렇게 말했다. "일단 어머니와 상의해 보겠습니다." 루스벨트가 눈물을 흘린 장면은 평생 단 한 번 사람들에게 목격되었는데, 죽은 어머니의 유품을 정리하다 어머니가 생전에 아들을 기억하기 위해 아주 자잘한 것까지 빠짐없이 모아 둔 것을 발견했을 때였다.

이런 식의 섬뜩한 예속이든 부드러운 사랑이든, 아니면 차가움이든 증오이든, 이 남자들이 모두 중요한 작업을 성취해 냈던 것으로 봐서는 어머니와의 관계가 그들의 길을 방해한 것이 아니라 장려한 것이 분명하다. 왜냐하면 위대한 작품은 한 개인이 자신의 모든 느낌과 경험을 스스로를 위해 생산적으로 바꿀 수 있는 능력이 있을 때에만 이루어지는 특수하고 행복한 우연이기 때문이다.

심지어 케플러 같은 사람이 그런 위대한 결실을 이루어 낸 것은 지고의 능력과 극심한 인간적 결핍 사이의 가장 괴상한 결합 중의 하나였다. 현대 천문학의 아버지로 불리는 케플러는 칠삭둥이로 태어나 평생 병을 달고 산 전형적인 약골이었는데, 온몸이 종기와 딱지로 덮여 있었고, 네 살 때는 천연두로 눈이 거의 멀었으며, 그 뒤로는 일생 동안 시각 장애를 안고 살았고, 거기다 근시와 난시까지 있었다. 이 가엾은 아이의 아버지는 싸움이라면 사족을 못 쓰는 사람이었는데, 스페인군에 용병으로 들어갔다가 곧 행방불명되었고, 어머니는 어찌나 흉악하게 생기고 성정이 사나웠던지 마녀로 몰렸을 때도 누구 하나 이상하게 생각하는 사람이 없었다. 어머니는 6년 동안이나 마녀로 고소되어 온갖 수모와 고초를 겪다가 아들이 엄청난 비용과 수고를 들인 끝에 마침내 형리의 마수에서 풀려날 수 있었다. 케플러가 주저 『우주의 조화 De Harmonices Mundi』를 쓴 것도 이 시기였다. 괴테의 말에 따르면 그는 너무나 진지한 대상을 명랑하게 다룰 줄 아는 걸출한 학자였다.

어머니가 자식들을 충실히 챙기는 한 아버지의 상실은 위대한 아들들에겐 심적으로 큰 충격을 주지도 않았고, 삶에 큰 변화를 일으키지도 않았다. 워싱턴과 스탈린은 열한 살 때, 카이사르와 나폴레옹은 열다섯 살 때 아버지가 죽었다. 후자의 두 사람은 오히려 거추장스러운 후견인으로부터 벗어난 느낌까지 받았다. 카이사르는 어머니의 따뜻한 배려와 사랑에 감사해할 줄 아는

**절규** 에드바르 뭉크의 그림. 다섯 살 때 그는 어머니가 결핵으로 죽어 가는 것을 지켜보았는데, 어렸을 때의 그런 충격은 한 인간의 가슴속에 깊이 각인된다. 포는 두 살 때 어머니의 시신 옆에서 혼자 밤을 새운 경험이 있다.

아들이었고, 나폴레옹은 부드러운 성격의 아들이었다. 다빈치는 아버지 없이 컸는데, 그가 아버지의 부재로 괴로워했다는 이야기는 어디서도 발견되지 않는다. 횔덜린은 아버지가 죽었을 때 두 살이었고, 니체는 네 살, 랭보는 여섯 살, 졸라는 일곱 살, 멜빌은 열두 살이었다. 멜빌의 경우는 아버지가 눈앞에서 광란의 발작을 일으키며 죽어 갔다. 사르트르는 아버지의 이른 죽음을 오히려 고마워했다. 아버지가 죽었을 때 그는 두 살이고 어머니는 스무 살이었는데, 아버지의 부재가 그에게 오히려 오이디푸스 콤플렉스와 온갖 공격적 충동을 면제시켜 주었던 것이다. "어머니는 내 것이었다. 누구도 이 차분한 소유물에 대한 권리를 내세울 수 없었다. 따라서 나는 폭력과 증오를 모르고 자랐다." 그 밖에 로트와 빌리 브란트Willy Brandt는 아버지의 얼굴도 모르는 유복자였다.

반면에 **어머니**를 잃는 것은 경악스러운 일이었다. 파스칼은 세 살 때 어머니가 죽었는데, 파리 세무 법원의 판사였던 아버지는 온 세상으로부터 버림받은 것 같은 아들을 꼼꼼한 교육 프로그램 속에 집어넣었다. 그런데 그 프로그램에 수학은 빠져 있었다. 아버지의 생각에 수학은 "유치한 학문"이었기 때문이다. 파스칼은 결국 열두 살 때 독학으로 유클리드의 32개 정리를 발견했다. 미켈란젤로는 여섯 살 때, 스탕달은 일곱 살 때 어머니를 잃었다. 스탕달은 어른이 되어서도 아버지의 "횡포"를 한탄했다. "아버지의 횡포는 내 성격을 망쳤고, 지금의 나를 만들었다." 지금의 나라면 결국 위대한 소설가를 가리키는데, 그렇다면 불행이 예술가를 만든다는 것은 사실인 듯하다. 어떻게 생긴 불행이든 상관없이 말이다.

에드바르 뭉크 Edvard Munch는 다섯 살 때 어머니가 결핵으로 죽어가는 것을 목격했다. 그 이후 어른이 되어 「죽은 어머니」와 「죽은 연인들」을 그렸고, 이제껏 캔버스에서 울려 나오는 가장 끔찍한 비명소리로 간주되는 「절규」를 그렸다. 포는 세 돌이 채 지나지 않았을 때 한 방에서 어머니가 몇 주째 피를 토하고 미친 듯이 기침하는 것을 지켜보아야 했고, 그러다가 어느 날 밤 시체와 단 둘이 있는 일을 경

**남자아이** 사진의 주인공은 사르트르이다. 어머니가 한동안 여자아이 옷을 입혔지만(릴케와 헤밍웨이도 그랬다) 그것으로 힘들어하지는 않았다. 아버지가 죽었을 때 아들은 두 살, 어머니는 스무 살이었다. 사르트르는 훗날 이 상황을 고마워했다. 오이디푸스 콤플렉스와 공격적 충동 없이 자랄 수 있었기 때문이다. "어머니는 내 것이었다."

험했다. 이후 뻣뻣하게 굳은 채로 하얗게 이를 드러내고 죽은 어머니의 모습이 그를 평생 쫓아다녔다. 아버지는 벌써 1년 전에 행방불명된 상태였다.

위인들의 경우 부모 없이 자란 운명이 그들에게 좌절로 작용한 것이 아니라 오히려 그들의 길에 도움이 되었던 게 분명해 보인다. 무함마드는 여섯 살에 천애 고아가 되었고, 뉴턴은 태어나기 두 달 전에 아버지가 죽고 세 살 때 어머니가 재혼하는 바람에 할머니 집에 맡겨졌다. 그는 그런 어머니를 평생 증오했다. 바흐는 아홉 살에 어머니를, 열 살에 아버지를 잃고 형의 집에서 생활했다. 루소의 어머니는 루소가 태어난 지 아흐레 뒤에 죽었다. 처

음엔 시계 수리공이었던 아버지가 그를 키웠는데, 낭만적이고 어린애 같던 아버지는 밤이면 아들에게 소설을 읽어 주곤 했다. 그런 아버지마저 죽자 루소는 열 살 때 삼촌 집에 맡겨졌다. 톨스토이는 세 살 때 어머니를 잃고 아홉 살 때 아버지까지 여의었으며, 러셀은 세 살 때 고아가 되었다.

양친이 살아 있는 것이 더 나쁜 경우도 있었다. E. T. A. 호프만은 자신의 부모를 이렇게 묘사했다. 어머니는 결벽증에 히스테리 증상까지 있는 사람이었고 아버지는 전제군주 같았다. 심지어 아버지는 아들이 두 살 때 집을 나가 버렸다. 호프만은 좀스러운 성품의 사법관이었던 삼촌 집에 맡겨졌는데, "냉골 같은 방"이 그의 거처였다. 발자크는 어머니에 대해 이렇게 썼다. "어머니는 태어날 때부터 나를 미워했다." 그는 여덟 살 때 매질을 일삼는 음산한 기숙사에 보내졌다. 부모는 한 번도 면회를 가지 않았고, 아들은 5년 뒤 신경 쇠약으로 더 이상 기숙사 생활을 할 수 없게 되었을 때에야 다시 집으로 돌아올 수 있었다. 발자크는 당혹스런 얼굴로 말을 더듬으며 집에 들어섰고, 이후로도 변한 것은 없었다. 어머니는 툭하면 야단을 쳤고 아버지는 그런 아들을 거들떠보지도 않았다.

일곱 살 때 5년 동안 기숙학교에 들어갔던 비스마르크는 그곳 생활에 대해 이렇게 썼다. "내 어린 시절은 플라만 학교에서 완전히 망쳐 버렸다." 고흐는 양친이 자신을 열 살 때 기숙사에 집어넣은 것을 평생 잊지 못했다. 함순은 아홉 살 때 삼촌 집에 맡겨졌는데, 삼촌이 몸이 아파 오히려 소년이 어른을 부양해야 했다. 말을 듣지 않으면 지옥 같은 형벌을 내리겠다는 삼촌의 위협이 무서워서라도. 조지프 러디어드 키플링 Jeseph Rudyard Kipling은 어린아이일 때 5년 동안 한 선장의 집에 맡겨졌는데, 선장은 심심하면 아이를 때리고 정신적으로 학대하고, "목적이 있는 고문"을 일삼았다. 그런데 키플링의 고백에 따르면 그때가 그의 문학적 초석이 놓인 시기였다고 한다. 쥘리앵 그린이 그러지 않았던가? "아이는 받아쓰고 어른은 쓴다"고. 찰리 채플린 Charlie Chaplin은 고아원에서 자랐다. 아버지가 술주정뱅이였고, 어머니는 정신병을 앓았기 때문이다.

　창조적 인간들에게는 혼돈스럽고 슬픈 어린 시절의 체험이 상당히 빈번할 뿐 아니라 중요한 의미까지 띤다는 정신과 의사 니더랜드의 총평에 대한 증거는 차고 넘친다. 심지어 처칠도 유명한 남자들은 대개 불행한 어린 시절의 산물이라고 썼다. 그가 쓴 『말버러 공작의 전기 Biography of the Duke of Marlborough』에는 이런 대목이 나온다. "불쾌한 상황들이 가하는 강한 압력, 그리고 어린 시절의 무시와 조롱을 통해 얻어진 자극제, 이것이야말로 위업을 일구어 내는 데 필요한 불굴의 의지와 의연함을 불러내기 위한 핵심 요소이다." 그렇다. 천재가 되는 것은 이처럼 끔찍한 일이다.

　많은 위인들의 아버지가 지독한 술꾼이었다는 사실도 빠뜨릴 수 없다. 예컨대 나폴레옹과 스탈린, 베토벤, 도스토옙스키, 포크너의 아버지는 술주정뱅이였고, 천재적인 수학자 아벨의 아버지와 위대한 동화작가 한스 크리스티안 안데르센 Hans Christian Andersen 의 어머니는 폭음으로 죽었다. 쇼펜하우어와 헤밍웨이의 아버지가 스스로 목숨을 끊은 것도 기억해야 한다. 그릴파르처의 어머니와 남자 형제 하나도 자살했고, 콘라트 페르디난트 마이어 Conrad Ferdinand Meyer 와 소설가 트루먼 커포티 Truman Capote 의 어머니, 비트겐슈타인의 세 형제, 토마스 만의 두 누이도 자살했다. 그 밖에 위인들의 형제자매 중에는 지적 장애자가 널렸고, 자녀들 중에는 술꾼과 자살자, 정신병자가 부지기수였다.

　천재의 아버지가 알코올 중독자라면 세 가지 관련성이 존재한다. 첫째, 아버지의 술버릇과 관련된 끔찍한 경험이 성취욕을 자극하는 환경적 영향이 될 수 있다. 처칠과 헤밍웨이, 니더랜드를 비롯한 많은 위인들이 그랬다. 둘째, 유전 형질의 긍정적 표현이 천재성이라면 유전 형질의 부정적 표현은 아버지의 폭음이 될 수 있다. 셋째, 아들을 낳기 전에 벌써 알코올이 아버지의 유전자를 손상시켰을 수 있고, 그로 인해 우리가 천재라고 부르는 그런 변종의 특별한 형태가 촉진되었을지 모른다. 널리 알려진 이론에 따르면 천재성은 "재능이 많은 집안에서 유전적 변종이 시작되는 시점에 특히 잘 생성된다".(크레치머).

천재는 어디까지 유전자의 산물이고, 어디까지 환경의 산물일까? 이 물음과 관련해서는 250년 전부터 논쟁이 뜨거웠고, 각각의 입장마다 증거들도 풍부했다.

크라나흐, 홀바인, 바흐, 루트비히 안드레아스 포이어바흐Ludwig Andreas Feuerbach, 슈트라우스 일가들을 보면 '유전자가 전부'라는 주장이 옳은 것처럼 보인다. 한스Hans(대大 홀바인)와 지크문트Sigmunt 홀바인 형제는 당대의 유명한 화가였고, 한스의 아들 가운데에는 암브로지우스Ambrosius가 화가로서 명성을 얻었으며, 한스 홀바인 주니어는 심지어 세계적으로 이름을 날렸다. 바흐 집안에서는 1590~1845년까지 마흔 명가량의 유명한 음악가가 배출되었는데, 요한 제바스티안 바흐는 그 집안의 5대손이다. 요한의 자식 스무 명 중에서 넷이 또 작곡가로서 이름을 얻었는데, 그중 둘의 어머니는 아버지의 사촌이었고, 다른 둘의 어머니는 가수였다. 현대 형법 이론의 창시자 파울 요한 안젤름 리터 폰 포이어바흐Paul Johann Anselm Ritter von Feuerbach는 백과사전에 등재된 아들을 넷이나 두었다. 마르크스를 경탄케 한 철학자 루트비히 안드레아스 포이어바흐, 수학자 카를 빌헬름Karl Wilhelm 포이어바흐, 법학자 에두아르트 아우구스트Eduard August 포이어바흐, 고고학자 안젤름(2세)Anselm II 포이어바흐가 그들이다. 안젤름 2세의 아들 안젤름 3세는 유명한 화가가 되었다. 요한 슈트라우스 밑에서도 작곡가가 셋이나 나왔다. 요한과 요제프, 에두아르트 슈트라우스Eduard Strauss가 그들이다. 그 밖에 유명한 수학자를 여덟이나 배출한 바젤의 베르누이Bernoulli 가문, 그림Grimm 집안의 삼형제(야코프Jacob, 빌헬름Wilhelm, 루트비히Ludwig), 헉슬리 가문의 삼형제(줄리언Julian, 올더스, 앤드루Andrew), 공쿠르Goncourt 형제(에드몽Edmond과 쥘Jules), 제임스 형제(헨리와 윌리엄), 만 형제(토마스와 하인리히), 그리고 케네디 형제(존 F.와 로버트Robert)도 피 내림이 있다는 것을 증명하고 있다.

게다가 천재들의 아버지도 유전자 결정론에 힘을 보탠다. 모차르트의 아버지는 악장이었고, 베토벤의 아버지는 가수, 할아버지는 악장이었으며, 라파엘로의 아버지는 화가, 뒤러의 아버지는 보석 세공가, 피카소의 아버지는 풍속 화가이자 미술학교 교사였다. 그런데 여기서 벌써 이런 의문이 솟구친다. 이걸 꼭 유전자의 영향으로만 볼 수 있을까? 한 음악가 밑에서 다른 음악가가 나왔다면 그게 혹시 집안의 음악적 분위기나 교육의 결과일 수는 없을까?

바로 이 지점에서 환경 결정론자들은 목소리를 높인다. **문제는 환경이다!** 인간의 정신적 발전에서 나타나는 모든 차이는 환경과 교육에 기인한다! 1758년 프랑스 철학자 클로드 아드리앵 엘베시우스Claude-Adrien Helvtius가 맨 처음 이런 주장을 펼쳤고, 나중에는 영국 사회 개혁가 오언이 바통을 넘겨받았다. 가장 극단적인 주장을 편 사람은 당대엔 마르크스보다 더 유명했던 프랑스의 공상적 사회주의자 푸리에였다. 그의 주장을 요약하면 이렇다. 체계적이고 주도면밀한 공동체 교육만 있으면 호메로스에 버금가는 작가를 3,700만 명, 뉴턴 수준의 과학자를 또 3,700만 명 만들어 낼 수 있다.

이런 터무니없는 과장에도 환경설은 별로 궁지에 몰리는 것 같지 않다. 갓 태어난 아이 100명을 고아원에 보내 철저한 음악 수업을 시킨다고 해서 모차르트가 100명 나올 수는 없는데도 말이다. 어쨌든 현대에 들어서도 환경설은 여전히 목소리가 높고 반응도 뜨겁다. 일례로 행동주의 심리학의 창시자 존 B. 왓슨John Broadus Watson은 이런 주장을 편다. "만일 당신들이 건강한 아이 10여 명을 내게 맡겨 준다면 나는 그 아이들을 내가 원하는 대로 만들어 낼 자신이 있다. 의사든 예술가든 학자든, 혹은 거지든 도둑이든 말이다." 아이러니컬하게도 원하는 인간을 교육으로 만들 수 있다는 마르크스주의적 주장과 연계해서 1980년대까지 강고한 선입견의 그물을 형성한 곳은 바로 미국 학교들이었다.

인간은 당연히 유전자**와** 환경의 산물이다. 구체적으로 말해서 인간은 물려받은 것과 습득된 것, 경험한 것이 어우러져서 만들어진다. 문제가 되는 것은 그것들 간의 상관관계뿐이다. 각각 다른 환경에서 자란 일란성 쌍둥이의 연구가 보여 주듯이 여기서 일반적으로 인정받는 의견이 있다. 인간은 75~80퍼센트까지 유전자에 의해 결정된다는 것이다. 하지만 인간과 침팬지가 유전자 면에서 2퍼센트밖에 다르지 않은데도 엄청난 차이를 보이는 것을 생각하면 경험과 교육의 여지는 어마어마하게 크다. 그렇다면 결론적으로 천재와 비천재의 유전자 차이는 1퍼센트면 족하다.

혈관 속에 예술가의 피가 뚜렷이 흐르지 않는데도 주변 환경에서 예술에 대한 강력한 동인이 생기는 경우도 있다. 미켈란젤로가 좋은 보기다. 그의 아버지는 가난한 시골 귀족이었고, 보모는 석공의 아내였다. 미켈란젤로는 나중에 이런 말을 했다. "나는 망치와 끌에 대한 사랑을 유모의 젖으로 빨아들였다." 아들을 법률가로 만들고 싶었던 아버지는 아들이 화가와 조각가의 아틀리에나 얼쩡거리자 매를 들며 막아섰지만, 결국 열세 살 아들의 고집을 당해 내지 못하고 아들을 한 화가의 문하생으로 넣을 수밖에 없었다. 그렇다면 미켈란젤로는 서로 상치되는 두 가지 환경적 영향 속에 내맡겨져 있었지만, 결국 그의 내면에서 승리를 거둔 것은 그의 조상에게서는 표출되지 않고 잠재되어 있던 유전자였다.

이런 경우, 즉 천재성과는 전혀 상관없어 보이는 집안에서 천재가 나오는 경우는 홀바인과 바흐, 베토벤 가문처럼 천재적 유전자를 타고나는 경우보다 결코 적지 않다. 렘브란트의 아버지는 방앗간 주인이고 어머니는 제빵공의 딸이었다. 바로크 시대의 위대한 건축자였던 디엔첸호퍼Dientzenhofer 가문의 사형제도 근본을 따져 보면 그저 평범한 농군의 자식들일 뿐이었다. 헨델의 아버지는 이발사 겸 외과 의사였고, 하이든의 아버지는 달구지 목수, 슈베르트의 부모는 훈장 선생과 요리사, 셰익스피어의 아버지는 장갑 만드는 사람, 몽테뉴의 아버지는 생선 장수, 세르반테스의 아버지는 떠돌이 돌팔이 의사, 칸트의 아버지는 마구馬具 만드는 사람, 켈러의 아버지는 선반공이었다. 심지어 하녀와 정원사의 결혼으로 태어난 가우스에 대해 브리태니커 백과사전은 이렇게 말한다. "가우스만큼 역사적 위인의 정신이 처음부터 그렇게 풍부하게 주어진 경우는 드물었다." 그 밖에 링컨의 부모는 문맹이나 다름없는 사람들이었다.

부계 유전자와 모계 유전자의 조합으로 생기는 매번 새로운 우연들에서 천재가 만들어지기도 한다. 겉으로는 평범해 보여도, 그저 드러나지 않았을 뿐인 두 재능이 합쳐져서 만들어 내는 결과이다. 그래서 **재능**의 생성은 배우자 선택을 통해 설명되기도 하고 영향 받기도 한다. 일례로 바흐 집안처럼 음악가와 음악가가 결혼하면 음악적 재능이 있는 아이가 태어날 가능성이 농후하다. 하지만 반드시 그런 결과로 이어지지는 않는다. 슈만과 유명한 피아니스트 클라라의 결혼으로 태어난 일곱 자식이 증명하듯이 말이다. 어쨌든 바흐의 많은 재능들에서 한 가지 특정 **천재성**을 발현시키는 것은 계획한다고 되는 일이 아니다. 몇 세대에 걸쳐 배우자를 치밀하게 선택하든, 아니면 유전자 조작 방법을 쓰든 어떤 식으로건 천재를 배양해 낼 수 있다고 생각하는 사람은 별 기회가 없다. 유전자와 환경의 우연한 조합으로 천재가 만들어지는 것은 로토 1등에 당첨되는 것이나 마찬가지다. 1그램만 많아도, 기회가 너무 적어도, 동기가 너무 약해도, 장애물이 너무 높아도 천재적인 업적은 이루어지지 못한다. "아마 뇌가 1그랜(약 65밀리그램)만 많거나 적었더라도 넌 지극히 평범한 사람이 되었을 게다." 괴테의 어머니가 1807년에 아들에게 쓴 편지다.

천재의 통계학에서는 다른 유형들에 비해 눈에 띄게 빈번성이 높은 두 유형이 있다. 개신교 목사의 집안과 부계와 모계의 유전자 사이에 상이성이 큰 경우가 그렇다(크레치머는 이를 "씨의 적대 관계"라고 불렀다). 우선 후자에 대해 알아보자. 유전자 간의 상이성은 민족과 인종의 혼합으로 생길 수 있고, 그 차이가 클수록 천재가 나타날 확률은 높다. 예컨대 알렉산드르 푸시킨Aleksandr Sergeyevich Pushkin은 무어 인의 증손자였고, 알렉상드르 뒤마Alexandre Dumas의 할머니는 아이티 섬의 인디언이었으며, 고갱의 어머니는 인디언 혈통의 페루 인이었고, 토마스 만의 어머니는 브라질 혼혈이었고, 1960년에 노벨상을 탄 생화학자 피터 메더워Peter Brian Medawar는 아랍 인 아버지와 영국인 여성 사이에서 태어났다. 이러한 상이성은 폭군적 귀족과 독실한 하녀("노예의 피")가 결합될 때 나타나기도 한다. 스트린드베리가 그 경우인데, 그는 자신의 자전적 소설 『하녀의 아들Tönstekvinnans son』에서 그 사실을 적나라하게 언급했다. 유전적 상이성의 테제에 가장 인상적인 보기를 제공하는 사람은 비스마르크이다. 거칠고 교양 없고 유머러스한 시골 융커[1]인 아버지와 학자 집안 출신으로 병약하고, 신경과민과 우울증을 앓는 차가운 성품의 어머니 사이에서 역사를 이끈 탁월한 조합, 즉 비스마르크라는 신경질적인 거구가 탄생했다. 중요한 것은 '불일치'다. 그것이 유전자에 내재해 있든, 아니면 환경을 통해 드러나든 상관없다.

개신교 목사 집안에서는 걸출한 세 거성이 배출되었다. 리히텐베르크와 니체, 고흐가 그 세 인물이다. 물론 이들보다 조금 떨어지는 천재는 훨씬 더 많다. 프리드리히 셸링Friedrich Wilhelm Joseph von Schelling과 마티아스 클라우디우스Matthias Claudius 같은 인물들이 그렇다. 루터부터 1900년까지 유명인들을 모아 놓은 『독일 일반 전기Allgemeine deutsche Biographie』에 실린 작가 765명 가운데 26퍼센트 이상이 개신교 목사 집안 출신이었다. 니체의 조상 중에는 심지어 목사가 열두 명이나 되는데, 그는 이렇게 썼다. 사제는 더 훌륭한 인간을 만들기 위한 일종의 준비 과정이다. "튼실한 여자들의 몸을 빌려 번식한다는 전제하에서 말이다." 목사 집안에서 천재들이 많이 배출되는 이유에 대해서는 이런 추측이 가능하다. 목사들은 대개 지력이 평균 이상이고, 다른 남자들에 비해 정신적 가치와 성격적 가치에 따라 배우자를 선택하고, 일반인들보다 자식을 많이 낳고, 자식들을 사랑으로 돌보고, 또 아이들에게 언어에 대한 외경심을 불어넣어 주기 때문이 아닐까?

---

[1] 근대 독일 특히 동프로이센의 보수적인 지주 귀족층을 이르던 말.

교육으로 천재를 만드는 건 불가능하더라도 천재를 찾아내고 후원하고 육성하는 것은 교육이 할 수 있고, 그를 통해 이름 모를 수천 명의 모차르트가 꽃 한번 피워 보지 못하고 사라져 버리는 자연의 끔찍한 낭비도 수정할 수 있다. 이름 모를 천재들은 지금도 세계 어디에선가 굶주림이나 역병으로 죽어 가고, 빈민가에서 야위어 가고, 인도의 논밭에서 헛되이 힘을 소모하고, 거친 아버지들의 손에 팔다리가 부러진다. 폴란드 노동자들 틈에

**생텍쥐페리** 너무도 매끈한 이 얼굴에서 전투기 조종사와 위대한 작가를 상상할 사람이 있을까? 그는 1944년에 추락 사고로 숨졌다.

끼여 야간열차를 타고 가던 앙투안 드 생텍쥐페리Antoine de Saint-Exupéry의 고통도 바로 이것이었다. 그러니까 가난과 육체적 통증이 그를 짓누른 것이 아니라 "이 사람들 속에 그냥 묻혀 버리고 말 이름 모를 모차르트가 있을 거라는" 생각이 그의 마음을 아프게 했다.

물론 내면에 있는 모차르트를 끄집어내는 것은 부모가 계획한다고 되는 일이 아니다. 자식은 부모가 원하는 것이 되기도 하지만(모차르트, 파가니니, 케네디), 아버지가 경멸하면서 어떤 일이 있어도 막으려고 하는 것이 되기도 하지 않던가(헨델, 슈베르트, 카프카)? 어쨌든 많은 위인들이 아버지의 뜻을 거스르며 자신의 길을 걷는 것을 보면 그런 저항에 맞설 힘이 스스로에게 내재한다는 것인데, 그렇다면 정성 어린 후원이 오히려 천재의 길을 망치는 것은 아닐까? 예단할 수 있는 것은 아무것도 없다. 우리에겐 그저 나중에 경탄하는 일만 남아 있을 뿐이다.

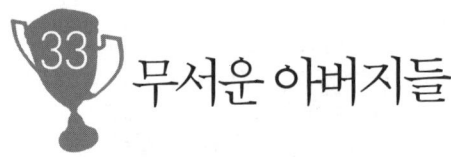
## 무서운 아버지들

> 그들이 어린아이였을 때 최소한 누군가 한 번은 "쉿" 하고 말해야 했어요.
> ―패트릭 캠벨 부인이 쇼에게 보낸 편지

프란츠 안톤 폰 베버Franz Anton von Weber는 오이틴 주교 제후Prince-Bishop[1]의 악장이었고 모차르트의 아내 콘스탄체Constanza의 숙부였다. 베버가 아들 카를 마리아를 낳았을 때 조카사위는 「피가로의 결혼」을 작곡했다. 아버지는 아들이 떠듬떠듬 말을 하자마자 바로 피아노에 앉히고 노래를 가르치기 시작했다. 그렇게 해서 아들이 걸음마를 배울 무렵에는(선천성 요통으로 네 살에야 걷기 시작했다) 이미 꼬마 거장이 되어 있었다. 아버지는 열한 살의 아들을 잘츠부르크로 데려가 요제프 하이든의 동생 요한 미하엘 하이든Johann Michael Haydn에게 가르침을 받게 했다. 쉬는 시간도 없이 부지런히 작곡 연습을 해야 했던 카를은 결국 열세 살에 오페라 「숲속의 아가씨」를 썼고, 아버지는 그 작품을 프라이부르크의 무대에 올렸다.

---

[1] 신성 로마 제국 당시 제후로 책봉된 주교.

알프레트 아인슈타인의 말에 따르면, 카를 마리아 폰 베버는 이런 식으로 "사기꾼 기질이 농후한 아버지에 의해 신동으로 만들어졌다". 아들은 사육되고 훈련받고 길들여졌다. 그 결과, 베버는 매우 많이 공연되는 오페라 중의 하나인 「마탄의 사수」·「오베론」을 작곡했고, 쇼팽과 베를리오즈, 리스트와 바그너로 가는 길을 닦았으며, 현대에 들어서도 스트라빈스키와 파울 힌데미트Paul Hindemith가 경탄하는 대상이 되었다.

그렇다면 아버지의 무서운 교육이 아들의 성취에 크게 해를 끼치지는 않은 것으로 보인다. 다만 아버지가 아들을 부드럽게 가르쳤거나, 아니면 아들의 재능에만 맡겼다면 카를 마리아 폰 베버가 그 이상의 것을 성취했을지, 아니면 아무것도 이루어 내지 못했을지는 추측만 가능할 뿐이다. 일반적으로 스포츠와 수학, 음악 방면으로 **재능이 있는** 사람들은 주도면밀한 목표 지향적 교육을 통해 재능이 촉진된다. 그런데 베버의 어린 시절에는 천재성과 교육 사이에 가능한 모든 일이 다 있었다. 전문적인 지원이 있었고, 단호한 태도가 있었고, 반항과 구타도 있었다. 양극단에 해당하는 모차르트와 카프카의 중간쯤이라고 할까.

잘츠부르크의 주교 제후 궁정에서 부악장 겸 궁정 작곡가를 맡고 있던 레오폴트 모차르트가 여덟 살 난 딸 '난네를Nannerl'에게 피아노 수업을 시작했을 때 세 살배기 볼프강 아마데우스도 건반을 만졌고, 이날부터 천재의 역사에서 가장 격정적인 부자 관계가 시작되었다. 아이는 놀랄 정도로 열정적이고 집중력이 뛰어났을 뿐 아니라 당시의 초기 트럼펫에서는 날 수밖에 없는 불순한 음들 때문에 괴로워할 정도로 섬세한 청각을 타고났다. 이 집안과 가까운 사람이 볼프강 아마데우스에 대해 이렇게 적었다. "그는 불덩이로 가득 찬 사람이었고, 모든 대상에 쉽게 애착을 느꼈다. 나는 그가 만일 그렇게 좋은 교육을 받지 못했더라면 포악한 범죄자가 되었을 수도 있을 거라고 생각한다. 그만큼 그는 모든 자극을 아주 쉽게 받아들이는 사람이었다."

일반 시민 계층에서는 아이들의 교육을 가정교사나 하인에게 맡기던 시절에 레오폴트 모차르트는 시간이 갈수록 자신이 직접 아들에게 음악뿐 아니라 학교 지식을 가르치는 것을 본분으로 삼게 되었다. 그는 좀스러울 정도로 꼼꼼한 교양인이었다. 그의 교육 방식이 우리의 눈에는 가혹하게 보일 수도 있지만 당시는 달랐다. 아버지뿐 아니라 아들도 그런 교육을 정상으로 받아들였다. 아들은 "사랑하는 주님 다음으로 아빠를 사랑한다"고 말했고, 마지막까지 아버지에 대한 존경심을 잃지 않았다.

아버지는 여섯 살 난 아들을 데리고 3년 반 동안 뮌헨과 빈, 파리, 런던으로 음악 여행을 떠났는데, 런던에서는 수완 좋은 매니저로서의 자질을 충분히 입증했다. 제후들의 궁정 및 음악 모임들과의 접촉을 성사시켰고, 자신들의 존재를 높으신 양반들이 주목할 수 있도록 항상 광장 옆의 최고급 호텔에 묵었으며, 아들을 데리고 규칙적으로 산책을 나갔다. 이것은 아들의 건강을 위해서이기도 했지만, 자신들에게 도움이 될 만한 사람의 창문 앞을 적시에 지나가기 위해서였다. 그 밖에 아버지는 여행 경비를 조달하는 일에도 탁월한 능력을 보였는데, 이것은 결코 만만한 일이 아니었다. 당시만 해도 가는 곳마다 세금을 내야 했고, 환전하는 과정에서도 손해를 감수해야 했으며, 또 돈을 헤프게 쓰는 귀족들을 상대하려면 그에 어울리는 지출을 각오해야 했기 때문이다. 그러다 보니 입장료를 받고 음악 공연을 하는 일도 주저하지 않았다. 예를 들어 런던의 한 음식점에서는 한 손님이 입장료를 걷는 순간 아홉 살 볼프강과 그의 누이에게 연주를 시작하라고 신호를 주었다.

이런 교육 방식을 보는 시각은 다양하다. 신동에 대한 잔인한 학대로 해석할 수도 있고, 혼란기를 겪는 소년을 꼼꼼한 아버지가 필수적이고 엄격하게 인도하는 태도로 볼 수도 있으며, 혹은 어린 천재에게는 재능이 발견된 순간부터 후원과 요구가 잇따르고 유럽 음악의 거장들(예를 들어 런던의 요한 크리스티안 바흐)로부터 귀한 가르침을 받을, 정말 둘도 없는 기회였다고 해석할 수도 있다.

풍속 화가이자 미술 선생이었던 피카소의 아버지도 자신의 역할을 모차르트의 아버지와 비슷하게 생각했다. 아들의 남다른 재능을 일찍 알아보고, 그 재능을 키워 주는 것을 최대의 목표로 삼았다. 그런데 아버지가 용의주도한 교육으로 아들의 재능을 촉진시킨 것도 사실이지만, 그와 아울러 아들의 재능이라면 충분히 얻을 수 있는 사회적 신분 상승의 꿈이 좌절되는 것을 막기 위해 아들을 무자비한 훈련으로 몰아갔다는 주장도 사실이다. 아들은 평생 아버지에게 감

**피카소**
나이: 열다섯 살
아버지: 미술 교사. 이전에 레오폴트 모차르트처럼 아들의 재능을 일찍 알아보고 가혹하게 훈련시켰다.
결과: 아들은 어떤 일이 있어도 아버지와는 다르게 그리려고 했다.

사하다고 말했다. 그러나 그가 미술계에서 일으킨 폭동이 강단 회화를 배우라는 아버지의 강요에 대한 반항이기도 했다는 점은 쉽게 짐작할 수 있다. 다다이스트이자 초현실파였던 에른스트의 경우는 그 관련성이 더욱 뚜렷해 보인다. 그가 기존의 회화적 관습을 모두 뒤집어엎었던 것은 아버지에 대한 복수였다. 독실한 가톨릭 신자로서 장애인들에게 미술을 가르쳤던 아버지는 아들이 증오하는 모든 것, 즉 종교와 국가, 권위에 대한 열렬한 지지자였다. 아들의 다다이즘에 대한 아버지의 반응은 역시 기대한 대로였다. "나는 너를 저주한다. 너는 우리의 이름을 더럽혔기 때문이다."

어쨌든 그들은 화가가 되었다. 아버지들처럼. 서인도 출신의 위대한 소설가이자 수필가였던 V. S. 나이폴Naipaul은 열한 살 때 아버지로부터 자신이 작가가 되어야 한다는 이야기를 들었다. 아버지는 작가의 꿈을 이루지 못한 채 정신 착란으로 삶을 마감한 기자였다. 윈스턴 처칠의 화려한 경력을 두

고 정치인으로서 아버지 랜돌프 처칠Randolph Churchill 경의 불행한 말로에 대한 복수로 해석하는 사람들이 많다. 랜돌프 처칠은 하원에서 거의 알아들을 수 없을 정도로 더듬거리며 마지막 연설을 마친 뒤 재무 장관에서 물러나 마흔다섯 살의 나이로 매독성 마비 증상으로 죽었다.

나폴레옹의 부모는 뚜렷한 목표 의식으로 아들에게 프랑스 장교 코스의 길을 닦아 주었다. 아마 이 과정이 없었다면 우리는 그의 이름조차 몰랐을지 모른다. 변호사였던 아버지 카를로 부오나파르테Carlo Buonaparte는 프랑스로부터 벗어나려는 코르시아의 독립운동을 지원했지만, 그 투쟁이 패배로 끝나자 프랑스 지배자들에게 가장 먼저 충성을 맹세했다. 그는 새로 부임한 총독 샤를 루이 드 마르뵈프Charles Louis de Marbeuf 백작을 헌신적으로 도왔고, 그의 아리따운 젊은 아내는 심지어 백작과 단 둘이서 차를 마시기도 했다. 그에 대한 보상은 없지 않았다. 이 조용한 부부의 둘째 아들 나폴레옹이 열 살 때 그렇게 원하던 브리엔 군사 아카데미에 왕실 장학생으로 입학한 것이다. 물론 그전에 소년은 기숙학교에 들어가 프랑스 어를 배워야 했다. 그의 모국어는 이탈리아 어였기 때문이다.

미국의 금주령 시기에 수상쩍은 사업으로 큰돈을 모은 투기꾼이자 은행가였던 조지프 케네디는 세 아들을 모두 최고로 만들려고 노력했다. 맏아들 조Joe는 미합중국의 대통령이 되겠다는 뜻을 공공연히 밝혔는데, 안타깝게도 빨리 전쟁 영웅이 되려는 마음에 자발적으로 특수전에 투입될 부대에 입대했다가 1944년에 전사하고 말았다. 이제 바통은 둘째 아들 존에게 넘어갔다. 그는 형의 죽음이 자신에겐 아버지의 "부름"이나 다름없었다고 말했다. "아버지는 맏아들이 정치에 입문하기를 원하셨다. 아니 '원했다' 기보다 '요구했다' 는 말이 더 정확할 것이다." 결국 존은 대통령이 되었고, 1963년에 암살되었다. 셋째 아들 로버트 케네디도 대통령 후보 지명 유세에 나섰다가 1968년에 암살당했다.

에너지가 넘치는 불같은 성격의 조지프 케네디는 성취에 대한 압력과 강한 승부욕의 분위기 속에서 아홉 자녀를 키웠고, 아들들의 선거 유세에 엄청난 돈을 지원했으며, 칭찬으로 존에게 자신감을 불어넣었고, 존의 외도를 은폐하는 일을 적극 도왔으며, 심지어 아들의 마지막 결정적인 선거전에 자신이 곁에 있는 것이 도움이 되지 않는다고 판단하고 일체의 유혹을 차단하기 위해 아예 장기 유럽 여행을 떠나기도 했다. 이런 아버지 없이도 존 F. 케네디가 대통령이 될 수 있었을지는 추측만 가능할 뿐이다. 또한 이런 의문도 남는다. 모든 선거전에서 조직을 총괄했고, 존 밑에서 법무 장관을 맡았던 로버트가 원래의 능력자이자 배후 조종자가 아니었을까? 그러니까 존은 아버지와 동생의 조종으로 움직이는 일종의 꼭두각시가 아니었을까?

괴테에게는 정치인이나 군인으로 키우려는 야심찬 부모가 없었다. 그렇다고 천재를 낳거나 천재로 이끌 예술적 재능이 있는 부모도 아니었다. 심지어 괴테의 부모는 자신들이 무엇을 해야 하는지도 몰랐다. 하지만 제대로 했다. 그들의 불행한 결혼 생활은 예술적 천재의 부화 장소로는 최적이었다.

괴테의 할아버지는 여성복 재단사로 출발했다가 부유한 배우자를 얻고 포도주 상점을 운영하면서 재산을 모았다. 반면에 괴테의 아버지 요한 카스파르Johann Caspar는 평생 자기 손으로 한 푼도 벌어 본 일이 없이 선친의 유산으로만 살아가는 한량이었는데, 프랑크푸르트 시청에 적당한 자리를 얻으려고 하다가 물거품이 되자 '황실 고문관'이라는 직함을 돈으로 샀으며, 서른여덟 살에는 '엘리자베트 텍스토르Elisabeth Textor'라는 이름의 열일곱 살 처자와 결혼했다. 그러니까 놀고먹으면서도 늘 불평불만이 그득한 중년 남자와 거절이라고는 모르는 쾌활하고 생동감 넘치는 젊은 아가씨의 결합이었다. 앞장에서 설명했듯이 유전자의 상이성 테제가 괴테에게도 그대로 적용되지 않을까 싶다. 어쨌든 부부는 워낙 성격이 달라 서로 거의 말을 하지 않고 살았기 때문에 자연스레 그들의 관심은 맏아들에게 집중되었다. 게다가 괴테 역시 여동생 코르넬리아Cornelia에 비해 아주 영리하고 매력적인 아이였다. 그 뒤로 태어난 세 아이는 죽었고, 하나는 정신병을 앓았다. 태생적으로 너무 다른 부부에게는 어린 괴테가 삶의 의미가 될 수밖에 없었다.

괴테의 아버지는 차갑고 재미없고 꼼꼼하고 가부장적인 사람이었다. 하지만 그런 면만 있었던 것은 아니다. 다방면에 관심이 많고, 교양 있고, 여러 나라 말을 할 줄 알고, 책과 그림, 광물의 수집가였다. 게다가 이탈리아에 대해 이야기할 때만큼은 "평소의 진지함과 무미건조함이 눈 녹듯이 사라지는 것" 같았다(『시와 진실』). 여기다 시대정신에 어긋날 뿐 아니라 평소 아버지의 성격에 비추어 보면 의외로 보이는 특성이 두 가지 더 추가되어야 한다. 하나는 아들에게 교재의 내용을 반복해서 주입시킨 것이고, 다른 하나는 그러면서도 독자적인 사고와 판단을 장려한 것이다. 아버지는 아들의 소망과 욕구에 대해 놀랄 정도로 유연하게 대답했다. 하지만 지식의 근간은 기계적인 주입식이 주를 이루었다. 아버지는 라틴 어와 이탈리아 어를 아주 잘했고, 프랑스 어는 웬만한 수준이었으며, 그리스 어와 히브리 어는 조금 했고, 영어는 잘하지 못했다. 그래서 여행 중인 영국인을 선생으로 고용해서 영어를 배우기도 했다. 괴테가 승마와 검술, 춤을 배웠던 것은 당시 그의 계층에서는 충분히 가능한 일이었다.

반면에 어머니는 따뜻하고 밝고 소박하고, 교양은 없는 편이었지만 언어와 이야기 방면에 재능이 있는 사람이었다. 그녀는 세상 흐름에 자신 있는 어투로 주석을 달았고, 쉼 없이 일화와 이야기들을 자기 속에서 끄집어냈다. 어머니가 전한 이야기들은 이러했다. 수도원 환경에 익숙한 교황이 어느 날 사람들이 우글거리는 것을 보고 의아해하며 추기경에게 물었다. "대체 저 사람들은 모두 뭘 먹고 사는가?" 추기경이 대답했다. "성하, 저들은 서로 속여 먹고 삽니다."

코르넬리아 괴테도 같은 집에서 자랐다. 추한 얼굴에 몸과 마음이 병든 채, "믿음과 사랑, 희망도 없이" 살다가 스물일곱 살에 죽었다. 비슷한 유전자에 거의 똑같은 환경적 영향을 받았지만 슬픈 결말을 맞았다. 그런데 괴테의 부모는 아들의 발전에는 더할 나위 없이 좋은 환경을 상당히 운 좋게 조성해 주었다. 단 누이의 발전에는 좋지 않은 환경이었다고 할 수 있었다. 여기서 이런 의문이 든다. 만일 괴테와 모차르트, 피카소 같은 인물이 자신들의 아버지에 의해 방해를 받았다면 지금처럼 이름을 남길 수 있었을까? 거꾸로, 카프카의 아버지가 아들의 재능을 완전히 박살 내려고 했던 것과 비슷한 힘으로 그 재능을 장려했더라면 우리가 카프카라는 이름을 들을 수 있었을까?

우리는 결과에 따라 판단할 수밖에 없고, 원인과 결과의 관계는 항상 불가사의하다. 여기서 구타의 기능에 대해 생각해 볼 필요가 있다. 베토벤은 네 살 때 같은 나이의 모차르트처럼 결코 즐겁게 피아노 앞에 앉지 않았다. 아버지가 그런 아들에게 연습을 강요했고, 결국 그것이 어린 아들의 눈물을 쏙 뺐다. 상인이었던 파가니니의 아버지는 바이올린을 연주하는 아들의 재능을 일찍 알아보았지만, 음악에 대한 아들의 열성이 못마땅해서 매질을 한 것은 물론이고 밥까지 주지 않으면서 아들을 더욱 혹독하게 연습시켰다. 루터 역시 어릴 때 조금만 잘못해도 부모가 피가 나도록 때렸다고 고백했다. 이 대목에서 또 이런 생각이 슬그머니 고개를 쳐든다. 아버지의 학대가 소년의 반항심을 도발하고 단련시켜 나중에 그가 지상 최고의 권력자들 앞에서도 "나는 여기서 한 발짝도 물러설 수 없다"고 당당하게 맞설 수 있도록 만든 것이 아닐까? 심리 분석가들은 여기서 한발 더 나아가, 루터가 복수하는 아버지의 모습에서 신의 형상을 이끌어 냈다고 해석하기도 한다. 즉 루터에게 신은 선한 행동을 보상해 주는 신이 아니라 불가해한 뜻에 따라 은총과 형벌을 내리는 신이고, 인간은 그런 신의 뜻을 경건하게 받아들여야 한다는 것이다.

아버지의 구타가 없었다면 루터나 파가니니도 없었을까? 판단할 근거는 아무것도 없다. 마찬가지로 오늘날 일반화된 체벌 금지가 더 많은 천재를 만들어 낼 것인지도 불확실하다. 만일 베토벤의 아버지가 탈권위적 교육 이념을 따르는 사람이었다면, 그러니까 울면서 싫다고 하는 아이에게 항복해 버렸다면 그게 베토벤 자신을 위해서나 인류를 위해서나 좋은 일이었을까? 정말 필요한 순간에 야단을 치거나 귀싸대기를 올리는 것이 천재의 자기실현 과정에서 생길 수 있는 장애물을 제거하는 것이 될 수는 없을까? 물론 그것이 천재의 길을 완전히 망쳐 버릴 위험도 존재하지만 말이다. 어쨌든 우리가 아는 것은 아무것도 없다.

천재의 부모 중에는 아이들의 재능에 대해 전혀 모르고 있어서 그 재능을 후원해야 할지 말려야 할지 고민조차 할 필요가 없었던 사람들이 많다. 가우스에게 생명을 부여한 정원사와 하녀 부부가 그랬고, 병약한 아들이 도서관에서 독학으로 라틴 어와 그리스 어, 프랑스 어를 배우는 것도 몰랐던 부유한 레오파르디의 부모가 그랬으며, 디킨스를 낳은 해군 재정관이 그랬다. 디킨스의 말에 따르면, 만일 그를 "지극히 평범한 학교에 넣었다면 많은 불행을 피할 수 있었을 것"이라고 생각한 사람이 가족 중에는 아무도 없었다고 한다. 그러면서도 그는 어린 시절의 모든 불행과 고통이 "오늘의 나를 만드는 데 기여했다"고 밝혔다.

경찰관이었던 아버지의 아홉째 자식으로 태어난 바그너는(아버지는 아들이 생후 6개월일 때 죽었다) 기초 음악 교육을 받은 적이 없었고, 얼마 되지 않은 배움의 기회도 게으름과 반항심으로 놓쳐 버렸다. 그가 받은 음악 수업이라고는 피아노 몇 개월, 바이올린 몇 주(선생 말로는 "지독하게 연습하기를 싫어하는 아주 나쁜 제자"였다고 한다), 작곡 이론 몇 개월이 전부였다. 하지만 베토벤의 서곡들과 현악 사중주곡을 혼자 힘으로 악보에 옮겨 적었다. 에디슨 역시 학교에 다닌 것은 세 달밖에 되지 않았고, 열두 살 때부터 돈을 벌어야 했다.

각고의 노력 끝에 미천한 태생에서 벗어난 사람들이 있다. 켄터키 주 농부의 아들로 태어난 링컨은 띄엄띄엄 학교를 다닌 것이 전부 합하면 1년밖에 되지 않았고, 책 한 권을 빌리려고 수 마일씩 말을 타고 달렸으며, 임시직으로 일하면서 독학으로 대학 입학 자격증을 따냈다. 시골 마을 미장이의 아들이었던 헤벨은 링컨처럼 집 안에 책이라고는 성경 한 권밖에 없는 환경에서 자랐지만, 이런 지독한 궁핍 속에서도 대학 교수와 유명 작가로 가는 길을 스스로 개척했다. 외딴 로포텐 섬에서 농부의 아들로 자란 함순은 구두공의 도제로 들어갔고, 나중에 미국으로 옮겨 전차 차장과 농장 일꾼으로 일했다. 그러다가 마침내 소설『굶주림 Sult』으로 고단한 삶을 뚫고 나오는 데 성공했다.

이처럼 우리는 역경을 뚫은 사람들을 보면서 찢어지게 가난하고 무심하고 천재 적대적인 부모의 집에서 벗어나는 것이 그들의 의지를 더욱 강화하고 단련시켰던 것을 안다. 그러나 얼마나 많은 사람들이 이 비슷한 과정에서 좌절했는지는 알 수 없다. 더구나 아버지들의 눈총과 증오를 이겨 내고 마침내 고생 끝에 뜻을 이루어 낸 위인들을 보면 그저 불가사의할 뿐이다.

외과 의사 겸 이발사였던 헨델의 아버지는 아들에게 음악을 못 하게 했다. 음악을 한가한 시간에 하는 심심풀이 정도로만 생각하던 슈베르트의 아버지도 아들에게 작곡을 금지했다. 대신 아들이 관료가 되기를 바랐다. 아버지 요한 슈트라우스는 세 아들 모두 음악가가 되는 것을 막으려고 했다. 백만장자 은행가였던 시인 첼란의 아버지는 아들을 강제로 법학과에 진학시켰고, 아들이 법학 공부를 때려치우자 지원을 뚝 끊어 버려 지독한 가난으로 내몰았다. 아들은 17년 동안 애인을 아버지에게 숨겼고, 아버지가 죽은 뒤에야 결혼식을 올렸다. 부유한 상인 자무엘 베른슈타인Samuel Bernstein은 몇 년 동안 아들의 사회주의적 정치 경력 때문에 분을 참지 못하고 속을 썩이다가 마침내 스스로 그에 대한 해답을 찾아냈다. "내 자식이 모세나 다 빈치일 거라는 기대를 버려야 한다." 아들들도 아버지를 미워하기는 마찬가지였다. 영국 시인 퍼시 비시 셸리Percy Bysshe Shelly의 짧은 삶에는 폭군적인 아버지에 대한 불타는 증오가 깊게 배어 있었고, 실러의 작품에도 권위적인 아버지에 대한 항의가 흐르고 있었다.『도적 떼』와『돈 카를로스 Don Carlos』는 물론이고 텔이 헤르만 게슬러 태수를 살해한 것도 그랬다. 심지어 브레히트는 부모와의 절연을 공개적으로 밝혔을 뿐 아니라 부모를 때려죽인 뒤 장롱 속에 넣고 썩게 만든 엽기적인 담시 「아펠뵈크 또는 들판에 핀 백합」을 쓰기도 했다.

아버지와 아들 사이의 증오가 세계사를 만든 경우도 있다. 프로이센의 프리드리히 빌헬름 1세Friedrich Wilhelm I는 프리드리히 태자의 온화한 예술가적 성향을 잔인하게 짓누르고 용맹스런 군인으로 만들려고 했고, 그런 폭군적인 아버지가 죽자마자 아들은 갑자기 침략 전쟁을 일으켜 '대왕'이라는 칭호를 얻었다. 구두 직공 주가시빌리Dzhugashvili는 지독한 술꾼이었는데, 아내가 아들을 학교에 넣자 아들을 때려서 학교에서 끌어내어 결국 신발 공장에 집어넣었다. 그 아들이 나중에 스탈린('강철로 만든 인간'이라는 뜻)으로 개명한 유명한 소련 공산주의자였다.

프라하의 장신구 상점주인 헤르만 카프카Hermann Kafka만큼 아들에 의해 '혐오의 상징'으로 그려진 아버지도 없다. 도축업자의 아들이던 헤르만은 지독한 가난 속에서 자랐고, 상점에서 일하다가 양조장 집 딸과 결혼하면서 신부 지참금으로 가게를 하나 열 수 있었다. 둘 사이에서 여섯 아이가 태어났고, 아들 셋 가운데 둘은 죽었다. 어머니는 상점에서 함께 일하면서 남편이 직원들을 향해 "개돼지니 버러지 같은 것들"이라고 욕하며 짐승처럼 다루면 직원들을 다독거리는 역할을 했다. 아버지는 프란츠와 세 딸을 출세시키고 싶었다. 그래서 가정교사와 보모를 들여 아이들을 교육시키고, 독일 학교에도 보냈다. 프란츠도 아버지의 뜻에 따라 법학 공부를 마친 뒤 프라하 노동자 상해 보험 공단에 취직했다.

어린 시절 아버지와 함께 있을 때의 기억이라고는 식사할 때 아버지가 던지는 명령조의 짧은 말과 아버지가 가족을 위해 일구어 놓은 것들에 대한 감사와 경탄뿐이었다. 프란츠 카프카는 이렇게 썼다. "아버지는 당신 성격대로 자식을 다루고 있습니다. 힘과 고함과 불같은 분노로요. 아버지는 당신의 안락의자 속에서 세계를 지배합니다. 당신의 의견은 늘 옳고, 다른 의견은 모두 말도 안 되는 것들이죠. …… 그래서 만일 어떤 문제에서 당신의 의견이 없으면 그 문제와 관련해서 가능한 다른 모든 의견은 하나도 빠짐없이 틀리게 되는 일이 생기는 것이죠."

이것은 카프카가 서른여섯 살 때 써 놓고 부치지 않은, 60쪽에 이르는 장문의 '아버지 전상서'에 나오는 글이다. 그의 어린 시절은 세 개의 세계로 나누어져 있었다. 편지를 계속 읽어 보자. "첫 번째는 제가 노예로 살았던 세계입니다. 저를 위해서만 고안되었고, 제가 결코 따를 수 없었던 법이 지배하는 세계였죠. 그 다음 세계는 당신이 사는 세계입니다. 통제하고, 명령을 내리고, 따르지 않으면 즉각 분노로 폭발하는 세계였죠. 세 번째는 나머지 사람들이 명령과 복종에서 벗어나 행복하게 사는 세계입니다."

이 말을 글자 그대로 받아들여도 될까? 카프카는 이 편지를 연인 밀레나 예젠스카 폴라크Milena Jesenska-Pollak에게 보내면서 이렇게 덧붙인다. "이 편지가 실은 내 삶에 대한 변호라는 것을 감안하고 읽었으면 해요." 이것은 고통스러워하면서도 그 고통을 사랑하는 자의 편지이자, 불충분함을 고통으로, 또 그 고통을 지옥으로 바꾸는 건강 염려증 환자의 편지임이 분명하다. 결핵이 발발하기 전까지 카프카는 마르기는 했지만, 충분히 일을 할 수 있을 만큼 건강한 편이었다. 몇 시간씩 산책을 하고, 테니스를 즐기고, 수영을 하고, 노를 젓고, 썰매와 스키를 탔다. 그런 사람이 1911년에 일기에다 이렇게 적었다. "내 몸은 약한 것치고는 너무 길다. 고마운 온기를 만들어 내는 데 필요한 미소량의 지방도 없다. …… 최근에는 바늘로 콕콕 찌르는 것 같은 내 약한 심장이 어떻게 저 길쭉한 다리 밑에까지 피를 내려 보낼 수 있는지 신기하다. 피는 무릎까지만 가도 충분해 보인다. 그 다음엔 떠밀려 내려가듯이 차가운 종아리 아래로 씻겨 갈 것이다. 하지만 밑에서 괜한 힘을 쓰고 있는 사이 위에서는 다시 피가 필요하고, 피가 올라오길 기다린다."

이처럼 극도로 예민한 불신감으로 내면의 목소리에 귀를 기울인 사람이 있을까? 카프카는 자신의 몸을 좋아하지 않았다. 약혼녀 펠리체에게 쓴 편지에 이런 구절이 있다. "원숭이의 손가락이 달린 앙상하고 기다란 손을 아

▲ **카프카의 아버지** 다부진 체격의 헤르만 카프카는 돈밖에 모르는 부지런한 상점 주인이었다. 그는 직원들을 "개돼지, 버러지 같은 것들"이라고 욕하며 짐승처럼 다루었다. 아들이 약혼 사실을 통보하자 아버지는 차라리 유곽이나 가라고 소리쳤다.

▶ **프란츠 카프카** 프란츠 카프카만큼 신경이 예민하고, 불신으로 내면의 목소리에 귀를 기울이고, 격렬하게 번민한 사람은 없었다. 아버지의 폭압도 아들이 세기의 작가가 되는 것을 막지는 못했는데, 그렇다면 아들이 그런 길을 가도록 만든 것은 결국 아버지가 아닐까?

직 기억하고 있겠지?" 아버지에게 보낸 편지에서는 스스로를 아는 듯한 말을 한다. "아직 제게 남아 있는 것들을 보면 기적처럼 놀랍기만 합니다. 좋은 소화력이 한 예이죠. 소화력을 잃는다고 해도 전혀 이상하지 않을 텐데 말입니다. 이로써 건강 염려증으로 가는 길이 활짝 열렸습니다."

카프카가 채식주의자인 것은 식탁에서 아버지만 화나게 한 것이 아니라 레스토랑의 유혹에 굴복당할 때면 자학의 수단이 되기도 했다. "나는 레스토랑에 가면 거의 고기만 먹네. 그래서 속이 메스껍고 괴로운 밤이 지나면 학대받고 고문당한 육체가 침대 속에서 마치 더러운 살덩어리처럼 낯설게 느껴지네."(브로트에게 보낸 편지) "슬펐어. 정어리를 먹었기 때문이지. ······ 벌써 며칠 동안 나는 고기에 눈이 벌게졌어. 좋은 가르침이었어. 나는 하이에나처럼 슬픈 밤을 보냈어. 카라반이 잃어버린 정어리 통조림을 발견한 하이에나, 작은 양철 관을 발로 굴려 시체를 꺼내 먹는 하이에나를 상상해."
(누이 오틀라Ottla에게 보낸 편지)

스스로에게 그렇게 잔인한 사람은 없었다. 그리고 헤르만 카프카보다 더 예민한 아버지라고 하더라도 비록 화를 내거나 이해는 안 갈지언정 아들이 그런 정신적 혼란을 보이면 백기를 들어야 했을 것이다. 그게 아니라면 아들을 환자로 취급하거나, 자기만의 기벽에 갇혀 살도록 내버려 두어야 했다. 그러나 카프카의 아버지는 그러지 않았다. 오히려 아들의 태도를 자신에 대한 도전으로 여겼고, 그에 대해 앙갚음도 마다하지 않았다. 서른여섯 살의 아들이 유대교 교당에서 사환으로 일하는 남자의 딸인 율리에 보리체크Julie Wohryzek와 약혼했다고 알렸을 때 아들의 사회적 추락을 우려한 아버지는 이렇게 대답했다. "프라하의 유대 인 여자들이 그러는 것처럼 그 처녀도 엄선한 블라우스를 입었을 것이고, 넌 곧 그 처자와 결혼하겠다고 결심하겠지? …… 하지만 넌 성인이다. 이런 결혼이라면 그냥 아무 여자하고 결혼하는 게 낫지 않겠어? 다른 가능성이 있어? 정히 두렵다면 내가 같이 가 주마." 아들은 이렇게 답했다. "아버지는 말로써 제게 더 심할 수 없는 굴욕과 경멸을 안겨 주었습니다."

미워하고 구타하는 다른 아버지들의 경우보다 훨씬 집요하고 복잡하겠지만, 여기서도 이런 의문이 제기된다. 우리가 감탄하는 그런 카프카가 탄생하기 위해서는 어느 정도까지 그런 아버지가 필요했을까? 아들은 이렇게 말한다. "지금 저의 모습은 당신의 교육과 제 복종의 결과입니다." 다음 말도 같은 맥락이다. "저는 말하기를 잊었습니다. 물론 그렇지 않았더라도 위대한 연설가가 되지는 못했을 것이고, 다른 사람들처럼 유창하게 말하지는 못했을 겁니다. 당신은 일찍부터 제게 말을 금지했습니다. '한마디도 반박할 생각하지 마!' 라는 위협과 그와 함께 올라간 손이 오래전부터 저의 입을 막아 버렸죠. 저는 당신 앞에 서면 목이 막히고 말을 더듬는 것을 느낍니다." 그 결과 무슨 일이 생겼을까? 정확한 관련성을 증명할 수는 없지만, 이런 짐작이 가능하다. "카프카에게 수사학적인 작품이 단 하나도 나오지 않은 것은 화려하고 넘치는 말들에 대한 두려움 때문이었다." 카네티의 말인데, 카네티는 이렇게 진단한다. "하지만 그런 이유로 결코 가독성이 떨어지는 것은 아니다." 카프카 본인도 브로트에게 보낸 편지에서 '두려운 망설임의 축복'을 언급한다. "글을 쓰기 전에 단어 하나하나가 먼저 사방을 둘러보네."

이 장의 막을 내리기 전에 자신의 아이가 천재일 거라는 희망에 사로잡힌 부모들에게 어떤 조언을 해 주어야 할까? 첫째, 당신들이 착각하고 있을 가능성이 농후하고, 아이들도 마찬가지로 그런 착각에 빠져 있다. 천재의 포즈를 잡으며 우쭐하는 청소년 100명 중에서 99명은 천재가 아니다. 깜짝 놀랄 능력을 보여도 그게 바로 천재에 대한 증거가 되지는 않는다. "내가 아는 모든 형편없는 화가들도 여덟 살이나 열 살 때는 천재를 예고하는 놀라운 능력을 보였다." 스탕달의 말이다. 스탕달은 이렇게 덧붙였다. "그러나 천재를 예고하는 것은 없다. 기껏해야 끈기가 지침이 될 수 있을지 모르겠다."

둘째, 예외적으로 그 희망이 근거가 있는 것이라면 성호를 그으며 기도하라. 아이가 불행해질 것이기 때문이다. 아이는 당신들이 재능을 억눌러도 불행할 것이고, 스스로 재능을 발현해도 불행할 것이다. 천재는 다른 이들보다 더 많이 고통스러워하는 사람들이기 때문이다. 어떻게 해야 아이의 재능을 촉진할 수 있을 것인지는 여전히 풀리지 않는 수수께끼다. 당신들이 아이를 못살게 굴거나 무시하든, 아니면 사랑스럽게 장려하거나 매질을 아끼지 않으면서까지 훈련시키든, 아이는 바로 그 때문에 천재가 되거나 그 때문에 천재가 되지 않는다. 아무것도 알 수 없다면 차라리 아이를 괴롭히지 않는 것이 낫다.

"나를 저절로 이해할 능력을 갖춘 인간으로 변신시켜 주오!" 카프카가 펠리체에게 쓴 글이다. 그러나 그는 변신 당할 위험이 생기기 전에 약혼을 파기했다.

 신동

> 열한 살에 나는 유클리드를 공부하기 시작했는데, 그것은 내 인생 최고의 사건이었다. 마치 숨 막히는 첫사랑처럼.
> ─러셀, 「나의 인생」

1721년 독일 뤼베크에서 태어난 크리스티안 하인리히 하이네켄Christian Heinrich Heineken은 언어와 기억술의 천재로서 뤼베크 김나지움 교장 선생과 함부르크 음악 감독 텔레만, 덴마크의 궁정을 감탄시켰다. 세 살밖에 안 된 아이가 라틴 어와 프랑스 어를 유창하게 구사했고, 시편 80편을 완벽하게 암송했으며, 전 유럽 왕조의 모든 왕들 이름을 순서에 맞게 읊었고, 코펜하겐에서는 유모의 품에 폭 안긴 채로 두 시간 동안 시험을 치르는 동안 프리드리히 4세Friedrich IV의 넋을 쏙 빼놓았다. 아직 독자적인 사고의 싹은 보이지 않지만 전대미문의 학습 능력을 갖춘 아기 신동인 것은 틀림없었다. 이 아이는 4년 4개월만 살다 죽었다.

진정한 신동은 독창적인 아이들인데, 이런 아이들이 가장 자주, 가장 눈에 띄게 나타나는 분야는 수학과 음악이다. 음악에서는 작곡이든 연주든 영역을 가리지 않는데, 모차르트와 피아니스트 아르투르 루빈스타인Arthur

Rubinstein은 여섯 살에 신동으로 공식 데뷔했고, 쇼팽은 아홉 살, 브람스는 열 살에 공식적으로 신고했다. 또한 작곡가로서의 천재적 자질을 처음 입증한 것이 모차르트는 다섯 살, 헨델은 열 살, 멘델스존은 열한 살, 로시니는 열두 살이었다.

파스칼은 열한 살의 나이에 유명한 수학자들의 논쟁에 참여했고, 열두 살에 역사상 두 번째로 유클리드 기하학을 발견했으며, 열여섯 살에는 원뿔곡선에 관한 위대한 책을 써서 세간의 주목을 받았다. 가우스에 관해서는 어느 정도 신빙성 있는 두 가지 일화가 전해져 온다. 우선 두 살 때 아버지가 혼잣말처럼 중얼거리며 임금을 계산할 때 흥분한 목소리로 아버지의 실수를 지적했고, 일곱 살 때는 선생님이 학생들을 한동안 조용히 시킬 목적으로 1부터 40까지 수를 모두 더하는 문제를 냈는데, 이것을 1분 만에 풀어 버렸다. 숫자를 모두 더한 것이 아니라 1과 40, 2와 39, 3과 38을 더하면 모두 41이 된다는 것에 착안해서 41에다 20을 곱해서 값을 구한 것이다.

신동들은 왜 화가나 작가보다 수학자와 음악가가 월등히 많은 것일까? 수학과 음악에 필요한 재능이 정신의 성숙함이나 경험의 축적과는 별 상관없는, 숫자와 음들의 추상적 구성 능력이어서 그런 것이 아닐까? 이런 재능이 정신 발달 장애아들에게도 나타나는 이유가 거기에 있을 것이다. 예를 들어 1,000년 전의 날짜가 무슨 요일인지 눈 깜박할 사이에 계산해 내는 백치 학자가 그렇고, 1부터 5까지의 수도 제대로 세지 못하면서 절대 음감이 있고, 한 번 들은 멜로디는 잊어버리지 않는 자폐아가 그렇다.

음악가와 수학자와는 달리 작가와 조형 예술가들은 다양한 재능들의 생산적인 결합과 능숙한 가공을 요구하는 강한 인상들에 의지한다. 그러다 보니 당연히 어른이 되기를 기다려야 하고, 그 과정에서 많은 사람들이 어린 시절에 보여 준 재기를 잃어버린다. 콕토는 이렇게 썼다. "여덟 살 때는 많은 사람들이 천재이다. 천재로 계속 남아 있는 것, 그것이 기술이다." 이 말에는 재치나 익살 이상의 의미가 담겨 있다. 그런가 하면 괴테는 이렇게 말했다. "아이들이 처음의 징후처럼만 계속 커 나가면 진정한 천재들이 나온다." 가장 쉽게 다가오는 것은 앞장에서 인용한 스탕달의 말이다. "나는 정신적으로 뛰어난 아이들이 나중에 반드시 중요한 인물이 되리라고는 생각하지 않는다. 내가 아는 모든 형편없는 화가들도 여덟 살이나 열 살 때는 천재를 예고하는 놀라운 능력을 보였다. 그러나 천재를 예고하는 것은 없다. 기껏해야 끈기가 지침이 될 수 있을지 모르겠다."

이로써 천재로 보였던 사람이 나이가 들면서 바뀌기도 한다. 다시 말해서 음악가와 수학자들은 어린 천재 시절부터 돋보이는 성과를 올릴 기회가 있는 반면에 잠재적인 화가와 작가들은 성숙해져야 할 필요성과 성숙으로 인해 천재의 특성에 속하는 **어린애 같은 천진함**을 잃을 위험 사이에서 피지도 못하고 스러지는 경우가 많다. 예술가는 완전히 어른이 되어서는 안 된다고 아이슬러는 말한다. 또한 보들레르는 천재란 마음대로 다시 불러낼 수 있는 천진함이라고 말한다. 모차르트의 누이 난네를은 오빠에 대해 이렇게 썼다. "음악 말고는 오빠는 거의 항상 어린아이였다." 클라이스트는 죽을 때까지 동안이었고, 스탕달은 자신에 대해 "쉰두 살 때도 여전히 열 살 때와 똑같다"라고 말했다. 헤르더는 괴테가 영원히 "애어른"이라고 질책했는데, 쇼펜하우어의 생각은 약간 달랐다. 헤르더의 지적이 옳기는 하지만, "반드시 옳은 면만 있는 것은 아니다". 천재는 어린아이처럼 "상투적인 것의 건조한 진지함"에서 멀리 떨어져 있어야 한다는 것이다. 천재들 중에는 낯선 것을 보듯 세상을 들여다보는 재능을 청소년기까지 지켜 낸 사람들이 많다(18장의 알베르트 아인슈타인). "자연만이 자신의 궤도로 돌아간다. 인간은 유충의 껍질을 벗고 어른이 되면 고루하기 짝이 없는 속물로 탈바꿈한다."

이 모두를 고려하면 문학적 신동이 가장 놀랍다. 그중 한 사람이 열네 살에서 열여섯 살까지 시를 쓴 채터턴이다. 그의 슬픈 담시들과 슬프고도 기괴한 그의 인생은 바이런과 셸리, 키츠 같은 시인들에게 깊은 인상을 안겼다. 1752년에 태어난 채터턴은 브리스톨에서 아버지 없이 성장했고, 빈민

학교를 다녔으며, 닥치는 대로 책을 읽는 괴짜였고, 열 살 때 쓴 시가 지역 신문에 실리기도 했다. 그는 고문헌에 나오는 비문을 모방하는 것을 좋아했는데, 급기야 고대 영어와 고문서를 바탕으로 15세기의 양피지를 위조해 냈고, 그의 선생은 그것을 진품으로 믿기에 이르렀다. 이것이 그의 상상력과 장난기를 더욱 북돋웠다.

브리스톨에서 새 다리가 완공되었을 때 열네 살의 채터턴은 15세기에 수사들이 옛 다리의 준공을 묘사한 시를 지었고, 이것이 지역 신문에 실렸다. 이번에는 시의 작자까지 만들어 냈는데, 한 오래된 교회에서 우연히 찾아낸 '토머스 롤리'라는 이름의 수사였다. 15세기의 어휘와 문법, 정서법, 서체는 혼자 공부하기도 하고, 나중의 문헌들에서 아무렇게나 차용하기도 하고, 또 때로는 마음대로 지어 내기도 했다. 예를 들어 "so haveth I" 같은 미사여구가 그랬고, 한 번도 들어 본 적이 없는 "strunge bataunt"라는 악기가 그랬다. 어쨌든 그는 15세기의 정신을 정확하게 포착했을 뿐 아니라 롤리의 시들에는 운율적인 멋에다 시적인 힘과 사고의 깊이까지 담겨 있었다. 비슷한 시기에 그가 본명으로 발표한 다른 시들이 따라가지 못할 정도였다. 여하튼 시간이 지나면서 역사가들까지 그의 위조 시들에 관심을 가지기 시작하자 그는 15세기가 점점 지루해지면서 11세기의 수사를 한 사람 더 만들어 냈다.

열여섯 살에 채터턴은 변호사 사무실에서 필사가로서 맺은 고용 계약을 자살 위협으로 파기한 뒤 얼마 안 되는 돈과 막연한 희망을 안고 런던으로 향했고, 거기서 풍자시 몇 편과 리브레토libretto(오페라의 대본) 하나를 팔았다. 그런데 그사이 위조한 시들의 정체가 서서히 밝혀지면서 그는 굶주림과 부끄러움에 시달렸고, 롤리의 이름으로 「빼어난 자비의 발라드」라는 마지막 시를 지은 뒤 다락방에서 비소를 먹고 목숨을 끊었다. 17년 9개월의 짧은 생이었다. 알프레드 드 비니Alfred de Vigny는 채터턴에 관한 드라마를 썼고, 루지에로 레온카발로Ruggiero Leoncavallo는 오페라를, 에른스트 펜촐트Ernst

Penzoldt와 피터 애크로이드Peter Ackroyd는 각각 1928년과 1988년에 그에 관한 소설을 썼다. 애크로이드가 쓴 소설의 줄거리는 이렇다. 채터턴은 자살까지도 날조한다. 그러니까 그는 죽지 않고 오래도록 살아남아 18세기 영국 문학의 절반을 위조한다. 그것도 많은 유명인들의 이름으로.

독일계 러시아인 엘리자베트 쿨만Elisabeth Kulmann은 1825년 상트페테르부르크에서 열일곱의 나이로 죽었다. 그녀는 그리스 서정 시인 아나크레온Anacreon의 송가 열두 편을 독일어와 러시아 어, 프랑스 어, 이탈리아 어, 스페인 어, 포르투갈 어, 영어, 현대 그리스 어로 번역했고, 다른 시 2,000편도 10개 국어로 번역했다. 슈만은 그중 일곱 편을 노래로 만들었고(가곡 104번), 괴테는 그녀의 재치를 칭찬했으며, 1846년에는 『엘리자베트 쿨만과 루트비히 울란트의 명시선Anthologie aus den Gedichten von Elisabeth Kulmann und Ludwig Uhland』이 출간되었다(이런 그녀가 완벽하게 잊힌 것은 36장에서 이야기할 명성의 변덕스러움에 대한 슬픈 보기다).

쿨만 외에 문학 신동들로는 레오파르디와 볼테르, 그리고 프랑스 학술원 문학상을 받은 위고와 같은 나이에(15세) 아래의 시를 쓴 후 폰 호프만스탈Hugo von Hofmannsthal을 들 수 있다.

> 책은 대개 한 번에 즐기고
> 떠나 버리는 여자와 같다.

호프만스탈은 열여섯 살에 희곡을 발표했고, 브레히트도 같은 나이에 책을 출간했다.

문학 신동들 가운데 천재성의 조기 성숙 면에서 채터턴과 비교될 수 있는 사람은 오직 한 명뿐인데, 이색적인 삶의 전력과 문학적 힘에서는 오히려 채터턴을 앞서는 이 사람은 랭보였다. '샤를빌'이라는 소도시에서 아버지 없이 자란 랭보는 열다섯 살에 첫 시를 발표했고, 열여섯에는 엄격한 어머니를 떠나 파리로 도망쳤다. 남루한 차림에 손톱을 물어뜯고, 수줍어하면서도 자만심에 찬 모습으로 찾아간 곳은 성공한 시인 베를렌의 집이었다. 랭보의 시를 읽고 깊은 인상을 받은 베를렌이 여비를 부쳐 파리로 오게 한 것이다. 베를렌은 랭보 때문에 평범한 가정을 버렸고, 그와 함께 파리와 브뤼셀, 런던, 빈의 빈민굴을 전전했다. 두 사람은 서로 사랑하면서도 미워했고, 함께 시를 쓰고 함께 굶주렸으며, 함께 술에 취하고 함께 이까지 득실거렸다. 랭보가 떠나겠다고 위협하자 베를렌은 총을 세 번 쏘았고, 그중 한 발이 랭보의 손에 부상을 입혔다. 그 대가로 베를렌은 살인 미수 혐의로 감옥에서 2년을 보내야 했다.

랭보는 청소년기의 이 3년 동안에 그를 유명하게 만든 시를 세상에 발표했고, 집필을 중단하기 1년 전인 열여덟 살 때 어머니의 농장에서 총상을 치료해 가며 25쪽에 이르는 정신적 자서전을 썼다. 본인 입으로 '지옥에서 보낸 한 철'이라고 부른 작품이었다. 그의 누이는 오빠가 틀어박혀 지내던 다락방에서 심심치 않게 "흐느끼고 한숨짓고 키득거리고 고함치는" 소리가 들렸다고 한다. 그는 이 자서전에서 "지옥의 동지"였던 베를렌과 함께 술에 취해 있던 "더러운 동굴들"에 대해 썼고, 말로 표현할 수 없는 것들을 언어로 포착하고 몽롱한 세계를 말로 불러냈으며, 정적과 밤을 언어로 **풀어냈다.** 그러나 그 다음에 이런 선언이 이어진다. "나는 더 이상 말할 수 없다." "마술사나 천사를 자칭하는 나는 모든 도덕에서 해방되어 다시 대지의 품으로 돌아간다. 주름진 대지와 하나 될 수 있는 무언가 의무를 찾아야 한다. 농부!"

그러나 그는 농부가 되지 않았다. 40쪽에 이르는 불꽃같은 산문시 「일뤼미나시옹·*Illuminations*」[1]을 마지막으로 쓴 이후 열아홉 살부터 앞으로 남은

---

[1] '채색 판화' 라는 뜻의 이 시는 최초의 자유시로서 영상의 자유로운 결합이 시인에게 창조자로서의 특권을 어떻게 부여하는지를 보여 주는 작품이다.

인생 17년 동안 더 이상 글을 쓰지 않았다. 그는 슈투트가르트에서 독일어를 배우기 시작했고, 밀라노로 갔으며, 집에 잠시 머무른 뒤 빈에서 얼마간 흔적을 남겼고, 자바 섬의 네덜란드 식민지 부대에 입대했고, 거기서 탈영해서 밀림에 숨어 지내다가 다시 고향 샤를빌로 돌아갔다. 그 다음엔 스칸디나비아와 마르세유를 거쳐 알렉산드리아와 함부르크, 키프로스와 홍해의 아덴을 떠돌아다녔다. 어떤 때는 일용직 노동자로 일하고, 어떤 때는 외국어 교사나 유랑 서커스단의 보조로 일하면서.

랭보는 7년간의 세상 주유를 끝내고 생의 마지막 10년을 에티오피아의 하레르에 정착했고, 그곳에 커피와 모피, 상아를 판매하는 작은 가게를 열었다. 그러나 궁핍과 외로움, 지루함이 그를 떠나지 않았다. 이 10년 세월의 여섯째 해인 1886년에 드디어 파리에서 그의 명성이 수직 상승하기 시작했다. 베를렌이 그의 시집을 출간한 것이다. 말라르메는 랭보를 "망명 중인 천사"라고 불렀다. 파리에서는 그가 죽었다고 생각하는 사람이 많았고, 그렇게 믿지 않는 사람들은 랭보의 마지막 행선지로 초대장과 경의의 편지를 보냈다. 그는 그중 한 통을 받아 보았지만 답변하지는 않았다. 10년 세월에서 마지막 3년은 무기 거래와 노예 매매로 돈을 벌었고, 그 뒤 오른쪽 무릎에 종양이 생겨 치료차 마르세유로 떠났다. 여기서 다리를 절단한 지 1년 뒤 서른일곱의 나이로 세상을 떠났다.

정치인과 군인 가운데에는 신동이 있을 수 없다. 이런 직업에는 다른 사람들을 지배할 권력이 필요하기 때문이다. 그렇다면 천재의 싹은 있을까? 나폴레옹은 스무 살 때 자신의 유년기에 대해 이렇게 썼다. "나는 고집이 셌고, 어떤 것에도 압도당하지 않았다. 남들과 곧잘 시비를 붙었고, 주먹질하는 것을 좋아했으며, 누구도 두려워하지 않았다. 싸움이 붙으면 주먹을 쓰는 건 물론이고 손톱으로 할퀴는 것도 마다하지 않았다. 모두들 나를 무서워했다." 스웨덴의 카를 12세는 열여덟 살에 러시아 표트르 대제와 폴란드의 아우구스트 2세를 물리쳤고, 알렉산드로스 대왕은 스물한 살에 페르시아 제국을 정복했다. 물론 두 사람이 왕위 상속자라는 태생이 아니었어도 그런 능력을 보였을지는 누구도 장담할 수 없다.

그런 점에서 상속이라는 혜택 없이 젊디젊은 나이에 일국의 수장에 오른 것은 정말 놀라운 재능이 아닐 수 없다. 윌리엄 피트William Pitt the Younger(소小 피트)가 그 주인공이다. 그는 집에서 가정교사에게 수업을 받아야 할 정도로 허약한 아이였지만, 정신적으로는 열세 살에 비극을 쓸 정도로 조숙했고, 심지어 열네 살에는 케임브리지 대학에까지 입학했다. 하지만 건강이 안 좋아 곧 집으로 돌아왔다. 이후 그는 집안 주치의가 내린, "꽤 많은 양의 포트와인을 매일 마시라"는 처방을 남은 인생 32년 동안 충실히 따랐다. 장관의 자제로서 명문가의 후광을 받으며 태어났지만 부친이 오래전에 죽었기 때문에 그의 사회 경력에 실질적으로 도움이 되는 것은 없었다. 그런 그가 1781년 스물한 살의 나이로 하원에 입성했고, 총리 노스 경Lord North이 지금껏 들은 최고의 연설이라고 평할 정도로 훌륭한 첫 연설을 했다.

피트는 동료 정치인들에게는 차갑고 거리감이 느껴지고 비아냥거리는 사람으로 비쳤지만, 유권자들에게는 부정 선거와 부패, 낭비와 맞서 싸우는 개혁적 인물로 급속히 인기를 모았다. 또한 노스 경에게 사무용품 비용 1,300파운드를 깔끔하게 정산할 정도로 정확한 사람이었다. 피트는 스물세 살에 재무 장관이 되었고, 스물네 살에는 국왕에 의해 총리로 임명되었다. 4개월 뒤의 총선거에서는 절대 과반수를 확보했다. 그는 17년 동안 일인지하 만인지상의 자리를 차지했고, 마흔여섯 살에 죽었다.

인생을 일찍부터 너무 격하게 내달리면 기력이 쉬이 소모되는 것일까? 그런 경우가 있었다. 파스칼과 독일 시인 플라텐이 그 예인데, 두 사람은 서른아홉 살에 죽기 전까지 주변 사람들에게 노인 취급을 받았다. 그 밖에 자살자와 알코올 중독자, 약물 중독자들은 어차피 곧 끝나게 될 생명 시계를 약간 일찍 멈추었을 뿐이라는 가정이 맞아떨어지는 인물도 있었다. 가령 바이런 경은 터키에 대한 그리스 인들의 독립 전쟁에 자발적으로 참여했다가 서른여섯의 나이에 고약한 열병에 걸려 죽었다. 이런 바이런에 대해 괴테는 에커만에게 이렇게 말했다. "바이런은 계속 그렇게 갈 수밖에 없었을 게야. 창작의 힘이 벌써 절정에 도달해 버렸지 않은가! …… 바이런이 그리스로 간 건 자발적인 결정이 아니었어. 세상과의 불화가 그리 몰아갔던 게지."

**결투**로 목숨을 잃은 사람들도 자살만큼이나 죽음에 대한 숨겨진 소망을 배제할 수 없다. 러시아의 시인 푸시킨과 미하일 레르몬토프Mikhail Yur'evich Lermontov, 스무 살의 천재 수학자 에바리스트 갈루아Évariste Galois, 그리고 서른아홉 살에 쓸데없이 연애 사건에 연루되어 결투로 허무하게 죽은 라살이 그랬다. 결핵 환자들의 경우는 스멀거리며 다가오는 죽음의 그림자가 몸 안의 창조적인 힘을 마지막 한 방울까지 쥐어짜서 남은 시간에 쏟아붓게 했다.

그런데 일찍 죽은 모든 사람이 자신의 재능을 완전히 펼치고 죽었을까? 만일 키츠와 노발리스가 결핵으로 각각 스물다섯 살과 스물여덟 살에 죽지 않았더라면 어떤 삶의 기회가 더 남아 있었을까? 혹은 모차르트와 슈베르트, 말러를 집중 조명한 음악사가 알프레트 아인슈타인의 말처럼 그들이 일찍 죽기는 했지만 적당한 시기에 죽었다고 보는 것이 타당한 시각일까? 지상에서 그들에게 주어진 사명을 완수했다는 이유로 말이다. 아인슈타인은 이 보기들에서 다음과 같은 테제를 끄집어낸다. 작품의 완성은 모름지기 "미리 정해져 있는 예술가의 나이와 비밀스런 관련"이 있다. 어쩌면 모차르트에게는 이 말이 맞을지 모른다. 뫼리케가 자신의 모차르트 소설에서 말하고 있는 의미에서 그렇다는 말이다. "그(모차르트)는 자신의 불덩이에 빠른 속도로 쉼 없이 타들어 갔다. 그는 지상의 스쳐 지나가는 현상일 뿐이다. 세상은 그가 발산할 과잉을 결코 견디지 못할 것이기 때문이다."

아인슈타인의 일반화에는 신에 대한 맹목적인 믿음이 깔려 있다. 그러나 전염병이나 사고, 혹은 범죄로 죽어 간 슬픈 천재들을 그런 터무니없는 일반화의 제물로 삼아서는 안 된다. 뷔히너는 스물세 살에, 빌헬름 하우프

**베르톨트 브레히트** 세례명이다. 여섯 살에 입학했다. 처칠의 다섯 살 때 사진처럼 훗날의 브레히트 모습이 어느 정도 읽힌다. 최소한 자의식과 굴복을 모르는 뻔뻔함이 그렇다. 이 뻔뻔함은 훗날 젊은 극작가가 베를린 극장을 마치 자기 것인 양 쥐락펴락하는 거만함 속에서 표출되기도 하고, 부모를 때려죽인 뒤 장롱에 처넣어 버린 '아펠뵈크 담시' 속에서 드러나기도 한다.

Wilhelm Hauff는 스물네 살에 티푸스로 죽었고, 크리스토퍼 말로와 빙켈만은 살해당했으며, 이사크 바벨Isaak Babel과 오시프 만델스탐Osip Emil'evich Mandel'shtam은 스탈린의 대숙청에 희생되었다. 셸리는 스물아홉 살에 지중해에서 익사했고, 게오르크 하임 Georg Heym은 스물네 살에 반제 호수에서 스케이트를 타다가 물에 빠져 죽었다. 그레고르 델린은 하임이 죽은 그날을 "20세기 독일 문학의 잔인한 날"이라고 칭했다. 만일 하이든이 1938년 파리에서 쓰러지는 나무에 맞아죽은 오스트리아 작가 외된 폰 호르바트Öden von Horváth처럼 서른여섯 살에 죽었다면 그의 작품은 어떤 완성된 모습으로 독자들을 만났을까? 연장된 죽음의 시간으로 기회를 부여하기도 하고, 출생의 장소와 시간으로 기회를 박탈당하기도 하는 것이 눈먼 우연이라는 것은 정말 잔인하기 짝이 없다. 세상에 무언가를 남길 수 있기 전에 세상을 떠나야 했던 사람은 너무 많다. 치열한 전투가 벌어진 솜 강과 볼가 강변에 이름 모를 천재들이 얼마나 묻혀 있을지 누가 알겠는가?

열다섯 살에 히틀러의 강제 수용소에서 끔찍한 죽음을 맞은 안네 프랑크 Anne Frank의 이야기도 빼놓을 수 없다. 그녀의 일기가 생성된 암스테르담의 뒤채 은신처는 글쓰기의 동인이었고, 과거 단테나 도스토옙스키의 유배처럼 훌륭한 작품의 탄생에 꼭 필요한 구성 요소였다는 주장은 가능하다. 그에 비해 프랑크가 더 오래 살았더라도 더 훌륭한 작품을 쓰지는 못했을 거라는 주장은 냉소에 가깝다. 왜냐하면 그 몇 년의 고통은 그녀의 남은 삶에 깊이 각인되었을 것이고, 소재 선택과 묘사의 힘을 넘어 프랑크는 작가로서 꼭 필요한 다른 특징을 보여 주었기 때문이다. 즉 망명 정부가 BBC 방송으로 네덜란드 인들에게 나치의 잔혹성을 알려 줄 일기를 쓰라고 촉구했을 때 이미 오래전부터 일기를 쓰고 있던 프랑크는 즉시 자신의 원고를 수정하고 다듬는 작업에 돌입한 것이다. 미국 작가 필립 로스Philip Milton Roth는 이렇게 말했다. "그녀가 원고를 다듬었다는 것은 나중에도 작가로서 성공할 수 있었을 거라는 것을 보여 주는 신호이다." 그러니까 프랑크는 "제때" 죽은 것이 아니라 경악할 정도로 일찍 죽었고, 우연과 범죄의 부당한 희생자였다.

허용되지 않은 주장도 있다. 살해된 모든 젊은 천재들이 좀 더 오래 살았다면 더 큰 위업을 이루어 냈을 거라는 주장이 그것이다. 역사를 돌아보면, 아주 오래 살았으면서도 젊은 시절과 달리 더 이상 아무것도 생산하지 못한 천재가 너무 많다. 그들은 수십 년 동안, 혹은 나머지 인생 동안 그저 살아 있는 무덤이었을 뿐이다. 그런 이들과 노인 신동에 대해서는 다음 장에서 살펴볼 것이다.

## 어린 나이에 올린 최고의 성과

2세: 가우스가 임금을 계산하는 아버지의 실수를 지적해 주었다(1779).
5세: 모차르트가 첫 미뉴에트를 작곡했다(1761).
7세: 예후디 메뉴인Yehudi Menuhin이 멘델스존의 바이올린 협주곡으로 센세이션을 불러일으켰다(1923).
9세: 모차르트가 교향곡을 3곡 썼다(1765).
10세: 헨델이 관악 삼중주를 3곡 작곡했다(1695).
 "브리스톨의 신동" 채터턴이 첫 시를 출간했다(1763).
11세: 리스트가 베토벤 앞에서 연주했다(1822).
 야사 하이페츠Jascha Heifetz가 베를린 필하모니와 차이콥스키 바이올린 협주곡을 협연했다(1912).
12세: 수학 수업을 받은 적이 없는 파스칼이 유클리드 32정리를 발견했다(1636).
13세: 카를 마리아 폰 베버가 작곡한 첫 오페라가 무대에 올랐다(1800).
 니체가 '악의 뿌리에 대한 소고'를 썼다(1858).
 프랑크가 일기를 쓰기 시작했다(1942).
14세: 채터턴이 '토머스 롤리'라는 15세기의 허구적 인물을 만들어 내어 세상을 속이는 시를 쓰기 시작했다(1767).
 모차르트가 로마에서 '황금 박차 기사' 칭호를 받았다. 음악가로는 오를란도 디 라소Orlando di Lasso 이후 처음이었다(1770).
 리스트의 첫 오페라가 공연되었다(1825).
15세: 위고가 부지런함의 장점에 대한 교훈시로 프랑스 학술원 명예상을 받았다(1817).
 시인 랭보가 혜성같이 등장했다(1870).
 프랑크가 나치의 강제 수용소에서 숨을 거두었다(1945). (이른 죽음은 최고의 성과가 아니다. 다만 그것은 얼마나 어린 나이에 오늘날까지 경탄을 불러일으키는 업적을 이루었는지를 명확히 보여 준다—지은이 주)
16세: 파스칼이 원뿔 곡선에 대한 작품으로 수학계를 발칵 뒤집어 놓았다(1640).
 슈베르트가 1번 교향곡을 썼다(1813).
 플로베르가 『광인 일기』를 썼는데(1837), 죽은 지 20년 뒤에 출간되었다.
 위고와 호프만스탈이 첫 시를 발표했다(1890).
 브레히트가 첫 시를 발표했다(1914).
17세: 마르코 폴로가 중국으로 여행을 떠났다(1271).
 잔 다르크가 오를레앙에서 프랑스군의 승리를 이끌었다(1429).
 채터턴이 자살했고(1770), 600쪽의 시를 남겼다.
 쿨만이 10개 국어로 시 2,000편을 남기고 죽었다(1825).
 보리스 베커Boris Franz Becker가 윔블던 대회에서 테니스 역사상 최연소 우승자가 되었다(1985).

18세: 파스칼이 계산기를 발명했다(1642).
　　　스웨덴의 카를 12세가 폴란드의 아우구스트 2세와 러시아의 표트르 대제를 물리쳤다(1700).
　　　훗날 작가와 보편 학자가 될 알브레히트 폰 할러Albrecht von Haller가 의학 박사 학위를 받았다(1727).
　　　카를 마리아 폰 베버가 브레슬라우 오페라 극장 상임 지휘가가 되었다(1804).
　　　바이런 경이 첫 시집을 발간했다(1806).
　　　로시니가 첫 오페라를 무대에 올렸다(1810).
　　　펠릭스 멘델스존 바르톨디가 첫 오페라를 공연했다(1827).
　　　볼프강 파울리Wolfgang Pauli(1945년 노벨 물리학상 수상자)가 상대성 이론을 행성들의 운동에 적용했고, 알베르트 아인슈타인으로부터 인정을 받았다(1918).
　　　레몽 라디게Raymond Radiguet가 소설 『육체의 악마Le Diable au corps』를 완성했다(1921).
19세: 헨델의 첫 오페라가 공연되었다(1705).
　　　뮈세가 첫 시집을 출간했다(1830).
　　　랭보가 시작詩作을 중단했다(1874).
20세: 넬슨이 함장이 되었다(1779).
　　　도니체티의 첫 오페라가 무대에 올랐다(1818).
　　　위고가 작가로서의 명성에 대한 보상으로 국가 연금을 받았다(1822).
　　　갈루아가 사후에 명성을 안겨다 준 고등 대수학 이론을 썼고, 그 다음날 결투로 죽었다(1832).
　　　라디게가 죽었다(1923).
21세: 알렉산드로스 대왕이 페르시아 원정길에 올랐다(기원전 334).
　　　술탄 메메드 2세가 콘스탄티노플을 정복했다(1453).
　　　필리프 멜란히톤Philipp Melanchthon이 비텐베르크 대학의 그리스 어 학과 교수로 임명되었다(1518).
　　　영국 천문학자이자 성직자인 제레미아 호럭스Jeremiah Horrocks가 금성의 태양면 통과를 계산하고 관찰했다. 위대한 케플러도 간과한 부분이었다(1639).
　　　실러가 『도적 떼』를 썼다(1780).
　　　뷔히너가 「당통의 죽음」을 썼다.
　　　페노가 모든 비행기의 근본 모형을 개발해서 하늘로 날리는 데 성공했다(1871).
　　　브레히트가 희극 「스파르타쿠스Spartakus」를 썼다. 이 작품은 '밤의 북소리'라는 제목으로 1922년에 상연되었고, 브레히트는 이 작품으로 '클라이스트 상'을 받았다.
　　　스티브 잡스Steven Paul Jobs가 스물여섯 살의 동창생 스티브 워즈니악Steve Wozniak과 함께 세계를 정복한 개인용 컴퓨터 애플을 만들었다(1976).
22세: 괴테가 『괴츠 폰 베를리힝겐Gotz von Berlichingen』을 썼다(1771).
　　　에디슨이 1,093개의 특허 중 첫 특허를 따냈다(1869).
23세: 뷔히너가 죽었다(1837).

오스트리아 철학자 바이닝거가 『성性과 성격 Geschlecht und Charakter』을 출간한 뒤 자살했다(1903).

24세: 벨라스케스가 스페인 국왕의 모든 초상화를 독점적으로 그릴 궁정 화가에 임명되었다(1623).

사부아 공 외젠이 야전군 총사령관이 되었다(1687).

소 피트가 영국 총리가 되었다(1783).

나폴레옹이 장군이 되었다(1794).

가우스가 자신의 가장 유명한 저서 『정수론 연구 Disquisitiones Arithmeticae』를 발표했다(1801).

노르웨이 수학자 아벨이 자신의 주저 『대수 기능의 적분 이론 die Theorie der Integrale algebraischer Funktion』을 출간했다(1826).

시인 하우프가 죽었다(1827).

니체가 바젤 대학의 고전 어문 학부 교수로 초빙되었다(1869).

크레인이 유명한 반전反戰 소설 『붉은 무공 훈장 The Red Badge of Courage』을 발표했다(1895).

천재 시인 하임이 베를린 반제 호수에서 스케이트를 타다 익사했다(1912).

25세: 영국 시인 키츠가 죽었다(1821).

토마스 만이 3년간의 작업 끝에 세기의 소설 『부덴브로크 가의 사람들』을 완성했고(1900), 그 작품으로 훗날 노벨 문학상을 받았다(1929).

오슨 웰스 Orson Welles가 역사상 가장 유명한 영화 중 하나인 「시민 케인 Citizen Kane」을 찍었다.

26세: 카이사르가 로마 최고의 성직자 단체인 신관단의 신관神官이 되었다(기원전 74).

이탈리아 작곡가 조반니 바티스타 페르골레시 Giovanni Battista Pergolesi가 죽었다(1736).

수학자 아벨이 죽었다(1829).

헝가리 시인 산도르 페퇴피 Sándor Petőfi가 독립 전쟁에서 전사했다(1849).

알베르트 아인슈타인이 특수 상대성 이론을 발표했다(1905).

27세: 오스트리아 시인 트라클이 마약 과다 복용으로 숨졌다(1914).

세르게이 예이젠시테인 Sergei Mikhailovich Eizenshtein이 역사상 손꼽히는 영화 가운데 하나인 「전함 포템킨 Bronenosets Potemkin」을 찍었다(1925).

28세: 시인 노발리스가 죽었다(1801).

29세: 영국 극작가 크리스토퍼 말로가 한 술집에서 술값 때문에 시비가 붙어 살해되었다(1593).

영국 작가 셸리가 지중해에서 익사했다(1822).

크레인이 죽었다(1900).

30세: 하이젠베르크가 노벨 물리학상을 받았다(1932).

31세: 율리아누스 로마 황제(일명 '배교자')가 페르시아와의 전투에서 전사했다(363).

슈베르트가 죽었다(1828).

쇼펜하우어가 주저 『의지와 표상으로서의 세계*Die Welt als Wille und Vorstellung*』를 발표했다(1819).

32세: 알렉산드로스 대왕이 죽었다(기원전 323).

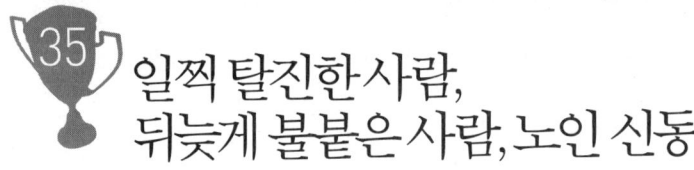
## 일찍 탈진한 사람, 뒤늦게 불붙은 사람, 노인 신동

> 남은 재가 모두 섞이는 때가 오기 마련입니다. 그때 당신의 세 마디가 남든, 내 세 마디가 남든 그게 나한테 뭐가 그리 대수겠습니까?
> ―디드로가 볼테르에게 보낸 편지

천부적 재능을 성과로 전환하는 것은 무척 힘들다. 그렇다 보니 그 험난한 노정에 발을 들여놓고도 중도에 포기하는 사람들이 나온다. 로시니처럼 즐겁게, 많은 사람들처럼 불평 가득하게, 혹은 랭보처럼 전혀 상관없는 직업으로 도주하면서 말이다. 현대의 구호가 된 것 같은 '자아실현'은 대개 남들에 대한 의무로부터 해방되는 것, 즉 자신에게 맞는 편안한 일을 하는 것으로 이해된다. 그런데 진실로 실현할 가치가 있는 자아의 경우엔 그 실현이 자기학대로 이어지는 경우가 많다.

베르디는 16년간 곡을 쓰지 않았다. 오페라 「아이다」(1871)와 「오텔로」(1887) 사이의 공백기다. 그리고 한때 독일에서 괴테보다 인기가 높았던 울란트는 13년 동안 절필했다가 잠시 예전의 열정이 되살아나는가 싶더니 다시 4년간 펜을 꺾었고, 이후에 다시 생의 마지막 28년 동안 아무것도 쓰지 않았다. 드로스테휠스호프의 표현에 따르면 "착하고 소심한 남자"였던 사람이 말이다. 고골은 서른두 살에 소설『죽은 혼 Mërtvye dushi』 1부를 마친 뒤 생의 마지막 10년을 멜랑콜리와 종교적 광기 속에서 보냈고, 검열과 농노제를 설파했으며,『죽은 혼』 2부를 불태워 버린 뒤 굶어 죽었다. 뮈세는 마지막 12년 세월을 탈진과 우울증 속에서 보냈고, 뫼리케는 마지막 19년을 오직 자신하고만 소통하는 건강 염려증 환자로 살았다. 잔 시벨리우스 Jean Sibelius는 쉰여덟 살에 자신의 일곱 번째이자 마지막 교향곡을 작곡했고, 한 유명한 지휘자에게 여덟 번째 교향곡을 약속했다. 하지만 약속한 교향곡을 쓴 뒤엔 불태워 버리고 마지막 30년 동안 작곡과 담을 쌓고 살았다.

그릴파르처 역시 마지막 34년 동안 절필했다. 희극 「거짓말쟁이에게 화 있으라 Web' dem, der Lügt!」가 실패하자 씁쓰레하면서 스스로 선택한 고독의 무덤 속으로 기어 들어갔다. 숨을 거둘 당시 서랍 속에는 드라마 두 편만 남아 있었다. 예전부터 그의 인생 위에 위협처럼 걸려 있던 일이 정확히 일어났다. 그러니까 재능을 성과로 바꾸지 않은 것이다. 그는 스물한 살 때 일기에 이렇게 썼다. "내 머릿속은 헝가리와 같다. 야생의 자원은 넘치지만 부지런함과 기술이 부족하다. 그래서 재료가 가공되지 않은 채 썩고 있다." 오스트리아 작가 페르디난트 퀴른베르거 Ferdinand Kürnberger는 그릴파르처를 향해 이렇게 외치며 안타까움을 표했다. "오스트리아의 대기를 깨끗이 씻어 낼 격한 폭풍우가 되어야 할 사나이가 비만 조금 뿌리고 오스트리아 상공을 지나가는 작은 구름이 되고 마는구나."

37년을 침묵한 횔덜린보다 더 오래 자신의 일과 담을 쌓고 살았던 사람은 로시니였다. 그는 38년 동안 그저 사람들과 어울려 즐겁게 요리하고 먹고 마시며 살았다. 짧은 곡 몇 개만 남겼을 뿐 더 이상 오페라는 쓰지 않았다. 1812년 한 해에만 오페라를 5곡이나 작곡하고, 19년 내리 오페라의 제왕으로서 과거 누구도 누리지 못한 영광을 누렸던 사람이었는데도 그렇게 살았다. 1824년 스탕달은 로시니에 대해 이렇게 썼다. "나폴레옹은 죽었다. 하지만 그사이에 새 정복자가 세상에 나타났다. …… 그의 명성은 문명 세계

**그릴파르처** 오스트리아 극작가 그릴파르처는 희곡 「거짓말쟁이에게 화 있으라」의 실패 이후 나머지 34년 동안 스스로 붓을 꺾었다. 청소년 시절의 여자 친구와는 51년 동안 약혼 상태로만 지냈는데, "모든 사람 중에서 가장 적게 증오하는" 여자라고 했다. 그는 자신의 생을 "한 광인의 병력"이라고 썼다. 로시니는 심지어 38년 동안 작품을 쓰지 않았다.

라면 어디든 경계를 모르고 퍼져 나가고 있다. 그것도 서른 두 살이 채 되지 않은 사람이!" 마지막 오페라를 작곡한 지 4년 뒤인 1833년에만 해도 로시니의 명성은 여전했다. 브록하우스 백과사전은 그를 "현재 생존한 가장 천재적인 음악가"로 칭하면서 "그의 모든 작품 속에 어른거리는 천재적인 경쾌함"을 칭찬했다.

왜 이런 사람이 정적 속으로 들어가는 일이 일어나는 것일까? 여러 요인이 있을 수 있다. 우선 로시니가 만성 방광 질환에 시달렸던 것은 잘 알려진 사실이다. 또한 그는 바그너와의 대화에서 자기 입으로 두 가지 이유를 언급했다. 하나는 오페라 40곡을 작곡하고 나니 휴식의 필요성을 느꼈기 때문이고, 다른 하나는 이탈리아 오페라 하우스들이 쇠퇴일로를 걷고 있었기 때문이다. 그와 관련해서 그는 카스트라토의 멸종을 들었다(카스트라토는 여성의 높은 음역을 내기 위해 어렸을 때 거세하는 남성 거세 가수를 가리키는데, 이 제도는 나폴레옹의 칙령으로 폐지되었다). 그 밖에 로시니는 어쩌면 직감적으로 자신의 시대가 끝났음을 느꼈을지 모른다. 오페라의 세계에 새로운 별들이 등장하고 있었기 때문이다. 마이어베어(1824년 이후)와 베르디(1839년 이후), 바그너(1842년 이후)가 그 주인공들이다. 아니면 인생의 중반기에 벌써, 리히텐베르크가 셰익스피어를 빗대서 한 말이 그에게도 해당되는 것일까? "세상에서 '로시니적인 것'과 관련해서 이루어져야 할 부분이 모두 이루어져서 그런 건 아닐까?" 그렇다면 로시니는 자신의 모든 것을 끄집어낸 뒤 탈진한 것일까? 모차르트나 포가 일찍 죽은 것처럼, 혹은 클라이스트나 헤밍웨이가 스스로 죽음을 선택한 것처럼 내면의 열정을 모두 불태웠기 때문에 그런 것일까?

**횔덜린** 일흔세 살 때의 모습. 생의 후반기 37년을 창살이 쳐진 다락방에서 지냈다. 정신 분열증을 앓았지만 평화롭게 삶을 마감했다.

일찍 불꽃이 꺼진 사람들의 반대편에는 뒤늦게 활활 불타오른 사람들이 있다. 아이 때는 둔감했고, 청소년기에는 특별히 눈에 띄지 않았으며, 어른이 되어서도 한참 동안 나중에 무슨 중요한 것을 성취할 것 같지 않던 사람이 나이가 들어서 재능을 불태운 경우들이다. 슈만과 베르디, 바그너는 신동과는 거리가 먼 사람들이었다. 또한 괴팍한 외톨이 소년이었던 고흐는 11년 동안 화랑 직원과 교사, 보조 목사, 신학생 생활을 전전했고, 마지막에는 벨기에의 탄광 지대에서 선교사로 일하면서 열심히 설교하고 광부들과 함께 가난하게 생활했다. 그러다 마침내 스물일곱 살에 스케치에 손을 대고 스물아홉 살에 본격적으로 그림을 그리기 시작했다. 남은 시간은 불과 8년밖에 없었다.

루소는 서른 살 때 기존의 악보를 대체하는 '숫자 표기 악보'를 개발했고, 서른세 살에는 오페라를 작곡했으며, 서른여덟에는 디종 아카데미에서 내건 "학문과 예술의 진보가 도덕적 정화에 공헌하였는가?" 하는 질문에 대한 답으로 상을 받았고, 이 일이 계기가 되어 마침내 자신의 길을 찾았다.

스위스 작가 콘라트 페르디난트 마이어는 서른아홉 살에 시를 쓰기 시작했고, 수염이 자란 것도 그 무렵이었다. 그전까지는 병적으로 비쩍 말랐고, 사람을 피하는 우울증 환자였고, 여전히 어머니의 그늘에서 벗어나지 못했으며, 두 번이나 정신 병원 신세를 져야 했다. 그런 그가 이제 뒤늦게 성난 파도처럼 사춘기를 겪기 시작했다.

> 나는 어떤 엄청난 마력에 묶여 버렸다.
> 사는 게 아니라 꿈속에서 굳은 채 누워 있었다.
> 아직 소모되지 않은 수천의 시간들에서
> 현재가 이제 내게 걷잡을 수 없이 부풀어 오른다.

유복한 상인 무함마드에게 첫 종교적 환영이 밀물처럼 닥친 것은 마흔 살 때였다. 어릴 때는 돼지를 치고 커서는 용병으로 일한 모험가 프란시스코 피사로Francisco Pizarro가 언제 태어났는지는 정확히 알려져 있지 않지만, 그가 페루의 잉카 제국을 정복했을 때 최소한 쉰네 살은 넘었고, 어쩌면 예순한 살이었을지도 모른다. 약제사이자 훗날 기자로 활동한 소설가 폰타네는 쉰여덟 살에 첫 소설을 발표했고, 일흔넷에 대표작 『에피 브리스트Effi Briest』를 출간했다. 처칠은 1940년에 자신의 시대를 알리는 종이 울렸을 때 벌써 예순다섯 살이었고, 아데나워는 일흔세 살에 독일 총리가 되어 14년 동안 그 자리에 앉아 있었다. 하지만 여든다섯 살에, 그러니까 1961년에 네 번째로 총리직에 도전한 것은 차라리 그러지 않는 편이 훨씬 좋았다. 기력도 기력이지만 대중적인 인기도 벌써 오래전에 수그러들었기 때문이다. 그건 처칠도 마찬가지였다. 일흔여섯에 다시 총리가 되었을 때 그는 이미 "육체적으로 한계에 도달했고, 탈진하고 세월의 풍파에 찌든 상태였다. 한마디로 장엄한 폐선이었다".(하프너)

천재의 역사에서는 힘을 모두 쏟아 붓고 탈진한 유형, 너무 일찍 죽은 유형, 뒤늦게 불붙은 유형, 너무 오래 군림한 유형이 모두 존재한다. 또한 일찍 시작했음에도 60대, 70대 고령까지 생산성을 잃지 않은 사람들도 있다. 천재의 역사에서는 이런 사람이 요절한 사람들보다 훨씬 많다. 우리는 종종 요절한 천재들의 비율을 과대평가하는 경향이 있다. 그들의 극적인 소멸이 우리의 마음을 더 강하게 움직이기 때문이다. 괴테와 톨스토이는 여든두 살까지 살았고, 볼테르와 신동 위고, 알프레드 테니슨Alfred Tennyson, 하우프트만은 여든세 살, 벤저민 프랭클린과 영국 철학자 제러미 벤담Jeremy Bentham, 달리는 여든네 살, 헤르

**처칠** 활력과 생명력에서 그를 따라올 사람이 몇이나 될까? 총리와 해군 장관을 각각 두 번씩 역임한 것을 비롯해서 내무 장관과 군수 장관, 재무 장관을 지냈고, 반세기 동안 하원을 떠나지 않았다. 저술가로서 노벨 문학상을 받았고, 아마추어 화가였으며, 모든 스포츠를 끔찍이 싫어한 반면에 독한 시거와 위스키는 무척 좋아했다. 그렇게 아흔까지 살았다. 위의 사진은 여든여덟 살에 프랑스의 휴양지 코트다쥐르를 찾았을 때의 모습이다.

만 헤세Hermann Hesse는 여든다섯 살, 클로델과 보르헤스는 여든여섯 살, 알렉산더 폰 훔볼트Alexander von Humboldt와 미국 시인 칼 샌드버그Carl Sandburg, 영국 작가 존 B. 프리스틀리John Boynton Priestley는 여든아홉 살, 슈바이처는 아흔 살, 서머싯 몸은 아흔한 살, 함순과 블로흐, 포퍼는 아흔두 살, 쇼는 아흔네 살, 러셀은 아흔일곱 살, 쥘리앵 그린은 아흔여덟 살, 프랑스 작가 베르나르 드 퐁트넬Bernard Le Bovier de Fontenelle은 아흔아홉 살, 그리고 윙거는 백 살을 꼬박 채웠다.

이렇게 질긴 삶은 어떻게 설명해야 할까? 천재와 생명력의 관계는 다음

**함순** 많은 사람들에게 20세기 최고의 작가로 꼽힌다. 그러나 히틀러를 찬양한 죄로 여든여덟 살에 법정에 섰다.

세 가지로 요약할 수 있을 듯하다. 첫째, 비상한 능력은 강한 생명력을 통해 촉진된다(물론 천재성이 육체적·정신적 질병과 함께 나타나는 경우가 많기도 하지만). 둘째, 창조적 예술가에게는 정년퇴직이 없다. 정년퇴직은 대부분의 사람들에게 지속적인 발전의 기회를 박탈하고, 생명 의지를 꺾는다. 셋째, 예술가는 자신의 곤궁과 갈등을 자신이 만든 세계 속에 투사하고, 자신의 생각대로 일과 사람을 형상화하는데, 그것이 생명 연장에 보탬이 된다.

**지휘자**들을 두고는 이렇게 말하는 경우가 많다. 그들은 연주자들을 지배하는 카리스마와 자신의 예술성을 결합시킬 줄 아는 이상적인 심리 상태를 갖춘 사람들이다. 브루노 발터Bruno Walter는 여든다섯 살, 클렘페러는 여든여덟 살, 아르투로 토스카니니Arturo Toscanini는 여든아홉 살, 레오폴드 스토코프스키Leopold Stokowski는 아흔다섯 살까지 살았다. 심지어 스토코프스키는 죽기 불과 몇 달 전에 음반사와 새로 5년 계약까지 맺었다. 노인 **명연주가**에 속하는(신동으로 출발하기도 했다) 블라디미르 호로비츠Vladimir Horowitz는 여든여섯 살에, 루빈스타인은 아흔다섯 살에 죽었다. 노인 작곡가로서 리하르트 슈트라우스Richard Strauss는 여든다섯 살, 시벨리우스는 아흔한 살에 세상을 떠났다. 여든일곱 살에 죽은 베르디는 여든 살에 오페라 「폴스타프」를 작곡했는데, 그의 가장 대담하고 현대적인 작품이었다. 브리태니커 백과사전은 이 작품을 두고 "음악의 역사상 한 작곡가의 삶을 가장 멋지게 집약한 작품"이라고 적었다.

사람들은 보통 천재를 젊음의 참신함과 연결시키길 좋아하지만, 고령이 되어서도 단순히 형식적으로만 창작 활동을 이어 가는 것이 아니라 예전의 예술성을 그대로 유지하거나, 그제야 천재적 진면목이 나타나거나, 아니면 고령의 예술가들에게 기대하는 평정과 원숙함과는 거리가 먼 작품들을 쏟아 내는 경우들을 보면 그게 꼭 맞는 말은 아니라는 것을 알 수 있다. 앙드레 말로André Malraux는 말한다. "죽음의 양식이 그들을 건드리면 그들은 청소년기에 자신들이 교사들과 어떻게 단절했는지를 기억해 내고, 그걸 바탕으로 기존의 자기 작품들과 단절을 시도한다. 한 예술가가 이룰 수 있는 최고의 경지는 스승을 죽이고 예전의 자기 모습을 부정하는 것이다."

고야는 82점의 연작 판화 「전쟁의 참화」를 70대에 그렸고, 마드리드 인근의 시골집에서 14점의 음산한 벽화를 그린 것도 일흔셋에서 일흔일곱 살까지였다. 벽화 중에는 「자식을 잡아먹는 사투르누스」같이 잔인한 그림도 있고, 「산 이시드로 순례」처럼 경건함을 조롱하는 작품도 있다. 그는 여든두 살에 세상을 떠났다. 말년에 눈이 먼 화가 드가는 여든세 살에 죽기 전까지 줄곧 작은 입상들을 만들었다. 여든네 살의 막스 리버만Max Liebermann은 기존의 필치와는 다른 방식으로 완성한 '외과 의사 프레디난트 자우어브루흐의 초상화' 앞에 서서 이렇게 물었다. "이거 노망든 거 아냐?"

할스(애매한 출생 시점 때문에 추정 수명이 81~86세까지 갈린다)는 죽음의 문턱까지 붓과 끌을 놓지 않았고, 티치아노(추정 수명 86~99세)는 70대에 기존의 화풍을 완전히 바꾸었으며, 클로드 모네Claude Monet(86세), 미켈란젤로와 에밀 놀데Emil Nolde(88세), 아돌프 폰 멘첼(89세), 후앙 미로Joan Miro(90세)도 죽을 때까지 작품 활동을 계속했고, 마지막까지 색을 밝혔던 피카소(91세)는 나이가 무색할 정도로 강한 창작열을 보였다. 오스카 코코슈카Oskar Kokoschka는 93세, 마르크 샤갈Marc Chagall은 97세에 죽었다.

역사가 랑케는 일흔아홉 살 때 역사서를 벌써 46권이나 출간했지만, 거기서 그치지 않고 그 나이에, 그것도 반 실명 상태에서 『세계사Weltgeschichte』를 구술로 집필하기 시작했다. 이 책의 서문 말미에는 이렇게 적혀 있다. 그가 쓴 불멸의 작품들과 까마득한 옛날의 사건 및 인물들은 만 세대를 거쳐 계속 내려갈 것이다. "그것들은 항상 다시 새로워지고 사람들의 기억 속에 되살아날 게 분명하다. 내가 이 책을 쓸 용기와 믿음을 가졌던 것처럼." 그는 죽기 며칠 전까지 11년에 걸쳐 『세계사』를 집필했고, 이 책의 제8권을 쓰던 중에 숨졌다. 향년 90세였다.

영국 철학자 토머스 홉스Thomas Hobbes의 대표작 『리바이어던The Leviathan』은 1651년에 출간되었는데, 당시 저자의 나이는 예순셋이었다. 그 뒤로 홉스는 전공 분야를 떠나 영국 내전의 역사를 썼고, 여든넷에는 라틴어 시구로 자서전을 집필했으며, 여든일곱에는 『오디세이아』를, 여든여덟에는 『일리아스』를 번역했고, 죽기 4개월 전인 아흔한 살에는 출판업자에게 "다시 영국적인 무언가"를 쓰겠다고 약속했다.

러셀은 수학자이자 철학자이자 투쟁적인 평화주의자이자 노벨 문학상 수상자였다. 그런 사람이 여든 살 때 세 번째로 이혼하고, 다시 네 번째 결혼을 했다. 여든여섯 살에는 '핵무장 반대 운동'의 대표로 선출되었고, 여든아홉에는 그와 관련해서 시민 불복종 운동을 펼치다가 감옥신세를 졌으며, 아흔다섯 살에는 세 권짜리 자서전을 2년에 걸쳐 집필하기 시작했고, 아흔여섯에는 바르샤바 조약국들의 체코슬로바키아 진군을 공개적으로 반대하며 싸웠다.

이렇듯 천재의 역사에는 고령의 나이에도 여전히 뜨거운 창작력을 자랑하고, 무덤 언저리까지 재능과 가능성을 마지막 한 방울까지 쏟아부은 사람도 있고, 일찍 시든 사람도 있으며, 뛰어난 선천적 재능을 마음껏 발휘한 신동도 있었다.

이로써 카이사르에서부터 시작해서 성과를 촉진하고 성공을 가능케 하는 자극과 동기, 상황, 강요들을 살펴보는 작업이 끝났다. 이제 다음의 핵심 질문에 대한 대답에 점점 다가가고 있다. 명성은 누가 얻는가? 백과사전에 이름을 올리는 사람은 누구인가? 명성은 누가 어떻게 결정하고, 그 근거는 무엇인가?

## 고령의 최고 성과

72세: 미켈란젤로가 성 베드로 대성당의 건축가가 되었다(1574).
　　　스페인의 알바 공작이 포르투갈을 정복했다(1589).
　　　블뤼허 장군이 나폴레옹을 워털루에서 격퇴했다(1815).
　　　코흐가 다시 한 번 아프리카로 갔다. 이번에는 수면병을 조사하기 위해서였다 (1906).
　　　마오쩌둥이 양쯔 강에서 수영하는 모습을 만천하에 공개하며 자신의 건재를 과시했고, 그 뒤 프롤레타리아 문화 대혁명의 포문을 열었다(1966).
73세: 칸트가 『도덕 형이상학 Metaphysik der Sitten』을 썼다(1797).
　　　괴테가 열아홉 살의 처녀 레베초에게 구혼했다(1823).
　　　페르디낭 마리 드 레셉스 Ferdinand Marie de Lesseps가 파나마 운하를 착공했다(1879).
　　　아데나워가 독일 총리에 선출되었다(1949).
　　　레이건이 대통령에 재선되었다. 미국 역사상 최고의 선거 승리 중 하나였다(1984).
74세: 폰타네가 자신의 가장 유명한 소설 『에피 브리스트』를 썼다(1894).
76세: 처칠이 또다시 총리가 되었다(1951).
　　　덩샤오핑이 중국군의 통수권을 넘겨받았다(1981).
77세: 할머니 화가 그랜마 모제스가 그림을 그리기 시작했고, 101세에 죽을 때까지 24년간 손에서 붓을 놓지 않았다.
　　　조지아 오키프 Georgia OKeeffe가 화폭이 7미터가 넘는 그림 「구름 위의 하늘」로 센세이션을 일으켰다(1965).
　　　후안 페론 Juan Perón이 18년간의 망명 끝에 다시 한 번 아르헨티나 대통령에 당선되었다(1973).
79세: 랑케가 『세계사』를 쓰기 시작했다(1875).
　　　스위스 정신 의학자 융이 세 권짜리 저작 『융합의 비의 Mysterium coniunctionis』를 출간하기 시작했다(1954).
80세: 홉스가 영국 내전의 역사를 다룬 『비히모스 Behemoth』를 완성했다(1668).
　　　알렉산더 폰 훔볼트가 다섯 권짜리 저작 『코스모스 Cosmos』의 세 번째 권을 쓰기 시작했다(1850).
　　　베르디가 오페라 「폴스타프」를 완성했다(1893).
　　　프로이트가 마지막 저작 『인간 모세와 유일신교』를 집필하기 시작했다(1936).
81세: 프랭클린이 미국 제헌 의회 의장을 맡았다(1787).
　　　괴테가 '파우스트 2부'와 자서전 『시와 진실』(1831)을 탈고했다.
　　　위고가 다섯 권짜리 저작 『세계의 신화 Weltlegende』를 끝냈다(1883).
　　　에디슨이 자신의 1,093개 특허 가운데 마지막 특허를 따냈다(1928).
　　　아데나워가 독일 의회 역사상 유일하게 압도적인 과반수를 얻었다(1957).
82세: 엔리코 단돌로 Enrico Dandolo가 베네치아 공화국의 총독에 선출되어(1192) 13년 동안

**프로이트(가운데)** 정신 분석학의 창시자이자 유대 인. 나치를 피해 빈으로 쫓겨 갔고, 여든두 살에는 런던으로 이주했다. 여기서 1년을 꼬박 살았고 구강암 수술을 받았다(다른 도시에서 받은 수술까지 합하면 총 스물세 차례에 이른다). 런던에서 『인간 모세와 유일신교』가 완성되었다. 볼테르와 괴테, 쇼, 알렉산더 폰 훔볼트처럼 살아 있는 동안 글쓰기를 멈추지 않았다.

그 자리를 지켰다. 다른 출처에 따르면 총독에 취임할 때의 나이가 84세나 85세라고도 한다.

오스트리아 육군 원수 라데츠키가 노바라 전투에서 이탈리아군을 물리쳤다(1849).

글래드스턴이 세 번째로 영국 총리에 선출되었다(1892).

83세: 티치아노가 「성 막달레나의 피에타」를 그리기 시작했다(1573).

볼테르가 마지막 비극 「이렌 Irene」을 썼다(1778).

레셉스가 파나마 운하의 공사를 포기했다(1888).

84세: 힌덴부르크가 두 번째로 독일의 제국 대통령에 선출되었다(1932).

85세: 아데나워가 네 번째로 독일 총리에 당선되었다(1961).

이탈리아 기자 인드로 몬타넬리 Indro Montanelli가 신문사 『라 보체 La Voce』를 설립해서 하루도 빠지지 않고 사설을 썼다(1994).

86세: 제네바의 용병 대장 안드레아 도리아 Andrea Doria가 코르시카의 프랑스군을 무찌르고 섬을 점령했다(1555).

메리 베이커 에디 Mary Baker Eddy가 일간지 『크리스천 사이언스 모니터 Christian Science Monitor』를 창간했다(1908).

87세: 몰트케가 육군 참모 총장직에서 물러나 프로이센 국방 위원회 의장직을 맡았다(1888).

아데나워가 마지막 내각 회의를 이끌었다(1963).

덩샤오핑이 아무 관직도 없는 상태에서 다시 한 번 중국의 개방을 위한 개혁 운동의 선봉에 섰다(1992).

88세: 미켈란젤로가 죽기 엿새 전까지 「론다니니의 피에타」를 조각했다(1564).
홉스가 『일리아스』를 영어로 번역했다(1676).
알렉산더 폰 훔볼트가 뇌졸중으로 쓰러지는 일을 겪으면서도 다섯 권짜리 『코스모스』를 완성했다(1858).
89세: 러셀이 핵무장 반대 농성을 벌이다 감옥에 들어갔다(1861).
루빈스타인이 83년간의 음악 생활을 끝내는 고별 콘서트를 열었다(1976).
90세: 육군 원수 라데츠키가 72년간의 군복무를 마치고 은퇴했다(1857).
랑케가 『세계사』 제8권을 끝내고 죽었다(1886).
함순이 자신의 말년의 이야기를 담은 『뒤덮인 오솔길 Auf überwachsenen Pfaden』을 썼다(1949).
마지막까지 랑바레네에서 쉬지 않고 의료 봉사 활동을 하던 슈바이처가 죽었다(1965).
아데나워가 기독교민주당CDU의 당수직을 내놓았다(1966).
윙거가 작가 데뷔 60주년에 첫 범죄 소설을 발표했다.
92세: 쇼가 마지막 희극 「돈이 너무 많아 Buoyant Billions」를 썼다(1948).
93세: 베네치아 총독 단돌로가 콘스탄티노플을 정복했다(1203).
교황 레오 13세Leo XIII가 죽었다(1903).
95세: 러셀이 세 권짜리 자서전의 집필에 착수했다(1967).
지휘자 스토코프스키가 음반사와 5년 계약을 새로 맺고 그해에 죽었다(1977).
96세: 러셀이 바르샤바 조약국들의 체코슬로바키아 침략에 반대하는 시위를 벌였다(1968).
98세: 폴란드 피아니스트 미예치슬라프 호르쇼프스키Mieczyslaw Horszowski가 바흐와 슈만, 쇼팽의 곡을 취입했다(1990).

# 제4부
# 명성

WOLF SCHNEIDER

DIE SIEGER

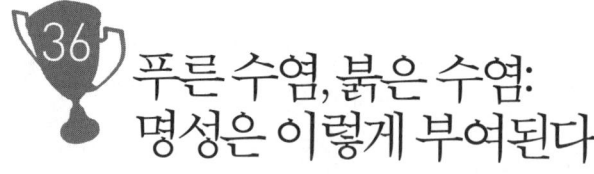
## 푸른 수염, 붉은 수염: 명성은 이렇게 부여된다

> 오래전부터 눈치 채고 있었다. 어떤 남자의 위대성에 대해 아는 것이 없을수록 사람들은 혈통에 기대는 경향을 보이고, 경탄도 더욱 광적으로 변한다는 것을.
> —리히텐베르크

우리는 누가 바퀴를 발명하고, 누가 시계와 나침반을 만들었는지 모른다. 반면에 천하의 사기꾼 '알레산드로 디 칼리오스트로Alessandro di Cagliostro'라는 이름은 세계적으로 유명하다. 18세기 후반에 유럽의 주요 도시들을 돌아다니며 불로장생약을 팔고 어떤 물질도 금으로 바꿀 수 있다고 주장하다가 여러 번 감옥에 갇힌 인물이다. 그 밖에 '헤로스트라토스Herostratos'라는 인물도 유명하다. 그는 기원전 356년 자신의 고향 에페소스에 있는 아르테미스 신전에 불을 질렀는데, 고문대에서 그가 털어놓은 바에 의하면 "내 이름을 후세에 알리기 위해" 그런 짓을 저질렀다고 한다. 우리는 『오디세이아』와 『니벨룽겐의 노래Das Nibelungenlied』를 누가 썼는지 모른다. 그에 비해 조반니 카사노바Giovanni Giacomo Casanova의 회고록에서는 베네치아의 한 바람둥이 사기꾼이 자신의 삶을 어떤 모습으로 후대에 알리고 싶어 하는지 여실히 드러난다.

오늘날까지도 모든 백과사전에 이름을 올린 한 인물이 있다. 그는 1828~1833년까지 바이에른 지방을 떠돌던 지적 장애아였는데 칼에 찔려 죽었다. 암살범의 소행이라는 주장도 있고, 자해라는 주장도 있다. 어쨌든 이 인물을 두고 세간에서는 빠른 속도로 소문이 번져 나갔다. 원래는 바덴 공국의 왕위 후계자인데, 다른 형제가 왕위를 차지하려고 형을 제거했다는 것이다. 이 소문의 주인공은 하우저였다. 1876년의 한 전기에는 이렇게 기록되어 있다. 하우저는 "교양층의 신화 형성"에 핵심 인물이 되었고, "심심풀이로 즐긴 수수께끼"였다. 1890년 마이어 대백과사전은 이렇게 총평 내렸다. "하우저가 동시대인들에게 그렇게 큰 공감을 이끌어 냈던 것은 당시 독일에 세간의 관심을 끌 만한 다른 공공의 사건이 없었다는 데서 그 이유를 찾을 수 있다."

「모나리자」와 「가셰 박사의 초상」처럼 다빈치나 고흐가 그렸다는 이유만으로 유명해지는 경우도 있다. 프랑스 육군 대위 알프레드 드레퓌스Alfred Dreyfus는 1898년 졸라가 프랑스 대통령에게 보낸 공개서한에서 그를 변호했다가 세계적으로 유명해졌다. 그런데 이 서한의 '나는 고발한다' 라는 제목은 원래 졸라가 지은 것이 아니라 그 편지가 실린 『로로르L'Aurore』 신문의 발행인 클레망소의 작품이었다. 졸라가 선택한 제목은 '펠릭스 포르Félix Faure 공화국 대통령에게 보내는 편지' 였는데, 만약 이 제목으로 나갔다면, 졸라의 명성은 지금보다 조금, 드레퓌스의 명성은 급격하게 깎였을 뿐 아니라 짧으면서도 강렬한 세계적인 명언은 탄생하지 못했을 것이다.

오스트리아의 육군 원수 라데츠키 백작도 남의 성과로 명성을 얻은 경우였다. 그것도 희비극적인 방식으로 얻었다. 그는 많은 전투에서 부상을 입었고, 빈의 관료들과는 사이가 안 좋았지만 부하 병사들로부터는 사랑받은 백전노장이었다. 하지만 이것만으로는 사후 명성을 얻기에 충분하지 않았다. 그는 여든한 살에 노익장을 과시하며 노바라 전투에서 이탈리아군을 물리쳤다. 하지만 이보다 그의 명성에 더 결정적으로 기여한 것은 아버지 요한 슈트라우스였다. 그가 라데츠키를 기리기 위해 음악사에서 가장 열정적이고 가장 자주 연주되는 행진곡을 작곡한 것이다. 게다가 유명 소설가 로트가 쓴 소설 『라데츠키 행진 Radetzkymarsch』도 그의 명성에 일조했다. 이렇게 해서 라데츠키는 미래에도 인류의 공동 자산으로 남을 19세기의 몇 안 되는 군인 가운데 한 사람이 되었다.

명성이 천재적인 성취에 대한 최고의 보상으로만 주어질 수 있다면 얼마나 좋을까! (물론 이 경우에도 명성이 무수한 천재적인 **재능들**을 다 챙기지 못하는 것은 어쩔 도리가 없다.) 하지만 행위와 작품의 위대성이 망각의 늪에 빠지는 것을 막지는 못한다. 반면에 명성의 태양은 바보들과 사기꾼, 대량 학살자의 머리 위에 떠오르기도 하고, 역사가와 비평가 같은 자칭 명성 부여자라는 이들의 총아, 술책을 부려서 이름을 얻는 이, 그리고 무엇보다 사람들의 판타지를 움직인 이들의 머리 위에 떠오르기도 한다. 화가 나는 것은 우리 조상들의 판타지에 날개를 달아 주었거나 오래전에 죽은 비평가들로부터 호평을 받은 사람들이 우리의 의지와는 상관없이 이미 우리 앞에 유명인으로 존재하고 **있다는** 사실이다. 그래서 그레고르 델린은 이렇게 말한다. "위인이란 공인받은 전설로 살아가는 외상 인생이다."

우리들에게 남아 있는 것이라고는 기껏해야 생존한 사람들에게 명성을 부여하는 결정에 동참할 가능성뿐이다. 죽은 사람들의 경우는 이미 존재하는 명성에서 그 인물을 추론해 내는 것밖에 우리가 할 수 있는 것이 없다. 그러나 전설과 일화, 미화된 기록들, 그리고 백과사전의 화석화된 자료로 이루어진 수상쩍은 베일을 모두 걷어 버리고 우리가 그 사람의 진면목을 알아볼 수 있을까? 우리에게는 더 나은 통찰력으로 명성을 추가로 부여할 기술적 가능성이 너무 적다. 명성을 얻지 못한 행위와 작품일수록 잊히거나 행방불명되었을 가능성은 더욱 커지기 때문이다.

어쨌든 희박한 가능성을 붙잡아서라도 역사적 명성에 수정의 메스를 가해야 할 이유는 충분해 보인다. 영어권 민족들은 그단스크 태생의 독일 물리학자 가브리엘 다니엘 파렌하이트Gabriel Daniel Fahrenheit를 아직도 또렷이 기억하고 있다. 그가 발명한 화씨온도가 영어권에서 널리 쓰였기 때문이다. 1714년 파렌하이트는 별로 주목을 끌지 못한 천재적 착상을 내놓았다. 앞서 발명한 수은 온도계를 물의 어는점 32도와 끓는점 212도에다 맞춘 것이다. 이 온도계에서 영점은 그단스크의 겨울에 측정할 수 있는 가장 낮은 온도였는데, 섭씨로 환산하면 영하 18도였다(섭씨온도를 발명한 스웨덴의 천문학자 안데르스 셀시우스Anders Celsius는 희한하게도 끓는점을 0도, 어는점을 100도라 부르자고 제안했다).

뢴트겐선, 모스 부호, 파스퇴르 살균법 같은 말 속에는 그 발견자와 발명자들이 영원히 살아 숨 쉰다. 하지만 마우솔레움Mausoleum[1]이라는 말에서 페르시아의 총독 마우솔로스Mausolos를 떠올리는 사람은 거의 없고, 세상에서 가장 높은 에베레스트 산에서 영국의 측량사 조지 에베레스트George Everest를 기억하는 사람도 없으며, '보이콧'이라는 말이 영국의 퇴역 대위이자 영지 관리인이었던 찰스 보이콧Charles Boycott에서 유래했다는 것을 아는 사람도 거의 없다. 물론 이 사람은 보이콧의 발명자가 아니라 그런 행위의 희생자였지만 말이다. 작품이 창작자보다 유명한 경우도 있다. 쾰른 대성당은 건축가 게르하르트 폰 릴레Gerhard von Rile와 요한 쿠에네 판 프랑켄베르크Johann Kuene van Franckenberg보다 유명하고, 베를린의 브란덴부르크 문은 카를 고트하르트 랑한스Carl Gotthard Langhans보다, 로빈슨 크루소는 디포보다, 『더벅머리 페터 Struwwel Peter』는 하인리히 호프만Heinrich Hoffmann보다 유명하다. 반대로 단테나 괴테처럼 동시대인들은 그 작품을 전혀, 혹은 별로 읽지 않았지만 만인의 입에 오르내린 작가들도 있다.

'전래'라는 단순한 문제만 보더라도 수많은 우연과 전횡이 난무했다. 수십만 권, 아니 수백만 권의 책과 두루마리 문서, 원고, 조각상, 그림들이 불

---

[1] 고대 7대 불가사의의 하나로 꼽히는 대大묘묘.

에 타거나 망가지거나 행방불명되거나, 아니면 의도적으로 파괴되었다. 예를 들어 고대인들이 빛나는 사유와 우아한 문체로 감탄을 아끼지 않았던 아리스토텔레스 대화록은 전부가 행방불명되었고, 전하는 것이라고는 그의 철학 강의뿐이다. 불타 없어진 예로는, 기원전 47년에 카이사르가 클레오파트라와 함께 그녀의 남편을 향해 일으킨 전쟁 중에 알렉산드리아 도서관에 화재가 일어나 장서 70만 권 중 대부분이 소실된 것을 들 수 있다. 그 이후 전해져 내려오는 기록이나 자료를 바탕으로 추정해 본 결과 당시 존재했던 작품의 90퍼센트가 불타 없어졌다고 한다. 그리스 문학과 고대의 지식 대다수가 한순간에 사라진 것이다.

알렉산드로스 대왕의 친구이자 고대의 가장 위대한 화가였던 아펠레스 Apelles의 그림도 모두 망가지지 않으면 행방불명되었다. 다빈치의 「최후의 만찬」은 17세기에 벌써 훼손되기 시작해서 이후 대여섯 번 이상의 복구 작업으로 보존해야 했다. 만일 그의 그림 전부에 이처럼 남의 손길이 가해졌다면 다빈치의 그림에 대한 판단도 달라져야 하지 않을까? 대체 그림의 수명은 얼마나 되는 것일까?

30년 전쟁 때 마티아스 그뤼네발트 Matthias Grünewald의 그림은 대부분 불타 없어졌다. 동시대인들이 "독일의 코레조"라고 부른 화가였는데, 빛과 색상을 다루는 대담한 기법이 안토니오 코레조 Antonio Correggio[2]와 비슷했기 때문이다. 그뤼네발트는 가끔 크라나흐와 혼동되었을 뿐 아니라 처음엔 '마티스 고트하르트'라고 불리다가 1675년의 한 미술사 서적에 의해 실수로 '그뤼네발트'라는 이름이 붙었다. 그의 그림은 여덟 점만 전해져 오는데, 1844년판 브록하우스 백과사전에는 고트하르트든 그뤼네발트든 아무 이름이 올라가 있지 않다. 그는 뒤러나 한스 홀바인 주니어와는 달리 목판화와 동판화

---

[2] 이탈리아의 화가 안토니오 알레그리 Antonio Allegri(1494~1534). 이름보다 출생지 이름인 코레조로 불렸다. 르네상스 시대에 바로크 회화의 선구자로서 화려한 색조를 사용하고 명암 효과를 강조하였다. 주요 작품으로 「파르마 대성당의 천장화」, 「밤」, 「마리아의 승천」이 있다.

를 남기지 않았다. 그러니까 복제할 원본을 제공하지 않은 것이다. 사정이 이러니 그의 그림을 본떠 동판화를 만드는 작업장도 당연히 없었다. 참고로 루벤스는 자신의 명성을 높이기 위해 그런 작업장을 운영했다. 그뤼네발트가 그린 것으로 전해지는 성 안토니우스 수도원의 제단화는 오늘날 서양 미술사에서 가장 위대한 작품 중의 하나로 꼽힌다. 혼동되고 불태워지고, 잊히고, 이름이 바뀌는 것은 명성의 미로에서 벌어지는 공중제비다.

슈베르트는 몇 곡을 잃어버렸는지 모른다. 작곡 속도는 무척 빠른데, 악보를 간수하는 능력은 형편없었기 때문이다. 그의 가장 유명한 두 교향곡은 하마터면 행방불명될 뻔했다. 9번 교향곡은 슈만이 슈베르트의 아우 페르디난트의 집에 잠시 들렀을 때 발견했는데, 슈베르트가 죽은 지 10년 뒤의 일이었다. 미완성 작품인 8번 교향곡은 슈베르트의 친구 안젤름 휘텐브레너Anselm Hüttenbrenner의 서랍 속에 내내 처박혀 있었다. 반쪽짜리 작품이라고 생각했기에 공개하기를 꺼렸던 것이다. 그러다가 1860년에야 마침내 용기를 내어 지휘자 요한 프란츠 폰 헤르베크Johann Franz von Herbeck에게 그것을 넘겼고, 그가 이 작품을 1865년에 공연했다. 슈베르트가 죽은 지 37년이 지난 뒤였다.

클라이스트의 두 권짜리 소설 '내 영혼의 이야기'는 행방불명되었다. 그의 편지들에 자주 언급되는 이 작품은 더할 나위 없이 매혹적인 영혼의 이야기라고 하기에 더더욱 아쉬움이 크다. 희곡 「로베르 기스카르Robert Guiscard」는 자기 손으로 불태워 버렸다. 소재가 "너무 무겁다"는 이유에서였다. 그는 1803년에 이렇게 썼다. "나는 현실을 앞서 가는 사람 앞에서는 절로 뒤로 물러나게 되고, 천년 먼저 그 정신 앞에 허리를 숙인다." 다른 한편으로 예술가가 후대에 남길 가치가 있는 것을 스스로 결정하는 것에 경의를 표해야 한다. 가령 브람스는 초기 작품들을 수준 이하라는 이유로 모두 없애 버렸다. 카프카는 마지막 몇 개월의 반려자였던 디아만트와 함께 미공개 소설 대부분을 폐기했고, 친구 브로트에게는 자신이 죽고 나면 남은 유고를 모두 불살라 버리라고 부탁했다. 그러나 브로트는 약속을 지키지 않았다. 로마의 아우구스투스 황제가 작품이 완성되지 못했다는 이유로 『아이네이스Aeneis』를 절대 출간하지 말아 달라는 베르길리우스의 청을 무시한 것처럼.

클라이스트가 자기 손으로 「로베르 기스카르」를 없앤 것은 비극이었다. 만년의 빌란트는 이 작품의 일부를 미리 읽어 보고 "아이스킬로스와 소포클레스Sophocles, 셰익스피어의 정신"이

**바벨** 소련 초창기에 폭발적이고 빼어난 기사와 소설을 쓴 작가이다. 1941년 노동 수용소에서 죽었다.

통합된 작품이라고 극찬했다. 심지어 클라이스트가 독일 문학의 공백을 메우기 위해 태어난 사람이라고까지 말했다. 그건 "괴테와 실러도 하지 못했던 일"이었다. 빌란트는 클라이스트에게 재촉했다. "코카서스와 아틀라스 산맥이 짓누르는 듯한 고통이 따르더라도 로베르 기스카르를 하루 빨리 완성해야 합니다." 결국 클라이스트는 두 번째 시도에 들어갔지만, 남은 것은 미완성 단편이었다. 예술가에게 자신의 창작품을 마음대로 처분할 명백한 권리가 있는 것처럼 후대의 독자들에게도 클라이스트처럼 신들린 예술가들의 파괴 행위를 저지할 수단이 있었으면 하고 바랄 권리는 있다. 고골이 죽기 직전에 '죽은 혼'의 후속 연고를 난로에 처넣었다는 경악스런 소식이 문학계에 전해졌을 때 러시아 인들이 품었던 바로 그 소망이었다.

예술 작품에 가할 수 있는 최악의 수치스런 짓은 남은 사람이나 후대인들이 저지르는 자의적인 파괴이다. 바벨이 스탈린의 대숙청으로 죽었을 때 그의 미공개 원고들도 함께 사라졌고, 베토벤의 친구이자 전기 작가였던 안톤 쉰들러Anton Schindler는 귀먹은 작곡가의 대화 노트를 3분의 2 정도 없애

버렸다. 형제와 남편, 아내가 파괴자의 목록에 이름을 올리는 경우도 있다. 요한 슈트라우스가 죽은 지 8년이 지난 1907년 그의 막내 동생이었던 일흔두 살의 궁정 무도회 음악감독 에두아르트 슈트라우스는 '가족 악단' 이름으로 인쇄된 악보와 미발표 악보, 수고, 초안을 모두 불태워 버렸다. 수레 세 대분의 악보를 어른 키 높이의 도자기 가마에 몽땅 집어넣어 버린 것이다. 여러 전기 작가들의 견해에 따르면, 큰형의 유언장에 자신의 이름이 전혀 언급되지 않은 것에 대한 복수였다고 한다.

영국 시인 테드 휴스Ted Hughes는 아내의 일기와 소설 원고를 불태웠다. 마찬가지로 시를 쓰던 아내 플래스가 자기를 떠난 뒤 곧바로 (1963년에) 목숨을 끊었기 때문이다. 극작가 뷔히너의 청교도적이면서 단순하고 끔찍한 아내 미나 예글레Minna Jaegle는 남편의 일기와 수많은 편지를 소각했다. 그뿐이 아니었다. 남편의 희곡 「피에트로 아레티노Pietro Aretino」의 유일한 판본이 사라진 것도 그녀의 소행일 가능성이 크다. 그 작품 속에 관능성이 대담하게 묘사되었다는 소문이 나돌았기 때문이다. 「보이체크」 원고도 행방불명되었다. 오늘날에 남아 있는 텍스트는 뷔히너가 남긴 대강의 뼈대와 줄거리를 그의 정신과 색깔에 맞게 정리한 것들이다. 달리 말해서 파편 조각들로 연주가 가능한 곡을 만들려면 어쩔 수 없이 가해져야 할 외적 폭력의 산물이다. 이처럼 스물세 살에 티푸스로 목숨을 잃은 뒤 아내와 후대에 의해 무지막지한 폭력을 당한 사람이 아직도 우리에게 천재로 인식되고 있는 것은 기적이다. 투홀스키는 말한다. "정말 귀중한 가치가 있는 것들이 원형 그대로 보존되어 내려왔다거나, 아니면 수백 년 뒤에 번복될 수 없는 결과라고 하면서 새 생명으로 거듭나는 것은 심각한 오류라고 생각해도 된다. 보존된 것에는 모든 것이 뒤섞여 있다. 얼간이, 재능, 어쩌면 천재까지도. …… 보존되어 내려왔다는 것이 가치의 징표는 아니다."

심지어 전해져 내려온 것도 원 창작자가 만든 것과 다를 수 있다. 예를 들어 세계 문학에서 가장 많이 읽히는 두 소설의 성공도 실은 부적격자들이 아동용으로 무단 개작한 덕분이었다. 『걸리버 여행기』의 경우, 출판업자가 세 번째와 네 번째 여행은 빼고 단순하게 소인국 여행과 거인국 여행만 묶어서 출간했다. 그러니까 세상과 동떨어진 학자들의 세계로 가는 세 번째 여행은 너무 외설적이어서 뺐고, 네 번째 여행은 작가의 인간 혐오가 극한으로 표출되어 있어서 뺐다. 네 번째 여행에서 걸리버가 닿은 곳은 고귀한 말의 나라인데, 여기서는 악취 풍기는 인간들이 노예로 일하고 있었다.

더욱 화가 나는 것은 『로빈슨 크루소』이다. 1719년에 나온 이 소설은 출간 즉시 영국 중산층의 인기를 독차지했고, 루소의 교육 소설 『에밀』(1762)에서 아동을 위한 교과서라 불릴 정도로 칭찬을 받았다. 루소의 칭찬에 감명받은 독일 교육학자 요한 하인리히 캄페Johann Heinrich Campe는 디포의 이 소설을 아동 청소년에 맞게 "친숙하고 감동적인 문체"로 고쳐 쓰는 것을 소명처럼 느꼈다. 1843년 판 브록하우스 백과사전에는 이렇게 적혀 있다. "캄페는 무엇보다 아동의 눈높이에 맞춰 스스로를 낮출 줄 아는 드문 재능의 소유자였다". 『로빈슨 크루소 2세Robinson der Jüngere』로 불린 이 아류 소설은 독일에서만 출간된 지 60년 동안 32쇄를 찍었고, 모든 문명국으로 번역되었으며, 영국으로 역수출되기도 했다.

유명인이 하지도 않은 행위나, 갖지도 않은 특성 때문에 명성이 부여되는 일도 다반사로 일어난다. 교부敎父들과 도덕의 사도들은 2,000년 동안 그리스 철학자 에피쿠로스를 거침없이 향락만 추구하는 사람들의 혐오스런 대명사로 점찍었다. 그러다 보니 에피쿠로스학파의 진정한 특성이 쾌락을 다양한 방식으로 억제하면서 추구하는 것에 있다는 사실은 쉽게 간과되고 말았다. 오죽했으면 루키우스 세네카Lucius Annaeus Seneca가 에피쿠로스 교리에 대해 "독단적인 측면"이 있다고 말하고, 야코프 부르크하르트까지 이렇게 썼겠는가? "소수라도 순수한 의미의 에피쿠로스적인 쾌락에 만족하려고 하는 사람이 있다는 것"은 두려운 일이다. 그렇다면 행복 전도사였던 에피쿠로스를 악명에 빠뜨린 그의 행복론의 본질은 어디에 있을까? 그에게 진정한 행복은 건강과 영혼의 안식, 그리고 아픔과 공포로부터의 자유였다. 탐닉과 육체적 쾌락은 아니었다. 이것들은 오히려 영혼의 안식을 해치고, 고통을 야기할 수 있었다. 그래서 행복을 추구하는 사람은 절제 있고 도덕에 맞게 행동해야 하고, 미덕의 범주 안에서 즐거움을 추구해야 했다. 이런데도 에피쿠로스에 대한 추문은 왜 생긴 것일까? 이유는 단 하나이다. 에피쿠로스학파는 미덕을 미덕 그 자체나 신의 뜻을 위해 행하는 것이 아니라 미덕이 스스로에게 지속적인 행복을 만들어 줄 기회를 제공하기 때문에 미덕을 행할 뿐이다. 이것은 한량없이 부드러운 철학자를 풍기문란자와 사회 공적으로 만들기에 충분한 사유였다. 그래서 단테는 에피쿠로스를 지옥 불의 가마솥에 넣고 푹푹 삶아 버렸다.

  1789년 프랑스 외과 의사 기요탱은 참수 기구를 이용해서 사형을 집행하자는 법안을 제헌 의회에 제출했다. 영국과 이탈리아에서는 귀족들의 처형에 벌써 참수형을 실시하고 있었는데, 평민들은 교수형에 처하거나, 익사시키거나, 바퀴 모양의 기구에 몸을 묶어 놓고 굴려서 사지를 으스러뜨리거나, 아니면 사지를 찢어서 죽였다. 이런 상황에서 낮은 계층의 사람들도 좀더 빠르고 확실하게, 그리고 고통을 줄이는 방식으로 사형을 집행하자는 기요탱의 제안은 박수갈채를 받았다. 1791년 앙투안 루이Antoine Louis가 꽤 괜찮은 참수 기구를 제작했고, 그 이름을 따서 얼마간 이 기구는 '루이세트Louisette'라 불렸다. 하지만 사람들은 곧 단두대 법안을 처음 제출한 사람을 기억해 내면서 그 기구의 이름을 '기요틴Guillotine'으로 바꾸었으며, 이후 그 이름은 계속 유지되었다. 그런데 이런 단두대가 1793년에 공포 정치의 도구로 이용되었고, 그 위에서 4만 명이 희생되었다. 4년 전에 좋은 마음으로 단두대를 주창한 기요탱으로서는 상상도 못한 일이었다.

  1927년 린드버그는 뉴욕에서 파리까지 중간 기착 없이 곧장 날아갔는데, 사람들의 머릿속에는 대개 이것이 대서양 첫 횡단 비행으로 각인되어 있다. 그러나 사실은 그렇지 않다. 1919년에 벌써 두 번의 성공이 있었다. 한번은 영국 비행선이 영국에서 뉴욕까지 날아갔고, 한번은 모터를 두 개 장착한 폭격기 로열 에어포스기가 몇십 년 동안 가장 중요한 최단 항로였던 뉴펀들랜드-아일랜드 코스를 비행한 것이다. 존 올콕John Alcock과 아서 휘튼 브라운Arthur Whitton Brown이 타고 있던 이 비행기는 도중에 배기관과 속도계, 난방 장치가 날아가 버렸고, 거기다 눈 폭풍에 휩쓸려 동체에 얼음이 얼어붙는 바람에 브라운이 다섯 번이나 날개에 기어 올라가 칼로 얼음을 긁어내야 했다. 이런 악전고투 끝에 횡단에 성공한 두 사람은 처칠의 영접을 받고, 국왕으로부터 귀족 작위를 하사받았다. 그러나 두 사람의 선구적 행위, 즉 비행 역사에서 가장 대담한 비행에 속하는 이 횡단은 대중의 기억에서 잊혔고, 모든 명성은 린드버그 한 사람에게만 돌아갔다.

우리는 역사 인물들을 공정하게 판단하려는 노력을 별로 하지 않는다. 자료가 명백하게 존재할 경우에도 마찬가지다. 러시아의 이반 4세는 무자비하면서도 열심히 일하는 교양 있는 군주였다. 물론 적을 잔혹하게 단죄하고, 순간적인 분을 못 이겨 아들을 죽이기도 했다. 그런 그를 우리는 벼락처럼 두렵다는 의미로 '뇌제雷帝'라 부르며 폭군으로 분류한다. 표트르 1세는 무자비하고 공상가적인 군주였다. 적들을 잔인하게 도살했을 뿐 아니라 아들을 고문하고 처형하기도 했다. 또한 네바 강 하구의 늪지대에 새로운 수도 상트페테르부르크를 건설하라는 명령으로 수십만 명을 물에 빠져 죽이고 얼어 죽이고 굶어 죽이고, 또 이질로 죽게 했다. 우리는 그런 군주에게 '대제大帝'라는 이름을 붙이고 있다. 행적과 성품을 아무리 살펴보아도 두려운 폭군이라는 말이 더 어울리는 사람인데도 그렇다. 그렇다면 최소한 이반 4세에게도 폭군이니 뇌제니 하는 칭호를 떼 주어야 하는 게 아닐까?

영국의 리처드 3세(재위 1483~1485)는 셰익스피어의 희곡에서 유례없는 패륜 짓을 저지르는 괴물로 나온다. 그것도 세상에 대한 복수에 사로잡힌 곱사등이로 왜곡된 채로이다. 물론 리처드가 적과 경쟁자들을 감옥에 넣고 처형한 것은 분명한 사실이다. 하지만 그건 당시의 관행이었으니 특별히 나무랄 일이 아니다. 더구나 오늘날의 역사가들은 그를 능력 있는 군주로 인정하고 있고, 곱사등이라는 것도 지어낸 말이다. 이것을 지어낸 사람은 토머스 모어Thomas More였다. 리처드를 무너뜨리고 왕좌를 차지한 튜더 왕조의 헨리 8세 치하에서 대법관을 지낸 모어는 패자에게 "터무니없는 몇몇 범죄를 포함해서 다른 사악한 짓들을 전가함으로써"(처칠) 주군의 비위를 맞추려고 했을 뿐 아니라 자신이 발명한 섬 '유토피아'에서 철폐해야 할 악덕과 부도덕을 탄핵하려고 했다. 그 뒤 셰익스피어가 나타나 모어가 왜곡한 것을 오늘날까지 400년 동안 대중의 머릿속에 심어 놓았다.

독일 하르츠 산맥 언저리 키프호이저 산 속에는 과연 누가 잠들어 있을까?[3] 속설처럼 정말 독일을 통일과 승리로 이끌 사람이 잠자고 있을까? 독일인들은 250년 전부터 신성 로마 제국의 황제 프리드리히 2세가 그 산에 은거하고 있다고 믿어 왔다. "최초의 현대적 군주"라는 평을 받는 바로 그 황제이다(20장에서 소개되었다). 그런데 루터 시대에 이 전설의 주인공은 프리드리히 2세가 아니라 그의 조부 프리드리히 1세Friedrich I였다. "붉은 수염 왕"이라는 별칭으로 불리기도 하는 프리드리히 1세는 손자보다 지적으로는 떨어지지만, 나라는 훨씬 오래 다스렸고 이상적 기사의 화신으로 여겨지는 인물이었다. 그는 예순다섯 살에 제3차 십자군 원정에 나갔다가 강에 빠져 익사했는데, 그런 신비로운 죽음에다 "붉은 수염"이라는 친숙한 이미지가 어우러져 사람들의 마음에 쉽게 다가갈 수 있었다. 그런 이미지를 더욱 부각시킨 것은 예술가들이었다. 울란트는 1814년에 한 담시로 프리드리히 1세의 인기를 더욱 높여 주었다.

붉은 수염 황제가 위풍당당한

---

[3] 나라마다 언젠가 환생해서 도탄에 빠진 나라를 구해 줄 거라는 대중의 믿음이 투영된 인물이 있기 마련인데, 독일에서는 프리드리히 1세와 프리드리히 2세가 키프호이저 산의 황궁에 잠자고 있다가 언젠가 홀연히 나타나 민족의 통일과 영광을 재현해 줄 인물로 대중의 머릿속에 각인되어 있다.

모습으로 성지로 출정하자…….

1817년에는 프리드리히 뤼케르트Friedrich Rückert가 붉은 수염 왕을 민족적 희망의 총화로 추켜세웠다.

제국의 영광을 구현했던 그가
언젠가 우리 앞에 다시 나타날지니.
그 옛날 제국의 위용과 함께.

사실 이런 전설을 사랑하는 민족에게는 그렇게 다시 나타날 인물이 프리드리히 1세든 누구든 상관없다. 그저 누군가 온다는 것이 중요하기 때문이다. 이처럼 명성을 얻기 위해서는 반드시 무언가 대단한 업적을 거두어야 하는 것은 아니다. 사람들의 판타지를 자극하고 움직이기만 해도 된다. 다시 말해서 감동적인 일화의 주인공이 되거나, 사람들을 매혹시킬 감성적인 대상으로 충분하다. 야코프 부르크하르트는 말한다. '위대함'이라는 칭호는 "사실에 근거한 판단보다 오히려 모호한 감정에 따라 부여되거나 거부되는 경우가 훨씬 많다".

토마스 만에 따르면 도스토옙스키는 "깊고 창백하고 고통에 겨워하는 성스러운 범죄자의 표정"으로 사람들의 가슴에 더 쉽게 다가갔다. 그런 표정은 러시아 인들이 상상하는 천재의 모습과 맞아떨어지기 때문이다. 반면에 실러의 "대담하면서도 부드럽고 몽환적이고 병적인 인상, …… 옷깃을 풀어헤치고 느슨하게 비단 목도리를 한 모습"은 독일인들이 자신의 영웅에 대해 품고 있는 상상과 맞다. 음악회의 관객들은 명연주자에게서 마법사이자 악마의 모습을 기대한다. 그들이 그런 사람이었으면 하는 바람이 깔려 있기 때문이다. 특히 파가니니 같은 음악가라면 더욱 그렇다. 1830년에 함부르크에서 파가니니를 만난 하이네는 이렇게 썼다. 그의 얼굴은 "시체처럼 희었다. 곧 죽을 사람의 몰골이 이럴까? …… 그런 표정으로 갑자기 움찔거려서 관객에게 즐거움을 선사하려는 것일까? 혹은 무덤에서 갓 올라온 망자의 몰골이 이럴까? 아니면 우리의 심장에서 피를 빨아먹지는 않지만 어쨌든 우리의 주머니에서 돈을 빼먹는, 바이올린을 든 뱀파이어가 아닐까?"

도스토옙스키와 실러, 파가니니가 실제로 그렇게 생겼을까? (파가니니의 경우는 결치가 있고, 끔찍한 수은 요법으로 매독을 치료하고 있었다는 점을 고려하면 어느 정도 사실일 가능성이 있다.) 혹은 그들 스스로 그렇게 보이도록 연출했을까? 그렇게 해야 명성에 더 유리할 거라는 직감적인 판단으로 말이다 (자기 연출에 대해선 39장에서 다룰 것이다). 아니면 그들의 숭배자들이 원하는 모습으로 바꾼 것일까? 아직 사진이 없던 시절이니 그럴 가능성도 있다. 어쨌든 그런 시대에는 누군가가 실제로 어떻게 생겼는지를 규명하는 것은 불가능하다. 하이네의 외모를 묘사하는 동시대인 서른 명의 전언을 봐도 그렇다. 누구는 그를 검은 머리에 작고 "끔찍할 정도로 못생긴" 유대인으로 묘사했고, 누구는 푸른 눈의 금발에다 "전형적인 게르만 족의 얼굴"로 묘사했다.

위대한 사람들의 **고통**은 사람들의 마음을 움직인다. 질병과 궁핍, 자살, 광기가 그런 것들이다. "아직 어떤 평가를 내릴지 정하지 못한 후대인들의 마음을 끄는 것은 그들의 고통이다." 힐데스하이머가 모차르트에 대해서 쓴 글의 일부이다. 니체는 이런 말도 했다. "병과 허약한 사람은 대중을 끌어들이는 마력이 있다. 그들은 건강한 사람들보다 더 관심을 끈다. 바보와 성자, 이것은 인간의 가장 흥미로운 두 종류이다." 크레치머는 "바로크의 정신병적 회귀성이 야기하는 아연함의 효과"에 대해 이야기하고, 랑게 아이히바움은 간명하게 이렇게 말한다. "광기는 사람들의 눈을 끈다."

나폴레옹을 세계사에서 가장 많이 읽히고 가장 자주 언급되는 인물로 만든 것은 무엇일까? 단 9년 만에 유럽 대륙을 무릎 꿇린 군사적 업적이 눈부시다 못해 눈이 멀 지경이지만, 그것 하나만으로는 그가 그렇게 전설적인 인물이 될 수는 없다. 그의 명성에는 세 가지 요인이 더 추가된다. 첫째, 에머슨에 따르면 나폴레옹은 보통 사람들의 꿈을 이루어 주었다. 아무 배경도 없는 평범한 가정에서 태어난 사람이 무제한의 권력과 부를 누리고 무수한 하인과 여자들을 거느린 세계 최고 권력자로 우뚝 섰다. 성취와 위용 면에서 그와 어깨를 견줄 사람은 알렉산드로스 대왕과 카이사르뿐이다. 둘째, 나폴레옹의 매력적인 성격과 특성이 그의 명성에 기여했다. 그는 못생기고 자제력이 없고, 폭발적이고, 가늠할 수 없는 잔인한 인간이었다. 마지막으로 세인트헬레나 섬에 5년 반 동안 유배되어 굴욕적인 삶을 살았던 것이 그의 명성에 화룡점정이 되었다. 샤토브리앙은 이렇게 썼다. "만일 승리를 거둔 영국인들이 나폴레옹을 무인도로 보내지 않고 산해진미로 호강을 누리게 했더라면 나폴레옹의 명성이 지금 같지는 않았을 것이다." 그러나 그들은 복수심에서 그렇게 하지 않았다. 그 결과 죽을 때까지 한 마리 외로운 독수리처럼 대서양의 바위섬에 홀로 앉아 물끄러미 태양을 바라보는 나폴레옹의 모습은 사람들의 뇌리에 신화를 만들어 주기에 충분했다.

이로써 야코프 부르크하르트가 말한 명성의 가능 지점에 이르렀다. 즉 **많은** 사람들의 판타지가 **한 사람에게** 집중될 때 '위대성'이 생길 수 있다. 이 공식에서 분명한 것은 명성이 유명인의 성취와는 별 관련이 없고, 예찬하고자 하는 사람들의 소망과 변덕에 좌우될 때가 많고, 대중은 감동을 열렬히 갈망한다는 사실이다. 역사 철학자 테오도르 레싱은 "신화나 전설의 뿌리가 되는 대중의 판타지를 자유자재로 유발할 줄 아는" 사람만이 명예의 전당에 들어갈 수 있다고 덧붙였다. 세인트헬레나 섬의 나폴레옹, 빈민 묘지에 묻힌 모차르트, 미쳐 버린 니체, 이것은 명성을 부를 신화가 되기에 충분했다.

존 F. 케네디는 왜 여전히 많은 사람들에게 역사의 찬란한 인물로 존경받고 있을까? 미국을 베트남 전쟁의 재앙으로 끌어들였고, 대실패로 돌아간 쿠바의 피그스 만 상륙 작전으로 망신을 당한 인물이 아니던가? 게다가 많은 칭찬을 받는 그의 연설문도 실은 시어도어 쇠렌슨Theodore Soerensen이 쓴 글이 아니던가? 1983년에 미국 기자 톰 위커Tom Wicker는 이렇게 썼다. "1,000일 가량 곁에서 케네디를 지켜보면서 그의 한계와 실책, 어리석음을 잘 아는 미국인들조차도 그에게서 자신들의 잃어버린 꿈을 발견했다. 그는 미국 역사상 '어떤 사람이 될 수 있을 것인지'와 관련해서 가장 매력적인 가능성의 신화였다. 그가 실제 그런 사람이어서가 아니라 우리가 그를 그런 사람으로 만들어 냈기 때문이고, 우리가 실제 그런 사람일 수 있어서가 아니라, 절대 그런 사람이 되지 못한다는 것을 잘 알고 있음에도 그런 사람이라고 믿고 싶었기 때문이다." 암살의 운명도 당연히 그의 명성에 큰 영향을 끼쳤다. 암살은 실현되지 않은 모든 희망을 그의 모습에 투영시키는 동시에 살아 있었다면 저질렀을지 모를 모든 실책과 좌절을 면제시켜 주었다. 1847년 비스마르크는 아내에게 이렇게 썼다. "사람들은 항상 쓰러진 천사에 깊은 인상을 받는 법이오. 아름답지만 평화롭지 못하고, 계획과 노력은 담대했지만 결국 성공하지 못하고, 자부심은 대단했지만 슬픈 결말을 맞은 천사 말이오."

사람들을 감동시키는 것은 비극이다. 모차르트가 암살되었을 거라고 믿고 싶은 사람들이 있는 것도 그 때문이고, 바이에른의 왕 루트비히 2세처럼 지적 장애에 가까운 사람이 명성을 얻는 것도 그 때문이다. 루트비히는 비스마르크와 바그너의 술책에 쉽게 속아 넘어갔고, 악몽 같은 성들을 짓기 위해 국고를 탕진했고, 왕위에서 쫓겨난 뒤에는 자신의 정신과 주치의와 결투를 벌이다 슈타른베르크 호수에 빠져 죽었다. 역사적으로 이런 사람은 결코 망각의 늪에 빠지지 않는다.

한니발이 코끼리 40마리를 이끌고 알프스를 넘은 것은 정말 황당하고 대책 없는 방법이었지만, 그게 어떤 승리보다 사람들의 머릿속에 그의 명성을 더욱 선명하게 새기는 계기가 되지 않았을까? 물론 그가 그걸 예상하고 빙하 위로 코끼리 떼를 내몰지는 않았을 것이다. 어느 정도 사후 명성을 예상하고 그런 노회한 수법을 쓰는 것은 대중 매체가 비슷한 유혹과 기회를 제공할 때까지는 예외에 속했다. 그렇다면 한니발의 코끼리는 인간의 기억이 얼마나 쉽게 진기한 세부 사항에 집착하는지, 그와 아울러 큰 관련들은 얼마나 쉽게 잊히는지 보여 주는 좋은 예이다. 어쨌든 한니발의 코끼리는 훗날 특이한 일화 하나만으로 명성을 얻은 많은 인물들과는 달리 그의 숭배자들이 조작한 것이 아니었다.

44개의 영웅전으로 고대 위인들에 대한 우리의 상상에 결정적 영향을 끼친 그리스 역사가 플루타르코스는 두말할 필요도 없이 '일화'의 신봉자였다. 그는 이렇게 말했다. "덕행과 악행은 반드시 크고 떠들썩한 행위 속에서 표출되는 것이 아니라, 오히려 사소한 사건이나 말 한마디, 혹은 가벼운 농담이 수천 명의 희생자를 낸 전투보다 그 사람의 성격을 더 뚜렷하게 보여 줄 때가 많다." 그런데 이 경우 두 가지 문제가 있다. 첫째, 순수한 의미로든 악의적으로든 없었던 일을 삽입하는 것은 왜곡된 상을 낳을 수 있다. 둘째, 원래 글로 남은 기록에 구전口傳을 더하는 것이 일화의 본질이라면 거기엔 항상 날조의 유혹이 도사리고 있다. 야코프 부르크하르트는 이렇게 말한다. "위대한 존재로 인식된 사람들에게는 의도적인 윤색이 가해진다. 그래서 권력자들과 위대한 남자들은 가만히 있어도 그 민족과 신봉자들이 알아서 필요한 것을 빌려 주고, 특정 성격과 전설, 일화를 만들어 준다."

아르키메데스Archimedes가 목욕탕에서 부력의 법칙을 발견하고 "유레카!"라고 소리쳤다는 일화는 어떨까? 이 이야기는 200년 뒤 카이사르의 건축가 마르쿠스 비트루비우스Marcus Vitruvius polio의 저서에 나오는데, 그사이에 다른 출처가 없는 것으로 봐서는 별로 신뢰할 내용이 아니다. 또한 아르키메데스가 기원전 212년에 자기 집 모래 마당에서 손가락으로 도형을 그리고 있는데, 하필 그 순간에 집으로 들이닥친 로마 군인들을 향해 "내 원을 밟지 마라!"라고 호통 치는 바람에 창에 찔려 죽었다는 이야기도 신빙성이 없기는 마찬가지다.

뉴턴과 관련된 일화 역시 아이들을 위해 완벽하게 지어낸 것일 공산이 크다. 볼테르의 보고에 따르면, 뉴턴의 질녀가 1727년에 자신에게 이렇게 이야기했다고 한다. 그녀의 삼촌이 1666년에 "한 나무에서 과일이 떨어지는 것을 보고" 만유인력의 법칙을 발견했다는 것이다. 이 역시 아르키메데스의 일화와 마찬가지로 기나긴 시간(61년)이 지난 뒤의 일이었다. 그런데 102년 뒤, 그러니까 1768년에는 위대한 수학자 오일러가 이 정체불명의 이 열매를 사과로 둔갑시켰고, 이로써 역사적으로 가장 유명한 세 사과 중 마지막 사과가 탄생했다. 물론 모두 가짜 사과였지만 말이다. 에덴동산에서 뱀이 하와를 죄악의 구렁텅이로 유혹했다는 사과는 창세기 3장 6절에 따르면 사과가 아니라 그냥 "과실"이었고, 텔이 아들의 머리 위에 올려놓고 화살로 명중시켰다는 사과는 '텔'이라는 인물 자체가 가공이니 만큼 아예 진위의 대상이 되지 않는다. 오일러는 이렇게 썼다. "만일 뉴턴이 정원의 사과나무 밑에 누워 있지 않았다면, 그때 정말 우연히 사과가 머리 위로 떨어지지 않았다면 아마 우리는 지금도 천체의 운동과 관련해서 낡은 무지의 세계 속에서 살고 있을 것이다." 터무니없는 소리다. 앞서 7장에 살펴보았듯이 만유인력의 법칙은 뉴턴이 아니어도, 사과가 없었더라도 다른 누군가에 의해 당연히 발견되었을 테니까 말이다.

이처럼 사과도, 부력의 목욕탕도, 극적인 죽음도 **없었던** 수학자가 있다. 브리태니커 백과사전에서 역사상 가장 위대한 수학자 3인 중 마지막으로 꼽은 가우스가 그 주인공이다. 그의 삶은 눈에 띄지 않았고, 저서들 역시 군더더기 하나 없을 정도로 명확하고 깔끔했다. 역사의 역설이 이런 것일까? 가우스는 인류가 낳은 가장 탁월한 두뇌에 속하는 인물임에도 전문가들에게만 경탄의 대상이 되고 있을 뿐 보티첼리나 브람스처럼 명성의 두 번째 반열에도 끼지 못한다. 이유가 무엇일까? 명성은 몇몇 사전들이 경솔하게 정의 내린 것처럼 "탁월한 성취로" 얻는 존경이 아니기 때문이다. 명성이란 그것을 받을 만한 성과가 있든 없든 상관없이 널리 가치를 인정받는 것을 의미한다. 그러려면 일단 좋은 의미로든 나쁜 의미로든 세상을 향해 고함을 지르고 사람들에게 소문을 내는 것이 무엇보다 중요하다.

헨리 8세가 이전에 영국 왕위에 오른 일곱 명의 헨리 왕들보다 세계적으로 더 유명한 이유는 무엇일까? 인물 면에서 더 중요하고, 역사적 영향력 면에서 더 의미가 있기 때문일까? 그럴 수도 있다. 적어도 민족 국가로서 '영국'의 개념을 처음 정착시킨 역사가 제임스 프루드James A. Froude의 눈에는 그랬다. 또한 디킨스에게 헨리 8세는 "영국사의 핏자국이자 기름자국"이었다. 그러나 이런 것들보다 그의 명성에 가장 큰 영향을 끼친 것은 무엇보다 여섯이나 되는 왕비였다. 왕은 그중 둘을 처형하고 둘을 쫓아냈으며, 세 번째 부인은 자연사했고 여섯 번째 부인만 남편보다 오래 살았다. 이것은 아내 여섯을 잔인하게 죽인 '푸른 수염 기사'를 떠올리게 하는데, 원래 프랑스 동화였던 것을 티크가 재구성했다. 결국 헨리 8세의 명성은 시대를 넘어 '편안한 공포'로 사람들에게 다가가는 이 동화 덕분이었다.

푸른 수염, 붉은 수염, 명성은 이렇게 부여된다. 그리고 우리는 유명인들의 클럽에 들어간 사람들 중에서만 우리가 천재로서 존경하려는 사람을 찾을 수 있다. 명성은 "우리 사이에서 통용되는 가장 쓸데없고 무의미하고 나쁜 화폐"이다. 몽테뉴의 말이다. 그런가 하면 레싱은 이렇게 말했다. "유명한 사람은 몇뿐이지만, 나머지는 유명할 자격이 있는 사람들이다." 푸시킨은 명성을 "누더기 위에 요란한 색깔로 기운 천"이라고 말했다.

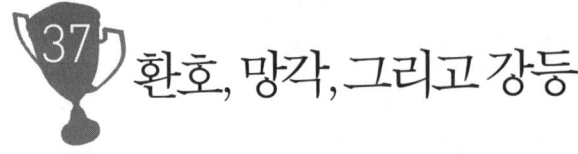
# 환호, 망각, 그리고 강등

> 어두운 그림자 같은 명성의 나락으로 처음 떨어진 사람은 자신이 원하는 것보다 더 진실하게 말한다. 명성과 그림자는 둘 다 지극히 쓸모없는 것들이다. 그림자도 때로는 몸뚱이 앞으로 드리우기도 하고, 때로는 몸뚱이보다 한참 더 길기도 하다.
> —몽테뉴, 「명성에 대하여」 중에서

명성이 지극히 비합리적인 방식으로 분배된다는 말만으로는 명성의 분배 방식을 다 설명하지 못한다. 덧붙이자면 오늘과 어제에 따라 완전히 달라질 수 있는 것이 명성이다. 그래서 세계적으로 유명하던 사람이 하루아침에 망각의 늪에 빠지기도 하고, 수백 년 동안 파묻혀 있던 기념비가 다시 세워지기도 한다. 물론 이 과정에는 건강한 수정 작업도 있지만, 또 다른 자의적 판단과 전횡도 작용한다. 1793년 11월 "혁명의 흡혈귀"라 불리던 장 폴 마라Jean Paul Marat의 시체가 '팡테옹Panthéon', 즉 위대한 프랑스 인들을 모시는 명예의 전당으로 옮겨졌다가 1794년에 다시 밖으로 내쳐졌다. 1944년 4월에는 50만이 넘는 파리 시민들이 프랑스 괴뢰 정부의 수장인 필리프 페탱Philippe Pétain 원수에게 환호를 보냈고, 그해 8월에는 드골에게 똑같은 갈채를 보냈다. 1945년 드골은 페탱에게 사형 판결을 내렸다.

1689년 하인리히 안젤름 폰 치글러 운트 클리프하우젠Heinrich Anselm von

Ziegler und Kliphausen의 방대한 소설 『아시아의 바니제, 혹은 잔인하지만 용감한 페구 *Die Asiatische Banise oder das blutige, doch mutige Pegu*』가 세상에 나왔다. 과장과 장식을 특징으로 하는 바로크 작품의 전형이었는데, 몇 세대 동안 사람들의 미적 취향에 상당한 영향을 끼쳤을 뿐 아니라 고트홀트 에프라임 레싱도 이 작품을 칭찬하고 괴테도 인용했다. 프로이센의 승마 강사 프리드리히 데 라 모테 푸케 Friedrich de La Motte Fouqué는 1811년에 동화 『운디네 *Undine*』로 세계적인 성공을

**드골** 모범생. 이 사진에서 훗날 역사적 위인의 모습을 알아보았다고 믿는 사람은 그전에 히틀러의 등장을 예견해야 한다. 히틀러가 없었다면 드골은 그저 그런 프랑스 장군 중 한 명으로 남았을 테니 말이다. 그는 때를 잘 타고난 인물이었다.

거두었다. E. T. A. 호프만과 구스타프 알베르트 로르칭 Gustav Albert Lortzing은 이 작품으로 오페라를 하나씩 만들었고, 1939년에는 이폴리트 장 지로두 Hippolyte Jean Giraudoux가 극작품을 만들기도 했다. 푸케는 몇 년 동안 "민족 구성원 대부분이 옛 거장 괴테와 같은 반열로 우러러볼" 정도로 명성을 누렸다. 그릴파르처의 말인데, 그는 이어서 이렇게 덧붙였다. "하지만 지금(1853) 그의 이름을 말하면 "사람들의 얼굴에 조롱기 어린 웃음이 번진다."

18세기에 취리히 출신의 신학자 라바터는 오늘날의 스타를 방불케 하는 엄청난 세계적 명성을 누렸다. 1775년에 출간된 『인간 인식과 인간애의 촉진을 위한 인상학적 소고 *Physiognomischen Fragmente zur Beförderung der Menschenkenntnis und Menschenliebe*』라는 묵직한 네 권짜리 책이 발판이 되었다. 이 책은 독자들에게 "인간의 외모를 보고 인간의 내면을 알아볼 수 있는 기술"을 알려 주겠다고 약속했다. 이 주장의 핵심은 단순했다. "도덕

적으로 선한 사람일수록 외모가 아름답고, 도덕적으로 악할수록 외모가 추하다"는 것이다. 아름답지만 패덕한 사람이 세상에 분명히 존재하는 것에 대해서는 그가 원래 이 책으로 말하고 싶었던 것은 "도덕적인 미뿐"이었다는 말로 비켜 갔다. 물론 그로써 그가 내세운 순환 논법의 핵심 전제는 당연히 희생될 수밖에 없었다. 그런데도 유명 예술가들, 예를 들어 청년 괴테와 헤르더가 작품의 집필에 동참했고, 과장과 감격을 특징으로 삼은 바로크의 정신이 이 작품의 비상을 도왔다. 저명인사들은 모두 자신의 이름이 책 속에 있는지 알고 싶어 했고, 유럽의 교양층은 이 작품에 단순한 관심을 넘어 뜨거운 호응을 보냈다. 러시아의 예카테리나 대제는 라바터와 편지를 주고받았고, 그는 이렇게 오간 편지를 두 권으로 묶어 출간했으며, 그의 여행은 승리의 행진이었다.

'코페르니쿠스의 세계상'을 처음 설계한 사람은 누구일까? 기원전 3세기의 아리스타르코스이다. 하지만 당시에는 누구도 그의 이론에 귀를 기울이는 사람이 없었다. 그렇게 1800년이나 뒤쳐진 야만의 세월이 오히려 코페르니쿠스에게는 원작자보다 훨씬 더 유명한 사람이 될 기회를 부여했다. 1858년 런던 『타임스』에 이런 기사가 실렸다. "콜럼버스 이후 가장 위대한 행위"는 무엇이고 누가 그것을 성취했는가? 미국과 유럽을 잇는 첫 심해 케이블의 주창자이자 투자자였던 미국의 실업가 사이러스 W. 필드Cyrus W. Field가 그 주인공이다. 이것은 신들린 사람만이 이루어 낼 수 있는 놀라운 기술적 성취가 분명했다. 뉴욕 시민들은 "두 세계를 하나로 통합한" 인물에게 열띤 환호를 보냈다. 여섯 시간 동안 축하 행렬이 이어지고 횃불과 불꽃놀이가 온 도시를 밝혔다.

"근대의 가장 유명한 작곡가는 누구일까?" 19세기 중반에 활동한 베를린 출신의 야코프 리에브만 베어Jakob Liebmann Beer(자신은 '자코모 마이어베어'라고 불렀다)이다. 괴테가 '파우스트 오페라'를 부탁할 생각까지 한 사람이었다. 1836년 그의 오페라 「위그노」가 파리에서 공연되었을 때 유럽은 '마이어베어 열풍'에 휩싸였다. 이 열풍으로 늙은 로시니는 불안에 떨었고, 젊은 베르디는 오랫동안 그 그늘에서 벗어나지 못했으며, 심지어 바그너는 그 열풍의 주인공에게 조롱과 증오를 폭발시켰다. 하지만 베르디와 바그너가 마이어베어의 영향을 받은 것은 틀림없는 사실이다. 그가 개최한 '위대한 오페라의 향연'은 전문가들의 견해에 따르면 할리우드의 웅장한 영화를 미리 보는 느낌이었다고 한다.

「위그노」는 지금도 계속 공연되고 「아프리카 여인」도 가끔 무대에 오르고 있다. 그렇다면 마이어베어는 지금도 명성의 불꽃이 완전히 꺼지지는 않은 왕년의 스타라고 할 수 있다. 파가니니도 비슷하다. "당시에 살았던 사람뿐 아니라 앞으로 살 사람들 가운데에서도 가장 신기에 가까운 솜씨를 자랑하는 명연주자"였다. 1833년에 브록하우스에 적힌 내용인데, 이 사전에서는 6쪽에 걸쳐 파가니니 찬가를 부르고 있다. "그가 구아르네리Guarneri 바이올린을 처음 켜는 순간 이미 전 독일에서 그의 명성은 결정되었고, 그의 이름은 월계관을 쓴 승리자처럼 모든 신문을 장식했다. …… 그의 활은 놀랄 정도로 빨리 움직였는데, 어떤 때는 마치 검으로 공기를 베려는 것처럼 대담한 손놀림을 보여 주었다. 한마디로 새로운 프로메테우스의 불이 그를 마법의 힘으로 활활 타오르게 하는 듯했다. …… 만일 다른 모든 예술가들의 능력을 평야 위에 웬만큼 높이 솟은 평균 이상의 산맥으로 간주한다면 파가니니는 이 산줄기에서 구름까지 홀로 우뚝 솟은, 인간의 눈으로는 도저히 높이를 가늠할 수 없는 신비의 최고봉이었다."

푸치니의 오페라는 대부분 지금도 극장의 상연 목록에 올라가 있다. 하지만 그렇다고 해서 1924년에(푸치니가 죽기 직전이었다) 「뉴욕 타임스」의 독자들이 그랬던 것처럼 누구도 그를 "가장 위대한 유럽인"으로 꼽을 생각은 하지 않는다. 월터 스콧의 역사 소설은 아직도 읽힌다. 그러나 1832년 그가 세상을 떠나자 일찍이 어떤 다른 작가도 누리지 못한 찬탄과 애정이 그에게 소나기처럼 쏟아졌다. 위고는 프랑스에서 여전히 명망 높은 작가이지만, 그의 낭만적 역사 운문극 「에르나니 Hernani」가 1830년에 파리에서 불러일으켰던 그런 광적인 반응은 이해하기 쉽지 않다. 1847년 판 브록하우스 백과사전에 의하면 "살아 있는 독일의 가장 위대한 서정 시인"은 울란트였다. 하이네가 아직 살아 있는 시절이었는데도 그랬다. 어쨌든 울란트의 민요풍 담시와 설화시는 50년간에 걸쳐 60쇄를 찍었고, 그 작가는 당대에 괴테나 실러보다 유명했다.

많은 위정자들이 실각 후에 겪는 일을 작가로서 겪은 사람이 있다. 과거 명성의 계획적인 박탈이 그것인데, 그 운명의 주인공은 노르웨이 작가 함순이었다. 1920년에 노벨 문학상을 받은 그는 몇십 년 동안 세기의 가장 위대한 작가로 여겨졌다. 고리키와 지드, 헤밍웨이는 그를 칭송했고, 투홀스키는 동시대 문학의 "기적"이라 일컬었으며, 토마스 만은 그를 "생존하는 최고 인물"로 꼽으며 "섬세한 세련미를 서사의 원형적 단순함과 결합시킨" 재주에 감탄을 아끼지 않았다. 함순 역시 『대지의 축복 Markens grøde』 (1917)에서 단순한 삶으로의 회귀를 설파했다. 녹색당이 출현하기 60년 전의 일이다.

그런 그가 1940년 노르웨이 인들에게 나치 독일을 친구로 받아들일 것을 부르짖었고, 히틀러의 자살에서부터 종전終戰까지 며칠 동안에도 그를 "지고의 개혁적 인물"로 치켜세웠다. 그 후 그는 고령으로 정신이 흐려져 나치에 동조한 것으로 판단되어 4개월 동안 정신 병원에 갇혔고, 여든여덟 살에 벌금형을 선고받고 파산했다. 그의 작품들은 지금도 출간되고 있고, 이따금 그 가치를 인정하는 목소리들도 나온다. 그러나 그의 작품들에는 씻을 수 없는 치욕의 그림자가 짙게 드리워져 있고, 작가의 세계적 명성도 끝나 버렸다. 한편으로는 이런 상황이 충분히 납득된다. 아니 공정하기도 하다. 하지만 다른 한편으로는 천재 숭배의 편치 않은 이면을 보는 것 같아 씁쓸레하다. 함순이 아무리 히틀러를 예찬했더라도 그의 소설은 단어 하나, 토씨 하나 바뀌지 않았고, 문학성 역시 예전 그대로 찬란하게 빛나고 있다. 렘브란트의 작품이 아니라는 것이 밝혀진 뒤에도 여전히 예전의 눈부심을 그대로 간직하고 있는 「황금 투구를 쓴 남자」처럼 말이다. 그러나 우리의 '생각'은 다르다. 알지도 못하는 사람이 그 그림을 그렸고, 소설의 작가가 정치적 멍청이라는 사실이 밝혀지는 순간 우리는 위인이라고 믿었던 우리의 마음에 상처를 입고, 그로써 작품의 가치를 인정사정없이 깎아내려 버린다. 만일 우리가 대성당 건축가들에게 별로 환호하지 않은 중세 때처럼 우리의 천재들에게 그렇게 **열광하지 않았다면** 『대지의 축복』도 샤르트르 대성당처럼 오점 없는 모습으로 우리 곁에 남았을지 모른다.

하지만 우리에게는 그런 거리감이 존재하지 않는다. 정치적 분노는 곧장 도덕적 분노로 이어지고, 그런 도덕적 분노가 명성을 가로막는 일이 많았다. 특히 앵글로·색슨 국가들에서 그러했다. 포나 와일드가 그 예인데, 두 사람은 노벨 문학상에서 철저하게 내쳐졌다. 그 이유에 대해서는 44장에서 알아볼 것이다.

명성의 총아들도 있다. 생전에 명예를 누린 것은 물론이고 수백 년 뒤에도 사람들의 입에 꾸준히 오르내리고, 그 빛나는 작품과 행위들에 성격적 결함이나 악행의 오점이 묻지 않은 인물들이다. 설사 일부 오점이 있다고 하더라도 굳어진 이미지에 쉽게 묻혀 버린다. 이런 평소 이미지로 덕을 보는 사람은 주로 최고 위정자와 장수들이다. 작가들 중에는 그런 사람이 드물다. 괴테와 실러, 볼테르와 발자크, 도스토옙스키와 톨스토이 정도가 그렇다. 물론 베른(1905년 타계)도 빼놓을 수 없다. 판타지 소설을 세계적으로 유행시켰고, 오늘날에도 그의 작품은 항상 새롭게 영화화되고 있다. 그 밖에 독일어권에서 가장 책이 많이 팔린 작가 마이(1912년 타계)도 포함시켜야 한다. 블로흐는 그를 "최고의 이야기꾼"이라 불렀고, 슈미트는 "우리 문학의 마지막 위대한 신비주의자"로 명명했으며, 심지어 비평계에서는 초현실주의의 선구자로 간주하기도 한다. 카를 추크마이어 Carl Zuckmayer는 그의 작품 이름을 따서 딸아이의 이름을 '비네투 Winnetou'라고 지었고, 지금도 마이의 소설은 매년 독일에서 100만 권 이상 팔리고 있다.

음악가들 중에도 살아서 세계적 명성을 누린 것을 넘어 죽어서까지 확실하게 명성을 챙긴 사람은 예외에 해당한다. 베르디는 서른아홉 살 때 오페라「라 트라비아타」로 계속되던 실패의 고리를 끊고 그때부터 연이어 승리의 찬가를 불렀다.「아이다」에서「오텔로」,「폴스타프」에 이르기까지. 심지어 노년에는 민족의 성자 같은 존재가 되었다. 바그너는 좀 더 오랫동안 무명의 설움을 겪었지만, 생의 마지막 15년 동안은 풍성한 수확만 기다리고 있었다. 국왕 특별석에 앉아「뉘른베르크의 명가수」초연을 관람하고, 그의 주도로 바이로이트에 축제 극장을 건립하고, 황제가 참석한 자리에서「니벨룽겐의 반지」4부작을 공연하고, 전 세계 교양인들로부터 매력적인 음악가로 추앙받았다.

요한 슈트라우스는 춤곡으로 해외 순회 여행을 떠난 첫 음악가였다. 그것도 세계 5대륙을 전부 돌았다. 베를리오즈와 바그너는 그의 음악에 감탄을 연발했고, 한 동시대인은 그의 왈츠와 갤럽$^{galop}$[1] 속에 "50만의 샴페인 악마"가 춤을 추고 있다고 썼다. 이것은 모두「라데츠키 행진곡」을 쓴 아버지 요한 슈트라우스의 이야기다. 그런데 그의 명성은 세 가지 면에서 낭패를 당했다. 첫 번째는 자기보다 훨씬 유명한 아들 때문이었다. 아버지는 이 문제로 굉장히 괴로워했는데, 그에 대해서는 47장에서 살펴볼 것이다. 두 번째는 아들과 이름이 같다는 것이다. 이름이 같으면 덜 유명한 사람이 더 유명한 사람의 이름에 가려지기 마련이다. 마지막으로 아들과 구별하기 위해 이름에 붙이는 '아버지' 라는 부가어가 춤곡 음악가에게는 단점으로 작용했다. 사람들은 춤곡이 나이 든 아버지들이 아니라 젊은 아들들에게 어울린다고 생각하기 때문이다. 아들은 미국 공연에 대한 대가로 10만 달러를 요구했는데, 오늘날의 가치로 환산하면 대략 500만 유로에 해당하는 거금이었

---

[1] 원을 그리며 추는 4분의 2박자의 경쾌한 춤곡.

다. 오스트리아 작곡가 브루크너는 아들 요한을 브람스 위에 놓았다. 그가 죽고 난 뒤 그의 멜로디들은 다른 어떤 작곡가들보다 많은 사람들에 의해 개작되고 편곡되었다. 지난 100년간 통계를 내보면 세계에서 가장 자주 연주된 작곡가는 아들 요한 슈트라우스였다.

"근대 회화의 가장 위대한 화가는?" 1890년 판 마이어 대백과사전은 시대적 취향에 맞게 라파엘로에게 그 영광을 돌렸다. 물론 이미 그때 라파엘로의 명성은 서서히 기울고 있었지만, 어쨌든 동시대인들은 그를 "신적인 존재"로 떠받들었다. 예를 들어 그가 집에서 바티칸까지 걸어갈 때면 "존경의 의미로 50인의 뛰어난 화가들이 그를 에워싸고" 걸었다. 괴테에게 라파엘로는 "신이 직접 성유를 발라 준 자"였고, 근대의 어떤 예술가도 "그만큼 순수하고 완벽한 존재로 여겨진 사람은 없고, 또 그렇게 명쾌하게 평가받은 사람도 없었다." 19세기 초에 태동한 나사렛파[2]는 그를 예수에 비유하였다. 그러나 400년 동안 정상을 지키던 라파엘로는 20세기의 개막과 함께 상당히 빠른 속도로 내리막길을 걸었고, 그에 대한 경탄도 의례적인 의무 사항으로 전락하고 말았다. 킨들러 백과사전의 '세계사 위인' 편에 따르면, 너무 매끄럽고, 군더더기 하나 없는 조화를 구하는 라파엘로의 그림들은 오늘날 많은 사람들을 "괴로운 당혹감" 속으로 몰아넣었다고 한다. 라파엘로는 대체로 서열상 다빈치와 미켈란젤로보다 훨씬 처지는데, 경우에 따라서는 티치아노와 벨라스케스, 렘브란트, 뒤러보다 밀릴 때도 많다. 우리는 라파엘로의 화풍보다 무언가 신비하거나 불가사의한 것, 혹은 무시무시한 것을 훨씬 좋아한다. 영국의 미술사가 케네스 메켄지 클라크Kenneth Mackenzie Clark는 다빈치를 "미술사의 햄릿"이라 불렀고(괴테에게는 "표본 인간"이었다), 빙켈만은 미켈란젤로를 "조각에서 타락의 취향으로 가는 다리를 놓은" 인물로 여겼다. 반면에

---

[2] 1809년 독일의 젊은 화가들이 중세의 예술 정신으로 돌아가자는 취지로 만든 화파畵派. 모든 예술은 종교적·도덕적인 목적을 지녀야 한다고 생각했다.

현대의 우리는 스탕달의 다음 판결 속에서 섬뜩하면서도 아름다운 진실을 느낀다. "인간에게 신성神性을 불러일으킬 수 있는 유일한 감정은 두려움이다. 미켈란젤로는 대리석과 색상을 통해 이런 두려움을 인간들에게 각인시키기 위해 태어난 것처럼 보인다." 미켈란젤로와 다빈치 두 사람은 젊은 시절부터 명성을 마음껏 누렸다. 그것도 서로를 미워하면서. 미켈란젤로는 모든 위대한 면을 자신에게서 배운 라파엘로를 특히 증오했다.

렘브란트는 스물한 살에 벌써 두각을 나타낸 제자였고, 서른다섯 살에는 유럽의 위인으로 우뚝 섰으며, 늙어서는 이탈리아의 전문가들 사이에서 자주 라파엘로 및 미켈란젤로와 같은 급으로 인정받았다. 하지만 그런 그도 19세기에 들어서야 천재 숭배의 최고 사원으로 입성할 수 있었다. 뒤러는 유명할 때 세상을 떠났다. 죽기 전에는 카를 5세로부터 연금을 받았고, 제후들과 학자, 그리고 네덜란드 화가들에게 뜨거운 환호를 받았다.

벨라스케스는 1660년에 죽은 뒤로 150년 동안 사람들의 기억에서 거의 잊혔다. 그것도 지극히 진부한 이유로 잊혀졌다. 그러니까 그는 스페인 국왕들의 궁정 화가로서 주로 궁궐과 왕가의 사람들만 그렸는데, 왕실에만 보관되어 있던 그의 그림들이 1819년 프라도 미술관의 개관과 함께 일반인들도 접근할 수 있게 된 것이다. 이후 그는 스페인에서 "화가 중의 화가"로 인정받았고, 에두아르 마네Édouard Manet와 달리도 그를 그렇게 불렀다. 스위스 미술사가 하인리히 뵐플린Heinrich Wölfflin은 1899년에 이렇게 썼다. "100년 전만 해도 아는 사람이 별로 없던 벨라스케스가 오늘의 서양 사회에서는 화가의 본령이 되었다."

궁정 화가로 이름을 날리다가 무명인으로 전락하고, 다시 최고의 화가로 거듭나는 것처럼 유명함과 망각, 새로운 예찬은 명성의 노정에서 자주 발견되는 롤러코스터이다. 멜빌은 남태평양에서의 기구한 경험을 소설화한 『타이피Typee』로 젊은 시절에 유명해졌지만, 5년 뒤 『모비 딕Moby Dick』으로는 별로 호응을 얻지 못했고, 40년 뒤(1891)에는 세상 사람들의 관심에서 멀어져 쓸쓸하게 죽었다. 그러던 것이 1920년경부터 19세기의 가장 중요한 소설가 중 한 사람으로 급부상했다. 비발디는 살아생전에 전 유럽에서 작곡가이자 명연주자로 이름을 날렸을 뿐 아니라 다른 작곡가들에게 많은 모티브를 제공한 천재였다. 예를 들어 요한 제바스티안 바흐는 비발디의 바이올린 협주곡 열여섯 개를 피아노 협주곡으로, 네 개를 오르간 협주곡으로 편곡했다. 그럼에도 19세기의 백과사전들은 비발디를 전혀 언급하지 않았다. 그러다가 1926년 피에몬테에서 그의 수많은 미발표 작품들이 발견되면서 1930년에 비발디는 마이어 대백과사전에 열한 줄로 수록되었고, 오늘날에는 바로크 시대의 위대한 작곡가로 언급되며, 헨델보다 더 자주 연주되고 있다. 특히 협주곡 「사계」는 클래식 음악계의 진정한 히트곡이었다.

텔레만은 현재도 별로 상황이 좋지 않다. 당대에는 가장 왕성하게 작품 활동을 하는 가장 유명한 작곡가 중의 한 사람이었던 인물이 말이다. 일례로 라이프치히 시 당국은 그를 토마스 교회의 오르간 연주자로 초빙하려고 했지만, 그에게 거절당하자 실망한 마음에 그 대신 바흐를 썼다. 그런 텔레만이었지만, 1890년의 백과사전에는 이렇게 기록되어 있다. "그의 무수한 작품 가운데 창작자가 죽은 뒤에도 살아남은 작품은 단 하나도 없다." 1929년에는 사정이 좀 나아졌다. "수많은 작품 중에서 비록 소수이지만 그의 사후에도 살아남았다." 편안한 실내악에 대한 시대적 수요가 만들어 낸 소심한 부활이었다. 텔레만은 실내악뿐 **아니라** 46곡의 미사곡과 수난곡 외에 약 50곡의 오페라와 오라토리오, 그리고 1,400여 곡의 칸타타도 작곡했다. 그중 대부분의 칸타타는 오늘날에도 공개되지 않아서 바흐 음악과 비교할 수가 없다. 다만 텔레만의 여러 곡이 몇 년 동안 바흐의 작품으로 오인되기도 했다. 텔레만은 "경쾌함과 때 묻지 않은 자연"을 아리아 속에 표현한 첫 번째 독일인이었다. 한 동시대인이 쓴 글인데, 그에 대해 『프랑크푸르터 알게마이네 차이퉁』은 1981년 텔레만 탄생 300주년을 기념하며 이런 주석을 달았다. "예술가의 비극적 삶에 각별한 애정을 보이는 독일인들의 취향에 비추어 보면" 텔레만의 그런 성향은 사후 명성에 치명적인 타격을 입혔다. "만일 그가 생전에 진가를 인정받지 못했거나, 귀가 먹었거나, 아니면 굶어 죽었다면 지금과는 다른 모습으로 우리에게 다가와 있지 않았을까?"

생전에 영광의 능선만 타던 모차르트의 명성 노정에도 깊게 파인 골이 하나 있었다. 인생의 마지막 5년이었다. 빈 사람들은 이미 그에게 등을 돌렸고, 말년 오페라들은 더 이상 승리의 찬가를 부르지 못했으며, 마지막 교향곡들은 동시대인들에게 낯설게 느껴졌다. 그가 쓸쓸하게 빈민 묘지에 묻힌 뒤에 남아 있던 명성마저도 곧 베토벤에 의해 가려져 버렸다(1804년 「에로이카」와 함께). 베토벤은 살아서 벌써 그 이전의 어떤 음악가도 경험하지 못한 감동으로 세상을 들었다 놓은 작곡가였다. 음악가 카를 마리아 폰 베버는 7번 교향곡 이후의 베토벤을 "이제 정신 병원에 들어갈 시간이 된 사람"이라고 판단했지만, 그릴파르처는 그의 묘지 옆에서 이렇게 말했다. 그는 이제 "만고의 위인들 옆에서 누구의 방해도 받지 않고 영원히" 불멸의 사원에서 잠들 것이다. 리스트와 바그너는 베토벤을 진정으로 숭배했고, 조르주 비제 Georges Bizet에게 그는 "신"이었으며, 일본에서는 그 자체로 존경의 대상이었고, 영어권의 많은 학교들에서는 모든 시대를 통틀어 가장 위대한 작곡가를 묻는 멍청하면서도 인기 있는 질문에 항상 베토벤이 첫 손가락에 꼽혔다. 브리태니커 백과사전 역시 그를 "지금까지 살다 간 수많은 음악가들 중에 가장 위대한 작곡가로 널리 인정받는 보편적 천재"로 정의했다.

모차르트는 베토벤을 부지런히 뒤쫓았다. 1842년 고향 도시 잘츠부르크에 그의 기념비가 세워졌고, 이듬해에는 그릴파르처가 그를 "독일 민족의 가장 위대한 예술가"라 불렀으며, 1855년에는 뫼리케가 소설 『프라하로 가는 길의 모차르트 Mozart auf der Reise nach Prag』로 그의 명성을 한층 높여 주었다. 1981년 오스트리아 라디오 방송국의 설문 조사에서는 "가장 유명한 오스트리아 인"으로 모차르트가 뽑혔다. 요한 슈트라우스(아들)와 당시의 오스트리아 총리 브루노 크라이스키 Bruno Kreisky, 마리아 테레지아 여제,

그리고 그때 유엔 사무총장을 지내고 있던 발트하임을 모두 제친 쾌거였다. 그의 전기 작가 힐데스하이머는 모차르트를 "다시는 나타날 수 없는 유일무이한 예술 작품을 인류에게 남겨 준 자연의 공짜 선물"이라고 평했다.

모차르트와 베토벤, 라파엘로와 벨라스케스를 두고 오가는 온갖 현란한 사이비 종교적 미사여구들 사이에서 다비트 프리드리히 슈트라우스의 냉철한 분석이 떠오른다. 천재 숭배는 종교의 붕괴에 대한 교양층의 대답이라는 것이다. 그에 반해 브리태니커 백과사전의 극찬은 비교적 차분하면서도 백과사전의 일반적 톤에 비하여 상당히 놀라운 수준이다. "서양 음악이 모차르트에서 절정의 완성에 도달했다는 것은 충분히 가능한 이야기다. 미래의 세대는 과거 유럽이 고대 그리스의 위대한 창작물을 돌아보면서 느끼던 그런 아련한 우수의 감정으로 모차르트를 돌아볼 것이다."

어디든 행운아는 있듯이, 명성의 역사에서도 그저 유명하다는 이유로 위인의 반열에 오른 사람은 있기 마련이다. 부당하게 세계적인 명성을 누리는 사람들, 정당하든 부당하든 세간의 기억에서 멀어진 사람들, 그리고 명성의 대열에서 부당하게 빠진 사람들 사이에는 말이다. 지금부터는 인정받지 못한 천재들의 이야기로 넘어가 보자. 죽기 직전이나 죽은 뒤에 갈채를 받은 사람들, 혹은 살아서건 죽어서건 명성의 스포트라이트를 전혀 받지 못한 사람들의 이야기다.

# 38 인정받지 못한 천재들

> 나는 유명하다. 다만 아직 그런 소문이 나지 않았을 뿐이다.
> —카를 크라우스

　자신의 재능을 펼칠 수 있는 환경을 만날 한 명의 루터와 모차르트, 나폴레옹을 만들어 내기 위해서는 100명의 루터와 100명의 모차르트, 100명의 나폴레옹이 필요하다. 나머지 99명은 이름 없이 영원히 역사의 뒤안길로 사라진다. 이런 이들 가운데 몇몇은 아무것도 예감하지 못하기에 괴로워할 것도 없다. 교회 문 앞에 붙인 반박문이 뜻밖의 반향을 불러일으키지 않았더라도 전혀 괴로워하지 않았을 루터처럼 말이다. 어쨌든 주변 여건으로 손해를 본 사람들 가운데 많은 수는 시대와 장소를 잘못 만났다고 할 수 있다.
　한층 더 비극적인 운명은 자신의 위대한 행위를 완수할 수 있었는데도 동시대가 인정해 주지 않았거나(멘델의 경우), 후대가 인정해 주지 않은 사람들(앨런 튜링Alan Mathison Turing의 경우)이다(대개 과거의 오류를 수정할 역할이 후대에 맡겨져 있다고 알려져 있지만, 그 역할이 올바르게 수행되는 경우는 많지 않다).
　혹시 튜링(1912~1954)에 대해 들어 본 사람이 있는가? 그는 영국을 위기에서 구하고 제2차 세계 대전에서 연합군이 최종적으로 승리를 거두는 데 대부분의 장군들보다 더 많은 기여를 한 인물이었다. 영국 첩보 기관의 암호 해독반에서 수학 팀장으로 일하는 동안 시시때때로 변하는 독일군의 난해한 암호기 '에니그마Enigma'를 해독함으로써 영국 공군뿐 아니라 북대서양 함대와 북아프리카의 몽고메리까지 독일군의 계획을 지체 없이 파악해서 적의 작전을 무력화시켰기 때문이다. 이것은 탁월한 수학적 재능과 실용적 지능, 그리고 가능한 것에 대한 타고난 후각이 필요한 일이었는데, 튜링은 이 모든 것을 갖추고 있었다. 이때 그를 도운 것은 미래 컴퓨터의 이론적 모델이 된 **튜링 머신**이었다. 그런데 이 기계는 백과사전에 올라가 있지만, 묘하게도 그 기계의 설계자인 튜링은 대부분의 사전에 등재되어 있지 않다.

왜일까? 영국의 구원자이자 컴퓨터의 발명자에 속하는 사람이 아닌가? 더군다나 컴퓨터 전문가들 사이에선 아직도 통용되는 **튜링 테스트**의 고안자가 아니던가? 튜링은 1950년에 벌써 기계가 인간의 지능에 도달할 수 있느냐를 두고 벌어진 논쟁에 종지부를 찍는 실험을 고안했다. 한 전문가가 컴퓨터로 자신이 볼 수 없는 다른 컴퓨터와 대화를 실시하는데, 이때 그가 온갖 트릭과 수단을 동원했는데도 다른 컴퓨터가 인간에 의해 조종되고 있는지 아니면 컴퓨터 혼자 작동하는지 명확하게 구분할 수 없다면 그 기계는 "사고 능력"이 있는 것으로 간주될 수 있다는 것이다.

튜링이 의당 받아야 할 명성을 받지 못한 데에는 두 가지 이유가 이례적으로 결탁되어 있었다. 첫째, 첩보 기관의 그런 노출된 자리에서 일한 사람은 무덤에 들어갈 때까지 그 사실을 비밀에 부쳐야 했다. 그러다 보니 그에게는 공식적인 공로상이 주어지지 않았다. 둘째, 1952년 튜링이 동성애 문제로 집행 유예를 선고받는 순간 정보 당국과 민간인 신분의 다른 전문가 동료들로부터 신용을 잃어버렸다. 게다가 그는 여성 호르몬 치료까지 받아야 했는데, 그로부터 2년 뒤 마흔두 살에 청산가리로 스스로 목숨을 끊었다. 1963년 판에는 튜링을 싣지 않았던 브리태니커 백과사전이 1983년 판에는 이렇게 기록하고 있다. "당국이 그의 자살을 확인해 주기는 했지만 사고사였을 가능성이 농후하다." 튜링이 정보기관에서 활동한 것은 물론이고 동성애로 유죄 판결을 받은 사실까지 거의 언급하지 않았던 브리태니커의 추측인 만큼 쉽게 흘려들을 이야기는 아닌 듯하다.

튜링은 지극히 이례적인 역사적 역할을 떠맡은 비범한 두뇌였을 뿐 아니라 비극과 일화를 바라는 사람들의 취향에 훌륭한 모티브까지 제공했다. 그런데도 명성은 제로였다. 아마 분별력과 안목을 갖춘 객관적인 명성 심사 위원회가 존재한다면 그는 최소한 워홀이나 한트케보다는 유명한 인물로 분류되었을 것이다.

빈 출신의 작곡가 알렉산더 폰 쳄린스키Alexander von Zemlinsky(1871~1942)를 아는 사람은 소수에 불과하다. 아르놀트 쇤베르크Arnold Schönberg에게 화성법과 대위법을 가르쳐 주었고 말러에게 경탄을 받았던 그는 신경향의 작곡가이자 유대인이라는 이유로 나치에 의해 공연이 금지된 인물이었다. 테오도어 아도르노Theodor Wiesengrund Adorno는 쳄린스키를 "예술에서도 세상의 나쁜 우연과 부당함이 작용하는 것"에 대한 보기로 간주했고, 1974년 『프랑크푸르터 알게마이네 차이퉁』에서는 그를 "음악사에서 자행된 사법 살인"의 희생자로 규정했다.

반스(1892~1982)를 아는 사람이 있을까? 자칭 "세상의 무명인들 가운데 최고의 유명인"인 반스는 많은 비평가들에게 20세기 최고의 미국 여류 작가로 꼽힌다. 조이스와 교분을 나누었고, T. S. 엘리엇과 파운드로부터 찬사를 받았으며, 마흔네 살에 위대한 소설 『나이트우드Nightwood』(1936)를 발표했다. 엘리엇에 따르면 탁월한 문체에 "공포와 몰락의 분위기를 담은" 작품이었다. 그녀는 마지막 10년을 뉴욕의 작은 집에 스스로를 가둔 채 원망과 대인 기피증으로 보냈다. 경제적으로는 구겐하임의 지원을 받았다. 그러다가 1982년에 90세를 일기로 세상을 떠났다. 1983년 판 브리태니커 백과사전에는 그녀의 이름이 올라가지 않았다.

체코 모라비아 출신의 아우구스티누스 수도회 수도사 멘델(1822~1884)은 후대에야 정당한 평가를 받았다. 당대에는 철저히 외면받았기 때문이다. 바흐나 클라이스트처럼 우리가 당대에 인정받지 못한 인물로 분류하는 사람들도 어쨌든 일부 성공은 거두었다. 작곡한 음악이 무대에서 공연되었고, 원고가 인쇄되었으며, 커다란 반향은 아니지만 사람들의 주목도 받았다. 그러나 멘델이 쓴 논문『식물의 잡종에 관한 연구 Versuche über Pflanzen-Hybriden』는 누구의 관심도 받지 못했다. 1865년에 이 연구와 관련해서 조금이라도 관련 있는 사람들에게 120부를 뿌렸는데도 말이다. 멘델은 유전의 기본 법칙을 발견했고, 그것을 47쪽에 걸쳐 정확하게 기술했으며, 다윈의 체계에 존재하는 커다란 공백을 메웠고, 20세기 유전 공학에 길을 터 주었다. 그 후 그는 19년을 더 살았지만, 학문적인 연구를 포기하고 수도원장이 되었다. 그가 죽은 지 16년 뒤인 1900년에 유럽의 식물학자 세 사람이 각자 따로따로 유전 법칙을 두 번째, 세 번째, 네 번째로 발견했는데, 도서관에 보관된 멘델의 저서에 이미 그 내용이 기술되어 있는 것을 알고는 그것을 자신들의 논문에 인용했다. 이어 멘델 사후 100주년을 즈음하여 레겐스부르크 인근의 발할라 추모관에 그의 흉상이 세워졌다.

훗날 얻게 될 세계적 명성이 당대에는 왜 실낱같은 조짐조차 보이지 않는 일이 드물지만 일어나는 것일까? 혹시 업적을 이루어 놓고도 사회로부터 철저히 외면당하는 일이 생기지 않으려면 명성을 주관하는 '정의 심판소' 같은 것이 있어야 하는 것이 아닐까? 아니면 멘델의 운명이 결코 드물지 않고, 그와 같은 운명을 겪는 다른 사람들이 대부분 역사 속에 영원히 묻히는 것을 걱정만 하고 있어야 하는 것일까? 만일 멘델에게 논문 120부를 찍을 돈이 없었다면 어떻게 되었을까? 혹은 도서관 사서가 멘델의 개인적 인쇄본을 도서관에 보관할 가치가 있는 것으로 판단하지 않았다면? 또 뒤늦게 그의 유전 법칙을 발견한 학자들이 별로 정직한 사람들이 아니어서 멘델에 대해 입을 꾹 다물어 버렸다면? 위업을 완수했음에도 영원히 잊히는 수백,

수천의 멘델이 살았고 살고 있을 가능성은 아주 높다.

이것은 괜찮은 성공을 거두고도 생전엔 별로 주목받지 못하다가 죽은 뒤에야 큰 명성을 얻는, 멘델보다 좀 더 빈번한 경우를 조명해 보면 더욱 의미심장하게 다가온다.

생애를 통틀어 책을 한 권밖에 인쇄하지 못하고, 그마저도 참담한 실패로 끝난 사람들이 많다. 1797년 소설 『히페리온 Hyperion』을 출간해 줄 출판업자를 찾은 횔덜린(1770~1843)은 같은 해에 인쇄된 책을 들고 괴테를 방문했지만, 알려진 바대로 지독한 악평을 들어야 했다. 그가 세계적으로 인정을 받은 것은 1913~1923년까지 전집이 출간된 뒤였다. 뷔히너(1813~1837)가 쓴 「당통의 죽음」도 인쇄되었다. 출판업자가 검열에 대한 염려에서 작품을 일부 왜곡하기는 했지만, 여전히 "냉소적 적나라함과 감동적 진실이 돋보이는 피투성이 토르소"였다(1843년 판 브록하우스, 뷔히너가 죽은 지 6년 뒤에 기록된 글이다). 뷔히너의 연극이 처음 상연된 것은 1885년이었다. 「레옹스와 레나 Leonce und Lena」라는 작품이었는데, 그가 티푸스로 숨을 거둔 지 48년 뒤의 일이었다. 「당통의 죽음」은 1902년에 무대에 올랐고, 「보이체크」는 1913년에 상연되었다. 고흐(1853~1890)도 비슷한 굴욕을 당했다. 그의 그림 중에 생전에 팔린 것은 딱 한 점뿐이었고, 지금의 가치로 환산하면 가격은 400유로 정도였다. 그것도 그와 거래하던 파리의 화상이 고흐의 생애 마지막 3년 동안 그의 그림 몇 점을 정기적으로 진열창에 내놓은 상황에서 거둔 초라한 실적이었다.

스피노자(1632~1677)는 생전에 고흐의 그림보다 수적으로 하나 많은 두 권을 출간했다. 하나는 본명으로 출판한 데카르트에 관한 책이고, 하나는 익명으로 발표한 『신학-정치학 논고 Tractatus Theologico-Politicus』였다. 그런데 그가 생전에 얻은 대중의 반향은 유대 공동체로부터 받은 적대감이 대부분이었다. 그가 공개적으로 신의 권위에서 벗어나 사상의 자유를 역설했기 때문이다(18장 참조). 그가 15년간이나 천착한 『윤리학 Ethica』은 사후에야(1677) 출간되었다. 그런데 서양 철학의 고전에 해당하는 이 작품에 쏟아진 것은 또다시 비판과 증오였다. 신과 자연이 동일하다는 그의 이론이 저자에게 무신론자라는 딱지를 붙여 주었기 때문이다. 1710년까지도 라이프니츠는 그가 "신의 선함을 부정한다"라는 이유로 비난을 멈추지 않았다. 스피노자의 사후 명성은 18세기 말에야 시작되었고, 그의 철학은 청년 괴테의 가슴에 깊은 파문을 일으켰다.

니체(1844~1900)는 처녀작『비극의 탄생』이 출간되는 순간에 벌써 "자신의 생각을 널리 퍼뜨리는 것"이 어려울 것 같고, "수백 년에 걸쳐 천천히, 그것도 조용히 진행되리라는 것을" 예상해야 했다. 말년에는 작품을 자비로 인쇄했고, 광기 발발 전에 그가 거둔 성공이라고는 덴마크의 문학사가 게오르그 브란데스Georg Morris Cohen Brandes가 1888년에 그에 대한 강의를 한 것이 전부였다. 명성은 광기와 함께 비로소 시작되었다. 누이가 광기를 상품화한 동시에 1895년부터 오빠의 전기를 쓰고 전집도 출간했기 때문이다. 그렇게 해서 1901년에 나온 것이 유고의 단편들을 엮어서 낸『권력에의 의지Der Wille zur Macht』였다. 체계적인 외양을 갖춘 니체의 대표작으로 칭송받는 작품이다.

슈베르트(1797~1828)는 짧은 생애에서 사후의 명성에 걸맞은 수준은 아니지만 몇 차례 성공을 거두기는 했다. 갈채 없이 오페레타 3곡을 무대에 올렸고, 본인 지휘하에 공식 연주회를 한 번 열어 박수를 받았으며, 열여덟 살에 작곡한 「마왕」으로 말년에 오스트리아와 독일에서 약간의 인기를 모았다. 하지만 그게 전부였다. 베토벤이 병상에서 몇몇 가곡을 꼼꼼히 살펴보고 나서 했던 말도 슈베르트는 듣지 못했다. "이 친구 속에는 신의 불꽃이 어른거리는군." 슈베르트의 죽음은 신문에 한 줄도 실리지 않았고, 그의 작품 중에서 발표된 것은 10분의 1에 불과했다. 사후 명성은 1865년 「미완성 교향곡」의 빈 공연과 함께 시작되었고, 지난 몇십 년에 걸쳐 그는 "가장 매력적인 작곡가"(알프레트 아인슈타인, 1949)라는 칭호와 함께 음악의 올림포스 산으로 모셔졌다. 그것도 모차르트, 베토벤, 바흐라는 가장 높은 세 봉우리 바로 아래에까지.

바흐(1685~1750)가 거기까지 올라가는 데는 다른 두 사람보다 오래 걸렸다. 그는 생의 마지막 27년 동안 라이프치히 토마스 교회의 음악 감독으로서 견실한 명성을 누렸고, 동시대인들로부터 오르간 명연주자로 찬사를 받았으며, 1747년에는 프로이센의 프리드리히 대왕 앞에서 연주하는 영광을 누리기도 했다. 하지만 작곡가로는 알려지지 않았다. 그렇다고 사람들이 자신의 진면목을 몰라준다고 생각하지는 않았다. 그는 토마스 교회에서 쓸 칸타타와 수난곡을 만들었다. 그것도 "특정 일요일에 한두 번, 혹은 기껏해야 세 번 부르고 난 뒤에 치워 버리는 용도"였다. 알프레트 아인슈타인은 이렇게 썼다. "사람들은 그 곡들을 귀히 여기지도 즐기지도 않았고, 그저 소비했을 뿐이다." 모차르트와 베르디도 오페라를 썼다. 무대에서 수요가 있었기 때문이다. 역사적 레퍼토리를 늘리거나 옛 것을 "발굴하는 것"은 당시의 시대정신에는 어긋나는 일이었다.

바흐가 죽고 첫 반세기 동안 바흐의 작품이 공연되었다는 이야기는 전해지지 않는다. 그러다 보니 작곡가로 활동한 바흐의 네 아들 가운데 둘째인 카를 필리프 에마누엘이 바흐 가문에서 가장 위대한 음악가로 인정받았다. 그런 상황은 19세기에 들어서서 바뀌기 시작했다. 1802년 괴팅겐 대학의 음악 감독 요한 니콜라우스 포르켈Johann Nikolaus Forkel은 『요한 제바스티안 바흐의 삶과 예술, 그리고 예술 작품에 대하여 *Über Johann Sebastian Bachs Leben, Kunst und Kunstwerke*』라는 책에서 바흐를 "지금껏 존재했고 어쩌면 앞으로 존재할 모든 사람들 중에서 가장 위대한 음악 작가이자 가장 위대한 음악 낭송가"로 예찬했고, 조국은 그에게 자부심을 느껴도 된다고 말했다. 명성의 돌파구가 확실하게 열린 것은 1829년이었다. 스무 살의 멘델스존이 베를린 합창단과 함께 바흐의 「마태 수난곡」을 무대에 올렸다. 작품이 만들어진 지 100년이 지난 뒤였는데, 멘델스존의 아버지인 은행가 아브라함 멘델스존Abraham Mendelssohn의 부와 명성에 기대어 이루어진 공연이었다. 바그너에게 바흐는 "만고의 가장 놀라운 수수께끼"였고, 1890년 판 마이어 백과사전에는 "모든 시대를 통틀어 가장 위대한 거장 가운데 1인"으로 표기되었으며, 아실 클로드 드뷔시Achille Claude Debussy에게는 "음악의 사랑스런 신"이었다.

바흐의 숭배자들은 많은 위대한 작품들의 수고手稿가 더 이상 존재하지 않아서 20개나 되는 상이한 판본과 사본들로 바흐의 원래 음악을 추정해서 재구성할 수밖에 없는 것을 감수해야 한다. 그래서 어떤 의미에서는 그때그때 바흐의 악보를 펴내는 출판업자가 실질적인 작곡가일 수 있다고 브리태니커 백과사전은 말한다. 하이든(1732~1809)도 다르지 않다. 그는 음악가와 음악 출판업자들이 무수한 사본과 해적판을 유통시킬 정도로 인기가 높았는데, 그것들 속에는 오류와 미화美化가 우글우글했다. 게다가 무명 작곡가들이 자신의 작품에다 하이든의 이름을 붙이는 일도 많았다. 그래서 후대로 갈수록 하이든이 작곡한 것으로 알려진 작품의 수는 점점 줄고 있다. 렘브란트와 미켈란젤로의 그림들 중에 진품이 아닌 것으로 밝혀지는 일이 많은 것과 같은 이치다. 1982년 지휘자 이고르 마르케비치Igor Markevich는 전해져 내려오는 베토벤의 교향곡들 속에 7만 개 이상의 오류가 발견되었다고 밝혔다. 셰익스피어의 수고도 남아 있지 않다. 그가 썼다고 알려진 희곡의 판본 속에는 본인이 직접 개작한 부분들 외에 극단의 요구에 따라 미지의 손이 가필하거나 수정한 부분, 쓰고 인쇄하는 과정에서 생기는 수많은 오기들, 그리고 해적판을 만들 목적으로 극장으로 보낸 속기사들이 대사를 잘못 들어서 범한 오류들이 난마처럼 뒤엉켜 있다.

그러나 위인의 명성에 굶주린 우리는 이 정도는 흠으로 보지 않는다. 심지어 자의적 왜곡조차도 한번 위인으로 간주된 사람들에게는 해가 되지 않는다. 예를 들어 카프카(1883~1924)가 사후에 그런 위조를 겪어야 했는데, 이 부분에 대해서는 40장에서 자세히 알아보겠다. 그는 단편집을 여러 권 출간했고, 1915년에는 '폰타네 상'을 받았으며, 생전에 벌써 투홀스키와 무질, 발터 베냐민Walter Benjamin으로부터 경탄을 받았다. 그러나 그의 작품 4분의 3 이상이 사후에 출간되었고, 그중에는 장편 세 편, 즉 『소송Der Prozess』과 『성Das Schloss』, 『아메리카Amerika』가 포함되어 있다. 헤세는 카프카를 "독일 산문의 비밀스런 제왕"이라 칭했고, 토마스 만은 1930년에 헤세의 이 말을 인용하면서 자신도 카프카의 작품들을 "지극히 사랑한다"고 덧붙였다(아마 이런 말을 하기까지는 상당한 극기가 필요했을 것이다).

나치의 제삼제국 시절에 카프카는 "퇴폐적 유대인"으로 규정되어 작품이 출간되지 못했고, 분단 시절의 동독에서도 퇴폐적 부르주아로 분류되었다. 그의 세계적 명성은 1945년 이후 프랑스 실존주의자들에게서 출발했다. 이후 그는 20세기에 사람들이 가장 많이 해설하고 주석을 단 작가가 되었다. 심지어 그는 1983년 마르셀 라이히 라니츠키Marcel Reich-Ranicki의 말에 따르면 "카프카 산업"에 끊임없이 양분을 제공하는 비옥한 토양이었고, 1988년 페터 데메츠Peter Demetz에 따르면 "쉽게 시들어 버리는 이 시대의 관심 면에서" 오래전에 단테와 괴테를 추월한 작가였다. 실제로 1977년 판 여섯 권짜리 두덴 사전에는 **괴테적**goethisch이라는 말은 없어도 **카프카적**kafkaesk이라는 말은 등재되어 있다. 설명에 따르면 이 말은 "카프카의 양식, 혹은 불가사의한 방식으로 섬뜩하고 위협적인 것"을 의미한다. 여기서 한 인간의 섬뜩한 면은 항상 명성을 얻기에 좋은 인자로 작용한다. 심지어 랑게 아이히바움은 명성이 대부분 "공포와 전율에 대한 굶주린 탐욕"이라고 말한다.

이것은 토마스 만이 "극적인 충격의 원천"이라고 표현한 클라이스트(1777~1811)에게도 자살 이후에 유리하게 작용했다. 클라이스트 역시 카프카처럼 생전에 약간의 명성을 누렸다. 단편 소설들과 드라마 세 편이 인쇄되었고, 드라마 두 편은 상연되기까지 했다. 물론 정작 작가는 공연을 보지 못했지만. 1808년 괴테가 바이마르에서 「깨어진 항아리」를 상연한 것이 처음이었는데, 이 공연을 보고 난 관객들은 심한 불쾌감을 터뜨렸다. 오죽했으면 라이프치히에서 발행되는 『우아한 세상을 위한 신문Zeitung für die elegante Welt』에서 "이런 형태의 모든 항아리들에 보내는 관객의 경고"라고 했겠는가? 두 번째 공연은 빈에서 열렸다. 「하일브론의 케트헨Käthchen von Heilbronn」이라는 작품이었는데, 비평가들의 평에 따르면 "일부의 갈채"를 받는 데 그쳤다. 결국 클라이스트는 소설로 얻은 약간의 문학적 인정조차 이 공연들로 모두 날려 버렸다. 그리고 1811년에 권총으로 자살했다. 1821년 티크가 클라이스트 전집을 시장에 내놓았고, 오스트리아 국립 극장에서는 그의 희곡 「홈부르크 왕자Prinzen von Homburg」가 상연되었다. 1825년에는 하이네가 이렇게 썼다. 『미하엘 콜하스Michael Kohlhaas』를 읽고 "저자에 대한 무한한 존경심이 들었다. 그가 총으로 목숨을 끊은 것이 너무 안타까울 정도로. 그러나 그가 왜 그런 선택을 했는지 이유는 이해할 것 같았다." 그 후 1876년에 「펜테질레아」가 처음 공연되었고, 1898년에는 마침내 「암피트리온」의 초연도 이루어졌다.

포(1809~1849)는 생전에는 물론이고 사후 몇십 년 동안에도 명성보다는 악평에 더 시달렸다. 장례식장에서 침례교 목사 러퍼스 윌멋 그리스월드Rufus Wilmot Griswold는 이렇게 말했다. "그가 그저께 볼티모어에서 죽었다는 소식을 듣고 많은 사람들이 놀랐지만, 진정으로 슬퍼한 사람은 거의 없습니다." 1850~1856년까지 포의 전집을 발간했던 이 남자는 제3권에 자신이 직접 쓴 포의 전기를 실었는데, 포에 대한 비난이 아주 노골적이었다. 그(포)는 청소년기부터 악행을 일삼았고, 거칠고 못된 습성으로 선량한 양부의 사랑과 친구들의 애정을 잃었으며, 불쌍한 아내까지 죽음으로 몰아 가더니 종국에는 방탕한 생활로 스스로 무너져 빈민굴에서 초라한 죽음을 맞았다고 썼다.

이것은 포에 대한 반세기 동안의 처형이나 다름없었다. 그리스월드가 어떻게 포에게 그럴 수 있을까? 포는 자신의 뒤를 이어 문학 잡지 『그레이엄스 매거진Graham's Magazine』의 편집장이 된 그리스월드를 자신의 유고 관리인으로 지명할 정도로 믿지 않았던가? 그러나 그리스월드는 상냥한 표정의 가면 뒤에서 복수의 칼날을 갈고 있었다. 속으로 포의 뛰어난 재능을 시기하고, 그의 오만함을 증오하고 있었기 때문이다. 포는 생전에 어느 정도 성공을 거두었다. 단편 소설들이 출간되어 문단의 주목을 받았고, 「병 속의 수기 Found in a Bottle」로 한 신문사의 단편 소설 현상 공모에 당선되어 상금 50달러를 받았고, 비평가로도 이름을 얻기 시작했고, 이리저리 파티에 불려 다녔으며, 어떤 때는 흥미로운 의아함을, 어떤 때는 이국적인 모습과 뛰어난 말솜씨, 그리고 그의 작품들에서 드러나는 영혼의 심원에 대한 두려운 경탄을 불러일으켰다.

명성은 프랑스에서 찾아왔다. 보들레르는 포가 살아 있던 시절에(1847) 「검은 고양이 The Black Cat」를 접한 뒤 그리스월드가 발행한 포의 단편 소설집 두 권을 번역했다. 말라르메와 베를렌, 랭보도 곧 포에게 관심을 보였고, 베른은 포가 자신의 모범이 되어 준 것을 감사했으며, 도일 역시 포의 세 이야기에 탐정으로 나오는 오귀스트 뒤팽을 원형으로 삼아 셜록 홈스를 만들었고, 비어스는 20세기 초에 포를 과감하게 "가장 위대한 미국인"으로 꼽은 최초의 미국인이 되었다.

셰익스피어(1564~1616)가 생전에 얼마나 큰 명성을 누렸는지는 자료가 빈약해서 증명하기가 쉽지 않다. 하지만 분명한 것은 영국 내에서는 극작가와 배우, 극장장으로서 누구도 부인할 수 없는 성공을 거두었지만, 아직 세계적인 명성에까지는 이르지 못했다는 사실이다. 세계적인 명성이 시작된 것은 18세기 후반이었다. 사후 150년 동안 그의 극이 거의 상연되지 않았는데도 말이다. 생전에 그의 인기가 동시대인들을 압도할 정도는 아니었다는 것은 당대에 그의 인물화가 그려지지 않았다는 데서도 알 수 있다. 그가 죽고 난 뒤에야 소박하게 표현한 초상화 두 장과 폴리오 판형의 동판화 하나가 탄생했고, 이어 스트랫퍼드의 본당 교회에 셰익스피어의 흉상이 세워졌다.

위대한 셰익스피어의 발견은 독일에서 시작되었다. 위대한 포의 발견이 프랑스에서 시작되었듯이. 1759년 고트홀트 에프라임 레싱은 '열일곱 번째 문학 서신'에서 셰익스피어가 코르네유보다 더 위대한 비극 작가라는, 당대로서는 깜짝 놀라운 평가를 내놓았다. 레싱은 소포클레스의 「오이디푸스 왕 *Oedipus the King*」 이후 「오셀로 *Othello*」, 「햄릿 *Hamlet*」, 「리어 왕 *King Lear*」만큼 걷잡을 수 없이 우리의 열정을 건드린 작품은 없다고 말한다. "위대한 것, 두려운 것, 슬픈 것"이 당시 명성의 확고한 주춧돌로 인정받던 프랑스 고전주의자들의 전형적인 특징인 "점잖고 부드럽고 사랑스러운 것"보다 우리에게 더 좋은 영향을 끼친다. 3년 뒤(1762)에는 빌란트가 셰익스피어의 희곡 22편을 독일어 산문으로 번역하기 시작했고, 1797년에는 아우구스트 빌헬름 폰 슐레겔August Wilhelm von Schlegel이 티크와 함께 빌란트의 고전 번역을 운문으로 바꾸었다. 이로써 세계 문학에서 가장 훌륭하고 영향력 큰 번역 중의 하나로 인정받는 작품이 탄생하였다. 1806년에는 영국 시인이자 평론가였던 콜리지가 티크를 알게 되었고, 이후 1811년에 셰익스피어가 인간이 아니라 영원한 신의 문학적 변형이라는 주제로 일련의 강의를 하기 시작했다.

훗날 프루스트(1871~1922)도 비슷한 말을 했다. 책은 다른 자아의 산물이라고. 프루스트는 기다리다 진이 빠질 정도로 늦었지만 어쨌든 살아생전에 승리의 즐거움을 누린 예술가에 속했다. 프랑스의 대표적 출판사 갈리마르는 지드의 감정을 토대로 일곱 권짜리 『잃어버린 시간을 찾아서』의 제1권 출판을 거절했다. 결국 프루스트는 1913년에 이 책을 사비로 출간할 수밖에 없었고, 반향은 미미했다. 그런데 제2권은 1919년 갈리마르에서 출간되었고, 즉시 공쿠르 상을 받았다. 프루스트는 그로부터 3년 더 수확의 기쁨을 누렸고, 마지막 세 권은 사후에 출간되었다. 그는 자신의 명성에 돌파구를 열어 준 2권('꽃피는 아가씨들 그늘에')에서 천재적인 작품이 대개 왜 대중의 외면을 받을 수밖에 없는지 그 이유를 마치 예견하듯이 풀어놓았다. "작가는 대중과 닮은 점이 거의 없는 예외적인 사람이기 때문이다. 하지만 그 작품들은 그것을 이해할 줄 아는 희귀한 사람들의 정신에 깊은 자극을 주고, 또 그런 사람들의 수를 불려 나간다. 그런 작품은 독자를 스스로 만들어 낸다. 후대의 독자들까지."

이 말은 만일을 대비한 자기 위안같이 들리기도 하지만, 거기엔 어느 정도 진실이 담겨 있다. 세잔(1839~1906)은 몇십 년 동안 파리의 큰 전시회에서 모두 혹평을 받았다. 쉰여섯 살까지. 그러다가 마침내 후대의 명성으로 가는 길이 열렸다. 피카소에게 세잔은 "현대의 아버지"였고, 프란츠 마르크 Franz Marc에게는 "일종의 회화의 신"이었다(나사렛파에게 라파엘로가 그랬고, 음악의 영역에선 드뷔시에게 바흐가, 비제에게 베토벤이 신이었던 것처럼).

쇼펜하우어(1788~1860)는 1819년 대표작을 발표하고 나서 사람들이 알아주기까지 32년이라는 고통스러운 세월을 인내해야 했다. 첫 쇄의 대부분은 폐기되었다. 1847년 판 브록하우스는 그의 어머니이자 작가인 요하나 쇼펜하우어를 4분의 3쪽에 걸쳐 설명하면서 말미에 이런 문장을 덧붙였다. "1816년부터 철학 저술가로 활동하고 있는 그녀의 아들 아르투어는 부인할 수 없는 통찰력을 보이지만 아직 인정을 받지 못하고 있다." 1874년 니체는 그 설움의 세월에 대해 이런 주석을 남겼다. "이름 있는 사람 중에는 그의 신봉자가 나타나지 않았다. 쇼펜하우어가 유명해지기까지 걸어야 했던 험난한 과정은 우리를 슬프게 한다. 그런 그가 이제 드디어 승리를 거두었지만, 그 시끌벅적한 승리 속에는 무언가 가슴 아프고 감동적인 것이 담겨 있다."

세간의 관심을 받지 못하던 이 철학자는 예순세 살에(1851) 단편 모음집을 발표했다. 『여록餘錄과 보유補遺 Parerga und Paralipomena』라는 어려운 제목의 책이었지만, "삶의 지혜에 대한 경구"나 "여자들에 대해서" 같이 쉽게 다가갈 수 있는 단편들이 실려 있었다. 또한 이 작품에서는 쇼펜하우어의 격정적이고 탁월한 문체가 절정에 이르렀고, 철학적 전문 용어에 대한 체계적인 포기도 나타났다. 그 밖에 저술가의 활동에 대한 소견도 있었다. 일례로 "철학자는 책이 읽혀야만 명성을 얻을 수 있는" 근본 조건에 묶여 있는 운명이라는 말 등이 그렇다. 자격 없는 인간들은 이런 명성을 쉽게 얻는다. "천한 것들은 늘 떼거지로 존재하고, 서로 밀접하게 연결되어 있기 때문이다." 반면에 명성을 얻을 가치가 있는 사람들 앞에는 적들만 우글거린다. "세상이 가장 미워하는 것이 정신적으로 뛰어난 것이기 때문이다. 특히 스스로 대단한 존재인 것처럼 보이고 싶어 하는 같은 전공의 아마추어들이 그리 생각한다. 만일 이것이 내 작품들에 대해 30년 이상 지켜 온 철학 교수들의 태도를 암시하는 것이냐고 묻는다면 제대로 짚었다고 답하고 싶다."

**쇼펜하우어** 1853년에 은판 사진술로 찍은 사진. 이때가 예순다섯 살이었는데, 지난 32년간 학계와 대중의 무시를 뒤로하고 드디어 그도 그렇게 갈망하던 명성을 얻기 시작했다. 너무 늦긴 했지만. 그는 자신의 숭배자였던 극작가 헤벨에게 이렇게 말했다. "나는 마치 무대 커튼이 올라가는 줄도 모르고 무대에서 열심히 램프를 닦고 있다가 관객들의 조롱 어린 박수갈채를 듣고는 무대 배경을 향해 혼잣말로 욕하는 조명 기사 같은 느낌이 든다네."

그런데 이런 한탄에도 불구하고 쇼펜하우어가 반생 동안 기다려 온 세간의 관심을 불러일으킨 것은 바로 이 모음집이었다. 문체는 프랑스의 위대한 도덕주의자들을 연상시켰고, 염세주의는 시대의 경향과 맞아떨어졌다. 영국과 프랑스, 이탈리아에서 쇼펜하우어에 대한 기사들이 쏟아지기 시작했다. 1854년 바그너는 "존경과 감사의 마음에서" 『니벨룽겐의 반지』의 귀한 개인 초판본을 그 은둔자 철학자에게 보냈다. 1856년에는 라이프치히 대학에서 쇼펜하우어에 대한 강의가 개최되었고, 이듬해에는 헤벨이 예순아홉 살의 철학자를 직접 예방한 뒤 "늦은 만큼이나 더 찬란한 명성의 해"가 떠오른 것

38. 인정받지 못한 천재들 529

을 축하했다. 이 말에 쇼펜하우어는 이렇게 답했다. "사람들이 '세계'라고 부르는 비극적 익살극의 무대에 나는 정말 뒤늦게 우연히 현장에 있었을 뿐입니다. 내 명성의 코미디가 상연되는 줄도 모르고 말이오." 자신은 마치 무대 커튼이 갑자기 올라가는 순간 관객들의 박수와 폭소 소리에 놀라 얼른 무대 뒤로 사라지기만을 바라는 조명 기사 같았다는 것이다.

재치 넘치는 대답이지만 진심이라고 보기는 어렵다. 자신의 명성을 증명해 주는 예찬에 무심한 사람은 없기 때문이다. 명성을 얻는 과정에서 쇼펜하우어처럼 집요했지만 훨씬 격분한 상태로 그의 길을 답습한 사람이 있다. 마르크스이다. 그가 불충분하나마 어떻게 뒤늦게 명성을 얻었고, 그런 미미한 명성이 사후에 언제 어떻게, 그리고 왜 그렇게 거대한 세계적 명성으로 자리 잡았는지 살펴보는 것은 아주 인상적인 예가 될 것이다.

1848년에 발표된 공산당 선언은 마르크스(1818~1883)의 씁쓰레한 실망 속에 아무런 반향을 일으키지 못하고 재빨리 잊혀 갔다. 1867년에는 『자본론 Das Kapital』 1권이 출간되었지만, 학계는 침묵으로 일관했다. 마르크스가 국제적으로 알려진 것은 1871년(쉰세 살)에 『프랑스 내전 Der Bürgerkrieg in Frankreich』이 출간되면서부터였다. 이 책은 파리에서 봉기를 일으킨 코뮌의 정치적 목표에 자신의 강령을 슬쩍 끼워 넣은 뒤 파리 코뮌을 "새로운 사회의 영광스런 징조"로 축하하는 대담한 시도였다. 당시 마르크스는 국제 노동자 협회(제1 인터내셔널) 소속의 독일·네덜란드 담당 비서였고, 그의 책은 '총회 보고서'로 채택되어 유럽과 아메리카 회원들에게 보내졌다. 그러다 보니 이 책은 많은 부수를 찍고 급히 여러 나라 말로 번역되었을 뿐 아니라 마르크스 본인에게는 "다소 과장되기는 했지만 스스로를 런던의 가장 많은 비방을 받고 가장 위험한 인물로 자리매김하게" 하는 계기가 되었다. "이는 20년 동안 지루한 무명의 늪에 빠져 있던 사람에게는 지극히 유쾌한 사건이었다."

마르크스는 서서히 사회주의 운동의 대부로 인정받기 시작했다. 심지어

1881년에는 영국의 한 잡지에 그와 관련한 커다란 기사가 실렸고, 그는 이 것을 죽어 가는 아내의 침대 위에 놓아 두었다. 그가 죽기 15개월 전이었다. 이 무렵 러시아에서는 벌써 '마르크스주의자'를 자처하며 그를 찾아오는 젊은 혁명가들이 있었다. 그러나 그의 장례식장을 지킨 사람은 불과 몇 명 뿐이었다. 그럼에도 엥겔스의 추도사는 엄청나게 과장되었다. "추모객 수백만 명이 참석한 가운데 생존한 가장 위대한 사상가"가 이제 사색을 멈추었다고 말한 것이다.

엥겔스는 마르크스보다 12년을 더 살면서 『자본론』 2, 3권을 출간했고, 지치지 않는 열정으로 친구의 업적을 널리 알렸다. 특히 1889년 제2 인터내셔널이 창설되기 전까지. 이 단체의 창단식에는 러시아 대표로 플레하노프가 참석했다. 나중에 젊은 레닌에게 영향을 끼친 러시아 마르크스주의의 대표적 이론가였다. 1891년에는 독일 사회 민주당SPD이 라살의 이론에 대한 마르크스주의의 승리를 의미하는 '에어푸르트 강령Erfurter Programm'을 당의 노선으로 채택했다. 이 강령의 저자는 카우츠키였는데, 한때 엥겔스의 개인 비서를 지냈고 25년 동안 마르크스적 이데올로기의 대제사장 노릇을 한 인물이었다. 마르크스가 확고한 세계적 명성을 획득한 것은 1917년이었다. 레닌이 세계사에서 가장 잔인했고 가장 엄중한 결과를 낳은 혁명의 뿌리로 그를 지목했기 때문이다.

그런데 마르크스와 레닌에 대한 반대 움직임은 이미 1896년에 시작되었다. 과거 엥겔스와 카우츠키의 친구였고 마르크스의 사도였던 에두아르트 베른슈타인Eduard Bernstein이 **수정주의**를 들고 나온 것이다. 성스러운 교리에 대한 대역죄에 해당하는 범죄였다. 베른슈타인의 주장을 정리하면 이렇다. 프롤레타리아트는 찢어지게 가난해지지 않을 것이고 자본주의도 붕괴되지 않을 것이다. 역사에는 미리 정해진 방향이 없고, 이상적 종착역으로서의 사회도 없으며, 사회주의는 과학이라기보다 오히려 도덕적 자극에 가깝다. 그것도 혁명으로 내모는 자극이 아니라 지상의 고통을 완화시켜 주는 일련의 개혁으로 몰아가는 자극이다. 반면에 세밀하게 계획된 사회주의적 체계는 군대나 감옥처럼 엄격한 규율이 전제되어야 한다.

수정주의를 규탄하는 목소리가 사회 민주주의 계열에서 폭발적으로 터져 나왔다. "마르크스적 체계의 자랑스럽고 대칭적이고 놀라운 건축물을 베른슈타인이 쓰레기 더미로 만들어 버렸다." 1899년 룩셈부르크가 쓴 글이다. 아우구스트 베벨August Bebel은 1901년과 1903년에 열린 전당 대회에서 수정주의를 금지시켰고, 동독에서는 통일 전까지 수정주의를 노동자 계급의 과학적 세계관을 제거할 것을 목표로 하는 소시민 계층의 "기회주의적 반응"으로 낙인찍었다.

그사이 수정주의는 완벽한 승리를 거두었다. 1918년에는 사회 민주당의 지도자 프리드리히 에베르트Friedrich Ebert가 제국 대통령에 당선되었고, 1959년에는 SPD가 고데스베르크 강령의 채택으로 마르크스주의의 잔재를 완전히 벗어던졌으며, 1989년에는 중부 유럽과 동유럽의 현실 공산 국가들까지 무너졌다. 그렇다면 에두아르트 베른슈타인은 어떻게 되었을까? 그는 레닌처럼 마르크스주의에서 폭력이 아닌 휴머니즘을 끄집어냄으로써 최후의 승리를 거둔, 용기 있고 통찰력 뛰어난 사상가였다. 만일 명성이 역사적 중요도로 매겨지는 것이라면 베른슈타인은 마르크스나 레닌에 버금가는 명성을 얻어야 타당하다. 정서적 공감까지 얻어서 말이다. 하지만 명성은 창녀와 같다. 베른슈타인이 카우츠키나 플레하노프와 같은 급으로 취급받는 것도 그 때문이다.

하지만 어쩌면 그가 거둔 완벽한 승리가 오히려 불리하게 작용했을지 모른다. "성공적인 개혁가는 성공을 거두지 못한 사람보다 더 빨리 시대에 뒤지고, 덜 알려지지 않을까?" 귄터 안더스Günter Anders가 『철학 일기 Philosophische Tagebücher』에서 던진 물음이다. "혹시 모든 진정한 승리는 '피로스Pyrrhos의 승리'[1]가 아닐까? 승자는 승리의 순간에 불필요한 인간이 되기 때문에? 승자와 승리는 빨리 잊히는 게 아닐까? 승리는 승리의 순간에 곧장 일반적인 세계 상황 속에 파묻히기 때문에? 그러나 승리는 거의 이룰 수 없는 것을 요구한다. 그들에겐 '불멸'로 남을 특권이 있다."

"현실이 나아가야 할" 이상의 옹호자였던 마르크스는 이 무질서한 현실을 바로잡을 숭고한 계획을 세웠고, 그 계획에다 학문의 색깔을 입히면서 동시에 피안의 구원이 아닌 현세의 구원을 내건 종교를 설립했다. 즉 이 세상에서 고통 받고 굴욕당하는 모든 사람들에게 현세의 구원을 약속한 종교였다. 그런데 외양은 학문처럼 보여야 했다. 사람들은 세계 전쟁 전까지 그 학문을 믿었고, 지식인들은 마르크스가 던져 준 까다로운 변증법에 몰두했다. 그런데 학문의 집게로 집어 올려야 하는 것은 누구도 알 수 없는 미래였다. 콜라코브스키는 이렇게 썼다. 이것이 바로 "무언가 확실한 것을 바라는 사람들의 심리적 욕구"를 충족시켰고, 저 앞의 모퉁이만 돌아가면 무엇 하나 부족한 것이 없는 신천지와 같은 멋진 세계가 인류를 기다리고 있을 거라는 맹목적인 믿음을 가르쳤다. 슘페터는 이렇게 말했다. "단순히 목표를 설교하는 것은 효과가 없고, 사회적 과정을 딱딱하게 분석하는 것도 일부 전문가들의 관심만 끌었을 뿐일 것이다. 그래서 분석가의 의상을 입은 채 설교하고, 사람들이 진정 가슴으로 원하는 것을 들여다보며 분석하는 것, 이것이 열광적인 신봉자들을 만들어 냈고, 마르크스주의자에게 가장 큰 선물, 즉 자신과 자신이 믿는 것은 결코 굴복하지 않을 것이라는 확신을 안겨 주었다."

이런 사람은 '명성'이라는 창녀에게 버릇없이 키워진다. 하나의 고정된 이념에 사로잡히고, 오만과 증오에 눈이 멀고, 그럼에도 항상 제자를 준비해 놓은 채 역사적 기회를 재빨리 포착해서 환상적인 이론을 세상 속으로 내던진다. 그러면 사람들이 그 이론을 약자에게 적극 연민을 표하는 종교

---

[1] 피로스는 헬레니즘 시대에 마케도니아와 로마를 상대로 여러 번 승리를 거둔 에페이로스의 왕이다. 그런데 아군의 피해 역시 엄청나서, 흔히 '실속 없는 승리', '상처뿐인 영광', 혹은 '엄청난 비용을 치르고 간신히 얻은 승리'를 일컫는 말이 되었다.

로, 강자의 압제로, 그리고 지상의 지옥으로 발전시킨다. 마르크스와 레닌은 그렇게 세계적인 명성을 얻었다.

마르크스가 사후에 유명해진 것이 **후대에** 의한 정의의 실현일까? 대답에 앞서 두 가지 문제점부터 짚고 넘어가야 한다. 첫째, 마르크스에게는 무엇이 정의였을까? 혹시 그가 잊혔다고 해서 그게 공정하지 못한 것일까? 둘째, 후대는 누굴 말하는가? 모차르트가 죽은 지 200년이 지나고, 카이사르가 죽은 지 2,000년이 지난 지금 우리가 후대일까? 모차르트는 사후 2,000년 뒤에는 어떤 평가를 받을까? 만일 그때 그가 잊힌다면 그를 잊은 사람들도 후대가 아닐까? 어쩌면 우리는 스스로 후대로 느끼고 있고, 우리를 더 똑똑하고 너그러운 존재로 간주하고 싶기 때문에 후대의 평가를 더 공정한 것으로 여기는지 모른다. 그러니까 우리는 과거의 불공정한 판단을 바로잡고 궁극의 정의를 실현하는 사면 위원회나 상고심 법원 같은 존재로 스스로를 느끼고 싶어 한다.

고트홀트 에프라임 레싱은 후대의 판단이 더 낫다고 생각했다. 후대는 "명성에서 모든 우연적인 것을 떼어 낼 수 있기" 때문이다. 쇼펜하우어도 비슷한 생각이었다. 그는 동시대인들의 칭찬이 창녀와 같다면 후대의 칭찬은 자격 있는 사람에게만 몸을 바치는 "도도하고 까다로운 미인"이라고 했다. **모든 사람**은 사후에야 뒤늦게 천천히, 그리고 자연스럽게 합당한 정의를 부여받는다. 쇼펜하우어는 죽은 지 22년 뒤에야 톨스토이에 의해 붓다와 솔로몬, 소크라테스와 함께 인류의 가장 위대한 현자로 꼽혔다.

이런 주장은 수십 년간 인정을 받지 못한 사람에게는 훌륭한 위안이 될 수 있다. 실제로 그 주장대로 되는 일은 드물더라도 마찬가지다. 고독한 분노 속에서 원고를 한 장 한 장 채워 나가면서 인정받기를 애타게 기다리는 사람들은 속으로 모두 외면받는 천재의 전설을 애지중지 키워 나간다. 그 사람은 장차 인정받을 천재일 수도 있고, 누구도 발견하지 못할 천재일 수도 있다. (사실 우리가 확고하게 믿어도 될 합리적 메커니즘이라는 것이 대체 어디에 있겠는가?) 혹은 그는 그 어떤, 그 누구의 기준에 따르더라도 절대 천재가 아닐 수도 있다. 동시대가 점수를 매기든 후대가 점수를 매기든 그 점수는 늘 우연과 오류, 감정에 의해 좌우된다. 기껏해야 후대는 어떤 정신 질환자의 예민함과 독선을 "거장의 반항"으로 바라보는 것이 조금 더 쉬울 뿐이다(랑게 아이히바움). 후대인들은 저자의 괴팍한 자기중심주의 따위로 괴로워하지 않으면서 작품 자체를 즐길 수 있기 때문이다.

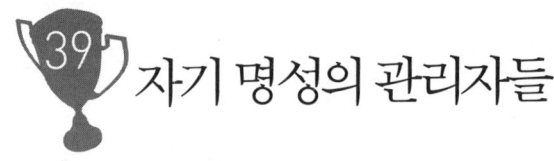
# 39 자기 명성의 관리자들

> 1달러를 투자했으면 그것을 알리는 데 1달러를 더 써라.
> — 헨리 포드

그렇다. 세상에는 유명해지고 싶지 않은데 유명해진 사람도 있다. 평생 병든 어머니를 돌보며 사는 것을 천직으로 알았던 에밀리 디킨슨Emily Elizabeth Dickinson이 그랬다. 그녀는 시를 1,000편 이상 썼지만, 한 번도 발표할 생각을 하지 않았다. 그러다 그녀가 죽자(1886) 그녀의 의도와는 상관없이 시 일곱 편이 인쇄되었다. 이후 그녀는 반세기 전부터 미국의 가장 위대한 여류 시인으로 인정받고 있다.

이런 예외적인 경우를 빼고는 유명인들 대부분은 처음부터 유명해지고 싶었던 사람들이다. 그들은 행운과 불운, 신화 만들기, 그리고 외면과 현혹의 거친 소용돌이 속으로 풍덩 뛰어들어 자신의 명성을 위해 부지런히 뛰어다닌다. 그러나 슬픈 이야기지만, 명성을 만드는 일에 스스로 매니저가 되어 동참하거나 자기 몸을 팔아서라도 명성을 획득하겠다는 의지나 능력이 없는 사람들은 부득이 당대와 후대가 나서서 그들을 유명하게 만드는 수고를 들여야 한다.

언젠가 경탄을 받고 싶어 하는 사람들은 먼저 이런 질문에 직면한다. 어떻게 남의 눈에 띌 것인가? 오늘날 지구 상에는 수십억 명이 살고, 지금까지 모든 영역에서 대단한 업적을 이룬 이들만 해도 수만 명에 이를 텐데, 이런 사람들을 뚫고 최소한 이름만이라도 활자로 남으려면 어떻게 해야 할까? 똑같이 빼어난 업적을 이루어서? 그것으로는 충분하지 않다. 지금까지 존재하는 모든 것들보다 더 나은 것을 성취하거나(이것은 점점 더 어려워지고 있다. 오늘날 올림픽에서 우승하려면 20년 전의 우승자보다 훨씬 더 빨리 달려야 하기 때문이다), 아니면 지금까지 존재하는 모든 것과는 다른 무언가를 달성하는 것이 유리할 수 있다. 예를 들어 피카소는 영악하게도 다빈치나 벨라스케스를 능가하려는 시도를 애초에 포기했다.

하지만 예전보다 더 나은 성과나 예전과 다른 무언가를 이룬 사람도 실제 명성을 위한 경쟁에서는 여전히 별로 좋은 카드를 쥐고 있는 것이 아니다. 능력 하나에만 기대서 누구보다 빨리 유명해진 사람은 극소수에 불과하기 때문이다. 예를 들어 모차르트가 그랬다. "그는 진지함과는 담을 쌓은 부박한 성품으로 위대한 예술가의 아우라로 자신을 포장할 줄 모르는 사람이었다. 그것이 그의 명성에 큰 도움이 되었을 텐데 말이다." 힐데스하이머의 말이다. 무언가 대단한 것을 감추고 있는 것처럼 포즈를 잡을 줄 아는 능력이나 의지가 없는 사람은 이미 앞장에서 득실거렸다. 몇십 년을 넘어 무덤에 들어갈 때까지 명성을 헛되이 기다린 사람들이다. 1956년 정신 병원에서 28년을 지내던 중에 산책을 하다가 얼어 죽은 스위스 소설가 로베르트 발저는 평생 머리를 숙이고 살았고, 죽기 전이든 죽은 뒤에든 명성과는 인연이 없었다. 1950년대만 해도 훗날의 그라스나 하인리히 뵐Heinrich Theodor Böll에 비견될 만큼 큰 주목을 받았던 소설가 볼프강 쾨펜Wolfgang Köppen도 잊힌 인물에 가깝다. 그라스나 뵐과는 달리 정치 일상에 주석을 달아 여론의 관심을 받는 행위를 하지 않았기 때문이다. 그가 그랬던 이유는 충분히 공감할 수 있지만 명성에는 별로 좋지 않았다. 작가는 작품으로 말해야 한다는 것이 그 이유였다.

남의 눈에 띄고 싶어 하는 많은 사람들은 선전의 북을 직접 요란하게 두드린다. 16세기의 이탈리아 작가 아레티노는 유명한 동시대인들과 주고받은 편지들을 손수 출간했다. 18세기에는 라바터가 예카테리나 대제와 주고받은 서신들을 묶어서 발표했다(37장). 어릴 때 척추가 휘는 신체적 장애로 키가 138센티미터에 불과했던 영국 시인 포프는 허영심으로 똘똘 뭉친 사람이었는데, 1735년에 위대한 동시대인들과의 편지를 조작해서 가명으로 서적상 컬Curll에게 보냈다. 그는 포프의 명성에 먹칠할 생각으로 이런 짓을 한다는 거짓 변명을 대면서 편지를 보냈다. 그러고는 본명으로 다른 서적상에게 '서적상 컬이 알렉산더 포프의 개인 편지를 입수한 경위에 대한 보고서'를 보내서 출간하게 했다. 그 후 이 두 글의 내용은 마치 사실처럼 100년 동안 유포되었다.

미국의 서정 시인 휘트먼은 '시를 쓰는 가난한 메시아'라는 자신의 이미지를 널리 퍼뜨릴 준비가 된 전기 작가들을 생전에 벌써 여럿 마련해 놓았다. 또한 몇 개의 가명을 사용해서 자신의 작품을 칭송하기도 했다. 스물다섯 살의 마르크스는 『라인 신문Rheinische Zeitung』의 주필 신분으로 『만하임 석간Mannheimer Abendzeitung』에 자신이 직접 쓴 원고를 기고했는데, 이 원고에서 "파괴욕이 넘치는 완벽한 기교와 진정으로 감탄스러운 변증법"을 예찬함으로써 정치인들의 공허한 말 속으로 파고 들어가 그들을 안에서부터 파멸시키려고 했다.

남의 눈에 띄고자 하는 사람들은 대부분 '도발'의 수단을 선택하는데, 도발은 우선 작품을 통해 일어날 수 있다. 케플러는 『자화상Selbstbildnis』에서 "황당한 계획과 특이한 행동으로 명성을 낚아채는 것"에 대해 이야기했고, 클라이스트와 도스토옙스키, 쇼펜하우어, 니체는 자신들의 책이 세상에 충격을 줄 것이라는 사실을 당연히 알고 있었다. 다만 유명해지려는 소망이 작품의 소재와 테제를 선택할 때부터 고려되었는지, 그랬다면 그게 얼마만큼 작용했는지는 우리로선 알 수 없다. 상궤를 벗어난 테마나 기법으로 인정받으려는 의도는 한층 뚜렷이 드러난다. 피카소, 포, 마르키스 드 사드Marquis de Sade, 그리고 자신을 "만인에 대한 안티Anti로 연출한" 베른하르트가 그랬다. 특히 여전히 깨지지 않는 터부를 주시하면서 그것을 주로 음부나 배설물의 도움으로 무너뜨리려고 하는 시대 전형적인 작가와 극작가들은 훨씬 더 노골적이었다.

많은 유명인들은 도발을 위해 **자기 자신**까지 끌어들일 줄 알았다. 그러니까 기괴한 생산품과 히스테리컬한 작가를 하나로 묶은 작품을 관객들에게 제공한 것이다. 그런데 이것이 고도의 노련한 이중 전략인지, 아니면 한편으로는 작품의 생산을 부추기고 다른 한편으로는 명성의 심판관들에게 먹이를 제공하는 광기의 두 측면인지는 숙고해 보아야 할 일이다. 1841년 하이네는 파리에서 이렇게 썼다. 리스트가 "피아노 건반 위에서 뇌우를 연주하는 순간 우리는 그의 얼굴 위로 번갯불이 번쩍거리는 것을 보았다. 사지는 거센 광야의 바람을 맞은 것처럼 덜덜 떨었고, 긴 머리카락은 억수 같은 비를 맞은 것처럼 물방울이 뚝뚝 떨어졌다."

"20세기의 명 피아니스트"라는 말이 부끄럽지 않은 호로비츠는 변덕스럽고 오만하고, 엉뚱한 짓을 잘 하는 괴팍한 사람이었다. 또한 계산된 금언조의 말을 해서 관심을 끌기도 했다. 예를 들면 이런 것들이다. "베토벤이든 누구든 개선할 수 있다." "건반을 두드리는 순간 나는 천사이자 악마가 된다." 혹은 "세상에는 유대인 피아니스트, 동성애자 피아니스트, 그리고 나쁜 피아니스트만 존재한다." 이때 그는 결코 자신을 보고 나쁜 피아니스트라고 하지는 않았을 것이다. 어쨌든 호로비츠는 이 모든 것으로 자신을 자유롭게 표현했을 뿐 아니라 관객들이 천재적인 해석자에게 갖고 있을 기대를 완벽하게 충족시켜 주었다. 또한 연주에서 손을 뗀 12년간의 공백기(1953~1965)는 그에게 두 가지 이점으로 작용했다. 우선 자신을 둘러싸고

**달리** 항상 상궤에서 벗어나라! 이것이 달리의 성공 비결이었다. 그는 뾰쪽한 콧수염 끄트머리를 "신의 메시지를 수신하는 안테나"라고 불렀다. 한번은 페퍼민트 리큐어 병이 여든여덟 개 달린 연미복을 입고 파티에 나타났는데, 병마다 죽은 파리가 한 마리씩 들어가 있었다. 명성의 회전목마가 돌아가기 시작하면 얌전하고 겸손한 사람은 눈길을 끌지 못한다.

벌어질 세상의 소음으로 진이 빠질 일이 없었고, 그 다음엔 그의 은퇴가 부른 세상의 떠들썩함이 오히려 명성을 높여 주었다.

달리는 말했다. "여섯 살 때는 요리사가 되고 싶었고, 일곱 살 때는 나폴레옹이 꿈이었다. 내 야망은 그 후로도 계속 커 나갔다." 서른여덟 살 때 자서전에 쓴 글인데, 500쪽에 이르는 이 문학적 자서전은 그림과 광대 짓을 통한 도발을 훨씬 능가하는 시도였다. "나는 여덟 살이 될 때까지 침대에서 오줌을 쌌다. 그냥 그게 재미있었기 때문이다. 부모님은 우상 숭배하듯이 나를 사랑하셨다." 여기서 이런 의문이 든다. 기괴한 악몽의 느낌이 드는 그림만으로도 그가 전범으로 삼은 조르조 데 키리코Giorgio De Chirico나 에른스트만큼 유명해지기에 충분하지 않았을까? 거미 다리로 선 코끼리, 불타는 기린, 고통스러운 낯짝으로 펄펄 끓고 있는 콩, 너무 심하게 발효된 치즈처럼 물방울이 뚝뚝 떨어지는 시계 그림들은 그 자체로 유명세를 끌어올릴 법했다.

어쨌든 달리는 자신의 창작품에만 의지하지 않기로 결심했다. 그래서 그는 자신을 "성스러운 돼지와 숭고한 코뿔소"라 불렀고, 세심하게 위로 말려 올라간 콧수염 끝을 "신의 메시지를 수신하는 안테나"라 칭했으며, 폭탄 머리로 롤스로이스를 타고 파리 시내를 질주했고, 뉴욕에서는 사진기자들을 불러 놓고 쇼윈도로 뛰어들었고, 또 병마다 죽은 파리가 동동 떠다니는 페퍼민트 리큐어 병 여든여덟 개를 옷에 달고 파티석상에 나타나기도 했다. 자신의 우주적 목적에 도움이 되는 것이라면 어떤 기행도 마다하지 않았던 것이다. 그에게 우주 유일의 목적이란 바로 살바도르 달리를 유명하게 만드는 일이었다.

문인들도 요란한 행동과 특이한 광대 짓을 즐겨 했다. 작가 네르발은 바다닷가재를 끈에다 묶고 파리 시내를 돌아다녔고, 보들레르는 머리를 초록색으로 물들였으며, 자리는 오늘날 부조리극의 초기 모델로 간주되는 소극 「위뷔 왕 *Ubu Roi*」(1896)으로 자신이 의도한 스캔들을 일으켰다. 소동은 첫 대사 직후에 바로 일어났다. '똥'이라는 말에다 문학적 소격 효과를 더한 합성어 'merdre'가 관객들을 도발한 것이다. 그는 또한 자기 자신도 그로테스크한 인간으로 꾸몄다. 그래서 석고처럼 하얗게 분장을 하고 돌아다녔고, 지드의 전언에 따르면 "아무 감정도 강세도 의미도 없이" 단어를 뚝뚝 끊어 가며 말했으며, 권총을 자전거 핸들로 이용하기도 했다.

와일드는 자기 자신에 대해 이렇게 말했다. 자신의 천재성은 삶 속에 넣어 두었고, 작품 속에는 재능만 있다고. 그런 그의 인생은 한마디로 "무절제한 방일放逸만큼 성공한 것은 없다"라는 그의 금언 그대로였다. 와일드는 오직 "넥타이와 비유로만 센세이션을 일으키고자" 했다. 보르헤스가 전한 말이다. 그는 침실을 공작 깃털로 장식했고, 파티마다 그의 우아한 역설적 표현들이 사람들의 입에 회자되었다. 이를테면 이런 식이었다. "나는 반박을 싫어합니다. 당신은 항상 천박하지만 종종 설득력도 있습니다." 혹은 "나는 부자연스러운 미덕 하나보다 부자연스러운 악덕 50개를 가지고 싶습니다." 와일드는 동성애 때문에 2년 동안 감옥에 갇혔다. 그런데 대화에서 냉소적 멋쟁이처럼 비치려고 했던 온갖 시도들보다 그의 명성을 높여 주었던 것은 그가 쓴 담시의 매력과 비극적으로 끝난 그의 삶이 불러일으킨 깊은 감흥이었다.

어쨌든 와일드가 지금도 인기 있는 희곡들과 유명 소설 『도리언 그레이의 초상The Picture of Dorian Gray』을 남겼다면 미국 여류 작가 거트루드 스타인Gertrude Stein은 별로 읽히지도 않은 책들로 유명 작가가 되는 재주가 있었다. 1920년대에 그녀가 자신의 파리 살롱에서 헤밍웨이와 파운드, 존 더 스패서스John Roderigo Dos Passos 같은 젊은 작가들에게 깊은 인상과 함께 영향을 주고, 또 피카소, 앙리 마티스Henri Matisse, 지드 같은 흥미로운 동시대인들을 서로 연결시켜 주었다는 점에서는 충분히 유명해질 만하다. 하지만 무엇보다 그녀를 눈에 띄게 했던 것은 과장된 자기 과시였다. 그녀는 셰익스피어와 자신을 비교하는 것은 "당분간" 거절했지만, 자신을 "현대의 어머니"나 알베르트 아인슈타인만큼 중요한 "천재"로 규정하는 데는 주저하지 않았다. 1922년 스물네 살의 T. S. 엘리엇은 시집 『황무지The Waste Land』가 출간되었을 때 얼굴에 푸르스름하게 분을 바르고 저녁 모임에 나타났다. 한 목격자의 증언에 따르면 "시체처럼 꾸며서 남들의 관심을 끌기" 위해서라고 한다.

브레히트는 클라이스트 상을 받은 갓 스물네 살에 잔뜩 뻐기는 공격적인 말투로 베를린의 연극 무대에 입성해서 유명 배우들을 깔아뭉갰고, 프롤레타리아 냄새가 나도록 허름하게 옷을 입는 데 세심한 신경을 썼다. 주로 싸구려 티셔츠와 작업복 재킷에다 가죽 모자를 쓰고 입에 시거를 물고 다녔다. 또한 베를린에서는 100년 전부터 구경도 할 수 없는, 철사로 만든 안경을 썼다 벗었다 하는 동작을 무슨 의식처럼 거행했고, 대중에게 공개할 사진은 반드시 자신이 직접 골랐다. 마르틴 발저Martin Walser의 표현에 따르면 한마디로 "자기표현의 엄격한 계율에 따라 움직이는" 삶이었다. 브레히트의 가죽 모자는 바그너의 우단 베레모, 가리발디와 빈의 화가 에른스트 푹스Ernst Fuchs의 터키모자, 보이스의 펠트 모자와 함께 영화에서 해적의 안대처럼 그들을 상징하는 트레이드마크였다.

젊은 시절에 자동차 절도와 도둑질로 4년 가까이 감옥에서 보낸 주네는 다른 사람의 눈을 찔러 버리는 폭행 범죄도 저지른 적이 있다고 주장했는데, 이런 밑바닥 삶의 경험담들이 그의 소설들의 성공에 지대한 역할을 했다. 사르트르와 콕토에게 갈채를 받은 그의 소설들은 똥과 시체에 대한 사랑을 예찬하는 작품이었다. 1970년대에 작가 헤르베르트 아흐테른부슈 Herbert Achternbusch는 거친 표현과 기괴한 행동으로 동시대인들의 귀싸대기를 올려 버렸다. 그것도 그런 언행을 즐기는 마조히즘적 방식으로 말이다. 그의 책을 낸 출판사는 그를 "정말 위대한 몇 안 되는 시대 부

**브레히트** 그는 이른 시기부터 어디를 가든 가죽 모자를 쓰고 시거를 물고 다녔다. 원하는 프롤레타리아의 이미지가 고착화될 때까지. 애인 슈테핀은 노동자 가정의 공산주의자였는데, 그의 극 언어를 프롤레타리아 계급에 맞게 고쳐 주었다. 브레히트는 중상층 시민 계급이었기 때문이다. 그의 아버지는 종이 공장 공장장이었다.

적응자 중의 한 사람이자 도발적인 삶의 창조자이자 진정한 시인"으로 추켜세웠다. 라이날트 괴츠 Rainald Goetz는 1983년에 클라겐푸르트 문학상을 두고 벌어진 경합 과정에서 심사 위원들을 "개차반"이라고 욕하면서 면도칼로 이마를 그었다. 그런 그가 1991년에 하인리히 뵐 상을 받았다.

"결투에서 죽었거나, 미쳤거나, 유배되었거나, 아니면 사기도박에 당했다는 소문이 나기 전에 유명해진 작가가 한 사람이라도 있으면 대 보시오." 체호프의 작품에서 '일등석 승객'이 하는 말이다. 1960년대 이후 독일 문단에서 활발하게 활동한 페터 헤르틀링 Peter Härtling은 1971년에 이렇게 썼다. "모름지기 글을 쓴다고 하는 이들은 사람들의 대화에 오르내리는 인물이 되

한트케 새로운 형식으로 관심을 모은 「관객 모독」이 그의 첫 희곡이었다. 그러나 이미 스물세 살에 그는 자기 자신을 관리하는 매니저로 등장했다. 설명하면 이렇다. 프린스턴에서 열린 '47 그룹' 회의에서 무명의 청년 한트케는 그곳에 모인 작가들을 조롱했고, 어딜 가도 자신을 알아볼 수 있도록 작은 파란색 모자를 쓰고 다녔다. 그는 다른 사람들보다 빨리 거침없이 자기 길을 걸었다. 명성을 작품의 힘량에만 맡기지 않고 직접 만들어 나간 것이다.

어야 한다. 책은 2년마다 한 권씩 출간해야 하고, 정치적 문제든 사회적 문제든 이슈가 되는 일에 대해선 공개적으로 의견을 밝혀야 하고, 논쟁을 일으켜야 하며, 광대와 현인 역할을 맡는 것도 마다하지 말아야 한다. 왜냐하면 시골에서 조용히 지내는 사람에 대해서는 누구도 거들떠보지 않기 때문이다."

광대 역과 현인의 아우라, 거기다 해마다 책을 한 권씩 출간한 사람이 있었다. 오스트리아의 전위적 극작가 한트케가 그 주인공이다. 그는 "대중 매체를 통해 퍼진 명성이 문학 작품으로 고스란히 이어진 세계 문학계의 첫 번째 작가였다. 책이 나오기도 전에 명성이 먼저 와서 기다리고 있는 형국이라고 할까?" 매체 연구가 H. M. 케플링거Hans Mathias Kepplinger의 말이다. 1966년 스물세 살의 한트케는 아직 등단도 하지 않은 상태에서 일약 '47그룹'[1] 프린스턴 총회의 중심인물로 떠올랐다. 마이크를 잡더니 회의에서 낭송된 모든 작품들을 "허섭스레기 같은 묘사 문학"으로 질타했기 때문이다. 게다가 그는 어디를 가건 사람들이 자신을 알아볼 수 있도록 항상 파란색 모자를 쓰고 다녔다. 『슈피겔Der

---

[1] 1947년(여기에서 이름이 유래됨)에 창설된, 급진적 정치 경향의 독일어 작가 모임. 이들은 나치의 선전 문구 등이 독일어를 부패시켰다고 생각하여 과장과 시적 만연체를 배제한, 냉정하다 싶을 정도로 무미건조한 서술적 사실주의를 옹호했다.

Spiegel』지는 이렇게 썼다. "그의 옷차림은 그 자체로 광고였다. 사흘 만에 그는 파란 모자로 사람들의 시선을 붙잡아 버렸다." 한트케가 『슈피겔』에 다시 실리고 싶어서 저런다는 사람들의 수군거림에 대해서는 이렇게 답했다. "맞아요. 내가 원한 게 바로 그겁니다."

3주 뒤 『슈피겔』에 한트케가 쓴 '감사의 글'이 실렸다. "어렸을 때부터 이 잡지에 글이 실리는 것이 제 소원이었습니다. 그 때문에 저는 47그룹 총회에서 굳이 발언 기회를 잡았고, 발언하는 동안에 이 잡지의 대표이신 에리히 쿠비Erich Kuby 씨가 제 말을 주의 깊게 듣고 있는 것을 보고 기쁜 마음을 감추지 못했습니다. 이제 모든 것을 얻었습니다. 제 발언이 도전적이었던 것은 만전을 기하기 위해서였습니다." 한트케는 이 글에서 자신의 계략이 적중했다는 것을 토로했고, 그와 함께 "곧 다시 이 잡지에 저에 대한 기사"가 실렸으면 하는 기대를 내비쳤다.

자기표현의 진수를 보여 주는 광대 짓에 성공한 한트케는 이제 현인의 아우라를 내뿜기 시작했다. 그의 작품들은 초기의 날선 면모를 급속히 잃었고, 작품 제목도 '연필의 역사', '반복의 판타지', 혹은 '고통의 중국인'으로 온화하게 바뀌어 갔다. 그는 자신을 괴테와 아이스킬로스에 비견했는데, 라인하르트 바움가르트Reinhard Baumgart는 1983년에 이렇게 썼다. 한트케는 문학이 아니라 숭배의 유향을 독자들에게 판다. 어쨌든 그의 다양한 책은 지금도 물리지 않고 계속 출간되고 있고, 많은 사람들이 그의 작품을 칭찬한다. 심지어 그를 좋아하지 않는 비평가들도 혹평하면서도 그를 비중 있는 작가로 다룬다. 어쨌든 한트케는 파란 모자의 발상 이후부터 남들에게 관심을 끌고 중요한 인물로 비치고자 하는 노력을 멈추지 않았다.

비평가들은 주로 어떤 것에 초점을 맞출까? 누가 그들에게 이 사람은 위대한 작가이고 저 사람은 아니라고 판정할 권리나 자격을 주었을까? 이것은 41장에서 다룰 핵심 문제이지만, 여기서는 한 가지 기준만 먼저 언급하고 넘어가겠다. 왜냐하면 괴테와 조이스가 신통할 정도로 날카로운 눈으로 그 기준을 예견했을 뿐 아니라 자신들의 사후 명성을 위해 이 기준을 미리 충족시키고자 노력했다는 점을 명백히 밝혔기 때문이다. 1831년 괴테는 자신의 친구 첼터에게 이렇게 썼다. "'파우스트 2부'는 영원한 수수께끼로 남을 수 있도록 꾸며 놓았네. 그러니까 사람들을 즐겁게 하면서도 동시에 머리를 쥐어짜게 만드는 게지." 조이스는 『율리시스』에 대해 이렇게 말했다. "이 작품 속에는 해답을 찾으려는 논쟁으로 수백 년 동안 교수들의 골머리를 썩일 많은 수수께끼들이 담겨 있다. 그래야만 영원히 살아남을 수 있다."

괴테나 조이스처럼 작품에 비밀의 자물쇠를 거는 것이 아니라 창작자 자신을 신비에 싸이게 한 작가도 있다. 성향이 너무 다른 게오르게와 트라번이 그랬다. 트라번은 살아 있는 동안 이름뿐 아니라 신상 정보를 한 번도 공개하지 않았다. 그래서 『죽음의 배』와 『시에라마드레의 보물』, 『사형수들의 반란Rebellion der Gehenkten』 같은 작품들로 공개적인 찬탄을 받을 기회는 놓쳤지만, 그의 소설이 2,500만 부 이상 팔린 데에는 그의 신비주의적 익명성이 막대한 영향을 끼친 것이 틀림없다.

게오르게는 언론뿐 아니라 '대중적 공개'의 모든 형식을 경멸했고, 자신의 시집을 자유롭게 팔 수 있도록 허용한 것도 오랜 시간이 지난 뒤였다. 그런데 그의 사후 명성에 본질적으로 기여한 것은 그의 시적 언어가 아니라 그가 보인 신비적 예언가로서의 태도였다. 그는 자신을 단테의 후계자로, 젊은이들의 교육자로, 그리고 고대 그리스의 이상이 실현된 사회로 이끌 지도자로 보았다. 그 주위에는 그를 '스승'이라고 부르는 문하생들이 모였고, 그들이 '게오르게류類'를 만들었다. 스승은 자신뿐 아니라 제자들에게도 유머와 아이러니, 즉흥적인 것, 상투적인 것을 허용하지 않았다. 그가 인정한 것이라고는 기율과 절제, 영웅적인 것과 찬미뿐이었다. 여기서 이런 의문이 떠오른다. 게오르게는 이 엄격한 자기 연출이 명성에 유리할 거라는 사실을 예상하지 못했을까? (우리는 자기 연출을 부정적으로 바라보지만 그것의 영향력은 결코 무시할 수 없다.)

오늘날에도 지휘자들은 장엄한 포즈를 연마하고 키워 나간다. 그들은 왜 무대에 가장 마지막으로 등장하는 것일까? 그것도 조금 뜸을 들이면서 우레와 같은 갈채 속에서 말이다. 제일 먼저 들어와서 연주자들을 맞고, 관객들에게 진심 어린 환영 인사를 건네는 오케스트라 지휘자는 상상할 수 없는 것일까? 그렇다, 상상하기 어렵다. 이 놀이에 동참하는 사람들은 정반대의 것을 바라기 때문이다. 음악 애호가들은 우상을 원하고, 번스타인과 카라얀 같은 지휘자들은 너무도 기꺼이 그 역할을 맡는다. 음악 CD의 겉면을 화려하게 장식하는 것은 작곡가가 아니라 대개 지휘자의 얼굴이다. 영국의 소설가 앤서니 버제스Anthony Burgess는 말한다. 지휘자들은 "작곡가가 어차피 자기 자신도 제대로 파악하지 못한다고 생각하는 것 같다. 작곡가는 대부분 프로이트 이전에 살았던 사람들이기 때문이다." 카라얀은 평소 과장된 자기표현 이외에 엄청난 분량의 비디오를 찍었다. "300년 뒤 카라얀을 궁금해할 사람들에게 자료를 제공하기" 위해서였다.

자기표현의 양식으로 '영웅적 찬양' 만큼 성공적인 것이 '영웅적 비극' 이다. 그 대표적인 것이 연출된 죽음이다. 그리스 철학자 엠페도클레스Empedocles는 에트나 화산의 분화구에 몸을 던지지 않았음에도 그가 그렇게 했다는 전설은 2,000년 넘게 계속 이어지고 있다.[2] 아마 우리가 그런 신화적 죽음을 매력적으로 여기기 때문이 아닌가 싶다. 횔덜린은 이 이야기를 「엠페도클레스의 죽음Der Tod des Empedokles」이라는 미완성 희곡에 담았고, 브레히트는 풍자시 「엠페도클레스의 신발」에서 다시 이 이야기를 불러냈다.

극적인 느낌이 물씬 나는 클라이스트의 자살(30장 참조)은 살아생전에는 얻지 못한 명성을 죽어서는 얻을 수 있을 거라는 위험한 기대로 감행된 것이 아니었을까? 연출의 흔적을 나열하면 이렇다. 심부름꾼 편에 찬가풍의

---

[2] 엠페도클레스는 자기를 따르는 사람들에게 자신이 신이라는 점을 확신시키려고 에트나 산 꼭대기의 분화구에 스스로 몸을 던졌다는 이야기가 전해진다.

편지들을 베를린의 친구들에게 미리 보내고, 심부름꾼이 베를린까지 가는 시간에 총으로 자살을 계획하고("우리[3]는 포츠담 행 도로 위에 총을 맞고 쓰러져 누워 있다"), 남은 사람들을 위해 여관방까지 예약해 두었다. 독일의 교양인들은 몇 주 동안 그의 죽음 외에 다른 말은 하지 않았다. 이로써 클라이스트는 죽은 뒤에야 삶에서 그렇게 애타게 갈구하던 반향을 얻었다.

빈의 문학 칼럼니스트 안톤 쿠Anton Kuh는 1931년 스물세 살 청년 바이닝거의 자살에 대해 이렇게 썼다. "만일 바이닝거가 요절하지 않았다면 그의 작품에 그런 긴 생명력이 주어지지는 않았을 것이다." 바이닝거도 혹시 이걸 예감하고 자살을 감행한 것으로 추론할 수 있지 않을까? 일본의 소설가 미시마 유키오三島由紀夫는 여러 작품이 독일어로 번역되었음에도 큰 반향을 얻지 못하다가 1970년 할복자살이라는 극적인 최후로 일약 유명해졌다. 그의 말에 따르면 예술가가 아닌 전사로서 과감한 죽음을 택해 무기력한 조국에 영웅적인 본보기를 보여 주기 위해서였다.

자살은 아니지만 자살과 경계를 긋기 어려운 독특한 죽음들도 있다. 톨스토이와 비어스, 로버트 스콧의 죽음이 그랬다. 톨스토이는 여든두 살에 가족을 몰래 떠나 열흘 뒤에 기차역 대합실에서 죽은 채로 발견되었다. 혹시 이것은 임박한 죽음을 미리 예감한 행동이 아니었을까? 그렇다면 사후 명성을 위해 그런 죽음을 택했다는 가정도 터무니없어 보이지는 않는다. 어쨌든 그의 죽음이 지옥 같은 결혼 생활이 만들어 낸 절망으로부터의 도피였던 것은 분명하다. 하지만 다른 한편으론 가난과 비폭력의 설교자였던 그가 이런 식의 결말이 지닌 멜로드라마적 파급력도 알고 있었을 것으로 보인다. 더구나 그의 서랍 속에는 '빛은 어둠 속에서 빛난다'는 제목의 미완성 희곡이 10년째 묵혀 있었다. 이 희곡에서 주인공은 4막 내내 타락한 가족으로부

---

[3] 클라이스트는 혼자 죽은 것이 아니라, 불치의 병에 걸려 죽음을 기다리던 여인 헨리에테 포겔Henriette Vogel 과 함께 반제 호숫가에서 총으로 목숨을 끊었다.

터의 탈출을 감행하지 못할 정도로 약한 인간으로 그려진다. 그걸 너무도 간절히 원하는데 그의 나약함이 그걸 막아선다. 결국 톨스토이는 이 극본의 마지막 5막을 펜으로 쓰지 않고 몸으로 보여 주었다.

1913년 미국 작가 비어스는 1,500달러(오늘날의 가치로 환산하면 약 7만 유로)를 지참하고 판초 비야Pancho Villa 장군과 함께 혁명을 위해 멕시코로 건너갔다. 벌써 일흔한 살의 나이에다 천식까지 앓고 있었다. 전기 작가 리처드 오코너Richard O'Connor에 따르면 "죽음으로의 초대"였다. 비어스는 행방불명되었는데, 1914년에 전사했거나 총살당한 것으로 추정된다. 주로 죽음과 공포를 다룬 냉소적 작가의 세상을 향한 마지막 희롱이었을까?

1912년 아문센보다 5주 늦게 남극에 도착한 로버트 스콧에 대해 영국 기자 롤랜드 헌트퍼드Roland Huntford는 이런 주장을 내놓았다. 스콧이 자신과 생존한 두 대원의 구조가 아직 가능한 상태에서 의도적으로 구조를 몰래 방해했을 가능성이 크다는 것이다. 사후 명성에 대한 기대도 기대이지만, 무엇보다 얼음 속에서 죽음을 맞는 것이 살아서 돌아가는 것보다 훨씬 낫다고 판단했기 때문이다. 만약 살아서 고향으로 돌아가면 탐험 실패와 두 대원의 죽음에 대해 책임을 져야 했다. 스콧은 텐트에 누워 죽어 가면서 후대를 향해 영웅적인 메시지를 남기기 시작했다. 영국의 명예를 위해 목숨을 걸고 싸웠지만 어쩔 수 없는 운명의 힘에 무릎을 꿇었다. 하지만 그와 대원들이 몸으로 보여 준 것처럼 "영국인은 여전히 용감하게 죽을 줄 안다는 것"을 생생하게 증명했다. 슈테판 츠바이크도 간접적으로 헌트퍼드의 주장에 힘을 실었다. 『인류의 운명적 순간들Sternstunden der Menschheit』에서 그는 이렇게 썼다. "이 편지들은 놀랍기 그지없다. 짧은 시간에 쓰였지만 영원히 우리에게 말을 건다." 이것이 설사 의도한 죽음이 아닌 불가피한 죽음이라고 하더라도 스콧은 사후의 명성을 위해 장렬한 죽음을 연출했을지 모른다.

실화든 허구든 모든 영웅담과 전쟁 영웅에 관한 이야기 속에는 산자와 후손들에게 강렬한 인상을 심어 주는 감동적인 죽음이 있기 마련이다. 레오니

▲ **헤밍웨이** 사납고 거친 남성의 화신. 아마추어 복서, 종군 기자, 말술의 맹수 사냥꾼, 남자답게 죽을 줄 아는 영웅적 인물의 창조자, 그리고 자신도 그런 스타일에 맞게 사냥총으로 목숨을 끊었다. 헤밍웨이는 광고의 많은 대표적 인물들에 강한 남자의 표상을 심어 주었는데, 미국의 악골 작가 메일러도 헤밍웨이 같은 남자가 되고 싶어 했다.

▶ **헤밍웨이** 왼쪽과 동일 인물. 18개월의 헤밍웨이. 독재적인 어머니에 의해 몇 년 더 여자아이처럼 키워졌다. 굳이 심리 분석을 시도하지 않더라도 그게 어떤 영향을 끼쳤을지 충분히 이해할 수 있다. "저렇게 여자애처럼 꾸민 것에 나는 평생 복수를 한다! 나는 누구보다 남자다운 남자가 될 것이다. 세기의 마초개!" 만일 그런 어머니가 없었다면 그는 어떤 사람이 되었을까?

다스도 테르모필라이 협곡에서 그렇게 죽었고[4] 괴벨스는 1945년 4월 17일 나치 선전부에서 이런 연설을 했다. "제군들이여, 100년 후 이 끔찍한 날들을 소재로 멋진 영화가 만들어진다면 여러분은 어떤 역할을 맡길 원하는가? 여러분이 화면에 나올 때 관객들에게 조롱의 휘파람 소리를 듣지 않으려면 지금 어떻게 처신해야 할지 잘 알리라 믿는다."

---

4 스파르타의 왕 레오니다스는 페르시아 전쟁 때 그리스 중부 테르모필라이 협곡에서 압도적으로 우세한 페르시아군을 맞아 친위대 300명과 함께 장렬하게 싸우다 죽었다.

장렬한 죽음 같은 비극적 영웅이나 카라얀 같은 영웅적 찬가의 포즈 외에 유난히 영웅적 남성미를 강조하는 유명인들이 있다. 덮어놓고 돌진하는 돌쇠형의 인물과 남자답게 싸우는 영웅이 그렇다. 헤밍웨이는 평생 어머니가 어릴 때 입혀 준 여자아이 옷에 대해 복수를 꿈꾸었다. 그래서 아마추어 복서와 맹수 사냥꾼이 되었고, 자신이 저지르지 않은 전쟁 범죄를 자신의 짓으로 돌렸고, 소설 속에서 마치 시대의 명령에 따르는 것처럼 끝까지 견뎌내고 고통스러워하다가 죽어 가는 차가운 남자들의 세계를 창조해 냈으며, 자신이 얼마나 남자다운지 세상에 목청껏 알렸고, 겉으로 잔인하게 보이려고 노력했다. 조이스의 표현에 따르면 "언제나 자신이 묘사한 삶대로 살 준비가 되어 있는 사람"이었다.

자신이 남성다움의 표상이라는 것을 추종자들뿐 아니라 스스로도 속여서 믿게 만드는 그런 시도는 굉장히 성공적이어서 약골 유대 인으로 놀림 받던 메일러 같은 사람조차 열여덟 살에 헤밍웨이처럼 진정한 남자가 되기로 결심한다. 메일러는 당나귀 귀에 어깨가 좁고 소심한 성격의 허약 체질이었다. 그는 제2차 세계 대전을 다룬 위대한 소설을 쓰고 싶어 했고, 전쟁은 그런 그에게 7개월 동안의 시간을 내주었다. 그는 우선 필리핀에서 항공사진 판독병으로 근무했다. 하지만 사무실 안의 이런 경험만으로는 소설을 쓸 수 없다고 판단하고, 전투병과를 지원해서 결국 몇몇 전투에 참여할 수 있었다. 이 경험이 글감이 되어 드디어 1948년에 처녀작 『벌거벗은 자와 죽은 자 The Naked and the Dead』가 나왔고, 스물다섯 살의 메일러는 하룻밤 사이에 유명인이 되었다. 이후 그는 유명세를 잘 이어 갔다. 그의 책들은 시대의 맥박과 정확하게 일치했고, 결혼 여섯 번에 자식도 아홉이나 낳았으며, 권투선수로 공식 데뷔했고, 술에 취해 아내와 마음에 안 드는 평론가를 두들겨 팼다. 또한 지식인들과 매춘부, 마약 중독자, 노숙자들이 자기편이 되어 줄 거라는 믿음 속에서 뉴욕 시장 선거에 두 번이나 출마했고, 노벨 문학상 후보로 자기 자신을 추천했다는 소문을 결코 부인하지 않았으며, 그러면서

**티토** 하얀 양복과 자신이 직접 디자인한 원수 제복을 하루에 서너 번씩 갈아입었다. 농부의 아들로 태어나 기계공 도제로 일했고, 제1차 세계 대전에서는 오스트리아-헝가리군의 하사로 복무했다. 제2차 세계 대전 때는 이름을 티토(본명은 요시프 브로즈)로 바꾸고, 스스로 원수라고 선포했다. 그의 동지 질라스는 이렇게 자문한다. 평화기에 태어났더라면 티토는 어떤 사람이 되었을까? "노동조합 간부"가 정답이다.

도 도스토옙스키와 마르크스, 프루스트, 헤밍웨이가 "읽고 싶어 할" 위대한 소설을 쓰겠다고 큰소리만 쳐 놓고 약속은 지키지 않았다.

자신을 영웅으로 인정받고 싶은 사람은 소규모 전투에 참여하거나, 사자의 머리 위에 발을 올려놓거나, 책 속에서 스스로를 영웅으로 분장하는 것 이상의 일도 기꺼이 해낸다. 즉 자신과는 전혀 상관없는 전쟁에 나가거나, 누구도 기대하지 않은 빛나는 업적을 세운다. 바이런 경은 평생을 한 편의 오페라처럼 살았고, 마지막에는 터키에 맞선 그리스 인들의 독립 전쟁을 지원하기 위해 그리스로 건너갔다. 여기서 멋진 최후를 예상했을까? (현실에서는 열흘 동안 지독한 열병을 앓으며 죽었다.) 이탈리아의 서정 시인 단눈치오는 제1차 세계 대전에서 공군 조종사로 빈을 단독 공격했다가 한쪽 눈을 잃었고, 1919년에는 쉰다섯의 나이로 의용대의 선봉에 서서 항구 리예카를 공격했다. 이 도시의 다국적 지배를 저지하기 위해서였다.

허약 체질의 고고학자이자 영국 정보기관 요원이었던 로런스는 1916년 투르크군에 대한 아라비아 인들의 게릴라전을 획책하고 조직화했다. 하지만 이 일로 벌어들인 명성에 만족하지 못하고 자신의 체험을 문학적으로 풀어낸 『지혜의 일곱 기둥 Seven Pillars of Wisdom』에서 자신의 역할을 과장되게 서술했다(쇼가 "세계사의 몇 안 되는 위대한 영웅담 중의 하나"라고 칭한 작품이다). 그는 이 책 속에서 자신이 참여하지도 않은 전투들을 조종하고 이끌었는데, 이것은 이중 전략의 또 다른 형식이었다. 즉 "나의 행위로는 나를 영웅으로 만들고, 내 행동을 다룬 내 책으로는 나를 슈퍼맨으로까지 끌어올렸다".

크게 보면 카이사르와 프리드리히 대왕, 나폴레옹은 모두 비슷하게 행동했다. 전쟁을 일으켰고(프리드리히 대왕은 유명해지고 싶어서 전쟁을 일으켰다고 고백했다), 후대에 그 전쟁에 대한 책을 써서 남겼다. 반면에 자신의 명성을 오로지 능숙한 자기 묘사만으로 높이려고 한 사람들은 그 묘사를 위해 굳이 행동까지 하는 수고를 들이지 않았다. 그래서 이들은 자신이 하지도 않은 행동을 마치 실제로 한 것처럼 묘사했다. 이들에 대해서는 다음 장에서 살펴보겠다.

대부분의 군주와 독재자들은 동상과 개선 행렬, 축하 공연 같은 것들로 스스로를 높였다. 그중에서도 뉘른베르크 체펠린펠트 광장에서 바덴바일러 행진곡이 울려 퍼지는 가운데 제복 입은 수만 명의 군인들로 이루어진 웅장한 대형 사이로 걸어가는 히틀러의 모습은 압권이었다. 티토도 못지않게 극단적인 경우였다. 그는 흰색 양복과 본인이 직접 디자인한 원수 제복을 하루에도 서너 번씩 갈아입었고, 눈처럼 하얀 치아를 해 넣었으며, 머리는 염색했고, 얼굴은 기계로 그을렸고, 당과 정부에 자신의 후계자로 1인 권력자를 옹립하는 대신 집단 지도 체제로 운영할 것을 지시했다. 질라스의 말에 따르면 앞으로 유고슬로비아에서는 그렇게 막강한 권력을 누릴 사람이 다시는 나오지 못할 것이다. 그의 명성을 헐뜯는 권력은 말할 것도 없고.

그런데 바그너만큼 열정적이고 성공적으로 자신의 명성을 자기 손으로 쌓은 사람은 드물다. 물론 안스바흐와 잘츠부르크에도 바흐와 모차르트를 기념하는 축제가 열리지만, 예술의 역사를 통틀어 오직 자기 자신만을 위한 명예의 전당을 스스로 고안하고, 거기다 직접 돈까지 대고 개관식까지 연 사람은 바그너밖에 없다. 또한 그가 죽은 지 90년 뒤에 설립된(1973) '바이로이트 축제'의 재단 규약에 따르면 바그너만을 위해 지어진 이 축제 극장에서는 그의 작품이 아닌 다른 오페라는 공연할 수 없고, 이 규칙은 앞으로 영원히 지켜져야 한다고 분명히 명시되어 있다. 이 약속은 틀림없이 지켜질 것이고, 그와 동시에 이 순례지는 작품과 창작자의 명예를 더욱 높여 줄 것이다.

야코프 부르크하르트는 바그너가 축제 극장의 초석을 놓은 1872년에 이렇게 썼다. "사람들은 바그너를 '바보'라 칭하곤 하지만 사실 그는 바보가 아니라 순간을 멋지게 포착할 줄 아는 가차 없고 대담한 사람이다. 정작 바보는 그의 발길질 한 번에 즉시 꼬리를 내리고 무조건적인 숭배의 길로 들어선 사람들이다." 작센 사투리를 쓰는 난쟁이, 시연할 때면 무대 위를 펄쩍펄쩍 뛰어다니는 괴상한 요술쟁이, 초상화를 그릴 때 잔뜩 인상을 쓰고 앉아 있는 바람에 아내를 경악하게 만든 어릿광대, 그리고 "예술적 세계에서 가장 탁월하면서도 수상쩍고, 다의적이고 매력적인 현상들 가운데 하나"(토마스 만)가 바그너였다. 한마디로 자신의 명성을 기획하는 천재적 전략가라고 할까? 소시민적 세계의 탁한 공기를 뚫고 세상에서 가장 높은 명성의 산으로 올라가려면 무엇을 해야 하고, 어떤 방울을 몸에 달아야 하는지 그보다 잘 알고 있는 사람은 없었다. 절반의 힘은 작품에 쏟고, 나머지 절반은 작품의 선전에 쏟아야 한다. 물론 각각의 반쪽 힘도 일반인들의 전력全力보다 열 배는 더 강한 출력을 낸다.

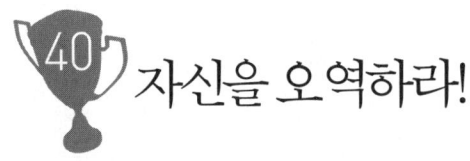
# 40. 자신을 오역하라!

> 나는 내게 정의가 일어나게 하는 것이 부끄럽지 않다.
> ─스탕달의 자전적 소설 『앙리 브륄라르의 삶』

 큰 힘을 들이지 않고도 자신의 명성을 높일 좋은 기회를 잡으려는 사람은 책을 쓴다. 그것도 자신에 대한 책을. 자신의 전 인생을 하나의 통일된 양식으로 묶거나, 앞장에서 언급한 자기 연출의 다른 처방 가운데 하나를 따르는 것은 무척 힘겹다. 자신에 대한 책을 쓰는 사람들은 고백서나 회고록, 혹은 일기를 출간해서 후대인들이 그것을 바탕으로 자신의 작품이나 행위를 판단해 주길 기대한다. 실제 행위든 지어낸 행위든 상관없다. 책으로는 이룰 수 있는 것이 많다. 우선 정치인과 군인들이 주로 노리는 것이지만, 후대인들에게 자신이 항상 옳았고 늘 최선을 다하려고 했다는 것을 증명하고자 한다. 또한 괴테와 토마스 만처럼 작품 해석의 실마리를 제공하기도 하고, 아니면 아우구스티누스나 루소, 스트린드베리처럼 자신의 오점을 고백함으로써 독자들에게 깊은 인상을 심어 주기도 한다. 그 밖에 루이 14세의 조정에서 일한 신체 기형의 루이 드 루브루아 생시몽 공작Louis de Rouvroy Duc de

Saint-Simon(사회주의의 창시자인 클로드 앙리 드 루브루아 생시몽 백작의 조부이다) 은 베르사유 궁정의 풍속도를 장장 40권에 걸쳐 노골적이고 탁월한 필치로 증오에 가득 차서 그려냈는데, 그것은 생전의 적들에 대한 사후의 복수였다. 바그너 역시 사비로 출간한 네 권짜리 자서전 『나의 인생Mein Leben』으로 친구와 적들을 모두 경악에 빠뜨리기도 했다.

마지막으로 책은 한 인간의 삶을 얼마든지 흥미롭거나 모범적 인생으로 날조할 수 있다. 프랑스 작가이자 정치인이었던 앙드레 말로의 삶이 대표적인데, 그가 죽고(1976) 난 뒤에 그런 말이 자주 나돌았다. 자신의 설명과는 달리 그는 1926년의 중국 혁명에 동참한 적이 없었고, 스페인 내전에서 전투기 편대를 지휘한 일도 없었으며, 레지스탕스에서 어떤 식의 주목할 만한 역할도 맡지 않았다. 반면에 고리키는 1915년 러시아 판 브록하우스 백과사전에는 대형 선박 회사 사장과 부유한 사업가의 딸 사이에서 태어난 것으로 기록되어 있지만, 정작 본인은 『나의 어린 시절Meine Kindheit』에서 가난한 수공업자의 아들로 태어났다고 서술하고 있다. 진보적 성향의 작가였던 하인리히 만은 훗날 자신에 대해 쓴 글에서 일관되게 자신의 전 문필 활동 가운데 첫 5년간을 부정했다. 그 시기에 출간되었던 장편 소설 한 권과 단편 소설집이 창피해서 그런 것이 아니라 스물네 살 때 잡지 『독일적 기질과 복지Blätter für deutsche Art und Wohlfahrt』의 발행인으로 일한 전력이 부끄러웠기 때문인 것으로 보인다. 이것은 군주제를 지지하고, 민족주의적이고 반유대주의적인 성향의 잡지였다. 공산당원이었던 이탈리아 시인 파베세는 1950년 자살하기 전에 자신의 일기에서 무솔리니를 예찬했던 부분을 모두 지워 버렸다. 그러나 메모장을 불태우는 것을 깜박하는 바람에 그것이 1990년에 출간되면서 당의 동지들을 경악케 만들었다.

그사이 매끈한 조작과 투박한 은닉은 회고록 문학에서 쉽게 볼 수 없는 방식이 되었다. 자신의 인물상을 만들어 나가는 작업은 이제 좀 더 부드러운 방식으로 이루어진다. 원하는 전설이 자연스레 생겨날 수 있도록 널리 인정할 수 있는 사실들을 이리저리 짜 맞추고 강조하고 해석하는 데 집중한다. 누구도 카이사르의 두 권짜리 전쟁 보고서를 읽으면서 그의 적들이 나쁜 놈이고, 그의 승리가 기가 막히게 멋지다는 것에 토를 달지 않는다. 스스로를 세계의 중심으로 여기는 사람이라면 그렇게 생각하는 것이 자연스럽다고 인정하기 때문이다. 물론 카이사르가 그 전쟁을 통해 최후의 승리자가 된 결과도 사람들의 평가에 영향을 끼쳤을 것이다.

1945년 처칠은 제2차 세계 대전에 관한 책을 쓰기 시작하면서 다시 한 번 총리 자리에 욕심을 냈다. 이 책 속에서 그는 세계 대전의 진정한 영웅이자 항상 옳은 판단을 내리려는 사람으로 묘사되어 있었다. 1930년에 세상을 떠난 보수당 출신의 전직 총리 아서 제임스 밸푸어Arthur James Balfour는 생전에 처칠이 자신의 전쟁 체험을 글로 옮긴 책 다섯 권에 대해 비웃음을 감추지 않았다. 처칠이 자신의 자서전을 무슨 우주의 역사처럼 위장하고 있다는 것이다. 그의 비서 모리스 애슐리Maurice Ashley는 이렇게 말했다. "처칠은 말버러 공작의 전기를 쓰면서 주인공의 행적부터 조사하는 게 아니라 일단 먼저 받아 적게 했다. 이러한 태도는 그의 다른 책들도 마찬가지였다."

나폴레옹과 비스마르크처럼 권력을 완전히 잃은 사람에게는 생의 마지막이자 어쩌면 가장 중요한 임무가 남아 있다. 역사가들에게 해석의 표준이 될 인물상을 스스로 제시하는 것이 그것이었다. 유배지에서 나폴레옹은 측근들에게 받아 적게 한『세인트헬레나의 회상Mémorial de Sainte-Hélène』에서 자신을 프랑스 혁명의 이상을 집행한 사람으로, 휴머니즘의 사도로, 각 민족의 자기 결정권을 옹호하는 신도로, 그리고 전쟁으로 미합중국을 유럽에서 해방시키기 위해 어쩔 수 없이 본인의 의사에 반하여 장수와 군주의 의상을 입은, "왕관을 쓴 조지 워싱턴"으로 만들었다. 이 책은 나폴레옹의 죽음 이후에 출간되었는데, 그 왜곡이 하늘을 찔렀다. 그럼에도 대부분의 프랑스 인들은 그 책의 내용을 믿었다. 그렇지 않았더라면 1840년에 그의 시신을 다시 프랑스 땅으로 모셔 와 장엄한 절차 속에 앵발리드 기념관으로 옮기지 않았을 것이다. 나폴레옹의 자기 찬미는 스탕달과 위고, 하이네, 그라베, 니체에게 깊은 인상을 심어 주었고, 오늘날에도 그의 전기들 속에 도깨비불처럼 어른거리고 있다.

 1890년 3월 18일 비스마르크는 젊은 황제의 압력에 밀려 사직서를 제출하는 순간 '비스마르크 숭배'의 대제사장으로 옷을 갈아입고는 삶의 마지막 8년 동안 그 일에 전력투구했다. 친분 있는 기자들에게 수시로 정치 현안에 대한 주석을 먹잇감으로 던져 주었고, 자신의 명성을 높여 줄 자의적인 역사적 회고와 일화를 들려주었다. 또한 궁정에 관한 모든 보도와 자신을 찾는 사람들을 격려했고, 방문객들에게는 고대의 용사로, 혹은 장차 독일 땅에 우후죽순으로 생겨날 기념상들의 살아 있는 영웅으로 포즈를 취했다. 그러나 모든 동시대인이 그런 그에게 넘어가지는 않았다. 야코프 부르크하르트는 그의 총리 사임 반년 뒤에 벌써, 비스마르크가 그 이전의 어느 누구보다 격렬하게 자신의 명성에 울분을 토했고, 그로써 존경을 받을 권리까지 스스로 박탈했다고 썼다. 폰타네 역시 1893년에 사람들을 속이는 비스마르크의 성향과 "노회함"이 역겹다고 밝혔다.

 하지만 대부분의 독일인들은 그럴수록 더더욱 그를 우러러보았고, 그를 미워하는 사람들은 그 앞에서 벌벌 떨었고, 심지어 몇몇은 그의 은총을 갈구하기도 했다. 1890년부터 그가 회고록을 쓰는 중이라는 사실을 세상에 알렸기 때문이다. 괜히 이 남자에게 밉보여서 복수의 칼날을 맞고 싶은 사람은 없지 않은가? 세상의 이면과 사람들의 구린 곳을 너무 많이 알고 있고, 세상 사람들에게 경탄을 받고, 수사학적으로 탁월한 재능을 지닌 사람이 아니던가? 게다가 모두가 예감하는 것처럼, 어떤 일에서든 항상 자신만 옳다고 생각하고, 자기 기준에 따라 피아를 확실히 구분하는 사람이 아니던가? 독일 제국을 건설한 주인공이고, 장엄하고 화려한 것을 사랑하고, 자화자찬을 즐기고, 신비주의적 영향에 약하고, 경우에 따라서는 적에 대한 양보로 친구의 지원을 무용지물로 만들고, "때를 가리지 않고" 자기 필요에 따라 달변을 늘어놓는 독단적인 사람이었다.

　이런 사람이라면 글을 통해 마음에 들지 않는 인간들을 처형하는 것이 얼마나 즐거운 일이었을까? 그러나 비스마르크는 자서전 3부를 빌헬름 2세가 죽은 뒤에 출간하라는 지시를 내렸다. 그래서 이 책은 황제가 죽은 뒤는 아니지만, 재위에서 물러난 뒤인 1921년에 출간되었다. 첫 두 권은 비스마르크가 죽은 지 4개월 뒤(1898)에 『사상과 회상 Gedanken und Erinnerungen』이라는 제목으로 시장에 나와 몇 주 만에 30만 부가 팔렸다. 이 회고록이 얼마나 자기중심적이고 미화가 심한지 한눈에 뻔히 보이는데도 그렇게 팔렸다. 어쨌든 이 책은 그의 세계적 명성을 배가시켰고, 오늘날까지도 전기 작가들은 비스마르크가 회고록에 적어 놓은 내용들에서 벗어나기가 힘들어 보인다.

　자기 예찬과 독선 외에 자기 묘사의 또 다른 전형적인 형태는 **자책**이다. 참회의 충동은 모든 문화권을 넘어 어디든 존재한다. 일기와 자서전, '자전적 소설'(스탕달과 스트린드베리, 뮈세), 그리고 겉으로는 작가와 다른 인물을 다루고 있다고 내세우지만 실제로는 작가와 떼어 놓기 어려운 많은 소설들이 그렇다. 프루스트가 이 범주에 든다. 또한 1882년에 『참회록 Ispoved'』을 출간했고, 63년 동안 즐겁게 고해하듯 일기를 써 내려간 톨스토이도 마찬가지다. 메레즈코프스키에 따르면 톨스토이는 50년 동안 끝없이 일기를 쓰는 것 말고는 다른 어떤 것도 쓰지 않았다고 한다. 졸라는 『클로드의 고백 La Conffession de Claude』에서 1인칭 화자에게 "완전히 날것이 드러나도록 한 점도 숨기지 않겠다"고 약속하게 하는데, 이 정도면 등장인물과 작가를 분리하기는 어려워 보인다. 도스토옙스키도 비슷하다. 카라마조프 가의 삼형제는 미친 듯이 참회했고, 『죄와 벌』에서 라스콜리니코프는 창녀들에게 자신의 살인 행위를 "음험한 열정"으로 털어놓았으며, 『악령』의 니콜라이 스타브로긴은 자신이 열두 살 소녀를 유괴했는데, 그 아이가 곧 목을 매달아 자살했고, 그에 대한 자신의 반응은 경멸과 역겨움, 공포, 지루함이었다는 내용의 글을 300부 인쇄했다. 이런 고백을 통해 도스토옙스키는 어떤 꿈이나 행위를 속죄하려 했을까? 아니면 누구에게 무슨 연유로 그런 충격을 주려고 했을까?

참회하는 이가 자신의 죄악을 고백하면 양심을 짓누르는 압력에서 벗어날 수 있을 뿐 아니라 마음 한쪽에 존재하는 허영심도 충족시킬 수 있다. 이를테면 이런 식이다. 자, 여길 봐. 내가 홀라당 벗겨 놓은 흥분한 자아가 여기 있어. 마음껏 구경해. 그리고 내가 날카로운 탄핵자로서 나 자신을 이렇게 만천하게 까발리는 용기를 경탄해야 하지 않겠어? 이렇듯 스스로를 벌거벗긴 사람은 명성을 얻을 좋은 기회를 잡은 것이고, 당사자도 그것을 알고 있을 공산이 크다.

공개적인 참회의 원조는 서기 400년경의 교부 아우구스티누스였다. 그는 『고백론』에서 과거의 자신이 얼마나 육욕의 노예였는지를 묘사했다. 마치 고백 자체를 즐기기라도 하듯 묘사는 너무나도 생생하다. "나는 지난날 내 살덩어리가 영혼에 저지른 오염과 부패를 떠올려 보고자 한다." (어떻게 보면 포르노 소설의 시작 같기도 하다.) 젊은 시절 그는 온갖 상스러운 것을 즐기며 살았고, 악덕의 소용돌이에 빠졌으며, "수치스런 애정 행각에 관한 소문"이 주변을 떠나지 않았다. 이런 쾌락적 삶은 서른두 살에 죄악과 여자를 완전히 끊을 때까지 계속되었다고 한다. '성자'라는 사람의 자기 고백치고 이렇게 흥미로운 게 있을까?

근대에는 루소가 자신의 수치스러운 면을 적나라하게 고백하는 기술의 대가였다. 그는 자신의 『고백론』이 "솔직성 면에서는 유례가 없는 작품일 거"라고 독자들에게 장담한 뒤 군데군데 "사소한 장식"이 있으리라는 것은 인정하더니 이내 장광설을 늘어놓기 시작했다. 과거에 거짓말한 일, 도둑질한 일, 수음한 일, 밤중에 가로수 길을 성기를 내놓고 돌아다닌 일, 그리고 성실한 여자 요리사에게 자신이 저지른 도둑질을 덮어씌워 "씻을 수 없는 모멸감"을 안겨 준 일을 하나하나 상세하게 털어놓았다. 특히 성기 노출

증은 시간과 장소에 국한되지 않았는데, 스위스 작가 페르디난트 리온 Ferdinand Lion의 표현에 따르면 "그의 희극 가운데 가히 최고의 희극"이라 할 수 있었다.

토마스 만은 말한다. "장점이든 추악함이든" 자기 안에 있는 것을 폭로하는 행위에는 이런 마음이 숨겨져 있다. "인간은 남이 알아주고 사랑해 주길 원한다. 나의 좋은 면을 알아서 사랑하든 나의 추한 면을 아는데도 사랑해 주든." 모든 자서전의 시작에는 자신에 대한 사랑이 자리한다. 토마스 만도 마찬가지였다. 물론 그는 자서전 같은 삶의 진술서를 남기지 않았다. 대신 자신이 죽은(1955) 지 20년 뒤에 일기를 공개하라고 했다. "모두들 죽고 나면 세상이 나를 알아도" 상관없다는 듯이. 1977년에 1권이 출간되었는데, 그 내용을 보니 토마스 만은 "나의 추한 면을 아는데도 사랑해 주길" 바라는 마음이었던 것 같다.

그를 경탄하는 사람들은 우선 자신들이 그렇게 높이 평가하던 부분, 즉 유려한 문체와 자유자재로 구사하는 반어가 전혀 보이지 않는 것에 당황하고 혼란스러워했다. 토마스 만의 일기 속에는 자기중심적인 건강 염려증 환자의 초상만 빈약한 언어로 그려져 있을 뿐이었다. 이 환자는 자신의 여러 고통을 우주의 소실점으로 여기고, 자기 밖의 세상에서 일어나는 모든 일보다 자신이 산책을 나갈 때 조끼를 입어야 할지 말아야 할지, 보리수 꽃잎 차를 마실 때 레몬을 넣어야 할지 말아야 할지 같은 문제를 훨씬 더 기록할 가치가 있는 것으로 생각하고 있는 듯했다. 1945년 1월 그는 성서 인물 요셉에 관한 4부작 소설을 완성했을 때 가족들과 샴페인을 마시며 마지막 장을 낭송한 뒤 이렇게 적었다. "위로의 느낌, 큰 감동. 크로츠니 유전으로 러시아군의 진군."

그런데 처음의 당황한 반응 뒤에 이상한 일이 벌어졌다. 일기가 오히려 토마스 만의 사후 명성에 유리하게 작용한 것이다. 평론계에서 곧 자기 명성의 노회한 관리자가 바로 이것을 노리지 않았을까 하는 의심이 들 정도였다. 1978년 라이히 라니츠키는 이렇게 썼다. "토마스 만의 '웅장한 기념비를 끌어내리는 작업'은 어차피 진행 중이었는데, 그 일기로 말미암아 작가 자신이 그 선봉에 서는 격이었다." 1985년 그레고르 델린도 거들었다. "모든 게 계산하에서 일어난 일이 아니었을까? 그렇다면 자신의 기념비가 철거되는 것을 걱정해서 한 그의 행동은 옳았다! 그것이 그에게 해를 끼치지 않았기 때문이다. 아니, 결과는 정반대이다. 이제야 그 일기를 생성시킨 긴장감이 생생하게 눈에 들어온다." 그러면서 일기를 다시 읽어 보면 작가에 대한 시각까지 바뀔 거라고 덧붙였다.

역시 그랬다. 1975년 토마스 만의 탄생 100주년까지만 해도 이름 있는 작가들이 토마스 만을 대단하게 치지 않았지만(그때까지 가장 많이 거론되는 독일 작가는 브레히트였다), 1987년 알렌바흐 여론 조사 연구소의 설문 조사에 따르면 20세기의 가장 중요한 독일어권 작가로 토마스 만이 28퍼센트의 득표로 23퍼센트의 브레히트를 누르고 1위를 차지했다.

옆 무대에서도 토마스 만은 명성 관리자로서의 대가다운 면모를 유감없이 과시했다. 『파우스트 박사』가 나온 지 2년 뒤인 1949년에 그는 『파우스트 박사의 성립Die Entstehung des Dr. Faustus』이라는 책을 한 권 더 출간했다. 33년 뒤에 발표된 일기에 따르면 이것은 일종의 "소설에 대한 소설"로서 비평계와 후대를 위해 작가가 직접 제안한 작품 해설서였다. 이로써 토마스 만은 자신에 대한 평론을 "교활한 방식으로 함께 만들어 나갔고"(그레고르 델린), 동시에 괴테와 조이스에 버금갈 정도로 무한한 소재거리를 문학계에 제공하였다. 헨리 제임스 역시 "문학 지망생들을 위한 지침"이라고 소개하면서 자신의 전집에 서문을 18편 달았다. 그러나 이것은 무엇보다 비평계를 겨냥한 글이었다. 평론가들이 자신의 작품을 어떻게 읽어야 하는지 명령조로 가르치고 있기 때문이다. 작가가 작품에 직접 해설을 단 예는 또 있다. 브레히트는 『작업 일지Arbeitsjournal』의 지면을 빌려서 그리했고, 페터 바이스Peter Weiss는 『저항의 미학Asthetik des Widerstands』 제3권을 출간할 때

이 작품의 해설집에 해당하는 『비망록 Notizbücher』도 함께 출간했다. 이들은 작품만 쓴 것이 아니라 작품을 해설하고, 해설하는 작가의 삶에 대한 주석까지도 단 사람들이었다.

자서전과 일기 같은 자기 해설서의 솔직성을 어느 정도까지 믿을 수 있을까? 토마스 만의 일기는 상당히 믿을 만해 보인다. 하지만 다른 작가들은 굉장히 사적인 내용의 자기 고백까지도 후대의 눈을 의식하고, 후대를 향해 교태를 부린다. 예를 들어 지드가 그랬고, 『자아 관찰자의 비밀 일기 Geheimes Tagebuch von einem Beobachter seiner selbst』를 출간한 라바터도 그런 면을 쉽게 읽을 수 있다. 토마스 만은 일반적으로 회고록에는 겸양과 부끄러움을 찾아보기 힘들다고 말했고, 괴테는 자서전적 소재를 "반은 문학적으로 반은 실증적으로" 다루었다고 처음부터 고백했다.

자서전을 쓰는 사람은 최소한 불쾌한 것과 수치스러운 것을 숨기고 싶은 유혹에 빠진다. 그리고 그들의 기억 속에는 항상 많은 빛이 쏟아진다. 니체는 『이 사람을 보라』의 서문에서 "태양의 눈길이 막 내 삶 위에 떨어졌다"라고 썼고, 외과의사 카를 루트비히 슐라이히 Carl Ludwig Schleich는 1920년 베스트셀러에 오른 자신의 자서전을 "햇볕에 내놓은 과거"라고 이름 붙였다. 또한 자서전 작가는 같은 분야의 다른 유명인들의 책에서 읽은 것처럼 멋들어진 일화로 자신의 삶을 치장하고 싶어 한다. 왜냐하면 후대뿐 아니라 자기 자신에게 각인시키고 싶은 감동의 표본은 일화에서 생기기 때문이다.

그런데 아무리 정직한 사람이라고 하더라도 자신이 살아가는 도중에 여기저기 의미 없이 흩뿌려 놓은 수많은 실마리를 예술적으로 연결시키거나, 아니면 삐걱거리는 삶의 불협화음과 소음들을 마치 교향곡을 듣는 느낌이 들도록 멋지게 조합하는 것을 포기하기는 어렵다. 바그너는 『나의 인생』에서 자신이 「파르치팔」을 성금요일의 의미에서 힌트를 얻어 1857년의 성금요일에 번개같이 썼다고 주장했다. 그러나 전기 작가들에 따르면 바그너가 그 작품을 썼던 것은 성금요일 2주 후로 밝혀졌다.

물론 비교적 충실한 회고록도 있다. 쇼펜하우어는 말한다. "자서전은 다른 어디서보다 거짓말하기가 어렵다. 작가가 통제할 수 없는 조건에서 독서가 이루어지기" 때문이다. 그 밖에 진실에 근접한 아우라를 발하는 자기 고백서도 있다. 앞서 여러 번 인용한 원한에 사무친 그릴파르처의 자서전이 그렇고, 스탕달의 미완성 자전 소설 『앙리 브륄라르의 삶』이 그렇다. 스탕달은 "루소처럼 능수능란하게 거짓말을 하면 어쩌나" 하는 염려 속에서 시종일관 날카로운 관찰자의 자조적 거리감을 유지하며 자신의 삶을 기록하고자 했고, 예전부터 자신이 사실에 대한 기억력이 나쁜 것을 잘 알기에 감정적으로 진실한 것만을 쓰려고 노력했다. 그는 이것을 1835년에 썼고, 1842년에 죽었다. 자서전의 대상은 "1880년의 독자들"이었고, 처음 인쇄된 것은 1890년이었다.

스트린드베리는 자기 고백의 형태로 『천치의 고백 Die Beichte eines Thoren』, 일기를 세 권으로 개작한 『지옥 Inferno』, 그리고 네 권짜리 자전적 소설 『하녀의 아들 Tönstekvinnans son』(그는 실제로 하녀의 자식이었다)을 남겼다. 이 소설은 아우구스티누스와 루소처럼 도덕적 자책이 아니라 그가 살았던 지옥 같은 세계, 즉 공포와 우울, 추적 망상, 히스테리, 질투심으로 고통 받는 세계에 대한 묘사였다. 그의 일기를 잠깐 들추어 보자. "내게 고통을 가하려는 격정적 욕망 속에서 나는 자살을 감행한다. 아내와 아이를 떼어 내려고 …… 나는 아내를 사랑하고 아내도 나를 사랑한다. 하지만 우리는 헤어짐을 통해 더욱 커지는 사랑의 거친 증오로 서로를 미워한다." 스트린드베리에게 자기 묘사는 다른 대부분의 사람들과는 달리 명성을 배가시킬 목적이나 기능으로 사용되지 않는다. 그럼에도 그의 명성이 수그러들지 않는 것은 자기 묘사의 극적인 강렬함 때문이다.

장차 자신이 무엇으로 유명해질 것인지를 두고 많은 위인들이 잘못된 상상에 빠졌는데, 심지어 그중에는 끝까지 잘못된 말을 타고 달린 사람도 더러 있었다. 괴테는 자연 연구서 『색채론』이 자신의 모든 문학 작품보다 중요하다고 자부했지만, 결과는 정반대였다. 니체 역시『차라투스트라는 이렇게 말하였다*Also sprach Zarathustra*』가 다른 어떤 작품보다 더 큰 찬사를 받을 것으로 기대했지만, 그의 숭배자들까지 이 작품에 대해 고개를 절레절레 흔들었다. 슈베르트는 오페라와 오페레타를 15곡이나 썼지만 그중에 세 곡만 공연되었고, 반응 역시 작곡가가 무대에서 감사의 인사조차 하고 싶은 마음이 들지 않도록 신통찮았다. 요한 슈트라우스는 1892년 빈의 국립 오페라 극장이 자신의 작품「기사 파스만*Ritter Pásmán*」을 공연할 때까지 안절부절못했다. 그가 오페라로 이해되기를 진정으로 바랐던 작품인데, 이것으로 자신이 "춤곡 이상의 것도 쓸 수 있는 음악가라는 것"을 보여 주고 싶었던 것이다. 하지만 이어진 다른 오페레타들도 관객의 외면을 받았다. 푸르트벵글러는 자신을 작곡가로 생각했다. 그래서 자신을 위대한 지휘자로만 아는 세상 사람들에 의해 오해를 받고 있다고 느꼈다.

폰타네는 소설이 아닌 리듬도 맞지 않는 엉성한 담시로 유명해질 거라는 잘못된 기대를 안고 살았고, 부슈는 그림이 아닌 '이야기 그림'으로 유명해진 것이 너무 "괴롭고 구역질났다." 하지만 부슈는 이야기 그림으로 연재만화의 아버지로 존경받았고, 독일에서는 어떤 예술가도 누리지 못한 인기를 누렸으며, 이야기 그림책『막스와 모리츠*Max und Moritz*』로 세계적 명성까지 얻었다. 크리스티안 모르겐슈테른Christian Morgenstern은 희곡 3부작을 꿈꾸었고,「우리는 길을 발견했다」같은 진지한 연작시에 창작의 방점을 찍었지만, 정작 그를 유명인으로 만든 것은 난센스 시「교수대의 노래」였다.

이런 이들 외에 될 수 있으면 자신의 삶을 드러내지 않으려는 위인들도 일부 있었다. 변덕이 심하고 추적 망상에 쫓기던 클라이스트는 혼란스런 인생 역정에서 전혀 자료가 남아 있지 않은 시기가 몇 군데 존재한다. 자신의 흔적을 지우는 데는 프로이트가 단연 최고였다. 그는 결혼해서 정신과 의사로 자리를 잡기 직전인 1885년(스물여덟 살)에 14년 동안 보관해 온 원고와 메모, 일기, 편지를 모두 없애 버렸다. 그가 아내에게 이런 편지를 보냈다.

"나는 누가 내가 옛날에 쓴 글들을 볼지 모른다는 걱정이 들면 발전할 수도 죽을 수도 없소. 물론 전기 작가들이야 우리가 자기들을 너무 힘들게 한다고 불평하겠지. 하지만 누구나 '영웅의 발전'에 대한 자신의 견해가 옳다는 것은 스스로 증명해야 하오. 나는 그들이 헤맬 것을 생각하면 벌써부터 기대가 되오." 프로이트는 『꿈의 해석 Die Traumdeutung』과 『일상생활의 정신병리학 Zur Psychopathologie des Alltagslebens』, 『성욕에 관한 세 편의 에세이 Drei Abhandlungen zur Sexualtheorie』로 많은 사람들의 입에 오르내리던 1908년에도 자신의 흔적을 지우는 작업을 반복했다. 왜 그랬을까? 미국의 과학사학자 프랭크 설로웨이 Frank Sulloway는 1979년에 이런 해석을 제시했다. "비밀의 아우라에 휩싸여 있으면 추종자들에게 외경심을 불러일으킬 뿐 아니라 프로이트 이전에 선구자나 개척자들이 있었다는 사실을 아예 생각조차 못하게 한다."

프로이트는 가까운 벗들의 기분을 상하게 하면서까지 자신의 삶에 대해 후대에 얼마만큼 전할 것인지, 어떤 색깔을 입힐 것인지 모두 혼자 결정하고자 했다. 1936년 아르놀트 츠바이크가 프로이트에게 그의 전기를 써도 되겠느냐고 물었을 때 그는 이렇게 대답했다. "안 됩니다. 당신에 대한 애정이 너무 깊기 때문에 그 일을 맡길 수가 없습니다. 누군가의 전기를 쓰는 사람은 거짓말을 일삼고, 비밀을 지키고, 위선과 미화, 심지어 이해할 수 없는 일들을 은폐하는 짓도 서슴지 말아야 합니다. 전기적 진실은 있을 수가 없고, 설사 있다 하더라도 쓸모가 없기 때문입니다. 진실은 유통될 수 없을 뿐더러 사람들은 그것을 누릴 자격도 없습니다. 게다가 우리의 햄릿 왕자가 뭐라고 했던가요? 사람을 성취에 따라서만 다룬다면 회초리를 피할 수 있을 사람이 누가 있겠느냐고 하지 않았습니까?" 결국 츠바이크는 포기하고 말았다.

프로이트는 죽기 2년 전인 1937년에 아연한 소식을 들었다. 그가 1887~1902년까지 동료 의사 빌헬름 플리스 Wilhelm Fliess에게 보낸 편지들이 등장했다는 것이다. 이 소식을 전해 준 사람은 그를 숭배하는 여성이었는데, 프로이트는 그녀에게 이렇게 썼다. "나는 이른바 후대라고 하는 사람들에게 그중 어떤 편지도 알려지는 걸 원치 않습니다." 1950년 프로이트의 딸 안나 프로이트는 이 편지들을 공개하기로 결심했지만, 영웅의 이미지를 손상하지 않는 범위 내에서 선택적으로 공개했다. 그러니까 온갖 험담, 코카인에 손을 댔다는 얘기, 그가 건강 염려증 증세를 보이고 있다는 암시들, 환자들에 대한 그의 냉소적 판단은 싹 빠져 있었던 것이다. 1986년에 이르러서야 전체가 공개되었다.

유족이나 유고 관리인들의 수상쩍은 역할이 문제 될 때도 많다. 그들은 뷔히너의 아내처럼 고인과 관련된 자료를 없애지 않으면 조작을 일삼고, 아니면 고인이 생전에 어떤 특정한 이미지를 충분히 만들지 못했거나 더 나은 이미지를 만들었어야 했다고 판단되면 자기들 마음대로 고인의 이미지를 만들기도 한다. 니체의 누이가 그런 수치스러운 역할을 맡았다. 모차르트의 미망인과 랭보의 누이, 고흐의 제수, 비제의 상속인들은 고인의 편지를 검열했고, 마르크스의 유족들은 고인과 아내 사이의 편지와 고인이 엥겔스와 주고받은 편지 일부를 폐기해 버렸다. 그나마 남은 편지 속에서도 인간과 노동자에 대한 마르크스의 깊은 혐오와 경멸이 단편적으로 드러나 있다면 폐기된 편지 속에는 어떤 내용이 있었을지 상상조차 되지 않는다.

바그너보다 47년을 더 산 코지마 바그너는 그 시간을 바이로이트 극장의 축제를 이끌고, 다른 합법적인 방법으로 남편의 명성을 키우는 데 이용했을 뿐 아니라 아예 위변조 공장을 차려 놓고 남편이 남긴 어마어마한 양의 편지와 원고, 자료들을 미화하거나 숨기거나 폐기하는 데 활용했다. 남편이 쓴 자서전의 "순결한 진실"에 모순되는 것은 어디에도 남겨서는 안 되었기 때문이다. 물론 자서전도 변조의 위험에서 자유롭지 못했다. 예를 들어 1963년 이전의 인쇄본에서는 "우리는 눈물과 흐느낌으로 서로가 하나라는 사실을 굳게 확인했다" 같은 위험한 문장들은 삭제되어 있었다. 바그너는 1863

**바그너 부부** 리스트의 딸로서 지휘자 뷜로와 이혼한 코지마는 남편 리하르트를 23년간 숭배하듯이 모셨고, 남편이 죽은 뒤에도 47년 동안 남편의 명성을 위해 부지런히 뛰어다녔을 뿐 아니라 위조까지 마다하지 않았다. 그녀는 일기에 이렇게 썼다. "나는 벙어리가 되고 싶다. 아무것도 알고 싶지 않고 아무것도 듣고 싶지 않다. 남편을 위하는 일만 빼고는." 바그너는 다른 위대한 남자들에 비해 동시대인들을 자기편으로 끌어들일 줄 아는 사람이었다.

년에 이 문장을 썼는데, 그때는 코지마가 한스 폰 뷜로Hans von Bülow와 이혼하기 6년 전으로 막 그의 둘째 딸을 낳은 무렵이었다. 바그너와 코지마 사이에서 태어난 딸 에바Eva도 자기 어머니의 일기를 검열했다.

카프카의 친구이자 유언 집행인인 브로트에게는 세 가지 공이 있다. 고인의 지시를 어기고 유고를 폐기하지 않은 것이 첫 번째이고, 그것을 나치의 광란 속에서도 꿋꿋이 지켜내고, 또 지치지 않는 열정으로 카프카를 세상에 널리 알리려고 애쓴 것이 나머지 공이다. 그러나 출판인으로서는 좋지 않은 태도를 보였다. 세계 문학계에서 가장 매력적인 캐릭터 중의 하나로 여겨지는 예젠스카 폴라크에게 보낸 카프카의 편지 중에서 열 편을 자의적으로 없애 버렸고, 나머지 편지에서도 62문장을 지웠으며, 일기도 83군데나 삭제했다. 그중에는 유곽에 간 경험과 동성애적 성향에 대한 메모를 비롯해서 1922년의 다음 기록도 포함되어 있다. "공격, 공포. 나를 잡아당기고 내가 보기만 해도 자꾸 늘어나는 쥐들." 물론 의도는 좋다. 어디까지나 평화롭게 죽은 순수한 영혼의 이미지를 후대에 남기겠다는 뜻이었으니까. 하지만 이런 의도도 결과적으로는 화가 된다(비근한 예로

1960년 말쑥하게 분장해 놓은 독일어 루소 판에서는 "분출하는 광기를 상세히 묘사한 부분들"이 삭제되었다. "영원한 이상으로서의 루소를 현실적 인간으로서의 루소로부터 지켜 내야 한다는 명분"이었다).

남은 가족이나 친지는 물론이고 위인들 자신이 저질러 놓은 수많은 미화와 왜곡, 신비화, 위조를 생각하면, 또한 전체 천재 산업 속에는 실체적 진실도, 후대에 의한 공정한 해석도 불가능하다는 상황을 고려하면 위인들을 있는 그대로의 모습으로 보고자 하는 우리의 열망은 속절없이 무너져 내리고 만다. 하지만 이것이 다가 아니다. 월급을 받고 궁정에 복속된 궁정 시인, 광신적인 제자들, 자기들끼리 문학상을 나누어 먹는 일단의 패거리들, 그리고 누가 위대하고 누가 위대하지 않은지 자기들 마음대로 결정하는 평론가와 해설가, 역사가들은 아직 언급도 하지 않았다. 이들에 대해서는 다음 장들에서 하나씩 꼼꼼히 살펴볼 것이다.

## 가명을 통한 현혹

가명은 동시대와 후대에 무언가 인상적으로 다가가고자 할 때 즐겨 쓰는 수단이다. 많은 유명인들이 가명을 썼지만, 백과사전에 그 이름으로 올라가지는 않는다(디킨스는 초기에 자신을 '보즈Boz'라고 불렀다). 그런 가명들은 일단 여기서 제외한다. 아래의 목록은 대중에게 널리 알려진 가명들인데, 사람들이 가명이라는 것을 전혀 모르는 경우도 많다.

가짜 이름을 쓰는 주된 이유는 다음 몇 가지로 추정할 수 있다.

1. 본명이 발음하기 너무 어려울 경우. 특히 외국에서 활동할 때 그렇다. 폴란드 태생의 영국 소설가 유제프 테오도르 콘라트 코제니오프스키Józef Teodor Konrad Korzeniowski는 '조지프 콘래드'로 이름을 바꾸었고, 아일랜드 계의 미국 영화감독 '숀 엘로이셔스 오페어나Sean Aloysius O' Fearna'는 존 포드John Ford로 개명했다.
2. 본명이 바보 같거나 우스꽝스러울 경우. 미국 가수 로버트 지머맨Robert Zimmermann은 본명이 대중 가수의 이름으로 쓰기에는 어울리지 않아 '밥 딜런Bob Dylan'으로 바꾸었다. 이탈리아 작가 쿠르트 에리히 수케르트Kurt Erich Suckert, 에토레 슈미츠Ettore Schmitz, 알베르토 핀케를레Alberto Pincherle도 각각 '쿠르치오 말라파르테Curzio Malaparte', '이탈로 스베보Italo Svevo', '아베르토 모라비아Alberto Moravia'로 개명했고, 배우 오스카 브슐리스마이어Oskar Bschliessmayer도 '오스카 베르너Oskar Werner'로 바꾸었다. 물론 타고난 이름이 마음에 안 들어도 그것을 끝까지 지킨 사람들도 있다. 독일 극작가 아우구스트 폰 코체부August von Kotzebue, 미국 작가 윌리엄 코츠윙클William Kotzwinkle이 그랬다.
3. 본명에 전혀 위엄이 느껴지지 않을 경우. 이런 이유로 알베르트 비치우스Albert Bitzius, 알레산드로 디 마리아노 필리페피Alessandro di Mariano Fillipepi, 헬무트 플리크Helmut Flieg는 '예레미아스 고트헬프Jeremias Gotthelf', '산드로 보티첼리Sandro Botticelli', '슈테판 하임Stefan Heym'으로 이름을 바꾸었고, 프리드리히 스토바서Friedrich Stowasser, 주가시빌리, 비젠그룬트Wiesengrund도 각각 '프리덴스라이히 훈데르트바서Friedensreich Hundertwasser', '스탈린', '아도르노'로 개명했다.
4. 여자가 남자 행세를 하고 싶을 경우. '오로르 뒤드방Aurore Dudevand' 부인은 '조르주 상드'로, 메리 앤 에번스Mary Ann Evans 부인은 '조지 엘리엇Goerge Eliot'으로 바꾸었다.

**가명/ 본명/ 직업**
테오도어 아도르노/ 테오도어 비젠그룬트/ 철학자
알랭Alan/ 에밀 샤르티에/ 작가
숄렘 알레이헴Sholem Aleichem/ 숄렘 라비노비츠Sholem Rabinowitsch/ 작가
빌리발트 알렉시스Willibald Alexis/ 빌헬름 헤링Wilhelm Häring/ 작가
장 아메리Jean Améry/ 한스 마이어Hans Maier/ 작가
귄터 안더스/ 귄터 슈테른Günther Stern/ 작가

클로드 아네Claude Anet/ 장 쇼퍼Jean Schopfer/ 작가
기욤 아폴리네르Guillaume Apollinaire/ 비에름 아폴리나리 드 코스트로비츠키Wilhelm Apollinaris de Kostrowitzky/작가
게오르크 바젤리츠Georg Baselitz/ 한스 게오르크 케른Hans-Georg Kern/ 화가
산드로 보티첼리/ 알레산드로 디 마리아노 필리페피/ 화가
도나토 브라만테/ 도나토 단젤로Donato d'Angelo/ 건축가
빌리 브란트/ 헤르베르트 프람Herbert Ernst Karl Frahm/ 정치인
해럴드 브로드키Harold Brodkey/ 애론 로이 와인트롭Aaron Roy Weintraub/ 작가
앤서니 버제스/ 존 B. 윌슨John B. Wilson/ 작가
알레산드로 디 리오스트로/ 주세페 발사모Giuseppe Balsamo/ 모험가
카날레토Canaletto(삼촌) /안토니오 카날Antonio Canal/ 화가
카날레토(조카)/ 베르나르도 벨로토Bernardo Bellotto/ 화가
트루먼 커포티/ 트루먼 스트렉퍼스 퍼슨스Truman Streckfus Persons/ 작가
카라바조/ 미켈란젤로 메리시Michelangelo Merisi/화가
루이 페르디낭 셀린Louis-Ferdinand Céline/ 루이 페르디닝 데투슈Louis-Ferdinand Destouches/ 작가
블레즈 상드라르Blaise Cendrars/ 프레데리크 소세Frédéric Sauser/ 작가
찰리 채플린/ 찰스 스펜서Charles Spencer Chaplin/ 배우
조지프 콘래드/ 유제프 테오도르 콘라트 코제니오프스키/ 작가
안토니오 코레조/ 안토니오 알레그리/ 화가
마를레네 디트리히Marlene Dietrich/ 마리아 막델레나 폰 로시Maria Magdalena von Losch/ 영화배우
커크 더글러스Kirk Douglas/ 이시도르 뎀스키Isidore Demskij/ 영화배우
조지 엘리엇 / 메리 앤 에번스/ 작가
폴 엘뤼아르Paul Éluard/외젠 그랭델Eugène Émile Paul Grindel/ 시인
한스 팔라다/ 루돌프 디첸Rudolf Ditzen/ 작가
밥 딜런/ 로버트 지머맨/ 가수
카시미어 에트슈미트Kasimir Edschmid/ 에두아르트 슈미트Eduard Schmidt/ 작가
고르히 포크Gorch Fock/ 요한 키나우Johann Kienau/ 작가
존 포드/ 숀 엘로이셔스 오페어나/ 영화감독
그레타 가르보/ 그레타 구스타프손Greta Gustafsson/ 영화배우
로맹 가리/ 로망 카체프Roman Kacew/ 작가
조르조네Giorgione/ 조로조 다 카스텔프랑코Giorgio da Castelfranco/ 화가
막심 고리키/ 알렉세이 페슈코프Aleksei Peshkov/ 작가
예레미아스 고트헬프/ 알베르트 비치우스/ 작가
캐리 그랜트Cary Grant/ 아치볼드 리치Archibald Leach/ 영화배우
아나스타시우스 그륀Anastasius Grün/ 안톤 알렉산더 그라프 폰 아우어스페르크Anton Alexander Graf von Auersperg/ 시인
프리드리히 군돌프Friedrich Gundolf/ 프리드리히 군델핑거Friedrich Gundelfinger/ 작가

알베르트 파리스 귀테르슬로Albert Paris Gütersloh/ 알베르트 콘라트 키트라이버Albert Conrad Kiehtreiber/ 화가이자 작가
크누트 함순/ 크누트 페데르손Knut Pederson/ 작가
막시밀리안 하르덴Maximilian Harden/ 펠릭스 에른스트 비트코프스키Felix Ernst Witkowski/ 출판인
슈테판 헤름린Stephan Hermlin/ 루돌프 레더Rudolf Leder/ 작가
슈테판 하임/ 헬무트 플리겔/ 작가
프리덴슈라이히 훈데르트바서/ 프리드리히 스토바서/ 화가
장 파울/ 장 파울 프리드리히 리히터Jean Paul Friedrich Richter/ 작가
로베르트 융크Robert Jungk/ 로베르트 바움Robert Baum/ 출판인
알프레트 케르/ 알프레트 켐프너Alfred Kempner/ 평론가
클라우스 킨스키Klaus Kinski/ 니콜라우스 나크진스키Nikolaus Nakszynski/영화배우
클라분트Klabund/ 알프레트 헨슈케Alfred Henschke/ 작가
쿠바Kuba/ 쿠르트 바르텔Kurt Bartel/ 시인
니콜라우스 레나우/ 니콜라우스 프란츠 님브시 에들러Nikolaus Franz Niembsch Edler/시인
레닌/ 블라디미르 일리이치 울리야노프/ 정치인
쿠르치오 말라파르테/ 쿠르트 수케르트/ 작가
마크 트웨인/ 새뮤얼 클레멘스Samuel Langhorne Clemens/ 작가
E. 마를리트Marlitt/ 오이제니 존Eugenie John/ 작가
자코모 마이어베어/야코프 리에브만 베어/ 작곡가
호아킨 밀러Joaquin Miller/ 신시네이터스 하이너Cincinnatus Hiner/ 시인
가브리엘라 미스트랄/ 루실라 알카야가Lucila Alcayaga/ 시인
몰로토프/ 뱌체슬라프 스크랴빈Vyacheslav Skryabin/ 정치인
몰리에르/ 장 바티스트 포클랭Jean-Baptiste Poquelin/ 극작가
마릴린 먼로Marilyn Monroe/ 노마 진 모턴슨Norma Jeane Mortenson/ 영화배우
알베르토 모라비아/ 알베르토 핀케를레/ 작가
파블로 네루다Pablo Neruda/ 네프탈리 리카르도 레예스 바소알토Neftalí Ricardo Reyes Basoalto/ 시인
제라르 드 네르발/ 제라르 라브뤼니Gérard Labrunie/ 시인
에밀 놀데/ 에밀 한센Emil Hansen/ 화가
노발리스/ 게오르크 프리드리히 폰 하르덴베르크Georg Friedrich Freiherr von Hardenberg/ 시인이자 철학자
조지 오웰/ 에릭 아서 블레어Eric Arthur Blair/ 작가
파블로 피카소/ 파블로 루이스Pablo Ruiz/ 화가
요아힘 링겔나츠Joachim Ringelnatz/ 한스 뵈티허Hans Bötticher/ 재담가
로다 로다Roda-Roda/ 잔도르 프리드리히 로젠펠트Sandor Friedrich Rosenfeld/ 작가
프랑수아즈 사강Françoise Sagan/ 프랑수아즈 쿠아레Françoise Quoirez/ 작가
생존 페르스Saint-John Perse/ 알레시스 레제Alexis Léger/ 시인

조르주 상드/ 오로르 뒤드방/ 작가
찰스 실즈필드/ 카를 안톤 포스틀/ 작가
안나 제거스 Anna Seghers/ 네티 라드바니 Netty Radvanyi/ 작가
이그나치오 실로네 Ignazio Silone/ 세콘도 트란퀼리 Secondo Tranquilli/ 작가
스탈린/ 이오시프 주가시빌리/ 정치인
스탕달/ 앙리 베일 Henri Beyle/ 작가
막스 슈티르너 Max Stirner/ 요한 카스파르 슈미트 Johann Kaspar Schmidt/ 철학자
이탈로 스베보/ 에토레 시미츠 Ettore Schmitz/ 작가
틴토레토 Tintoretto/ 자코포 로부스티 Jacopo Robusti/ 화가
티토/ 요시프 브로즈/ 정치인
프리드리히 토르베르크 Friedrich Torberg/ 프리드리히 칸토르베르크 Friedrich Kantor-Berg/ 작가
트로츠키/ 레프 다비도비치 브론시테인 Leib Davidovich Bronstein/ 정치인
카를 발렌틴/ 발렌틴 루트비히 파이 Valentin Ludwig Fey/ 코미디언
베르코르 Vercors/ 장 마르셀 브륄레르 Jean Marcel Bruller/ 작가
파올로 베로네세 Paolo Veronese/ 파올로 칼리아리 Paolo Caliari/ 화가
볼테르/ 프랑수아 마리 아루에 François Marie Arouet/ 철학자
브루노 발터/ 브루노 발터 슐레징거 Bruno Walter Schlesinger/ 작곡가
오스카 베르너/ 오스카 브슐리스마이어/ 영화배우

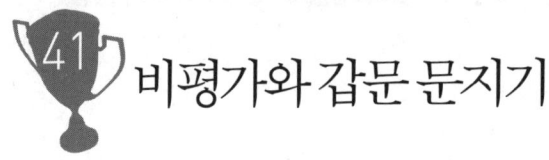
# 비평가와 갑문 문지기

> 비평은 비유전학적 영역에서 이루어지는 자연 선택이다.
> ―포퍼

환영한다, 그대 하나뿐인 플라스크,
내가 지금 그대를 경건하게 아래로 내린다.

이것이 괴테의 시라고 해서 평가가 달라지지는 않는다. 아마 그가 발표한 시 중에서 가장 형편없는 시구가 아닐까 싶다. 여기서 비평의 문제가 등장한다. 평론가는 이 시구에서 괴테에 어울리는 운문의 천재성을 찾아내야 할까? 그게 타당한 일일까? 혹은 하나의 예술 작품에 내재하는 부분적인 약점은 얼마만큼 비난받아야 할까? 반대로, 지극히 근사한 한 대목만으로 작가의 수준을 판단할 수 있을까? 예를 들어 클라우디우스의 명성은 주로 그의 서정시 「달이 떴다」에 기대고 있다. 그것도 시의 절정에 해당하는 넷째 행("숲은 검게 선 채로 침묵한다")이 명성의 본질적인 부분이다. 벤은 자신의 시 여섯에서 여덟 편을 "후대에 남겨도 될 조형물"이라고 칭했고, 톨스토이는 일기에서 이렇게 썼다. "위대한 사람이라고 해서 항상 훌륭한 작품만 쓰지는 못하고, 때에 따라서는 형편없는 작품을 창작하기도 한다. 그래서 작가가 단순히 셰익스피어나 괴테라는 이유만으로 실패한 작품에서 미를 찾아내려고 하는 것은 미련한 짓이다."

작가를 비롯해서 예술가의 서열을 결정하는 사람은 누구인가? 수없이 많은 책과 전승되어 오는 다른 것들 중에서 어떤 것이 읽고 듣고 감상하고 보존될 가치가

**괴테** 바이마르 공국의 재상. 수많은 훈장을 받은 문학의 제왕(1822년 하인리히 콜베가 그린 초상화). 세상의 재능 있는 모든 젊은이들이 그를 찾아와 허리를 굽혔다. 하이네, 그릴파르처, 횔덜린, 클라이스트. 하지만 그에 대한 이들의 평가는 거만함과 차가움이었다.

있다고 우리에게 가장 먼저 말해 주는 사람은 누구인가? 명성의 길에는 그 입구에 문지기들이 서 있다. 출판업자와 서적상, 화랑주와 박물관장, 극장장과 지휘자, 그리고 최근에는 방송 편집장과 신문사 문화 담당 기자들, 문화부 소속의 예술 지원금 교부 위원들이 그들이다. 우리는 이들을 **갑문 문지기**라 부른다. 명성의 길로 들어가는 문을 닫거나 열어 주는 것이 그들의 역할이기 때문이다. 그들이 입장을 허락한 사람만이 비평의 대상이 된다.

비평가들 다음으로 활동을 개시하는 사람은 문예학자와 전기 작가, 백과사전 편찬 위원, 교과서 저자, 교사, 명작 선집의 발행인들이다. 이들은 스스로 작가들로부터 신탁(信託)을 받았다고 생각하는 사람들인데, 어떤 책을 새로 찍어야 할지, 어떤 작가의 작품을 전집으로 출간해야 할지, 어떤 희곡을 레퍼토리에 포함시켜야 할지는 늘 이들의 손에 결정되고, 그 다음에 다시 비평가들이 펜대를 잡는다. 간단하게 말해서 예술가는 중개자들의 후원을

받지 못하면 아무것도 아니다. 이들은 한 예술가가 명성의 로토에 당첨되는 것을 도와주기도 하고, 그를 아예 낙방시키기도 하는데, 칠젤의 표현에 의하면 일명 "천재교의 제사장들"이다. 예를 들어 오토 브람Otto Brahm이 없었다면 입센이 그렇게까지 성공할 수 있었을까? 1912년에 케르는 브람에 대해 이렇게 말했다. 1889~1912년까지 베를린의 극장장으로서 연극계에 막강한 영향력을 행사했던 브람은 "입센을 유명하게 만든 주인공이었다. 수시로 입센을 독촉하고 강요하고 검사했으며, 비평가들이 입센을 훌륭한 작가로 인정할 때까지, 그들이 자신의 의지에 굴복할 때까지, 그리고 입센을 이해하고 위대한 사람으로 간주하고, 깊이 연구해 보고 싶은 욕구가 생길 때까지 쉬지 않고 밀어붙였다". 1980년대까지 독일어권에서 가장 많이 공연된 극작가는 셰익스피어였다. 브레히트와 몰리에르, 실러를 누른 결과였다. 그리고 가장 많이 상연된 작품은 「깨어진 항아리」와 「햄릿」, 「서 푼짜리 오페라Die Dreigroschenoper」였다.

전기 작가에게는 보통 죽은 사람을 전체적으로 판단할 자유와 그를 반신으로 끌어올릴지, 추악한 악마로 추락시킬지 결정할 권리가 있다. 이때 개인적인 흠모의 마음이나 복수욕이 작용하기도 하지만 그것은 엄선한 객관적인 사실들로 위장된다. 그 밖에 그들의 결정은 시대적 유행에 영향을 받을 때도 많다. 오늘날 이런 유행은 이상화가 지배하던 19세기보다 훨씬 빨리 바뀐다. 1990년에 출간된 클라라 슈만의 전기는 주인공을 굉장히 부정적으로 그렸는데, 그에 대해 한 비평가는 이런 소견을 내놓았다. 그 전기를 쓴 여성 작가도 어릴 때부터 유명한 피아니스트가 되는 것이 꿈이었는데, 자기 대신 클라라 슈만이 그 꿈을 이룬 것을 결코 용서할 수 없어서 그녀를 그렇게 나쁘게 묘사했다고.

서양의 **전기**傳記 문학에서 가장 유명하고 해학이 넘친다고 하는 그 작품에는 아주 특별한 것이 있었다. 우선 전기의 주인공이 꾸준한 명성을 얻는 데에 그 전기가 결정적인 영향을 끼쳤을 뿐 아니라 그 전기 작가가 오늘날 문학적 수준 면에서 전기의 주인공보다 오히려 더 높게 평가받고 있다는 사실이다. 전기 주인공은 영국의 작가이자 비평가이자 사전 편찬자인 새뮤얼 존슨이었고, 전기를 쓴 사람은 스코틀랜드의 작가 제임스 보즈웰James Boswell이었다. 존슨보다 스물한 살이 적은 보즈웰은 이미 유명해 있던 덩치 크고 못생긴 존슨과 1763년부터 친분을 맺기 시작했는데, 20여 년 동안 그의 주변에 머물면서 삶에 관한 그의 재치 넘치고 직설적인 표현들을 메모해 두었다가 그것을 멋진 경구와 빼어난 일화로 가득 찬 두 권짜리 전기로 풀어냈다. 그런데 이 책에서 보즈웰이 자신을 존슨의 악의에 끊임없이 희생당하는 사람으로서 웃음거리를 자청했던 것이 오랫동안 그에게 품위 없는 사람이라는 딱지를 붙게 했다. 하지만 보즈웰은 어느 누구의 전기보다 자신의 전기가 한 인물을 완벽하게 그려 냈다고 자부했다. 그러면서 자신이 장차 영국인들에게 두루 사랑받는 새뮤얼 존슨의 **창조자**가 될 거라는 사실을 예감했을지 모른다. 플라톤이 소크라테스를 창조했듯이 말이다. 우리는 플라톤의 대화록을 통해 소크라테스를 알게 되었는데, 괴테의 표현에 따르면 이 책에서는 소크라테스만을 현인으로 띄우기 위해 나머지 많은 대화 상대들을 "어이없을 정도로 어리석은 인간"으로 만들어 버렸다고 한다.

그런데 일반적으로 **비평가**에게 그렇게 큰 권력이 있지는 않다. 그럼에도 이 장에서 주로 비평가들만 다루고 있다면 그것은 그들이 갑문 문지기와 검증자의 중간 지점에서 활동하고 있고, 등급과 명성에 대한 기준을 그나마 이들에게서 가장 빨리 찾을 수 있을 거라는 기대 때문이다. 그들이 찬가를 부르든 처형을 하든, 얼치기 작가를 침묵으로 죽이든 위대한 정신을 "무시와 야만, 불관용으로 전승의 영역에서 추방하든" 마찬가지다. 이 과정에서 비평가들로부터 부당한 대우를 받았던 사람으로는 클링거와 고트프리트 아우구스트 뷔르거Gottfried August Bürger, 울란트를 꼽을 수 있다.

많은 사람들이 주장하는 것처럼 예술가의 명성은 **대중**에 의해 결정된다는 말은 사실이 아니고, 결코 바람직하지도 않다. 다수는 어차피 말이 없다.

그들은 문학과 극장, 음악, 조형 예술에는 관심이 없기 때문이다. 전문가들이 혹평하거나 무시하는데도 대중의 힘에 의해 성공한 책이 있다면 그것은 두말할 것 없이 통속 문학이다. 평론가들의 생각에는 그렇다. 간혹 비평계의 힘없는 소수에 해당하는 독자층이 나름의 예술적 취향으로 몇몇 예술 심판관들을 때려눕히기도 하지만, 애당초 문지기들에 의해 입장이 허락하지 않은 작품은 대중과 만날 기회조차 가질 수 없다. 대중의 판단은 순간의 감정에 의존한다. 고대에서부터 19세기 초까지 유일한 극장 비평은 관객의 눈물과 폭소, 기절, 환호, 휘파람, 그리고 무대로 던지는 썩은 과일이었다.

순간의 감정에 치우친 이런 대중적 성향 때문에 전문적 비평가들에 의한 명성 분배를 웬만큼 인정하고 싶은 욕구가 생겨난다. 어지럽게 쏟아지는 수많은 작품들 중에서 정말 보석 같은 것을 콕 집어내야 하는 문제에서는 비평가들이 수백만을 헤아리는 대중보다 훨씬 경험이 많고 전문적인 지식으로 무장하고 있다. 또한 비평가와 갑문 문지기들 중에는 굉장히 수준 높은 사람들도 있다. 천재의 작품을 알아보고 향유할 수 있는 "선택받은 탁월한 두뇌들"이다. 쇼펜하우어의 표현인데 그는 덧붙여 이런 말도 했다. "대부분의 사람들이 **스스로의 기준이 아니라** 남의 권위에 기대어 판단을 내리는 것은 참으로 다행스러운 일이다. 모든 사람이 자기만의 향유 기준에 따라 판단을 내린다면 플라톤과 칸트, 호메로스, 셰익스피어, 괴테에 대해 얼마나 혼란스러운 평가들이 내려지겠는가?" 생각만 해도 끔찍한 일이다. 우리는 표준이 될 만한 기준이 필요하다. 민족과 세대의 경계를 넘어 인간 사회의 가치가 어느 정도 이어지기 위해서라도 그런 기준은 필요하다. 이탈리아 철학자 베네데토 크로체Benedetto Croce는 말한다. "전통과 역사 비평이 없으면 예술 작품을 향유하는 것은 불가능하다." 그게 없으면 우리는 동물보다 별로 나을 것이 없다. 현재 아니면 아주 가까운 과거에만 집착하며 살 테니.

이렇듯 중재자 역할의 비평가 없이는 곤란하다면 그들이 가진 문제와 한계점들을 명토 박아 둘 필요가 있다. 우선, 그들이 명성을 부여할 때 핵심적으로 작용하는 것은 수많은 우연과 그 분야에 어울리지 않는 약간의 재능이다. 둘째, 평가 기준은 물론이고 동기나 이유를 공개할 때가 거의 없다. 셋째, 가치 척도가 예술적 수준보다는 정치적 동질성 면으로 치우칠 때가 많다. 마지막으로, 많은 평론가들이 비평 작업의 막연함과 주관성을 독자들에게 밝히는 것이 솔직한 일일 텐데도 그 길을 택하지 않고 '무오류성의 아우라'를 내뿜으며 독자들 앞에 나타나기를 좋아한다.

**학교**는 정반대로 시작한다. 즉 '괴테는 이러이러한 사람'이라고 처음부터 규정해 놓고 학생들에게 가르친다. 아직도 라틴 어 수업을 하는 학교에서는 베르길리우스나 호라티우스, 키케로Marcus Tullius Cicero 같은 **역사** 위인이 영원히 살아 숨 쉬고 있다. 물론 학생들에게는 미라나 다름없겠지만 말이다. 학교는 엄격한 권위적 위계질서로 자신의 척도를 학생들에게 단단히 박아 넣고, 그에 대한 반박이나 저항은 허용하지 않는다. 물론 학생들에게는 '완벽한 무관심'이라는 저항 수단이 남아 있기는 하다. **대학교**라고 해서 사정이 특별히 낫지는 않다. 스위스 작가 아돌프 무슈크Adolf Muschg는 이렇게 썼다. "대학은 문학적 소양을 작가와 그들의 텍스트를 앵무새처럼 따라 말할 수 있는 능력으로 환원시켜 버렸다." 대학생들에게 문학은 너무 어렵고 높은 곳에 있는 것으로 각인되어 있어서 감히 범접할 생각조차 하지 못하게 한다.

문화의 중개자들을 두고 널리 회자되는 말이 있다. 경험을 토대로 생긴 말이니까 부당한 편견이라고 몰아세울 필요는 없다. 즉, 문화계에서 출판업자와 극장장, 혹은 명성의 다른 문지기 자리에 오르려면 예술적 소양과 감각도 중요하지만, 그보다 한층 더 중요한 것은 관철 능력과 시장의 흐름을 읽어 내는 후각이다. 편집장들도 평론가에게 빼어난 비평만 기대하는 것이 아니라 시대정신을 빨리 읽어 내는 감각도 요구한다.

20세기 첫 30여 년 동안 독일 언어권에서 가장 주목받고 두려움의 대상이던 연극 평론가 케르는 기회가 있을 때마다 자신의 가차 없는 가치 판단을 대중에 아낌없이 공개했다. 더구나 비평하는 대상과는 무관하게 비평 그 자체를 하나의 독자적인 작품으로 승격시키고자 애썼다. 그의 공개적인 혹평은 유명했고, 칭찬조차 그렇게 호의적이지 않았다. "빈약한 작품에 전형적으로 나타나는 특징이 없는 것으로 봐서는 그 시인이 아주 재능이 없다고 할 수는 없어 보인다." 1920년대 비평계의 제왕이던 군돌프는 책 표지에 "괴테 / 군돌프"라고 인쇄되는 것을 보고 굉장히 우쭐댔다. 아니, 어쩌면 순서를 바꾸어 "군돌프/ 괴테"라는 제목으로 나왔더라도 결코 외람되다고 생각하지 않았을지 모른다. 케르의 경우도 마찬가지이지만, 이것은 비평가인 자신이 비평의 대상자보다 언제나 더 중요한 사람이라는 자기 존중의 표현이다.

문학적 서열이 작가에게 내재한 함량이 아니라 비평가와 문예학자들이 매기는 점수에 따라 정해지는 것이라고 주장하지만 **않는다면** 케르와 군돌프 유의 비평도 그 정당성을 인정해 줄 수 있다. 문학적 가치 평가는 비평의 대상인 작품이나 작가보다 비평가들 자신에 대해 더 많은 것을 이야기한다(케플링거). 요아힘 페르나우Joachim Fernau도 이렇게 말했다. 우리의 천재들은 홀로 빛나는 저 높은 하늘의 별이 아니라 "우리가 직접 불을 붙여 주어야만 빛을 발하는 등불일 뿐이다."

그렇다면 비평가들의 기준은 어떤가? 그들에게 변함없는 기준이 있을까? 있다면 어떤 것일까? 그리고 그들이 그런 기준으로 평가를 내린다는 말을 믿어도 될까? 아마 스위스의 신학자 발터 니크Walter Nigg만큼 순진하게 자신의 속내를 들여다보게 해 준 사람은 없다. 다작을 하던 그는 한 책에 이런 문장을 남겼다. "모순으로 가득 찬 토마스 만의 태도는 크게 이상하게 느껴지지 않는다. 매너리즘에 빠진 작가에게는 한결같은 실체가 존재하지 않기 때문이다." 그러곤 끝이었다. 비평가는 주관적이어도 된다. 라이히 라니츠키는 너무도 명쾌하게 말한다. "나는 내게 흥미를 끄는 책이 좋은 작품이라고 생각한다. 지루한 책은 나쁜 작품이다." 물론 이 말 뒤에 그는 한 책이 자신에게 왜 그런 느낌을 불러일으켰는지 "객관적으로 설명해 줄" 합리적 근거를 찾는다. 그 밖에 비평가에게 필요한 능력은 뛰어난 재능이나 천재가 나타났을 때 자신이 지금까지 배운 것을 모두 잊어버릴 수 있는 능력이다. 그리고 비평가는 자신 또한 천재라고 하더라도 "살아 있는 문학 작품을 죽이거나, 죽은 작품을 살릴 수는 없는" 법이다.

그런데 구체적인 예에서 시험을 통과한 비평가들은 많지 않다. 1978년 바덴바덴의 쥐트베스트 방송국에서 한 실험을 했다. 비평가들을 모아 놓고 연극배우들이 이름난 작가들의 새로운 작품을 익명으로 낭독했는데, 비평가들은 작가의 성性과 나이, 이름을 대지 못할 정도로 모두 곤혹스러워했다. 이 실험의 기획자 위르겐 로데만Jürgen Lodemann은 이렇게 썼다. 비평은 "변덕의 곡예"이다. 어쨌든 그러다가 한 비평가가 나서서 자기 의견을 말했다. 그러나 그가 칭찬한 작품은 불과 몇 주 전에 자신이 무자비하게 혹평한 작가의 작품이었다.

그렇다면 비평가들은 어떤 작품이 황금 덩이인지, 아니면 단순한 돌멩이인지 결정 내리기 전에 그 작품의 저자가 누군지 알고 싶어 한다. 만일 그게 천재의 작품이라면 황금 덩이들 사이에 가끔 돌가루가 뿌려져 있어도 너그러이 용서한다(괴테의 경우). 반면에 그전까지 황금으로 간주되던 것도 그것이 원래 천재의 작품이 아니라는 것이 알려지면 한순간에 싸구려로 취급당한다(렘브란트의 작품이 아니라는 것이 밝혀진 순간 그 가치가 급전직하한 「황금 투구를 쓴 남자」의 경우). 또한 비평가들은 천재가 정치적·도덕적으로 옳지 않은 일을 저질렀을 경우에도 기존의 황금을 가차 없이 돌멩이로 둔갑시켜 버린다(함순의 경우).

함순은 문학 외적 기준으로 평가를 받은 대표적인 예이다. 하지만 예술 외적 기준은 역사가 아주 오래되었을 뿐 아니라 상당히 인기도 높았다. 독일 최초의 "문예 비평계의 황제"라 불리는 요한 크리스토프 고트세트Johann Christopf Gothsched는 1730년 『독일 비평 시론 소고 Versuch einer kritischen Dichtkunst vor die Deutschen』에서 비극 작가는 "관객의 마음에 감각적 방식으로 새겨 넣을 도덕적 명제를" 미리 선택해 놓아야 한다고 썼다. 극작가 고트홀트 에프라임 레싱에게 비극의 기능은 공포와 연민을 통한 감동을 "선한 도덕적 능력"으로 바꾸는 것이었다. 실러는 도덕적 목적에 도움이 된다 싶으면 역사까지도 과감하게 고쳤는데, 괴테는 그에 대해 이렇게 썼다. "그(실러)는 자유의 복음을 설파했다. 그러나 나는 자연의 권리가 축소되는 것을 원치 않는다."

그런 괴테도 당연히 반대편으로부터 비난을 받았다. 1910년 하인리히 만은 괴테가 인간 세상을 위해 바꾼 것이 아무것도 없다고 질타했다. "세상의 비인간적인 면을 하나도 타파하지 않았고, 더 나은 세상으로 나아가는 길을 1센티미터도 앞당기지 않은" 사람이라는 것이다. 1845년 판 브록하우스는 하이네가 "정치적 소신의 솔직함과 성격의 확고함"이 없다고 나무랐다. 입센은 작가 이전에 무엇보다 사회 비판가와 성상 파괴자의 모습으로 환호와 저주를 동시에 받았다. 레닌은 1905년에 문학이 당 조직의 일부로서 당을 위해 복무해야 한다고 요구했다. 브레히트는 만년에 쓴 희곡들이 교훈극이었는데, 그의 이론에 따르면 이것은 관객에게 보여 주는 극이라기보다 오히려 배우가 인물에 동화되어 저절로 연기를 하는 극이었다. 배우 자신이 "특정 행동 방식의 연기와 특정 태도의 습득, 특정 어투의 재현을 통해 사회적으로 영향을 받을 수 있기" 때문이다.

1945년 이후에도 정치적 신조가 비평계의 주도권을 장악했다. 작품이 사회 정치적 참여를 표방하고 있느냐, 혹은 최소한 참여 작가로 알려진 사람의 작품이냐가 비평의 핵심 기준이 된 것이다. '좌파 문학'이 주도권을 잡은 것은 좌파 진영에는 문제가 되지 않았다. 베를린의 사회학자 우르스 예기Urs Jaeggi가 1981년에 소설『개요 Grundrisse』를 발표했을 때 크리스티안 슐츠 게르슈타인Christian Schulz-Gerstein은『슈피겔』지에 이렇게 썼다. "예기의 숭배자들조차 당혹스런 고백으로 찬미가를 끝맺을 정도로 문학적 질이 떨어지고, 또 누가 봐도 언어와 문체 면에서 전혀 기대에 부응하지 못하는 작품에 문학계는 왜 그렇게 갈채를 보내는가?" 이유는 분명하다. 예기가 "재야 운동가"이고, 루디 두치케Rudi Dutschke[1]와 친분이 있으며, 주택 무단 점거자들에게 호의적이고, 반핵 운동에 공감을 표했기 때문이다. 사회 참여적 성향의 비평가라면 이런 작가의 작품을 굳이 시시콜콜히 따질 필요가 없다. "결국 자신이 하고 싶은 말을 그 작가가 하고 있기 때문이다. 그에게는 바로 그게 좋은 소설이다."

이런 식의 우대는 이른바 '비평 카르텔'과 '칭찬 짬짜미'를 통해 더욱 촉진된다. 이것의 작동 방식은 이렇다. 작가 A가 심사 위원석에 앉아 작가 B에게 문학상을 선사하면, 작가 B는 다른 심사 위원석에 앉아 작가 A에게 문학상을 준다. 그리고 A나 B를 예찬하는 작가 C도 마찬가지로 곧 상을 받는다. 투홀스키는 이것을 "서로 들어 두는 칭찬 보험"이라고 했다. 프랑크 쉬르마허Frank Schirmacher는 독일 문학에 대해 이렇게 썼다. 독일 문학의 테마들은 진부하다. "그런데도 문단은 건강하게 잘 지내고, 오히려 팽창 일로에 있다. …… 문학계의 전체 구성원들은 소문과 비밀을 서로 나누고, 남의 비상과 추락을 결정하며, 어떤 이름은 새로 만들어 내고 어떤 이름은 망각의 늪에 빠뜨린다. …… 이 모든 것은 놀이다. 만일 문학계가 어느 날 그 대상과 뒤바뀌지만 않는다면 오랫동안 이대로 죽 갈 것이다." 프랑스도 사정이 별로 나아 보이지 않는다. 1989년 『르몽드Le Monde』지에 이런 기사가 실렸다. "프랑스를 대표하는 세 문학상의 심사 위원들에게는 판단이라는 것이 없다. 그저 부패하고 수상쩍은 짬짜미만 난무할 뿐이다."

물론 문단의 이런 패거리들을 고발하는 올곧은 비평가들도 있다. 하지만 그들이라고 해서 문학적 하루살이 같은 작자들에게 자기와 한패라는 이유만으로 주례사 비평을 하고, 문학적 월계관을 씌워 주는 현실을 바로잡지는

---

[1] 독일의 마르크스주의적 사회학자로 1940년에 태어나 1979년에 사망했다. 1960년대에 서독의 학생 운동을 주도한 대표적 인물.

못한다. 반면에 이들보다 더 훌륭한 작가들은 오늘도 서가의 가장 후미진 곳에 처박혀 있거나, 아니면 아예 명성의 갑문조차 통과하지 못하고 있다.

이러한 환경 아래서도 **문학적** 기준을 찾는 작업은 계속되어야 하지만, 기운이 조금 꺾이는 것은 사실이다. 게다가 문학적 기준은 '시대 유행'이라는 기준과 정치적 기준만큼 영향력이 크지도 않다. 하지만 어쩌면 문학적 텍스트의 가치는 "문학 외적 목적의 일방적 섭취에 대한 저항력"(페터 그로처 Peter Grotzer, 『노이에 취르허 차이퉁*Nueu Zürcher Zeitunga*』) 속에 있지 않을까? 그러니까 동시대의 다른 기준들보다 훨씬 생명력이 긴 작품의 내재적 문학성에 있는 게 아닐까?

1940년대에서 1960년대까지 미국의 문학 비평계를 이끌면서 포크너와 헤밍웨이에게 명성의 길을 깔아 준 에드먼드 윌슨Edmund Wilson은 작가들에게 이런 요구를 했다. "작가는 이제껏 누구도 말하지 않은 것을 표현해야 하고, 그 이전에 누구도 장악하지 못한 현상들을 자유자재로 다룰 줄 알아야 한다." 이것은 많은 비평가와 문예학자들이 존중하는 비평의 표준적 척도이기도 하다. 즉 작품이 내용과 형식 면에서 새로움을 띠고 있는가? 작품이 우리의 경험을 확장시키는가? 작품이 기존의 진부함과 상투성을 무너뜨리는가? 대담한 개혁가와 위대한 완성자의 기준은 무엇일까?

첫째, 그것은 언어의 기교와 강력한 구사력, 즉 좁은 의미의 **형식**이다. 실러와 괴테가 쓴 에세이 『아마추어 예술에 대하여*Über den Dilettantismus*』에서는 위대한 작품의 기준으로 틀에 박힌 언어, 즉 "상투적 어구와 표현"이 배제된 "독창적 아름다움"을 꼽았다. 특히 시 속에 그런 아름다움이 살아있는데, 플로베르는 산문에서도 그 미를 구현하고자 노력했다. 파운드는 문학성의 기준으로 한 단어 속에 최대한의 의미를 집어넣는 "극한의 농축"을 제시했다. 그러니까 가능성의 한계에까지 의미를 실은 밀도 높은 언어를 가리킨다. 카네티는 모든 작가 중에서 뷔히너가 "언어의 농축력" 면에서 가장 뛰어나다고 칭찬을 아끼지 않았다. 그에게 뷔히너의 문장은 늘 새로웠다.

뷔히너는 모두를 알지만, 모두는 항상 그를 새롭게 느꼈다.

두 번째 기준은 형상화의 수단으로서 극작법, 즉 넓은 의미의 '형식'이다. 예를 들어 뷔히너의 「당통의 죽음」에서 나타나는 하이라이트 기법, 희곡적인 단편, 암시와 생략의 기법이 그런 것들이다. 뷔히너는 문체와 극작법 두 부문 모두에서 재기를 발휘한 대가였다. 그 이전의 셰익스피어와 포처럼 말이다. 가령 페스트가 퍼지는 부분에 대한 포의 묘사는 압권이다. 붉은 죽음이 일곱 개의 방을 차례로 지나간다. 마지막 검은 방까지 인정을 두지 않는다. 그 방에선 거대한 벽시계의 청동 허파가 자정을 알리면서 페스트에 문을 열어 준다.

셰익스피어와 뷔히너, 포가 우아한 형상화 수단을 지고의 언어적 기교와 연결시켰다면 위대한 작가들 가운데 상당수는, 예컨대 세르반테스와 발자크, 도스토옙스키는 위대한 문장가로 칭송받은 적이 한 번도 없었다. 물론 그렇다고 해서 그들의 세계적 명성에 지장이 초래되지는 않았다고 보르헤스는 말한다. 유려한 문장의 산문을 축약시키면 살아남는 작품이 없지만, "돈키호테는 번역자들과 벌인 사후의 전투에서 승리를 거두고, 모든 방치된 텍스트들 속에서 살아남았다". 러시아의 시인으로 1987년에 노벨상을 받은 요시프 브로드스키 Joseph Brodsky는 도스토옙스키의 언어에 대해 이렇게 말한다. "그의 문장에는 불같고 히스테리컬한 템포가 존재하는데, 이런 문장들은 고결한 정신과 일상적 언어, 관료적 은어의 융합을 광기로까지 밀고 나간다. …… 물릴 줄 모르는 그의 언어적 식욕은 신과 인간, 현실, 죄, 죽음, 구원, 불, 돈으로도 더 이상 만족하지 못하는 지점에 이르면 마지막엔 자신을 향해 달려든다." 이러한 언어 속에서 도스토옙스키는 우리를 45쪽에 이르는 숨 가쁜 서사의 도가니 속으로 몰아넣는다. 백치 미슈킨 공작이 거만한 주인집의 도발에 말려 어떻게 귀한 중국 도자기를 깨뜨리려고 하는지, 임박한 간질 발작과 함께 그 일이 일어날 거라는 예감이 어떻게 그를 엄습하는지, 그리고 그가 마침내 자신의 의지에 반해 서서히 걸음을 옮기더니

**도스토옙스키** 토마스 만이 "지옥의 절친切親 이라고 부른 이 작가는 대부분의 위대한 인물들처럼 질병에 시달리고 광기에 휩싸인 사람이었다.

그 값비싼 도자기를 어떻게 가차 없이 깨뜨려 버리는지 작가는 우리에게 섬뜩할 정도로 생생하게 묘사한다.

토마스 만은 괴테와 톨스토이에 대한 위대한 에세이를 쓴 지 25년 뒤인 1946년에 이렇게 썼다. "지옥의 절친들, 즉 도스토옙스키와 니체에 대해 내가 갖고 있는 외경심"은 "기본적으로 빛의 아들들에 대한 외경심보다 훨씬 더 깊다. 다만 드러내 놓고 말을 못할 뿐이다". 그에게 빛의 아들은 "하늘의 복을 한 몸에 타고난 이기적 행운아"인 괴테와 자기만의 도덕주의에 푹 빠진 "바보 천치" 톨스토이였다. 프랑스 인들의 심리적 우울함도 "지옥에서 허우적거리는 도스토옙스키의 창백한 계시와 비교하면 그저 오락일 따름이다".

이 대목에서 세 번째 기준이 나온다. 이제껏 누구도 말하지 않은 것을 말하고 있는가(윌슨)? 자신의 경계 안에서 "무한하고 고갈되지 않는" 작품인가(슐레겔)? 괴테에 따르면 셰익스피어는 자신이 묘사한 우주처럼 "항상 새로운 면"을 제공했고, 마지막에는 깊이를 헤아릴 수 없는 불가사의한 존재로 남았다. 1921년 헤세는 도스토옙스키에 대해 이렇게 썼다. "개인이 '카라마조프 가의 형제들'을 썼다는 것은 기적에 가깝다." 뵐은 1972년에 도스토옙스키의 『악령』은 맹목적인 정치적 광신의 예언적 모델이자, "사람들이 그사이 '스탈린주의'라고 부르는 이념을 족집게처럼 정확히 내다본 것"이라고 말했다. 오늘날 문예학의 주도적 학파들은 작품의 '다의성'과 '내적 무한함', '해석적 풍요로움'에 높은 점수를 주고, 그냥 완벽한 작품보다 '난해한 미'를 더 선호한다.

만일 작가가 독자들에게 '수용적 창의력', 즉 독자 스스로 작품의 의미를 만들 것을 요구한다면 그 작가는 결코 고갈되는 법이 없을 것이다. 이런 면에서 단연 선두는 카프카이다. 그의 텍스트들은 "문학의 로르샤흐 테스트"[2]라 불릴 정도로 다의적이기 때문이다. 이 테스트는 피험자에게 아무런 의미도 없는 잉크 무늬들을 보여 주고 자유로운 상상으로 형상과 의미를 부여하라고 시킨 다음 그것을 토대로 **피험자의** 성격을 설명하는 방법인데, 카프카 역시 이 실험처럼 독자들에게 무한한 해석의 자유를 선사했고, 그로써 작가에 대해서가 아니라 오히려 독자 자신에 대해 더 많은 이야기를 하게 했다. 명확하게 이야기하는 작가들에게는 사람들이 별로 수고를 들이지 않는다는 것을 니체도 일찍이 깨닫고 있었던 모양이다. "독자들이 모호한 작품을 해석하느라 머리를 싸매면서도 그 수고를 즐기는 것이 불확실한 작가들의 행복"이라고 썼던 것이다. 카를 크라우스Karl Kraus는 이런 멋진 말도 했다. "예술가는 해답으로 수수께끼를 만들 수 있는 사람일 뿐이다." 1984년에 페터 륌코르프Peter Rühmkorf가 했던 말도 귀 기울여 들을 만하다. 비평가들은 작품 속에 빈 공간이 많아서 해석할 여지가 무한한 작품에 황홀해한다.

카프카가 이런 결과를 예상하고 작품 속에 그렇게 많은 빈자리를 남겨 두었는지는 알 수 없지만, 괴테와 조이스는 달랐다. 괴테는 파우스트 2부가 수수께끼로 남아 사람들에게 많은 골칫거리를 안겨 주었으면 하는 뜻을 분명히 했다(39장). 실제로 그는 이것으로 150년 전부터 '괴테 해석자들'에게 늘 긴장감을 안겨 준 것과 동시에 끊이지 않은 먹잇감을 던져 주었다. 조이스 역시 자신의 불멸성을 위해 "강단 교수들을 열심히 뛰게 하고" 싶다고 고백했다. 한스 블루멘베르크Hans Blumenberg의 표현에 따르면, 조이스는 "확실한 의미 전달을 거부할수록" 독자가 더 많이 생길 거라는 데 도박을 건 작

---

[2] 1921년 스위스의 정신 의학자 헤르만 로르샤흐Hermann Rorschach가 소개한 심리 검사 테스트.

**클라이스트** 인정받지 못한 천재적 작가이자 실패한 언론인. 말더듬이에 가까운 언어 장애가 있는, 왜소한 체구의 서툴고 단순한 천재. 1808년 위대한 괴테의 호의를 얻고자 했으나 그의 평가는 냉정했다. "전율과 역겨움."

가였다. 그는 "20세기의 책상 귀족들"을 겨냥했다. "자신들을 위해서만, 자신들의 조합 규약에 따라서만 글을 쓰는 것에 큰 가치를 두는" 집단이었다. 작품의 난해성에 어쩔 줄 모르는 독자들은 작품의 의미를 함께 창조한다는 것에 위안을 얻는다. 그럼에도 "숭배적 조건하에서만" 수용할 수 있는 무언가가 필요하다. 즉 지루함을 받아들일 각오이다. H. G. 웰스Wells는 1928년 조이스에게 이렇게 썼다. "'그런 책을 읽는 것보다' 그런 책을 쓰는 것이 분명 더 재미있을 것이다."

큰 명성과 지루함, 이것이 조이스를 이른바 **클라시커**Klassiker 근처로 올려놓았다. 그렇다면 클라시커는 무엇인가? 여러 의견이 있지만 정해진 개념은 없다. 어쩌면 '천재'라는 개념보다 더 애매한 것이 '클라시커'라는 말이 아닐까 싶다. 우선 백과사전적 규정으로서 클라시커는 모범이 될 만큼 변함없고 완벽한 작품을 만든 굉장히 수준 높은 예술가를 가리킨다(백과사전에서는 이게 누구라고 구체적으로 말하지는 않는다). 두 번째 규정은 사전에 정의된 개념인데, 고대 그리스의 미적 균형과 조화를 전범으로 삼았던 예술 시기의 거장들을 말한다(고전주의의 괴테가 대표적인 인물이다). 이런 의미에서 클라이스트와 하이네는 대개 클라시커로 간주되지 않는다. 백과사전적 정의에는 해당되지만 사전적 정의에는 해당되지 않기 때문이다.

그 밖에 권위 있는 인물들에 의해 '클라시커'라 불린 사람들도 있다. 가령 괴테의 책도 출간한 유명한 '코타 서적'의 소유주 게오르크 코타 폰 코텐도르프Georg Cotta von Cottendorf가 그런 인물인데, 그는 1853~1858년까지 최초로 '독일 클라시커 선집'을 출간했다. 클라시커라는 말은 곧 인기를 끌었는데, 거기에 선정된 사람 중에는 황실 추밀 고문관으로서 1818년에 주교로까지 출세한 오스트리아 작가 요한 라디슬라우스 피르커Johann Ladislaus Pyrker도 있었다. 그의 "성스러운 옛 시대에 관한 보배 같은 작품과 다른 영웅시들은 여러 서사적 결함에도 불구하고 전체적으로 저자의 고결한 미적 감각을 보여 주는 이로운 증거로 간주될 만하다." 1846년 판 브록하우스에 게재된 내용이다. 코타 클라시커에 수록된 또 다른 의외의 인물로는 모리츠 아우구스트 폰 튐멜Moritz August von Tümmel을 들 수 있다. 작센 고타 공작의 참사관이자 연애 문학 작가였는데, 1890년 판 마이어 백과사전에 따르면 "약간의 우아함 외에 가벼운 관능성이 그의 지속적인 명성에 영향을 주었다"고 한다. 그 밖에 제1차 세계 대전 이전의 어떤 클라시커 선집에도 하인리히 초케Heinrich Zschokke는 빠지지 않는다. 그는 한때 『위대한 강도 아벨리노 *Abällino, der grosse Bandit*』 같은 역사 드라마와 소설로 유명했지만, 지금은 누구도 거들떠보지 않는 인물이 되었다.

어쨌든 출판업자들이 클라시커를 선정함으로써 클라시커의 인플레이션 현상을 불렀다. 그러던 것이 학계와 문화계에 엄격한 잣대가 적용되면서 20세기 중반 무렵에는 독일의 클라시커로 여섯 명밖에 남지 않았다. 클롭슈토크, 빌란트, 고트홀트 에프라임 레싱, 헤르더, 괴테, 실러가 그 주인공이었다. 클롭슈토크는 1751년 서사시 『메시아*Der Messias*』로 독일 교양인들 사이에 일대 선풍을 일으켰는데, 레싱은 그 현상에 대해 이렇게 썼다.

> 클롭슈토크를 찬양하지 않을 이 누군가?
> 하지만 그를 읽는 사람이 있는가? 없다.
> 우리가 진정 원하는 것은

적게 떠받들어지더라도
우리의 책이 많이 읽히는 것이다.

그렇다. 오늘날 누가 클롭슈토크를 읽는가? 그리고 한때 괴테와는 비교가 안 될 정도로 많이 읽혔던 빌란트는 또 어떤가? "만일 사람들이 레싱의 공적을 몰라준다면 그것이 그가 행한 대부분의 업적이 이미 모든 교양인의 정신적 공동 자산이 되었기" 때문이라고 브록하우스는 말한다. 여전히 인기 있는 사람은 괴테와 실러뿐이다. 만일 괴테와 실러라는 이름이 없었다면 독일인은 세계 어디를 가든 무엇 하나 내세울 것 없는 민족이 되고 말았을 것이다. 그릴파르처가 자서전에서 쓴 말인데, 그 역시 클라시커를 바라는 오스트리아 인들의 열망이 만들어 낸 클라시커였다.

이런 상황에서 클라시커의 고전적 개념을 무효화시키는 데 앞장선 사람은 브레히트였다. 그에 이어 오르테가 이 가세트는 이렇게 썼다. "클라시커의 본질은 '완전함'에 있는 것이 아니라 '우리와 논쟁을 벌이기에 적합한가'라는 한 가지 문제에 있다." 클라시커는 죽은 뒤에도 오랫동안 우리에게 계속 수수께끼를 던지고, 문제를 제기하고, 또 "싸움터를 제공해야" 한다. 만델스탐도 비슷한 생각이었다. "아직 폭발하지 않은 화약고"가 클라시커라는 것이다. 보르헤스는 "마치 책 속에 세상의 모든 문제가 우주만큼 깊이 응축되어 있기라도 하는 것처럼, 또한 무한한 해석의 장이 열려 있기라도 하는 것처럼 한 민족 혹은 민족 내의 한 집단이 다 함께 읽기로 결심한 그런 책"을 클래식이라고 불렀다.

이런 진정한 클라시커는 어디에 있을까? 교과서 속에는 분명히 없다. 누가 우리에게 "싸움터를 제공"하는지는 관심 있는 사람들 각자가 직접 느낄 뿐이다. 이 부분에 대해서는 마지막 장에서 조금 더 알아볼 것이다.

## 유럽의 문학 선거

1984년 독일, 영국, 프랑스, 스페인, 이탈리아를 대표하는 5개 유력 신문과 잡지에서 독자들에게 가장 중요한 시인과 작가가 누구인지 물었다. 독자들에게는 작가 열 명이 기재된 목록이 주어졌는데, 거기에는 다음 세 항목에 해당하는 작가들은 포함되지 않았다. 우선 생존 작가와 상기 5개국 외의 나라에서 태어난 작가는 배제되었고(이 때문에 위대한 러시아 작가들의 이름이 포함되지 않았다), 아울러 독자들은 타국의 작가들만 선택할 수 있었다. 예를 들어 독일 독자들은 독일 작가를 뽑을 수 없고, 영국과 프랑스, 스페인, 이탈리아 작가 중에서 한 사람을 뽑을 수 있다. 이렇게 해서 유럽의 대표적 작가 순위가 매겨졌다.

1. 셰익스피어
2. 괴테
3. 단테
4. 세르반테스
5. 카프카
6. 토마스 만, 프루스트
8. 몰리에르
9. 조이스
10. 디킨스

설문에 참여한 5개국 일간지와 잡지는 『차이트 Die Zeit』, 『타임스』, 『엘 파이스 El Pais』, 『라 스탐파 La Stampa』이다. 독일인이 뽑은 비독일 작가 열 명 중에는 셰익스피어와 단테, 세르반테스, 조이스, 발자크가 가장 많은 표를 얻었다.

영국에서는 단테, 토마스 만, 프루스트, 세르반테스, 괴테가 차례로 선정되었고(괴테보다 토마스 만이 앞서는 게 눈길을 끈다), 프랑스에서는 셰익스피어, 괴테, 세르반테스, 단테, 카프카 순이었다.

스페인 독자들은 셰익스피어, 카프카, 괴테, 프루스트, 조이스 순으로 선택했고(괴테보다 카프카의 순위가 높은 것이 눈길을 끈다), 이탈리아 독자들은 셰익스피어, 괴테, 카프카, 토마스 만, 세르반테스를 꼽았다.

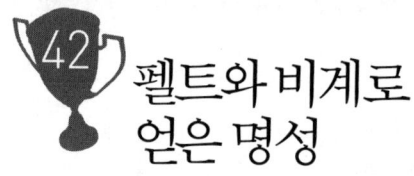

# 42 펠트와 비계로 얻은 명성

> 예술 양식은 대략 10~15년마다 변한다. 양식에 대한 가치 평가 역시 변화가 불가피하다. 사람들의 관심을 끄는 가장 확실한 방법 가운데 하나는 일상적인 것에서 이탈한 행동을 하는 것이다. 이런 유혹에서 벗어날 만큼 줏대 있는 예술가는 별로 없다.
> ―쇤베르크

비평가가 비평할 대상과 손잡고 관객 공략에 나서는 것은 문학에선 예외이지만 20세기의 조형 예술에선 규칙이었다. 미술 비평가는 그림과 오브제[1], 아상블라주, 혹은 설치 예술과 행위 예술처럼 난해한 작품들의 품질을 분류할 때 미술 애호가나 일반인의 편을 드는 경우는 거의 없고, 항상 스스로 예술가라 부르는 사람들의 해석자와 선전가를 자처하고, 그 예술가들이 관객들의 몰이해를 뚫고 전위 예술의 선봉에 설 수 있도록 돕는다. 이것은 현대의 문화사적 발전 과정의 한 단면으로 볼 수 있다. 물론 아직은 비평가와 그 대상에 대해 평가를 내리기는 이르고, 당분간 조금 놀라운 시선으로 지켜보기만 해야 할 단면이지만 말이다.

---

[1] 일상 용품이나 자연물, 또는 예술과 무관한 물건을 본래의 용도에서 떼어 내어 작품에 사용함으로써 새로운 느낌을 일으키는 물체를 이르는 말.

조형 예술에 대해 말발이 센 옹호자들의 해석은 회화가 순진한 관찰 방식에서 벗어나는 만큼이나 점점 더 중요해졌다. 1860년경 인상주의에서 시작해서 오늘날의 전위 예술에 이르기까지 그렇다. 예컨대 오늘날에는 캔버스를 단색 하나로 다 칠해 놓거나, 보이스처럼 비곗덩어리를 오금에 발라 놓고는 예술이라고 인정해 달라고 요구한다. 이것은 보이스가 끊임없이 선전해 온 "확장된 예술 개념"의 일부였다. 그의 말을 조금 더 들어 보자. 모든 사람이 "'사회'라는 조형물의 형상화", 즉 사회 변화에 동참해야 할 예술가이다. 그런 측면에서 "히틀러도 예술가이자 적극적인 행동가였다. 다만 그는 창조적인 힘을 부정적으로 사용했을 뿐이다."(1981년 『슈테른』 지와의 인터뷰) 펠트로 몸을 감싸고, 머리에 꿀을 바르고, 의자 속에 쿠션 대신 비계를 넣는 행위들을 보이스는 "예술과 삶의 대립을 극복하려는 비유"로 **읽어 주기를** 바랐다. 게다가 머리에 꿀을 바르는 것은 꿀이 "죽은 것처럼 딱딱하게 굳은 사유를 다시 소생시킨다는" 생각과 관련이 있다.

충분히 공감할 수 있는 소리다. 다만 그의 말을 곧이곧대로 해석하면 이상한 논리적 귀결이 생긴다. 즉 모든 사람이 예술가이고, 모든 사람이 머리에 꿀을 바를 수 있다면 보이스 같은 사람이 굳이 왜 필요하겠는가? 문화 강좌에서 일반적인 보수를 받고 시민과 동료들에게 자신의 우월한 상상력을 전파하는 일에 필요하다면 몰라도.

이러한 논리적 귀결은 아마 화랑주와 화상, 전시회 주최자, 박물관장, 보이스 같은 사람들에게는 경악스러운 일일지 모른다. 그래서 이들은 힘을 합쳐서 보이스의 작업이 일반인들의 작업과는 차원이 다르다는 것을 대중에게 설득시켜야 한다. 즉 보이스가 베이비 목욕통에다 반창고를 붙이거나, 무대 위에서 말을 타고 괴테의 시를 낭송하거나, 초절인 양배추를 그랜드피아노 속에 쏟거나, 아니면 8미터 높이의 장대에 소시지 하나를 대롱대롱 매달아 놓는 것은 누구나 할 수 있는 일처럼 보이지만, 둘 사이에는 근원적인 차이가 있다는 것이다. 우선 누구도 생각하지 못하는 기발한 발상이 필요하고, 그리고 그보다 더 중요한 것은 이런 것들을 만들어 놓고 예술이라 부르는 용기와 당당히 그에 대한 경탄과 보수를 요구하는 자기 확신이다. 그런데 이런 작업이 성공하려면 혼자의 힘만으로는 불가능하다. 반드시 필요한 것이 우군이다.

첫 손가락에 꼽히는 우군은 비평가들이다. 『프랑크푸르터 알게마이네 차이퉁』의 한 비평가는 이렇게 썼다. 보이스가 즐겨 사용하는 일상 용품들은 "그의 전 작품과 독특한 도상학圖像學에 대한 지식이 있어야만 그 특별한 의미가 밝혀지는 기호이다. 겉으로 드러나는 명백한 의미와 배후의 숨은 의미 사이의 특이한 조합은 비계와 펠트, 초콜릿, 피 같은 보이스의 전형적인 재료들과 함께 상승효과를 일으킨다". 보이스에게 비계는 혼돈일 뿐 아니라 온기를 머금은 힘이자 삶이 딱딱하게 굳어질 위험의 표현이기도 하다.

그림 수집자이자 박물관 창설자인 헨리 난넨Henri Nannen은 1981년 보이스 해석자들을 "아무렇게나 섞어서 모호한 의미"를 만들어 내는 사람들이라고 힐난하면서 이렇게 덧붙였다. 보이스는 "기껏해야 희대의 익살꾼"이다. 그것도 히틀러 이후 "무언가 비밀이 있는 것처럼 구는 허튼 소리를 향해 감히 허튼 소리라고 말하지 못하는" 사회적 분위기가 만들어 낸 익살꾼일 뿐이다. 이후 난넨은 증오로 가득 찬 위협 편지를 수없이 받았다. 아마 렘브란트를 그렇게 조롱했더라도 그 정도로까지 일방적인 비난은 받지 않았을 것이다. 왜냐하면 렘브란트는 그 어떤 비난과 조롱에도 흔들리지 않는, 누구도 부인할 수 없는 천재이기 때문이다. 반면에 보이스는 끊임없는 찬가를 통해서만 생성 유지되는 천재였다. 그래서 아무리 진심 어린 야유라도 용납할 수가 없다.

1976년 한스 플라체크Hans Platschek는 『차이트』지에 이렇게 썼다. 보이스는 최고의 천재 예술가도 아니면서 "마치 그런 예술가인 것처럼" 표 나게 굴었다. 하지만 이것이 그의 명성과 상업적 성공에는 별로 해를 끼치지 않았다. 예를 들어 그가 병원에서 구입한 관 두 개로 만든 작품이 1981년 뮌헨

시립 갤러리에서 무려 27만 마르크에 팔렸다. '너의 상처를 보여 줘'라는 제목이 붙은 이 작품에 대해 한 비평가는 "슬픈 정적으로 깊은 울림"을 자아내는 수작이라고 평했다.

1983년에 이미 보이스를 대담하게 "예술과 사육제 사이의 방랑자"라고 칭했던 잡지 『아트art』가 1990년에는 그의 작품에 대해 "그 지위가 더 이상 논란거리가 될 수 없는"(이것은 논쟁을 두려워하는 사람들이 잘 쓰는 말이다) 예술적 비전의 농축이라고 말했다. "이 작품은 20세기 어떤 작품도 하지 못한 것을 감히 시도한다. '죽음과 생성'을 의식 변화의 조건으로 체험하려는 시도이다."

이렇듯 현대적 예술가와 아마추어 문외한을 구분하는 것은 해석이다. 물론 보이스의 말에 따르면 문외한들도 이미 처음부터 예술가였고, 또 대담하고 뻔뻔하기만 하면 얼마든지 예술가가 될 수 있을 것처럼 보이기도 한다. 어쨌든 해석과 선전은 예술가의 생계에도 필수 수단이기도 하다. 과거에는 교황이나 국왕, 귀족들이 작품을 **주문해서** 예술가들을 먹여 살리는 것이 시대적 관행이었다면 19세기부터는 그것이 예외로 변했기 때문이다. 이제 그들은 화랑주와 비평가, 미술 중개인이 고객을 끌어다 줄 거라는 희망 속에서 열심히 작업만 할 뿐이다.

이로써 하나의 이익집단이 생긴다. '예술가' 소리를 듣고 싶은 것과 아울러 자신이 만든 물건으로 돈까지 벌고 싶어 하는 자칭 예술가, 그를 위해 판을 깔아 주고 그 작품으로 돈을 벌려는 화랑주, 그리고 곳곳에서 수집가들을 끌어와서 돈을 벌려는 브로커가 그런 이익 집단의 구성원이다. 1984년 경제 잡지 『캐피탈Capital』은 이렇게 썼다. "화랑주들은 자신이 키우는 화가들을 유명하게 만들어 그 작품의 가격을 높이기 위해서라면 어떤 트릭과 수고도 마다하지 않는다." 대개 작품 가격의 절반이 그들의 몫이라니 충분히 머리가 끄덕거려진다. 특히 "아직 정착되지 않은 미술계의 신생 분야에서는 밀어 주기 식으로 특정 예술가들을 빨리 키우려는 카르텔 형태의 담합이 존재한다는 것은 더 이상 비밀도 아니다". 하지만 이 바닥에서 최고의 영향력을 갖춘 판매 보조자는 박물관장들이다. "이들은 예술 진흥자의 옷을 입은 채 공적 자금을 바탕으로 막강한 힘을 발휘할 뿐 아니라 작품 도록에 실린 그들의 무비판적인 찬양 일색의 글은 모든 거래에 어떤 반박도 허용하지 않는다." 박물관장들은 예술가와 화상, 비평가, 그리고 대개 이들 계열에서 배출되는 대학 교수와 더불어 대중이 어떤 작품을 예술품으로 받아들여야 하는지를 결정할 뿐 아니라 그 작품들에다 의미와 감추어진 의도를 잔뜩 실어 놓고는 그것들이 실제로는 아무것도 아닐지 모른다는, 속으로 계속 곪아 가는 의심을 차단해 버린다.

『캐피탈』이 "카르텔 형태의 담합"을 이야기했다면 『차이트』지는 1984년에 이렇게 적었다. "오늘날 비평은 자신의 적이 아니라, 자기 자신과 주변의 무성한 상업성으로부터 예술을 지켜야 할 상황이 되었다. 비평 자체가 점점 그런 영업적 성격을 띠어 가고 있기 때문이다." 1991년에는 『슈피겔』지가 "어떤 것들을 예술이라 할 수 있는지 규정하는 국제적 전문가 집단"에 관한 기사를 실었다. 미술계를 둘러싼 사정이 이렇다 보니 슈퍼마켓에서 공짜로 얻을 수 있는 포장 상자 몇 개도 100만 달러 이상의 돈을 받고 파는 일이 생긴다. 미국의 팝아티스트 로버트 라우센버그Robert Rauschenberg가 "그 상자들을 한쪽 평면 위에 붙일" 경우에 말이다. 이처럼 해석자들은 경제학적으로 매상을 높이고 엄청난 이득을 조장하는 일을 한다. "이 상자가 예술품"이라는 규정 하나만으로 그렇게 막대한 가치 상승이 이루어진다는 것은 포장 상자 산업계에서는 상상도 할 수 없는 일이었다. 판지로 만든 화장실 변기 모형도 비평가들에 의해 예술로 포장되었다. 그것도 해석되는 대상이 지닌 수수께끼 같은 의미를 몇십 배는 거뜬히 뛰어넘을 근사하고 우아한 표현을 동원해 가면서 말이다. "지금 우리 눈앞에서 벌어지고 있는 것은 반예술적 행위나 초현실주의적 사물 마법이 아니라 우리 주변 어디서나 볼 수 있는 흔한 물건들이 어떻게 요염하면서도 섬세하고 교묘하게 미적 대상으로 태어나는지 확인하는 일상 용품들의 재고 조사이다."(『쥐트도이치 차이퉁』)

앞장에서 살펴보았듯이 문학 비평가들은 그래도 문학으로 분류할 수 있는 작품들에 과대평가된 것일망정 **의미를 부여하고** 가치를 평가한다. 반면에 20세기 미술 비평가들은 콜라주나 해프닝[2] 같은 새로운 기법들을 일단 예술 작품으로 분류하고, '이것이 사기와 협잡이 아닐까' 하는, 끊임없이 고개를 치켜드는 의심을 위압적인 태도로 진압하는 것을 사명으로 느낀다. 이처럼 시대정신에 맞게 비평가를 활용할 줄 아는 사람만 명성을 얻을 수 있지만, 그것이 이렇게 명확한 야합의 행태로 나타나는 분야는 찾아볼 수 없다.

만하임 출신의 칸바일러는 혼자서 화랑주와 화상, 비평가 역을 다 했다. 우선 피카소를 관리했고, 새로운 미술에 동원할 부유한 수집가 집단을 구축했다. 이뿐만이 아니었다. 그는 수집가들에게 새로운 작품이 왜 좋은지 그 근거를 글로 제공했다. 피카소가 1907년에 세상을 충격으로 몰아넣은 혁명적 작품 「아비뇽의 처녀들」에 대해 그는 이렇게 썼다. "복잡한 외부 세계를 예술 작품의 통일성 속에 요약하는 것이 회화의 구조라면, 이 구조가 외부 세계와 너무 비슷하면 충돌을 일으킬 수 있다. 아니, 충돌을 일으킬 수밖에 없다." 이런 설명을 듣고서야 수집가들은 고개를 끄덕거린다. 1920년 칸바일러는 피카소와 조르주 브라크Georges Braque가 1908년부터 발전시켜 나간 입체파를 옹호하는 표준적인 해설서를 발표했다. 한마디로 입체파는 자연에 대한 기하학적 형식의 승리라는 것이다. 칸바일러는 이를 통해 회화뿐 아니라 철학과 수학, 음악, 심리 분석의 근원적인 문제까지 모두 해결되었다고 주장했다.

---

[2] 미술과 음악, 연극에서 창작자와 감상자 사이에 우발적이고 유희적인 행위를 연출하여 감상자를 예술 활동 속으로 끌어들이려는 표현 방식.

그런데 피카소 자신은 이런 심오한 해석들에 의심의 눈초리를 보냈다. 그가 죽고 난 뒤 20여 년 동안 당대에 가장 유명한 예술가로 각광받은 보이스와는 정반대로 말이다. 피카소는 놀라운 창작력과 모든 작품 속에 드러나는 양식과 기교의 급격한 변화, 그리고 어리석은 광대 짓까지도 천재적 기행으로 돌리게 만드는 인간적 향기를 통해 자신의 작품을 의심하고 반대하는 사람들까지도 매료시켰다. 반면에 보이스는 비교할 수 없을 정도로 창작력이 떨어지는데도 사람들의 주목을 받기 위해서는 용의주도한 자기 상품화 전략이 필요했고, 가끔 해설자들의 시끄러운 수다에 끼어들어 참견도 해야 했다. 행위 **하나**에 해설이 **아홉** 개 붙으면 대중도 어쩔 수 없이 그것을 일종의 종합 예술로 받아들일 거라는 확신 속에서 말이다.

그들은 자신의 작품이 어떻게 **이해되길 원할까?** 이는 전 미술계의 관심사이자 모든 미술 잡지의 빠지지 않는 양념이었다. 그들은 자신의 작품이 "너무나 진부한 박물관 회화에 대한 항의"로, "관찰자와 눈으로 많은 이야기들을 나눌 수 있는" 시각적 시로 이해되길 바랐다. 물론 후세대에 "자신이 살았던 시기까지의 문명을 대표하는" 기념비로 이해되길 바라는 마음도 빠뜨릴 수 없다. 그 밖에 다른 현대 예술가들에서 차용한 부분이 "표절로 받아들여지길" 바라는 사람도 없다.

1991년에 실시된 조사에서 가장 주목받는 생존 미술가 5인 가운데 첫손에 꼽혔던 바젤리츠는 스스로에게 "어떤 형태의 재능"도 요구하지 않는 화가였다. 1963년 수음하는 난쟁이 그림이 베를린 검찰청에 압수되는 바람에 유명해진 그는 1969년부터 그림을 거꾸로 내다 걸었고, 1991년에는 발에다 물감을 묻혀 그림을 그렸다. 1992년『프랑크푸르터 알게마이네 차이퉁』은 이렇게 썼다. "바젤리츠에게 회화의 과제는 모티브의 해석이 아니다. 즉 눈에 보이지 않는 세계에 있는 모티브를 눈에 보이는 세계로 끄집어내어 미美로 길러 내는 것이 아니라는 뜻이다. 그는 외부 세계의 대상을 고스란히 화폭에 담아 낸 그림보다 물감을 칠한 표면과 한 가지 의미를 지향하는 모티브들 사이의 갈등이 치열하게 나타나는 그림을 더 훌륭하다고 생각했다. 회화에서 추구되는 것은 줄곧 강박 관념에 묶여 있는 모티브를 부정하는 데서 오는 자기 권능이다."

너무 추상적으로 변해 버린 미술에 대한 반발 흐름으로 등장한 팝 아트 Pop Art에서 가장 대표적인 인물은 앤드루Andrew 워홀이었다. 그는 나중에 앤디 워홀로 이름을 바꾸더니 1962년에는 미술계에서 오래전부터 쌩쌩 달려오던 기차에 올라탔다. 그는 캠벨 수프 깡통 하나와 실크 스크린 기법으로 제작한 마릴린 먼로 초상 25장을 예술품으로 선포하면서 세계적 명성을 얻는 탁월한 재주를 발휘했는데, 거기에는 미술사가 헨리 겔트찰러Henry Geldzahler와 뉴욕 상류층 멋쟁이들의 지원이 컸다. 워홀은 25년 동안 변함없는 명성을 즐겼고, 돈을 갈고리로 긁어 모았으며, 이곳저곳 파티장에 바쁘게 불려 다녔고, 허여멀건 얼굴 위에 허여멀건 가발을 뒤집어쓰고 나타나는 바람에 미술 비평가들 외에 신문의 연예 가십 칼럼니스트들에게도 풍성한 먹잇감을 제공했다.

워홀은 또한 "나는 지루한 것들을 좋아한다"라거나 "누구나 15분 동안은 세계적인 유명인으로 살 수 있다" 같은 평범하지 않은 말들로 구설수를 자처했다. 그 밖에 벌써 1914년에 뉴욕에서 일상품을 "예술 작품처럼" 전시한 마르셀 뒤샹Marcel Duchamp을 인용하기도 했다. 일례로 뒤샹은 새장 속에 각설탕을 넣어 놓고 '왜 재채기를 하지 않는가?'라는 제목을 단 미술가였다. 그는 예술이 작품 자체가 아니라 효과로 자신의 신분을 증명한다고 말했다. 그 밖에 "모든 것이 아름답다"라는 워홀의 말과 "모든 사람은 예술가이다"라는 워홀과 보이스의 말은 모두 뒤샹의 말을 따라 한 것이었다. 그렇다면 훨씬 더 독창적인 인물이었던 뒤샹이 왜 명성 면에서 두 사람보다 한참 미치지 못할까? 그것은 아마 당시엔 미술계가 그렇게 빨리 순환되지 않았고, 텔레비전이 아직 발명되기 전이었고, 또 앞선 두 이유로 미술품에 대한 가격이 신문의 머리기사를 차지할 만큼 높지 않았기 때문이다.

위홀과 보이스 같은 사람들은 자신의 생산품만으로는 결코 명성을 장담할 수 없었기 때문에 반드시 용비어천가를 부를 찬양자들이 필요했음에도 한 가지 점에서는 일반 관객들과 취향이 일치했다.「모나리자」를 최고의 명작으로 꼽은 것이 그것이다. 위홀은 실크 스크린으로 모나리자 그림을 서른 장이나 제작했고, 보이스는 평생 곁에 두고 싶은 미술품 세 점을 선택하라면 어떤 것을 택하겠느냐는 기자의 질문에 자신의 작품 두 점과「모나리자」를 선택했다. 1989년『아트』지가 독일인들에게 가장 좋아하는 그림이 무엇이냐고 물었을 때 카를 슈피츠베크Carl Spitzweg의「가난한 시인」과 뒤러의「산토끼」를 누르고「모나리자」가 1위를 차지했다.『프랑크푸르터 알게마이네』주간지에서는 1981~1990년에 걸쳐 명사 443인에게 자신이 가장 좋아하는 화가가 누구냐고 물었는데, 결과는 고야—고흐—피카소—샤갈—렘브란트 순으로 나타났다. "여전히 견실하고, 거의 변하지 않는 예술적 취향의 증거"라고『아트』지는 주석을 달았다.

그러니까 이후의 세기에도 사람들은 분명 보이스와 위홀보다 다빈치와 고야를 더 높이 평가할 것이다. 그렇게 보면 지난 몇십 년간의 예술은 오직 말과 선전이 만들어 낸 짧은 생명력의 인위적 명성일지 모른다. 그것도 능력과 자기 연출, 우연과 자의로 탄생한 수없이 많은 유명 작품들 가운데 가장 수상쩍은 산물일 가능성이 아주 높다. 1992년『프랑크푸르터 알게마이네 차이퉁』에 이런 글이 실렸다. "미술은 눈 깜짝할 사이에 그것을 만든 사람의 판타지 속으로 후퇴한다. 오늘날 미술은 주로 관념과 미술 매니저들의 믿음과 주장으로 살아간다."

최악은 1960년대 말 오토 뮐Otto Muehl의 행위 예술이었다. 그는 갓 끄집어낸 돼지 창자를 벌거벗은 여자들의 몸 위에 쌓았고, 그렇게 해서 생긴 조형물을 똥과 오줌, 그리고 여자들이 입으로 토해 낸 것을 통해 예술품으로 정화시키고자 했다. 하지만 이것보다 더 기괴한 것은 1970년에『차이트』지가 뮐에게 항의하는 사람들을 향해 점잖게 내뱉은 도덕적 가르침이었다. "그림에도 예술을 통해 자기 존재를 실현하고자 하는 시도는 예술가 본인에게 맡길 수밖에 없다." 『아트』지에 따르면 보이스도 그 유명한 '비계 의자'를 통해 "의도적으로 사람들에게 구역질을 유발하고자 했다. 사회적 조형물의 개념에 대한 논란을 일으키기 위해서였다. 또한 그는 '의자'에 담긴 부수적인 의미도 함께 기억하고 있었다. 그것은 바로 배설물[3]이었다".

"방 한가운데에서 똥을 싸는 것이 예술이다." 브레히트가 쓴 'B 씨의 이야기'에 나오는 대목인데, 그는 곧 이렇게 반박한다. 진짜 "예술은 방 한가운데서 갈채를 받으며 똥을 싸는 것이다."

---

[3] '의자'를 가리키는 독일어 단어 'Stuhl'에는 배변, 똥이라는 의미도 담겨 있는데, 앉아서 일을 보기 때문에 그런 뜻이 생긴 듯하다.

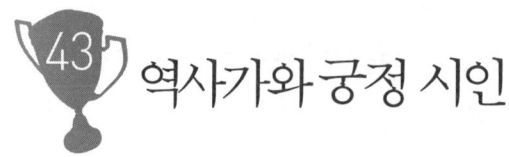
# 43 역사가와 궁정 시인

| 신도 과거를 바꿀 수는 없다. 그래서 역사가를 부러워한다.
―버틀러

1990년 미국의 화보 잡지 『라이프Life』가 학자와 예술가, 그리고 다른 문화 종사자들로 구성된 배심원단에 20세기 가장 중요한 인물 100인이 누구냐고 물었는데, 만장일치로 표를 얻은 것은 세 사람뿐이었다. 헨리 포드와 라이트 형제였다. 배심원들에게 어떤 특정 기준이 있는 것은 분명 아니었다. 그럼에도 그들의 머릿속에서 **과거** 위인들의 모습이 별로 혼란스럽게 느껴지지 않는다면 그것은 시대가 판단을 무르익게 해서가 아니라 그 반대이다. 즉 단단하게 굳은 선입견들이 전해 내려오는 허점 많은 이야기들과 결합해서 어떤 특정 인물상을 형성시킨 것이다. 역사가와 전기 작가가 위정자나 장군들에게 명성을 할당하는 방식은 비평가 작가와 화가에게 할당하는 방식 못지않게 우연적이고 독단적이다. 심지어 '자의적'이라는 면에서는 역사가들이 비평가를 능가한다. 그들에게는 '예술 작품'이라는 구체적 대상이 존재하는 것이 아니라 오래전에 지나가 흐릿해진 행적들에 대한 정파적이고 수상쩍은 보고들만 놓여 있기 때문이고, 또 그들은 미적 감각에 따라 판단을 내리는 것이 아니라 정치적·도덕적 노선에 따를 때가 많기 때문이다.

1824년 랑케는 첫 역사서 서문에서 청춘의 열정에 도취된 어조로 자신은 역사가로서 "과거에 어떤 일이 있었는지"만 보여 줄 거라고 약속했다. 그러나 현실에서 그런 역사가는 드물고, 역사가로서 그런 원칙을 지키며 사는 것은 불가능에 가깝다. 과거에 정말 어떤 일이 있었는지 우리는 알지 못한다. 설혹 안다고 하더라도 그것의 진정한 의미를 정의 내릴 수 없다. 1789년 실러는 이렇게 썼다. "만일 우리의 도시에서 오늘 일어난 한 사건에 대해 여러 목격자들이 서로 다른 목소리를 낸다면 진실의 수수께끼를 벗기는 것은 지극히 어렵다. 크나큰 시간적 차이도 차이지만 도덕적 이질성으로 우리와 동떨어져 있는 민족과 시대에 접근하려면 얼마나 큰 용기를 내야 할까?" 기억을 위조하고, 기준을 멋대로 바꾸고, 기록을 불태우고, 자료를 미화하거나 날조하고, 아니면 자료를 밀쳐 두거나 내놓지 않고, 비밀 담합을 숨기고, 진정한 동기는 남기지 않고, 어쩌면 행위자 자신도 그 동기를 모르고, 궁정 시인들의 가짜 동기들이 마치 후광처럼 빛나는 곳이 바로 올곧은 역사가도 물을 길어 쓸 수밖에 없는 역사의 샘이다.

만일 역사가가 알고 싶은 것을 모두 알고 나면 **그 뒤엔** 어떤 일이 벌어질까? 헤겔은 역사가는 수동적인 존재가 아니라고 말했다. "역사적 사실에 자신의 범주를 들이대고 그것을 통해 사실을 바라보는" 사람이 역사가이다. 보르헤스는 이렇게 썼다. "전지적 관찰자라면 한 인간에 대해 헤아릴 수 없이 많은 전기를 쓸 수 있다. 예를 들어 신체 기관의 이야기에서부터 꿈들에 관한 이야기, 사람과 세상을 속인 이야기, 밤과 여명에 관한 이야기까지 무궁무진하다. 이것은 결코 망상이 아니다. 누구도 작가나 군인의 전기를 쓰면서 문학적 내용이나 군사적 경력만을 다루지 않는다. 그 사람의 가족사와 경제적 형편, 질병, 심적·정신적 갈등까지 모두 전기에 섞어 넣는다."

이것으로 4장에서 언급한 역사의 주문제에 도착한 것은 아직 아니다. 무수한 사람들이 함께 만든 역사적 과정을 이른바 '위인'이라는 한 사람에게만 몰아서 투영하고자 하는 우리의 성급한 욕망이 그것이다. 니체에 따르면 그런 위인에게는 "시대의 모든 위대한 특성과 미덕이 추가 선물로" 주어진다. 이유가 무엇일까? 한편으로 우리는 누군가를 경탄하고 싶어 하고, 다른 한편으로는 모든 참여자를 그 역할에 맞게 다 쓰는 것은 불가능하기 때문이다. 그게 가능하더라도 그런 책은 아무도 읽지 않는다. 역사가는 이중의 강요에 처해 있다. 역사 과정의 모든 측면과 인물 중에서 대부분을 생략해야 하는 것이 하나이고, 남은 몇 측면과 몇 사람만 '언어'라는 수단으로 풀어써야 하는 것이 다른 하나이다. 이런 면에서 역사가는 작가와 이복형제이다.

『로마사 Römische Geschichte』의 저자 몸젠 역시 역사가와 작가의 이런 관련성을 기쁘게 긍정했다. 즉 역사가는 "세계의 일기"를 가능한 한 완벽하게 재현하는 사람이 아니라 "문학의 어머니이자 역사의 어머니이기도 한" 판타지로 과거를 현재화하는 사람이다. 역사는 사랑과 증오 없이는 만들어지지 않듯이 사랑과 증오 없이는 쓸 수 없다. 그 결과 "몸젠의 이야기에 등장하는 카이사르 같은 남자는 결코 실존하지 않았다". 1922년에 고대 역사가 에두아르트 마이어 Eduard Meyer의 말이다. 골로 만도 문학과 역사의 관련성을 인정했지만 기뻐하지는 않았다. 일어났던 일을 이야기하는 것은 그 자체로 "항상 문학이다. 실제로 어떤 일이 있었는지는 누구도 정확히 알 수 없기 때문이다. 무언가를 이야기하고자 하는 사람은 그것을 아름답게 치장해야 하고, 자신도 이야기 속에 투입해야 하고, 리듬에 맞게 말을 해야 하고, 통일성을 위해 혼란스러운 요소들을 제거해야 한다".

토마스 만에게 프리드리히 대왕은 "우리가 알기에 그 이전과 이후 누구도 보여 주지 못한 창조적이고 적극적인 에너지"로 가득 차 있고, "이 지상에 꼭 필요한 위대한 과업을 완수하기 위해" 보내진 너무도 사랑스러운 인물이었다. 반면에 하인리히 만은 그를 증오의 눈길로 보았다. 그는 이렇게 프리드리히 대제를 표현했다. "그는 자신이 일으킨 '경솔하면서도 야만적인 전쟁'을 승리한 것이 아니라 단지 견뎌 낸 것뿐이다. 그는 이제껏 누구도 실행하지 못한 신비스러운 전략과 책략으로 승리를 거두길 원했지만, 그가 누린 명성은 '배우 같은' 명성일 뿐이었다." 하인리히 만은 발미 전투[1]의 포격전도 판타지로 보았다. 1792년 괴테는 전투 당일 저녁에 이렇게 선포했다고 한다. "오늘 여기서 세계사의 새로운 시대가 시작된다. 그대들은 말해도 된다. 그 역사적 현장에 함께 있었노라고." 하지만 괴테가 그날 그렇게 격정적으로 세계사의 맥박을 느꼈던 사실을 30년 뒤에야 고백했다면 그 말의 진정성을 어디까지 믿어야 할까?

발미 전투가 실제로 전쟁의 전환점이었을까? 그랬을지 모른다. 일반적인 예상과는 달리 전투 경험이 전혀 없는 프랑스군이 직업 군인으로 이루어진 독일군을 상대로 도주하지 않고 당당히 맞서 싸워 승리를 거두어 냈다는 점에서 말이다. 하지만 이런 의문이 든다. 이 전투가 정말 세계사의 중요 장면이었다고 해도 괴테가 그것을 즉석에서 알아차릴 수 있었을까? 아닐 공산이 크다. 역사가와 전기 작가들의 의견도 대부분 그쪽으로 기운다. 그런데 괴테의 그 말이 정말 옳고 현장에서 말해진 것이 사실이라면, 구스타프 자이프트Gustav Seibt의 평가대로 "그날의 모든 행위와 고통, 비와 진창, 용기와 공포로 이루어진 거대한 실타래를 훨씬 앞서 나가는 것은 인간의 놀라운 추상화이다. …… 모든 전투의 진정한 승리자는 바로 역사가"가 될 것이다.

사실을 해석하고, 수수께끼를 풀고, 추상하고, 승리에 현혹되는 것, 이 정도는 자기 위주로 역사를 쓸 지당한 권리가 주어지는 권력자와 승리자에 비하면 온건한 왜곡이다. 실러는 발렌슈타인에 대해 이렇게 썼다. "그가 승리

---

[1] 프랑스 혁명 전쟁 중 1792년 9월 20일 프랑스 발미에서 프랑스군과 프로이센군이 치른 전투. 계속 밀리던 프랑스군이 전세를 역전시킨 전투였는데, 당시 유럽에서 가장 강한 군대라는 프로이센군을 프랑스 의용군이 격파한 기적적인 승리이기도 하다.

한 편을 적으로 돌린 것은 살아 있는 자에게 불행이었고, 이 적이 그보다 오래 살아 역사를 쓸 수 있었던 것은 죽은 자에게 불행이었다." 승리자들은 역사를 쓰면서 승리의 요인을 힘과 잔인성의 우월함이나 행운에서 찾는 것이 아니라 신이나 정의가 자기편이었다는 주장을 펴는 경향을 보인다. 브레히트는 말한다. "때려죽이는 사람은 맞아 죽은 사람의 특성을 왜곡한다. 약자가 세상에서 사라지면 거짓말만 난무한다."

유명인들 가운데 그 이력과 행적이 가장 알려지지 않은 사람은 **거대 종교의 창시자**들이다. 그들은 누구도 따라오지 못할 엄청난 승리를 거두었고, 하나같이 저서를 남기지 않았으며, 일단의 광적인 제자들이 자신들의 소박한 삶을 신화로 둔갑시키려고 온갖 수단을 동원했다. 예수는 두 번이나 "손가락으로 땅에다" 무언가를 썼다고 한다(요한복음 8장 6절과 8절). 하지만 무엇을 썼는지는 모르고, 신약 성서 어디에도 더 이상은 언급되지 않는다. 마태와 요한Johannes은 예수의 제자이기는 하지만, 그들의 이름을 딴 복음서의 저자가 아닌 것은 확실하다. 네 복음서는 우리가 로마의 문헌들을 통해 아는 그 떠돌이 유대인 설교자가 십자가에 못 박혀 죽은 지 35~70년 뒤에 나왔다. 복음서 저자들은 모두 예수를 보지 못했고, 한결같이 구전에 의지했다. 게다가 나중의 세 저자는 가장 이른 저자, 즉 마가Mark를 토대로 삼았다. 하지만 마가 역시 산상 설교에 대해서는 전혀 보고하지 않았다. 네 저자 중 누구도 '실제로 있었던 것'만 말하기를 **원하지** 않았다. 모두들 믿음을 일으키고 종교를 세우는 일에 기여하고자 했다.

**공자** 역시 역사적 증빙 자료가 턱없이 부족한 인물인데, 제자들이 그의 말들을 모아 어록을 만들었다. 그는 죽은 지 300년 뒤에 신과 비슷한 숭배의 대상이 되었고, 그로부터 약 2,400년 뒤인 1906년에는 황제 칙명으로 가장 높은 신들의 반열에 올랐다. 아마 수백 명의 학자들이 기틀을 세운 종교적·도덕적·정치적 체계의 단독 창시자가 아닐까 싶다. 야스퍼스는 공자와 부처, 예수, 소크라테스를 **인간 행위의 규범이 되는 인물**로 꼽았다. 그러니까 "자신들의 현존재와 본질을 통해 역사적으로 누구도 하지 못한, 인간 존재를 규정하는 일을 하고," "엄청난 철학적 사유 흐름의 토대"가 된 사람들이다. 반면에 무함마드에 대해서는 이렇게 밝혔다. "그가 역사적으로 비교적 강한 영향을 끼친 건 사실이지만, 본질의 깊이 면에서는 비교가 되지 않는다." (야스퍼스의 이런 입장이 무함마드가 "인간 행위의 규범"이 되는가 하는 문제에는 아무런 영향을 끼치지 않는다. 야코프 부르크하르트도 무함마드를 별로 좋게 생각하지 않았다. 종교 창시자들 중에서 "가장 깨끗하지 못한 인물"로 묘사했기 때문이다. 반면에 미하엘 하르트Michael Hart는 마호메트를 세계사에서 가장 영향력이 큰 사람으로 꼽았다.)

야스퍼스의 판단이 의미하는 것은 무엇인가? 역사적으로 가장 강한 영향력은 현실 인간에게서 나오는 것이 아니라 우리가 잘 모르는 역사 인물을 신도들이 원하는 성인으로 둔갑시키는 전승 이야기에서 나온다. 야스퍼스가 소크라테스를 종교 창시자들과 같은 반열에 앉힌 것도 같은 맥락이다. 유명한 철학자들 가운데 유일하게 단 한 줄의 글도 남기지 않은 사람이 소크라테스이기 때문이다. 그는 그저 우리에게 플라톤의 피조물로 알려져 있을 뿐이다. 사실 철학계에서는 두 사람 가운데 플라톤을 훨씬 더 위대한 철학자로 꼽는다. 그렇다면 전설에 따라 종교를 창건했다는 성인보다 바로 그 전설을 만든 사람이 더 위대하거나 역사적으로 더 중요한 인물일 수도 있지 않을까? 예를 들어 예수보다 바울이 더 중요한 역사 인물이라는 식으로 말이다. 어쨌든 우리는 "인간 행위의 규범적 인물들"을 인간이 아닌 신화로 생각해야 한다. 그래서 인류의 가장 훌륭하고 영향력이 큰 개인을 찾으려고 한다면 종교 창시자들은 배제해야 한다. 우리는 그들에 대해 아는 것이 없기 때문이다.

이집트의 파라오와 고대의 군주들에 대해서는 아는 것이 있는가? 그들 중 상당수는 온갖 조작과 날조를 동원해 가며 신에 버금가는 숭배를 요구하거나 강요했다. 이들에게는 제자들 자리에 봉급을 받고 주군을 찬양하는 궁정 시인들이 있다. 이로써 카이사르는 부계父系가 신들의 혈통과 닿아 있는 인물로 묘사되었고, 알렉산드로스 대왕은 이집트에서 가장 높은 신의 아들로 숭상받았다. 알렉산드로스는 아리스토텔레스의 제자이자 조카인 칼리스테네스를 자신의 행적을 기록할 사가史家로서 인도로 데려갔는데, 당시 이 사가는 대왕의 내면에 있는 신적인 특성을 후대에 분명히 알리라는 부름을 받은 것처럼 느꼈다고 말했다. 하지만 그런 사람이 왕의 분노를 샀다. 대왕 앞의 바닥에 이마를 박고 엎드리는 것을 거부했기 때문이다. 이렇게 해서 그는 반역 공모에 연루되었다는 명목으로 고문을 당한 뒤 교수형에 처해졌다.

호라티우스는 아우구스투스 황제 밑에서 봉직했고, 포겔바이데는 생계를 보장해 준 제후들을 향해 평생 용비어천가를 불렀다. 카를 대제와 막시밀리안 1세Maximilian I, 루이 14세는 원정길에 자신들의 행적을 기록할 사가들을 대동했다. 그런데 궁정 사가들 중에는 자신이 모시는 주군을 상반된 두 가지 상으로 서술한 인물이 있었다. 비잔틴 제국의 역사가 프로코피우스Procopius가 그 주인공이다. 그는 전쟁사와 웅장한 건축물들의 묘사에서는 유스티니아누스의 위업을 침이 마르도록 예찬했지만, 숨겨진 역사를 다룬 다른 책에서는 이 상을 파괴하고, 증오로 가득 차서 유스티니아누스와 왕비 테오도라의 악덕을 침을 튀기며 탄핵했다. 프로코피우스의 이 두 버전은 유스티니아누스 황제에 관한 정보로는 거의 유일하다고 할 수 있는데, 그렇다면 어느 것이 사실이고, 어떤 일이 실제로 있었을까?

1721년 표트르 1세는 최고 조정 회의에서 자신을 '국부'이자 '대제'로 부르게 했고, 프로이센의 프리드리히 2세는 볼테르가 궁정 시인 역할을 맡았다. 볼테르는 제1차 슐레지엔 전쟁이 끝난 직후인 1742년에 벌써 젊은 프리드리히에게 '대왕'이라는 칭호를 바쳤고, 1757년 로스바흐 전투에서 프리드리히 군대가 프랑스군을 무찌른 이후부터는 유럽 전역에서 그의 이름 뒤에 '대왕'을 붙이는 것이 일반화되었다. 나폴레옹 곁에는 '프랑수아 오귀스트 파르스발-그랑메종François August Parseval-Grandmaison'이라는 이름의 궁정 시인이 있었다. 그는 이집트 원정 때부터 황제를 동행하면서 새로운 알렉산드로스 대왕의 탄생을 기렸고, 나중에는 황제의 결혼식과 왕자의 탄생까지 열광적으로 찬양했다. 13장에서 소개했듯이 나폴레옹은 다비드라는 궁정화가도 고용했는데, 이 화가는 노새를 탄 자그마한 남자를 위풍당당한 영웅으로 만들어 주었다. 그의 승리를 찬양한 다른 화가들도 당연히 재정적인 후원을 받았다. 독일의 외교관이자 작가인 카를 아우구스트 파른하겐 폰 엔제Karl August Varnhagen von Ense의 보고에 따르면, 조정의 간신배들은 자신들의 착상도 모두 황제에게 돌렸고, 그로써 개인의 정신적인 자산까지 "경외하는 마음으로 부정했다". 그런데 얼마 지나지 않아 대가 없이도 나폴레옹을 열광적으로 환호하는 사람들이 생겨났다. 프랑스에서는 피에르 장 드 베랑제Pierre Jean de Béranger가 나폴레옹을 자유의 투사로 숭앙했고, 외국에서는 바이런과 푸시킨, 괴테, 하이네, 헤겔의 찬사가 줄줄이 이어졌다. 특히 헤겔은 나폴레옹을 반신, 세속의 구세주, 말을 탄 세계정신으로 추앙했다. 이렇게 해서 "명성에 현혹되거나 돈에 매수된 삼류 작가들이 권력에 아첨하기 위해 쓴 진실하지도 정직하지도 않은 글들이 나폴레옹 주변에"(야코프 부르크하르트) 넘쳐났다.

그런데 고대에 버금가는 수준의 신격화가 이루어진 것은 20세기에 들어서였다. 히틀러에 대한 인물 숭배가 그것이다. 그는 "전지전능한 존재"가 지상에 보낸 구원자이자 만고의 위대한 장수로 떠받들어졌다. 그런데 공산주의의 수호성인들에 대한 신격화는 이를 능가했다. 공산주의는 많은 나라를 휩쓸었고 70년간이나 지속되었기 때문이다. 소련 공산당의 공식 입장에 따르면 레닌은 "인류사의 가장 위대한 천재"였다. 서구의 무수한 레닌 숭배자들도 이에 뒤지지 않으려고 열심히 노력했다. 1924년 레닌이 죽자 토마스 만은 그를 "새로운 민주적·거인적 스타일의 인간 군주"라고 예찬하면서 이렇게 덧붙였다. "그는 권력 의지와 금욕의 강력한 결합이자 위대한 이념의 교황이었다." 레닌의 이름은 산과 유치원, 쇄빙선에 어느 누구보다 많이 붙여졌고, 레닌의 전기 두 권은 소비에트 인민 일인당 두 권씩 돌아갈 정도로 무수히 뿌려졌다.

역사상 가장 잔인한 대량 학살자 스탈린도 두려움으로 벌벌 떠는 하수인들뿐 아니라 로맹 롤랑Romain Rolland, 지드, 쇼, 리온 포이히트방거Lion Feuchtwanger, 블로흐, 브레히트에 의해 천재로, 박애주의자로, 억압받는 이들의 희망으로 찬양되었다. 작가 프리드리히 볼프Friedrich Wolf에게 그는 "사유 분석의 소크라테스적·플라톤적 형식"의 대가였고, 소설가 제거스는 이렇게 칭찬했다. "스탈린은 항상 옳은 일만 한다. '혹시 바로 이해되지 않는 것이 있다고 해도' 일단 그를 믿을 정도로." 동독 SED의 중앙 위원회 위원이자, 동독에서 공식적으로 "생존한 가장 위대한 독일 작가"로 인정받는 요하네스 R. 베허Johannes Robert Becher는 스탈린의 죽음에 부친 24연의 송시로 지상 최고의 찬양가를 불렀는데, 그중 일부는 이렇다.

언젠가 전 독일이 스탈린에게 감사할 것이라.
도시마다 스탈린의 동상이 세워지고,
저기 포도 넝쿨 사이에도 그가 서 있고,
킬에서는 한 대학생이 그를 알아보네.

저기 보덴제 호숫가 사과나무 꽃이
만발한 곳에도 스탈린 그대가 서 있고,
저기 슈바르츠발트 숲에서도 조용히 서서
겁먹은 사슴에게 곁으로 오라 손짓하네.

저녁이면 그는 레닌과 함께 벤치에 앉아 있네.
에른스트 텔만Ernst Thälmann[2]도 두 사람 곁에 손을 모으고 앉아 있지.
아코디언이 감사의 노래를 연주하자

그들은 은은하게 미소 짓네. 고맙다는 듯이 수줍게.

어떤 사람이 국내외 무수한 사람들로부터 이런 찬가를 봉헌받고, 자신의 못난 점과 자잘한 면까지 속속들이 아는 주변 사람과 적을 모조리 제거하고, 또한 언론와 인쇄된 모든 말을 통제하고, 트로츠키 같은 정치적 라이벌을 소비에트 백과사전에서 삭제했다면(레닌 옆에 서 있는 트로츠키의 사진은 물론이다) "과거에 실제로 어떤 일이 있었는지" 보여 주려는 역사가에게는 어떤 기회가 남아 있을까?

그런데 역사가들에게 올바른 평가를 내리기 어렵게 만들기는 서구의 정치인들, 특히 미국 위정자들도 마찬가지다. 물론 수단은 전혀 다르지만 말이다. 레이건 대통령은 마이크 디버Mike Deaver 같은 '이미지 관리 전문가'에게 두 가지 임무를 맡겼다. 자신의 행적을 널리 알리고, 자신이 감당할 수 있는 행위들을 짜내라는 것이다. 역사가들의 객관적 판단을 방해하는 장애물은 또 있다. 정치인의 심복과 전기 작가, 이미지 관리자들이 단단히 밀집 대형을 유지하며 역사가들 맞은편에 버티고 서서, 설사 역사가가 밝혀낸 것이 진실이라고 하더라도 주군의 명성에 오점이 되는 것이라면 절대 용납하지 않겠다는 각오로 막아서는 것이 그것이다. 그렇다. 그건 대중의 마음과도 통한다. 일반 미국인들은 자랑스러운 워싱턴, 링컨 기념비에 오물이 튀는 것을 원치 않는다. 그건 독일인들도 마찬가지다. 충직한 독일 사회 민주당 지지자들은 자신들이 존경하는 베벨이나 브란트 같은 인물의 숨겨진 추잡한 진실이 밝혀지는 것을 결코 원치 않는다.

그렇다면 유명 정치인과 군인들은 얼마만큼 그런 명성을 누릴 자격이 있을까? 사실 이들의 진실에 접근하는 것은 다른 어떤 분야의 위인들과는 비

---

2 독일 바이마르 공화국 당시 독일 공산당의 지도자였다. 소련을 프롤레타리아의 조국으로 생각했던 그는 코민테른의 지시에 따라 독일 공산당의 스탈린주의화에 앞장섰다.

교도 안 될 정도로 힘들다. 우리가 두 가지 가장 중요한 반박(그들이 아니더라도 그 일은 다른 누군가에 의해 이루어지지 않았을까? 위업을 위해서라면 나쁜 짓을 해도 되는 것일까?)을 제쳐 두더라도 여전히 의구심은 남는다. 이런 것들이다. 그들은 항상 시간과 장소의 은총으로 그렇게 출세하지 않았던가? 전기 작가들의 단순화와 인격화 충동으로 인해 집단적 성취가 한 개인의 성취로 둔갑하지 않았던가? 돈을 주고 고용한 작가나 다른 자발적 숭배자들을 통해 찬양되는 경우도 많지 않았던가? 그 밖에 그들이 원래 어떤 동기를 품고 있었는가 하는 의문에 대한 논쟁도 끝없이 이어진다. 혹시 우리가 그 동기를 안다면 그것을 어떻게 평가해야 할까? 마지막으로 동기와 역사적 결과는 어떤 관계일까?

사실 누구나 잘 알고 있지만 별로 거론하고 싶어 하지 않는 이 관계를 정리하면 이렇다. 동기와 결과는 별 관계가 없거나 전혀 무관하다. 이와 관련해서 엥겔스가 썩 괜찮은 말을 했다. "모든 개인이 원하는 것은 다른 모든 개인에 의해 저지된다. 그런 상황에서 나오는 것은 누구도 원치 않았던 결과이다." 막스 베버는 좀 더 고상한 말로 풀었다. 정치적 행위의 결과가 "원래의 의도와 완전히 어긋나는 것은 예사이고, 역설적인 관계일 때도 많은 것"이 모든 역사의 근본 사실이다. 야코프 부르크하르트는 알렉산드로스 대왕에 대해 이렇게 말했다. "미래에 직접 변화를 야기하지도 않았고 세계를 새로운 토대 위에 세워 놓지도 않았던 것"이 위대한 세계 정복자들의 특성이다. 루이 16세Louis XVI는 좋게 말해서 사회 개혁적 군주였다. 그런 점에서 대부분의 전임 군주들보다 혁명에 의해 폐위되어 결국 단두대의 이슬로 사라져야 할 이유가 훨씬 적은 인물이었다. 이를테면 프랑스 혁명 **이후의** 어떤 시기도 20년 전보다 공공복지가 빨리 발전하지 않았던 것만 봐도 그렇다. 알렉시스 드 토크빌Alexis de Tocqueville의 말이다. 처칠은 대영 제국을 구해 내려고 했지만, 실제로는 그것의 몰락에 기여했고, 고르바초프는 소련을 개혁하려 했지만 결과적으로 소련의 해체를 이끌었다. 1981년 유대인 작가 조지 스타이너George Steiner의 한 연극에서 히틀러는 유대인들이 자신에게 감사해야 한다고 말한다. 그가 없었더라면 이스라엘이라는 나라도 탄생하지 않았을 것이기 때문이다.

선한 결과를 선한 의도와 동일시하는 것은 **노벨 평화상**의 자기기만이다. 그런데도 많은 사람들은 노벨 평화상이 정치적 위대성의 합리적 순위를 작성하는 데 도움이 될 거라고 기대한다. 이 상에는 방법론적으로 또 다른 약점이 있다. 어떤 경우에도 평화가 최상의 가치라는 인상을 일깨우고 있다는 점이 그렇다. 하지만 유엔에서는 아니다. 1974년 유엔 결의안 5조에서는 군사 공격을 범죄 행위로 규정하고 있지만, 7조에서는 식민지 종주국이나 인종주의적 체제를 상대로 전쟁을 벌이는 것은 예외로 간주되었다. 포퍼도 평화를 반드시 최상의 가치로 보지 않았다. 1992년에 포퍼는 이런 말을 했다. "오늘날 우리의 첫 번째 목표는 평화여야 한다. 하지만 평화를 위해 전쟁을 일으키는 것을 두려워하지 말아야 한다. 현 상황에서 그것은 불가피한 일이다." 그 밖에 처칠이 히틀러의 침략 전쟁을 유화책으로 해결하지 않고, 전쟁이라는 강경책을 택한 것을 누가 비난하겠는가?

노벨 평화상은 다른 한편으로 평화를 가장 절실하게 바라는 사람에게 평화를 구현할 최상의 기회가 주어진다는 잘못된 추론을 부추긴다. 아마 유럽에 전운이 감도는 가운데 체임벌린만큼 평화를 간절히 원했던 사람이 있을까? 그는 히틀러의 주덴텐란트 합병까지 팔을 걷고 도와주면서 영국인들에게 "우리 시대의 평화"를 약속했고, 영국인들은 그런 그에게 환호를 보냈다. 그러나 역사가들 중에는 체임벌린의 유화 정책을 제2차 세계 대전의 한 가지 원인으로 꼽는 사람들이 많다. 그 정책으로 인해 세기의 괴물이 안전한 요람 속에서 식욕을 키울 시간을 벌었기 때문이다(어쨌든 체임벌린은 1939년에 노벨 평화상을 받지 못했다. 전쟁 발발의 기미를 눈치 챈 노벨 위원회가 수상 계획을 취소했던 것이다). 톨스토이는 제1회 노벨 평화상 수상자인 장 앙리 뒤낭Jean Henri Dunant을 『전쟁과 평화』에서 이렇게 힐난했다. "뒤낭은 적십자사와 제네바 협약으로 전쟁의 잔인함을 완화시키고자 했던 시도를 통해 다시 살롱을 들락거릴 자격을 얻게 되었다."

노벨 평화상의 선정 기준과 관련해서는 의문 부호가 찍힐 때가 많다. 1973년 베트남에서 휴전을 체결한 양쪽 협상단 대표가 공동으로 노벨 평화상 수상자로 결정되었다. 키신저 장관과 레둑토黎德壽 정치국원이 그 주인공인데, 이 터무니없는 정책을 획책한 자들이 이 전쟁을 끝냈다고 해서 평화상을 준다는 게 과연 말이 될까? 레둑토도 그런 생각이 들었는지, 아니면 강경 공산주의자로서 평화를 최고의 가치로 생각하지 않아서 그런지는 몰라도 어쨌든 수상을 거부했다. 1978년 안와르 사다트Muhammad Anwar el-Sādāt 이집트 대통령과 함께 공동으로 노벨 평화상을 받은 이스라엘의 메나헴 베긴Menachem Begin 총리는 1942~1948년까지 유대인 테러 지하 조직인 '이르군 즈바이 레우미'[3]의 지도자로 활동하면서 수많은 살인을 교사한 인물이었다. 탄압하는 자들에 대해서는 평화보다 총을 드는 게 낫다고 생각하는 사람의 표본이었다. 폴란드 노동 운동가 레흐 바웬사Lech Watesa(1983년 수상자)와 소련의 핵물리학자 안드레이 사하로프Andrei Dimitrievich Sakharov(1984년 수상자)도 경직된 사회 체제 속에서 평화가 아닌 소요를 야기한 인물이었다. 소설가 엘리 비젤Eliezer Wiesel은 화해가 아닌, 히틀러의 홀로코스트에 대한 시들지 않는 기억을 설파했는데, 이스라엘의 평화 운동가 유리 아브네리Uri Avnery는 그런 그를 이렇게 질책했다. 비젤은 오늘의 악, 즉 팔레스타인 인들에 대한 이스라엘의 탄압에 맞서 싸우는 일을 하는 것이 더 나아 보인다.

고르바초프(1990)는 이 상을 받을 자격이 충분했다. 레이건과의 살인적인 군비 경쟁을 종식시킨 인물이기 때문이다. 다만 "군비의 무한 경쟁을 통해 소련을 아예 파산시키는 것"이 레이건의 본래 의도였다는 것을 기억해야 한

---

[3] 히브리 어로 '민족 군사 조직'이라는 뜻. 1931년 팔레스타인에 설립된 이 조직은 요르단 강 양안에 유대 국가를 건설하기 위해서라면 무력 사용과 테러도 불사하는 반아랍 극렬 민족주의 단체였다.

다. 그렇다면 고르바초프가 마침내 경쟁을 포기했다면 거기엔 레이건의 공도 인정해야 하지 않을까? 그러니까 군비 확장의 대제사장이 역설적으로 군비 감축을 가장 효과적으로 이끌었다면 그에게도 노벨 평화상을 수여하는 것이 타당하지 않을까 심사숙고할 필요가 있다는 말이다. 그와는 반대로, 고르바초프가 결과적으로 야기한 사태가 과연 평화라는 이름에 어울리는가 하는 문제도 생각해 봐야 한다. 소련의 해체로 코카서스 지역에서 참혹한 전쟁들이 이어졌고, 전 러시아 제국에 몇 년 동안 혼란스러운 피바람이 불지 않았던가? 반면에 간디는 비폭력 운동으로 큰 정치를 펼친 예외적인 인물이지만 평화상은 받지 못했다.

정리하자면 우리가 정치적 위대성을 정의하거나 평가하고자 할 때 오슬로의 노벨 위원회도 별 큰 도움이 되지 않는다. 우연과 오류, 전횡과 은폐가 난무하는 혼돈 속에서 남는 것은 이런 충고이다. 우리가 존경하는 정치인과 군인들을 누구 하나 예외 없이 지금보다는 조금 덜 우러러보고 조금 덜 경탄하자는 것이다. 무엇이 인생인가? 셰익스피어의 맥베스는 답한다. 인생이란 바보가 이야기하는, 의미 없고 광포한 울부짖음만 가득한 동화라고.

## 올해의 인물

미국의 시사 주간지 『타임』은 1928년부터 매년 신년호에 '올해의 인물'을 선정해 오고 있는데, 전년도에 일어났던 중요한 사건들에 가장 큰 영향을 끼쳤고 언론의 머리기사에 가장 자주 등장한 인물이 그 대상이다.

올해의 인물 제1호는 린드버그였다. 지금까지 미국인은 37명이 선정되었고, 그 가운데 17명이 미국 대통령이었다(존 캘빈 쿨리지John Calvin Coolidge, 후버, 제럴드 포드 대통령을 제외한 모든 대통령). 외국인은 총 32명이었다.

### 올해의 인물로 세 번 선정된 인물
프랭클린 루스벨트 대통령(1932, 1934, 1941)

### 올해의 인물로 두 번 선정된 인물
스탈린(1939, 1942)
처칠(1940, 1949)
마셜(미 참모총장, 국무 장관, 국방 장관, 노벨 평화상 수상자. 1943, 1947)
아이젠하워(1944년에는 연합군 총사령관으로, 1959년에는 대통령의 신분으로)
트루먼 대통령(1945, 1948)
린든 존슨 대통령(1964, 1967)
닉슨 대통령(1971. 1972년에는 키신저와 공동으로)
덩샤오핑(1978, 1985)
레이건 대통령(1980. 1983년에는 유리 안드로포프Yurii Vladimirovich Andropov와 공동으로)
고르바초프(1987. 1989년에는 '80년대의 인물'로 선정됨)

### 독일인이 선정된 해
1938: 히틀러
1953: 아데나워
1970: 브란트

### 그 밖에 미국인이 아닌 인물이 선정된 해
1930 : 간디(최초의 비미국인)
1957: 흐루시초프
1958: 드골
1962: 교황 요한 23세Joannes XXIII
1979년: 호메이니
1981년: 바웬사
1994년: 교황 요한 바오로 2세Joannes Paulus II

**여성이 선정된 해**
1936: 월리스 심프슨Wallis Simpson(윈저 공작 부인)
1952: 영국 여왕 엘리자베스 2세Elizabeth II
1975: 미국 여성 열두 명
1986년: 코라손 아키노Corazon Aquino(필리핀 대통령)

**부부가 선정된 해**
1937: 장제스蔣介石, 쑹메이링宋美齡

**특정 개인이 아닌 익명의 집단이 선정된 해**
1950: 한국전 참전 미군 병사들
1956: 헝가리 자유의 투사들
1966: 26세 이하의 세대
1969: 보통 미국인

**사물이 선정된 해**
1983: '올해의 기계' 컴퓨터
1988: '올해의 행성' 위기에 처한 지구

# 노벨상의 희비극

> 노벨 물리학상이 없어지면 더는 기초 입자를 발견할 사람이 나오지 않을 거라는 불쾌한 기분이 든다.
> ―어윈 샤가프

노벨상 중에서 문학상만큼 억측과 비난이 무성한 분야는 없다. 1984년 스타이너는 '노벨상의 추문'이라는 칼럼에서 스웨덴 왕립 과학 아카데미가 수긍할 만한 당첨자들보다 수준 미달의 사람들을 훨씬 더 많이 뽑았다고 결론 내렸다. 그는 말했다. "몇몇 예외를 제외하면 이 상을 받지 못한 사람들이 진정한 문학의 제왕으로 입증된 예가 많다." 노벨상은 해마다 되풀이되는 "악덕 상술과 변덕, 특혜, 위선"의 산물이다.

1910년과 1938년에 각각 노벨 문학상을 받은 파울 하이제Paul Johann Ludwig von Heyse(노벨 위원회로부터 괴테 이후 가장 위대한 독일 시인이라는 평을 들었다)와 대중적으로 성공한 미국 작가 벅은 훗날 스웨덴 한림원 일원들에 의해 역사상 가장 부끄러운 수상자로 꼽혔다. 반면에 톨스토이와 입센, 조이스는 이 상을 받지 못했고(나중에 격분을 일으킨 가장 대표적인 경우이다), 졸라와 발레리, 스트린드베리와 브레히트, 콘래드, 버지니아 울프, 그레이엄 그린 같은 세기의 작가들도 상에서 배제되었다. 프루스트와 카프카, 무질은 대표작이 사후에 출간되었다는 이유로 낙점되지 못했는데, 노벨상은 원칙적으로 생존한 작가에게만 수여된다.

그런데 문학 사가들이 이구동성으로 올바른 선택이라고 말한 경우에도 한림원이 낯을 들기 어려운 선정자도 있다. 훗날 나치 동조 혐의로 체포된 함순과 대표적인 마초 작가였던 헤밍웨이가 그렇다. 그런가 하면 쇼는 1925년에 노벨상을 받았지만, 이미 1911년에 "잔인하고 괴팍한" 작가라는 부정적 평에 시달린 뒤였다. 토마스 만은 1901년에 출간된 『부덴브로크 가의 사람들』로 1929년에 노벨상을 받았지만, 한림원의 설명에는 1924년에 출간된 『마의 산』은 언급조차 되지 않았다. 1907년에 이 상을 받은 키플링의 경우는 위대한 소설가로서의 업적뿐 아니라 신에 대한 외경과 "법 수호의 선봉장"이라는 평가도 선정 이유에 포함되었다.

이로써 이 상을 제정한 알프레드 노벨Alfred Bernhard Nobel의 뜻이 이루어졌는지를 두고는 오래전부터 말이 많다. 그는 한 해 동안 문학계에서 "이상적 혹은 이상주의적 성격을 띤 가장 빼어난 작품"을 창작한 작가에게 수여할 생각으로 이 상을 만들었다. 여기서 "이상적"이라는 말은 스웨덴 어로 '이상에 가깝다'는 뜻이고, "이상주의적"이라는 말은 '이상을 믿고 추구한다'는 뜻으로 풀이된다. 그렇다면 어떤 이상을 추구한다는 것일까?

스웨덴 한림원은 별 의미가 없는 노벨의 이 말을 교훈적이고 고상하고 국가를 떠받치는 작품에 상을 주라는 요구로 오랫동안 해석해 왔다. 그래서 1901년에 실시된 첫 번째 시상식에서는 졸라가 "자연주의에 배어 있는 거친 냉소적 성향" 때문에 "약간 저급한 감상주의"로 흐르는 쉴리 프뤼돔Sully Prudhomme에 밀려 탈락하고 말았다. 이 결과를 두고 스트린드베리는 한림원을 "겁쟁이, 돌팔이, 어설픈 아마추어"라고 부르며 비난의 화살을 쏘아 댔다. 이듬해인 1902년에는 심사위원 열여덟 명이 한꺼번에 문학적 대가 3인을 탈락시키는 우를 범했다. 젊은 하우프트만은 "극단적 자연주의"와 "경악스러운 개인주의"를 이유로, 두말할 필요 없이 당대 최고의 극작가였던 입센은 만년의 작품들이 부정적이고 불가사의하다는 이유로 거부당했다. 그렇다면 당시 생존하는 가장 유명한 작가였던 톨스토이까지 배척당한 이유는 무엇이었을까? "그의 『전쟁과 평화』가 다른 측면에서는 아주 뛰어나지만 눈먼 우연에 결정적인 역할을 부여한 것이 걸리고, 『크로이처 소나타 Kreutzer Sonata』에서는 부부간의 육체관계를 거부한 것이 감점 요인이었다." 또한 다른 작품들에서 국가와 교회, 사유재산, 자기 방어권을 문제 삼은 것도 거부 이유에 속했다.

1904년에는 프로방스의 시인 프레데리크 미스트랄Frédéric Mistral에게 노벨상이 돌아갔는데, 선정의 주 이유는 "밝은 상상력과 토속적 순박성, 진주처럼 영롱한 영감"이었다. 1905년 노벨 위원회는 이 상이 단순히 문학적인 측면만을 따지는 문학상에 그쳐서는 안 되고, 작품이 인간을 얼마나 "더 선하고 고결하게 만드는 데" 기여했는지를 고려할 것이라고 강조했다. 1907년에는 후보에 오른 스윈번에게 상을 주지 않았다. 무신론과 고귀함의 결여, 그리고 작품이 전반적으로 "상처를 주고 거부감을 일으킨다"는 것이 이유였다. 1910년에는 하이제가 상을 받았다. 이유는 그가 "비천하고 추악한 현실을 마치 사진을 찍듯 묘사하는 자연주의적 풍"을 거부했기 때문이다. 같은 해에 노벨 위원회는 예술은 "인간의 마음을 위로하는 청량제"가 되어야 한다고 요구했다.

톨스토이와 입센, 졸라, 스윈번이 이미 세상을 떠나고 없던 1912년에는 쉰 살의 하우프트만이 상을 받았다. 한림원이 젊어졌기도 했지만, 하우프트만이 사회 비판적 드라마들 외에 "감미로운 시정詩情으로 가득 찬" 『하넬레의 승천Hanneles Himmelfahrt』을 썼다는 점을 높이 평가했기 때문이다(하지만 이 작품은 1902년 당시에도 이미 나와 있었다).

이로써 도덕적 잣대의 역할은 축소되었다. 물론 오늘날까지도 완전히 사라진 것은 아니다. 1967년 노벨상 수상자들로 이루어진 한 심포지엄에서 스웨덴 한림원을 향해 이상주의에 대한 편애를 중단할 것을 권유했다. 노벨이 말한 '이상주의'의 의미가 여전히 모호할 뿐 아니라 "최고가 되고자 하는 사람이 아니라 최고를 만든 사람"이 그 상을 받는 것이 타당하다는 것이다. 그와 함께 프랑수아 모리아크François Mauriac(1952년 수상자)와 다른 몇 사람은 노벨 문학상을 문학적 명예보다는 평화상의 일종으로 보자고 제안하기도 했다. 그러나 이런 권유에도 불구하고 현실에서는 변한 것이 별로 없었다. 베케트는 1969년 암울한 염세주의라는 비난을 간신히 뚫고 이 상을 받았고, 1985년도 수상자인 프랑스의 클로드 시몽Claude Simon 역시 선정 이유로 그의 소설 속 인물들이 단순히 음울한 격정의 노예가 아니라 "의무를 성실히 이행하는 부드러운 품성"의 소유자라는 평가를 심사 위원들로부터 들어야 했다.

그렇다면 오늘날 문학 분야에서 가장 영향력 있는 명성 부여 위원회가 문학적 평가와는 별로 상관없는 척도로 문학적 명성을 부여하고 있다는 것을 고백하고 있는 셈이다. 그런데 그때 도덕적 범주만이 유일한 척도가 아니다. 거기에 정치적·지리적 범주도 포함되어야 한다. 대개 그럴 듯한 선정 근거가 제시되지만, 결과는 거의 동일하다. 악덕 상술과 편애에 대한 비난은 제쳐 두더라도 한 작가가 노벨상을 받았는지 여부가 그 작가의 위대성을 말하지는 않는다는 것이다.

한림원과 세계 여론은 소련의 솔제니친(1970)과 체코 시인 야로슬라프 세이페르트Jaroslav Seifert(1984), 그리고 남아프리카에서 흑인의 권리를 위해 싸운 백인 투사 네이딘 고디머Nadine Gordimer(1991)의 노벨 문학상 수상을 **정치적** 시위로 이해했다. 그 밖에 네루다는 스탈린과 거리를 취했기 때문에 1971년에 노벨상을 탔다. 정치는 다른 식으로도 수상자 선정에 영향을 미쳤다. 예를 들어 1965년 소련 공산당의 노선에 충실했던 소비에트 작가 미하일 숄로호프Michail Aleksandrovich Sholokhov가 노벨 문학상을 받은 것은 스웨덴 한림원이 1958년에 모스크바의 자유사상가 보리스 파스테르나크Boris Leonidovich Pasternak를 수상자로 결정한 것에 대한 정치적 불만을 무마하기 위한 것이 분명했다. 1980년 가브리엘 가르시아 마르케스Gabriel García Márquez는 처칠이 노벨 문학상을 받은 것(1953)을 두고 이렇게 썼다. "당대 최고의 명사였던 처칠에게 어떤 상이라도 줘야겠는데, 그에게 줄 마땅한 다른 상이 없어서 문학상이 선택된 것이다. 그렇다고 처칠 같은 사람에게 평화상을 줄 수는 없지 않겠는가?"

파운드는 히틀러를 칭찬했다는 이유로, 보르헤스는 아르헨티나와 칠레의 군부 독재자들을 옹호했다는 이유로 수상에서 제외되었다. 1976년도 수상자로 이미 내정되어 있던 보르헤스는 한림원의 공식 발표 직전에 칠레의 아우구스토 피노체트Augusto Pinochet 대통령을 찬양하는 바람에 지명이 철회되고 말았다. 그런데 보르헤스의 피노체트 찬양은 누가 봐도 알 수 있는 반어적 과장이었다고 마르케스는 1980년에 썼다. 그에게 보르헤스는 최고의 예술적 업적을 이룬 스페인 작가였다. 스타이너도 1984년에 이렇게 말했다. "보르헤스 같은 작가에게 그토록 오랫동안 노벨상을 수여하지 않는 것만 봐도 그 상을 주는 기관에 문제가 있는 것은 분명하다." 보르헤스가 피노체트를 반어적으로 찬양했든 그러지 않았든, 위대한 예술은 브레히트처럼 맹목적으로 정치성을 띠는 인물이나 바그너처럼 인간적으로 비열한 인물과 하나 되어 나타날 때가 많다. 만약 단정함과 지혜를 위대함의 조건으로 삼으면 명성의 전당 안에 있는 기존의 인물들을 모조리 끄집어내야 한다.

**지리적으로** 게르만 로만 문화권에 속하지 않는 작가들은 수상자 선정에서 항상 불리했다. 1991년까지 노벨 문학상 수상자 89명 가운데 아시아(1913년과 1968년)와 아프리카(1986년과 1988년)는 각각 두 명뿐이었다. 반면에 북유럽 5개국 출신은 열다섯 명이었다. 어쩌면 이게 알프레드 노벨의 감추어진 의중이었는지 모른다. 말로는 "스칸디나비아 인이든 아니든" 가장 적합한 사람이 상을 받아야 한다고 밝혔지만 말이다. 한림원은 칠레의 여성 시인 미스트랄(1945)에게 노벨상을 수여하면서 이것을 라틴 아메리카에 대한 뒤늦은 손짓이라고 했고, 뵐(1972)에게 상을 주면서는 단순히 도덕적 부활의 대변자에게 수여하는 것이 아니라 독일인 전체에게 수여한 것이라고 설명했다. 1929년에 토마스 만 이후로 노벨 문학상을 받은 독일인은 아무도 없었기 때문이다(스타이너의 표현에 따르면 한림원이 문학적으로 훨씬 비중 있는 그라스를 제치고 뵐을 선택한 것은 "당혹스러운 결정"이었다).

스톡홀름의 한림원은 상이 두 번 연속으로 한 나라에 돌아가지 않도록 신경을 쓸 뿐 아니라 위대한 서양 문화권에 속하는 특정 국가가 너무 오랫동안 배제되는 일이 없도록 고려한다. 사정이 이렇다 보니 위대한 개인의 입장에서는 불리할 수밖에 없다. 물론 아예 기회조차 없는 지역의 개인이라면 말할 것도 없다. 예를 들어 중국은 인구가 10억이 넘지만 아직 한 번도 노벨 문학상을 받지 못했다.[1]

어떤 작가가 지금까지 언급한 기준들에 따라 스톡홀름의 심사대 위에 올라가 있더라도 스웨덴 한림원이 몇 년마다 각각 다른 방식으로 조정해 나가는 세 가지 갈등을 무사히 통과해야 한다.

첫 번째 갈등은 이렇다. 노벨상은 이미 이룬 업적에 대한 훈장일까, 아니면 이 상을 기반으로 더 큰 성과를 이루라는 장려일까? 노벨은 "아직 왕성하게 활동할 시간이 남아 있어서 계속적인 발전이 기대되고, 이 상을 통해 그런 발전을 촉진할 수 있는" 인물이 선정되길 원했다(이 점에서는 톨스토이와 졸라, 입센과 같은 늙은 작가들이 상을 받지 못한 것은 타당하다. 다만 이들이 상을 받지 못한 것은 그 때문이 아니었다). 스톡홀름에서는 노벨의 권고가 극단화되었던 적이 몇 번 있었다. 1903년에 세계적으로 유명한 사람에게 돈을 주느니 차라리 무명작가의 발굴을 선택한 것이 그랬고, 1950년에 시장의 요구에 영합하지 않고 본연의 문학성을 지킨 사람을 선정한 것이 그랬다. 1967년 노벨상 수상자 심포지엄은 다음과 같이 발표했다. "생산적 실수도 있다. 동떨어진 문화권의 작가나 곧 빛바랠 혁신적 작가를 선택하는 실수가

---

[1] 이 책이 출간된 이후인 2000년에 중국의 가오싱젠高行健이 노벨 문학상을 받았다.

생산적 논쟁과 새로운 출발로 이어질 수 있다는 말이다."

하지만 이것은 이론이었다. 상은 줄곧 완숙하고 철저히 파헤쳐진 서양의 베스트셀러 작가들에게 돌아갔다. 라게를뢰프(1909), 싱클레어 루이스Harry Sinclair Lewis(1930), 존 골즈워디John Galsworthy(1932), 벅(1938), 존 스타인벡John Ernst Steinbeck(1962), 마르케스(1982) 등이 그런 예이다. 심지어 노벨상이 5년 연속으로(1977~1981) 시인 비센테 알레익산드레Vicente Aleixandre, 오디세우스 엘리티스Odysseus Elytis, 체스아프 미워시Czesław Miłosz같이 잘 알려지지 않은 사람들이나 아이작 싱어Isaac Bashevis Singer와 카네티같이 전문가들 사이에서만 알려진 작가들에게 돌아가자 여론에서 불만이 터져 나왔다. 한림원의 일원인 안데르스 외스털링Anders Österling은 이렇게 썼다. "대중은 무명작가의 수상으로 깜짝 놀라는 것보다 유명한 사람이 영예를 누리는 것을 더 보고 싶어 한다."

두 번째 갈등은 이렇다. 노벨상을 토마스 만처럼 한 문학파를 완성시킨 사람에게 주어야 할까, 아니면 1948년에 한림원이 T. S. 엘리엇을 수상자로 선정하면서 밝혔듯이 "선구적인" 역할을 한 사람에게 주어야 할까? 그도 아니라면 비록 상은 타지 못했지만, 조이스처럼 위대한 실험가에게 주어야 할까? 관점마다 장점이 있다. 다만 수상자를 선정할 때마다 관점이 달라지는 바람에 합당한 후보자가 계속 떨어지는 일이 생긴다. 즉 한림원 안에 어떤 유행이 부는지, 혹은 전년도에 어떤 장르가 상을 탔는지에 따라서 수상자가 바뀌는 것이다.

이 모든 상황을 감안하면 문학 본연의 기준이 관심을 끌기란 퍽 어려워 보인다. 그럼에도 문학상에서 문학적 기준이 빠질 수는 없다. 여기서 세 번째 갈등이 나온다. 어떤 가치와 모범을 기준으로 평가를 내려야 할까? 처음에는 괴테를 모범으로 삼은 것과 동시에 절제와 균형, 조화의 이상(앞서 언급한 도덕적 범주들이 손쉽게 스며들 수 있는 장이다)을 기준으로 정하는 데 이견이 없었다. 그러던 것이 1922년 페르 할스트룀Per Hallström이 노벨 위원회의 새로운 수장으로 오면서 예전에는 경멸적으로 거부했던 톨스토이로 대변되는 '위대한 문체'가 척도로 떠올랐다. 그와 함께 고전적 사실주의와 호소력 있는 서술 기법, 서사적 힘도 기준에 포함되었다. 하지만 이것은 소설가에만 국한되고, 1945년부터 증가 추세를 보이는 시인들에게는 해당되지 않았다. 서사적 힘은 1938년 한림원이 혐오감을 드러내며 거부했던 미첼의 작품에서도 일반적으로 느낄 수 있는 부분이었다.

그렇다면 이제 남은 것은 무엇인가? "노벨상을 받을 가치가 있는 사람들 중에 몇몇은 상을 받을 것이고, 나머지는 상을 받지 못할 것이다." 1966년부터 한림원의 일원이었던 스웨덴 작가 라르스 질렌스텐Lars Gyllenstein이 1984년에 한 말이다. 그의 말은 분명 옳다. 다만 한 가지 덧붙이자면 노벨상 수상자 중에 몇몇은 상을 받을 자격이 없는 사람들이다. 결국 노벨상과 위대성의 상관관계는 그리 높지 않다. 심지어 노벨상이 명성조차 보장해 주지 못할 때도 많다. 예를 들어 지극히 이국적인 풍의 시인에게 대담하게 상을 수여했지만, 5년 뒤 그에게 관심을 보인 사람은 아무도 없었다.

노벨 **물리학상과 화학상, 의학상**에도 적지 않은 심각한 문제점들이 존재한다. 다만 문학상과 문제의 성격이 다를 뿐이다. 스톡홀름의 심사 위원들이 어떻게 공정한 판단을 내릴 것인가 하는 문제는 사소한 것일 수 있다. 여기서는 개인적 취향과 이데올로기는 크게 작용하지 않기 때문이다. 반면에 수상자들과 수상자가 되길 원하는 사람들은 비할 바 없을 정도로 큰 곤경과 유혹에 직면한다.

1912년 스웨덴 심사 위원들은 "등대와 등부표의 가스 저장 탱크에 쓰이는 자동 조절기 발명"의 공로를 인정해서 자국민인 닐스 구스타프 달렌Nils Gustaf Dalén에게 노벨 물리학상을 수여했다. 그에 비해 알베르트 아인슈타인은 특수 상대성 이론을 발표하고 17년이 더 지날 때까지도 수상 소식이 없었다. 그의 이론이 실험으로 증명되지 않은 가설이라는 것이다. 하지만 그런 한림원도 아인슈타인 이론의 진실성을 입증하는 다른 이론을 통해서든,

아니면 그가 오래전부터 누려 온 세계적 명성에 대한 긴 침묵을 통해서든 더 이상 세상 사람들의 입방아에 오르내리는 것을 원치 않았다. 그래서 결국 아인슈타인의 연구에서 부산물에 해당되는 성과를 근거로 그를 노벨상 수상자로 선정했다. 한림원의 말을 직접 인용하면 이렇다. "공로가 많은 수학적·물리학적 연구들과 특히 광전 효과 법칙의 발명에 근거해서" 이 상을 수여한다. 여기서 광전 효과란 에스컬레이터나 엘리베이터 문에 부착된 마법의 눈과 텔레비전 카메라에 이용되는 기술이다. 1978년 미국의 과학사가 해리엇 주커먼Harriet Zuckerman은 스웨덴 한림원의 기준에 의하면 다윈도 상을 받을 수 없었을 거라고 총평을 내렸다.

심사 위원들은 상을 주기에 앞서 후보자들을 선택하는데, 여기서부터 벌써 문제가 발생한다. 오늘날에는 1901년에 비해 시를 쓰는 사람의 수는 줄었지만, 물리학자와 화학자, 의학자의 수는 기하급수적으로 늘어 무려 30배에 이른다. 노벨상을 받는 것은 둘째치고라도 일단 후보자 목록에 오르는 것 자체가 굉장히 어렵고, 후보로 뽑히면 이미 그 자체로 그 사람의 경력에 유리하게 작용한다. 그래서 연구자는 남들보다 빠른 성과로 주목을 받으려는 조급함과 학문적 철저함을 다해야 한다는 학자로서의 의무 사이에서 갈등할 수밖에 없다. 이런 상황에서 그가 노벨상 후보에 선정되는 가장 좋은 방법은 노벨상 수상자들의 문하에 들어가는 것이다. 후보를 추천할 권리가 있고, 기준을 정하는 사람이 노벨상 수상자들이기 때문이다. 어림잡아 모든 수상자의 절반이 이미 상을 받은 사람들의 제자들이다.

노벨상 지원자들의 적은 우선 나라마다 지나치게 국수주의적 태도를 보이는 동료 학자들이다. 예를 들어 1989년 노벨 위원회는 추천 권한이 있는 미국 화학자들이 미국인들만 추천했다고 비난했다. 두 번째 적은 경쟁 연구소의 학자들이고, 세 번째는 같은 팀의 동료와 조교들이다. 자연 과학에서는 거의 예외 없이 팀을 꾸려 연구가 진행되는데, 스웨덴 한림원은 한 분야에서 최대 세 명까지만 상을 수여한다. 그렇다면 10여 명으로 구성된 연구

팀 안에서는 경쟁과 눈치작전이 치열할 수밖에 없다. 때에 따라서는 고약한 음모와 술수가 난무하기도 한다. 그래서 더 유능한 사람이 더 정직하고 마음이 약하다는 이유로 상을 받지 못하는 일이 드물지 않게 생겨난다.

노벨상 수상자는 크나큰 명성을 누리지만, 다른 한편으론 기력이 쇠할 때까지 수없이 강연을 다녀야 한다. 이것은 문학상 수상자들도 똑같이 겪는 시련이다. 그런데 노벨상을 받는 순간부터 닥치는 더 큰 심각한 상황이 있다. 1975년 노벨 의학상을 받은 분자 생물학자 데이비드 볼티모어David Baltimore의 말에 따르면, 자신이 노벨상을 타는 순간 전문가들은 더 이상 그를 비판하려 들지 않았고, 그래서 이후 자신의 연구에 어려움이 있었다는 것이다. 그런데 그사이 록펠러 대학의 총장이 된 볼티모어는 다른 유혹에 굴복했다. 1991년 그와 함께 연구를 진행하던 한 여성 과학자가 유전자 이식 쥐의 실험 자료를 조작했다는 이유로 그의 이름이 언론에 오르내렸다. 그런데 볼티모어는 연구자를 감독해야 할 책임을 회피한 것은 물론이고, 사기가 발각된 뒤에는 과정을 은폐하고 되레 비난하는 사람들을 공격하기까지 했다. 노벨상이 사람의 성격을 망친 것일까? 아니면 여기서도 나쁜 성격이 명성과 상을 받는 데 도움이 된 것일까?

한 분야에서 인류에 **가장 큰 이득**을 안겨 준 사람에게 상을 주어야 한다는 것이 노벨의 유언이었다. 하지만 어떤 게 '이득'인지 정확히 규정할 수 있는 사람이 누가 있을까? 1980년에 어윈 샤가프Erwin Chargaff는 이렇게 썼다. "오늘날의 생물학은 도저히 감당이 안 된다. 생물학은 자신의 분야에서 나오는 모든 것을 승리로 선언하기 때문이다." 오래전부터 무언가 근사한 성과를 올리는 것이 점점 힘들어지는 학문들이 있다. 이 장의 제사에서 알 수 있듯이 특히 물리학이 그렇다.

결과적으로 노벨상의 한 가지 목적만큼은 이론의 여지없이 달성되었다. 이 상의 창설자에게 세계적 명성이 돌아간 것이다. 하지만 수상자들은 현상 공모에서 정답을 써낸 뒤 우연과 자의에 의해 상을 받은 사람들일 뿐이다.

# 45 명성은 몇 센티미터 차이?

> 위대한 사람은 평범한 사람들을 어느 정도 배려해 줄 의무가 있다. 그들을 위대한 정신으로 만든 건 아주 사소한 차이이기 때문이다.
> —쇼펜하우어

잘못된 비평가와 미화하는 역사가, 생계를 위해 찬가를 부르는 아첨꾼, 천재적인 자기 연출가, 수많은 훈장을 받은 범죄자, 자격 없는 노벨상 수상자, 이런 사람들을 떠올리다 보면 위대성의 공정한 척도라는 게 있는지 강한 의문이 든다. 정말 그것을 찾는 건 무망한 짓일까?

그렇다. 위대성의 척도는 없다. 다만 위대성의 현실적 통용으로서 **명성**의 척도만 있을 뿐이다. 명성은 이런저런 상으로 이루어지는 것이 아니라(예를 들어 하이제는 결코 톨스토이의 명성에 미치지 못한다) 백과사전에 기재된 분량으로 결정된다.

19세기의 백과사전들은 과감한 가치 평가를 주저하지 않았다. 일례로 1847년 판 브록하우스는 루소의 『고백록』을 이렇게 평가했다. "이 작품은 지금까지 글로 나온 것 중에서 가장 값지고 아름다운 것 외에 추악한 것도 상당수 담고 있다." 로시니에 대해서는 이렇게 적었다. 그는 베토벤과 더불어 "19세기 첫 반세기 동안 음악의 최고봉"을 이루었고, 1815년에서 1830년까지는 "음악으로 세계를 제패"했다. 그러나 깊은 인상과 성격 묘사, 미학적 법칙을 등한시함으로써 조국의 장점뿐 아니라 결점까지도 공유하고 있다.

사람들은 위인들을 알고 싶어 하고, 역사상 가장 위대한 작곡가가 누구인지 묻기도 한다. 그런 정보를 가장 쉽게 찾을 수 있는 곳은 백과사전이다. 그런데 오늘날의 백과사전들은 상당히 건조한 내용을 담고 있고, 최소한 독일의 백과사전들은 최상급 표현과 직접적인 가치 판단을 피한다. 그럼에도 어김없이 판단은 내려진다. 인물에 따라 할애하는 지면의 양이 다르기 때문이다.

한편으로는 그것에 반대할 이유가 없다. 괴테보다 하이제를 더 많이 다루기를 기대하는 사람은 아무도 없을 것이기 때문이다. 『킨들러 문학 사전』이 그 반대를 시도해 보겠다고 나선 것에 대해서는 그 뜻은 이해하지만 받아들이기는 쉽지 않다. 우리가 실러에 대해서는 잘 알고 터키 시인은 잘 모르기 때문에 실러보다 그 터키 시인을 더 자세히 기술하겠다는 생각을 어떻게 받아들일 수 있겠는가? 대체로 우리는 가장 위대한 인물에게 가장 많은 지면을 할애하는 것에 만족한다.

다만 누구에게 얼마만큼의 지면을 할당할지 결정하는 사람이 누구인지, 그게 어떤 기준에 따라 이루어지는지 우리에게 이야기해 주는 사람은 없다. 백과사전 중에는 개별 본문 뒤에 저자의 이름이나 저자를 확인할 수 있는 참고 문헌을 첨부한 것들도 일부 있지만, 대부분은 그렇게 하지 않으며, 어차피 우리 같은 비전문가들에게는 별 도움도 안 된다. 이런 익명의 명성 심판관들이 평균 이상의 교양을 갖춘 사람이거나, 상당히 높은 수준의 전문가인 경우는 독자들로선 운이 좋은 경우이다. 물론 그럴 때도 그들의 판단을 두고 논박의 여지는 항상 존재하긴 한다.

심판관들의 척도를 간파하기란 한층 더 어렵다. 어떤 백과사전도 왜 도스

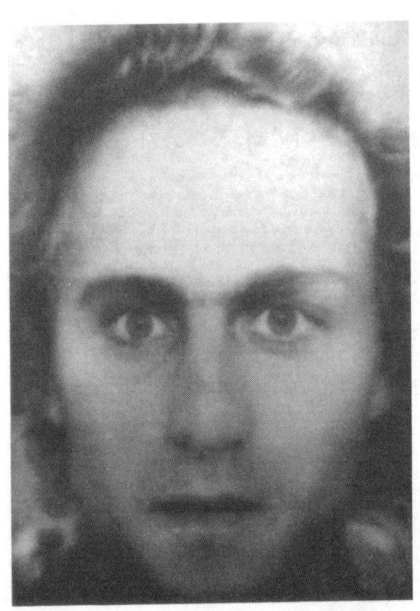

**모차르트** 그는 어떻게 생겼을까? 화가들은 대개 그림의 대상을 실제보다 더 아름답게 그린다. 가끔은 이게 그 사람인지 의심을 받기도 한다. 만하임 라이스 박물관의 위탁으로 연방 수사국이 모차르트의 얼굴을 추적했다. 모차르트의 옆얼굴을 컴퓨터를 이용해서 정면으로 돌려놓은 뒤 전해져 내려오는 정면 얼굴들과 겹쳐서 복사한 것이 위의 사진이다. 그런데 동시대인들의 묘사에 따르면 모차르트는 작고 통통하고, 코는 살점이 많고 뭉툭했으며, 귓불은 일그러졌다고 한다.

토엡스키보다 괴테에게 더 많은 지면을 할애하는지 **이유**를 설명해 주지 않는다. 저자들은 자기 분야에서 통용되는 한 가지 원칙을 근거로 삼고 있고, 동업자 집단에서 권위자라는 소리를 들으려면 경우에 따라서는 그 원칙을 적당히 바꿀 줄도 알아야 한다. 한정된 지면을 할당하는 작업이 분명하고 객관적인 원칙에 따라 이루어지지 **않는** 것은 분명하다. 하지만 행行의 수는 유명인들의 서열에 대한 우리의 판단에 지대한 영향을 끼친다. 비록 우리가 그걸 직접적으로 느끼지는 못하고, 그게 백과사전 편찬자들의 의도는 아니라고 할지라도 결론은 마찬가지다.

어쨌든 백과사전은 무언가 비밀이 있는 것처럼 구는 전문가들의 태도를 노정하고, 그들의 근거가 아닌 그들의 척도를 확산시킨다. 척도를 통용시키는 데에는 백과사전만 한 것이 없다.

지면, 즉 행의 수를 통한 가치 평가의 확산에 방해가 되는 것은 단 한 가지뿐이다. 각 인물이 백과사전에 몇 줄로 기재되어 있는지 자를 들고 측정하는 것이다. 그렇게 꼼꼼히 따져 보면 미묘한 등급적 차이가 드러난다. 하지만 누가 그런 일을 한단 말인가? 혹시 한 비평가가 백과사전에 대한 비평을 시도한다면 몰라도 별로 가능하지 않을 것이다. 하지만 그런다고 해서 우리가 알 수 있는 것은 어떤 프랑스 문학가나 미국 복서에 비해 그 비평가가 좋아하는 독일 작가의 분량은 너무 적다는 식의 투덜거림뿐이다. 일례로 1983년 『노이에 취르허 차이퉁』지에는 "리히텐베르크가 왜 달랑 15줄?"이라는 기사가 실렸고, 1985년 『프랑크푸르터 알게마이네 차이퉁』에는 "하인츠 콘잘리크Heinz Konsalik가 왜 스타니스와프 렘Stanislaw Lem보다 지면이 많은가?" 하는 기사가 실렸다.

미리 계산된 척도든 아니면 심정적으로만 느끼던 척도든 백과사전 편찬자들의 척도를 알아내기 위해 사전을 실제로 한 장 한 장 넘겨 가며 분량을 재는 수고는 결코 아무나 할 수 있는 일이 아니다. 그럼에도 그런 작업을 최초로 한 사람이 있다. 미국의 역사가 J. 매킨 커텔MaKeen Cattell이 그 주인공이다. 그는 1903년 주로 영어권에서 나온 백과사전들을 일일이 조사해서 편찬자들이 가장 중요하게 생각하는 인물들의 순위를 매겼다.

| | | | |
|---|---|---|---|
| 1 | 나폴레옹 | 6 | 아리스토텔레스 |
| 2 | 셰익스피어 | 7 | 괴테 |
| 3 | 무함마드 | 8 | 카이사르 |
| 4 | 볼테르 | 9 | 루터 |
| 5 | 프랜시스 베이컨 | 10 | 플라톤 |

이제 분명해졌을까, 아니면 멍청한 짓이었을까? 혹은 재미로 하는 놀이에 불과할까, 아니면 한 사회가 뛰어난 선조들을 상대로 하기 좋아하는 게임의 열쇠일까? 어찌 되었든 백과사전에 할애된 지면의 양이 우리의 세계관에 분명히 영향을 끼친다면 그 행들을 직접 헤아려 봄으로써 지면 할당자들의 속내를 비판적으로 조사하는 것은 결코 잘못된 일이라 할 수 없다.

그렇다면 할애된 지면으로만 보았을 때 각 나라의 대표적인 백과사전에서 가장 중요한 인물은 누구일까? 그냥 '우연'으로만 치부할 수 없는 결과가 나왔다. 영국에서는 영국인이, 프랑스에서는 프랑스 인이, 이탈리아에서는 이탈리아 인이, 독일에서는 독일인이 뽑힌 것이다. 이렇다 보니 행수를 일일이 헤아리던 조사자도 스페인의 백과사전으로 확대하려는 마음이 싹 달아나 버렸다. 러시아 백과사전은 말할 것도 없었다. 러시아에서는 70년 동안 유일 정당이 지배하면서 마음에 들지 않는 인물들은 아예 역사에서 제거했기 때문이다. 유럽 밖의 세계도 대상에서 제쳐 두어야 했다. 백과사전의 진술이 주로 서양 세계에만 유효한 것은 그렇다 치더라도, 나머지 세계에서는 애당초 백과사전들이 부족한 데가 많고, 또 있다고 하더라도 서양인들의 입장에서는 그것을 판단할 능력이 부족하며, 또 일부 동양에는 '천재 숭배' 자체가 아예 없기 때문이다. 따라서 조사는 유럽 4개국으로 국한할 수밖에 없었다. 나라마다 가장 인기 있는 인물을 열거하면 다음과 같다.

| | 언어권 | | | |
|---|---|---|---|---|
| | 영국 | 프랑스 | 이탈리아 | 독일 |
| 1 | 셰익스피어 | 나폴레옹 | 단테 | 괴테 |
| 2 | 플라톤 | 발자크 | 나폴레옹 | 실러 |
| 3 | 나폴레옹 | 볼테르 | 미켈란젤로 | 루터 |
| 4 | 호메로스 | 괴테 | 셰익스피어 | 셰익스피어 |
| 5 | 비스마르크 | 단테 | 다빈치 | 미켈란젤로 |

순위가 일치하는 나라는 없었다. 셰익스피어와 나폴레옹이 세 번, 괴테와 단테, 미켈란젤로가 두 번 등장할 뿐 나머지 여덟 명은 각각 한 번씩만 이름을 올렸다. 독일 외의 백과사전에서 독일의 위인들만 조사해도 순위는 일치하지 않았다.

이런 상황에서 서양 세계의 위인 순서를 어떻게 산출할 수 있을까? 단순

|   | 영국 | 프랑스 | 이탈리아 |
|---|------|--------|----------|
| 1 | 비스마르크 | 괴테 | 괴테 |
| 2 | 루터 | 베토벤 | 마르크스 |
| 3 | 바흐 | 바그너 | 칸트 |

히 한 인물을 다룬 행을 모두 더하는 것은 공정하지 못하다. 백과사전의 전체 분량이 천차만별이기 때문이다. 그렇다면 각 백과사전에서 가장 많은 지면이 할당된 인물을 100으로 놓고, 다른 인물들을 그에 대한 백분율로 나타낸 다음 그것을 나라별로 다 더하면 그나마 공정한 순위가 나올 듯하다. 여기서 시도한 것도 그 방식이었다. 다만 한 나라에서만 과도하게 나타날 수 있는 민족적 열광에 제동을 걸기 위해(예를 들어 독일에서 실러의 인기는 외국에서의 평균적 명성을 훨씬 뛰어넘는다) 자국의 인물들은 백분율 수치를 절반으로 줄였다. 자, 이제 게임의 규칙은 정해졌고, 결과에 대한 비판만이 남아 있다(출처: 브리태니커 백과사전, 라루스 백과사전, 우테트 백과사전, 브록하우스 백과사전).

## 백과사전들의 위인들

아래의 도표는 각 언어권의 가장 보편적인 백과사전들에서 한 인물을 다룬 지면의 양에 따라 위인의 순서를 측정한 결과이다. 가장 상세히 다루어진 인물을 100으로 놓고, 다른 인물들은 그 인물에 대한 백분율로 표시했다. 공정을 기하기 위해 자국 인물들은 백분율의 수치를 절반으로 낮추었다.

|  | 척도 | 국적 | 총계 | 영국 셰익스피어 | 프랑스 나폴레옹 | 이탈리아 단테 | 독일 괴테 |
|---|---|---|---|---|---|---|---|
| 1 | 나폴레옹 | 프랑스 | 208 | 58 | 100(=50) | 76 | 24 |
| 2 | 셰익스피어 | 영국 | 178 | 100(=50) | 32 | 50 | 46 |
| 3 | 괴테 | 독일 | 152 | 30 | 37 | 35 | 100(=50) |
| 4 | 플라톤 | 그리스 | 140 | 77 | 16 | 29 | 18 |
| 5 | 단테 | 이탈리아 | 136 | 25 | 37 | 100(=50) | 24 |
| 6 | 미켈란젤로 | 이탈리아 | 110 | 24 | 24 | 64(=32) | 30 |
| 7 | 다빈치 | 이탈리아 | 103 | 38 | 18 | 42(=21) | 26 |
| 8 | 루터 | 독일 | 98 | 33 | 26 | 12 | 55(=27) |
| 9 | 렘브란트 | 네덜란드 | 96 | 13 | 23 | 33 | 27 |
| 10 | 호메로스 | 그리스 | 95 | 49 | 10 | 22 | 14 |
| 11 | 칸트 | 독일 | 95 | 30 | 25 | 28 | 24(=12) |
| 12 | 아리스토텔레스 | 그리스 | 88 | 25 | 19 | 22 | 22 |
| 13 | 비스마르크 | 독일 | 84 | 45 | 20 | 6 | 27(=13) |
| 14 | 베토벤 | 독일 | 81 | 26 | 35 | 12 | 17(=8) |
| 15 | 헤겔 | 독일 | 81 | 24 | 23 | 26 | 16(=8) |
| 16 | 바흐 | 독일 | 80 | 31 | 25 | 14 | 21(=10) |
| 17 | 마르크스 | 독일 | 79 | 16 | 20 | 30 | 27(=13) |
| 18 | 요한 바오로 2세 | 이스라엘 | 76 | 40 | 13 | 5 | 18 |
| 19 | 볼테르 | 프랑스 | 74 | 19 | 40(=20) | 12 | 23 |
| 20 | 실러 | 독일 | 72 | 7 | 11 | 17 | 74(=37) |
| 21 | 모차르트 | 오스트리아 | 71 | 15 | 24 | 15 | 17 |
| 22 | 라파엘로 | 이탈리아 | 70 | 13 | 23 | 32(=16) | 18 |
| 23 | 바그너 | 독일 | 70 | 15 | 34 | 10 | 23(=11) |
| 24 | 데카르트 | 프랑스 | 67 | 33 | 13(=6) | 16 | 12 |

이 도표의 결과는 여러 가지가 도발적이다. 우선 인류사에서 가장 위대한 인물로 역사를 피로 물들이고 무수한 인명을 희생시킨 인간 학살자가 꼽혔다. 게다가 자연 과학자는 한 명도 눈에 띄지 않는다. 그 위대한 케플러, 갈릴레이, 뉴턴, 아인슈타인 중 누구도 없다. 다음으로 눈길을 끄는 것은 독일인들의 뛰어난 활약이다. 공정한 계산 방식에도 불구하고 서양 세계 최고의 위인 24명 중 독일인이 열 명이나 뽑혔다(이탈리아는 네 명, 프랑스는 세 명, 그리스는 세 명). 반면에 영어 문화권에서는 셰익스피어 외에는 뛰어난 국제적 명성을 얻은 인물을 배출하지 못했다. 토마스 만은 이것을 "시각적 착각"이라고 말했다. 다른 나라의 영웅들은 주변 산지에서 적당히 솟아올라 있는 반면에 "독일 민족의 위인들은 평지에서 바로 압도적으로 우뚝 솟은 거대한 산줄기 같아서 지상의 위대함 자체를 보여 주는 본보기처럼 보일 수밖에 없다. 칼라일 같은 영웅 숭배자들이 항상 독일에 우호적이었던 것도 그 때문이다".

비판은 이 정도면 충분하다. 게임은 진지하게 즐겨야지, 이것저것 좀스럽게 따져서는 안 된다. 어쩌면 이 게임의 공로는 이름도 모르고 기준도 알 수 없는 명성 분배자들이 활동하고, 담당자도 불분명한 영역에서 하나의 척도를 분명히 제시한 것인지 모른다. 그것도 이상하기 짝이 없는 척도를. 그러나 결국 문제는 그 잣대에 있다기보다 유다와 콜럼버스, 괴테, 레닌의 치수를 재는 우리의 혼란스러운 방식에 있다.

# 46 가르보와 먼로

> 아름다운 것을 보면서 우리는 무엇을 갈망할까? 아름다워지기를 갈망한다. 아름다움이 행복과 연결되어 있으리라 믿기 때문이다. 하지만 착각이다.
> —니체, 『인간적인, 너무나 인간적인』

앞서 보았듯이 재능이 성취를 보장하고, 성취가 명성을 보장하지는 않는다. 대부분은 그 반대이다. 다시 말해서 유명인들 중에는 눈에 띄는 성과를 냈음에도 동시대와 후대에 의해 자의적이고 부당한 평가를 받은 사람이 상당수에 이른다. 반면에 이룬 것이 전혀 없거나, 미지의 수많은 동시대인들보다 이룬 것이 적은데도 유명해진 경우도 있다. 물론 이런 경우는 예외에 속하는데, 원칙적으로 처음부터 군주의 씨를 받고 태어난 사람이나 하우저처럼 단순 희생자로 국한된다.

대략 1930년까지는 그랬다. 그러다가 스타들이 등장하면서 업적이 없는 명성을 일반화시켰는데, 그것을 가능케 한 토대로는 서양 사회를 점령한 영화관, 19세기 말에 발명된 이후 더욱 정교해진 사진술, 독자적인 사진의 세계를 만들어 나가기 시작한 화보 잡지(1936년에는 『라이프』가, 1938년에는 『파리 마치 Paris Match』가 창간되었다), 벌써 오늘날의 수준에 이른 스캔들 전문

잡지와 선정적 연예 신문을 들 수 있다. 이제는 사람들을 매혹시킬 얼굴을 타고나거나, 사람들이 궁금해 하는 소문의 대상이 되는 것만으로도 명성을 얻기에 충분했다. 이런 발전은 1950년대에 텔레비전과 폭발적인 음반 산업을 통해 더욱 완벽해졌고, 과거에는 수년이나 수십 년이 걸려야 얻을 수 있던 세계적 명성이 이제는 단 몇 주 만에 가능해졌다. 그것도 특별한 업적 없이 약간의 재능만으로도 가능했다.

사진 기자였던 재클린 부비에Jacqueline Bouvier는 스물네 살에 상원 의원 존 F. 케네디와 결혼해서 서른한 살에 백악관에 들어갔다. 미국 역사상 가장 젊고 아름다운 퍼스트레이디이자, 세상에서 가장 인기 있는 남자의 아내였다. 그녀는 서른넷에 홀몸이 되어 서른아홉에 세계 최고 갑부 아리스토텔레스 오나시스Aristotles Onassis와 재혼했다. 그녀의 재혼은 대다수 미국인들에게는 결코 용서할 수 없는 일이었지만, 황색 신문과 화보 잡지들에는 오랫동안 더할 나위 없이 좋은 먹잇감이 되어 주었다.

유리 가가린Yurii Alekseevich Gagarin에게는 최소한 1961년에 인류 최초로 우주를 비행했다는 업적이 있었다. 닐 암스트롱Neil Alden Armstrong도 마찬가지였다. 그는 1969년에 인류 최초로 달에 착륙해서 이런 유명한 말을 지구로 전송했다. "이것은 한 인간에게는 작은 발걸음이지만 인류에게는 커다란 도약이다." 이 말로 암스트롱은 미국의 모든 교과서에 실렸다. 일부 기자들은 이 말이 암스트롱 본인의 작품인지, 아니면 출발할 때 나사가 미리 챙겨 준 것인지를 알아보았지만 정확한 전말을 밝혀내지는 못했다.

엘비스 프레슬리Elvis Presley에게는 그만의 독특한 재능이 있었다. 무릎과 엉덩이를 흔들면서 신음하듯이 노래하는 특이한 창법으로 3억 장 이상의 음반 판매량을 올렸고, 1973년에는 텔레비전 쇼로 전 세계 10억 명의 시청자를 TV 앞으로 끌어 모았다. 그가 마흔두 살에 뚱뚱하고 마약에 찌든 상태로 죽은 것도 당연히 그의 명성을 높였다.

그사이 영화는 세기의 빛나는 별들을 탄생시켰다. 그중 두 명은 시대 흐름을 간파하는 천재적인 후각으로 수십억 사람들을 감동시켰다. 채플린과 월트 디즈니Walter Elias Disney가 그들이다. 반면에 또 다른 두 명은 얼굴 이외에는 별로 가진 것도 없이 클로즈업 기술을 비롯해서 무한한 확산과 반복 기술의 발달로 세계인들을 사로잡았다. 가르보와 먼로가 그 주인공이다.

가르보는 뻣뻣한 몸놀림에 큰 발, 넓은 어깨, 납작한 가슴을 타고났는데, 이것은 천하의 할리우드라도 고칠 수가 없는 부분이었다. 반면에 치아는 교정하고, 곱슬머리는 펴고, 헤어스타일은 바꾸어 이마를 시원하게 내보였다. 또한 수많은 사람들의 가슴을 떨리게 만든 포즈, 즉 그녀가 사랑할 때나 죽을 때 고개를 뒤로 젖히면서 비스듬히 목을 드러내는 애절한 느낌의 자세도 가르칠 수 있는 것이었다. 그녀가 맡은 배역도 자명했다. 안나 카레니나, 마타 하리, 카멜리아의 여인(춘희)은 그녀와 잘 어울렸다. 영화「니노치카 *Ninotchka*」에서 그녀에게 웃는 역할을 맡긴 에른스트 루비치Ernst Lubitsch 감독은 그녀를 가리켜 자신이 지금껏 함께한 배우 중에서 가장 소심한 사람이라고 했다. 그녀는 우울하고, 말이 없고, 사람들을 피했다. 몇몇 여배우들은 그녀와의 동성애 관계를 밝혔고, 그녀를 아는 사람들은 하나같이 그녀가 지루한 사람이고, 몇 안 되는 친구들까지 지루하게 만드는 사람이라고 했다. 하지만 이루 말할 수 없을 정도로 아름답다는 것에 대해서는 아무도 토를 달지 않았다. 그녀의 클로즈업 사진에는 이 모든 것이 어우러져 황홀한 여신으로, 여자 햄릿으로, 스웨덴의 스핑크스로 비쳤다. 초월적이고 불가사의한 여성의 화신이라고 할까!

먼로는 가르보보다 더 다채롭고, 비할 바 없이 유리한 성공 조건들을 갖추고 있었다. 그녀의 삶에 담긴 놀랄 정도로 많은 요소들은 마치 '어떻게 유명해질 것인가?' 라는 제목의 책에서 뽑아낸 것 같은 느낌이 들 정도이다.

한편으로 마릴린은 풍만한 가슴에 다리는 조금 짧은, 단순히 그냥 예쁜 처녀였을 뿐이다. 그런 그녀가 자신의 몸에서 부족한 부분을 조금 고쳤다. 적갈색 머리를 금발로 물들이고, 치아와 코를 교정했으며, 할리우드 기준으

▲ **그레타 구스타프손** 그녀는 아리따운 미용 보조사였는데, 나중에 영화감독 마우리츠 스틸러의 눈에 띌 때까지 스톡홀름의 한 모자 가게에서 일했다. 1926년 스틸러는 그녀를 데리고 할리우드로 건너갔다. 거기서 그녀는 치아를 교정하고, 곱슬머리를 펴고, 헤어스타일을 바꾸고, 슬픈 표정과 포즈를 익히고, 자신에게 딱 맞는 역할을 맡았다. 이 사람이 영화의 여왕 그레타 가르보였다.

▶ **그레타 가르보** 얼굴 하나만으로 세계적 명성을 거두었는데, 정말 별로 공들인 것도 없이 그럴 수 있었던 것은 영화와 클로즈업 기술의 발달, 할리우드의 세계 시장 장악이 있었기에 가능했다. 가르보가 사랑에 빠지거나 죽으면 수백만 명이 함께 흐느꼈다. 그녀는 서른여섯 살에 은퇴해서 은둔 생활에 들어갔는데, 마릴린 먼로가 석연찮은 방식으로 목숨을 끊은 바로 그 나이였다.

로는 약간 뾰족한 턱에 연골을 넣어 턱 선을 부드럽게 했다. 이로써 아름답고 성숙한 여자로 다시 태어났다. 그녀는 삶에 대한 갈증으로 불타올랐고, 그 갈증을 눈빛에 담았으며, 풍만한 가슴을 공격적으로 과시함으로써 곧 "섹스 심벌"이라는 별칭을 얻었다.

 그런데 이런 여자들은 마릴린 말고도 많았다. 그렇다면 왜 하필 먼로가 세기의 스타가 되었을까? 이유는 명쾌하다. 그녀가 강렬한 성적 매력만 발산한 게 아니라 의지할 데 없는 가련한 여인이었기 때문이다. 전에는 한 번

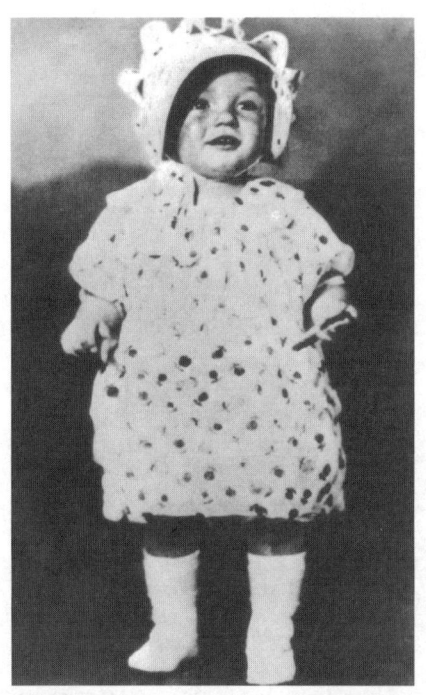

**신데렐라** 아이의 이름은 노마 진 모턴슨이었다. 노마는 아버지의 얼굴을 구경조차 못했다. 어머니가 정신병원에서 생을 마감하자 양부모와 고아원에서 자랐고, 열여섯 살 때 자살을 시도했으며, 서른여섯 살 때 비극적인 죽음을 맞았다. 이 사람을 세계적인 유명인으로 만들어 준 것은 영화와 케네디 일가였다. 마릴린 먼로가 그 주인공이다. 그녀는 다른 사람들보다 훨씬 많은 사진을 남겼다.

도 본 적이 없는 두 요소의 결합이었다. 마릴린은 심리적으로 불안정한 집안에서 태어났다. 외할머니와 어머니는 정신 병원에서 생을 마감했고, 외삼촌도 자살했다. 그녀의 어린 시절은 불행했다. 아버지는 얼굴도 모르고, 어머니 없이 양부모의 집과 고아원을 전전했다. 열여섯 살 때 자살을 기도했고, 첫 번째 결혼 생활로 피신했다. 여기까지는 전형적인 천재의 전기에 해당한다. 병든 정신과 불행한 유년 시절은 야망과 성취를 위한 최고의 토대이기 때문이다.

실제로 그런 환경이 마릴린에게 명성을 향한 발사대가 되어 주었다. 그녀는 무슨 수를 써서라도 유명해지고 싶었고, 그것을 위해서라면 어떤 힘든 일도 마다하지 않을 각오가 되어 있었다. 게다가 명성 관리에는 천부적인 재능이 있었다. 그녀는 성형 수술에만 만족하지 않고 하루 여섯 시간씩 메이크업에 투자했으며, 어떤 옷은 가슴과 엉덩이 선이 살아나도록 몸에 착 붙게 줄여 입기도 했다. 첫 번째 주연을 맡기 전인 1951년에 먼로는 맨발에 란제리 차림으로 탈의실에서 스튜디오까지 걸어 갔다. 사환들은 휘파람을 불어 댔고, 대기 중이던 단역 배우들은 득달같이 몰려들었다. 다시 탈의실로 돌아갈 때는 양쪽으로 늘어서서 환호성을 올리는 구경꾼들과 연신 플래시를 터뜨리는 사진 기자들 사이를 당당하게 걸어 갔다. 한국전 당시 미군을 위문하러 갔을 때는 군인 두 명에게 양쪽 다리를 잡게 하고는 헬리콥터 밖으로 몸을 내놓은 채 저공으로 비행하기도 했다. 두 번째와 세 번째 결혼 역시 완벽한 홍보 전략처럼 보였다. 효과는 말할 것도 없고, 기획 자체부터 그런 냄새를 물씬 풍겼다. 결혼 상대가 미국에서 가장 인기 있는 야구 스타 조 디마지오Joe DiMaggio와 미국 극작가 아서 밀러Arthur Miller였기 때문이다. 특히 밀러와의 세 번째 결혼을 두고 신문들은 "미국의 위대한 두뇌와 미국의 위대한 몸의 결합"이라며 연일 대서특필했다. 메일러에 따르면 먼로는 한마디로 "세상에서 가장 지독한 자기 홍보의 귀재"였다.

다른 한편 그녀가 수면제와 각성제를 복용하고, 집안을 엉망으로 해 놓고 사는 여자이고, 또 상습적인 지각으로 촬영진을 골치 아프게 한다는 소문이 돌았다. 어떤 때는 촬영장에 일곱 시간이나 늦게 나타난 적도 있는데, 그때도 약기운이 여전히 떨어지지 않아서 대사를 제대로 못 외웠을 뿐 아니라 몇 장면은 40번까지 반복해서 찍었다고 한다. 그러나 대중의 여왕인 그녀는 사람들의 동정심을 일으킬 줄 알았다. 사람들은 그녀가 "고향을 잃은 가련한 존재"로서 이 세상을 살아 내기에는 너무 약하고, 관능적이면서도 순진하고, 의지할 데 없으면서도 도도하고, 청승맞으면서도 약에 살짝 취한 가녀린 천사로 느꼈다. 남자들을 녹이는 다른 어떤 섹스 심벌도 이런 면에서는 도저히 마릴린을 따라갈 수가 없었다.

아서 밀러는 아내를 지키고 보살피고 시중들었고, 괴팍한 성격까지 잘 참아 내고 변호해 주었다. 대신 자신은 더 이상 글을 쓰지 못했다. 마릴린은 여러 번 유산을 했는데, 상상 임신에 의한 것으로 보이지만, 어쨌든 그로 인해 우울증과 약물 의존성은 더욱 심해졌고 그 결과 1959년에는 입 안에 궤양까지 생겼다. 마릴린은 1960년 아서 밀러와 이혼했고, 1961년에는 자신의 우상이던 클라크 게이블Clark Gable과 영화 「부적응자들The Misfits」을 찍었다. 죽기 두 달 전인 1962년 6월 초에는 마지막 영화 「섬씽스 갓 투 기브 Something's Got To Give」의 촬영장에 사흘 동안 나타나지 않아 20세기 폭스 사에서 쫓겨났다.

그 후 마릴린은 뉴욕으로 날아가, 늘 그랬던 것처럼 정해진 시간보다 늦게 매디슨 스퀘어 가든에 들어섰다. 존 F. 케네디의 생일 파티가 뒤늦게 열리는 현장이었다. 마릴린은 그 자리에서 '해피 버스데이, 미스터 프레지던트'라는 단순한 노래를 외설에 가까울 정도로 뜨겁게 불러 2만 관객의 숨을 멎게 했고, 백안관의 속사정을 잘 아는 주변 인물들의 입을 통해 케네디와 마릴린 사이의 소문이 세간으로 퍼져 나갔다.

이제 그녀의 명성을 위협하는 것은 단 하나뿐이었다. 그녀와 영화를 같이 찍은 빌리 와일더Billy Wilder 감독이 "끔찍한 3막"이라고 표현했던 '늙음', 즉 자연적 쇠락이 그것이었다. 가르보는 늙어서 추해지는 것이 싫어 일찍이 은둔 생활에 들어갔고, 변치 않을 것처럼 보였던 디트리히도 세월을 비켜 갈 수는 없었다. 그러나 마릴린은 자신과 우리를 위해 3막의 커튼을 올리지 않았다. 아마 명성을 전문적으로 관리하는 컨설턴트가 기획했더라도 그처럼 완벽하게 목적에 부합하는 최후를 그리지는 못했을 것이다.

1962년 8월 5일 마릴린은 죽은 채로 발견되었다. 알몸 상태로 침대 위에 비스듬히 엎드려 있었고, 한쪽 팔은 마지막 순간에 도움을 청하려고 했던 것처럼 전화기를 향해 뻗어 있었다.

혈액에서 바르비투르산 성분이 검출되면서 그녀가 수면제를 40알가량 먹었을 거라는 결론이 내려졌다. 그러나 위에서는 수면제의 잔존물이 발견되지 않았고, 방 안에 빈 약통도 없었다. 또한 몸에 주삿바늘의 흔적도 없고, 사망 시간도 밝혀지지 않았다. 그날 저녁 대통령의 동생인 로버트 케네디와 식사를 했다는 소문은 사실로 확인되었지만, 그녀와 마지막으로 통화한 사람이 누구인지는 전화국의 통화 기록이 사라져서 알 수가 없었다. 오늘날까지도 먼로가 명확한 자의로 자살했는지, 혹은 죽어도 상관없다는 생

▲ **노마 진 모턴슨** 유명해지겠다는 각오로 집을 나와 실제로 명성의 정상까지 올랐지만, 수면제와 각성제, 우울증에 시달리다 결국 애석한 최후를 맞은 슬픈 발라드 같은 인생을 살았던 여인. 이 얼굴에서 삶에 대한 갈증 외에 무엇을 더 읽을 수 있을까? 코 성형과 치아 교정 외에 턱 안에 연골을 넣는 수술을 했고, 붉은 빛이 도는 갈색 머리를 금발로 물들였다. 이렇게 해서 탄생한 것이 마릴린 먼로이다.

▶ **마릴린 먼로** 1962년 7월, 20세기 폭스 사는 상습적으로 시간을 어기는 태도를 이유로 그녀를 해고했다. 세상의 수많은 섹스 심벌들 중에서도 오랫동안 그녀를 최고로 만들고, 관객들의 마음을 흔들어 놓았던 것은 그녀 속에 담긴 불안정하고 연약하고 천진하고, 연민을 부르는 면모였다. 그녀는 해고된 지 몇 주 뒤 죽었다. 자살일까? 수면제 과다 복용? 마피아 범죄?

각에서 수면제를 과다 복용했는지, 아니면 누군가에 의해 살해되었는지는 안개에 가려져 있다.

    자살이든, 절망과 경솔함의 중간쯤에서 나온 행동이든 마릴린은 대중으로부터 압도적인 동정을 받았다. 스타의 화려함 뒤에 자리한 비정한 현실에 스러진 불쌍하고 사랑받지 못한 사람이라는 것이다. 먼로는 언젠가 이런 말을 했다. "성공은 경이롭지만, 추운 밤에 몸을 따뜻하게 녹여 주지는 못한다." 만일 그녀가 살인 음모로 희생되었다면 대중의 동정심은 더 커질 것이다. 더구나 그녀의 죽음에 얽힌 미스터리에 섬뜩한 매력을 더하는 것은 케네디 형제의 석연찮은 역할이다.

마릴린 먼로는 아무리 작은 재능도 야심과 함께 발휘되고, 대중의 압도적인 욕구를 충족시키면 세계적 명성에 이를 수 있다는 것을 실증해 주었다. 세상 누구도 그녀만큼 많은 사진을 남긴 사람은 없고, 또 그녀의 죽음만큼 많은 의문을 일으킨 사람도 없다(존 F. 케네디의 죽음만 빼면). 아서 밀러는 죽음의 진실을 밝히지는 못했지만, 다음 문장으로 그녀의 죽음을 정확하게 짚어 냈다. "그녀는 마릴린 먼로였고, 바로 그 때문에 죽어야 했다." 여기에 한마디를 덧붙이자면, 그녀는 바로 그 때문에 세기의 총아가 되었다.

# 제5부
# 결산

WOLF SCHNEIDER

DIE SIEGER

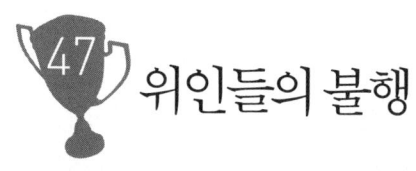

# 위인들의 불행

> 나 같은 음유 시인은 벗님 한 사람과 그늘에서 마실 시원한 포도주 한 잔, 그리고 사후의 명성이면 족하다.
> ─ 플라텐

위인들 가운데에는 깜짝 놀랄 정도로 많은 사람이 불구자나 우울증 환자, 간질 환자, 주정뱅이, 약물 중독자였고, 거기다 스스로 목숨을 끊거나 미친 사람도 드물지 않았다. 하지만 그렇다고 해서 그들이 다른 이들보다 더 많은 고통을 겪었을 거라고 성급하게 판단 내릴 필요는 없다. 그게 착각일 수도 있는 몇 가지 이유가 존재하기 때문이다.

첫째, 지금껏 살펴보았듯이 불행은 명성의 확고한 구성 요소이다. 비극적 운명으로 선택된 사람은 전기 작가를 만나기가 더 쉬울 뿐 아니라 백과사전에서도 남들보다 더 많은 지면을 할애받는다. 그것은 위대한 사람들의 불행에 마음이 끌리는 우리의 성향 때문인데, 명성의 전당에 고통 받는 인간들이 득실득실한 것도 그 때문일 수 있다. 그렇다고 천재들까지 불행할 필요가 없다. 다만 동일한 성과를 냈을 경우 더 불행한 사람이 천재로 인정받을 가능성이 더 높은 것이 사실이다.

둘째, 많은 위인들이 자신의 고통을 미화하고, 어쩌면 과장까지 했을 수도 있다는 것을 항상 염두에 두어야 한다. 그들은 순교자의 역할을 자처하며 세상에 자신의 중요성을 높이는 데 역점을 둔다. 바이닝거는 엄숙하게 이렇게 선언했다. "천재성은 천재적 인간들이 스스로 떠맡은 것이다. 한 인간에게 가능한 최대치의 과제와 최대치의 자긍심, 최대치의 불행과 최대치의 오만이 그것이다." 1837년 하이네는 숙부 잘로몬에게 물었다. 물론 답을 바라고 던진 질문은 아니었다. "천재성이 깃든 모든 위대한 남자들을 짓누르는 그 저주의 궁극적 이유는 무엇입니까? 불행의 번개는 왜 인류의 높은 탑에 해당하는 뛰어난 정신들만 골라서 내리치는 것입니까? 평범하고 낮은 초가지붕들은 자애롭게 비켜 가면서 말입니다." 이런 식으로 하이네는 예술가의 세계고世界苦를 인류의 거탑이 겪어야 할 필연적 운명으로 양식화했다. 프랑스 소설가 심농 역시 글쓰기는 직업이 아니라 "불행을 통해 부름을 받는 것"이라고 역설했다.

 셋째, 실제로 불행이 닥쳤다고 하더라도 언어의 거장들은 일반인들보다 더 절절하고 애달프게 그것을 묘사할 수 있다. 고대의 솔로몬Solomon 왕은 말했다. "내 손이 행한 모든 일과 내가 들인 모든 수고를 보라. 모든 것이 바람을 잡는 것처럼 공허할 뿐 태양 아래 이로움을 준 것은 하나도 없구나. …… 사는 것이 역겨웠던 것은 태양 아래 일어나는 모든 일이 바람을 잡는 것처럼 공허했기 때문이라." 레오파르디 역시 삼라만상의 무한한 공허함을 한탄했고, 철학자 셸링도 "모든 삶의 어쩔 수 없는 깊은 멜랑콜리"를 슬퍼했다. 카프카는 밀레나에게 또 이렇게 표현했다. "내가 하는 일이라고는 고문당하고 고문하는 일뿐이오."

 이처럼 우리는 위인들이 직접 쓴 책과 위인들을 다룬 책 속에 표현된 불행들을 어느 정도 완화해서 들을 필요가 있다. 이유는 이렇다. 우선 그들은 불행을 더 절박하게 표현할 수 있는 능력이 있고, 둘째는 고통의 진흙탕에 빠져 허우적거리는 것을 은근히 즐긴 사람도 많았으며, 셋째는 행복한 사람은 명성을 얻기 힘들기 때문이다. 그럼에도 대부분의 위인들이 우리 같은 사람들보다 더 괴로워한 것은 틀림없다. 심지어 일부는 인간이 겪을 수 있는 가장 깊은 고통을 감내하기도 했다.

육신과 영혼의 질병은 위인들에게 한층 잘 깃들고, 신체 기형과 정신의 고통은 위업과 작품의 전형적인 동력이었다(29장과 30장에서 이미 증명되었다). 프루스트는 이렇게 썼다. "행복한 시절은 잃어버린 시간들이다. 작업에 들어가기 위해선 어떤 고통이든 찾아와야 한다." 미켈란젤로는 한 소네트에서 태양의 아들을 달과 어둠의 아들과 구분했다. 달의 아들에 속하는 그는 "음울한 어둠 속에서 살아가야 할" 운명이 부과되었고, 원한에 사무치는 마음으로 작업에 달려들었다.

이렇듯 고통과 창작은 떼어 놓을 수 없는 형제간이다. 창작을 하지 않는 일반인들은 위인들이 겪는 그런 고통을 모른다. 안다고 해도 그 정도로까지 깊이 알지는 못한다. 예술가들은 감수성이 지극히 예민하다. 아주 작은 자극도 민감하게 받아들이고, 작은 바늘의 고통도 비수로 찌르는 듯한 아픔으로 느낀다. 모차르트는 주변 사람들에게는 아무렇지도 않게 들리는 틀린 음들 때문에 괴로워하고, 아돌프 멘첼은 모든 사람이 아름답다고 환호하는 여인의 얼굴에 숨어 있는 "코와 귀 사이의 경악스런 황량함" 때문에 진저리를 쳤다. 클라이스트는 죽기 11일 전에 이렇게 한탄했다. "코를 창밖으로 내밀면 코 위에 내려앉은 햇빛이 아프게 느껴질 정도로 내 영혼이 병들었다." 상드는 쇼팽에 대해 이렇게 평했다. "그는 어떤 일에도 상처받지 않는 것이 거의 불가능할 정도로 예민했고, 그의 영혼은 산 채로 불 위에 올려놓은 것처럼 고통스러워했다. 그는 구겨진 장미 잎사귀였고, 파리의 그림자에도 피를 토하는 사람이었다."

이와 관련해서 많은 위인들이 일상의 즐거움을 누리지 못했다. 야심에 끌려 다니고 자기만의 귀신에 씐 채 오직 한 가지 일만을 위해 자신을 혹사함으로써 일상의 행복을 스스로 거부했다. 로베르트 발저는 클라이스트에 대해 이런 말을 했다. "이성적으로 숙고하고 평범하게 느끼며 사는 행복은 산사태로 우르르 쾅쾅 굴러 내린 바윗덩어리가 작은 돌멩이로 산산조각 나듯 그의 인생에서는 무망한 일이었다." 융은 말했다. "신으로부터 '위대한 재능'을 선물 받고 나서 비싼 대가를 치르지 않은" 예술가는 드물다. 창작의 열정은 모든 개인적 소망을 분쇄하고, 인간적인 모든 것은 창작을 위해 "피를 철철 흘리며 죽어 갈" 수밖에 없다.

불행은 이것만이 아니다. 기존의 것과 다른 무언가 새로운 것을 시도하는 작가와 화가, 음악가, 철학자들을 따라다니는 전형적인 불행이 있다. **실패**가 그것이다. 그들은 몇 년, 혹은 몇십 년 동안 스스로에게 보내는 박수만으로 버텨야 한다. 그리고 세상으로부터 인정받지 못하고, 남들보다 뒤쳐져 있다는 것에 괴로워한다. 워낙 감수성이 예민한 사람들이기도 하지만, 무언가 새로운 것으로 세상을 뒤집어 놓겠다는 그들의 엄청난 야심에 실패가 큰 충격을 주기 때문이다. 그런 이유로 많은 위인들에게서 삶의 즐거움을 빼앗아 가는 것은 **질투심**이다. 라이프니츠에 대한 뉴턴의 질투가 그랬고, 뉴턴에 대한 괴테의 질투, 괴테에 대한 클라이스트의 질투, 헤겔에 대한 쇼펜하우어의 질투, 라살에 대한 마르크스의 질투, 그리고 성공한 모든 동시대인들에 대한 바그너의 질투가 그랬다. 만일 뵐이 노벨상을 타는 것을 보고도 그라스의 마음에 아무런 동요가 일지 **않았다면** 그건 거짓말일 것이다. 1836년 라이문트는 광견병에 걸린 것으로 의심되는 개한테 물렸다고 해서 개를 죽이고 자신도 총으로 머리를 쏘았다. 하지만 진짜 자살 이유는 그것이 아니었다. 그는 아무리 노력해도 셰익스피어나 실러, 혹은 그릴파르처가 될 수 없다는 것에 줄곧 가슴을 쥐어뜯으며 괴로워한 사람이었다. 토마스 만도 『파우스트 박사』에 대한 열광적인 찬사가 쏟아지는 가운데 유독 "취리히와 아르가우에서만 자신을 헐뜯는 비평이 두 편 나온 것"을 두고 몹시 괴로웠다고 일기에 털어놓았다.

마지막으로 위인들은 자신을 알아주지 않거나 알아주더라도 본래 가치보다 덜 알아주는 이 거지 같은 세상 때문에 괴로워한다. 또한 남들은 잘 모르거나, 알더라도 그렇게 고통스럽게 겪지 않는 장애물들로 머리를 쥐어뜯는다. 거리의 아이들에게 쫓긴 사람들도 많았다. 루소, 베토벤, 쇼펜하우어, 세잔이 그랬다. 토마스 만에 따르면 괴테는 "고령의 외로움과 경직"으로 고통스러워했다고 하는데, 그는 『서동시집』에서 이렇게 썼다.

> 그들은 모두 내 머리를 숙이게 하고
> 죽을 때까지 나를 증오한다.

바그너는 서른아홉 살 때 취리히로 요양을 다녀오고 나서 이렇게 적었다. "이번 여행에서도 사기꾼 같은 인간들 때문에 어찌나 화가 났는지 모른다. 그런 역겨운 인간들을 만나지 않으려면 은둔할 수밖에 없다. 하지만 나는 또다시 사람을 그리워한다." 비트겐슈타인은 제1차 세계 대전 당시 참호와 경비정에서 함께 생활했던 병사들을 "세상의 온갖 나쁜 것들이 주둥이를 통해 다 터져 나오는 비루한 사기꾼"이니, "쓰레기 같은 인간들"이니 하고 불렀다.

그런데 이런 고통과 좌절 속에서도 일반인들은 느끼지 못하는 그들만의 즐거움이 있지 않았을까? 물론이다. 위대한 정신들에게는 최소한 "일상의 진부한 악마"인 지루함은 면제된다고 쇼펜하우어는 말한다. 니체 역시 천재는 남들이 다른 일을 할 때보다 훨씬 큰 기쁨을 창작의 순간에 느낀다고 했다. 아이슬러는 이렇게 말하기도 했다. "창작 과정은 천재를 다른 사람들은 도달하기 어려운 아주 깊은 체험의 장으로 이끌고, 이 체험은 그에게 비할 바 없는 쾌감과 만족감을 제공한다." 알프레트 아인슈타인도 모든 위대한 예술가들이 어떤 의미에서 행복한 사람들이라고 했다. "예술가는 창작이 성공하는 순간에 지상의 다른 행복과는 비교가 안 되는 행복감을 경험한다. 물질적으로 지독하게 가난했던 슈베르트도 그런 행복감을 무척 자주 누렸을 게 틀림없다." 아인슈타인은 베토벤도 행복한 음악가였다고 썼다. "비록 귀가 먹고 물뇌증으로 고통 받고, 아무 짝에도 쓸모없는 조카로 골머리를 앓았지만 말이다. 사람들은 그를 보고 비극적인 운명의 거장으로 떠올리고 싶겠지만, 그보다 틀린 말은 없다. …… 모차르트가 더 염세적이고 체념적이고 행복하지 못한 사람이었다."

그렇다. 모차르트는 말년에 성공의 빛이 점점 식으면서 우울증 증세를 보였다. 힐데스하이머가 전하는 말은 이렇다. "그는 원망과 번민에 시달렸고, 삶을 괴상한 도깨비 같은 것으로 치부하려 했지만 그마저도 쉽지 않았다." 그는 죽기 5개월 전에 아내에게 이런 편지를 보냈다. "당신에게 내 감정을 설명할 수가 없소. 무언가가 텅 빈 것 같은 공허함인데, 그 때문에 마음이 무척 아프오. 게다가 다시는 채워지지 못할 그리움도 남아 있소. 나날이 점점 커져만 가는……."

베토벤이 행복한 음악가였다는 아인슈타인의 주장은 일방적인 평가에 가깝다. 물론 1810년에 베토벤이 직접 썼듯이 그의 귀에 "악마가 똬리를 틀지만 않았다면" 무척 행복한 사람이었을지도 모른다. 하지만 귀먹은 음악가에겐 "그렇게 아름다운 삶도 영원히 독을 탄 술잔"이나 다름없었다. 1816년 그가 주먹으로 피아노 건반을 쾅 하고 내려치면서 "아무것도 안 들려!" 하고 소리치는 것이 한 친구에게 목격되었다. 죽기 4년 전인 1823년에는 설사와 구토, 코의 출혈에 시달리면서 청각을 되살리려고 목조 탈화기脫靴器[1]로 의자를 세게 내리치기도 했다.

베토벤과 같은 사람이나, 그들의 지난한 창작 과정에는 결코 '행복'이라는 말을 쉽게 붙여서는 안 된다. 물론 황홀한 순간과 내적 만족의 넓은 기류가 존재하는 것은 분명하다. 하지만 미켈란젤로가 200제곱미터에 이르는 벽화 「최후의 심판」을 7년 동안이나 그리면서 행복감을 느꼈을까? 무질이

---

[1] 장화를 쉽게 벗기 위해 사용하는 도구.

대하소설『특성 없는 남자』의 178장을 스무 번이나 고쳐 쓰면서 즐거워했을까? 바그너는 "존재하지 않는 세계를 창조하는 고단한 작업"을 한탄하지 않았던가?

그럼에도 즐거움은 분명 존재한다. 니체는 그것을 "창작적 성공의 도취"라고 설명했다. 베르디는 이렇게 말했다. "오롯이 혼자서 나 자신과 악보와 씨름하고 있노라면 심장이 떨리고, 눈물이 쏟아지고, 형언할 수 없는 기쁨이 온몸으로 번진다." 이것은 1860년 오페라「가면무도회」가 성공한 뒤에 쓴 글인데, 그 한 해 전「시몬 보카네그라」가 참담한 실패로 끝난 뒤에는 이렇게 저주를 퍼부었다. "우리 같은 불쌍한 딴따라들은 …… 수고와 생각과 환희를 돈 몇 푼에 팔라고 강요당한다. 반면에 관객은 단돈 3리라만 내면 휘파람을 불며 우리를 야유할 권리를 살 수 있다."

예술가의 길에는 당연히 승리도 있다. 리스트는 수십 년간 승리를 누렸고, 위대한 오페라 작곡가들도 대부분 승리를 경험했다. 파리의 한 극장에서는 철학자와 작가들이 여든세 살의 볼테르에게 지극한 경의를 표한 것과 동시에 그의 흉상까지 제작해서 바쳤다. 프랭클린은 손자를 그에게 소개하며 축복을 내려 줄 것을 부탁했다. 그리고 석 달 뒤 볼테르는 세상을 떠났다. 1848년 브록하우스 백과사전은 그가 "또렷한 정신으로 기쁨에 겨워하며 영면에 들었다"고 적었다.

그러나 이런 승리와 즐거움보다는 고통과 괴로움이 훨씬 더 많았다. 그들은 빚에 쫓기고, 사람들에게 버림받은 채로 죽었다. 또한 베토벤과 고야, 스메타나는 귀가 먹은 채로, 밀턴과 헨델, 조이스는 눈이 먼 채로, 파스퇴르는 몸이 마비된 채로 세상과 작별했다. 술에 찌들고, 추적 망상과 정신병에 시달리며 최후를 맞은 사람은 부지기수이다. 심지어 몇몇 위인은 지상을 거쳐 간 인간들 중에서 가장 불행한 사람이었다고 감히 말할 수 있다.

스위프트는 말년에 지적 장애와 안구 종양으로 고생하기 전 아직 정신이 있을 때 어서 죽기만을 간절히 바랐다. 자꾸 총기가 떨어지는 것을 본인 스스로도 느꼈기 때문이다. 어쩌면 스트럴드블럭Struldbruggs의 끔찍한 모습이 머릿속에 그려져서 그랬을 거라고 보르헤스는 말한다. 그는 줄곧 그런 공포 속에서 살아왔기 때문이다. 스트럴드블럭은 걸리버가 세 번째 여행에서 만난 불멸의 종족이다. 이들은 나이 팔십이 되면 그 다음부터는 그 상태로 머문다. 다만 더 어리석고 더 투덜거리고 더 탐욕적으로 변할 뿐이다. 이제는 죽고 싶어도 죽을 수 없다는 잔인한 현실이 그들을 괴롭히기 때문이다. 구십이 되면 머리가 빠지고, 200살이 되면 기억력을 잃는다. 살아 있는 사람들과 대화도 더 이상 나눌 수 없다. 오랜 세월이 지나는 동안 모국어도 변했기 때문이다. 1,000년이 지나면 그들의 호적은 완전히 폐기되고, 그들이 할 수 있는 것이라고는 묘지를 보며 죽은 사람들을 부러워하는 것뿐이다.

지상의 영원한 이방인 횔덜린은 말한다. "나는 살아 있는 것이 아니다. 벌써 나의 저녁이 차갑게 숨을 몰아쉬고 있다." 로베르트 발저는 그에 대해 이렇게 썼다. "그 속에 있는 인간이 절망하고, 숱한 상처에서 피를 흘릴 때 그 속의 예술적 본능이 마치 성장盛裝한 무희처럼 솟구쳐 오른다. 횔덜린은 자신이 파멸할 거라는 것을 느끼는 순간 음악과 문학의 황홀경에 빠졌고, 언어라는 도구로 삶의 파괴와 분쇄를 노래했다."

플로베르는 천재성을 "끔찍한 병"이라고 표현했다. "모든 작가는 자신의 감정을 끊임없이 갉아먹는 괴물을 가슴속에 품고 산다." 그는 인생을 "슬픈 종말을 위해" 소비했고, 그의 소설들은 자신을 "역겹게 하고 질식"시켰으며 생의 마지막 6년 동안에는 죽음의 공포가 그를 짓눌렀다. "그는 이제껏 누구에게 마음을 열고, 누구를 삶 속으로 받아들였던가?" 토마스 만이 자신의 파우스트 박사에 대해서 했던 말인데, 이것은 그 자신뿐 아니라 플로베르에게도 해당되는 말처럼 들린다. 조금 더 들어 보자. "그의 고독이 어떤 것인지 아는가? 사람들이 그에게 내비쳤던 감정들이 흔적도 없이 가라앉은 심연이 그와 비슷하다고 말하고 싶다. 심연 주위에는 서늘함이 흐르고……."

불행의 전기들 중에서 가장 경악스럽고 전혀 예상치 못한 내용을 담고 있는 것은 자그마한 체구에 신경과민 증상을 보이던 아버지 요한 슈트라우스의 전기였다. 그는 마흔다섯 살에 파김치처럼 지친 상태에서 고단한 삶의 끈을 놓아 버렸는데, 거기에는 줄곧 두 경쟁자에게 쫓긴 탓이 컸다. 한 사람은 또 다른 왈츠의 제왕으로 불리던 라너이고, 다른 사람은 자신의 아들이었다. 라너가 1843년에 죽으면서 이제는 좀 홀가분해졌는가 싶었더니, 불과 1년 반 뒤에 아들이 나타나 왈츠 계를 휩쓸어 버렸다. 아들 요한 슈트라우스는 아버지의 반대와 분노에 찬 울부짖음에도 불구하고 열여덟 살에 자신의 오케스트라를 구성했다. 그런 아들을 보면서 아버지는 빈 행정 당국에 정식으로 아들의 공개적인 음악 연주를 금지해 달라는 청원까지 하려고 했다. 세 아들이 음악가가 되는 걸 처음부터 반대한 아버지였다.

그 정도로 돈을 벌고 세계적 명성을 쌓았으면 이제 고삐를 늦출 만도 했다. 그러나 질투심이 아버지를 가만두지 않았다. 아들이 음악계에 등장한 이듬해인 1845년 사육제 때 아버지는 무려 무도회장 76곳의 음악을 맡았다. 아들보다 많은 것은 물론이고, 이전의 그 어느 때보다도 많은 연주였다. 이를 위해 아버지는 한동안 음악가 200여 명과 전속 계약을 맺어 동시에 여러 군데에서 연주를 가능하게 했다. 자신도 이 무도회장 저 무도회장을 바쁘게 쫓아다녔는데, 바그너는 그런 그를 "신들린 인간"이라 불렀다. 하인리히 라우베Heinrich Laube의 눈에는 그가 꼭 "무어 인"같이 보였다. 검은 곱슬머리에다 입술이 두꺼웠을 뿐 아니라 춤곡도 "오리지널 아프리카 음악"처럼 끌고 갔기 때문이다. "왈츠가 천둥소리처럼 폭발하면 그의 몸뚱이는 이미 그의 것이 아니었다."

그는 아들보다 지휘만 많이 한 것이 아니라 작곡도 많이 했다. 1845년에는 15곡을 발표했는데, 아들은 10곡에 그쳤다. 1847년에는 아들이 조금 앞섰고, 1848년에는 다시 아버지가 앞질렀다. 그것도 작품 수에서만 앞선 것이 아니라 역사에 길이 남을 「라데츠키 행진곡」과 함께 작품의 질 면에서도 아들을 눌렀다. 그리고 1년 뒤 아버지는 죽었다. 그전에도 여러 번 기절과 졸도를 반복하더니 어느 날 쓰러져 더 이상 일어나지를 못했다. 자신의 아이 다섯을 낳은 동거녀 에밀리에 트람부슈Emilie Trambusch의 초라한 집에서였다.

클라이스트가 자신의 인생을 "인간이 경험할 수 있는 가장 고통스러운 삶"이라고 불렀다면 그게 제대로 표현한 것일까? 단 한 가지만 봐도 그건 옳은 표현이 아니다. 슈베르트도 자신을 "세상에서 가장 불행하고 비참한 인간"이라고 칭했기 때문이다. 세잔 역시 "지상에서 자기보다 더 불행한 인간은 없을 것"이라고 고백했다. 로베르트 발저도 결코 이들에 뒤지지 않는다. "나는 다른 어떤 사람도 '내'가 되기를 바라지 않는다. 나만이 나를 견뎌 낼 수 있을 뿐이다."

그렇다면 정치인과 장수, 연구자, 발견자들은 어떨까? 그들도 지고의 쾌감과 지옥의 고통을 동시에 경험한다. 그것도 우리에게 슬픈 인상을 강요하면서. 그들은 승리의 순간이나 승리를 거둔 날 저녁에는 두말할 필요 없이 행복감으로 가득 찬다. 일반인들뿐 아니라 예술가들도 느끼기 힘든 깊은 쾌감이다. 가령 1940년 6월 파리로 진격하고 곧이어 베를린 시민들로부터 열렬한 환호를 받은 히틀러가 그랬다. 그렇다면 역사적 위인들이 행복의 크기를 줄여서 말하는 것을 다 믿을 필요가 없다. 물론 승리의 기쁨이 큰 만큼 추락의 골도 깊고, 그만큼 고통도 더 클 거라는 점은 예상할 수 있다.

아마 카이사르의 가장 행복했던 순간은 기원전 47년 무수한 시종들의 호위를 받으며 클레오파트라의 호화 범선을 타고 나일 강 상류로 올라가면서 자신이 정복한 이집트 땅의 기적들을 보여 줄 때였을 것이다. 또한 1년 후 로마의 입성 순간도 빼놓을 수 없다. 카이사르는 개선군의 선두에 서서 말 네 마리가 끄는 마차를 타고 카피톨리노 언덕으로 올라갔고, 노획한 황금을 실은 수레들과 갈리아 족장 베르킨게토릭스Vercingetorix가 그 뒤를 따랐다. 오직 이날의 개선 행렬을 위해 산 채로 끌고 온 이 야만족 족장은 다음 날 바로 처형되었다. 이어 로마에서는 나흘 동안 승리의 축제가 열렸고, 병사들에게는 전쟁 노획물이 나누어졌으며, 6만 6,000인분의 식사가 준비되었다.

카이사르는 슈펭글러가 역사상 "가장 완벽한 인간 중에서도 최고의 재능을 갖춘 천재"로 인정한 두 사람 중 하나였다(다른 한 사람은 프리드리히 대왕이다). 이 두 사람은 세상을 호령하면서 세계의 중심이 되었고, 전투가 있는 날 밤이면 권력이 제공하는 황홀한 도취의 감정에 젖었다. 자신이 운명의 주인이고 세계의 중심이라는 느낌이 그것이다.

그런데 카이사르가 승리의 날 저녁에 지루해했을 수도 있고, 그와 함께 암살이 불가피한 일이었을 거라는 놀라운 단서가 일부 존재한다. 그는 항상 경호를 거부했고, 일부 동시대인들은 직속 첩보 기관이 오랫동안 준비되어 온 모반을 그에게 보고하지 않은 것을 이상하게 생각했다. 키케로와 훗날의 사가 수에토니우스, 그리고 플루타르코스의 보고에 따르면 카이사르는 마지막 몇 주 동안 여러 번, 자신이 이미 충분히 명성을 누렸고 예기치 않은 순간에 빨리 죽기를 바란다는 뜻을 토로했다. 그는 스물세 번이나 비수에 찔렸지만, 처음 찔렸을 때만 놀라움을 표시했다고 한다.

스물한 살의 중위 보나파르트의 글에서도 '승리 속의 지루함'과 비슷한 점이 나타난다. 1791년 리옹 아카데미에서는 '행복을 위해 인간에게 불어넣어야 할 진실과 감정을 기술하라!'는 주제로 수필을 공모했는데, 나폴레옹은 자신의 답에서 선을 위한 야망, 즉 국가의 행복을 촉진하는 통제된 야망을 옹호했다. 그가 질책한 것은 이기심의 악마였다. (그런데 자신이 그런 악마였다는 것을 본인은 알고 있었을까?) 그런 악마에게 범죄는 단순한 놀이이고, 거짓말은 하나의 파격 어법이었을 뿐이다. 그 다음에 이 문장이 나온다. "그런 악마가 마침내 권부의 정상에 오르면 백성들의 지극한 숭배조차 지루하게 느껴진다." 알렉산드로스도 그런 야망 때문에 "세계를 정복하고 세상을 황폐하게 만들었다. 그러나 야망은 채워지지 않았고, 결국 이글거리는 욕망의 노예가 되어 이성을 잃고 자신을 신으로 생각했을 뿐 아니라 다른 사람들에게도 그렇게 믿어 주길 요구했다".

나폴레옹이 알렉산드로스에게 질책한 바로 그것이 실은 자신의 이루지 못한 꿈이었다. 육군 원수 오귀스트 마르몽Auguste Marmont의 회고록에 따르면, 나폴레옹은 1804년 프랑스 황제에 오른 뒤 해군 장관에게 속마음을 이렇게 털어놓았다. "나는 세상에 너무 늦게 태어났소. 인간들은 충분히 계몽되었고, 위대한 것은 더 이상 시도할 수가 없는 세상이 되었소. …… 물론 내 생애도 자체로는 아주 훌륭하오. 하지만 고대와는 비교가 되지 않소!" (나폴레옹은 타협의 지점을 발견했다. 1806년 자신의 생일인 8월 15일을 앞으로는 성모 승천일과 함께 "성 나폴레옹 축일"로 거행하도록 지시한 것이다.)

그 뒤 워털루 전투가 있었다. 수많은 사람들이 전쟁과 선거에서 지고, 패배와 굴욕을 당하고, 해고와 실각을 겪었다. 하지만 그들의 **작업**은 부정되지 않는다. 기껏해야 무시되거나, 아니면 훗날에는 반드시 인정받을 거라는 희망을 남긴다. 어떤 사람은 행동으로 실패할 수 있다. 그것도 최종적으로 위안도 없이. 헤겔은 "자신을 세계정신의 경영자라고 느끼는" 세계사적인 개인들의 운명을 떠올려 보면 그게 결코 행복한 운명이 아니었다고 말한다. 세계정신에 대한 모든 의문점에도 불구하고 헤겔의 그 말은 옳다. "목적이 이루어지고 나면 알맹이를 둘러싸고 있는 빈껍데기는 벗겨지는 법이다." 알렉산드로스나 카이사르나 나폴레옹처럼. 역사적 인물들이 일상적인 행복의 범주와는 거리가 먼 사람들이었다는 것이 우리 같은 보통 사람들에게는 질투심을 다독거려 주는 작은 위안일지 모른다.

내면에서 천재의 불꽃을 느끼는 사람은 슬퍼해야 한다. 보나파르트 중위가 쓴 다음의 글에 따르면 그렇다. "그의 삶은 불행해질 것이다. 하지만 어쩔 것인가! 그게 천재의 불꽃이니. 하지만 안심시키는 뜻으로 이렇게 말하고 싶다. 그런 일은 드물게 일어날 뿐이다. …… 왜냐하면 천재는 자신의 세기를 잠시 비춘 뒤 소실되고 말 유성流星이기 때문이다."

# 48. 위인들의 화석화에 부쳐

> 우리는 결코 위대한 시인을 올바로 이해할 수 없다. 그를 제대로 이해할 수 없다면 우리가 그를 오해하는 방식을 이따금 바꾸는 것이 낫지 않을까?
> ― 셰익스피어에 대한 T. S. 엘리엇의 평가

    우리는 정말 브록하우스와 마이어 백과사전이 총애하는 모든 인물들에게 경탄을 보내고, 반대로 백과사전의 태양이 머리 위로 떠오르지 않은 사람들에게는 '위대한'이라는 수식어를 붙여서는 안 되는 것일까? 이 책의 결론 부분에서는 익숙한 가치 평가의 눈금들을 날카로운 눈으로 들여다보고 검증하는 기회를 가져 볼 생각이다. 높은 재능을 타고난 100명 중에서 인정을 받는 사람은 한 명뿐이다. 그런데 이 로토에서 당첨된 극소수의 사람들도 여전히 오해와 눈총, 아부, 영웅 숭배, 비양심의 그물에 걸린 채 비평가와 역사가들의 이해할 수 없는 결정에 내맡겨질 때가 많다.
    그렇다면 우리도 같이 평가를 내리자! 그러려면 일단 입을 헤 하고 벌린 채 경탄만 하는 단상에서 내려와야 한다. **모든** 가치 평가는 주관적이다. 하지만 선뜻 기존의 백과사전들과 다른 판단을 내리지 못하는 것이 우리들이다. 물론 대체로 쉬워 보이는 영역이 하나 있기는 하다. 자신의 길을 위해 눈 하나 깜박하지 않고 수십만 명의 목숨을 빼앗아 버린 유명인들에 대한 계속적인 경탄을 거부하는 것이 그것이다. 이런 입장에는 우군도 많다. 19세기의 역사가 헤르더는 "영토를 정복한 영웅적 정신들"이 실은 인류에게 '죽음의 천사'나 다름없었다고 폭로했고(10장 참조), 에머슨은 나폴레옹을 가리켜 "대포 연기처럼 흔적도 없이 사라져 버린" 지상의 크나큰 재앙이라고 말했다. 또한 쇼는 나폴레옹의 무덤이 칸트와 괴테, 모차르트, 베토벤의 무덤보다 훨씬 웅장한 것에 분노를 표했다. 히틀러는 침략 전쟁으로 마지막 남아 있던 일말의 믿음까지 상실했고, 20세기 말에는 스탈린과 마오도 숭배자들의 대부분을 잃어버렸다.

그러나 인물적인 매력으로 보자면 세계사의 찬란한 깡패 같은 그런 존재들에게 빠지지 않기란 어렵다. 심지어 괴테 같은 천재도 나폴레옹에게 그렇게 열광했다면 우리 같은 범인이 어떻게 그런 인물들과 거리를 둘 수 있을까? 비난할 재료가 아무리 많아도 나폴레옹이 흘린 수많은 땀방울과 그의 비참한 최후를 떠올리면 무심히 넘길 수 없는 것이 우리의 마음이다. 괴테는 때로 나폴레옹에게 혼란스러운 감정을 느끼기도 했지만, 에커만에게 그를 칭찬한 횟수만 무려 열아홉 번이나 된다. 그는 아내가 사 온 모자를 보고 나폴레옹이 엘바 섬에서 샀다는 그 모자를 떠올렸고, 아들에게는 나폴레옹 모자의 다양한 모습을 보여 주는 궁정 화가 다비드의 그림을 선물했으며, 뉴턴의 잘못된 색채론이 자신에게 고마운 유산이 되었듯이 나폴레옹에게는 프랑스 혁명이 그런 유산이었을 거라고 말했고, 에커만이 그에게 1830년에 선물한 나폴레옹의 상반신 초상화를 보고는 강렬한 색깔의 조화에 감탄을 금치 못하며 이렇게 토로했다. "색채론적으로도 진정한 영웅이 여기 있었군."

그러니까 영웅들에게 경탄하지 않기란 힘들다. 이때 피로 물들이는 정치를 하지 않더라도 늘 천재적인 정치인을 두려워해야 하는 것이 민주적 시민의 보편적 마음이다. 어찌 됐든 위대한 남자는 믿을 수가 없기 때문이다. 스위프트는 1715년에 이렇게 썼다. "만일 국가의 일이 항상 천재를 요구하는 상황이라면 세상은 출구가 없는 고통스러운 상태에 빠질 수밖에 없다. 아무리 끔찍한 시대라도 한 나라에서 서너 명 이상의 천재는 배출하지 않기 때문이다. 게다가 평범한 사람들보다 더 나쁜 교육을 받은 왕자는 2,000만 명 중에 하나가 나올까 말까 하는 괴물이 될 가능성이 크다." 1968년 키신저는 비스마르크를 다룬 에세이에서 이렇게 썼다. "대내외적으로 어려움을 관철하기 위해 매 세대에서 위대한 남자를 배출해야 하는 사회는 파멸의 지름길을 걷는 것이나 다름없다."

다른 한편으로 위대한 남자에 대한 욕구는 어느 정도 불신을 부를 수밖에 없다. 마르가레테 미체를리히Margarete Mitscherlich에 따르면 그것은 위계질서와 권위, 엘리트적 사고에 대한 욕구이기 때문이다. 훅도 대중의 그런 욕구를 이런 말로 경고했다. 위인들은 대다수 사람들보다 더 잘 알고 있다고 자신하기 때문에 대다수 사람들에게 금치산 선고를 내리려고 한다. 이런 점에서 독재자는 아니라도 카리스마가 강한 정치인들도 위험인물이 될 수 있다. 비슷한 맥락에서 언론인 요하네스 그로스Johannes Gross는 1991년에 독일의 길과 다리에 붙어 있는 '케네디'의 이름을 떼어 버릴 것을 주장했다. "독일 땅에 이름이 붙을 자격도 없을 뿐 아니라 패악과 정치적 부패로만 가득 찬 그 가문에 대한 기억을 공공 도로나 광장에서 몰아내야 한다."

여전히 위대한 남자들이 나왔으면 하고 동경하거나, 심지어 폭력적이고 무자비한 인간들을 경탄하는 사회에서는, 비록 수상쩍은 생동감이기는 하지만, 어쨌든 생동감이 흐른다. 반면에 이들과는 전혀 다른 세계의 위인들도 존재한다. 이제는 더 이상 누구도 움직이지 못하고, 그저 지나간 과거가 되어 화석화된 위인들의 세계가 그것이다. 기원전 5세기의 그리스 서정 시인으로서 18세기에 문을 연 천재 숭배의 총아들 가운데 한 사람이었던 핀다로스가 지금 누구에게 무슨 말을 하겠는가? 베르길리우스는 근 2,000년 동안 "서양의 아버지"로 여겨졌고, 단테는 그의 축복을 간청하며 그를 지옥과

정죄의 불로 이끄는 인물로 낙점했다. 다만 그는 기원전에 살았던 인간이기에 기독교의 낙원에는 들어갈 수가 없었다. 17세기 이후 독일에서는 그의 명성이 호메로스에 의해 상당 부분 가려졌지만, 영국과 다른 로망 어권 나라들에서는 여전히 고대의 가장 위대한 작가로 꼽혔고, T. S. 엘리엇에게는 "전 유럽의 변함없는 클라시커"였다.

그런데 오늘날 베르길리우스의 작품을 즐겁게, 혹은 유익하게 읽는 서양의 교양인이 몇이나 될까? 또 실제 조사를 해봐야겠지만, 베르길리우스의 작품이 오늘날에 발표된다면 그걸 읽고 그를 인류의 가장 위대한 작가로 평할 사람이 몇 명이나 될까? 결국 오늘날엔 **역사적** 위인이 새로운 의미를 가질 수밖에 없다. 즉 베르길리우스든 키루스 대왕이든 그들은 과거에 중요한 인물이었다. 과거의 위인들은 우리에게 존경심을 불어넣어 주고, 우리를 하루살이의 운명에서 지켜 준다.

서양의 교양인들에게 단테는 더더욱 받아들여지기 어렵다. 일부 예외적인 집단만 제외하고 말이다. 물론 마음 약하고 어느 정도 배운 사람이라면 단테가 인류의 가장 숭고한 작가까지는 아니라도 가장 위대한 작가 중 한 명이라는 주장에 대해선 그 예외적 집단의 의견에 동조할 수 있다. 귀도 카발칸티Guido Cavalcanti와 페트라르카, 제프리 초서Geoffrey Chaucer와 밀턴, 코르네유와 장 바티스트 라신Jean-Baptiste Racine, 클롭슈토크와 빌란트는 서양 문학에서 누구도 부인 못할 자신들의 기여를 상기시키며 우리에게 역사적 관심을 가져 줄 것을 요구한다. 최소한 서기 1세기의 중국 서정시를 이해하려고 애쓰는 정도는 아닐지라도 말이다. 니체는 말한다. "빌란트는 누구보다 훌륭한 독일어로 글을 썼다. 하지만 그의 사고는 우리에게 더 이상 생각거리를 주지 않는다." 노르베르트 메클렌부르크Norbert Mecklenburg는 비평을 "문학에서 **생명력이 있는 것처럼 보이는** 가짜들을 죽이는 것, 즉 오늘날에도 많은 의미를 제시하는 것과 그렇지 못한 것을 구분하는 기술"이라고 부르면서 "역사 비평이란 텍스트의 탄생 조건들을 역사적으로 물어 들어가는 작업이 아니라 텍스트가 지닌 현재성의 조건들을 묻는 것"이라고 했다. 음악도 비슷하다. 팔레스트리나와 클라우디오 몬테베르디Claudio Monteverdi 같은 거장들은 죽음과 비슷한 화석화와 거리가 멀다.

그런데 예전에 자신을 따라다녔던 숭고한 평가들을 뒤로하고 서서히 이런 화석화의 길로 빠져 들어간 위인들도 많다. 플라톤이 그랬다. 브리태니커 백과사전에서는 셰익스피어 다음으로 가장 중요한 역사 인물이었고, 파울에게는 "지상의 가장 위대한 인물"이었던 플라톤이 급격하게 현실적 생명력을 잃기 시작한 것이다. 보르헤스는 플라톤적 사상의 "끔찍한 박제화"를 경고했고, 발터 라테나우Walter Rathenau는 플라톤이 소크라테스의 나쁜 본성에 예속되었다고 질책했다. 또한 블로흐와 포퍼는 혐오스러워하며 플라톤의 이상적 국가론에서 등을 돌렸고, 슈미트 역시 그의 국가론을 "불멸에 중독된 광적인 환관을 위한 기도서"라고, 플라톤을 "냉철한 바보"라고 불렀다.

어쨌든 우리는 아직도 플라톤을 다루고 있다. 그리고 이렇게 반문할 수도 있다. 한 위인을 비방하는 것조차 실은 그의 생명력에 대한 반가운 신호가 아닐까? 극소수의 사람들만 베르길리우스를 읽고 이해하는 엄청난 거리감과 비교한다면 그럴 수도 있을 것이다. 여하튼 너무 높이 올려놓은 위인들을 제단에서 끌어내려 좀 더 즐겁고 쉬운 교류의 장에 내놓는다고 하더라도 많은 위인들의 화석화를 우리가 막을 수는 없다.

누군가 젊은 사람들에게 괴테를 "올림포스 산의 제왕"이니 "문화적 성지" 세 곳 중의 하나라고 골백번씩 소개한다고 해서 실제로 괴테의 책을 집어 들 사람이 몇이나 될까? 차라리 완전히 다른 식으로 말하는 것이 그나마 몇몇 독자라도 생기게 하지 않을까? 가령 이런 식이다. "이름에 현혹되지 마라. 괴테의 많은 것들이 실제로는 우리하고 거의 관계가 없다. 예전에 리히텐베르크는 '괴테를 바보 500명 중의 한 사람'으로 꼽았고, 보들레르는 포를 괴테보다 더 높이 쳤으며, 폰타네는 괴테의 「이피게니에*Iphigenie auf Tauris*」 공연을 보고 나서 아주 즐거웠다고 말하는 사람은 모두 거짓말쟁이거나 멍청한 사람이라고 했다. 어떤 평가든 가능하다. 그러나 이제 괴테의 이탈리아 여행을 직접 뒤적거려 보고, 그의 시를 몇 편 읽어 보라. 그만큼 신선하고 우아하고 대담하게 독일어를 다룬 사람은 없다. 만일 시가 마음에 든다면 다른 걸 좀 더 찾아서 읽어 보라."

우리의 위인들을 박물관 속에 처박아 두고 먼지만 뽀얗게 쌓이게 하는 것은 너무 아깝지 않을까? 부지런한 박물관 직원들은 심지어 부패를 막는답시고 위인들을 통조림 속에 집어넣고는 질문을 던지고 손을 대는 것조차 못하게 막는다. 현대 음악가들이 모차르트의 교향곡을 경쾌한 댄스곡이나 타악기용으로 대담하게 편곡하면 좀 더 많은 젊은 친구들이 모차르트에 관심을 보이지 않을까? 그러다 보면 나중에는 편곡되지 않은 원곡을 사랑하게 될 젊은이들도 나오지 않을까? 신문들의 책 소개 지면에 정기적으로 **오래된** 책들에 관한 비평을 실을 수는 없을까? 신간의 4분의 3보다는 훨씬 읽을 만한 가치가 있는 책들로 말이다. 쇼펜하우어는 말한다. "사람들은 항상 모든 시대의 최고 대신 현 시대의 최신 것만 읽으려고 하기 때문에 작가들은 늘 똑같이 반복되는 좁은 사고의 범주에 머물고, 시대는 자신의 시궁창 속으로 점점 깊이 빠져 들어간다."

끝으로 감사의 말을 전하기 전에 사죄부터 하는 게 도리일 것 같다. 이 책도 그들을 살려 놓지는 못했다. 위대한 품성을 타고났지만 환경의 장애 때문에 재능을 펼치지 못한 수많은 사람들, 살해된 모차르트들, 명성의 대열에서 밀쳐 나간 여성들, 명성의 로토에 당첨되지 못한 이들이 바로 그들이다. 이 책이 극소수의 유명인들에게만 초점을 맞출 수밖에 없었던 점에 대해 억압받고 잊힌 많은 사람들에게 양해를 구한다. 그리고 필자는 이 책에서 명성의 왕좌에 앉아 있던 인물들에게 비판의 칼날을 들이대면서 하이네가 독일 문화에 관한 연구 논문집 『낭만파 *Die Romantishe Schule*』에서 스스로에게 요구한 그런 정중함을 잃지 않으려고 노력했다. 그는 이렇게 썼다. "만일 괴테 같은 문학의 제왕에게 비평의 잣대를 들이대려면 과거 찰스 1세

Charles I[1]를 처형하기 전에 왕 앞에 무릎을 꿇고 하해와 같은 용서를 구한 뒤 사형을 집행한 형리의 태도와 같은 마땅한 공손함을 잃지 말아야 한다."

이제는 감사의 말을 전할 차례이다. 우선 침략을 포기한 모든 위정자들에게 감사를 표한다. 그 밖에 기회가 있었음에도 최고의 직위를 노리지 않은 사람들에게도 감사를 빠뜨릴 수 없다. 예를 들어 1760년에 독일 외교관 프리드리히 멜키오르 폰 그림 Friedrich Melchior von Grimm이 칭송한 리처드 크롬웰이 Richard Cromwell 그런 인물이

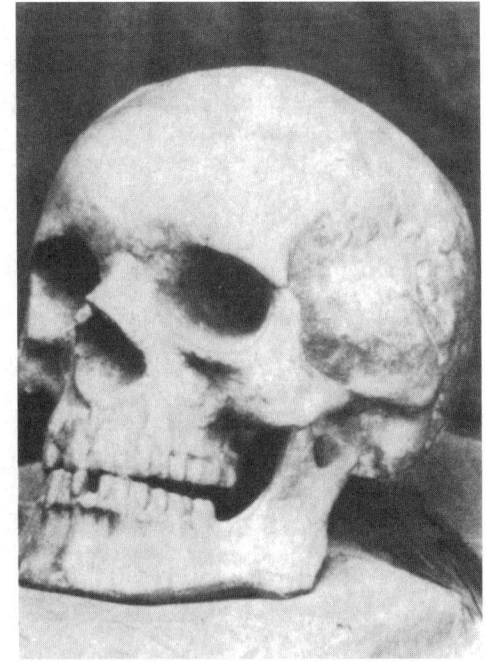

**수수께끼** 우리를 보고 있는 것은 슈베르트의 해골이다. 이것을 조사하면 머릿속의 세포 140억 개가 어떻게 그리도 놀라운 협연을 펼쳤는지 알 수 있을까? 혹은 교장 선생과 요리사 사이에서 어떻게 그런 음악적 천재가 나올 수 있는지 규명할 수 있을까? 그것도 아들에게 작곡을 금지한 아버지가 아니던가? 어쨌든 밝혀진 것은 없다. 다만 우리가 아는 것이라고는 이 머리도 한 불쌍한 인간의 것이라는 사실뿐이다. 언 몸을 녹이기 위해 불가를 찾아 헤매던 인간이었다.

다. 리처드는 아버지 올리버 크롬웰 장군과는 달리 청교도 혁명 이후에 불평 많고 예측할 수 없는 민족을 통치하는 수고와 위험 대신 조용히 초야에서 명예 없이 살아가는 인생을 선택하는 지혜로움을 보였다. 몽테뉴의 말처럼 "명성과 휴식은 한 지붕 밑에서 살 수가 없다".

그 밖에 서랍에 묵혀 둔 어설픈 원고를 출판업자에게 넘기지 않은 작가들

---

[1] 청교도 혁명 와중에 처형당한 영국의 왕.

에게도 감사를 전한다. 영광스러운 사후 명성을 위해서 그렇게 한 사람들에게 말이다. 그리고 인간이 지닌 극단의 가능성을 긍정적 측면으로 보여 준 사람에게는 무한한 존경을, 부정적 측면으로 보여 준 사람에게는 원망 섞인 존중을 보낸다. 아울러 위대한 작가와 음악가, 화가, 공상가들에도 경탄을 아끼지 않는다. 그들이 창조해 낸 세계는 우리의 삶을 무한히 풍성하게 만들어 주었고, 그들이 창작 과정을 통해 누릴 수 있었던 것보다 훨씬 더 큰 행복과 위안을 우리에게 선사해 주었다. 엄청난 고통을 어마어마한 성취로 바꾸어 낸 사람들도 있다. 토마스 만이 "지옥의 절친"이라 부른 도스토옙스키와 니체가 그랬고, 클라이스트와 뷔히너, 포, 카프카, 베토벤, 미켈란젤로, 고야, 고흐가 그랬다. 괴테는 로마에서 이렇게 썼다. "바티칸의 시스티나 예배당을 보지 않고는 한 인간이 할 수 있는 것이 대체 어디까지인지를 믿지 못할 것이다. 이 순간 나는 미켈란젤로에게 완전히 빠져 버렸다. 이전에는 맛보지 못한 감동으로."

자신의 고통을 창조력으로 바꾼 신들린 사람과 정신 분열증 환자, 그리고 추적 망상에 시달리던 모든 사람들에게는 보들레르가 포에 대해 했던 말이 똑같이 적용될 수 있다. "그것은 눈먼 복수의 천사가 몇몇 특정인들의 내면을 완전히 장악한 뒤 전력으로 채찍질하면서 나머지 사람들의 정신을 끌어올리는 일을 하라고 독려하는 것이나 다름없다." 이 책을 "그렇게 채찍질 당하는 사람들에게" 바친다.

# 참고문헌

이 목록에서 기술된 책과 에세이는 크게 두 종류로 나뉜다. 위인, 천재, 성공, 명성에 관한 연구서가 하나이고, 여러 역사 인물을 동시에 다룬 연구서가 다른 하나이다. 모노그래프나 전기 같이 한 가지 인물을 집중적으로 다룬 연구서는 포함시키지 않았다.

Abel, Jakob Friedrich
  Rede über das Genie(1776); neu: Marbach 1955
Adorno, Theodor
  ─ Fragment über Musik und Sprache; in: Musikalische Schriften I─III. Frankfurt 1978
  ─ Die musikalischen Monographien: Wagner ─ Mahler ─ Berg. Frankfurt 1986
Andreasen/Canter
  The Creative Writer; in: Comprehensive Psychiatry, Band 15(1974)
Anz, thomas
  Genie, Krankheit und Ruhm; in: "Frankfurter Allgemmeine", 28.3.1987
Bacon, Francis
  Über Ehre und Ruhm; in: Essays, LV. London 1625; deutsch Wiesbaden 1946
Bankl, Hans
  Woran sie wriklich starben. Krankheit und Tod historischer Persönlichkeiten. Wien 1989
Baumeister, Willi
  Das Unbekannte in der Kunst. Köln 1947
Baumgart, Reinhard
  Selbstvergessenheit. Drei Wege zum Werk: Thomas Mann, Franz Kafka, Bertolt Brecht.

München 1989

Bäumler, Ernst

    Amors vergifteter Pfeil. Kulturgeschichte einer verschwiegenen Krankheit. Hamburg 1976

Benjamin, Walter

    Der Weg zum Erfolg in dreizehn Thesen; in: Denkbilder. Frankfurt 1972

Benn, Gottfried

    — Genie und Gesundheit(1930)

    — Das Genieproblem(1930)

    Beide in: Essays, Reden, Vorträge. Wiesbaden 1959

Bentley, E. R.

    A Century of Hero Worship: A Study of the Idea of Heroism in Carlyle and Nietzsche. Philadelphia 1944

Berenson, Bernard

    The Italian Painters of the Renaissance. London 1959

Bettelheim, Anton

    — Führende Geister. Dresden 1894

    — Geisteshelden. Berlin 1904

Bettelhiem, Bruno

    Die Kinder der Zukunft. Wien 1971

Bierce, Ambrose

    Who are great? In: The Controversialist; in: Collected Works. New York 1966, Band 10

Bitterli, Urs

    Die Entdeckung Amerikas. Von Kolumbus bis Alexander v. Humboldt. München 1991

Boccaccio, Giovanni

    Die 9 Bücher vom Glück und Unglück Berühmter Määnner und Frauen(1360); deutsch: München 1965

Boorstin, Daniel J.

    The Discoverers. New York 1983. Deutsch: Entdeckungen. Basel 1985

Brinkler-Gabler, Gisela(Hrsg)

    Deutsche Literatur von Frauen. 2 Bäande. München 1988

Brischar, K. M.

    Das Genie. Ein Versuch. Leipzig 1914

Broch, Hermann

    Das Böse im Wertsystem der Kunst(1933); in: Essays, Band 1. Frankfurt 1955

Burckhardt, Carl J.

    Bildnisse. Frankfurt

1958 Burckhardt, Jacob
- Das Individuum und das Allgemeine(Die historische Größe), 1870
- Über Glück und Unglück in der Weltgeschichte, 1871
  Beide in: Weltgeschichtliche Betrachtungen. Tübingen 1949

Bychowski, Gustav
  Dictators and Disciples. From Caesar to Stalin. A Psychoanalytic Interpretation of History. New York 1984

Canetti, Elias
  Masse und Macht. Hamburg 1960

Carlyle, Thomas
  On Heroes, Hero-Worship, and the Heroic in History(1841); deutsch: Über Helden und Heldenverehrung(1926)

Carrière, Ludwig
  Wandlungen im Begriffe des Heldischen; in: Psyche III/2, Heidelberg 1949

Carrol, H. A.
  Genius in the Making. New York 1940

Carus, Carl Gustav
  Psyche. Zur Entwicklungsgeschichte der Seele(1846). Neu: Stuttgart 1941

Cassirer, Ernst
  From Hero Worship to Race Worship; in: The Myth of the State. New Haven 1946

Cattell, James
  A Statistical Study of Eminent Men; in: Popular Science Monthly, 1902/03, S. 359

Churchill, Winston
  Great Contemporaries. London 1937. Deutsch: Große Zeitgenossen. Frankfurt 1959

Clausewitz, Carl v.
  Der kriegerische Genius; in: Vom Kriege, I, 3(1832)

Corino, Karl(Hrsg)
  Genie und Geld. Vom Auskommen deutscher Schriftsteller. Nördlingen 1987

Cowley, Malcolm(Hrsg)
  Writers at Work. London 1958

Dahlke, P.
  Das Buch vom Genie. Leipzig 1905

Daninos, Pierre
  La composition d'histoire. pari 1979

Defoe, Daniel
  The Instability of Human Glory; in: Selected Englihs Essays. London 1966

Demandt, Alexander
   Ungeschehene Geschichte. Ein Traktat über die Frage: Was wäre geschehen, wenn...? Göttingen 1984
Diewald, Hellmut
   Auch Karpfen werden 150 Jahre alt. Fug und Ungug geschichtlicher Jubiläen. In "Frankfurter Allgemeine", 11.1.1975
Dilthey, Wilhelm
   — Dichterische Eingildungskraft und Wahnsinn (1886)
   — Die Einbildungskraft des Dichters: Bausteine zu einer Poetik (1887)
   Beide in: Gesammelte Werke, VI
Diogenes Laertios
   Leben und Meinungen der berühmten Philosophen (200-250 n. Chr.). Deutsch Leipzig 1921
Donovan, Hedley
   Job Specs for the Oval Office. What does it take to be a goo Prsident? In: "Time", 13.12.1982
Durant, Will
   Die großen Denker. Die Geschichte der Philosophie von Plato bis Nietzsche. Bergisch-Gladbach o.J.
Eich, Hermannn
   Die mißhandelte Geschichte. Historische Schuld und Freisprüche. Düsseldorf 1983
Eigen, Manfred
   Vom Problem, das Genie zu erkennen (Vortrag 1982, abgedruckt in der "Neuen Zürcher Zeitung", 22.12.1982)
Einstein, Alfred
   Große in der Musik (1949), München 1980
Eissler, K. R.
   — Skizzen zu einer Psychologie des Genies; in:
      Goethe. Eine psychoanalytische Studie. Detroit 1963; deutsche Basel 1985, Band 2. Anhang T.
   — Prinzipielles zur Psychoanalyse des Genies; in: Jahrbuch der Psychoanalyse, Bern 1975
Eliot, Thomas Stearns
   On Poetry and Poets. London 1957
Elster, Hanns Martin (Hrsg)
   Der deutsche Genius. Berlin 1926

Emerson, Ralph Waldo

> Representative Men(1849), deutsch: Vertreter der Menschheit(1905)

Ermatinger, Emil

> —Philosophie der Literaturwissenschaft. Berlin 1930
>
> —Deutsche Dichter 1700-1900. Eine Geistesgeschichte in Lebensbildern. 2 Bände. Bonn 1949

Escarpit, Robert

> Das Buch und der Leser. Köln 1958

Espmark, Kjell

> Der Nobelpreis für Literatur. Prinzipien und Bewertungen hinter den Entscheidungen. Stockholm 1986; deutsch Göttingen 1988

ESQUIRRE(12/83)

> 50 Who Made the Difference. A Celebration of Fifty American Originals. New York 1983

Eucken-Erdsiek, Edith

> Sie prägten unser Jahrhundert. Zeitgeschichtliche Porträts. Freiburg 1980

Eysenck, Hans Jürgen

> Some Factors in the Appreciation of Poetry, and their Relation to Temperamental Qualities; in: Character and Personality, 9(1940)

Fassmann, Kurt(Hrsg)

> Die Großen der Weltgeschichte. 12 Bände. Zürich 1970-1979

Feger, Barbara

> Hochbegabung-Chancen und Probleme. Stuttgart 1988

Fernau, Joachim

> Die Genies der Deutschen. München 1979

Fest, Joachim

> Hitler und die historische Größe; in: Hitler. Frankfurt 1973

Fetzer, Günter

> Die Klassiker der deutschen Literatur. Die 50 großen Autoren von der Aufklärung bis zum Realismus. Düsseldorf 1983

Feyerabend, paul

> Wider den Methodenzwang. Frankfurt 1983

Fontana/Carr

> Objektivität und Parteinahme in der Geschichtsschreibung. Reinbek 1979

Franken, Franz Hermann

> Die Krankeiten Großer Komponisten. Wilhelmshaven 1989

Freud, Sigmund

— Der Dichter und das Phantasieren (1908); in: Ges. Werke, Band VII, London 1941, S. 213

— Formulierungen über die zwei Prinzipien des psychischen Geschehens (1911); in: Ges. Werke, Band VIII, London 1943, S. 230

— Das Unbehagen in der Kultur (1930); in: Ges. Werke, Band XIV, London 1948, S. 419

— Der große Mann; in: Der Mann Moses und die monotheistische Religion (1939); in: Ges. Werke, Band XVI, London 1948, S. 214

Friedell, Egon

Abschaffung des Genies; in: Essays bis 1918. München 1982

Friedenthal, Richard

Entdecker des Ich: Montaigne — Pascal — Diderot. München 1969

Gerard, Alexander

An Essay on Genius (1774); neu München 1966

Gerhardt, K. A.

Das Wesen des Genies. Leipzig 1907

Gerlach, Walther (Hrsg)

Der Natur die Zunge Lösen. Leben und Leistung großer Forscher. München 1967

Gervinus, Georg

Geschichte der deutschen Dichtung. 5 Bände. Leipzig 1853

Giraud, V.

La critique littéraire. Le problème, les théories, les méthodes. Paris 1945

Göbels, Hubert

Dreihundert berühmte deutsche Männer. Bildnisse und Lebensabrisse (1890), neu: Dortmund 1980

Goldschmit-Jentner, Rudolf

— Die Begegnung mit dem Genius (1939), neu: Frankfurt 1940

— Genius der Jugend. Gestalten und Werke der Frühvollendeten. München 1960

Gorki, Maxim

— Die Zerstörung der Persönlichkeit (1909)

— Wie ich schreiben lernte (1928)

— Über Prosa (1933)

Alle in: Porträts, Aufsätze, Reden. München o. J.

Gottwald/Ilgauds/Schlote (Hrsg)

Lexikon bedeutender Mathematiker. Leipzig 1990

Grappin, Pierre

La théorie du génie dans le préclassicisme allemand. Paris 1952

Gregor-Dellin, Martin
　Was ist Größe? Sieben Deutsche und ein deutsches Problem. München 1985
Grimm, Gunter(Hrsg)
　—Literatur und Leser. Theorien und Modelle der Rezeption literarischer Werke. Stuttgart 1975
　—Rezeptionsgeschichte. Grundlegung einer Theorie. München 1977
Groeben, Norbert
　Literaturpsychologie. Literaturwissenschaft zwischen Hermeneutik und Empirie. Stuttgart 1972
Gundolf, Friedrich
　Dichter und Helden. Heidelberg 1923
Haffner, Sebastian
　Helden und Heldenverehrung; in: Im Schatten der Geschichte. Stuttgart 1985
Hamm, Peter
　Kritik: von wem —für wen —wie. München 1968
Hegel, Georg Wilhelm Friedrich
　Vorlesungen über die Philosophie der Geschichte. Einleitung(1840); neu: Frankfurt 1970
Heimpel/Heuss/Reifenberg(Hrsg)
　Die großen Deutschen. 5 Bände. Berlin 1956. Neu: Frankfurt 1983
Hellpach, Willy
　Sozialpsychologie. Stuttgart 1946
Helvétius, Claude-Adrien
　Muß der Geist als Gave der Natur oder als Produkt der Erziehung betrachter werden? In: De l'esprit(1758); deutsch: Discurs über den Geist des Menschen(1760)
Herre, Paul
　Schöferisches Alter. Geschichtliche Spätaltersleistungen in Überschau und Deutung. Leipzig 1943
Hertslet, William Lewis
　Treppenwitz der Weltgeschichte. Berlin 1912
Heuss, Theodor
　Über Maßstäbe geschichtlicher Würdigung(Einführung zu Heimpel/Heuss/Reifenberg)
Hildebrand, Rudolf
　Genie; in: Grimmsches Wörterbuch, Band 5, Leipzig 1897, Sp. 3396—3450
Hirsch, Julian
　Die Genesis des Ruhmes. Leipzig 1914
Höffe, Otfried(Hrsg)

Klassiker der Philosophie. 2. Bände. München 1981

Hofmann, W. A.
— Schöpferische Kraft. Stuttgart 1935
— Gründe genialer Leistungen. Erfolgreiche, wie sie planten, wie sie arbeiteten, wie sie geniale Leistungen vollbrachten. Bern 1943

Hofstätter, Peter R.
Warum jeder von uns auf einen starken Mann aus ist. In: "Die Walt" 25.10.1980

Hohendahl, P.U.(Hrsg)
Geschichte der deutschen Literaturkritik(1730-1980). Stuttgart 1985

Hook, Sidney
Hero in History(1943), deutsche: Der Held in der Geschichte. Nürnberg 1951

Hülsenbeck, Richard
Sinn und Unsinn des Ruhmes; in: "Frankfurter Allgemeine", 2.1.1958

Hume, David
The Natural History of Religion (1757), Section VI: "Various Forms of Polytheism: Allegory, Hero-Worship"

Ichheiser, Gustav
Kritik des Erfolges. Leipzig 1930

Isenburg, Wilhelm Karl Prinz von
Genie und Landschaft im europäischen Raum. Berlin 1936

Iser, Wolfgang
Die Appellstruktur der Texte. Unbestimmtheit als Wirkungsbedingung literarischer Prosa. Konstanz 1970

Israeli, Nathan
Social Interaction in Creation and Criticism in the Fime Arts; in: Journal of Social Psychology, 35(1952)

Jaspers, Karl
— Vom Ursprung und Ziel der Geschichte. München 1949
— Die maßgebender Menschen: Sokrates, Buddha, Konfuzius, Jesus. München 1964
— Die großen Philosophen. 3 Bände. München 1981

Jauß, Hans Rober
Ästhetische Erfahrung und literarische Hermeneutik. Frankfurt 1982

Jean Paul
Vorschule der Ästhetik(1804):
— Stufenfolge poetischer Kräfte(6-10)
— Über das genie(11-15)

Johnson, Samuel
 The Lives of the Most Eminent English Poets. 10 Bände. London 1779-1781
Jung, Carl Gustav
 —Über die Beziehungen der analytischen Psychologie zum dichterischen Kunswerk(Vortrag 1922). In: GesammelteWerke, Band 15, Olter 1971. S. 75ff
 —Psychologie und Dichtung(Aufsatz 1930). In: Gesammelte Werke, Band 15, Olten 1971, S. 97ff
 —Der Begabte(Vortrag 1942). In: Gesammelte Werke, Ban 17, Olten 1972, S. 155ff
 —Die Entstehung des Heros; in: Symbole der Wandlung(1952); in: Gesammelte Werke, Band 5, Olten 1973, S. 216ff
Kaiser, Joachim
 Erlebte Literatur. Deutsche Schrifsteller in unserer Zeit. München 1988
Kant, Immanuel
 Kritik der Urteilskraft, 46—53(1799)
Kassner, Rudolf
 —Von den Elementen der menschlichen Größe(1911)
 —Betrachtungen über den Ruhm, die Nachahmung und das Glück. München 1934
Keegan, John
 The Mask of Command. New York 1988
Kepplinger, Hans Mathias
 Realkultur und Medienkultur. Literarische Karrieren in der Bundesrepublik. Freiburg 1975
Klein, Carole
 Mothers and Sons. New York 1984
Koenen, Gerd
 Die großen Gesänge: Lenin, Stalin, Mao, Castro. Sozialistischer Personenkult und seine Sänger. Frankfurt 1987
Koesters, Paul-Heinz
 Deutschland, deine Denker. Geschichten von Philosophen und Ideen, die unsere Welf bewegen. Hamburg 1981
Koestler, Arthur
 —The Sleepwalkers(1959); deutsch: Die Nachtwandler. Die Entstehungs-geschichte unserer Welterkenntnis. Frankfurt 1980
 —The Act of Creation. New York 1964
Kohlhagen, Norgard
 Frauen, die die Welt veränderten. Frauenfeld 1982
König, René

Literarische Geschmacksbildung; in: Das duetsche Work, 13(1937)

**Korff,** Wilhelm

Ehre, Prestige, Gewissen. Freiburg 1966

**Kretschmenr,** Ernst

Geniale Menschen. Berlin 1958

**Kuhn,** Thomas S.

The Structure of Scientific Revolutions. Chicago 1962. Deutsch: Die Struktur wissenschaftlicher Revolutionen. Frankfurt 1967

**Küntzel,** Ulrich

Die Finanzen großer Männer. Wien 1966

**Lamont,** William F.

The Nobel Prizes in Liiterature; in: Books Abroad. Oklahoma 1951

**Lanczkowski,** Johanna (Hrsg)

Die Heiligen. Von Paulus bis Katharina von Siena. Stuttgart 1990

**Lange-Eichbaum,** Wilhelm

— Genie, Irrsinn und Ruhm (1927). Neu: München 1967

— In 12 Bänden, bearbeitet von Wolfgang Ritter. München 1967

— Das Genieprobelm. München 1931

**Leder,** Karl Bruno

Wie man Diktator wird. Geheimnis und Technik der Macht. München 1983

**Leibbrand/Wettley**

Genie und Wahnsinn; in:Der Wahnsinn. Geschichte der abendländischen Psychopathologie. Freiburg 1961

**Lessing,** Theodor

— Geschichte als Sinngebung des Sinnlosen (1919) Neu: München 1983

— Komödie des Ruhms; in: Nietzsche. Berlin 1925

**Liddell Hart,** Basil Henry

Great Captains Unveiled; deutsch: Große Heerführer. Düsseldorf 1968

**LIFE:** The 100 most important Americans of the 20th Century (Special Issue, Autumn 1990)

**Lippmann,** Walter

Public Opinion (1922); deutsche: Die öffentliche Meinung. München 1964

**Löbl,** Emil

Kultur und Prese. Leipzig 1903

**Lodemann,** Jürgen (Hrsg)

Die besten Bücher der "Bestenliste" des SWF-Literaturmagazins. Frankfurt 1981

**Lombroso,** Cesare

— Genio e follia(1864); deutsch: Genie und Irrsinn. Leipzig 1887

— L'uomo di genio(1887); deutsch: Der geniale Mensch. Hamburg 1890

— Genio e degenerazione, 3 Bände(1894-1907), deutsch: Studien über Genie und Entartung. Leipzig 1910

**Lucka, Emil**

Stufen der Genialität. Berlin 1919

**Ludwig, Emil**

Genie und Charakter. Zwanzig männliche Bildnisse. Berlin 1924

**Machiavelli, Niccolo**

Il principe(1513); deutsch: Der Fürst(1714 u. öfter)

**Malraux, André**

Psychologie de l'art

1. Le musée imaginaire. Genf 1947; deutsch: Das imaginäre Museum. Frankfurt 1987

2. La création artistique(1948); deutsch: Die Künstlerische Gestaltung(1958)

3. La monnaie de l'absolu(1950); deutsch: Das Lösegeld des Absoluten(1961)

**Mandelkow, Karl Robert**

Probleme der Wirkungsgeschichte. In: Jahrbuch für internationale Germanistik. 2(1970)

**Mander, Carel van**

Het Schilder-Boeck(1604); deutsch: Das Leben der niederländischen und deutschen Maler. München 1906

**Mann, Heinrich**

Gesit und Tat. Franzosen 1780-1930(Laclos, Stendhal, Hugo, Flaubert, Sand, Zola, France, Soupault). Berlin 1931

**Mann, Thomas**

— Goethe and Tolstoi(1921); in: Reden und Aufsätze 1; in: Gesammelte Werke. Frankfurt 1960, Band IX

— Zur Physiologie des dichterischen Schaffens(1928); in: Reden und Aufsätze 3; in Band XI

— Bruder Hitler(1939); in: Reden und Aufsätze 4; In: Band XII

— Die drei Gewaltigen: Luther, Goethe, Bismarck(1949); in: Reden und Aufsätze 2; in: Bank X

— Lotte in Weimar: Das siebente Kapitel(Goethes innerer Monolog); in:Band II

**Matt, Beatrice von**

Mütter und Söhne. Literarische Streiflichter auf eine Beziehung. In: Neue Zürche Zeitung, 25.1.1985

**Mauthner, Friitz**

Genie; in:Wörterbuch der Philosophie(1910); Nachdruck Zürich 180

McCombs/Shaw

    The Agenda-Setting Function of Mass Media, in: Public Opinion Quarterly, 36(1972)

Meinecke, Friedrich

    Zur Geschichte der Geschichtsschreibung. Darmstadt 196

Miller, Alice

    Das Drama des begabten Kindes und die Suche nach dem wahren Selbst. Frankfurt 1980

Möbius, Paul

    Über Kunst und Künstler. Leipzig 1901

Montaigne, Michel de

    Essais(1588).

    II, 16: De la gloire(Über den Ruhm)

    III, 7: De l'incommodité de la grandeur(Von der Unbequemlichkeit der Größe)

    I, 38: De la solitude(Von der Einsamkeit)

    III, 2: Du repentir(Von der Reue)

Morel, Bénédict Augustin

    Traité des dégénérescences physiques, intellectuelles et morales de l'espèce humaine et des causes qui produisent ces variétés maladives. Paris 1857

Mühlberger, Josef

    Berühmte und berüchtigte Frauen. München 1979

Müller-Freienfels, Richard

    — Das Denken und die Phantasie. Leipzig 1916

    — Poetik auf psychologischer Grundlage. Leipzig 1921

    — Psychologie des Kunstschaffens. Leipzig 1923

Müller-Seidel, Walter

    Probleme der literarischen Wertung. Über die Wissenschaftlichkeit eines unwissenschaftlichen Themas. Stuttgart 1965

Mundt, Theodor

    Charaktere und Situationen. 2 Bände(1837)

Muschg, Walter

    — Tragische Literaturgeschichte. Bern 1948

    — Literatur als Therapie? Ein Exhurs über das Heilsame und das Unheilbare. Frankfurt 1981

Musil, Robert

    Genialität als Frage; in: Der Mann ohne Eigenschaften, Teil III, Kap. 47-50. Reinbek 1952, S. 1095-1121

Naumann, Michael

    Strukturwandel des Heroismus. Vom sakralen zum rovolutionären Heldentum.

Königstein 1984
Nepos, Cornelius
De viris illustribus(1. Jh. v. Chr.). Deutsch: Berühmte Männer. München 1962
Neumayr, Anton
Musik und Medizin am Beispiel der Wiener Klassik. München 1988
Niederland, William G.
Trauma und Kreativität. Frankfurt 1989
Nietzsche, Friedrich
Aus der Seele der Künstler und Schriftsteller; in: Menschliches, Allzumensch-liches, I. Viertes Hauptstück
Nigg, Walter
— Religiöse Denker: Kierkegaard, Dostojewski, Nietzsche, van Gogh. Bern 1942
— Große Heilige. München. o. J.
— Große Unheilige. Olten 1980
— Prophetische Denker. Rottweil 1986
Nordau, Max
Entartung. 2 Bände. Berlin 1892/93
Österling, Anders
Nobel. The Man and his Prizes. Stockholm 1950. Deutsch: Alfred Nober. Der Mann und seine Preise. Zürich 1972
Ostwald, Wilhelm
— Erfinder und Entdecker. Frankfurt 1908
— Große Männer. Leipzig 1911
Pilgrim, Elias
Muttersöhne. Düsseldorf 1988
Pinder, Wilhelm
Aussagen zur Kunst. München 1949
Plechanow, Georgi
Über die Rolle der Persönlichkeit in der Geschichte(1898)
Plutarch
Parallebiographien(105-115 n. Chr.); deutsch: Große Griechen und Römer. 6 Bände. Zürich 1954-64
Poe, Edgar Allan
The Poetic Principle(1850); deutsch: Vom Ursprung des Dichterischen. Köln 1947
Pöhlmann, C. L.(Hrsg)
Das Geheimnis des genialen Schaffens. Stuttgart 1910

Popp, Georg
　　Die Großen der Welt. Künstler und Wissenschaftler, die jeder kennen sollte. Würzburg 1955
Prause, Gerhard
　　— Niemand hat Kolumbus ausgelacht. Düsseldorf 1966
　　— Genies ganz privat. Düsseldorf 1975
　　— Sechziger. Bergisch Gladback 1983
　　— Genies in der Schule. Legende und Wahrheir über den Erfolg im Leben. Düsseldorf 1987
Prentky, R. A.
　　Creativity and Psychopathology. New York 1981
Prinzhorn, Hans
　　Bildnerei der Geisteskranken. Berlin 1922
Raddatz, Fritz J.
　　Zur deutschen Literatur der Zeit. 3 Bände. Reinbek 1987
Rank, Otto
　　— Das Inzest-Motiv in Dichtund und Sage. Grundzüge einer Psychologie des Dichterischen Schaffens (Hrsg. 1912). Neu: Darmstadt 1974
　　— Der Mythus von der Geburt des Helden (1922)
Raulff, Ulrich (Hrsg)
　　Vom Umschreiben der Geschichte. Neue historische Perspektiven. Berlin 1986
Reich-Ranicki, Marcel
　　— Die Ungeliebten. Sieben Emigranten. Pfullingen 1968
　　— Literatur der kleinen Schritte. Deutsche Schrifsteller heute. Frankfurt 1971
　　— Über Ruhestörer. Juden in der deutschen Literatur. Stuttgart 1989
　　— Erfolg und Ruhm; in: "Frankfurter Allgemeine", 23.10.1974
Révész, Geza
　　Talent und Genie. Grundzüge einer Begabungspsychologie. München 1952
Rickman, J.
　　On the Nature of Ugliness and the Creative Impulse (1940); In: Internationales Jahrbuch für Psychoanalyse, 21, S. 294
Rieger, Eva
　　Frau, Musik und Männerherrschaft. Berlin 1981
Ritter, Wolfgang (Hrsg)
　　S. Lange-Eichbaum
Russell, Bertrand
　　— Eminent Men I Have Known
　　— Philosophy's Ulterior Motives

Beide in: Unpopular Essays. New York 1950

　　　—Power. A New Social Analysis. London 1957

**Rutschky**, Michael

　　　Lektüre der Seele. Eine historische Studie über die Psychoanalyse der Literatur. Berlin 1981

**Rychner**, Max

　　　Bewundern(1949), in: Aufsätze zur Literatur. Zürich 1966

**Safranski**, Rüdiger

　　　Wieviel Wahrheit braucht der Mensch? Über das Denkbare und Lebbare(Rousseau, Kleist, Nietzsch, Kafka). Müunchen 1990

**Saitschik**, Robert

　　　Genie und Charakter. Darmstadt 1926

**Saint-Lambert**, Charles François

　　　Génie(Stichwort in Band 7 der Encyclopédie, 1757)

**Schieder**, Theodor

　　　Reflexionen über historische Größe; in:Friedrich der Große. Frankfurt 1983

**Schiller**, Friedrich

　　　Über naive und sentimentalische Dichtung(1800)

**Schleiermacher**, Friedrich

　　　Über den Begriff des großen Mannes. Abhandlung, in der Berliner Akademie gelesen zum Gedächtnis Friedrichs des Großen(1826)

**Schmidt**, Jochen

　　　Die Geschichte des Genie-Gedankens in de deutschen Literatur, Philosophie und Politik 1850-1945. 2 Bände. Darmstadt 1988

**Schonberg**, Harold C.

　　　Die großen Komponisten. Ihr Leben und Werk. Königstein 1984

**Schönberg**, Arnold

　　　Kriterien für die Bewertung von Musik; in: Style and Idea(1950); deutsch: Stil und Gedanke. Aufsätze zur Musik. Frankfurt 1976

**Schopenhauer**, Arthur

　　　—Vom Genie; in: Die Welt als Wille und Vorstellung, Zweiter Teil, Kap. 31

　　　—Zur Ästhetik der Dichtkunst; in: Die Welt als Wille und Vorstellung, Zweiter Teil, Kap. 37

　　　—Über Urteil, Kritik, Beifall und Ruhm; in: Parerga und Paraliipomena, XX

**Schücking**, Levin Ludwig

　　　—Literaturgeschichte und Geschmacksgeschichte; in: Germanisch-Romanische Monatsschrift, 5(1913)

　　　—Soziologie der literarischen Geschmacksbildung(1923); neu: Bern 1961

— Literarische "Fehluteile"; in: Deutsche Vierteljahresschrift für Literatur-wissenschaft und Geistesgeschichte, 10(1932)

Schulte-Sasse, Jochen
　Literarische Wertung. Stuttgart 1976

Schütz, Hans J.
　"Ein deutscher Dichter bin ich einst gewesen." Vergessene und verkannte Autoren des 20. Jahrhunderts. München 1988

Schwarz, Hans-Peter
　Das Künstlehaus. Anmerkungen zur Sozialgeschichte des Genies. Braunschweig 1990

Shaftesbury, Anthony, 3. Earl of
　A Letter Concerning Enthusiasm; in: Characteristice of Men, Manner, Opinions, Times. London 1711. Deutsch: Ein Brief über den Enthusiasmus. Leipzig 1909

Shaw, Bernard
　Everybody's Political What's What?(Kap. 16-24 und 39). London 1944

Shelley, Percy Bysshe
　A Defence of Poetry(1821). London 1948

Sidney, Philip
　The Defence of Poesie. London 1595, Heidelberg 1950

Simonton, D. K.
　Genius, Creativity, and Leadership. Cambridge/Mass. 1984

Springer, Alfred
　Die genialen Syphilitiker. Berlin 1926

Squire, J. C.
　If, or History Rewritten. New York 1931

Steinecke, Hartmut
　Literaturkritik des jungen Deutschland. Entwicklungen-Tendenzen-Texte. Berlin 1982

Steiner, George
　The Scandal of the Nobel Prize; in: The New York Times Book Review, 30.9.1984

Storr, Anthony
　— The School of Genius(1988); Deutsch: Die Schöpferische Einsamkeit.
　— Das Geheimnis des Genies. Wien 1990

Sueton
　De Vita Caesarum(um 120 n. Chr.), deutsch: Cäsarenleben. Stuttgart 1951

Swift, Jonathan
　A digresssion concerning the original, the use and improvement of madness in a Commonwealth; in: A Tale of a Tub(Collected Works, London 1801, Band 2, S. 161-78)

Taine, Hippolyte
    Philosophie de l'art. Paris 1865. Deutsch: Philosophie der Kunst. Leipzig 1903

Tarde, Gabriel
    L' opposition universelle. Paris 1897

Thomas, Antoine Léonard
    Essai sur les éloges. Paris 1773

"Time"
    In Quest of Leadership(15.7.1974, cover story)

Tucholksky, Kurt
    Plädoyer gegen die Unsterblichkeit(1925, unter dem Pseudonym Peter Panter)

Ude, Karl
    Der Einbruch in die Festung "Publicity" — Wege zur Öffentlichket. Die Chancen der Nachwuchsautoren. In: "Süddeutsche Zeitung", 22.7.1963

Ueding, Gert
    Die anderen Klassiker. Literarische Porträts aus zwei Jahrhunderten. München 1986

Vasari, Giorgio
    Lebensläufe der berühmtesten Maler, Bildhauer and Architekten, 3 Bände (1568); deutsche Zürich 1974

Venzmer, Gerhard
    —Krankheit macht Weltgeschichte. Stuttgart 1960
    —Genius und Wahn. Stuttgart 1964

Weber, Max
    —Politik als Beruf(1919); in: Ges. politische Schriften. Tübingen 1958. S. 493
    —Die drei reinen Typen der legitimen Herrschaft(1922); in: Soziologie-Welt- geschichtliche Analysen-Politck. Stuttgart 1968. S. 151

Weigel, Hans
    Flucht vor der Größe. Sechs Variationen über die Vollendung im Unvollendeten. Köln 1960

Weininger, Otto
    Geschlecht und Charakter(1903). Wien 1926
    II, 4: Begabung und Genialität
    II, 8: Ich-Problem und Genialität

Weisberg, Robert W.
    Creativity. New York 1986; deutsch: Kreativität und Begabung. Was wir mit Mozart, Einstein und Picasso gemeinsam hahen. Heidelberg 1989

Weise, Ferdinand Christoph
    Allgemeine Theorie des Genies. Heidelberg 1821

Weissweiler, Eva
   Komponistinnen aus 500 Jahren. Frankfurt 1981
Wenz, Gutav(Hrsg)
   Taten und Schicksale. Höhepunkte weltgeschichtlicher Entwicklung. 3 Bände. Stuttgart 1961
Wenzl, Aloys
   Theorie der Begabung. Leipzig 1934
Whitman, Walt
   Democratic Vistas(1871); deutsch: Demokratische Ausblicke. München 1960
Wolf, Hermann
   Versuch einer Geschichte des Geniebegriffs in der deutschen Ästhetik des 18. Jahrhundert. 2 Bände. Heidelberg 1923
Worringer, Wilhelm
   Abstraktion und Einfühlung. München 1959
Young, Edward
   Conjectures on Original Composition(1759); deutsch: Gedanken über die Originalwerke. Heidelberg 1977
Young, L. M.
   Thomas Carlyle and the Art of History. Philadelphia 1939
Zeltner, Renate(Hrsg)
   Das Buch der Köpfe. 300 berühmte Leute von der Antike bis zur Gegenwart. München 1981.
Zilsel, Edgar
   —Die Geniereligion. Ein Kritischer Versuch über das moderne Persöonlichkeits-ideal. Wien 1918; neu Frankfurt 1990
   —Die Entstehung des Geniebegriffs. Tübingen 1926
Zola, Emile
   —L' argent dans la litterature
   —De la critique
   Beide in: Le roman expérimental. Paris 1880; deutsch: Der Experimentalroman. Leipzig 1904
Zwekg, Arnold
   Lessing. Kleist. Büchner. Drei Versuche. Berlin 1925
Zweig, Stefan
   —Baumeister der Welt(1920-1928); new: Frankfurt 1951
   —Ist die Geschichte gerecht? in: Zeit und Welt(1943); neu in: Die Monotoni-sierung der Welt. Frankfurt 1978

## 옮긴이의 말

 도발적인 질문을 던져 보자. 위인 전집에 빠지지 않고 등장하는 나폴레옹은 정녕 위인일까? 위인이 맞는다면 어떤 점이 위대할까? 9년 만에 유럽 대륙을 무릎 꿇린 군사 전략의 귀재인 것이? 누구도 감히 따라오지 못할 만큼 야망이 큰 것이? 그런 기준으로 따지자면 2, 3년 만에 유럽을 짓밟은 히틀러도 위인이 아니라고 말 못한다. 군사적 업적과 야망만으로는 위인이 될 수 없다. 게다가 나폴레옹은 침략 전쟁으로 유럽 전역에 피바람을 일으켜 수백만 명을 살상했고, 무모한 러시아 원정에서는 작전 실패로 부하 50만 명을 전멸시키기까지 했다. 좋다. 탁월한 용병술은 인정한다 치자. 그렇다면 그 용병술이 인류에게 도움을 준 것은 무엇인가? 인류 공영에 이바지했는가? 공동선에 조금이라도 보탬이 됐는가? 아니면 나폴레옹이 일으킨 전쟁이 국가와 민족을 지키기 위한 불가피한 방어 전쟁이었는가? 그도 저도 아니라면 나폴레옹은 개인의 야망을 위해 무고한 사람들을 죽이고 평화로운 삶을 파괴한 천하의 불한당이 아닐까? 지금의 기준으로 보면 국제 형사 재판소에 전범으로 회부되고도 남을 인물이다. 그런데도 많은 사람들이 그를 주저 없이 위인이라고 부르는 이유는 무엇일까? 무엇이 그를 위인으로 만든 것일까?

'나폴레옹 전설'에 그의 특출한 재능이 한몫한 것은 분명하다. 빠른 통찰력과 때를 알아차리는 감각적 본능, 순발력 넘치는 대응력, 도박에 가까운 과감성은 보통 사람이 갖기 어려운 재능이다. 매력적인 성격과 인간적인 면모, 그리고 평범한 신분에서 지상 최대의 권좌에 오른 것도 사람들을 흥분시키기에 충분하다. 또한 무인도에 유배되어 한 마리 외로운 독수리처럼 대서양의 바위섬에 홀로 앉아 물끄러미 해를 쳐다보다가 삶을 마감했다는 극적인 최후도 사람들의 뇌리에 신화를 심어 주었다.

이런 요인들 외에 명성에 빠져서는 안 될 것이 '우연'의 축복이다. 당시에 마침 나폴레옹을 필요로 하는 전쟁이 일어난 것은 말할 것도 없고, 매 고비마다 '아주 적당한 시기'에 '아주 적당한 기회'가 '아주 우연히' 주어지지 않았다면 오늘날의 나폴레옹은 없었을 것이다. 마지막으로 그를 위인으로 만든 건 자의적 해석이다. 인간은 원시 시대부터 세계와 현상을 해석해 왔다. 스스로에게 이해와 설명이 되지 않으면 불안과 공포에 떠는 것이 인간이다. 해석의 주 수단은 집중과 단순화이다. 하나의 역사 사건에는 엄청난 사람과 계기, 원인, 우연이 어지럽게 뒤엉켜 있다. 그런 요소들을 전부 거론하는 것은 애초에 불가능하고, 설사 그게 가능하다고 하더라도 그것을 읽을 사람은 아무도 없다. 그래서 역사가와 전기 작가, 백과사전 편찬자 같은 '명성 평가단'은 복잡한 사건이나 현상을 단순화해서 한 인물에 투영하거나 그 인물을 중심으로 일목요연하게 설명하는 방법을 선택한다. 이 과정에서는 필연적으로 사실과 다른 일화와 전설이 만들어지고, 그로써 영웅과 위인이 탄생한다. 세계를 소수의 사건과 인물로 환원할 수 있다는 전제에서 출발하는 것이 백과사전과 역사서이기 때문이다. 이런 점에서 '위인'은 언어 경제학적 역사 서술의 필수 요소이다.

그렇다면 이러한 '위인 만들기'를 근본적으로 가능케 하는 것은 무엇일까? 우리 내면에 깊이 뿌리박힌 영웅에 대한 갈망이 그것이다. 영웅 숭배의 역사는 아주 길다. 오랜 옛날에는 신들만 위대했고, 인간은 그런 신을 떠받들고 찬양했다. 그런데 신의 인격화만으로는 성에 차지 않는지 인간은 지상에서도 초월적 권력과 능력을 갖춘 인물을 찾아내어 신격화했다. '대왕'이라는 호칭이 붙은 인물과 아킬레우스 같은 신화 속의 주인공이 그랬다. 인간은 나약하다. 혼자 힘으로는 이 힘난한 세상을 헤쳐 나가기 버거워한다. 그래서 자신의 힘을 훌쩍 뛰어넘는 존재를 필요로 한다. 그 존재에 기대면 심적으로 이 세상이 조금 더 안전하게 느껴지고, 그에게서 위안과 용기를 얻는다. 게다가 자신이 영웅과 같은 종족이라는 이유로 스스로 존재 가치가 승격되는 느낌을 받기도 한다. 그래서 영웅 숭배는 신화시대가 끝난 뒤에도 계속 이어진다. 숭배 욕구는 본래의 대상이 없어지면 다른 대상으로라도 충족되어야 하기 때문이다. 우리가 항상 위대한 지도자를 원하고, 대중문화 스타를 만들어 내는 것도 그런 연유이다. 결국 위인과 명성을 만들어 내는 것은 우리 자신이다. 그런 까닭에 우리는 진실이라는 이름하에 위인들의 추악한 면이 폭로되는 것을 원치 않는다. 그것은 그 인물만 더럽히는 것이 아니라 그를 통해 충족하고자 하는 우리의 갈망까지 허물기 때문이다.

인류 역사에서 명성의 월계관을 쓴 승리자들 중에는 그럴 자격이 충분한 사람도 많지만, 그럴 자격이 없는데도 명성을 누리는 사람은 훨씬 더 많고, 또 그럴 자격은 있는데 명성을 얻지 못한 사람은 무수히 많다. 이 책은 '명성의 전당'과 관련한 모든 측면을 꼼꼼하게 들여다보면서 위인과 천재를 바라보는 우리의 눈에 색다른 관점을 제공한다. 그렇다고 기존의 위인들을 흠집 내려는 의도는 아니다. 다만 세간의 평가를 무작정 따르는 태도에 비판의 칼을 들이대는 동시에 때와 기회를 얻지 못해 역사의 뒤안길로 사라진 무수한 나폴레옹과 모차르트들에게 애정 어린 헌사를 보낸다.

끝으로 덧붙이자면 위인과 천재는 대개 추악하고 불행하다. 평범한 것에는 특별한 것이 깃들 수 없고, 행복한 사람에게서는 극한의 고통과 집념을 요구하는 창조적 행위를 기대할 수 없기 때문이다. 많은 승리자들이 불행하게 살았고, 질병과 광기, 정신 질환에 시달렸고, 신체적으로 열등했고, 영혼의 상처를 낙인처럼 안고 살았다. 또한 승리를 위해서라면 수단과 방법을 가리지 않았고, 경쟁자보다 더 비정하고 냉혹했으며, 열등감을 자만과 무시로 극복하려 했고, 성격이 고약해서 남들과 잘 어울리지 못했다. 한마디로 이들은 일상의 행복을 위대한 성취와 맞바꾼 인류의 별종들이고, 평범한 행복을 포기하면서까지 이들이 이루어 낸 성과는 인류의 큰 자산이자 즐거움이다.

2011년<br>
박종대

# 찾아보기

## ㄱ

가르보, 그레타 Garbo, Greta 14, 82, 571, 636, 639, 642
가리, 로맹 Gary, Romain 45, 571
가리발디, 주세페 Garibaldi, Giuseppe 109, 221
가우스, 카를 프리드리히 Gauss, Carl Friedrich 58, 72, 86, 180, 238, 380, 436, 456, 466, 468, 502
간디 Gandhi 118, 123~4, 128~9, 145, 615~6,
갈릴레이, 갈릴레오 Galilei, Galileo 63, 70, 134, 215, 243, 360, 635
게바라, 체 Guevara, Che 145
게오르게, 슈테판 George, Stefan 182, 262, 546
고갱, 폴 Gauguin, Paul 191, 416, 420~1, 437
고골, 니콜라이 바실리예비치 Gogol, Nikolai Vasilievich 166, 188, 201, 206, 409, 471, 491
고르바초프, 미하일 Gorbachyev, Mikhail Sergeyevich 17~8, 110, 305, 314, 612, 614~6
고리키, 막심 Gor'kii, Maksim 319, 322, 328~9, 405, 508, 556, 571
고야, 프란시스코 데 Goya y Lucientes, Francisco José de 166, 258, 273, 382, 387, 477, 600, 653, 666
고티에, 테오필 Gautier, Théophile 273
고흐, 빈센트 반 Gogh, Vincent van 132, 172, 188, 190~2, 258, 261, 273, 288, 365, 374, 382, 405, 407, 409, 413, 438, 473, 486, 520, 567, 600, 666
괴테, 요한 볼프강 폰 Goethe, Johann Wolfgang von 16, 74, 83, 106, 120, 130, 134, 138, 146, 153~8, 161, 164, 175, 179, 182~3, 187~8, 194, 212~4, 218, 222, 230, 237, 239, 244, 250, 254~8, 262, 274, 280, 290, 348, 358, 364, 367~370, 393, 396~7, 399, 402, 404, 410, 414, 416, 422~3, 425~6, 429, 437, 445~6, 459, 463, 467, 470, 475, 480~1, 488, 491, 505~6, 508~9, 511, 520~1, 524, 545~6, 555, 562~4, 574~5, 577~82
구겐하임, 페기 Guggenheim, Peggy 382, 518
구텐베르크, 요하네스 Gutenberg, Johannes 70, 96
그랜마 모제스 Grandma Moses 12, 480
그린, 그레이엄 Greene, Graham 403, 618

그린, 췰리앵 Green, Julien Hartridge 413, 475

그릴파르처 프란츠 Grillparzer, Franz 19, 180, 218, 263, 281, 384, 414, 471~2, 505, 514, 564, 575, 590, 650

글래드스턴, 윌리엄 Gladstone, William Ewart 128, 481

## ㄴ

나이팅게일, 플로렌스 Nightingale, Florence 82, 161, 167, 268

네루다, 파블로 Neruda, Pablo 572, 621

네르발, 제라르 드 Nerval, Gérard de 188, 410, 541, 572

넬슨, 허레이쇼 Nelson, Horatio 12, 102, 335~351, 353, 385, 391~2, 467

노르다우, 막스 Nordau, Max 177

노발리스 Novalis 72, 172, 463, 468, 572

노벨, 알프레드 Nobel, Alfred Bernhard 619~20, 622

놀데, 에밀 Nolde, Emil 477, 572

뇌터, 아말리 에미 Noether, Amalie Emmy 81~2

뉴턴, 아이작 Newton, Isaac 58, 63, 66~7, 70, 95, 153, 159, 179, 183, 215, 222, 225, 250, 280, 360, 395, 412, 431, 435, 501~2, 635, 650, 660

니더랜드, 윌리엄 Niederland, William 386, 433

니체, 프란치스카 Nietzsche, Franziska 205

니체, 프리드리히 Nietzsche, Friedrich Wilhelm 17, 71, 131, 142, 157~8, 177, 188, 193~210, 214, 226, 228, 237, 241, 247, 249, 251, 255, 258, 261, 275~6, 289, 344, 369, 390, 400, 411, 413, 430, 438, 466~8, 498~9, 521, 528, 538, 558, 563, 565, 567, 586~7, 604, 636, 651, 653, 662, 666

닉슨, 리처드 Nixon, Richard Milhous 102, 307, 318, 616

## ㄷ

다비드, 자크 루이 David, Jacques Louis 165, 609, 660

다빈치, 레오나르도 da Vinci, Leonardo 71, 137, 153, 159, 228, 260, 281~3, 290, 382, 413, 486, 489, 511

다윈, 찰스 로버트 Darwin, Charles Robert 95~7, 216, 229, 244~51, 290, 375, 519, 626

다이이, 피에르 d'Ailly, Pierre 22, 34

다임러, 고틀리프 Daimler, Gottlieb Wilhelm 87~9

단기에라, 피에트로 마르티레 D'Anghiera, Pietro Martire 37~8

단눈치오, 가브리엘레 D'Annunzio, Gabriele 182, 552

단돌로, 엔리코 Dandolo, Enrico 480, 482

단테, 알리기에리 Dante, Alighieri 14, 71, 134, 136, 138~9, 153, 164, 179, 217, 271, 274, 373, 380, 387, 395, 465, 488, 494, 524, 546, 591, 632, 634, 661~2

달리, 살바도르 Dali, Salvador 15, 28, 214, 416~7, 475, 512, 540~1

덜레스, 존 포스터 Dulles, John Foster 46, 309

덩샤오핑 鄧小平 316~7, 480~1, 616

데카르트, 르네 Descartes, René 95, 154, 251, 375, 413, 520, 634

도스토옙스키, 표도르 미하일로비치 Dostoevsky, Fyodor Mikhailovich 119, 132, 170~1, 179, 182, 190, 195, 264, 333, 378, 402, 410, 433, 465, 497~8, 509, 538, 552, 559, 560, 585~6, 666

도일, 아서 코난 Doyle, Arthur Conan 264, 526

뒤러, 알브레히트 Dürer, Albrecht 175, 179, 255, 382, 427, 435, 489, 511~2, 600

뒤마, 알렉상드르 Dumas, Alexandre 437

뒤샹, 마르셀 Duchamp, Marcel 599

드가, 에드가르 Degas, Edgar 403, 477

드골, 샤를 de Gaulle, Charles André Joseph Marie 17,

305, 346, 504~5, 616
드레퓌스, 알프레드 Dreyfus, Alfred 486
드로스테 휠스호프, 아네테 폰 Droste-Hülshoff, Annette von 81, 470
드퀸시, 토머스 de Quincey, Thomas 142, 176, 406~7
디드로, 드니 Diderot, Denis 72, 470
디젤, 루돌프 Diesel, Rudolf 63, 409
디즈니, 월트 Disney, Walter Elias 638
디킨스, 찰스 Dickens, Charles John Huffam 179, 263, 365, 402, 425, 448, 503, 570, 591
디킨슨, 에밀리 Dickinson, Emily Elizabeth 536
디트리히, 마를레네 Dietrich, Marlene 571, 642
디포, 다니엘 Defoe, Daniel 66, 165, 364, 488, 493

ㄹ

라게를뢰프, 셀마 Lagerlöf, Selma Ottilia Lovisa 79
라너, 요제프 Lanner, Joseph Franz Karl 362, 655
라디게, 레몽 Radiguet, Raymond 467
라마르크, 장 바티스트 Lamarck, Jean Baptiste 245
라바터, 요한 카스파 Lavater, Johann Kaspar 155, 505~6, 538, 563
라살, 페르디난트 Lassalle, Ferdinand 219~20, 222, 378, 463, 561, 650
라스카사스, 바르톨로메 데 Las Casas, Bartolomé de 23~4, 34
라신, 장 바티스트 Racine, Jean-Baptiste 6 62
라이프니츠, 고트프리트 빌헬름 Leibniz, Gottfried Wilhelm 95, 184, 215, 222, 251, 413, 650
라파엘로 산치오 Raffaello Sanzio 64, 136, 306, 364, 381~2, 386, 413, 511~2, 515, 528, 634
랑게 아이히바움, 빌헬름 Lange-Eichbaum, Wilhelm 187, 498, 535
랭보, 장 니콜라 아르튀르 Rimbaud, Jean Nicolas Arthur 167, 261, 263, 384, 413, 426, 430, 459~61, 466~7, 470, 526, 567

러셀, 버트런드 Russell, Bertrand 17, 99, 225, 246, 270, 329, 432, 455, 475, 478, 482
러스킨, 존 Ruskin, John 137, 188
레닌, 블라디미르 일리치 Lenin, Vladimir Il'ich 63~4, 70, 99, 100~1, 108, 111, 118, 123, 134, 221, 319~34, 355, 385, 396, 531~2, 534, 572, 582, 609~11, 635
레싱, 고트홀트 에프라임 Lessing, Gotthold Ephraim 15, 140, 262, 287, 505, 527
레싱, 테오도르 Lessing, Theodor 104, 222, 499, 503
레이건, 로널드 Reagan, Ronald Wilson 103, 238, 318, 480, 611, 614~6
렌츠, 야코프 미하엘 라인홀트 Lenz, Jakob Michael Reinhold 187~8, 368~9
렘브란트, 하르먼스존 판 레인 Rembrandt, Harmenszoon van Rijn 153, 156~7, 176, 261, 382, 414, 436, 511~2, 581, 594, 634
로베스피에르, 막시밀리앵 Robespierre, Maximilien François Marie Isidore de 64, 134
로시니, 조아키노 Rossini, Gioacchino 258, 362, 384, 456~7, 470~3, 628
로크, 존 Locke, John 252, 413
루소, 장 자크 Rousseau, Jean Jaques 12, 39, 61, 72, 75, 79, 134; 164, 175, 184~6, 212, 225, 261, 275, 288, 359, 372, 376, 379, 393~4, 399~401, 416, 418, 422, 431~2, 473, 493, 555, 560, 564, 628, 651
루스벨트, 시어도어 Roosevelt, Theodore 123, 278, 387
루스벨트, 프랭클린 Roosevelt, Franklin Delano 118, 123, 127~8, 287, 308~9, 318, 388, 428, 616
루카치, 죄르지 Lukács, György 236
루터, 마르틴 Luther, Martin 70, 96, 121, 137, 164, 168, 175, 182, 194, 230, 248~9, 277,

찾아보기 **691**

329, 357~9, 438, 447, 496, 516, 631~4
룩셈부르크, 로자 Luxemburg, Rosa 81~2, 145, 287, 324, 532
르바쇠르, 테레즈 Levasseur, Thérèse 186, 422
리슐리외, 아르망 장 뒤 플레시 드 Richelieu, Armand Jean du Plessis de 45, 171, 313, 391
리스트, 프란츠 Liszt, Franz 66, 183, 260, 366, 466, 514, 539, 568, 653
리처드, 1세 Richard I 61, 96, 350
리펜슈탈, 레니 Riefenstahl, Leni 133~4
리히텐베르크, 게오르크 크리스토프 Lichtenberg, Georg Christoph 11, 20, 166, 169, 224, 228, 250, 268, 352, 392, 402, 438, 473, 485, 631
린네, 카를 폰 Linné, Carl von 244~5
릴케, 라이너 마리아 Rilke, Rainer Maria 237, 258, 276, 375, 399, 431
링컨, 에이브러햄 Lincoln, Abraham 60, 63, 79, 118, 123, 137, 146~7, 167, 278, 437, 448~9, 611

□
마네, 에두아르 Manet, Édouard 512
마다리아가, 살바도르 데 Madariaga, Salvador de 30, 33, 40
마라, 장 폴 Marat, Jean Paul 504
마르쿠제, 루트비히 Marcuse, Ludwig 214, 376
마르크스, 카를 Marx, Karl 70, 82, 100, 105, 107, 121, 123, 134, 216, 218~22, 249, 252, 289, 321~2
마리 앙투아네트 Marie Antoinette 145
마리아 테레지아 Maria Theresia 75, 81~2, 104, 514
마셜, 조지 Marshall, George Catlett 123, 616
마오쩌둥 毛澤東 64, 111~7, 123, 134, 147, 287, 316~7, 480, 660
마이, 카를 프리드리히 May, Karl Friedrich 391

마이바흐, 빌헬름 Maybach, Wilhelm 88~9
마이어베어, 자코모 Meyerbeer, Giacomo 132, 222, 472, 506~7, 572
마자랭, 쥘 Mazarin, Jules 306
마키아벨리, 니콜로 Machiavelli, Niccolò 130, 306, 357
마티스, 앙리 Matisse, Henri 542
만, 골로 Mann, Golo 48, 123, 301, 306, 415~6, 604
만, 미하엘 Mann, Michael 415
만, 카트야 Mann, Katja 78, 416
만, 클라우스 Mann, Klaus 213, 222, 415
만, 토마스 Mann, Thomas 44, 58, 78, 109, 120, 157~8, 172, 177, 180, 187, 194, 205, 207, 210~1, 213, 215, 222, 225, 227, 229~30, 233, 257, 275, 370, 374, 377, 388, 393, 396~7, 399, 401~2, 410, 413, 415~6, 433, 438, 468, 497, 508, 524, 555, 561~3, 586, 591, 604, 619, 623~4, 635, 650~1, 654, 666
만, 하인리히 Mann, Heinrich 134, 556, 582, 605
만델스탐, 오시프 Mandel'shtam, Osip Emil'evich 464, 590
말라르메, 스테판 Mallarmé, Stéphane 225, 461, 526
말라파르테, 쿠르치오 Malaparte, Curzio 570, 572
말러, 구스타프 Mahler, Gustav 66
말렌코프, 게오르기 Malenkov, Georgy Maksimilianovich 313~4
말로, 앙드레 Malraux, André 477, 556
말로, 크리스토퍼 Marlowe, Christopher 43, 413, 464, 468
맬서스, 토머스 로버트 Malthus, Thomas Robert 96, 249
먼로, 마릴린 Monroe, Marilyn 572, 599, 636~44
메리 스튜어트 Mary Stuart 62, 145
멘델, 그레고어 요한 Mendel, Gregor Johann 70, 516, 519~20
멘델스존 바르톨디, 펠릭스 Mendelssohn-Bartholdy, Jacob Ludwig Felix 66, 132, 275, 369, 456,

466~7, 522
멘델스존, 모제스 Mendelssohn, Moses 167
멘델스존, 아브라함 Mendelssohn, Abraham 522~3
멘첼, 볼프강 Menzel, Wolfgang 368
멘첼, 아돌프 폰 Menzel, Adolf von 166~7, 238, 387, 412, 477, 649
멜빌, 허먼 Melville, Herman 66, 183, 430, 512
모네, 클로드 Monet, Claude 477
모스, 새뮤얼 Morse, Samuel Finley Breese 86
모어, 토머스 More, Thomas 496
모차르트, 볼프강 아마데우스 Mozart, Wolfgang Amadeus 14, 17, 146~7, 153, 160~2, 167, 182, 221, 225, 232, 238, 254~5, 258~61, 279, 288, 361~2, 364, 378, 435, 439~43, 447, 455~7, 463, 466, 473, 498~500, 514~6, 522, 534, 537, 553, 567, 630, 634, 649, 652, 660, 664, 687
모파상, 기 드 Maupassant, Guy de 66, 188~9, 262, 366~7, 407
몰리에르 Molière 181, 572, 576, 591
몰트케, 헬무트 카를 베른하르트 폰 Moltke, Helmuth Karl Barnhard 50~1, 285, 350, 353, 481
몸, 서머싯 Maugham, William Somerset 395, 475
몽테뉴, 미셸 에켐 드 Montaigne, Michel Eyquem de 53, 66, 157, 436, 503~4, 665
몽테스키외, 샤를 루이 드 세콩다 Montesquieu, Charles Louis de Secondat 252
뫼리케, 에두아르트 Mörike, Eduard Friedrich 179, 463, 471, 514
무질, 로베르트 Musil, Robert 236, 241, 356, 375, 382, 619, 653
무함마드 Muhammad 70, 118, 121, 123, 170, 395, 431, 474, 607, 631
뭉크, 에드바르 Munch, Edvard 430~1
뮈세, 알프레드 드 Musset, Alfred de 263, 405,

467, 471, 559
미스트랄, 가브리엘라 Mistral, Gabriela 79, 572, 622
미스트랄, 프레데리크 Mistral, Frédéric 620
미첼, 마거릿 Mitchell, Margaret 79, 355, 625
미켈란젤로 부오나로티 Michelangelo Buonarroti 84, 136~7, 153, 157, 166, 179, 187, 192, 212, 230, 260, 274, 306, 361, 380~1, 386, 393, 400, 413, 430, 436, 480, 482, 511~2, 523, 571, 632, 634, 649, 652, 666
밀러, 아서 Miller, Arthur 641, 644
밀러, 헨리 Miller, Henry Valentine 405
밀러, 호아킨 Miller, Joaquin 572
밀턴, 존 Milton, John 66, 137, 653, 662

ㅂ

바그너, 리하르트 Wagner, Wilhelm Richard 15, 132~3, 142, 157, 179, 182~3, 216, 222, 229, 232, 237, 257, 260, 375, 389, 365~7, 373, 382, 393, 399, 416~7, 426, 441, 448, 472~3, 500, 507, 510, 514, 529, 542, 553~4, 556, 563, 567~8, 622, 633~4, 650~1, 653, 655
바이닝거, 오토 Weininger, Otto 409, 468, 548, 648
바이런, 조지 고든 Byron, George Gordon 167, 187, 254, 377, 387, 416, 425, 457, 463, 467, 552
바쿠닌, 미하일 Bakunin, Mikhail 133, 142, 219
바흐, 요한 제바스티안 Bach, Johann Sebastian 15, 70, 136, 415, 434, 513
바흐만, 잉게보르크 Bachmann, Ingeborg 408
반스, 듀나 Barnes, Dkuna 263, 518
발레리, 폴 Valéry, Paul 229, 257, 410, 618
발자크, 오노레 드 Balzac, Honoré de 212, 233~5, 262~3, 281, 374, 378, 392, 406, 415, 421, 422, 432, 509,591, 632

발저, 로베르트 Walser, Robert 188, 310, 426, 537, 650, 654, 656
발저, 마르틴 Walser, Martin 542
버틀러, 새뮤얼 Butler, Samuel 42, 602
벅, 펄 Buck, Pearl S. 79, 618, 624
번스타인, 레너드 Bernstein, Leonard 423, 547
베가, 로페 데 Vega, Lope de 66, 233, 258, 262, 575
베냐민, 발터 Benjamin, Walter 524
베르디, 주세페 Verdi, Giuseppe Fortunino Francesco 15, 17, 175~6, 232, 364, 470, 472~3, 476, 480, 507, 510, 522, 653
베른, 쥘 Verne, Jules 264, 509, 526
베른슈타인, 에두아르트 Bernstein, Eduard 531~2
베른슈타인, 자무엘 Bernstein, Samuel 449
베른하르트, 토마스 Bernhard, Thomas 209, 539
베를렌, 폴 Verlaine, Paul 167
베를리오즈, 루이 엑토르 Berlioz, Louis Hector 67, 441, 510
베버, 막스 Weber, Max 58, 310, 312, 612
베이컨, 로저 Bacon, Roger 249, 272
베이컨, 프랜시스 Bacon, Francis 43, 59, 278, 631
베케트, 사뮈엘 Beckett, Samuel 180
베토벤, 루트비히 판 Beethoven, Ludwig van 70, 152~3, 166, 174, 179, 214, 232, 237, 275, 279, 274, 329, 361~2, 365, 367, 375, 377, 387, 399, 405, 411, 433, 435~6, 447~8, 466, 491, 514~5, 521~3, 528, 539, 628, 633~4
벨라스케스, 디에고 Velázquez, Diego Rodríguez de Silva 153, 381, 468, 511~2, 515
보나파르트, 나폴레옹 Bonaparte, Napoléon 13~4, 63, 67, 71, 119~20, 122~3, 127, 153, 155~7, 164~5, 171, 178~9, 234, 281, 284, 302, 305, 311~2, 315~6, 320, 335~351, 385, 392, 429~30, 433, 444, 461, 468, 480, 499, 557~8, 608~9, 631~2, 634, 658, 660
보나파르트, 뤼시앵 Bonaparte, Lucien 311
보들레르, 샤를 피에르 Baudelaire, Charles-Pierre 17, 66, 132, 142, 176, 188, 237, 393, 406, 408, 427, 457, 526, 541, 663, 660
보르헤스, 호르헤 루이스 Borges, Jorge Luis 45, 66, 146, 475, 541, 590, 603, 622, 654, 663
보부아르, 시몬 드 Beauvoir, Simone de 79, 82, 176
보이스, 요제프 Beuys, Joseph 19, 542, 593~5, 598~601
볼테르 Voltaire 17, 67, 132, 167, 175, 185, 195, 212, 256, 393, 459, 470, 475, 481, 502, 509, 573, 608, 631~2, 634, 653
뵐, 하인리히 Böll, Heinrich Theodor 537, 543
부르크하르트, 야코프 Burckhardt, Jacob 18, 40, 59, 61, 99, 112, 120~1, 126, 130, 188, 194, 201, 210, 273, 282, 303~4, 309, 391, 493, 497, 499, 501, 554, 607, 612
부르크하르트, 카를 Burckhardt, Carl J. 313
부시, 조지 Bush, George Herbert Walker 27
뷔히너, 게오르크 Büchner, Georg 14, 107, 267~8, 365, 463, 467, 492, 520, 567, 584~5, 660
브람스, 요하네스 Brahms, Johannes 66, 237, 367, 413, 420, 456, 490, 502, 511
브레히트, 베르톨트 Brecht, Bertolt 42, 126, 133, 177, 215, 225, 356, 416, 418, 449, 459, 464, 466~7, 542~3, 562, 576, 582, 590
브로트, 막스 Brod, Max 174, 452, 454, 490~1, 568
블로흐, 에른스트 Bloch, Ernst 101, 221, 251, 359, 475, 509, 610, 663
비스마르크, 오토 폰 Bismarck, Otto Eduard Leopold von Fürst 12, 46, 50, 63, 179, 187, 198, 200, 205, 279, 306, 309, 311~2, 319, 348, 425~6, 432, 438, 500, 557~9, 632~4, 661
비트겐슈타인, 루트비히 Wittgenstein, Ludwig Josef

Johann 225, 416, 433, 651
빙켈리트, 아르놀트 Winkelried, Arnold 60, 350
빙켈만, 요한 요아힘 Winckelmann, Johann Joachim 146, 413, 464, 511

## ㅅ

사강, 프랑수아즈 Sagan, Françoise 572
사드, 마르키스 드 Sade, Marquis de 539
사르트르, 장 폴 Sartre, Jean Paul 166, 176, 236, 330, 356, 407, 430~1, 543
사보나롤라, 지롤라모 Savonarola, Girolamo 137, 145, 358
사포 Sappho 79, 82
상드, 조르주 Sand, George 79, 573
상드라르, 블레즈 Cendrars, Blaise 571
샌드버그, 칼 Sandburg, Carl 475
생텍쥐페리, 앙투안 드 Saint-Exupéry, Antoine de 439
샤가프, 어윈 Chargaff, Erwin 618, 627
샤갈, 마르크 Chagall, Marc 477, 600
샤르티에, 에밀 Chartier, Émile-Auguste 295, 570
샤토브리앙, 프랑수아 르네 드 Chateaubriand, François Auguste René de 58, 115, 119, 338, 499
세르반테스 사아베드라, 미겔 데 Cervantes Saavedra, Miguel de 373, 387, 436, 585, 591
세잔, 폴 Cézanne, Paul 405
셰익스피어, 윌리엄 Shakespeare, William 17, 43, 153, 157, 159, 164, 179, 186, 212~3, 217, 237, 256, 258, 285, 367, 369, 380, 387, 401, 436, 473, 491, 495~6, 523, 526~7, 575~6, 578, 585~6, 591, 615, 631~2, 634~5, 650, 659, 663
셸리, 퍼시 비시 Shelley, Percy Bysshe 449, 457, 464, 468
셸링, 프리드리히 Schelling, Friedrich Wilhelm Joseph von 438, 648

소로, 헨리 데이비드 Thoreau, Henry David 376
솔제니친, 알렉산드르 Solzhenitsyn, Aleksandr Isayevich 48, 106, 330, 621
쇼, 조지 버나드 Shaw, George Bernard 119, 440, 475, 481~2, 553, 610, 619, 637
쇼팽, 프레데리크 프랑수아 Chopin, Frédéric François 172, 232, 413, 427, 441, 456, 482, 649, 660
쇼펜하우어, 아르투어 Schopenhauer, Arthur 178~9, 183, 217~8, 223~4, 249, 285, 310, 395, 399~400, 413, 425, 433, 457, 469, 528~9, 530, 533~4, 538, 564, 578, 628, 650~1, 664
슈만, 로베르트 Schumann, Robert Alexander 66, 77, 132, 188, 275, 367, 416, 420, 437, 459, 473, 482, 490, 576
슈만, 클라라 Schumann, Clara 77, 437, 576
슈바이처, 알베르트 Schweitzer, Albert 131, 270, 475, 482
슈베르트, 프란츠 Schubert, Franz Peter 15, 166, 182, 216, 221, 224, 232, 254, 258~60, 276, 361~2, 368~9, 377, 382, 405, 413, 436, 439, 449, 466, 468, 490, 521, 565, 652, 656, 665
슈트라우스, 리하르트 Strauss, Richard 476, 487
슈트라우스, 에두아르트 Strauss, Eduard 434
슈트라우스, 요제프 Strauss, Josef 12, 363
슈트라우스, 요한 바티스트 Strauss, Johann Baptist 225, 363, 487
슈트라우스, 요한 Strauss, Johann 12, 180~1, 232, 362~3, 416~7, 434, 449, 492, 510~1, 514, 565, 655
슈트라우스, 헨리에테 Strauss, Henriette 416~7
슈티르너, 막스 Stirner, Max 573
슘페터, 조지프 알로이스 Schumpeter, Joseph Alois 227, 533

스메타나, 베드르지흐 Smetana, Bedřich 174, 188
스미스, 애덤 Smith, Adam 360
스베덴보리, 에마누엘 Swedenborg, Emanuel 157, 395
스위프트, 조너선 Swift, Jonathan 118, 168~9, 181, 412, 653
스윈번, 앨저넌 찰스 Swinburne, Algernon Charles 171~2, 175, 234, 267, 620
스콧, 로버트 팰콘 Scott, Robert Falcon 94, 366, 548~9
스콧, 월터 Scott, Walter 212, 390, 507
스타이너, 조지 Steiner, George 612~3, 618, 622~3
스타인, 거트루드 Stein, Gertrude 542
스타인벡, 존 Steinbeck, John Ernst 624
스탈 부인 Madame de Staël 79, 359
스탈린, 이오시프 Stalin, Iosif Vissarionovich 12, 64, 85, 111~2, 117, 134, 184, 287, 310, 314, 316, 328, 355, 385, 429, 433, 450, 464, 491, 570, 573, 586, 610~1, 616, 621, 660
스탕달 Stendhal 66, 225, 275, 365, 413, 430, 454, 457, 471, 512, 555, 558~9, 564, 573
스트라빈스키, 이고리 Stravinsky, Igor Fëdorovich 213, 441
스트린드베리, 요한 아우구스트 Strindberg, Johan August 66, 183, 198, 200, 274, 416, 438, 555, 559, 564, 618~9
스티븐슨, 로버트 루이스 Stevenson, Robert Louis 172
스티븐슨, 조지 Stephenson, George 87
스펜서, 허버트 Spencer, Herbert 99
스피노자, 바뤼흐 Spinoza, Baruch 152, 172, 248, 376, 379, 413, 520
시몽, 클로드 Simon, Claude 621
실러, 프리드리히 Schiller, Johann Christoph Friedrich von 15, 34, 52, 72, 74, 145, 154, 172, 211,
217~8, 255~6, 263, 276, 281, 368~70, 378, 392~3, 402, 404, 410, 423, 427, 449, 467, 491, 497~8, 508~9, 576, 582, 589~90, 603, 605, 629, 632~4, 650
심농, 조르주 Simenon, Georges Joseph Christian 264, 648
싱어, 아이작 Singer, Isaac Bashevis 624

o

아데나워, 콘라트 Adenauer, Konrad 34, 104~5, 110, 122~3, 130, 306~7, 310~1, 355~6, 474, 480~2, 616
아도르노, 테오도어 W. Adorno, Theodor Wiesengrund 518, 570
아문센, 로알 Amundsen, Roald 63, 94, 360, 366, 549
아이슬러 Eissler, K. R. 75, 188, 224, 288, 396~7, 414, 457, 651
아이젠하워, 드와이트 Eisenhower, Dwight David 46, 309, 350~1, 616
아인슈타인, 알베르트 Einstein, Albert 70, 78, 82, 241, 247, 290, 457, 467~8, 542, 625~6, 635
아인슈타인, 알프레트 Einstein, Alfred 132, 153, 216, 226, 240, 259, 362, 365, 393, 441, 463, 521~2, 651~2
아자르, 에밀 Ajar, Emile 45
아퀴나스, 토마스 Aquinas, Thomas 137
안데르센, 한스 크리스티안 Andersen, Hans Christian 433
알렉산드로스 대왕 Alexandros der Grosse 12, 42, 57~8, 66, 103~4, 117~20, 123~6, 153, 171, 176, 188, 298, 312, 339, 345, 349, 352, 405, 461, 467, 469, 489, 499, 608, 612, 657~8
야스퍼스, 카를 T. Jaspers, Karl Theodor 145, 356, 606~7

업다이크, 존 Updike, John 384~5
에디슨, 토머스 앨바 Edison, Thomas Alva 63, 85, 159, 231, 284, 387, 467, 480
에른스트, 막스 Ernst, Max 274, 443, 540, 542
에머슨, 랠프 월도 Emerson, Ralph Waldo 157, 257, 346, 660
에이릭손, 레이프 Eiríksson, Leifur 27~8
엥겔스, 프리드리히 Engels, Friedrich 100, 219~22, 325, 379, 531, 567, 612
옌스, 발터 Jens, Walter 65, 141~2, 194
오버베크, 프란츠 Overbeck, Franz 210~2
오웰, 조지 Orwell, George 66, 172, 377, 572
오키프, 조지아 OKeeffe, Georgia 480
와일드, 오스카 Wilde, Oscar 132, 214, 264, 405, 413, 509, 541~2
와토, 장 앙투안 Watteau, Jean-Antoine 172, 180, 192
와트, 제임스 Watt, James 87, 360
울프, 버지니아 Woolf, Virginia 76, 79, 410, 618
울프, 토머스 클레이턴 Wolfe, Thomas Clayton 167, 263
워싱턴, 조지 Washington, George 60, 110, 123, 278, 557, 611
워즈니악, 스티브 Wozniak, Steve 467
워홀, 앤디 Warhol, Andy 413, 518, 599~600
월리스, 앨프리드 러셀 Wallace, Alfred Russel 96~7, 247
웰스, H. G. Wells Herbert George 588
웰스, 오슨 Welles, Orson 468
위고, 빅토르 Hugo, Victor 166~7, 212, 274, 374, 381, 406, 459, 466~7, 475, 480, 507, 558
윙거, 에른스트 Jünger, Ernst 109, 407, 475, 482
융, 카를 구스타프 Jung, Carl Gustav 256~8, 290, 480, 650
입센, 수잔나 Ibsen, Suzannah 416
입센, 헨리크 요한 Ibsen, Henrik Johan 217, 237, 416, 576, 618, 620, 623

ㅈ

자리, 알프레드 Jarry, Alfred 406
잡스, 스티브 Jobs, Steven Paul 467
제퍼슨, 토머스 Jefferson, Thomas 63, 123, 278
조이스, 제임스 Joyce, James 44, 173, 217, 236, 262~3, 375, 382, 416, 418, 518, 545~6, 551, 562, 587~8, 591, 618, 624, 653
존슨, 린든 Johnson, Lyndon Baines 102, 307~8, 318, 616
존슨, 새뮤얼 Johnson, Samuel 164, 577
졸라, 에밀 Zola, Émile 177, 618~20, 623
졸리오 퀴리, 이렌 Joliot-Curie, Irène 73, 81
죄머링, 자무엘 토마스 폰 Sömmerring, Samuel Thomas von 86, 222
주네, 장 Genet, Jean 413, 542
주트너, 베르타, 폰 Suttner, Bertha von 81
쥐스마이어, 프란츠 크사버 Süssmayr, Franz Xaver 146
지드, 앙드레 Gide, Andre 98~9, 413, 508, 527, 541~2, 563, 610
지스카르 데스탱, 발레리 Giscard d'Estaing, Valéry 113
질라스, 밀로반 Djilas, Milovan 310, 357, 391, 552~3
질렌스텐, 라르스 Gyllenstein, Lars 625
짐멜, 요하네스 마리오 Simmel, Johannes Mario 395

ㅊ

차이콥스키, 표트르 일리치 Tchaikovsky, Pyotr Ilich 66, 413
채터턴, 토머스 Chatterton, Thomas 12, 409, 457~9, 466
채플린, 찰리 Chaplin, Charlie 571, 638
처칠, 랜돌프 Churchil, Randolph 444
처칠, 윈스턴 Churchill, Winston Leonard Spencer 34,

61, 104, 109~10, 123, 127~8, 279, 287, 305, 310, 344, 346, 352~9, 433, 443, 464, 474~5, 480, 485~6, 557, 612~3, 616, 622
체임벌린, 네빌 Chamberlain, Arthur Neville 354, 613
체호프, 안톤 파블로비치 Chekhov, Anton Pavlovich 66, 172, 226, 543
첼터, 카를 프리드리히 Zelter, Karl Friedrich 368, 546
츠바이크, 슈테판 Zweig, Stefan 17, 131, 194, 196, 198, 365, 374, 410, 549
츠바이크, 아르놀트 Zweig, Arnold 208, 222, 566
칠젤, 에드가르 Zilsel, Edgar 156, 576
칭기즈 칸 Chingiz Khan 12, 64~5, 125~6, 141, 342, 391

ㅋ

카네티, 엘리아스 Canetti, Elias 108, 228, 345, 454, 584, 624
카라바조 Caravaggio 192, 571
카라얀, 헤르베르트 폰 Karajan, Herbert von 77, 547, 551
카사노바, 조반니 Casanova, Giovanni Giacomo 485
카슨, 레이철 Carson, Rachel L. 81
카이사르, 가이우스 율리우스 Caesar, Gaius Julius 18, 42, 53, 59, 75, 98, 100, 115, 121, 123~6, 147, 153, 158, 171, 200, 214, 224, 278~9, 287, 292, 295~303, 305, 308, 312, 322, 339, 342, 345, 348, 350, 352, 388, 395, 429, 468, 478, 489, 499, 501, 534, 553, 557, 604, 608, 631, 656~8
카타리나 대제(예카테리나 2세) Katharina die Grosse 76, 79, 506, 538
카터, 지미 Carter, Jimmy 102~3, 318
카프카, 프란츠 Kafka, Franz 132~3, 167, 172~4, 226, 413, 439, 441, 447, 450~4, 490, 523~4, 568, 587, 591, 619, 648, 666

카프카, 헤르만 Kafka, Hermann 450~3
칸바일러, 다니엘 헨리 Kahnweiler, Daniel-Henry 382, 597
칸트, 이마누엘 Kant, Immanuel 12, 66, 71, 153, 159, 161, 166~7, 215, 229, 242, 251, 253, 389, 390, 412, 436, 480, 578, 633~4, 660
칼라일, 토머스 Carlyle, Thomas 74, 106, 108, 157, 164, 269, 274, 635
커포티, 트루먼 Capote, Truman 434, 571
케네디, 로버트 Kennedy, Robert 444
케네디, 에드워드 Kennedy, Edward 102
케네디, 재클린 Kennedy, Jacqueline 637
케네디, 조지프 Kennedy, Joseph P. 444
케네디, 조 Kennedy, Joe 444
케네디, 존 Kennedy, John Fitzgerald 101~2, 123, 147, 278, 287, 308, 318, 388~90, 439, 445, 499~500, 637, 642, 644
케렌스키, 알렉산드르 표도로비치 Kerensky, Aleksandr Fyodorovich 320~1, 327~8, 331~3
케플러, 요하네스 Kepler, Johannes 63, 71, 215, 243, 429, 467, 538, 635
케플링거, H. M. Kepplinger, Hans Mathias 544
켈러, 고트프리트 Keller, Gottfried 166, 176, 273, 376, 384, 387, 465, 428, 436
코레조, 안토니오 Correggio, Antonio 489, 571
코페르니쿠스, 니콜라우스 Copernicus, Nicolaus 63, 70, 216, 241~5, 247~8, 250, 290, 375, 413, 506
콕토, 장 Cocteau, Jean 212, 269, 406, 413, 456, 543
콘래드, 조지프 Conrad, Joseph 76, 179, 341, 378, 570~1, 618
콜, 헬무트 Kohl, Helmut 122
콜럼버스, 크리스토퍼 Columbus, Christopher 19~42, 46, 56, 61, 63~4, 67, 70, 94, 208, 224, 285, 360, 506, 635

콜리지, 새뮤얼 테일러 Coleridge, Samuel Taylor 255, 258, 406, 527

퀴리, 마리 Curie, Marie 73, 81

크라나흐, 루카스 Cranach the Elder, Lucas 381~2, 434, 489

크롬웰, 리처드 Cromwell, Richard 665

크롬웰, 올리버 Cromwell, Oliver 84, 164, 312, 319~20, 372, 665

크리스티, 애거사 Christie, Agatha 264

클라우제비츠, 카를 폰 Clausewitz, Carl von 343, 346~7, 392

클라이스트, 하인리히 폰 Kleist, Bernd Heinrich Wilhelm von 66, 132, 134, 162, 179, 275, 365, 367, 370, 373, 375, 394, 401, 409~11, 413, 457, 467, 473, 490~1, 519, 524~5, 538, 542, 597~8, 565, 575, 588, 649~50, 656~6

클레망소, 조르주 Clemenceau, Georges 109, 486

클레오파트라 Cleopatra 75, 81, 98, 105, 395, 656

키르케고르, 쇠렌 Kierkegaard, Søren Aabye 167, 356, 413

키신저, 헨리 앨프리드 Kissinger, Henry Alfred 113, 309, 614, 616, 661

키츠, 존 Keats, John 172, 255, 457, 463, 468

키플링, 조지프 러디어드 Kipling, Jeseph Rudyard 432, 619

킹, 마틴 루서 King Jr., Martin Luther 124, 145

## ㅌ

탈레랑, 샤를 모리스 드 Talleyrand, Charles Maurice de 167, 315~6

탤벗, 윌리엄 헨리 폭스 Talbot, William Henry Fox 93

테니슨, 알프레드 Tennyson, Alfred 475

테레사 수녀 Mother Teresa 82, 131, 287

텔레만, 게오르크 필리프 Telemann, Georg Philipp 66, 455, 513~4

텔만, 에른스트 Thälmann, Ernst 610

토스카넬리, 파올로 달 포초 Toscanelli, Paolo dal Pozzo 24, 32, 34

토스카니니, 아르투로 Toscanini, Arturo 476

토인비, 아널드 Toynbee, Arnold Joseph 103

토크빌, 알렉시스 드 Tocqueville, Alexis de 612

톨스토이, 레프 Tolstoi, Lev Nikolaevich 17, 76, 101, 166, 176, 179, 212, 355, 419~20, 432, 475, 509, 534, 548~9

톨스토이, 소피아 안드레예브나 Tolstoi, Sofia Andrejewna 412, 419

투르게네프, 이반 Turgenev, Ivan Sergeyevich 179, 212, 367, 419

투홀스키, 쿠르트 Tucholsky, Kurt 284, 492, 524, 583

툴루즈 로트레크, 앙리 드 Toulouse Lautrec, Henri de 166, 387, 405

트로츠키, 레온 Trotsky, Leon 100, 324, 330~1, 333, 573, 611

트루먼, 해리 Truman, Harry Shippe 46~7, 302, 351, 616

트웨인, 마크 Twain, Mark 43, 572

티치아노 베첼리오 Tiziano Vecellio 176, 382, 477, 481, 511

티크, 루트비히 Tieck, Ludwig 72, 167, 503, 525, 527

티토 Tito 106, 258, 309~10, 313, 320, 357, 391, 552~3, 573

## ㅍ

파가니니, 니콜로 Paganini, Niccolò 171, 439, 447, 497~8, 508

파스칼, 블레즈 Pascal, Blaise 98~9, 169~71, 366, 413, 430, 456, 466~7

파스퇴르, 루이 Pasteur, Louis 70, 137, 241, 359, 488, 653

파운드, 에즈라 Pound, Ezra 133, 190, 217, 462, 518, 542, 584, 622
파울, 장 Paul, Jean 66, 72, 86, 151, 155, 256, 262, 268, 275, 277, 365, 572, 663
포, 버지니아 Poe, Virginia 424
포, 에드거 앨런 Poe, Edgar Allan 132, 167, 171, 176, 239, 263~6, 277, 290, 365, 396, 399, 402, 408~9, 424, 430~1, 473, 509, 525~7, 539, 568, 585, 663, 666
포겔바이데, 발터 폰 데어 Vogelweide, Walther von der 285, 380, 608
포이어바흐, 루트비히 안드레아스 Feuerbach, Ludwig Andreas 434
포이어바흐, 안젤름(2세) Feuerbach, Anselm II 434
포이어바흐, 에두아르트 아우구스트 Feuerbach, Eduard August 434
포이어바흐, 카를 빌헬름 Feuerbach, Karl Wilhelm 434
포이어바흐, 파울 요한 안젤름 리터 폰 Feuerbach, Paul Johann Anselm Ritter von 434
포이히트방거, 리온 Feuchtwanger, Lion 610
포크너, 윌리엄 Faulkner, William Cuthbert 176, 378, 405, 433, 584
포퍼, 칼 Popper, Karl Raimund 252, 475, 574, 613, 663
포프, 알렉산더 Pope, Alexander 167, 387, 538
폴로, 마르코 Polo, Marco 32, 466
폴록, 잭슨 Pollock, Paul Jackson 413
표트르 대제(표트르 1세) Pyotr Veliky 57, 64, 108, 120, 125~6, 171, 176, 179, 461, 467, 495, 608
푸리에, 샤를 Fourier, Charles 219, 435
푸시킨, 알렉산드르 Pushkin, Aleksandr Sergeyevich 437, 463, 503, 609
푸치니, 자코모 Puccini, Giacomo 377, 507
프랑크, 안네 Frank, Anne 464~6,

프랭클린, 벤저민 Franklin, Benjamin 279~81, 475
프레슬리, 엘비스 Presley, Elvis 637
프로이트, 지크문트 Freud, Sigmund 43, 59, 67, 70, 82, 110, 122, 175, 222, 226, 245, 248~51, 256, 290, 365, 399, 403, 480~1, 547, 565~7
프뢰벨, 프리드리히 Fröbel, Friedrich 162
프루스트, 마르셀 Proust, Marcel 172, 237, 257, 261, 263, 413, 427~8, 527, 552, 559, 591, 619, 649
프리델, 에곤 Friedell, Egon 231, 357
프리드리히 대왕 Friedrich der Grosse 12, 52, 60, 104, 108, 180, 184, 231, 279, 305, 310, 336~7, 343, 347, 350, 352, 385, 392, 412, 522, 553, 604~5, 657
플래스, 실비아 Plath, Sylvia 409, 492
플레밍, 이언 Fleming, Ian Lancaster 391
플로베르, 귀스타브 Flaubert, Gustave 171, 179~80, 235~6, 260, 366~7, 402, 427, 466, 584, 654
피츠제럴드, 프랜시스 스콧 Fitzgerald, Francis Scott Key 408
피카소, 파블로 Picasso, Pablo 180, 365, 382, 400, 407, 415, 435, 443, 447, 477, 528, 537, 539, 542, 572, 597~8, 600
피트, 윌리엄(小 피트) Pitt, William the Younger 462, 468
피히테, 요한 고틀리프 Fichte, Johann Gottlieb 215, 390
필리프, 루이 Philippe, Louis 315

ㅎ

하벨, 바츨라프 Havel, Václav 270, 323, 328
하우저, 카스파르 Hauser, Caspar 151, 486, 636
하우프트만, 게르하르트 Hauptmann, Gerhart 273,

475, 619~20
하이네, 하인리히 Heine, Heinrich 82, 156, 195, 216, 218, 251, 289, 348, 392~3, 397, 406, 409, 416, 455, 497~8, 508, 525, 558, 575, 582, 588, 609, 648, 664
하이데거, 마르틴 Heidegger, Martin 133~4, 356
하임, 게오르크 Heym, Georg 464, 468
하임, 슈테판 Heym, Stefan 570, 572
함순, 크누트 Hamsun, Knut 133~4, 409, 432, 449, 475~6, 482, 508, 572, 581, 619
헉슬리, 올더스 Huxley, Aldous Leonard 406, 434
헤겔, 게오르크 Hegel, Georg Wilhelm Friedrich 17, 56, 71, 99~101, 105, 108, 120, 125~6, 155, 218, 286, 320, 356, 395, 603, 609, 634, 650, 658
헤르더, 요한 고트프리트 폰 Herder, Johann Gottfried von 41, 154, 296, 457, 506, 589, 660
헤밍웨이, 어니스트 Hemingway, Ernest Miller 176, 355, 405, 409, 425~6, 428, 431, 433, 508, 542, 550~2, 584, 619
헤벨, 크리스티안 프리드리히 Hebbel, Christian Friedrich 143, 401, 449, 529
헤세, 헤르만 Hesse, Hermann 475, 524, 586
헨델, 게오르크 프리드리히 Händel, Georg Friedrich 160, 171, 258, 377, 413, 439, 449, 456, 466~7, 513, 653
호로비츠, 블라디미르 Horowitz, Vladimir 476, 539
호손, 너대니얼 Hawthorne, Nathaniel 376
호찌민 胡志明 47
호프만, 막스 Hoffmann, Max 49~52
호프만, 하인리히 Hoffmann, Heinrich 488

호프만 Hoffmann, E. T. A. 155, 167, 176, 266, 269, 283, 405, 432, 505
호프만스탈, 후고 폰 Hofmannsthal, Hugo von 459, 466
홀바인 주니어, 한스 Holbein Jr., Hans 382, 434, 489
홀바인, 암브로지우스 Holbein, Ambrosius 434
홀바인, 지크문트 Holbein, Sigmund 434
홀바인, 한스(大 홀바인) Holbein, Hans 434
홉스, 토머스 Hobbes, Thomas 478, 480, 482
화이트헤드, 구스타프 Whitehead, Gustave 92
횔덜린, 요한 크리스티안 프리드리히 Hölderlin, Johann Christian Friedrich 182, 188~9, 367~9, 426, 430, 471, 473, 520, 547, 575~654
훅, 시드니 Hook, Sidney 55, 63, 85, 105, 130, 661
훔볼트, 빌헬름 폰 Humboldt, Wilhelm von 67, 281
훔볼트, 알렉산더 폰 Humboldt, Alexander von 475, 480~2
휘트먼, 월트 Whitman, Walt 106, 236, 413, 427, 538
휴스, 테드 Hughes, Ted 492
흄, 데이비드 Hume, David 156, 184
히틀러, 아돌프 Hitler, Adolf 12, 39, 48, 55, 70, 99, 101, 108~12, 117~8, 120~1, 123~4, 127, 147, 187, 193, 229, 238, 285, 287, 302, 309~10, 312~3, 316, 319~10, 312~3, 316, 319~20, 323, 342, 346, 352, 354~6, 361, 374, 391, 396, 464, 476, 505, 508, 553, 593~4, 609, 613~4, 616, 622, 656, 660
힌덴부르크, 파울 폰 Hindenburg, Paul von 48~50, 55~6, 285, 349, 481
힐데스하이머, 볼프강 Hildesheimer, Wolfgang 288, 498, 515, 537, 652